TRAITÉ

DES SERVITUDES

OU SERVICES FONCIERS

PAR

C. DEMOLOMBE

DOYEN DE LA FACULTÉ DE DROIT
ANCIEN BÂTONNIER DE L'ORDRE DES AVOCATS A LA COUR D'APPEL DE CAEN
COMMANDEUR DE LA LÉGION D'HONNEUR

CINQUIÈME ÉDITION

TOME PREMIER

PARIS

AUGUSTE DURAND   HACHETTE ET Cie

LIBRAIRE   LIBRAIRES

RUE CUJAS, 9 (ANC. RUE DES GRÈS).   BOULEVARD SAINT-GERMAIN, 79

1872

COURS

DE

CODE NAPOLÉON

XI

PARIS. — TYPOGRAPHIE LAHURE
Rue de Fleurus, 9

TRAITÉ

DES SERVITUDES

OU SERVICES FONCIERS

PAR

 C. DEMOLOMBE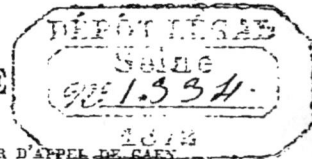

DOYEN DE LA FACULTÉ DE DROIT

ANCIEN BÂTONNIER DE L'ORDRE DES AVOCATS A LA COUR D'APPEL DE CAEN

COMMANDEUR DE LA LÉGION D'HONNEUR

TOME PREMIER

CINQUIÈME ÉDITION

PARIS

AUGUSTE DURAND   HACHETTE ET Cie

LIBRAIRE   LIBRAIRES

RUE CUJAS, 9 (ANC. RUE DES GRÈS)   BOULEVARD SAINT-GERMAIN, 79

1872

OBSERVATIONS

CONCERNANT

LES CITATIONS DES ARRÊTS ET DES AUTEURS, ET LES TABLES.

I. Cet ouvrage renvoie, pour l'indication des arrêts, soit au recueil de MM. Devilleneuve et Carette, soit à celui de MM. Dalloz, soit au *Journal du Palais*. Mais, afin de rendre les recherches aussi promptes et aussi sûres que possible pour tous ceux qui ne possèdent que l'un de ces trois recueils de jurisprudence, les arrêts sont, en outre, indiqués par leurs dates et par les noms des parties, ce dernier mode de citation étant de tous le plus commode et le plus certain.

Le recueil de Devilleneuve et Carette est ainsi indiqué : Dev. — Celui de MM. Dalloz : D. — Le *Journal du Palais* : *J. du P.*

II. Les différents auteurs sont cités par l'indication du volume et du numéro, soit de l'ouvrage lui-même, soit de la page, lorsqu'il n'y a point de numéros.

Les citations de Delvincourt se rapportent à l'édition de 1819; de Toullier, à l'édition de 1830, et aux notes de M. Duvergier sur l'édition de 1846; de Duranton, à l'édition de 1844.

III. Deux tables se trouvent à la fin de chaque volume.

La première est une table des matières dans l'ordre où elles sont traitées;

La seconde, une table numérique des articles du Code Napoléon, qui, par ses renvois aux pages et aux numéros du volume où chacun des articles est expliqué, facilite les recherches et fait, en quelque sorte, l'office d'un commentaire.

COURS

DE

CODE NAPOLÉON.

LIVRE DEUXIÈME.

TITRE QUATRIÈME.

DES SERVITUDES OU SERVICES FONCIERS.

EXPOSITION. GÉNÉRALE.

SOMMAIRE.

1. — Définition générale de la servitude. — Deux caractères essentiels la différencient des droits d'usufruit et d'usage : 1° La servitude est un démembrement perpétuel du droit de propriété. — Réflexion à cet égard.
2. — 2° La servitude réelle ne peut être établie que sur un *héritage* au profit d'un autre *héritage*. — Origine et acception de ce mot.
3. — La servitude n'établit aucune prééminence d'un héritage sur l'autre. — Explication historique de cette maxime. — Pourquoi les rédacteurs du Code n'ont pas employé les mots accrédités, dans cette matière, d'héritage *dominant* et d'héritage *servant*.
4. — Toute servitude suppose deux héritages appartenant à des propriétaires différents.
5. — D'après l'article 639, la servitude dérive ou de la situation naturelle des lieux, ou des obligations imposées par la loi, ou des conventions entre les propriétaires. — Observations sur la rédaction de cet article.
6. — Quel est, au fond, le mérite de cette classification ?

7. — Suite. — 1° Y a-t-il quelque différence entre les servitudes, qui d'après le chapitre I de notre titre, *dérivent de la situation des lieux*, et les servitudes, *qui sont établies par la loi*, d'après le chapitre II?

8. — 2° Y a-t-il quelque différence entre les servitudes dont il est question dans les chapitres I et II de notre titre, et les servitudes dont il est question dans le chapitre III?

9. — Suite.

10. — Suite. — Toutes ces charges naturelles, légales, ou dérivant du fait de l'homme, ont, d'après notre Code, un égal caractère de réalité. — Conséquence.

11. — Suite. — Est-ce à dire que le propriétaire d'un héritage pourrait toujours s'affranchir, par le déguerpissement, des obligations résultant des servitudes naturelles et légales?

12. — Suite. — Observation générale. — Il faut se garder de confondre les servitudes dites naturelles et légales avec les servitudes dérivant du fait de l'homme.

13. — Suite.

1. — « Une servitude est une charge imposée sur un « héritage pour l'usage et l'utilité d'un héritage apparte-« nant à un autre propriétaire. » (Art. 637.)

Cette importante définition sur laquelle nous aurons plus d'une fois à revenir, nous révèle tout d'abord deux caractères essentiels de la servitude foncière et qui la différencient profondément des droits d'usufruit, d'usage et d'habitation, qui font l'objet du titre précédent :

1° Tandis que les droits d'usufruit et d'usage sont établis au profit d'une personne déterminée, et n'ont, par conséquent, qu'une durée temporaire, les servitudes ou services fonciers, constitués sur un héritage pour l'utilité d'un autre héritage, participent en général du caractère de perpétuité des fonds eux-mêmes, dont ils sont des dépendances et des qualités.

C'est donc là une exception à la grande règle de notre législation moderne, qui n'admet pas, ainsi que nous l'avons exposé (comp. notre *Traité de la distinction des biens*, etc., t. I, n°ˢ 406 et suiv.), les démembrements perpétuels du droit de propriété.

Cette exception, pour être unique, n'en est pas moins très-considérable; car il n'est aucune espèce de droits peut-être qui jouent dans la pratique un plus grand rôle que les servitudes, et si le législateur l'a admise, c'est par des considérations puissantes d'utilité publique et privée, parce qu'il n'est pas non plus de droits plus importants dans l'intérêt de l'agriculture et de l'industrie, et généralement pour la commodité de toutes les relations de voisinage.

Ce qu'un fonds peut gagner à l'établissement d'une servitude à son profit sur un autre fonds, on ne saurait souvent se l'imaginer ; et presque toujours l'avantage, qu'il en retire, ne peut pas être comparé à l'inconvénient beaucoup moindre relativement, qui en résulte pour le fonds assujetti.

Il est vrai que les servitudes, à raison même de leur perpétuité et de leur grand nombre, peuvent être considérées comme l'une des sources les plus fécondes des contestations et des procès, et même des procès les plus dispendieux, par les mesures d'instruction qu'ils nécessitent : telles que les expertises, les enquêtes et les visites de lieux ; à ce point que la coutume de Paris avait réuni dans le même titre (IX) *les servitudes et rapports de jurés*, « par le motif, dit Ferrières, que les servitudes sont très-souvent des sujets de contestations entre voisins, lesquelles ne peuvent être décidées que suivant les rapports faits par gens à ce connaissants. »

Mais quelle est l'institution qui soit, de tout point, irréprochable ?

2. — 2° A la différence des droits d'usufruit et d'usage, qui peuvent être établis sur toute espèce de biens, meubles ou immeubles (art. 581), les servitudes réelles ne peuvent être imposées que sur un héritage au profit d'un autre héritage.

Un héritage, c'est-à-dire un bien immeuble par sa nature, *un fonds de terre* ou un *bâtiment* (art. 687) ; vieux mot de notre droit coutumier, qui signifie propriété ; dont la racine remonte sans doute au droit romain, où le mot *hæres* était synonyme de *herus*, propriétaire (*Inst.*, liv. II, tit. xix, p. 7); qui ne s'appliquait qu'aux immeubles, et qui rappelle bien cette époque, où les meubles étaient comparativement de si peu de prix! (*Voy.* le glossaire du Droit français, *Inst. cout. de Loysel*, par MM. Dupin et Laboulaye, t. II, p. 425.)

Prædium, disait aussi la loi romaine, pour désigner le sujet actif et passif de la servitude réelle : « De servitutibus rusticorum et urbanorum *prædiorum* » (*Inst.*, h. t.);

Ou encore *fundus*, qui signifiait, d'après Florentinus, *omne ædificium et omnis ager* (L. 211, ff. *de Verb. signif.*, Cœpolla, *de Servit.*, tract. 1, cap. i, n° 2; *voy.* art. 518, C. Napol.).

C'est qu'en effet il n'y a que les biens immeubles par leur nature, ou, en d'autres termes, les fonds de terre et les bâtiments, qui aient une situation fixe, et qui soient susceptibles de contiguïté permanente, ou plus généralement de voisinage; c'est qu'eux seuls constituent le sol même du pays et les différentes propriétés territoriales entre lesquelles il est partagé, et dont le législateur se propose ici d'organiser et de réglementer les rapports.

3. — Les rédacteurs du Code Napoléon, qui, dans la crainte de blesser les susceptibilités nationales, ont évité d'appeler du nom de *servitudes personnelles*, les droits d'usufruit, d'usage et d'habitation (*voy.* notre vol. précéd., n° 211), paraissent avoir éprouvé ici des scrupules du même genre.

C'est ainsi que l'article 543 ne désigne les *servitudes réelles* que sous le nom de *services fonciers;* et l'intitulé de notre titre, qui emploie la dénomination de *servitudes*, ajoute immédiatement aussi ces mots : *ou services fonciers* (*voy.* encore art. 526). Le législateur toutefois, dans notre titre lui-même, a fini par se servir purement et simplement du mot *servitude*.

La loi des 28 septembre-6 octobre 1791 (tit. i, art. 1), avait posé l'un des grands principes du nouveau droit public de la France en ces termes :

« Le territoire de France, dans toute son étendue, est libre comme les personnes qui l'habitent ; ainsi toute propriété territoriale ne peut être sujette envers les particuliers qu'aux redevances et aux charges dont la convention n'est pas défendue par la loi ; et envers la nation, qu'aux contributions publiques établies par le Corps législatif, et aux sacrifices que peut exiger le bien général sous la condition d'une juste et préalable indemnité. »

Ce fut évidemment pour se conformer à cette déclaration de l'Assemblée constituante, et afin de la consacrer de plus en plus, que les rédacteurs du Code Napoléon insérèrent eux-mêmes, dans l'article 638, la disposition suivante :

« La servitude n'établit aucune prééminence d'un hé-
« ritage sur l'autre. » (*Voy.* aussi art. 686.)

Cette disposition, en soi, est empreinte d'un tel caractère d'évidence, sous l'empire d'une législation comme la nôtre, qu'elle aurait pu paraître superflue ; car la servitude, telle qu'elle peut seulement exister aujourd'hui, n'établissant de relation qu'entre les héritages eux-mêmes, considérés uniquement en leur qualité d'immeubles, abstraction faite de la personne de ceux qui les possèdent, il est bien clair qu'il n'en peut résulter aucune prééminence sociale, ni politique, ni honorifique, de l'un des propriétaires envers l'autre.

Mais il ne faut pas oublier l'époque à laquelle nos lois nouvelles ont été données à la France. Les temps n'étaient pas encore loin où les *baux à fief* établissaient des rapports de supériorité et de dépendance non-seulement entre les héritages, mais encore entre les propriétaires, et où l'on avait, en même temps qu'un *fief dominant* et *un fief servant*, un *seigneur* et un *vassal*, qui ne possédait qu'à la charge de foi et hommage (Pothier, *des Fiefs*, partie I, chap. prélim., § 1).

Il est même certain que c'est afin d'éviter tout rapprochement semblable et d'abolir le plus complétement possible le souvenir des assujettissements féodaux et de toute cette hiérarchie foncière, sur laquelle ils reposaient, que le législateur de 1804 n'a pas voulu employer, dans la matière des servitudes réelles, les expressions qui y étaient autrefois consacrées, d'héritage *dominant* et d'héritage *servant*, pour désigner l'héritage auquel la servitude est due et celui qui la doit ; notre Code, en effet, qui dit bien quelquefois le *fonds asservi* ou *assujetti* (art. 695 et 699), ne se sert, au contraire, jamais des mots *servant* ni *dominant*.

Ces mots toutefois étaient, comme nous venons de le dire, très-accrédités aussi depuis longtemps dans la matière des servitudes purement réelles (Pothier, *Introduction au tit.* XIII *de la cout. d'Orléans*, n° 2).

Et il est arrivé que la pratique, et même aussi la doctrine, n'ont pas cessé de les employer ; nous nous en servirons donc nous-même, puisqu'ils sont, aujourd'hui surtout, complétement en usage dans notre matière. Le Code sarde de 1837 (art. 549) dispose même formellement que l'héritage, sur lequel est imposée la servitude, s'appelle *fonds servant;* et celui à l'avantage duquel elle est établie, *fonds dominant.*

4. — Toute servitude d'ailleurs suppose deux héritages appartenant à deux propriétaires différents (comp. art. 578, 617, 637, 705).

Nous savons, en effet, que tous les services qu'un propriétaire peut retirer de sa chose, il les retire en vertu de son droit de propriété (art. 544; *voy.* not. t. IX, n° 543).

5. — L'article 639 assigne à la servitude foncière une triple origine :

« Elle dérive ou de la situation naturelle des lieux, ou « des obligations imposées par la loi, ou des conventions « entre les propriétaires. »

Nous pourrions faire remarquer ici d'abord quelque inexactitude dans la rédaction.

D'une part, les obligations imposées par la loi, constituant elles-mêmes les servitudes dont il est question dans le chapitre II, il est clair que ces obligations ne sauraient être présentées comme la source des servitudes légales; autrement, on arriverait à cette formule que *les obligations imposées par la loi,* qui ne sont, encore une fois, autre chose que les servitudes légales elles-mêmes, dérivent *des obligations imposées par la loi !* Il fallait donc purement et simplement se borner à dire que ces servitudes ou ces obligations dérivent de la loi.

D'autre part, les servitudes dont il s'agit dans le chapitre III ne dérivent pas seulement *des conventions entre les propriétaires;* elles peuvent résulter d'autres causes encore, telles qu'une libéralité testamentaire ou la prescription.

Au reste, les auteurs de notre Code ont eux-mêmes rectifié ensuite, dans la rubrique beaucoup plus exacte des chapitres II et III, les deux impropriétés que nous venons de remarquer dans la rédaction de l'article 639.

C'est ainsi que le chapitre II est intitulé : *des Servitudes établies par la loi.*

De même que le chapitre III a pour titre : *des Servitudes établies par le fait de l'homme.*

6. — Mais, en laissant de côté ces remarques plus grammaticales peut-être que juridiques sur le texte de notre article 639, arrivons à la classification elle-même, qu'il établit des servitudes en trois catégories, suivant qu'elles dérivent de la situation des lieux, de la loi ou du fait de l'homme.

Deux questions sont, avant tout, à résoudre en ce qui concerne le mérite de cette classification fondamentale, sur laquelle repose la distribution tout entière de notre titre :

1° Y a-t-il quelque différence entre les servitudes qui, d'après le chapitre I, *dérivent de la situation des lieux,* et les servitudes qui sont *établies par la loi,* d'après le chapitre II ?

2° Y a-t-il quelque différence entre les servitudes dont il est question dans les chapitres I et II, les servitudes dites naturelles ou légales, les servitudes dont il est question dans le chapitre III, les servitudes établies par le fait de l'homme ?

La première question consiste à établir un parallèle entre le chapitre I et le chapitre II;

Et la seconde met en présence d'un côté les chapitres I et II, et d'un autre côté le chapitre III.

7. — 1° Nous demandons d'abord s'il existe, sous le rapport de la cause d'où elles dérivent, quelque différence entre les servitudes dont s'occupe le chapitre I de notre titre, et les servitudes dont s'occupe le chapitre II ?

Il semble, à première vue, qu'il est difficile d'y découvrir une différence ; car les servitudes qui, d'après le chapitre I, *dérivent de la situation des lieux*, sont aussi évidemment *imposées par la loi*, qui les consacre;

Comme pareillement, les servitudes qui, d'après le chapitre II, *sont imposées par la loi*, dérivent elles-mêmes *de la situation des lieux*, puisqu'elles ont pour but de gouverner les rapports des propriétés contiguës.

Où trouver, par exemple, un motif de distinction entre l'obligation de contribuer au bornage des propriétés que l'article 646 met au nombre des servitudes dérivant de la situation des lieux, et l'obligation de contribuer aux constructions et réparations des clôtures communes, que l'article 663 range, au contraire, parmi les servitudes établies par la loi ?

Et comment expliquer que les droits des propriétaires riverains sur les cours d'eau aient été considérés par notre Code comme dérivant de la situation des lieux (art. 644), tandis qu'il a mis au rang des servitudes établies par la loi, le marchepied le long des rivières navigables ou flottables ? (Art. 650.)

Aussi, a-t-on généralement pensé que ces deux classes de servitudes ne diffèrent, sous aucun rapport, entre elles, et que les rédacteurs du Code auraient mieux fait de les réunir dans un seul chapitre. Et voilà pourquoi, en effet, Zachariæ les a placées dans un chapitre unique, intitulé : *des Servitudes établies par la loi* (t. II, p. 39 et 43); et précédemment Toullier avait aussi déjà confondu nos deux chapitres en un seul (t. II, n°ˢ 484, 485).

Il importe de remarquer, pourtant, que l'origine des unes et des autres servitudes (naturelles et légales) n'est pas identique; et il ne faudrait pas dire absolument, comme on l'a fait, que cette distinction ne peut être *d'aucune utilité pratique* (Demante, *Cours analytique*, t. II, n° 488 *bis*).

La vérité est que les servitudes qui dérivent de la situation des lieux, ont, avant tout, pour cause la disposition des terrains, la conformation des propriétés, et qu'elles sont écrites, pour ainsi dire, sur le sol, tel que Dieu lui-même l'a fait : comme, par exemple, la charge pour le fonds inférieur de recevoir les eaux qui découlent du fonds supérieur. Ces servitudes-là, la loi ne les établit pas; elles existent naturellement, par la force même des choses, avec un caractère de perpétuité et d'universalité, qui fait qu'on les retrouve les mêmes dans tous les temps et dans tous les pays. En l'absence même de tout règlement de la part du législateur, il aurait toujours fallu les admettre; les lois positives qui s'en occupent, les reconnaissent bien plutôt qu'elles ne les imposent; et elles ne font, en général, que consacrer, à cet égard, des règles en quelque sorte préexistantes de nécessité et de bon sens.

Très-différentes, sous ce rapport, les servitudes imposées par la loi, qui sont, au contraire, des dispositions plus ou moins arbitraires, que le législateur établit relativement à des héritages dont la main de l'homme a changé l'état primitif, et qui varient, eu égard aux mœurs, aux usages et aux convenances particulières et locales de chaque époque et de chaque pays. Celles-là, elles n'ont d'autre cause que la loi positive, d'où elles émanent; sans doute, elles sont généralement fondées sur des considérations très-puissantes d'utilité publique et d'intérêt général, afin de maintenir l'harmonie dans les relations du voisinage, de prévenir les inconvénients et les dangers d'une agglomération formée sans les précautions convenables, de favoriser les communications, etc. Mais encore il a fallu que le législateur lui-même les établît; et s'il ne l'avait pas fait, il n'aurait pas été possible au juge de les admettre.

Nous convenons que les rédacteurs du Code n'ont peut-être pas très-exactement maintenu le principe de cette différence dans la classification qu'ils ont faite des unes et des autres par les deux premiers chapitres de notre titre.

Mais cette différence d'origine entre les servitudes *naturelles* et les servitudes *légales,* ne nous en paraît pas moins fondée sur une juste observation des faits.

Et maintenant, peut-elle être, en pratique, susceptible de présenter quelque intérêt ?

Nous croyons qu'il est permis d'en conclure que, en ce qui concerne les servitudes dérivant de la situation des lieux, les magistrats ont, en général, un pouvoir d'interprétation plus large qu'en ce qui concerne les servitudes établies par la loi; car les premières n'étant, comme nous venons de le dire, que des règles de bon sens, d'équité, de nécessité, que le juge aurait dû lui-même suppléer dans le silence de la loi (art. 4), on comprend que son pouvoir d'interprétation reçoive alors une latitude plus grande que lorsqu'il s'agit de dispositions purement arbitraires, plus ou moins variables et accidentelles, et qui n'existent qu'en vertu des textes du droit positif.

Il ne faudrait pas, sans doute, abuser de cette proposition; mais elle nous semble exacte dans sa généralité, et nous aurons occasion de l'invoquer bientôt (*infra,* n° 54).

Nous pouvons, au reste, remarquer encore que les règles relatives aux servitudes dérivant de la situation des lieux, ont été, en général, empruntées au droit romain par les rédacteurs de notre Code (comp. ff. tit. *de aqua et aquæ pluv.; de fluminibus*, etc.).

Tandis qu'ils ont, au contraire, puisé dans notre ancien droit coutumier la plupart des règles qui constituent les servitudes légales.

8. — 2° Notre seconde question est de savoir s'il y a quelque différence entre les servitudes dont il est traité dans les chapitres ɪ et ɪɪ de notre titre, et les servitudes dont il s'agit dans le chapitre ɪɪɪ.

En d'autres termes, les charges que les chapitres ɪ et ɪɪ désignent sous le nom de *servitudes* naturelles et légales, constituent-elles, en effet, de véritables servitudes ?

Ont-elles les mêmes caractères et les mêmes effets que les servitudes établies par le fait de l'homme, dont s'occupe le chapitre ɪɪɪ ? et peut-on les confondre absolument dans une même explication, à l'exemple de notre Code, qui les a réunies dans le titre unique intitulé *des Servitudes ?*

Ce n'est pas seulement ici, comme tout à l'heure, une simple question de classification et de méthode; cette seconde thèse est très-grave; et la solution de plusieurs difficultés importantes de notre matière y est nécessairement engagée.

Il y a bien longtemps que l'on a commencé à soutenir que, d'après le droit naturel, la liberté des fonds est entière et absolue, et que, par conséquent, toute espèce de restriction, apportée par le législateur à cette liberté, constitue une servitude. C'est la doctrine qu'enseignait autrefois Bachovius (*ad Treult.*, t. I, disput. 17, thes. 2), et qui a été, dans ces derniers temps encore, défendue par Merlin (*Quest. de droit*, t. V, vᵒ *Servitude*, § 3) et par Toullier (t. III, nᵒ 534).

« C'est grever un propriétaire d'une servitude, dit

Merlin, que de l'empêcher de faire sur son fonds ce qui lui est permis de droit naturel; et cela est si vrai que les articles 676, 677, 678 et 679 du Code civil sont placés sous la rubrique des servitudes établies par la loi.... »

Tel n'est pas notre sentiment; et nous croyons pouvoir démontrer que cette doctrine est contraire, soit aux traditions les plus certaines des législations antérieures, soit aux principes essentiels sur lesquels repose le droit de propriété tel que les auteurs du Code Napoléon ont eux-mêmes reconnu.

Et d'abord, il est incontestable que les Romains ne considéraient pas comme des servitudes les restrictions que la propriété pouvait recevoir par l'effet de la situation des lieux, ou des règles générales au moyen desquelles le législateur en réglementait l'exercice; c'est là une proposition qui a été fort clairement démontrée par Cœpolla (tract. 2, *de Servit. urban. præd.*, n° 6) et par Vinnius (Inst., *de Servit.*, § 1, n° 4). Il est vrai que Ulpien a appelé du nom de servitude la nécessité où se trouve le fonds inférieur de recevoir les eaux qui découlent naturellement du fonds supérieur (L. 1, § 21, ff. *de aqua et aquæ*); mais ce n'est là évidemment qu'une expression figurée, qui, dans la pensée du jurisconsulte, n'exprime en aucune façon un droit de servitude véritable, de cette servitude que les Romains appelaient *imposititiam*, par opposition, précisément aux facultés ou aux charges qui dérivaient de la situation des lieux, *naturalem*, ou de la loi, *publicam* (L. 5, § 9, ff. *de operis novi nuntiat.*). Ulpien s'explique lui-même, en ajoutant, dans le paragraphe suivant, ces mots très-significatifs : *eritque ista quasi servitus.* Aussi n'y avait-il pas lieu, dans ce cas, aux actions confessoire ou négatoire, mais à une action spéciale introduite par l'édit du préteur : *actio aquæ pluviæ.*

Notre ancien droit français s'était bien gardé aussi de cette confusion; et on peut voir que c'est dans des appen-

dices à son traité du *Contrat de société*, que Pothier s'occupe des obligations, que forme ce qu'il appelle le quasi-
contrat de voisinage : soit de l'obligation pour le
propriétaire inférieur de recevoir les eaux qui découlent
des fonds supérieurs (n° 235 et suiv.), soit de l'obligation de contribuer au bornage (n° 231 et suiv.), soit de
la mitoyenneté des murs, haies ou fossés (n° 199 et
suiv.). Le grand jurisconsulte ne considérait certes pas
comme des servitudes ces *obligations* que la situation des
lieux ou les règlements législatifs créent entre les propriétaires voisins. Il est vrai que le titre XIII de la coutume
d'Orléans, intitulé *des Servitudes réelles*, renfermait aussi
des dispositions relatives à d'autres objets, tels que les
murs mitoyens et les fossés; mais précisément Pothier
remarquait qu'il était traité sous ce titre : « non-seulement des servitudes qu'un héritage peut devoir à l'héritage voisin, mais de plusieurs autres matières, qui
concernent le voisinage; et il ajoutait même, sur quelques-uns des autres articles de ce titre, qu'ils y étaient
étrangers et déplacés (Introd. au tit. XIII de la cout. d'Or-
léans n° 22 à 27; ajoutez aussi Bannelier et Davot, t. II,
p. 142 *des Servit.*, II, trait. 8, § 1, n° 1-4).

C'est qu'en effet rationnellement et au point de vue
philosophique, il est impossible de considérer comme
des servitudes, ces restrictions qui résultent, pour le
droit de propriété, de la situation naturelle des lieux et
des dispositions de la loi.

Le mot *servitude* implique l'idée d'une exception à la
règle générale, d'une dérogation contraire au droit commun : *Contraria quippe sunt libertas et servitus*, dit très-
bien Vinnius *(loc. supra cit.)* ;

Or, les différentes dispositions dont il s'agit dans les
chapitres I et II de notre titre, loin d'avoir le caractère
d'exception, constituent elles-mêmes la règle générale et
le droit commun de toutes les propriétés ;

Donc, elles ne sont pas des servitudes.

Aux termes de l'artiele 544, la propriété est le droit de jouir et de disposer des choses de la manière la plus absolue, *pourvu qu'on n'en fasse pas un usage prohibé par les lois ou par les règlements.* Les différentes prohibitions introduites par les lois ou par les règlements, sont donc inhérentes au droit de propriété lui-même ; ce n'est que sous ces conditions inséparables de son existence, que le droit lui-même est consacré ; ces prohibitions, qui forment, dans chaque pays, la règle commune de la jouissance et de la disposition des propriétés, bien loin d'être des servitudes, sont au contraire constitutives de la liberté même des fonds, telle que le législateur la reconnaît.

C'est se placer dans une abstraction tout à fait chimérique, que de supposer *un droit naturel,* d'après lequel chaque propriétaire aurait la liberté absolue de faire sur son héritage tout ce qu'il voudrait, sans aucun souci du préjudice qui pourrait en résulter pour les héritages voisins. Cette liberté-là, elle ne serait autre chose que la barbarie et la guerre ! il n'y aurait, en effet, qu'un seul côté légitime dans ces prétentions intraitables, ce serait la réciprocité ! c'est-à-dire d'incessantes représailles, qui ouvriraient une source interminable d'hostilités et de désordres également dommageables à tous les propriétaires, et qui finalement rendraient, pour tous et pour chacun, impossible la jouissance des héritages et l'exercice du droit de propriété.

Dieu qui a créé le droit de propriété comme l'une des bases les plus essentielles des sociétés humaines, n'a pas voulu sans doute en faire un droit antisocial et sauvage ; et lorsque le législateur intervient, arbitre suprême, pour marquer à chacun sa limite, et pour déterminer les conditions communes et réciproques de la disposition des biens, il remplit les vues de la Providence : il n'asservit donc pas la propriété ; tout au contraire ! il la discipline, il la civilise, et en la défendant contre ses propres excès, il en garantit la pleine et paisible liberté.

La liberté des choses est évidemment, sous ce rapport, de même condition que la liberté des personnes ; or, qui oserait dire que la loi me met en état de *servitude*, parce qu'elle m'oblige à respecter la liberté d'autrui, les bonnes mœurs et l'ordre public! Eh bien ! il en est ainsi de la liberté des héritages ; elle existe tout entière et parfaitement intacte, malgré les restrictions par lesquelles la loi en prévient les écarts ; ou plutôt c'est à ces restrictions elles-mêmes que la propriété est redevable de cette liberté réglée et sociable, de cette liberté dont les limites communes n'ont d'autre but que l'intérêt égal de chacun des propriétaires afin de les empêcher de se nuire réciproquement l'un à l'autre ; car tel est le but essentiel de toutes ces restrictions, auxquelles on pourrait justement donner pour devise cette maxime : *Quod tibi fieri non vis, alteri ne feceris.*

Quand le législateur, par exemple, dit aux propriétaires de deux fonds contigus, quand il leur dit à l'un comme à l'autre sans distinction : Vous ne pourrez planter des arbres sur votre fonds qu'à telle distance du fonds voisin (art. 671) ; vous ne pourrez ouvrir de vues que sous certaines conditions (art. 676), il est bien clair qu'il n'établit là aucune servitude. Où est alors, en effet, le fonds dominant et le fonds servant, celui de Pierre ou celui de Paul? évidemment ni l'un ni l'autre ; car tel est le droit commun de toutes les propriétés ; et cette parfaite égalité de position des héritages est, au plus haut degré, exclusive du caractère de la servitude.

Pour qu'il y ait servitude, en effet, il faut que l'un des fonds soit placé vis-à-vis d'un autre fonds, dans un état d'assujettissement, auquel, de droit commun, il n'était pas soumis ; il faut, comme dit très-bien le jurisconsulte romain, que l'assujettissement augmente le droit de l'un, *auxit*, et diminue le droit de l'autre, *diminuit* (L. 5, ff. *de operis novi nunc.*).

Or, ce caractère manque essentiellement dans les conditions générales, par lesquelles le législateur réglemente également, pour tous et pour chacun, l'exercice du droit de propriété.

Cela est si vrai que l'héritage qui, par une convention ou autrement, sortirait de ces règles communes, et qui perdrait l'un des attributs qui en résultent, se trouverait au contraire constitué, par cela même, en état de servitude; donc, ces règles là ne forment pas elles-mêmes des servitudes; car, l'extinction d'une servitude proprement dite ne fait que replacer les deux fonds dans les limites du droit commun; en affranchissant l'un, elle n'asservit pas l'autre.

Et voilà bien ce qui explique comment deux faits contraires pouvaient à Rome, suivant les différents usages locaux, constituer, en sens inverse, une double servitude : *altius tollendi aut non tollendi* (Inst., *de Servit.* ; § 2); c'est-à-dire que dans les lieux où, d'après le droit commun, la hauteur des bâtiments était limitée, ce n'était que par l'effet d'une servitude véritable au préjudice du voisin, qu'un propriétaire pouvait élever son bâtiment au-dessus de la hauteur fixée par les règlements, *altius tollendi* ; tandis qu'au contraire, là où les propriétaires avaient le droit d'élever aussi haut qu'ils voulaient, leurs constructions, ils n'en pouvaient être empêchés que par l'effet d'une servitude établie au profit du voisin, *altius non tollendi* (comp. Cœpolla, Vinnius, h. t.).

Ces principes d'ailleurs ont été reconnus par les auteurs mêmes du Code, soit dans notre titre, soit plus tard dans le titre *Des engagements qui se forment sans convention.*

Dans notre titre, il est remarquable que le chapitre III, intitulé *des Servitudes établies par le fait de l'homme*, est le seul où il soit question des différents caractères des servitudes, apparentes ou non apparentes, continues ou discontinues, et de tout ce qui concerne les modes d'acquisition, d'exercice ou d'extinction de ces servitudes, que le législateur lui-même considère alors comme étant les seules qui méritent véritablement ce nom.

Bien plus ! l'article 1370 met au nombre *des engagements personnels*, qui résultent de l'autorité de la loi, les engagements formés involontairement entre les propriétaires voisins.

9. — Comment donc se fait-il que les rédacteurs du Code Napoléon aient adopté, dans notre titre, la classification que nous venons d'exposer?

Il est permis de croire qu'ils ont voulu réunir ainsi, dans un même cadre, le tableau complet de toutes les dispositions, qui, malgré les différences d'origine et de nature qui les distinguent, ont pour résultat commun de réglementer la propriété foncière dans notre pays ; et on ne peut nier que toutes ces dispositions, en effet, n'aient entre elles ce grand rapport de ressemblance : qu'elles affectent, avant tout, les héritages eux-mêmes, et qu'elles n'atteignent les personnes qu'en tant qu'elles possèdent les héritages.

10. — De là ne faut-il pas déduire une conséquence importante, à savoir : que toutes les charges dont il est question dans ce titre, ont, aux yeux de notre législateur, un égal caractère de réalité, et que, par conséquent, c'est le tribunal de la situation de l'immeuble qui est compétent, d'après l'article 59, 3ᵉ alinéa du Code de procédure, pour connaître des actions relatives aux trois espèces de servitudes sans distinction, qu'elles dérivent de la situation des lieux, de la loi ou du fait de l'homme?

Cette conclusion nous paraît, en effet, très-exacte (*voy.* aussi *infra*, n° 243).

Il est vrai que l'article 1370, en présentant ces sortes de charges comme des *engagements personnels* entre voi-

sins, semble d'abord y faire obstacle. Mais il faut bien
reconnaître qu'il existe une certaine contrariété de doctrine entre cet article et tout notre titre *des Servitudes*, et
nous n'hésitons pas à penser que c'est dans le titre même
qui a été spécialement consacré à cette matière, que se
trouve la véritable pensée du legislateur, bien plutôt que
dans une simple désignation employée par l'article 1370,
qui d'ailleurs ne s'en occupe pas.

Telle est, suivant nous, la conséquence nécessaire du
point de vue sous lequel les charges naturelles ou légales
ont été considérées par notre Code, et de l'assimilation
qu'il établit entre elles et les servitudes proprement dites.
Aussi bien cette conséquence est-elle très-conforme aux
intérêts de la pratique et à la bonne administration de la
justice dans ces sortes d'affaires.

C'est par application de ce principe qu'il a été décidé
que le propriétaire, qui a fait l'avance de tous les frais
d'un mur mitoyen construit d'accord avec le voisin, a,
pour le remboursement de ces frais, une action réelle
qu'il peut exercer contre l'acquéreur, tiers détenteur de
la propriété voisine (comp. Paris, 3 avril 1841, Cochet,
Dev., 1841, II, 540; Cass., 21 mars 1843, mêmes parties,
Dev., 1843, I, 350; ajout. Paris, 22 janv. 1834, Rousseau, Dev., 1834, II, 94; Demante, *Cours analyt.*, t. II,
n° 488 *bis*; *voy.* aussi *infra*, n° 367).

11. — Ce n'est pas à dire, toutefois, que le propriétaire d'un héritage pourrait toujours s'affranchir, par
l'abandon et le déguerpissement, des obligations résultant des servitudes naturelles ou légales.

Cette faculté d'abandon existe sans doute en règle générale, toutes les fois que l'obligation a conservé son caractère, purement réel, et que le propriétaire n'est tenu
que *propter rem* (comp. art. 656, 699).

Mais il en serait autrement, si le propriétaire d'un héritage avait lui-même personnellement contracté une
obligation envers le propriétaire de l'héritage voisin,

soit par une convention, soit par une faute quelconque
qui aurait engagé sa responsabilité envers lui (comp.
L. 6, § 7, princ., et § 1; L. 13 et 16, ff. *de aqua
et aquæ;* art. 1134, 1382, et les arrêtés cités *supra,*
n° 10).

12. — On voit que la classification adoptée par notre
Code, quoiqu'elle ne soit pas scientifiquement irréprochable, peut néanmoins être justifiée sous quelques rapports, et qu'elle produit même certaines applications fort
utiles.

Mais on ne saurait en dissimuler non plus les inconvénients.

Les différentes dispositions relatives à l'exercice du
droit de propriété, qu'elles dérivent de la situation des
lieux, de la loi, ou du fait de l'homme, toutes ces dispositions ont été placées, disons-nous, dans le titre *des
Servitudes.* Or, il y en a, parmi elles, quelques-unes qui
ne présentent pas même l'apparence d'une servitude;
comme, par exemple, tout ce qui concerne le bornage et
droit de clôture (art. 646, 647 et 661), où l'on n'aper
çoit, ni avant ni après l'opération, aucune trace quelconque de servitude entre les deux fonds. Aussi Pardessus pensait-il que c'est dans le titre de la propriété que
les règles sur ces matières auraient dû être placées (t. I,
n° 4); et c'est dans ce titre que Toullier s'écartant de
l'ordre du Code, les a effectivement transportées (t. II,
n°s 59 et suiv.).

La vérité est que ce rapprochement de dispositions
d'une origine et d'un caractère entièrement différents,
sera dans notre titre la source de quelques obscurités et
de certains embarras. Il y a sans doute, comme nous
l'expliquerons bientôt, un certain nombre de principes,
qui sont communs à toutes ces charges sans distinction
(comp. surtout les articles 640, 701, 702); mais nous
verrons aussi que plusieurs ordres de principes fort importants ne sauraient leur être également applicables; et

c'est souvent une assez grave difficulté que celle qui consiste à discerner exactement les uns d'avec les autres (*Thémis*, t. II, p. 275, article de Jourdan).

13. — Nous n'avons pas cru néanmoins devoir changer le plan ni la distribution des matières de notre Code, ces sortes de transpositions et de bouleversements ayant presque toujours, suivant nous, plus d'inconvénients encore que d'avantages.

Nous suivrons donc, dans ce titre, l'ordre même que le législateur a adopté ; nous réservant d'exposer les caractères constitutifs de la servitude véritable et proprement dite, dans le chapitre III, qui traite des servitudes établies par le fait de l'homme.

CHAPITRE PREMIER

DES SERVITUDES QUI DÉRIVENT DE LA SITUATION DES LIEUX.

SOMMAIRE.

14. — Division de ce chapitre.

14. — Le chapitre I de notre titre renferme trois ordres de dispositions qui sont relatives :

1° Aux charges et aux avantages qui peuvent résulter, pour les héritages, du cours naturel des eaux (art. 640-645);

2° A l'obligation, pour les propriétaires voisins, de procéder, à frais communs, au bornage de leurs fonds (art. 647, 648).

De là les trois sections qui vont suivre.

SECTION I.

DES CHARGES ET DES AVANTAGES QUI PEUVENT RÉSULTER, POUR
LES HÉRITAGES DU COURS NATUREL DES EAUX.

SOMMAIRE.

15. — Division de cette section.

15. — Nous avons, dans cette première section, à nous occuper de deux hypothèses distinctes, qui sont réglées :

L'une, par l'article 640 ;

L'autre, par les articles 641 à 645.

Dans la première, il s'agit de l'obligation, pour les fonds inférieurs, de recevoir les eaux qui découlent naturellement des fonds supérieurs ;

Dans la seconde, le Code a traité des différents droits dont les eaux vives peuvent être l'objet au profit des propriétaires fonciers.

Nous examinerons séparément chacune de ces hypothèses; et nous rattacherons à la première les autres assujettissements dont le Code n'a point parlé, et qui peuvent résulter encore de la situation des lieux, à la charge du fonds inférieur relativement au fonds supérieur.

Enfin, un troisième paragraphe de cette section sera consacré à l'examen de quatre lois spéciales, qui ont été rendues dans ces derniers temps : l'une, le 29 avril 1845; l'autre, le 11 juillet 1847 ; la troisième, le 10 juin 1854 ; la dernière, enfin, le 23 juillet 1856, et dont les dispositions, relatives aux irrigations, au droit d'appui et à l'écoulement des eaux par le drainage, forment désormais le complément inséparable des articles du Code Napoléon sur cette matière.

§ I.

De l'obligation, pour les fonds inférieurs, de recevoir les eaux
qui découlent naturellement des fonds les plus élevés;
Et des autres charges qui peuvent résulter encore de la situation
naturelle des lieux.

**A. — *De l'obligation de recevoir les eaux qui découlent
naturellement des fonds supérieurs.***

SOMMAIRE.

33. — Lorsque le lit, dans lequel les eaux coulent sur le fonds inférieur, se trouve comblé de manière qu'elles refluent sur le fonds supérieur, le propriétaire inférieur est-il tenu de le curer?

34. — Suite.

35. — Comment reconnaître quelle était la situation primitive des fonds et de quel côté les eaux prenaient naturellement leur cours, lorsque les parties ne s'accordent pas sur ce point?

36. — Le propriétaire supérieur ne peut rien faire qui aggrave l'assu-jettissement du fonds inférieur. — Exemples.

37. — Suite.

38. — Suite. — Les propriétaires inférieurs pourraient-ils se plaindre si le propriétaire contigu et immédiatement inférieur avait consenti à l'aggravation de l'assujettissement? — *Quid*, si une voie publique séparait les fonds?

39. — Le propriétaire supérieur peut-il faire des travaux pour la culture de son fonds? — Peut-il construire?

40. — Peut-il se servir des eaux? et pour quels usages?

41. — Suite.

42. — Suite.

42 — L'un des propriétaires, le supérieur ou l'inférieur, pourrait-il être autorisé à aire des ravere ommageables à. 'autre, sauf indem-nité?

44. — Si une digue, naturelle ou artificie.e, existant sur le fonds su-périeur, et qui protégeait le fonds inférieur contre l'action des eaux, venait à être détruite, quel serait le droit du propriétaire inférieur? — Ce propriétaire ne pourrait-il pas être autorisé à construire, lui-même et à ses frais, une digue sur le fonds supérieur?

45. — Des actions qui appartiennent respectivement soit au propriétaire supérieur, soit au propriétaire inférieur, en vertu de l'article 640.

46. — Est-il nécessaire que les ouvrages entrepris par l'un des proprié-taires aient déjà causé un dommage à l'autre propriétaire, pour que celui-ci puisse en demander la discontinuation ou la destruction?

47. — L'ouvrage établi sur un fonds auquel il est utile, est présumé avoir été fait par le propriétaire de ce fonds, sauf la preuve contraire.

48. — Que décider, si l'ouvrage nuisible a été fait publiquement par l'un des propriétaires, au vu et au su de l'autre propriétaire, quoique sans consentement exprès de sa part?

49. — Suite. — Lorsqu'il s'est écoulé trente ans depuis l'établissement des ouvrages nuisibles, l'action à fin de destruction de ces ouvrages et de dommages-intérêts est-elle désormais prescrite?

50. — Lorsqu'un ouvrage nuisible a été établi par l'un des propriétaires, les dommages-intérêts sont-ils dus dès le jour où le préjudice a été causé? ou bien faut-il que l'auteur des travaux ait été mis en de-meure?

51. — L'article 640 impose une charge au fonds inférieur; il ne lui ac-corde pas un droit. — En conséquence, le propriétaire supérieur peut retenir les eaux pluviales qui tombent sur son fonds ou qui lui arri-vent du fonds supérieur ou de la voie publique.

52. — Suite. — La même solution est applicable aux eaux de source, en ce sens que le propriétaire dans le fond duquel la source prend nais-

sance, a toujours le droit de la détourner au préjudice des propriétaires inférieurs.

53. — Le propriétaire supérieur qui aurait, pendant plus de trente ans,
retenu les eaux pluviales ou les eaux de la source qui prend naissance
dans son fonds, pourrait-il ensuite les laisser couler, suivant leur
pente naturelle, sur les fonds inférieurs?

16. — Aux termes de l'article 640 :

« Les fonds inférieurs sont assujettis, envers ceux qui
« sont plus élevés, à recevoir les eaux qui en découlent
« naturéllement, sans que la main de l'homme y ait con-
« tribué.

« Le propriétaire inférieur ne peut point élever de
« digue qui empêche cet écoulement.

« Le propriétaire supérieur ne peut rien faire qui ag-
« grave la servitude du fonds inférieur. »

C'est la nature elle-même qui, en imprimant aux terrains leur pente, a soumis les fonds inférieurs à recevoir
les eaux qui découlent des fonds plus élevés; telle est
aussi évidemment la condition tacite et nécessaire de
l'établissement de la propriété sur ces fonds. Nous n'admettons pas, avec Toullier, que *si on ne suivait que la loi
de la propriété, le propriétaire inférieur pourrait élever
des digues pour empêcher les eaux de couler sur son terrain
et les faire refluer sur le fonds supérieur ou sur les fonds
voisins* (t. II, n° 484).

Nous croyons avoir démontré, au contraire, que le
droit de propriété n'a jamais existé avec cette liberté absolue et brutale, qui ne serait, entre les voisins, qu'un
état de guerre sans trêve et sans fin (*supra*, n° 8).

Si, en effet, dans notre hypothèse, le propriétaire inférieur pouvait chercher à se soustraire à cet assujettissement, par des travaux qui feraient refluer les eaux sur le
fonds supérieur, le propriétaire de celui-ci aurait également, de son côté, le droit d'entreprendre des ouvrages
pour repousser les eaux, avec plus de violence, sur les
fonds inférieurs; c'est-à-dire que, finalement, ni l'un ni

l'autre, au milieu de ces mutuelles représailles, ne pourrait jouir de sa propriété. Et voilà pourquoi le législateur
est intervenu dans l'intérêt privé des propriétaires et dans
l'intérêt général de la société, non pas pour créer ici une
servitude, mais pour constater la situation naturelle des
lieux, et afin que chacun soit tenu de s'y conformer et
de la maintenir; car suivant le mot très-juste d'Ulpien,
non aqua, sed loci natura nocet (L. I, § 14, ff. *de aqua et
aquæ*).

Les jurisconsultes romains ont exposé, avec des détails
remplis de sagacité et de prévoyance, les règles de cette
espèce d'assujettissement; et nous aurons souvent à invoquer la sagesse de leurs décisions sur cette matière (comp.
au Digeste : *de aqua et aquæ pluviæ arcendæ* (lib. XXXIX,
tit. III); — *de aqua cottidiana et æstiva* (lib. XLIII, tit.
XX); — *de fonte* (lib. XLIII, tit. XXI); — *de servitutibus
prædiorum rusticorum* (lib. VIII, tit. III).

17. — 1° Dans quels cas l'article 640 est-il applicable ?

2° Quels sont les droits et les obligations qui en résultent, soit pour le propriétaire inférieur, soit pour le
propriétaire supérieur ?

Tels sont les deux points que nous devons examiner.

18. — 1° Nous demandons d'abord dans quels cas
l'article 640 est applicable; ou, en d'autres termes, dans
quels cas les fonds inférieurs sont-ils assujettis à recevoir les eaux qui descendent des fonds supérieurs.

D'après le texte fort explicite de notre article, cet
assujettissement est imposé aux fonds inférieurs en ce
qui concerne *les eaux qui découlent naturellement des
fonds plus élevés, sans que la main de l'homme y ait
contribué*.

Ainsi le propriétaire inférieur est obligé de recevoir
toutes celles-là, mais rien que celles-là !

Voilà notre règle.

19. — Lorsque les eaux découlent naturellement de

fonds supérieurs, les fonds inférieurs sont assujettis à
les recevoir, de quelque manière d'ailleurs qu'elles se
forment ou qu'elles arrivent sur le fonds supérieur; et il
n'est pas douteux que l'article 640 est applicable :

Soit aux eaux pluviales, qui tombent directement sur
le fonds supérieur ou qui lui arrivent à lui-même, par
la situation naturelle des lieux, des fonds plus élevés;

Soit aux eaux provenant de la fonte des neiges;

Soit à celles qui découlent des fonds par infiltration

Soit enfin aux eaux de source, formant un cours plus
où moins régulier et continuel (comp. Cass., 13 juin
1814, Leroi, Sirey, 1815, I, 239; Bordeaux, 15 mars
1830, Jousse, Sirey, 1830, II, 271; Pardessus, t. I,
n° 82; Duranton, t. V, n° 153 ; Zachariæ, Aubry et Rau,
t. II, p. 33).

20. — Et il n'est pas nécessaire que les deux héritages soient attenants l'un à l'autre; l'article 640 n'exige
pas et ne pouvait pas exiger cette condition ; il serait donc
applicable, lors même que les héritages se trouveraient
séparés par une voie publique, si d'ailleurs les eaux
étaient amenées, par la pente naturelle du terrain, à
travers la voie publique, du fonds supérieur sur le fonds
inférieur (comp. Cass., 8 janvier 1834, Marchal, D.,
1834, I, 75; Cass., 3 août 1852, Wermelinger, J. du P.,
1853, t. II, p. 570; Daviel, t. III, n° 763; Duranton,
t. V, n° 159; infra, n° 38).

21. — La solution, que nous venons de donner dans
l'hypothèse précédente, suppose virtuellement que l'article 640 est applicable à tous les fonds inférieurs sans
distinction, et par conséquent à la voie publique elle-
même ou, plus généralement, aux terrains dépendant du
domaine public ou communal.

Cette proposition est d'autant plus certaine, en ce qui
concerne la voie publique, que l'on peut dire que telle
est sa destination, en ce sens que les propriétaires peuvent diriger sur la voie publique les eaux pluviales, alors

même qu'elles n'y sont pas conduites par la pente naturelle de leurs fonds, sauf, bien entendu, le pouvoir
réglementaire de l'autorité municipale (comp. art. 681 ;
Cass., 31 nov. 1834, Dupont, D., 1835, I, 9 ; Garnier,
Régime des eaux, t. III, n° 680).

Mais indépendamment même de cette règle, et encore
bien qu'en général le Code Napoléon ne s'occupe que des
relations entre les propriétés privées, l'article 640, en
tant qu'il se borne à consacrer une nécessité résultant de
la situation naturelle des lieux, nous paraît être applicable à tous les fonds sans distinction (comp. L. 2, § 26
et 27, ff. *ne quid in loc. publ.*).

Aussi n'admettons-nous pas la doctrine de Pardessus,
qui enseigne que, si une place, une promenade, un rem-
part ou les fossés d'une ville, étaient situés de manière à
recevoir naturellement les eaux supérieures, cependant
le gouvernement ou l'administration locale aurait le
droit d'exiger que le propriétaire du fonds le plus élevé
dirigeât l'écoulement de manière qu'elles ne vinssent pas
se rendre sur cette promenade ou dans ces fossés ; et
que le propriétaire voisin qui, par ce changement, se
trouverait recevoir les eaux qui se rendraient plus naturellement sur la propriété publique ou communale, ne
pourrait s'y refuser (t. I, n° 42).

Aucun texte ne nous paraît justifier le droit exorbitant,
qui serait ainsi attribué à l'administration, au préjudice
tout à la fois du propriétaire supérieur et du propriétaire
sur lesquels les eaux se trouveraient rejetées, contrairement à leur direction naturelle ; et nous pensons, avec
Daviel (t. III, n° 763), qu'une telle interversion ne pourrait avoir lieu que pour cause d'utilité publique et
moyennant indemnité.

22. — La circonstance qu'un mur de clôture séparerait le fonds supérieur d'avec le fonds inférieur, ne saurait davantage faire obstacle à l'application de l'article
640 ; le texte de cet article n'admet non plus aucune

exception de ce genre ; et s'il en était autrement, la vérité est que cette disposition, malgré l'extrême généralité de ses termes, ne serait pas susceptible d'application dans les lieux où les héritages sont séparés par des clôtures et surtout dans les villes. Aussi la loi du 1ᵉʳ mai 1845, qui a voulu faire cette exception dans l'hypothèse par elle prévue, a-t-elle eu soin de s'en expliquer formellement (*infra*, n° 31).

Il faut donc reconnaître que le propriétaire supérieur a le droit de pratiquer dans la muraille des ouvertures, des barbacanes, afin de procurer l'écoulement des eaux (comp. Aix, 1ᵉʳ mars 1810, dans Dubreuil, t. I, p. 366; Cass., 10 juin 1324, *J. du P.*, t. XVIII, p. 778; Cass., 3 août 1852, Wermelinger, *J. du P.*, t. II de 1853, p. 570; Daviel, t. III, n° 755).

23. — Mais, au contraire, l'article 640 ne saurait être invoqué toutes les fois qu'il s'agit d'eaux dont l'écoulement serait le résultat du fait de l'homme ; car l'article 640, dit très-bien Taulier (t. II, p. 360), ne consacre que l'œuvre directe et libre de la nature.

Le propriétaire inférieur ne serait donc pas tenu de recevoir les eaux que le propriétaire supérieur tirerait d'un puits ou d'un réservoir quelconque, citerne, mare, égout, etc., afin de les employer à quelque service dans sa maison ou sur son héritage, fût-ce même pour la culture et l'irrigation ; car il ne peut, pour aucune cause, créer par son fait une servitude à la charge du fonds inférieur ; il doit donc prendre, dans ces différents cas, les précautions nécessaires, afin que les eaux par lui retenues ne s'écoulent ni à l'extérieur ni à l'intérieur par infiltration, sur le fonds moins élevé.

La même observation est applicable aux eaux ménagères et à celles qui proviennent d'une fabrique ou d'une industrie quelconque, telle que teinturerie, tannerie, etc. (comp. Cass., 15 mars 1830, Jousse, Sirey, 1830, I, 271 ; Duranton, t. V, n° 154 ; Du-

caurroy, Bonnier et Roustaing , t. II, n° 264; Daviel,
t. III, n° 754).

24. — Il en est de même des eaux pluviales provenant de l'égout des toits :

Aux termes de l'article 681 : « Tout propriétaire doit
« établir des toits , de manière que les eaux s'écoulent
« sur son terrain ou sur la voie publique; il ne peut les
« faire verser sur le fonds de son voisin. »

Cela est d'évidence, lorsque le fonds voisin sur lequel
un propriétaire voudrait diriger l'égout de son toit, n'est
pas inférieur et ne recevrait pas les eaux par l'effet de
leur écoulement naturel.

Mais alors même que ce fonds serait moins élevé ,
l'établissement des gouttières pourrait lui être préjudiciable de plusieurs manières, soit en versant d'en haut
sur lui, *per stillicidium,* les eaux pluviales, soit en les
réunissant en un seul volume, soit en lui transmettant
toutes les eaux pluviales qui n'y seraient arrivées qu'en
une quantité beaucoup moindre, si elles étaient tombées
sur toute la surface du fonds supérieur, où elles auraient
pu être absorbées par les infiltrations intérieures ou
même par le seul effet de l'évaporation dans les temps
de sécheresse.

La règle est donc que l'établissement des gouttières ne
doit point changer la situation du fonds inférieur ni aggraver son assujettissement (Cass., 15 mars 1830 ,
Jousse, D., 1830, I, 168; Cass., 19 juin 1865, d'Hiersat,
Dev., 1865, I, 337 ; Auroux Despommiers, sur l'article
509 de la cout. de Bourbonnais, n° 3).

25. — Ce que nous disons de l'égout des toits, est
également vrai de tout autre ouvrage qu'un propriétaire
ferait sur son fonds.

Il est clair, par exemple, que nul ne peut paver sa
cour de manière soit à diriger les eaux pluviales sur le
fonds de son voisin, qui ne serait pas tenu, par la situation naturelle des lieux, de les recevoir; soit à aggraver,

d'une manière sensible et appréciable, l'assujettissement du fonds inférieur, vers lequel la pente des fonds les conduirait (comp. *infra*, n° 39; Cass., 13 mars 1827, Anglade, Sirey, 1827, I, 360; Duranton, t. V, n° 154; Daviel, t. III, n° 753; Marcadé, art. 640, n° 2).

26. — Le propriétaire supérieur pourrait-il, sans titre et en vertu de l'article 640, faire couler sur le fonds inférieur les eaux d'une source nouvellement ouverte par le résultat de ses travaux?

Pardessus a proposé à cet égard une distinction :

Ou la source nouvelle se fait jour par suite des travaux dont se compose habituellement la culture d'un champ, comme l'établissement d'un fossé, le nivellement de quelques portions de terrains plus élevées que le reste, ou un défrichement; et alors l'écoulement de la source doit être considéré comme naturel, parce qu'il n'est que la conséquence du droit qu'a tout propriétaire de faire les travaux propres à l'amélioration de son fonds;   .

Ou, au contraire, des fouilles ont été faites dans la vue de se procurer de l'eau, comme si, par exemple, le propriétaire supérieur a creusé sur son fonds un puits artésien; et alors, dit Pardessus, *il serait beaucoup plus douteux* que les propriétaires inférieurs fussent tenus de recevoir les eaux (t. I, n° 83).

Nous n'éprouvons, pour notre part, aucun doute, dans ce dernier cas, pour décider que les propriétaires inférieurs ne sont pas tenus de recevoir les eaux de cette source nouvelle : aux termes de l'article 640, le propriétaire inférieur n'est assujetti à recevoir que les eaux qui découlent *naturellement sans que la main de l'homme y ait contribué*; or, il est évident que la main du propriétaire supérieur a contribué à l'écoulement de cette source nouvelle, puisque c'est lui qui l'a cherchée et qui l'a fait jaillir; donc l'article 640 n'est pas applicable. C'est assurément un acte de bonne administration, comme dit Pardessus, que de chercher à procurer de l'eau à son domaine ; mais nul ne peut procurer ainsi des améliorations à son héritage, au détriment des héritages voisins. Concluons donc que le propriétaire supérieur devrait retenir chez lui les eaux de la source nouvelle ou du puits artésien nouvellement creusé, ou les perdre de quelque manière que ce fût, dans la rivière ou autrement; et que s'il était impossible d'en empêcher désormais l'écoulement sur le propriétaire du fonds inférieur, celui-ci aurait droit à une indemnité pour ce passage forcé, sur son fonds, des eaux qu'il n'était pas tenu de recevoir (arg. de l'article 682 ; Cass., 8 janv. 1834, Marchal, D., 1834, I, 75; Duranton, t. V, n° 166; Duvergier sur Toullier, t. II, n° 509, note 1 ; Marcadé, art. 640, n° 2 ; Daviel, t. III, n° 901; Ducaurroy, Bonnier et Roustaing, t. II, n° 264).

Nous convenons que la question est plus délicate dans la première hypothèse, où la source a jailli par suite de travaux qui n'avaient pas pour but de découvrir de l'eau, *non data ad hoc opera*. Ne pourrait-on pas, en effet, dire que le propriétaire supérieur, en faisant des travaux sur son héritage, en creusant, par exemple, pour établir les fondations d'un bâtiment, n'a fait qu'user strictement de son droit, sans aucune espèce de faute ni d'imprudence, et qu'il n'existe dès lors contre lui aucun principe de responsabilité (arg. des articles 1382, 1383) ; que toutes les sources, après tout, ont eu un commencement ; et que lorsqu'elles naissent ainsi à l'occasion d'un travail exécuté par le propriétaire supérieur, dans le légitime exercice de son droit de propriété, c'est là un incident et une espèce de force majeure qui résulte directement de la situation naturelle des fonds? Tel paraît être le sentiment de Daviel, qui enseigne « qu'il peut arriver que, par l'effet des travaux faits par un propriétaire sur son fonds, la circulation des eaux souterraines soit interrompue et qu'ainsi elles se trouvent refoulées dans une autre direction et s'infiltrent dans les fondations ou les caves des bâtiments voisins ; et qui ajoute « que le propriétaire, qui souffre de ce nouvel état des choses, ne peut s'en prendre à celui qui en a été involontairement l'auteur. » (T. III, n° 903.)

Il nous paraîtrait néanmoins plus sûr et plus juridique de décider, même dans ce cas, que le propriétaire voisin ou inférieur n'est pas tenu de recevoir les eaux.

Le texte de l'article 640 est formel ; le propriétaire inférieur n'est assujetti à recevoir les eaux, qu'autant qu'elles découlent *naturellement et sans que la main de l'homme y ait contribué ;* or, dans ce cas comme dans l'autre, la main de l'homme y a contribué, et il ne s'agit pas d'un écoulement résultant uniquement de la situation naturelle des lieux ; donc, il n'est pas tenu de les recevoir.

On objecte que le propriétaire supérieur a usé de son droit, et qu'il était libre de faire sur son fonds les travaux qu'il y a faits.

Sans doute ! mais à la condition qu'il n'en résulterait pas de dommage pour la propriété d'autrui : « In suo hac- « tenus facere licet, *quatenus nihil immittat in alienum.* » (L. 8, § 5, ff. *si servit. vind.* ; comp. Douai, 11 juill. 1866, Cauvet, Dev., 1867-2-151.)

Ajoutons que le point de savoir dans quel but et avec quelle intention les travaux auraient été exécutés par le propriétaire supérieur, si c'était ou si ce n'était pas à l'effet de se procurer de l'eau, pourrait être souvent fort difficile à préciser en fait (comp. Delvincourt, t. I, p. 155, note 3).

27. — A plus forte raison, le propriétaire supérieur ne pourrait-il pas, en transformant son champ en un étang, faire couler les eaux de cet étang sur les fonds in- férieurs, si les eaux n'y étaient pas auparavant portées par la pente des terrains, ou de manière à aggraver l'écoulement naturel, qui les y conduisait déjà (comp. notre vol. précédent, n° 29 et suiv. ; Duranton, t. V, n° 167 ; Daviel, t. III, n° 809 ; Pardessus, t. I, n° 86).

28. — La solution qui précède ne s'applique toutefois qu'aux étangs qui sont établis par des ouvrages faits de main d'homme.

Elle ne devrait donc pas être suivie, à l'égard de ces étangs, en quelque sorte naturels, qui se forment tout seuls dans les contrées montueuses, avec les eaux qui descendent des coteaux environnants et qui s'amassent dans les terrains bas et creux.

Il est clair que si, par l'effet de pluies extraordinaires ou par fonte des neiges, ces eaux, devenues trop abondantes, ne sont plus retenues par la cavité du sol et se répandent sur les fonds voisins, c'est là un accident résultant de la situation naturelle des lieux.

29. — De même les fonds voisins d'un marais sont assujettis à recevoir les eaux qui débordent par l'effet des pluies, *exundante palude.... si ea palus aqua pluvia amplietur* (L. I, § 2, ff. *de aqua et aquæ*, etc.) ; et, bien entendu, les propriétaires inférieurs ou voisins n'ont pas le droit de se soustraire à cet assujettissement naturel par des ouvrages qui refouleraient les eaux sur les propriétaires des fonds supérieurs ou sur ceux dont les fonds se trouveraient placés latéralement (art. 640 ; Duranton, t. V, n° 163).

30. — De ce qui précède, il résulte que l'article 640 s'occupe particulièrement des eaux pluviales et de source ; et la vérité est qu'il ne concerne pas les fleuves ni les rivières navigables ou non navigables.

Ce n'est pas sans doute que les propriétaires dont les héritages sont bordés ou traversés par des fleuves ou par ces rivières, ne soient point tenus de laisser à l'eau son cours naturel, *fluminis naturalem cursum non avertere* (L. 1, Cod. *de alluvionibus*), et de n'entreprendre aucun ouvrage dont le résultat serait de changer la direction ou la largeur du lit, ou de nuire, de quelque manière que ce soit, aux autres héritages bordés ou traversés par le fleuve. On pourrait même, sous ce rapport, invoquer aussi l'article 640, indépendamment des lois spéciales et des règlements d'administration publique, qui régissent cette hypothèse (loi des 28 sept., 6 oct. 1791, tit. II, art. 15 ; art. 457, C. pénal ; et art. 644, C. Napol.).

Quand nous disons que l'article 640 n'est pas applicable aux fleuves et aux rivières, nous voulons surtout en conclure qu'il ne fait pas obstacle à ce que les propriétaires se garantissent, par des travaux offensifs établis sur le bord de la rive ou dans l'intérieur de leurs héritages, soit de l'action permanente et insensible de ces cours d'eau, soit surtout de leurs débordements accidentels et extraordinaires : *ripam suam adversus rapidi amnis impetum munire prohibitum non est* (L. 1, Cod. *de alluv.*).

Et lors même que l'effet de ces travaux, plantations, digues ou autres, serait, comme il arrive presque toujours, de rendre les eaux plus hostiles et plus dommageables aux autres fonds, les propriétaires de ceux-ci ne seraient pas fondés à se plaindre ; car chacun peut en faire autant de son côté ; ce droit de préservation et de légitime défense est réciproque ; et il était impossible que la loi imposât aux propriétaires riverains des fleuves et des rivières l'obligation de laisser dévorer leurs fonds, sans pouvoir rien faire pour les garantir !

Ce qu'il faut seulement, c'est que leurs travaux n'anticipent pas sur le lit naturel du cours d'eau ; qu'ils soient faits aussi, bien entendu, conformément aux règlements de police, s'il en existe, et enfin, qu'ils aient en effet sérieusement pour but la défense de leurs propres fonds ; car on ne devrait pas tolérer des ouvrages qui auraient été faits par un propriétaire, sans aucune nécessité, sur son propre fonds, et dans la seule et déloyale intention de nuire aux autres fonds.

Ce que nous venons de dire des fleuves et des rivières est également applicable aux eaux désordonnées d'un torrent accidentel qui fondrait sur certains héritages.

C'est là un cas de force majeure, dont chacun a, de son
côté, le droit de chercher à se garantir, comme on peut,
par le droit naturel, se garantir, a très-bien dit la Cour
d'Aix (*infra*), des incursions de l'ennemi, sans s'occuper
du sort de son voisin, qui n'aurait pas la même prévoyance. (Comp. Chambéry, 14 août 1868, Gaillard,
Dev. 1869-2-72.)

Ces principes, si conformes à la raison et à l'équité,
ont été de tout temps reconnus soit en droit romain, soit
dans notre ancienne jurisprudence française; et ils sont
encore aujourd'hui consacrés par l'accord unanime des
arrêts et des auteurs (comp. L. 2, § 9, ff. *de aqua et aquæ;*
L., unic., ff. *de ripa munienda; L.* 1, ff. *ne quid in flumin.
publ.*; Cœpolla, tract. 2, cap. xxxviii, n° 2 ; Tronçon, sur
l'article 225 de la cout. de Paris; Henrys, liv. IV, tit. ii,
quæst. 75 ; Domat, *Lois civiles*, liv. II, tit. viii, section iii,
n° 9; Aix, 19 mai 1813, Raousset, Sirey, 1814, II, 9 ;
Cass., 11 juillet 1860, Deverney, Dev., 1861, I, 510 ;
Cass., 26 déc. 1865, Ville de Perpignan, Dev., 1866, I, 65;
Duranton, t. V, n° 162 ; Pardessus, t. I, n° 92; Garnier,
t. III, n° 677 ; Daviel, t. I, n°s 384-386, et t. II, n° 697,
698; Taulier, t. II, p. 361 ; Neveu-Derotrie, *Lois rurales*,
p. 45; Massé et Vergé sur Zachariæ, t. II, p. 158).

31. — La loi sur les irrigations, du 1er mai 1845, a
apporté une notable exception à la règle posée dans notre
article 640, qui ne soumet les fonds inférieurs à recevoir
les eaux qu'autant que la main de l'homme n'a pas contribué à leur écoulement (*voy.* aussi l'article 49 de la loi
du 16 septembre 1807).

Nousverrons, en effet, bientôt (*infra*, n° 201) qu'aux
termes de l'article 1er de la loi de 1845, tout propriétaire
qui veut se servir, pour l'irrigation de ses propriétés, des
eaux naturelles ou artificielles, dont il a le droit de disposer, peut obtenir le passage de ces eaux sur les fonds
intermédiaires, à la charge d'une juste et préalable indemnité.

Sont exceptés toutefois de cette servitude les maisons, cours, jardins, parcs et enclos attenant aux habitations.

Et comme il fallait bien ensuite procurer un écoulement aux eaux, sous peine, parfois, de détériorer, en les y laissant séjourner trop longtemps, le champ même que l'on a voulu fertiliser, l'article 2 dispose que : « les « propriétaires des fonds inférieurs devront recevoir les « eaux qui s'écoulent des terrains ainsi arrosés, sauf « l'indemnité qui pourra leur être due. »

La loi fait d'ailleurs ici la même exception que dans l'article 1er, en ce qui concerne les maisons, cours, jardins et enclos attenant aux habitations.

Aux termes de l'article 3, la même faculté de passage sur les fonds intermédiaires peut être accordée aux propriétaires d'un terrain submergé en tout ou en partie, à l'effet de procurer aux eaux nuisibles leur écoulement.

Mais l'écoulement des eaux ne résultant pas ici de la situation naturelle des lieux, les propriétaires inférieurs peuvent demander une indemnité, à raison du dommage qui en résulterait pour leurs fonds.

Toutefois MM. Ducaurroy, Bonnier et Roustaing vont trop loin, suivant nous, en paraissant supposer *qu'ils peuvent exiger*, dans tous les cas, cette indemnité (t. II, n° 265).

Il résulte, au contraire, des termes de l'article 2, dont la rédaction est, sous ce rapport, très-différente de celle de l'article 1er, que l'indemnité *pourra* seulement *être due*, c'est-à-dire qu'elle ne sera due aux propriétaires inférieurs qu'autant que l'écoulement des eaux sera dommageable à leurs fonds ; le rapporteur de la commission de la Chambre des députés (M. Dalloz) l'a formellement déclaré ainsi (*Moniteur* du 30 juin 1845).

De l'article 2 de cette loi, Demante a encore conclu que « le fait d'écoulement de ces eaux, sans accord ou jugement préalable, pourrait n'être pas considéré comme un trouble à la possession des propriétaires inférieurs, mais comme l'usage légitime d'un droit. » *Cours analyt.*, t. II, n° 498 *bis*, IV.)

En effet, l'article paraît imposer dans ce cas directement et comme une sorte de servitude légale, aux propriétaires des fonds inférieurs, l'obligation de recevoir les eaux, sauf à réclamer, s'il y a lieu, une indemnité pour le dommage qui en résulterait (voy. *infra*, les articles 682 à 685).

32. — 2° Examinons maintenant quels sont les droits et les obligations soit des propriétaires inférieurs, soit des propriétaires supérieurs.

Et d'abord, en ce qui concerne les propriétaires inférieurs, l'article 640 déclare que leurs fonds *sont assujettis à recevoir* les eaux, etc.

De là résultent trois conséquences :

1° Ils doivent évidemment recevoir aussi les terres, les sables, les cailloux, roches ou matériaux quelconques que les eaux entraînent avec elles ;

Comme aussi, bien entendu, ils profitent de la terre végétale, de l'*humus*, mêlée aux eaux, qui peut descendre des fonds supérieurs, *pinguedo terræ*, disait Cœpolla (tract. 11, cap. IV, n° 71 ; *voy.* toutefois, *infra*, n° 58).

2° Les propriétaires inférieurs ne peuvent demander aucune indemnité aux propriétaires supérieurs, quels que soient l'incommodité et le dommage qui en résulteraient pour leurs fonds, pour leurs plantations ou pour leurs récoltes : *quod si natura aqua noceret, ea actione non continetur* (L. 1, § 1, ff. *de aqua et aquæ;* arg. de l'article 1148).

3° Ils ne peuvent point élever de digue qui empêche l'écoulement des eaux (art. 640, 2° alinéa); c'est-à-dire, plus généralement, qu'ils ne peuvent faire aucun travail, ni construction, ni plantation d'arbres, d'arbustes ou de pieux, etc., dont le résultat serait de faire refluer les eaux sur l'héritage supérieur (L. 1, § 6 et 13, ff. *de aqua et aquæ*).

Pardessus distingue toutefois, à cet égard, si les eaux coulent par un ou plusieurs points fixes et déterminés, ou si elles se répandent indifféremment et sans lits particuliers, sur toute la surface du fonds inférieur; et dans ce dernier cas, le savant auteur enseigne que le propriétaire inférieur peut faire ce qu'il croit utile pour défendre son fonds contre les ravages des eaux, combler les ravins, par exemple, à mesure qu'ils se forment, et faire des ouvrages qui en préviennent de nouveaux, *pourvu qu'ils n'aient pas l'effet de déplacer l'écoulement naturel des eaux, de manière à le reporter entièrement sur l'héritage supérieur* (t. I, n°s 85 et 92).

Sans doute, le propriétaire inférieur a le droit de faire tout ce qu'il croit utile pour rendre l'écoulement des eaux le moins dommageable possible à son fonds; il peut donc combler les ravins que l'eau a creusés; mais nous croyons qu'il faut toujours que les ouvrages par lui faits ne changent pas la situation des lieux et ne repoussent en aucune façon, ni entièrement, ni en partie, les eaux sur les fonds supérieurs (arg. de l'article 701 ; comp. Cass., 4 juill. 1860, Sancy, Dev., 1861, I, 177; Daviel, t. III, n° 761).

33. — Lorsque le lit, fossé ou ravin, dans lequel les eaux coulent sur le fonds inférieur, se trouve comblé, de manière qu'elles refluent sur le fonds supérieur, le propriétaire inférieur est-il tenu de le curer?

L'affirmative est incontestable, lorsque l'encombrement est le résultat, direct ou indirect, d'un ouvrage quelconque exécuté par lui; en un mot, lorsqu'il provient de son fait (Cass., 8 mai 1832, Tilly, D., 1832, I, 76; *supra*, n° 32).

Mais la question divise, au contraire, les jurisconsultes, lorsqu'il s'agit d'un envasement qui résulte de causes naturelles, produites par la succession du temps, telles que éboulements de terres, amoncellement de graviers, ou d'un encombrement accidentel quel-

conque, qui ne soit pas imputable au propriétaire inférieur.

Pardessus est d'avis que les propriétaires inférieurs
peuvent, même dans ce cas, être contraints de faire le
curage, chacun dans l'étendue de son domaine, par le
motif surtout que les servitudes naturelles sont des lois
de voisinage et de nécessité, régies par des principes différents des servitudes conventionnelles, et auxquelles
l'article 698 n'est pas applicable (t. I, n° 92).

Cette doctrine ne nous paraît pas fondée.

Il est vrai que la loi du 14 floréal an XI met à la charge
des riverains le curage des rivières non navigables; mais
nous avons déjà remarqué que notre article 640 ne s'occupe pas, en réalité, de ces sortes de cours d'eau (*supra*,
n° 30); nous ne dirons donc pas, avec Daviel, que l'obligation du curage, imposée aux riverains des rivières non
navigables, *est une conséquence de la servitude naturelle
consacrée par l'article* 640 (t. III, n° 718 et 728); car
cette proposition nous paraîtrait compromettante pour la
doctrine, que Daviel lui-même soutient ensuite, et qui
reconnaît que l'article 640 n'oblige pas le propriétaire
inférieur à curer le ravin ou le fossé servant d'écoulement aux eaux pluviales qui descendent des fonds supérieurs (t. III, n° 728 *bis*). Nous dirons seulement que si
les bordiers des rivières navigables sont obligés de curer
le lit du cours d'eau, c'est en vertu de la loi du 14 floréal
an XI, et non pas en vertu de l'article 640 (comp. Caen,
26 avril 1837, Janson, *Rec. de Caen*, t. I, p. 378).

L'article 640, qui s'applique surtout aux eaux pluviales et de source, ne met, au contraire, aucune obligation active à la charge du propriétaire inférieur; il se
borne à déclarer qu'il ne doit point élever de digue qui
empêche l'écoulement; donc le propriétaire peut invoquer
la règle générale, d'après laquelle nul n'est tenu de faire
un travail quelconque sur son fonds, lorsqu'aucun autre
texte de loi ne l'y oblige; voilà notre motif essentiel; nous

pourrions invoquer aussi l'article 698, d'après lequel les ouvrages nécessaires à l'exercice de la servitude doivent être faits par le propriétaire du fonds dominant; mais quoique cet argument soit certes très-puissant, ce n'est pourtant, nous en convenons, qu'un argument d'analogie; car il nous paraît aussi que les servitudes dites naturelles ou légales constituent, en réalité, des obligations de voisinage, auxquelles il ne serait pas toujours sûr d'appliquer les règles concernant les servitudes véritables, établies par le fait de l'homme.

Concluons donc que le propriétaire inférieur n'est pas tenu de faire le curage, ni aucun travail, afin de procurer l'écoulement des eaux.

La seule obligation qui résulte pour lui, à cet égard, virtuellement de l'article 640, obligation d'ailleurs très-conforme à l'équité et aux nécessités du voisinage, c'est de permettre l'entrée de son fonds au propriétaire supérieur, pour qu'il fasse les travaux nécessaires, à ses propres frais, et à la charge encore, bien entendu, d'indemniser le propriétaire inférieur du dommage qui en résulterait pour lui (comp. Toullier, t. XI, n° 327; Zachariæ, t. II, p. 34; *infra*, n° 44). C'est tout à fait en ce sens que Paul a résolu notre question en n'imposant au propriétaire inférieur que cette alternative : *ut aut ipse purgaret, aut te pateretur in pristinum statum eam redigere* (L. 2, § 1, ff. *de aqua et aquæ*).

Notre conclusion paraît être également admise, surtout en ce qui concerne les eaux pluviales; et Pardessus lui-même, dans une note insérée à la fin de son second volume (note B, p. 362), se range très-nettement à cette doctrine.

Nous croyons d'ailleurs qu'il faut l'étendre aussi aux eaux de source, en tant qu'il s'agit de l'application de l'article 640; car ce n'est qu'en vertu de la loi du 14 floréal an XI, que le curage pourrait être mis à la charge d'un riverain; et s'il arrivait que le curage d'un ruisseau

fût mis effectivement à la charge des riverains, ce serait
là une application, non pas de l'article 640, mais de la
loi de l'an xi et des règlements d'administration publique,
qui ont été rendus pour l'exécution de cette loi (comp.
Cass., 8 mai 1832, Tilly, D., 1832, I, 76; Rouen, 3 juillet 1843, Envermen, inédit, cité par Daviel, t. III, n° 698;
Bordeaux, 8 mars 1844, Navaille, Dev., 1844, II, 334;
Cœpolla, tract. 2, cap. iv, n°s 72, 73; Merlin, *Rép.*, v° *Eaux
pluviales*, n° 3; Proudhon, *du Dom. public*, t. IV, n° 1327;
Duranton, t. V, n° 161; Daviel, t. III, n°s 728 et 762
bis; Solon, *des Servitudes*, n° 31; de Cormenin, v° *Cours
d'eau*, § 2; Dubreuil, *Législ. des eaux*, t. I, n° 211).

34. — La solution qui précède est fondée sur le principe du droit commun; elle ne serait donc pas applicable,
s'il résultait d'un titre, ou d'une autre cause équivalente,
que le propriétaire inférieur est tenu par exception, de
faire le curage du fossé ou les autres travaux quelconques
nécessaires pour l'écoulement des eaux (arg. de l'article
698; *voy.* l'arrêt de la Cour de Bordeaux précité, du
8 mars 1844, *supra*, n° 33).

35. — Quant au propriétaire supérieur, l'article 640
dispose qu'il ne peut rien faire qui aggrave la servitude
du fonds inférieur.

Ainsi d'abord, il est évident qu'il ne peut pas changer
la direction naturelle des eaux ni leur imprimer un cours
différent de celui qui résulte de la situation même des
fonds (comp. Cass., 27 février 1855, Coiffart, Dev., 1856,
I, 397).

Mais comment, et par quels moyens, reconnaître quelle
était la situation primitive des fonds, et de quel côté les
eaux prenaient naturellement leur cours, lorsque les parties ne s'accordent pas sur ce point?

Cette question peut s'élever sous un double aspect :
soit entre le propriétaire supérieur et le propriétaire inférieur, soit entre plusieurs propriétaires inférieurs les
uns à l'égard des autres.

Nous croyons que les moyens de solution doivent être les mêmes dans tous les cas.

Que l'état actuel et en quelque sorte instantané des choses ne puisse pas servir de règle, cela est certain, puisque c'est précisément contre cet état que la réclamation est formée, par le motif qu'il constitue un changement à la disposition naturelle des lieux.

Toutefois, si cet état avait toujours subsisté le même depuis plus de trente ans, il devrait être considéré comme constituant la situation naturelle des lieux : soit parce qu'il serait, le plus souvent, fort difficile de constater au bout d'un tel laps de temps, et après les changements successifs qui résultent des événements accidentels ou de l'exploitation même des héritages, quelle était originairement, à la rigueur, leur situation respective; soit surtout parce que le silence et la tolérance des parties intéressées, pendant trente ans, constituent de leur part une reconnaissance, que telle est, en effet, la situation naturelle des lieux, et qu'il est très-logique d'appliquer ici les règles de la prescription, qui repose précisément sur la présomption de l'abandon d'un droit, que l'on n'a pas exercé, ou même d'un arrangement par lequel on l'a aliéné moyennant un prix (comp. art. 690, 2219, 2262).

Et ce dernier motif prouve assez que les propriétaires inférieurs, après trente ans de silence, ne pourraient pas demander à établir que, même d'après l'état actuel des choses, et la situation présente des héritages, les eaux devraient avoir un autre cours que celui qu'elles ont depuis le laps de temps requis pour la prescription : *vetustas semper pro lege habetur*, a très-bien dit le jurisconsulte Paul (L. 2, princ., ff. *de aqua et aquæ;* ajout. L. 26).

Que si l'état des choses actuel n'existait pas depuis plus de trente ans, ou s'il était impossible de se procurer sur les faits antérieurs des renseignements suffisamment précis, les magistrats devraient prononcer dans leur sagesse, d'après les résultats obtenus, s'il y avait lieu, par

des rapports d'experts et par la voie des enquêtes (comp.
Cœpolla, tract. 2, cap. v, n° 3 ; Delvincourt, t. I,
p. 525, note 3; Pardessus, t. I, n°ˢ 84 et 87 ; Daviel,
t. III, n° 759).

36. —Le propriétaire supérieur ne peut, disons-nous,
rien faire qui aggrave l'assujettissement du fonds inférieur : soit en imprimant aux eaux un courant plus ra-
pide; soit en les faisant retomber de plus haut, après les
avoir comprimées pour les élever; soit en réunissant sur
un seul point les eaux qui se seraient répandues sur toute
la surface du sol : *si forte aquam aut majorem fecerit, aut
citatiorem, aut vehementiorem, aut si comprimendo redun-
dare effecit* (L. 1, § 1, ff. *de aqua et aquæ;* ajout. Cass.,
15 mars 1830, Jousse, Sirey, 1830, I, 271 ; Besançon,
10 mars 1868, Thiault, Dev., 1868, 2, 141).

De même qu'il ne peut pas corrompre ni salir les eaux,
en y jetant des immondices ou des matières infectes, ou
en les employant au rouissage du chanvre, par exemple,
ou à tout autre usage, dont le résultat serait de les im-
prégner d'éléments fétides ou nuisibles (comp. L. 3, § 1 et
2, ff. *aqua et aquæ;* Cass., 17 juin 1841, Dornier, D.,
1841, I, 417 ; Cass., 23 août 1843, Champanhet, D.,
1843, I, 481; Douai, 3 mars 1845, Bonvoisin; Rouen,
18 mars 1839, Levesque; et 8 juin 1841, Lemeilleur,
Dev., 1845, II, 337-340 ; Cass., 9 janv. 1856, Grimaldi,
Dev., 1856, I, 29; Pardessus, t. I, n° 91 ; Daviel, t. III,
n°ˢ 707, 708; Duranton, t. V, n° 164; Ducaurroy, Bonnier et Roustaing, t. II, n° 265).

37. — Et il n'y a pas à distinguer si l'aggravation,
résultant des travaux faits par le propriétaire d'en haut,
se produit à la surface du fonds d'en bas, ou dans l'intérieur et par voie d'infiltration; les termes absolus des
articles 640 et 1382, non moins que l'équité, exigent
également, dans les deux cas, la réparation du dommage
(comp. Cass., 3 août 1843, Champanhet, Dev., 1844, I,
137; Cass., 26 mars 1844, Auzat, Dev., 1844, I, 478).

38. — Il importerait peu aussi que le propriétaire eût obtenu, pour les ouvrages qu'il a faits, le consentement du propriétaire contigu ou de l'un quelconque des propriétaires inférieurs; ceux des propriétaires inférieurs qui n'y auraient pas consenti, n'en auraient pas moins évidemment le droit de réclamer contre l'aggravation qui en résulterait pour eux; à ce point que Duranton leur accorde aussi une action contre le propriétaire intermédiaire (t. V, n° 164); ce qui toutefois ne nous paraît admissible qu'autant que ce propriétaire aurait personnellement, par son propre fait, contribué à changer la situation naturelle des lieux (art. 1382).

De même encore l'aggravation de la servitude n'en serait pas moins interdite, dans le cas où une voie publique séparerait le fonds supérieur du fonds inférieur (*supra*, n° 20 ; Cass., 8 janvier 1854, Marchal, Dev., 1854, I, 169).

39. — La règle que nous venons de poser, et d'après laquelle le propriétaire supérieur ne peut faire aucun ouvrage qui change l'état naturel des lieux, cette règle, disons-nous, est vraie dans sa généralité, telle que l'article 640 la consacre.

Mais il importe pourtant de remarquer qu'elle ne saurait être absolue, et qu'il faut, au contraire, l'entendre de manière à laisser aussi au propriétaire supérieur le droit incontestable, qui lui appartient :

Soit d'exploiter et de cultiver son fonds;

Soit même d'utiliser les eaux à son profit.

C'est ainsi qu'il a été, dans tous les temps, reconnu que le propriétaire supérieur peut faire les ouvrages nécessaires ou même seulement utiles pour la culture de son héritage, pratiquer, par exemple, des sillons ou des rigoles, *fossas agri colendi causa* (L. 1, § 3 et 4, ff. *de aqua et aquæ*); et on ne saurait même l'empêcher d'en changer le mode d'exploitation, de faire, par exemple, d'une terre labourable un vignoble ou un pré, lors même qu'il en résulterait une certaine aggravation, dans l'écoulement des eaux, pour les propriétaires inférieurs. Le droit de la propriété, l'intérêt général de l'agriculture, et par suite de la société tout entière ne permettent pas de donner une autre interprétation à notre article 640; et c'est fort justement que Pardessus dit, à ce propos, que la culture est l'état naturel des fonds (t. I, n° 86; comp. L. 2, § 9, et L. 24, ff. *de aqua et aquæ;* Cœpolla, tract. 2, cap. iv, n° 82; Pothier, *du Contrat de société* (appendice), n° 236; Coquille, cout. du Nivernais, chap. x, art. 1).

Les propriétaires inférieurs ne sont donc pas fondés à se plaindre, lorsque d'ailleurs ces ouvrages ne changent pas la direction naturelle des eaux et ne transportent pas la servitude sur un fonds qui, d'après la situation des lieux, ne devait pas y être assujetti; car nous ne croyons pas que même pour la culture de son fonds, le propriétaire supérieur puisse imposer par son fait cette servitude à un fonds plutôt qu'à un autre (comp. Bordeaux, 26 avril 1839, Constant, D., 1839, II, 177; Pardessus, t. I, n°ˢ 83-86; Duranton, t. V, n° 166; Daviel, t. III, n° 758).

Et ce que nous disons des ouvrages qui ont pour but la culture des champs, il faut aussi l'appliquer, dans une certaine mesure, aux travaux de constructions ou autres semblables, que le propriétaire supérieur ferait sur son fonds. On ne saurait, en effet, refuser non plus à ce propriétaire le droit de bâtir sur son terrain ou de paver sa cour; et c'est aux magistrats qu'il appartient de décider, dans ces différents cas, si le propriétaire supérieur est resté dans les limites de son droit et s'il a pris les précautions nécessaires afin de concilier le légitime exercice de sa propriété avec l'intérêt des propriétaires inférieurs (*supra*, n° 25; comp. Cass., 22 janv. 1866, Jullien, Dev., 1866, I, 68).

40. — Pareillement, il ne paraît pas possible d'interdire, d'une manière absolue, au propriétaire supérieur,

la faculté d'utiliser les eaux à son profit; et les termes
généraux de l'article 640 doivent encore ici recevoir une
interprétation intelligente et équitable, qui concilie le
droit du propriétaire supérieur avec celui du propriétaire inférieur.

Dans quels cas et pour quels usages le propriétaire
supérieur pourra-t-il se servir des eaux?

C'est là une question qui ne saurait être résolue en
théorie, dans des termes absolus. Tout dépendra des circonstances particulières du fait, suivant qu'il s'agira
d'eaux pluviales ou de source, suivant que le courant
sera plus ou moins abondant, eu égard aux usages auxquels l'eau sera, dans l'espèce, ordinairement employée
soit pour les besoins de la famille ou du ménage, soit
pour le service d'un établissement agricole ou industriel, etc. (voy. aussi infra, n° 170).

Il faudrait, par exemple, que le filet d'eau fût bien
faible, et qu'il fût tout à fait indispensable aux besoins
domestiques des propriétaires inférieurs, pour que le
propriétaire supérieur n'eût pas le droit d'y faire ses
savonnages et ses lessives; tandis qu'au contraire l'é-
tablissement d'un lavoir public serait presque toujours
une cause d'altération permanente et considérable des
eaux, dont les propriétaires inférieurs auraient le droit
de se plaindre.

Cœpolla définissait très-bien cette modération et cette
mesure, qui doit guider le propriétaire supérieur dans
l'exercice de son droit : *aut facio hoc moderate, et possum,
aut facio hoc immoderate, et non possum; dic* MODERATE,
quando pro usu tantum familiæ; IMMODERATE, *quando
contra usum familiæ* (tract. 2, cap IV, n° 84).

41. — La cour de Rouen a même jugé, dans plusieurs
espèces, qu'il serait fait deux parts du volume des eaux
sorties d'une source, dont l'une serait réservée entière au
propriétaire de la source pour en user à sa volonté, et
dont l'autre serait transmise, dans son état de pureté na-

turelle, aux propriétaires des fonds inférieurs (18 mars
1839, Levesque, et 8 juin 1841, Lemeilleur, Dev., 1845,
II, 338-340).

Et cette décision nous paraît fort juridique.

Il est vrai, comme nous le verrons bientôt (*infra*,
n°ˢ 103 et suiv.), que le propriétaire du fonds supérieur
est libre de détourner les eaux pluviales et de source
qui se trouvent chez lui, et d'en priver le fonds inférieur
auquel l'article 640 impose seulement la charge de les
recevoir.

Mais le propriétaire inférieur n'est tenu, d'après l'article 640, de recevoir les eaux que telles qu'elles découlent naturellement, et par conséquent dans leur état de
pureté native ; et c'est, en effet, la compensation bien
naturelle aussi, de l'assujettissement du propriétaire inférieur, de pouvoir employer à ses besoins ces eaux, qui
doivent lui arriver pures et non gâtées ;

Or, dans les espèces jugées par ces arrêts, le propriétaire supérieur les altérait au contraire, en les employant
au service d'une usine (d'une papeterie) ;

Donc il était non recevable à se plaindre de la mesure
de conciliation adoptée ; car s'il avait invoqué le droit
absolu, qu'il avait sur la source née dans son fonds, le
propriétaire inférieur aurait pu invoquer, à son tour, le
droit absolu qu'il avait de ne recevoir les eaux que dans
leur état de pureté naturelle. (Comp. Cass., 16 janv. 1866,
Lefillâtre, Dev., 1866, I, 101.)

42. — De ce qui précède, il résulte que l'on ne saurait poser, à cet égard, de règle *a priori* ; et nous croyons
qu'il convient d'appliquer, par analogie, la disposition
de l'article 645, d'après lequel les tribunaux, en prononçant, doivent concilier l'intérêt de l'agriculture avec
le respect dû à la propriété (comp. Cass., 16 févr. 1832,
Rœder, Dev., 1833, I, 54 ; Zachariæ, t. III, p. 34).

Entre les deux droits également absolus, soit du propriétaire supérieur de disposer des eaux, soit du proprié-

taire inférieur de s'opposer à toute entreprise qui en
changerait la direction naturelle, ou qui en altérerait la
pureté, il y a une large place à la conciliation et au
pouvoir discrétionnaire des tribunaux, dans l'intérêt
privé des deux propriétaires non moins que dans l'intérêt général de l'agriculture et de l'industrie.

Ce que l'on doit principalement empêcher, en ces circonstances, c'est toute entreprise, de la part du propriétaire supérieur, qui serait nuisible au propriétaire inférieur, sans être justifiée par un intérêt légitime. On
devra rechercher s'il s'agit d'un travail nécessaire, ou
seulement utile, ou même de simple agrément pour le
fonds supérieur, en comparant, sous ce triple rapport,
l'avantage qu'il en peut retirer, au préjudice plus ou
moins considérable, qui en résulte pour le fonds inférieur. A plus forte raison, devrait-on réprimer toute
entreprise du propriétaire supérieur qui n'aurait pour
mobile que le caprice ou la méchanceté et le dessin de
nuire.

De même aussi qu'en général, il faut que la réclamation du propriétaire inférieur contre les travaux faits
par le propriétaire supérieur dans l'intérêt de sa propriété, soit fondée sur un dommage appréciable; il n'y a
pas d'action sans intérêt (comp. Pardessus, t. I, n° 86;
Daviel, t. II, n°s 708 et suiv.; Garnier, t. II, n° 465; et
t. III, n°s 682 et 700).

43. — Delvincourt va même plus loin; il enseigne
que « si le dommage (éprouvé par le fonds inférieur)
était considérable, et qu'il fût possible de le diminuer,
sans qu'il en résultât un préjudice bien sensible pour le
propriétaire supérieur, les tribunaux pourraient ordonner les mesures convenables, sauf indemnité; de même
que si les eaux étaient tellement étendues sur le fonds
supérieur, qu'elles en diminuassent considérablement
l'usage, le propriétaire de ce fonds pourrait obtenir des
tribunaux l'autorisation de les réunir sur un ou plusieurs

points, de la manière la moins dommageable aux fonds inférieurs, et sauf indemnité. » (T. I, p. 155, note 3.)

Quoique cette doctrine puisse paraître équitable, nous doutons qu'elle soit conforme à la loi et aux principes. La servitude, telle que l'article 640 la consacre, est purement naturelle ; et le caractère en serait dénaturé, dès l'instant où une indemnité quelconque serait payée par l'un des propriétaires à l'autre, précisément pour obtenir un changement dans la situation naturelle des lieux. Aucun texte d'ailleurs n'autorise les juges à accorder ici d'indemnité de ce genre ; un tel pouvoir ne serait pas exempt d'arbitraire ; et Taulier remarque très-bien qu'il conduirait à une véritable expropriation forcée pour cause d'intérêt privé, tandis que la loi n'en reconnaît d'autre, en principe, que celle qui est fondée sur l'intérêt public (t. II, p. 360; ajout. D., *Rec. alph.*, v° *Servitudes*, sect. II, n° 2).

44. — Si une digue naturelle ou artificielle, existant sur le fonds supérieur, et qui protégerait le fonds inférieur contre l'action des eaux, en diminuant la violence du courant ou autrement, venait à être détruite, quel serait le droit du propriétaire inférieur ?

Et d'abord, s'il s'agissait d'une digue naturelle, d'un monticule, par exemple, ou d'un accident quelconque du fonds supérieur, et qu'elle eût été détruite par le fait du propriétaire de ce fonds, il est évident, *procul dubio*, dit Cujas, que celui-ci pourrait être contraint de remettre les choses dans leur état naturel, avec dommages-intérêts, s'il y avait lieu (art. 640, 3° alin.; Cujas, *Recit. in lib. 49*, Pauli, *ad edict.*, § 3; L. 1, § 1, ff. *de aqua et aquæ*).

Si, au contraire, c'était une digue artificielle, établie sur son propre fonds, que le propriétaire supérieur eût détruite, il ne serait soumis en règle générale à aucune action ; car il n'est pas obligé de préserver le fonds inférieur; et rien ne l'empêche de détruire les travaux d'art faits par lui ou par ses auteurs, soit afin de se décharger des frais d'entretien qu'ils lui coûtent, soit afin de tirer autrement parti de la place qu'ils occupaient.

Et encore, la Cour de Lyon a-t-elle jugé que le propriétaire supérieur ne pourrait pas même détruire les travaux d'art, existant sur son propre fonds, et qui étaient destinés à protéger les fonds inférieurs contre l'invasion des eaux, lorsqu'ils existent depuis plus de trente ans. Cette seule circonstance ne nous paraîtrait pas toutefois suffisante pour modifier le principe, puisque c'était de la part du propriétaire supérieur un acte de pure faculté de laisser subsister ou de détruire les ouvrages qui existaient sur son fonds (art. 2232). Mais l'arrêt constate des circonstances particulières desquelles il résultait « que les travaux existant sur le fonds supérieur avaient eu lieu dans un intérêt général, dans une vue d'ensemble, d'après le consentement exprès ou tacite de tous les intéressés; et que cette situation, consacrée par une possession paisible et immémoriale, était devenue, pour tout le monde, l'état légal et naturel des lieux » (29 mai 1844, Escoffier, Dev., 1845, II, 410). Cœpolla prévoyait sans doute une telle hypothèse, lorsqu'il considérait aussi comme l'état naturel des lieux, *quasi naturalem*, un ouvrage artificiel, *cujus memoria non exstat, licet manu facta fuerit* (tract. 2, cap. IV, n° 77).

Maintenant, toute notre question ne consiste plus qu'à savoir si, lorsque la digue, soit naturelle, soit artificielle, a été détruite par accident ou par force majeure, *vitio loci*, comme dit Paul (L. 14, ff. *de aqua*), le propriétaire inférieur ne peut pas être autorisé à la faire rétablir à ses frais.

Le jurisconsulte romain, tout en convenant que cette faculté ne résultait pas pour lui de la rigueur du droit, invoquait néanmoins à cet égard l'équité : *hoc equidem æquitas suggerit, etsi jure deficiamur ;* et il accordait une action, lorsque le rétablissement de la digue, utile au propriétaire inférieur, ne causait aucun tort au propriétaire supérieur qui n'avait pas, en conséquence, d'intérêt à s'y opposer: *qui factus mihi quidem prodesse potest, ipsi vero nihil nociturus est* (L. 2, § 5, et L. 14, § 1, ff. *de aqua et aquæ*).

Cette solution, si équitable, devrait également être suivie dans notre droit.

Et, même, nous déduirons encore du principe sur lequel elle repose, cette double conséquence :

1° Que le propriétaire inférieur pourrait être autorisé à rétablir et à réparer à ses frais la digue, même artificielle, que le propriétaire supérieur aurait détruite ou laisserait tomber de vétusté sur son propre fonds, s'il ne la détruisait ou ne la laissait tomber que pour n'être pas tenu de l'entretenir, et sans avoir d'ailleurs d'intérêt à ce qu'elle fût supprimée ;

2° Que le propriétaire inférieur pourrait être autorisé à établir lui-même et à créer une digue ou tout autre ouvrage, sur le fonds supérieur, afin de protéger son fonds contre le dommage résultant de l'écoulement des eaux, si le propriétaire supérieur n'avait d'ailleurs aucun intérêt à s'opposer à l'établissement de cet ouvrage (comp. *supra*, n° 33 ; Merlin, *Rép.*, v° *Eaux pluviales*, n° 2 ; Pardessus, t. I, n° 86 ; Duranton, t. V, n° 161 ; Daviel, t. III, n° 760).

45. — Celui des propriétaires, quel qu'il soit, supérieur ou inférieur, qui se trouve lésé par quelque entreprise au moyen de laquelle l'autre propriétaire aurait violé à son préjudice la loi commune, qui résulte de la situation naturelle des lieux, le propriétaire supérieur, en aggravant la servitude, et le propriétaire inférieur, en refusant au contraire de la supporter, celui-là, disons-nous, peut agir :

Soit au possessoire, pourvu qu'il exerce son action dans l'année du trouble (art. 23 procéd. ; *infra*, n°

184 ; Daviel, t. III, n°ˢ 973-977 ; Duranton, t. V,
n° 169) ;

Soit au pétitoire.

Il faut ajouter que l'auteur d'une telle entreprise pourrait être condamné non-seulement au rétablissement des
lieux dans leur état primitif et à des dommages-intérêts,
mais même, suivant les cas, à une amende, en vertu de
la loi des 28 sept., 6 oct. 1791 (tit. II, art. 15) et de l'article 457 du Code pénal (comp. Pardessus, t. I, n° 86 ;
Ducaurroy, Bonnier et Roustaing, t. II, n° 264).

46. — Il n'est pas même nécessaire que les ouvrages
entrepris par l'un des propriétaires aient déjà causé
un dommage à l'autre propriétaire, pour que celui-ci
puisse en demander la discontinuation ou la destruction.

« Hæc actio locum habet, in damno nondum facto,
« opere tamen jam facto ; hoc est de eo opere, ex quo
« damnum timetur. » (L. 1, § 1 ; L. 14, § 2, ff. *de
aqua*).

La seule crainte d'un dommage futur suffit donc ; et la
Cour de cassation a formellement décidé que « l'action
possessoire est admissible toutes les fois qu'un ouvrage
fait de main d'homme peut nuire à la propriété d'autrui,
quoique ce dommage ne soit pas encore arrivé. » (2 déc.
1829, Dumas, D., 1830, I, 17.)

Ce n'est pas que nous voulions dire que l'action serait
recevable de la part d'un propriétaire, qui ne conclurait
actuellement ni à des dommages-intérêts ni à la discontinuation ou à la destruction des ouvrages, et dont le but
serait de se préparer des moyens de preuve *in futurum*,
pour le cas où les ouvrages entrepris par l'autre propriétaire viendraient un jour à lui nuire. Un tel mode de procéder nous paraîtrait inadmissible, malgré l'autorité
contraire d'un arrêt de la Cour de Besançon (31 août 1844,
Bourgon, Dev., 1845, II, 625) ; car nos lois modernes ne
reconnaissent pas ces voies d'instruction purement con-

servatoires, pas plus les expertises que les enquêtes
d'*examen à futur.*

Il faut donc toujours que le demandeur, alors même
qu'il n'a éprouvé encore aucun préjudice et qu'il ne réclame pas de dommages-intérêts, il faut, dis-je, qu'il
conclue à une condamnation actuelle contre le défendeur ; et dans notre hypothèse, ce qu'il doit dès actuellement demander, pour que son action soit recevable, c'est
la discontinuation ou la destruction du nouvel œuvre qui
a changé l'état primitif des lieux, et que les magistrats
doivent, en effet, ordonner, même avant tout dommage
accompli, s'il en résulte évidemment la menace d'un
dommage futur et certain (comp. art. 6, n° 1, de la loi
du 25 mai 1838 ; Riom, 10 févr. 1830, Richard, Dev.,
1832, II, 574 ; Cass., 14 août 1832, Moutier, Dev.,
1832, I, 733 ; Cass., 26 juin 1843, Sampigny, Dev.,
1843, I, 753 ; Daviel, t. II, n° 714 ; Pardessus, t. II,
n°s 323-327 ; *Observations* de Devilleneuve, 1845, I, 625,
note 1 ; *voy.* aussi *infra*, n° 662, et notre dixième volume, n° 37).

47. — L'ouvrage établi sur un fonds, auquel il est
utile, est naturellement présumé avoir été fait par le propriétaire de ce fonds ou par son ordre : *is fecit cui prodest.*

Si toutefois ce propriétaire prouvait que l'ouvrage a
été construit par un tiers, dont il ne serait ni héritier ni
ayant cause, ni garant à aucun titre, il lui suffirait de
permettre à l'autre propriétaire de venir le détruire à ses
propres frais (L. 6, § 7, ff. *de aqua;* Pothier, *du Contrat de société*, n° 239; Toullier, t. II, n° 510 ; Duranton,
t. V, n° 170; *voy.* aussi *infra*, n° 78).

48. — Que décider, si l'ouvrage nuisible a été fait
publiquement par l'un des propriétaires, au vu et su de
l'autre propriétaire, quoique sans consentement exprès
de sa part?

Les opinions ont toujours été fort divergentes à cet égard :

1° Il en est une qui enseigne que le propriétaire, qui laisse faire un ouvrage auquel il avait le droit de s'opposer, consent par cela même à son établissement, lorsqu'il s'agit d'ailleurs d'un ouvrage non pas accidentel et passager, mais permanent et perpétuel, et que le propriétaire a pu apprécier les conséquences dommageables qui en résulteraient pour lui.

Labeo ait : Si patiente vicino, opus faciam, ex quo ei aqua pluvia noceat, non teneri me actione pluviæ arcendæ; sed hoc ita si non per errorem aut imperitiam deceptus fuerit; nulla enim voluntas errantis est (L. 19 et 20, ff. *de aqua;* L. 28, ff. *comm. dividundo;* comp. Pothier, *du Contrat de société,* n° 238 ; Duparc-Poullain, t. VIII, p. 33 ; Daviel, t. II, n° 694 *bis*).

Ex scientia præsumitur consensus, disait aussi d'Argentré (sur la cout. de Bretagne).

2° Une autre opinion propose de distinguer entre le cas où l'ouvrage a été fait par le propriétaire supérieur, au détriment du fonds inférieur, et le cas où il a été fait par le propriétaire inférieur, au détriment du fonds supérieur.

Dans le premier cas, le droit de conserver son ouvrage ne serait acquis au propriétaire supérieur qu'après le laps de trente ans, parce qu'il s'agit alors pour lui d'acquérir sur le fonds inférieur une véritable servitude, et que les servitudes ne peuvent être acquises que par une possession publique et paisible pendant trente ans (article 690).

Dans le second cas, au contraire, il ne s'agit pour le propriétaire inférieur que d'affranchir son fonds de la servitude naturelle, dont il est grevé aux termes de l'article 640; or l'affranchissement du fonds servant peut résulter de la remise de la servitude consentie par le propriétaire dominant; et ce propriétaire doit être présumé en consentir effectivement la remise, lorsqu'il laisse faire des ouvrages permanents contraires à l'existence même de la servitude (comp. Voët, *ad Pandect.*, lib. VIII, tit. vi, n° 5; Favard de Langlade, *Rép.*, v° *Servitude*, sect. i, § 1, et sect. v; Daviel, t. I, n° 369, qui cite deux arrêts (inédits) de la Cour de Rouen, des 28 mai 1836 et 16 janv. 1840).

Toullier, qui se range à cet avis, ajoute toutefois que le propriétaire du fonds dominant, bien que non recevable à demander la destruction de l'ouvrage qu'il a laissé faire, pourra néanmoins demander une indemnité pendant trente ans (t. II, n° 510). Mais son savant annotateur, M. Duvergier, fait justement remarquer que si on suppose que les travaux ont eu lieu du consentement du propriétaire, il semble difficile d'admettre celui-ci à réclamer plus tard une indemnité (note *a* du n° 510).

3° Enfin, d'après une troisième opinion, ce ne serait, dans toutes les hypothèses, qu'après un laps de trente ans que la destruction des ouvrages ne pourrait plus être demandée, sans distinguer s'ils ont été construits par le propriétaire inférieur ou par le propriétaire supérieur, la loi exigeant toujours qu'il s'écoule trente années depuis l'achèvement des travaux, soit qu'il s'agisse de l'acquisition (art. 642-690), soit qu'il s'agisse de l'extinction des servitudes (art. 706, 707; comp. Cass., 29 mai 1832, Coche, Dev., 1832, I, 323; Rennes, 19 juin 1838; Bourges, 8 déc. 1851, *J. du P.*, t. II de 1842, p. 143 et 144; Duranton, t. V, n°ˢ 172, 173; Duvergier sur Toullier, t. II, n° 510, note *a*, et n° 514, note *a*).

Pour notre part, nous pensons que cette dernière doctrine est la plus conforme aux textes et aux principes; car, précisément en matière de servitudes, la règle a été ainsi posée par Ulpien : *invitum in servitutibus accipere debemus, non eum qui contradicit, sed eum qui non consentit.* Il ne suffit pas de ne pas opposer une contradiction; il faut positivement consentir (comp. L. 5, ff. *de servit. præd. urb.*; Cass., 15 janv. 1849, Lefranc, Dev., 1849, I, 95; *voy.* notre t. IX, n°ˢ 691 *ter* et 694).

Toutefois, il nous paraîtrait difficile d'en étendre l'application jusqu'au cas où il serait établi que le propriétaire n'a pas seulement vu et laissé faire, mais où il aurait positivement approuvé et autorisé les travaux, en les dirigeant lui-même, par exemple, ou de toute autre manière également significative; il a bien pu, en effet, renoncer au droit qu'il avait de s'y opposer; et il n'y a rien de solennel dans cette renonciation; ce n'est pas là un cas de prescription, mais bien de convention.

Et à cet égard, nous croyons qu'en effet, il conviendrait de se montrer plus favorable, lorsqu'il s'agit d'une remise, que lorsqu'il s'agit de l'établissement d'une servitude; nous verrons plus tard que, sous ce rapport, la distinction proposée par la seconde opinion (exposée ci-dessus) ne manque pas de vérité.

Mais ici, et quant à présent, cette distinction ne nous paraît pas pouvoir trouver place; car nous avons dit que suivant nous, le fonds inférieur, en recevant les eaux qui découlent naturellement du fonds supérieur, ne subit pas une servitude proprement dite, et que les deux fonds, au contraire, considérés dans la situation respective que la nature elle-même leur a faite, sont de part et d'autre également libres; d'où il suit que celui des deux, quel qu'il soit, inférieur ou supérieur, qui voudrait changer cette situation, au préjudice de l'autre fonds, acquerrait une servitude active sur ce fonds; et cela serait vrai du propriétaire inférieur qui ferait refluer les eaux sur le propriétaire supérieur, aussi bien que du propriétaire supérieur qui aggraverait leur écoulement naturel au préjudice du fonds inférieur (comp. Duranton, t. I, n° 173; Pardessus, n° 100).

Nous concluons donc que dans l'hypothèse de notre article 640, ce ne serait régulièrement qu'après le laps de trente ans, que celui des propriétaires, qui aurait laissé faire par l'autre un ouvrage nuisible, serait non recevable à en demander la destruction; à moins qu'il ne fût démontré, en fait, qu'il a positivement consenti à l'établissement définitif de ces ouvrages.

Et dans ce dernier cas, il importe encore de remarquer:

D'une part, qu'il faudrait que le propriétaire, qui aurait consenti à l'établissement de l'ouvrage, n'eût pas été trompé sur les conséquences qui en résulteraient pour lui ;

Et d'autre part, que la preuve testimoniale de ce consentement ne serait pas, en général, recevable, s'il n'était pas avoué ou autrement constant au procès (art. 1341 ; Pardessus, t. I, n° 101, p. 246 ; comp. Caen, 26 mai 1841, Boessé, Rec. de Caen, t. V, p. 162 ; 16 déc. 1848, Chédrue, Rec. de Caen, t. XII, p. 355 ; 13 déc. 1850, Auvray, Rec. de Caen, t. XIV, p. 646).

49. — Mais, lorsqu'il s'est écoulé trente ans depuis l'établissement des ouvrages nuisibles, l'action à fin de destruction de ces ouvrages et de dommages-intérêts, est-elle désormais prescrite ?

L'affirmative nous paraît devoir être suivie en ce qui concerne les travaux faits par le propriétaire supérieur, qui, en aggravant l'écoulement naturel des eaux, a pu acquérir ainsi sur le fonds inférieur, une servitude continue (art. 690).

Quant aux travaux établis par le propriétaire inférieur sur son propre fonds, et dont le résultat serait de faire refluer les eaux sur le fonds supérieur, la question est plus délicate. On pourrait objecter, en effet, que chaque jour apporte au propriétaire du fonds supérieur un dommage nouveau et, par conséquent, une nouvelle action en indemnité, et que s'il est non recevable à réclamer pour ceux des dommages qu'il a éprouvés depuis plus de trente ans, rien ne s'oppose à ce qu'il exerce son action en réparation des dommages plus récents. La possession, d'ailleurs, est la condition essentielle de la prescription acquisitive (art. 2229); or, le propriétaire d'en bas n'a rien possédé sur le fonds d'en haut.

Mais, précisément, n'est-il pas vrai, au contraire, qu'il a été en possession du droit de refouler, sur ce fonds, les eaux qui devaient s'écouler sur le sien ; et un tel état de choses ne fait-il pas supposer, après trente ans, un arrangement entre les propriétaires ? On devrait donc dire encore ici avec Paul : *vetusta pro lege habetur* (L. 2 princ., ff. *de aqua; Nouveau Denizart*, v° *Cours d'eau*, n° 4).

Pardessus excepte toutefois, de la solution qui précède, le cas où les travaux faits par l'un des propriétaires au préjudice de l'autre, constitueraient une sorte de délit. C'est alors effectivement qu'il serait exact de dire que chaque jour donne lieu à un dommage nouveau, et engendre en même temps une nouvelle action en indemnité. La tolérance pendant trente ans ne paraîtrait donc pas alors susceptible de rendre la réclamation inadmissible (t. I, n° 98 ; ajout. Paris, 8 août 1836, Teston, Dev., 1836, II, 467).

Ce qui est certain, c'est que l'administration pourrait toujours, alors même que les propriétaires seraient d'accord, prohiber une inondation qui lui paraîtrait contraire à la salubrité publique.

50. — C'est une question controversée que celle de savoir si, lorsqu'un ouvrage nuisible a été établi par l'un des propriétaires, les dommages-intérêts sont dus dès le jour où le préjudice a été causé, ou s'il est nécessaire que l'auteur des travaux ait été mis en demeure, de telle sorte que les dommages-intérêts ne seraient dus qu'à dater de cette mise en demeure.

Toullier, appliquant en ce cas l'article 1146, enseigne que le demandeur ne peut exiger des dommages-intérêts que depuis qu'il a demandé la démolition de l'ouvrage nuisible, parce qu'il est en faute de ne s'y être pas opposé; et l'auteur invoque en ce sens la loi 6, § 6, ff. *de aqua* (t. II, n° 510).

Nous n'admettons point cette doctrine :

Aux termes de l'article 1382, tout fait quelconque, qui

cause à autrui un dommage, oblige celui par la faute
duquel il est arrivé à le réparer ; or, on suppose que l'un
des propriétaires a causé à l'autre un dommage par l'établissement de quelque ouvrage, en contravention à l'article 640 ; donc, il est obligé à réparer ce dommage ; et
la réparation doit être complète (comp. Cass., 11 juill.
1826, Rigaud ; et 19 juillet 1826, Porry et Lebel, D.,
1826, I, 424 ; Cass., 8 mai 1832, de Tilly, Dev., 1832,
I, 398 ; Daviel, t. II, n° 715 ; Duvergier sur Toullier, t. II,
n° 150, note *a*).

L'article 1146, en effet, s'applique aux obligations conventionnelles, et non point aux obligations qui naissent
d'un délit ou d'un quasi-délit ; et quant au droit romain,
il est lui-même contraire à la doctrine que nous combattons ; car s'il refusait l'*actio pluviæ* pour la réparation du
dommage passé (L. 1, § 1, ff. *de aqua*), il accordait une
autre action à fin de réparation de ce même dommage : *de
eo quod ante datum, quod vi aut clam agendum est* (L. 14,
§ 3, *eod.*).

Telle nous paraît être la règle.

Nous admettrions toutefois que si le propriétaire, qui
réclame aujourd'hui des dommages-intérêts, avait vu et
laissé faire les travaux nuisibles, il pourrait être déclaré
non recevable dans ses prétentions rétrospectives. Il est
vrai que nous avons pensé que ce seul fait ne suffirait pas,
en général, pour l'empêcher de demander la destruction
des travaux eux-mêmes, tant qu'il ne se serait pas écoulé
trente ans depuis leur achèvement (*supra*, n° 48). Mais
autre chose est d'induire du seul silence d'un propriétaire
son consentement à l'établissement permanent et définitif d'un ouvrage nuisible ; autre chose d'en induire de
sa part une concession temporaire et révocable, qui ne
lui permette pas de demander des dommages-intérêts
pour le passé ; ce serait là, du moins, une question de fait.

51. — L'article 640 ne considère les eaux que relativement à l'inconvénient qui résulte de leur passage ; il

impose un assujettissement aux fonds inférieurs, il ne leur accorde point un droit.

Aussi est-il certain que le propriétaire supérieur peut retenir les eaux pluviales qui tombent directement sur son fonds ou qui lui arrivent des fonds supérieurs ou de la voie publique; qu'il peut les retenir pour en faire une mare, une citerne, une pêcherie, ou pour tout autre usage d'utilité ou d'agrément, dont il n'a, d'ailleurs, aucun compte à rendre; et qu'il peut exercer ce droit à toute époque, alors même que pendant plus de trente ans, *per mille annos*, comme dit Cœpolla, il aurait laissé couler les eaux pluviales sur le fonds inférieur (*de Servit.*, tract. 2, cap. IV, n° 57); car les actes de pure faculté n'engendrent pas prescription. Nous ne parlons d'ailleurs ici que du cas où le propriétaire inférieur s'est borné à les recevoir passivement, aux termes de l'article 640, sans faire aucun ouvrage annonçant la volonté de les acquérir activement à titre de servitude sur le fonds supérieur (*infra*, n° 68).

Pardessus enseigne, à l'égard des eaux pluviales qui coulent sur la voie publique, que l'administration locale pourrait, en vertu de son droit de police, régler ce que chacun des riverains sera autorisé à faire, et qu'en conséquence le propriétaire supérieur, par suite des concessions qu'elle aurait faites, pourrait être empêché d'arrêter l'eau à son passage et de se l'approprier (t. I, n° 79).

Mais cette doctrine ne nous paraît pas admissible. Les eaux pluviales sont *res nullius;* elles appartiennent, en conséquence, au premier occupant; et le pouvoir réglementaire ou de police de l'administration ne saurait aller jusqu'à détruire, au préjudice des intérêts privés, cette règle fondamentale du droit civil. Son seul pouvoir, à cet égard, est d'empêcher que les riverains n'exercent leurs dérivations à l'aide d'ouvrages nuisibles, de quelque manière que ce soit, à la voie publique (art. 479, § 11,

C. pén.; Cass., 3 oct. 1835, Minist. public, D., 1835, I, 450).

Nous concluons donc que, dans tous les cas sans distinction, le propriétaire supérieur peut retenir les eaux pluviales, à la condition, bien entendu, comme le fait justement observer Duranton, de retenir toutes les eaux chez lui, en tout temps, et de manière qu'elles ne s'écoulent jamais sur le fonds inférieur autrement qu'elles ne s'écoulaient d'abord naturellement (comp. Cass., 14 juill. 1823, Peynier, Sirey, 1823, I, 173; Cass., 21 juill. 1825, Boissière, D., 1825, I, 366; Rennes, 10 févr. 1826, Desmars, Sirey, 1828, II, 74; Limoges, 22 janv. 1839, Bonnet, Dev., 1839, II, 284; Limoges, 14 juill. 1840, Bonifardière, Dev., 1841, II, 1 ; Caen, 26 fév. 1844, Duhamel, Dev., 1844, II, 335; L. I, § 2, et L. 22, ff. *de aqua;* Dunod, *des Prescriptions*, part. I, chap. xii, p. 88 ; Proudhon, *du Dom. public*, t. IV, n° 1318; Garnier, t. III, n° 717; Daviel, t. III, n°s 796, 797).

52. — La même solution est applicable aux eaux de source, en ce sens que le propriétaire supérieur, dans le fonds duquel la source prend naissance, a toujours le droit de la détourner, au préjudice des propriétaires inférieurs (*infra*, n° 64 ; art. 641, 642).

Mais le propriétaire supérieur, dont le fonds serait seulement traversé par les eaux vives d'une source venant de plus haut, n'aurait pas au contraire le droit d'en arrêter le cours (art. 644).

53. — Pareillement, en sens inverse, le propriétaire supérieur qui aurait, pendant plus de trente ans, retenu les eaux pluviales tombant sur son fonds, ou les eaux de la source qui y prend naissance, n'en serait pas moins fondé ensuite à les laisser couler de nouveau suivant leur pente naturelle, sur les fonds inférieurs; ce n'est pas une obligation pour lui de laisser couler les eaux sur les fonds inférieurs; c'est un acte de pure faculté, qui ne saurait se perdre par le non-usage (art. 2232; Pardessus, t. I, n° 82; Daviel, t. III, n° 761; Toullier, t. II, p. 361).

Des autres assujettissements qui peuvent encore résulter de la situation naturelle des lieux entre les fonds supérieurs et les fonds inférieurs. — Des éboulements, des avalanches, etc.

SOMMAIRE.

54. — Les fonds inférieurs sont encore assujettis, par la situation naturelle des lieux, à recevoir les éboulements de toutes sortes qui proviennent des fonds supérieurs. — Quelles sont, à cet égard, les règles à suivre?

55. — La première condition est que les éboulements descendent naturellement du fonds supérieur, et sans que la main de l'homme y ait contribué. — Exemple.

56. — Lorsque l'éboulement est naturel, quels sont respectivement les droits et les obligations du propriétaire d'en haut et du propriétaire d'en bas?

57. — Le propriétaire supérieur a-t-il le droit de venir reprendre sur le fonds inférieur les matériaux qui y ont été entraînés? — Peut-il y être contraint?

58. — Le propriétaire supérieur peut-il cultiver son fonds, y construire, etc., de manière à produire des éboulements sur les fonds inférieurs?

59. — De son côté, le propriétaire inférieur ne peut rien faire, qui change, au préjudice du fonds supérieur, la situation naturelle des lieux. — Exemple.

60. — De la vue que les propriétaires des fonds supérieurs exercent sur les fonds inférieurs.

60 *bis.* — Suite.

60 *ter.* — Suite.

54. — L'article 640 n'est relatif qu'à l'écoulement des eaux; mais il est clair que les fonds inférieurs sont également assujettis à recevoir les lavanges, les avalanches, les éboulements enfin de toutes sortes, de terre, de neige, de glaces, de gravier, de rochers, etc., qui se détachent des fonds supérieurs. C'est là une règle de nécessité qui, pour n'avoir point été consacrée dans un article spécial, n'en est pas moins évidente, et dont l'article 640 n'est lui-même qu'une application (*supra*, n° 7).

C'est donc d'après la pensée du législateur, telle que l'article 640 la révèle, et d'après les principes de l'équité et du bon sens, que les magistrats doivent se décider dans les différentes hypothèses qui peuvent se présenter à cet égard, et qui sont très-fréquentes dans les pays de montagnes.

55. — Ainsi, la première condition est que les éboulements descendent *naturellement* des fonds supérieurs, *et sans que la main de l'homme y ait contribué* (art. 640).

Point de doute, par exemple, que le propriétaire qui, par des travaux quelconques, aurait créé lui-même la pente du sol, ne fût responsable des dommages qui en résulteraient pour ses voisins (Zachariæ, t. I, p. 247).

56. — Mais, au contraire, lorsque l'assujettissement dérive de la situation naturelle des lieux, les propriétaires d'en bas sont obligés de le supporter; et de là les conséquences suivantes :

1° Le propriétaire d'en haut n'est tenu à construire aucun ouvrage, ni mur de soutènement, ni terrasse ou autre, afin de protéger les propriétaires inférieurs, sauf à ceux-ci la faculté d'employer eux-mêmes les moyens de préservation qui leur seraient utiles, sans nuire au propriétaire supérieur.

2° Le propriétaire supérieur n'est pas tenu de réparer le dommage que les éboulements auraient causé aux fonds inférieurs; c'est là un des accidents de la nature dont nul n'est responsable, toutes les fois, bien entendu, qu'on ne lui impute d'ailleurs aucune faute (*infra*, n° 58; Poitiers, 6 mai 1856, Ribouleau, Dev., 1856, II, 470 ; Pardessus, t. I, n° 82.)

57. — Mais on peut demander :

D'une part, si le propriétaire supérieur a le droit de venir reprendre, sur le fonds inférieur, les matériaux quelconques qui y ont été entraînés ;

D'autre part, s'il peut y être contraint par le propriétaire inférieur.

Qu'il puisse aller chercher les matériaux, arbres, pierres, meubles quelconques, qui lui auraient été enlevés par l'avalanche, cela n'est pas contestable, pourvu qu'il s'agisse de matériaux assez considérables pour être reconnus et revendiqués (*voy.* notre tome X, n° 100; et comp. *supra*, n° 32). Et alors, c'est-à-dire lorsque le propriétaire supérieur vient lui reprendre ce qui lui a été enlevé, il est tenu de tout enlever, le bon et le mauvais, et de réparer aussi tout le dommage, non-seulement celui qui résulte de l'enlèvement, mais encore celui que le cas fortuit a causé, puisqu'il n'en accepte pas lui-même les conséquences (*voy.* notre tome X, n° 112: L. 7, § 5.; L. 9, § 1, 2 et 3, ff. *de damno infect.;* Toullier, t. XI, n° 324; Locré, *Législ. civ.*, t. VIII, p. 126).

Mais nous ne croyons pas que, en sens inverse, le propriétaire supérieur soit tenu de venir reprendre, sur les fonds inférieurs, les matériaux qui ont été emportés de son fonds; c'est là pour lui une faculté, point une obligation. C'est en cela précisément que consiste l'assujettissement du fonds inférieur; c'est à recevoir ce qui se détache naturellement du fonds supérieur (*voy.* encore notre tome X, n° 103; et comp. Garnier, t. III, n° 689).

58. — Il est bien entendu que le propriétaire supérieur ne peut rien faire qui aggrave la servitude du fonds inférieur (art. 640).

Solon (n° 52) remarque néanmoins que c'est l'abus seul qui pourrait le rendre responsable et que, s'il avait usé de son droit de cultiver son champ avec précaution et en bon père de famille, il ne devrait pas être condamné à retenir les terres qui se détacheraient par suite de ses travaux, selon le précepte que celui-là qui use d'un droit ne peut jamais être passible de dommages-intérêts.

C'est ainsi, en effet, que nous avons vu, sur l'article 640, que le propriétaire supérieur peut ouvrir des sillons et des rigoles pour la culture et l'exploitation de ses fonds (*supra*, n° 39; ajout. L. 24, § 12, ff. *de damno infect.*).

Toutefois, on ne saurait ici se montrer trop réservé; et le mieux nous paraît être de ne point poser *à priori* de règles absolues sur toutes ces questions de responsabilité, qui sont plutôt, en pratique de fait que de droit.

Le propriétaire supérieur, peut, sans doute, exploiter son fonds, y semer, y planter, y bâtir, etc.; c'est son droit (art. 544).

Il est vrai! mais prenons garde que si chacun peut faire ce qu'il veut sur son fonds, c'est à la condition de ne rien faire tomber sur le fonds d'autrui, *quatenus nihil immittat in alienum* (L. 15, ff. *si servit. vindic.*); et la vérité est que le propriétaire ne peut plus dire qu'il a exercé son droit, lorsque le résultat de cet exercice est de causer des éboulements sur les fonds inférieurs.

On verra donc! et l'on appréciera si l'ouvrage ou le travail quelconque, déplacement de terres, plantations, ou bâtisse, exécutés par le propriétaire supérieur, est tel qu'il ait pu, eu égard à la situation des lieux et à la nature du sol, se le permettre sans faute et sans imprudence (art. 1382, 1383; comp. Pau, 14 févr. 1832, Lo, D., 1832, II, 77; Cass., 29 nov. 1832, Feel, D., 1833, I, 98).

59. — De son côté réciproquement, le propriétaire inférieur ne peut rien faire qui change, au préjudice du fonds supérieur, la situation naturelle des lieux.

Il ne pourrait point, par exemple, couper à pic la partie inférieure de son fonds, de manière que le fonds supérieur demeurât sans soutien, et fût ainsi exposé lui-même à des éboulements plus fréquents et plus dommageables. C'est là, d'ailleurs, comme nous le verrons, une règle générale du voisinage, que nul ne peut creuser sur son fonds, au point extrême, qui le sépare des points contigus, de manière à les mettre ainsi, pour ainsi dire, en l'air, et sans appui!

Si tandem tam alte fodiam in meo, ut paries tuus stare

non possit, damni infecti stipulatio committetur (L. 24,
§ 12, ff. *de damno infect.;* Pardessus, t. I, n° 199 ; comp.
Colmar, 25 juin 1861, Grosheintz, Dev., 1861, II, 577 ; et
les *Observations* de M. Carette *h. l.;* Dijon, 13 déc. 1867,
Villemot, Dév. 1868-2-219).

60. — Est-il nécessaire de dire que la vue, que les
propriétaires de fonds supérieurs exercent sur les fonds
inférieurs, est encore un assujettissement qui résulte
pour ceux-ci de la situation naturelle des lieux?

Cela est d'évidence.

La Cour d'Orléans a jugé que si, par la nature des lieux,
le propriétaire du fonds inférieur est obligé de souffrir
que le propriétaire dont le terrain est plus élevé, ait une
vue droite sur lui, de son côté le propriétaire supérieur
ne peut aggraver cette servitude, en rendant, par des
travaux quelconques, l'exercice de ce droit de vue plus
incommode pour son voisin ; et l'arrêt a, en conséquence,
ordonné la suppression d'une balustrade au moyen de
laquelle le propriétaire supérieur *s'était procuré une faci-
lité bien plus grande de plonger dans la propriété du voisin*
(19 janv. 1849, Viot, Dev., 1849, II, 596).

L'arrêt ne nous indique pas en quoi consistait cette
balustrade ; mais en admettant qu'en fait elle constituât
une entreprise que le propriétaire du fonds supérieur
n'avait pas eu le droit d'exécuter, ce n'est là qu'une application du principe que nous venons de poser d'après
l'article 640 (*supra*, n° 58 ; ajout, art. 702).

60 *bis*. — C'est par le même motif que le propriétaire
supérieur ne pourrait pas rendre la vue plus incommode
et plus gênante, en l'exerçant par des fenêtres pratiquées
dans un mur, qui serait construit sur la ligne séparative
des deux héritages ; il serait, au contraire, tenu dans ce
cas, comme dans tous les autres, d'observer la distance
prescrite par les articles 678, 679 (*voy.* le t. II, n° 595).

60 *ter*. — Mais, réciproquement, le propriétaire inférieur est-il tenu de ne rien faire, qui puisse empêcher ou

diminuer cette vue naturelle que le propriétaire supérieur exerce sur son terrain par l'effet de la situation des lieux?

On pourrait peut-être entreprendre de le soutenir; et l'on dirait, en ce sens, que de la même manière que le propriétaire inférieur ne peut rien faire qui empêche l'écoulement des eaux ou l'éboulement des terres, qui lui proviennent naturellement des fonds supérieurs, de même il ne peut pas davantage chercher, par des travaux quelconques, à se garantir de la vue, que le propriétaire supérieur, à raison même de la situation, exerce naturellement sur son fonds.

Nous ne croyons pas, toutefois, que cette assimilation soit exacte; et notre avis est, au contraire, que le propriétaire inférieur a certainement le droit de construire soit un bâtiment, soit un mur, lors même que la vue, qui résultait, pour le propriétaire supérieur, de la situation naturelle des lieux, en serait plus ou moins notablement diminuée ou même empêchée.

Quand nous avons dit que le propriétaire inférieur est tenu de supporter l'exercice de cette vue naturelle et générale (*supra*, n° 60), c'est un fait, en quelque sorte, que nous avons constaté! et il est clair, en effet, que tant que dure cette situation naturelle, il ne saurait se plaindre de la conséquence inévitable qui en résulte.

Mais aussi aucun texte ne lui impose l'obligation de s'abstenir sur son fonds, de tout ouvrage qui pourrait la modifier; et bien au contraire! il nous paraît autorisé à exercer, suivant la règle commune, tous les droits que la propriété confère (art. 544 et suiv.).

C'est ce que nous aurons encore plus bas l'occasion de démontrer (*voy.* n°s 330 et 384).

§ II.

Des différents droits dont les eaux peuvent être l'objet au profit
des propriétaires fonciers.

SOMMAIRE.

61. — Division.
62. — Les articles 641 et suivants, qui considèrent les eaux sous le rapport des avantages que l'on en peut retirer, ne s'occupent pas des
eaux pluviales. — Pourquoi?

61. — Nous avons tout à l'heure (*supra,* n°⁵ 16 et
suiv.) considéré les eaux sous le rapport des charges qui
peuvent en résulter, et particulièrement eu égard à l'o-
bligation des fonds inférieurs de recevoir celles qui découlent des fonds supérieurs.

Nous allons maintenant les considérer sous le rapport
des avantages qu'elles peuvent procurer, et des différents
droits dont elles peuvent devenir l'objet.

A cet égard, notre Code distingue deux hypothèses
principales :

Dans la première, il détermine les droits du propriétaire, qui a une source dans son fonds (art. 641, 642,
643);

Dans la seconde, il réglementé les droits des différents
propriétaires, dont les fonds son bordés ou traversés par
une eau courante (art. 644, 645).

Nous allons successivement examiner chacune de ces
hypothèses.

62. — Mais il importe d'abord de remarquer que
notre Code n'a plus ici en vue, directement du moins,
que les eaux vives.

Tandis que l'article 640, qui considère les eaux sous
le rapport des inconvénients qu'elles peuvent causer, est
relatif aux eaux pluviales aussi bien qu'aux eaux vives,
les articles suivants (641 à 645), qui considèrent les
eaux sous le rapport des avantages que l'on peut en re-

tirer, ne s'occupent pas, au contraire, des eaux pluviales.

Le motif de cette omission est, sans doute, que le législateur aura pensé que les eaux pluviales présentaient
peu d'importance et d'utilité, comparativement aux cours
d'eaux permanents formés par des sources et plus généralement aux eaux courantes.

Mais pourtant chacun sait combien les eaux pluviales
elles-mêmes sont précieuses et recherchées, soit pour les
besoins domestiques, soit comme moyen d'arrosage et
d'irrigation, surtout dans certaines contrées où la chaleur du climat les rend, pour ainsi dire, indispensables
à certains héritages.

Aussi la pratique a-t-elle souvent élevé des difficultés
à ce sujet ; et il a fallu que la doctrine et la jurisprudence vinssent combler cette lacune, à notre avis, regrettable dans le Code Napoléon.

Nous entreprendrons donc aussi d'exposer comment
les principes établis par les articles 641 et suivants sur
les eaux vives, peuvent être appliqués aux eaux pluviales
(*infra*, n°s 103 et suiv.).

PREMIÈRE HYPOTHÈSE

Des droits d'un propriétaire qui a une source dans son fonds.

SOMMAIRE.

63. — La règle est que celui qui a une source dans son fonds peut en
user à sa volonté. — Motif. — Conséquences :
64. — 1° Le propriétaire du fonds dans lequel naît la source peut en
détourner le cours, la concéder à qui bon lui semble, etc.
65. — 2° Il peut faire, dans son fonds, des fouilles pour chercher des
eaux souterraines, lors même que les résultats de ces fouilles seraient
de tarir les sources qui alimentaient les puits, les fontaines, etc., des
propriétaires inférieurs.
66. — Suite. — Le propriétaire, qui a une source dans son fonds, ne
peut-il en priver les propriétaires inférieurs qu'autant qu'il a lui-

même un intérêt à le faire? — *Quid*, si on prétendait qu'il n'agit que
par esprit de méchanceté et dans le seul dessein de nuire.

67. — La règle ci-dessus posée peut recevoir deux exceptions :

68. — 1° Le propriétaire qui a une source dans son fonds ne peut plus
en disposer, lorsque le propriétaire inférieur a acquis le droit de l'en
empêcher; et ce droit peut résulter : A, d'un titre; B, de la prescription; C, de la destination du père de famille.

69. — A. Le titre est la concession volontairement émanée du propriétaire même de la source. — Un règlement homologué par l'autorité
compétente lui serait-il opposable?

70. — Suite. — *Quid*, de la concession administrative accordée aux
riverains d'un cours d'eau, d'établir un moulin ou une usine quelconque?

71. — Suite. — Faut-il considérer comme étant fondés en titre, d'après
l'article 641, à l'encontre du propriétaire de la source, les moulins
ou usines établis, à l'époque de la féodalité, soit par les seigneurs
eux-mêmes, soit par les riverains autorisés à cet effet par les seigneurs?

72. — Il ne faut pas confondre le titre, en vertu duquel le propriétaire
de la source aurait, dans son propre intérêt, le droit d'en diriger le
courant, avec le titre qui attribuerait au propriétaire inférieur un
droit sur l'eau de la source.

73. — B. La prescription ne s'accomplirait pas au profit du propriétaire
inférieur, par cela seul que l'eau de la source aurait coulé pendant
plus de trente ans sur son fonds.

74. — Des conditions requises pour que la prescription commence à
courir dans ce cas. — Article 642. — Il faut que des ouvrages permanents aient été terminés. — *Quid*, d'un barrage mobile? ou du curage
du lit du cours d'eau par le propriétaire inférieur?

75. — Est-il nécessaire que les travaux soient en maçonnerie ou autres
ouvrages d'art?

76. — Il faut que les ouvrages soient apparents. — Explication de ce
mot.

77. — Il faut que les ouvrages aient été faits par le propriétaire inférieur, et cela dans le but de faciliter la chute et le cours de l'eau dans
sa propriété. Ces deux conditions sont inséparablement nécessaires.—
Exemples.

78. — *Quid*, si, après un grand nombre d'années, on ignore par lequel
des propriétaires les ouvrages ont été faits?

79. — Les ouvrages doivent-ils être faits sur le fonds même dans lequel
naît la source? ou suffit-il qu'ils soient établis sur le fonds inférieur?
1re opinion : il suffit qu'ils soient établis sur le fonds inférieur.

80. — 2° opinion : il faut qu'ils soient établis sur le fonds supérieur.

81. — La prescription peut-elle être accomplie au profit d'un propriétaire inférieur, qui est séparé du fonds où naît la source, par un fonds
intermédiaire? ou même au profit d'un propriétaire non riverain?

81 *bis*. — Le cours de la prescription, dans le cas de l'article 642, est
suspendu par les mêmes causes, qui, d'après les articles 2252 et suivants, suspendent en général le cours de la prescription.

82. — Le propriétaire inférieur pourrait-il acquérir la servitude de

prise d'eau ou d'aqueduc, sans avoir établi aucun ouvrage, et par le fait seul de la contradiction qu'il aurait opposée au propriétaire de la source ?

83. — C. La servitude de prise d'eau au profit du propriétaire inférieur, à l'encontre du propriétaire de la source, peut encore résulter de la destination du père de famille.

84. — Lorsque le propriétaire inférieur a acquis le droit de prise d'eau sur la source, quels droits restent au propriétaire de cette source ? — Quels droits appartiennent au propriétaire inférieur ?

85. — Suite.

86. — Le propriétaire de la source peut-il faire de nouvelles concessions de prise d'eau, après que l'un des propriétaires inférieurs a déjà acquis une servitude semblable ?

87. — Quid, s'il s'élève quelque difficulté relativement à l'usage des eaux, soit entre le propriétaire de la source et le propriétaire inférieur, qui a acquis une servitude sur cette source, soit entre plusieurs propriétaires inférieurs, qui pourraient acquérir cette servitude, ensemble ou séparément, à des titres semblables ou différents ?

88. — Des droits du propriétaire inférieur qui a acquis la servitude d'aqueduc. — Pourrait-il concéder une prise d'eau à des tiers ? ou user lui-même de l'eau de la source dans l'intérêt d'un autre héritage que celui sur lequel la servitude a été établie ?

89. — Suite. — A-t-il le droit d'arrêter le cours de la source au préjudice des propriétaires inférieurs ? ou de s'opposer à ce que ceux-ci fassent des ouvrages à l'effet d'acquérir aussi un droit sur les eaux de la source ?

89 bis. — Le propriétaire inférieur qui a acquis le droit de recevoir les eaux de la source, de manière à ce qu'elles s'écoulent facilement sur son fonds, peut-il exiger que son voisin fasse lui-même sur son propre fonds les travaux nécessaires à cet effet ?

90. — 2° La seconde exception au droit du propriétaire de la source est écrite dans l'article 643, qui attribue directement et de plein droit une servitude sur l'eau de la source aux habitants de la commune, du village ou hameau, auxquels elle est nécessaire. — Observation.

91. — L'article 643 est-il applicable aux citernes, mares, étangs ou fontaines stagnantes ?

92. — L'article 643 fait-il obstacle au droit qui appartient à tout propriétaire, de faire des fouilles dans son fonds, lorsque le résultat de ses fouilles est d'intercepter les veines alimentaires d'une source ou d'une fontaine communale ?

92 bis. — L'article 643 s'applique d'ailleurs aux eaux de source, lors même qu'elles sont devenues ruisseau, en coulant sur les fonds inférieurs à celui où la source prend naissance.

93. — Les habitants de maisons isolées, ou même rapprochées les unes des autres, si elles ne formaient pas au moins un hameau, ne pourraient pas invoquer le bénéfice de l'article 643.

94. — Il faut que l'eau soit nécessaire aux habitants.

95. — Suite. — De quelle espèce de nécessité s'agit-il dans ce cas ? — Exemples.

96. — Les habitants ont-ils le droit de forcer le propriétaire de la source

à leur ouvrir un accès sur son fonds, pour qu'ils aillent y exercer le passage ou l'abreuvage?

97. — Le propriétaire de la source peut réclamer une indemnité.— En quoi cette indemnité consiste, et par qui elle doit être supportée?

98. — Suite. — Dans quels cas et sous quelles conditions les habitants peuvent-ils être libérés, par prescription, de l'obligation de payer une indemnité?

99. — Suite.

100. — Quels sont les droits que conserve le propriétaire de la source, dans le cas prévu par l'article 643?

101. — Le propriétaire de la source n'est-il empêché d'en détourner le cours, que dans les deux cas prévus par les articles 641 et 643? — *Quid*, si la source est le principal aliment d'un ruisseau public, ou forme l'un des affluents d'une rivière navigable ou flottable?

102 1°. — Suite. — Les propriétaires voisins des établissements thermaux, peuvent-ils faire, dans leurs propres fonds, des fouilles dont le résultat serait de dénaturer ou de détourner les sources qui alimentent ces établissements?

102 2°. — Ce sujet est aujourd'hui définitivement réglé par la loi du 22 juillet 1856. — Exposition.

102 3°. — La loi ne s'applique qu'à celles des sources d'eaux minérales qui ont été déclarées d'intérêt public.

102 4°. — Un périmètre de protection peut être assigné à une source déclarée d'intérêt public, et il est susceptible d'être modifié.

102 5°. — La loi de 1856 établit deux sortes de servitudes à la charge des héritages voisins.

102 6°. — A. De la servitude qui consiste à empêcher le propriétaire de faire des travaux sur son fonds.

102 7°. — B. De la servitude qui consiste à obliger le propriétaire du fonds voisin de souffrir que le propriétaire de la source fasse certains travaux sur son fonds.

102 8°. — Des indemnités que le propriétaire du fonds asservi peut réclamer.

102 9°. — Suite. — L'expropriation du fonds assujetti peut-elle avoir lieu pour cause d'utilité publique?

63. — Une règle et deux exceptions, voilà tout notre droit sur cette matière.

La règle est posée par l'article 641 en ces termes :

« *Celui qui a une source dans son fonds peut en user à* « *sa volonté,* sauf le droit que le propriétaire inférieur « pourrait avoir acquis par titre ou par prescription. »

Ce n'est là qu'une application d'un principe qui nous est déjà connu, à savoir que:

« La propriété du sol emporte la propriété du dessus

« et *du dessous.* » (Art. 552 ; *voy.* notre tome IX, n°s 642, 643, 646.)

Celui qui a la propriété d'un fonds a donc par cela même aussi la propriété de l'eau qui s'y trouve renfermée, et qui en est une partie intégrante, tout comme la terre et le sable et les pierres, qui constituent le sol ; *portio agri videtur aqua viva* (L. 2, ff. *quod vi aut clam ;* comp. Cass., 4 déc. 1860, Comm. de Varennes, Dev., 1861, I, 623 ; Dissertation *sur la propriété des sources,* par M. Colas de la Noue, *Revue pratique de Droit français,* 1865, t. XIX, p. 399 et suiv.; *voy.* toutefois Montpellier, 12 janv. 1870, Fonsès, Dev., 1870, n° 244).

Et puisque le propriétaire du fonds est propriétaire de l'eau qui s'y trouve, la règle générale est qu'il peut en disposer de la manière la plus absolue (art. 544).

De là, en effet, deux conséquences :

64. — 1° Le propriétaire d'un fonds dans lequel se trouve une source, *peut en user à sa volonté* (art. 641), c'est-à-dire l'employer à tels usages que bon lui semble, d'utilité ou d'agrément, pour arroser ses fonds, pour faire mouvoir une usine, pour en former des réservoirs, des fontaines, des bassins, des jets d'eau, etc.; il peut, soit l'arrêter dans son cours, soit l'étouffer même complétement, soit en diriger le courant à son gré; en priver les héritages inférieurs, vers lesquels la pente naturelle du sol l'aurait portée, et la transmettre, à titre onéreux ou à titre gratuit, à tout autre héritage (Chabrol, cout. d'Auvergne, chap. xvii, art. 2; *voy.* aussi *supra,* n°s 51, 52).

Ce droit de disposition, d'ailleurs, étant une conséquence de la propriété du fonds où la source prend naissance, du fonds même, qui est, suivant l'expression d'Ulpien, *caput aquæ, unde aqua nascitur et ubi primum emergit* (L. 1, § 8, ff. *de aqua quotid. et æstivo*), ce droit de disposition, disons-nous, est dès lors nécessairement renfermé dans les limites de ce fonds. Les propriétaires inférieurs, dont les eaux de la source borderaient ou tra-

verseraient les héritages, n'auraient pas, au contraire, le
droit d'en disposer (art. 644) ; et par suite, si le propriétaire du fonds, dans lequel naît la source, possédait
lui-même sur le cours d'eau d'autres fonds séparés par
des héritages intermédiaires de celui où se trouve la
source, il n'aurait, dans ces autres fonds, que les droits
d'un simple riverain sur le cours d'eau ; à moins, bien
entendu, qu'il n'eût fait, avec les propriétaires des fonds
intermédiaires, quelque arrangement pour conduire les
eaux dans ses autres fonds, où il pourrait alors en disposer encore d'une manière absolue; ou qu'il n'eût concédé, comme il le peut certainement, ce droit de disposition
à un propriétaire inférieur qui pourrait alors lui-même
l'exercer (comp. Cass., 28 mars 1849, de Belleval, *J.
du P.*, t. I, 1849, p. 582 ; Cass., 15 juil., 1854, Bonnin,
Dev., 1854, I, 186 ; Cass., 9 déc. 1862, Auriac, Dev.,
1863, I, 358; Pardessus, t. I, n° 78 ; Daviel, t. III,
n°⁵ 766 *bis* et 793 *bis* : Proudhon, *du Dom. publ.*, n° 1355 ;
Bertin, *Code des irrigations*, p. 18).

Mais, considéré comme un propriétaire du fonds où la
source prend naissance, et en tant qu'il exerce son droit
de propriété sur ce fonds même, la règle est qu'il peut
disposer de la source d'une manière absolue ; à ce point
qu'à moins de circonstances particulières, le copropri-
taire d'un fonds inférieur, qui deviendrait, pour son
compte personnel, propriétaire du fonds où se trouve la
source, n'en aurait pas moins le droit d'en détourner le
cours, au préjudice des fonds inférieurs dont il serait
copropriétaire. Pardessus (*loc. supra cit.*) remarque, en
effet, très-justement que le fond supérieur ne devant rien
à l'inférieur, celui qui l'a acquis n'a pas moins de droits
que n'en aurait un tiers.

65. — 2° La seconde conséquence du principe que
nous venons de poser (*supra*, n° 63), c'est que le propriétaire du sol a le droit de faire, chez lui et sur son fonds
toutes les fouilles qu'il juge à propos, afin de découvrir

les eaux souterraines qui s'y trouvent; et que par suite, il n'est nullement responsable envers les propriétaires des fonds voisins, si le résultat de ses travaux est de couper les veines qui portaient l'eau dans leurs fonds et qui alimentaient leurs sources, leurs puits, leurs citernes, etc.

Les jurisconsultes romains étaient, à cet égard, très-explicites :

In domo mea puteum aperio, quo aperto venæ putei tui præcisæ sunt; an tenear? Ait Trebatius, *non teneri me damni infecti; neque enim existimaris operis mei vitio damnum tibi dari in ea re, in qua jure meo usus sum* (L. 24, § 12, ff. *de damn. infect.*; L. 1, § 12, et L. 21, ff *de aqua*).

Et nos anciens auteurs ont également enseigné ce principe (Dunod, *des Prescriptions*, part. I, chap. XII, p. 87).

Ce droit de chercher l'eau dans les profondeurs du sol est d'ailleurs aussi absolu et aussi imprescriptible que le droit, pour le propriétaire de la source qui jaillit à la surface, d'en détourner le cours ; c'est également un acte de pure faculté; et en outre, les eaux souterraines n'ayant jamais été l'objet d'aucune possession publique et extérieure, et le propriétaire du fonds dans lequel elles coulaient, ayant ignoré qu'elles alimentaient la source ou le puits de son voisin, Cœpolla remarquait justement qu'il y a là une raison de plus encore pour qu'il n'ait pas pu perdre le droit d'en disposer sur son fonds (*de Servit.*, tract. 2. chap. IV, n° 57).

Aussi, encore bien que l'article 641 ne s'applique textuellement qu'à *une source* qui a son ouverture sur le fonds, n'est-il pas douteux que la disposition qu'il consacre, est également applicable, et même *à fortiori*, aux eaux souterraines qui se trouvent dans l'intérieur du sol (Cass., 15 juin 1835, la commune de Fayence, D., 1835, I, 105; Cass., 19 juillet 1837, Bichard, D., 1837, I, 427; Montpellier, 16 juill. 1866, Baré, Dev. 1867-2-115, Liége, 10 janv. 1867, Comp. houillière de Robiac, Dev.

1869-2-413; Garnier, t. III, n° 713; Delvincourt, t. I, p. 155, note 10; Daviel, t. III, n° 893; *voy.* toutefois *infra*, n° 643)·

66. — Nous disons que le propriétaire du sol a un droit absolu de disposition sur les eaux, qui font une partie intégrante du sol même qui lui appartient; soit que ces eaux dorment dans le lit de la fontaine ou de la source, soit qu'elles aient un cours; et dans ce dernier cas, sans distinguer si elles suivent la pente naturelle du sol, ou si elles ont été dérivées par des travaux de main d'homme.

Dans tous les cas, le propriétaire peut disposer *de la manière la plus absolue,* de cette eau, qui est la sienne (art. 544).

Toutefois, il résulterait, au contraire, d'une doctrine très-ancienne, qu'il ne pourrait en disposer que sous la condition qu'il exercerait ce droit dans un intérêt réel pour lui-même, intérêt de nécessité, de simple utilité ou même de pur agrément, mais enfin, dans un intérêt quelconque, si minime qu'il fût; et que par conséquent, son entreprise devrait être réprimée par les tribunaux, si en privant les propriétaires voisins des eaux qui leur sont utiles, il n'avait d'autre intention que de leur nuire, sans en retirer d'ailleurs aucun avantage pour lui-même.

Telle est la restriction qu'Ulpien mettait déjà, chez les Romains, à l'exercice de cette faculté : *Si non animo vi cino nocendi, sed suum agrum meliorem faciendi id fecit* (L. 1, § 12 ff. *de aqua;* ajout Voet, *ad. h l.,* n° 4).

Notre ancienne jurisprudence française paraissait aussi avoir admis cette réserve; et Bretonnier, sur Henrys, tout en reconnaissant le droit de disposition au propriétaire sur l'eau qui se trouve dans son fonds, ajoutait également ces mots : *Pourvu qu'il le fasse pour son utilité et non pas dans le dessein et uniquement pour nuire à son voisin* (Rec. d'arr., suite du liv. IV, quest. 89; ajout. : Basnage, sur l'article 608 de la cout. de Normandie ; un arrêt du parlement de Paris, du 16 juill. 1605, et un arrêt du parlement d'Aix, rapporté par Boniface, t. IV, p. 631).

Et enfin, sous notre droit nouveau, depuis la promulgation du Code Napoléon, la même doctrine a été encore enseignée (comp. Delvincourt, t. I, p. 167, note 12 ; Pardessus, t. I, n° 78 ; Daviel, t. III, n° 895 ; et aussi Metz, 16 novembre 1826, comm. de Fagnon, Sirey, 1831, II, 110 ; Montpellier, 16 juill. 1866, Barré, Dev. 1867-2-215).

Mais nous croyons, pour notre part, que cette doctrine est tout à la fois contraire aux textes mêmes de la loi et aux principes ;

Au texte spécial de l'article 641, d'après lequel celui qui a une source dans son fonds peut en user *à sa volonté ;* et au texte général de l'article 544, qui confère au propriétaire le droit de disposer de sa chose *de la manière la plus absolue ;*

Aux principes, d'après lesquels nul n'est tenu de rendre compte de l'usage ou de la disposition qu'il lui plaît de faire de son bien, et qui s'opposent, dans l'intérêt privé de tous les propriétaires, non moins que dans l'intérêt général de la société, à cette arbitraire et impossible inquisition des motifs et des intentions, qui peuvent diriger le maître d'une chose dans l'exercice de son droit absolu de propriété !

Il est vrai que, lors de la discussion qui eut lieu au conseil d'État, Malleville, rappelant l'arrêt du Parlement de Paris (cité plus haut), déclara que l'article 7 du projet (aujourd'hui l'article 645) confirmait cette jurisprudence, en vertu de laquelle on pouvait empêcher le propriétaire de la source d'en détourner le cours, par pure malice, au détriment des fonds inférieurs ; Tronchet ajouta également « qu'il peut y avoir des raisons d'équité supérieure, qui, comme dans l'espèce rapportée par Henrys, obligent de s'écarter de la règle générale, et que l'article 7 (645)

donne, pour ce cas, aux juges, la plus grande latitude »
(Locré, *Légist. civ.*, t. VIII, p. 336, 337).

Mais il nous paraît certain, malgré ces observations,
qui n'ont pas été converties en lois, que l'article 645
n'est pas applicable aux eaux, sur lesquelles le propriétaire
du sol qui les renferme a un droit de propriété absolu.
Nous comprenons bien la disposition de l'article 645, en
ce qui concerne les eaux courantes, considérées comme
choses communes, parce qu'en effet, elles n'appartiennent
pas plus à l'un qu'à l'autre, et que chacun n'a que le droit
de s'en servir pour autant qu'elles lui sont utiles (art.
644), nous comprenons aussi qu'on puisse invoquer, par
analogie, l'article 645, lorsqu'il s'agit de déterminer,
d'après l'article 640, les droits et les obligations respectifs des propriétaires supérieurs et des propriétaires inférieurs, relativement à l'écoulement naturel des eaux ;
car il n'y là encore rien absolu ; la règle est que la situation naturelle des lieux ne doit pas être changée par l'un
au préjudice de l'autre ; et il est alors très-équitable et
très-juridique que si on autorise certains changements, ce
soit à la condition que le propriétaire qui les fera aura
un intérêt réel à les faire (*supra*, n° 42).

L'article 645, qui accorde aux tribunaux un certain
pouvoir discrétionnaire, ne nous paraît donc pas du tout
applicable à l'hypothèse de l'article 641 ; et c'est ainsi
que la Cour de cassation a décidé, le 29 janvier 1840,
que le propriétaire qui a une source dans son fonds ne
peut pas être empêché d'en priver les fonds inférieurs,
sous prétexte que les eaux lui sont, à lui-même, plus
nuisibles qu'utiles :

« Attendu que, aux termes de l'article 641, celui qui
a une source dans son fonds peut en user à sa volonté ;—
qu'il n'est apporté d'autres restriction à cette jouissance
exclusive que *dans le cas où le propriétaire inférieur pourrait avoir acquis un droit contraire par titre ou par prescription ;*

« Attendu que les articles 644 et 645 n'attribuent une sorte de pouvoir discrétionnaire aux tribunaux,... que dans le cas où il s'agit d'eaux courantes et sans préjudice des dispositions de l'article 641... » (Bardou, Dev., 1840, I, 207; comp. aussi Colmar, 26 nov. 1857, Kieffer, Dev., 1858, II, 343; Pau, 2 mai 1857, Cazenave, Dev., 1858, II, 181; conseil d'État, 23 déc. 1858, Cornet d'Yseux, Dev., 1860, II, 345; et 1er mars 1860, Bonnard, Dev., 1860, II, 346).

A l'exception de MM. Tardif et Cohen (sur Dubreuil, *Législ. des eaux*, t. I, p. 134, n° 85), qui enseignent cette doctrine, peu d'auteurs se prononcent nettement en ce sens; mais cette résolution semblerait résulter implicitement des principes professés par Toulier (t. III, n° 131); Proudhon (*du Dom. public*, n°s 1346 et 1419); et Duranton (t. V, n°s 174 et suiv.; *voy.* aussi Daviel, t. III, n° 895).

67. — La règle que nous venons de poser (*supra*, n° 63) peut recevoir deux exceptions:

L'une, fondée sur un intérêt privé;

L'autre, sur un intérêt public.

C'est-à-dire que le propriétaire, qui a une source dans son fonds, ne peut pas en disposer à son gré :

1° Lorsque le propriétaire du fonds inférieur a acquis contre lui la servitude d'aqueduc, ou tout autre droit à l'usage de l'eau de la source (art. 641, 642);

2° Lorsque cette eau est nécessaire aux habitants d'une commune, village ou hameau (art. 643).

68. — 1° Le propriétaire du fonds inférieur peut avoir acquis le droit à l'eau de la source :

A. Par titre;

B. Par prescription;

C. Par l'effet de la destination du père de famille.

69. — A. Le titre est la concession volontaire émanée du propriétaire de la source, soit entre-vifs, à titre gratuit ou onéreux, soit par testament.

Nous disons : émanée du propriétaire de la source ; car il est clair qu'on ne pourrait pas lui opposer un acte qui lui serait étranger, comme par exemple une convention par laquelle les propriétaires inférieurs auraient partagé, entre eux, l'usage des eaux (Garnier t. III, n° 721).

Telle est aussi la solution de Pardessus, qui toutefois en excepte le cas où un tel partage aurait été fait ou homologué par l'autorité compétente, aux termes de l'article 645 (t. I, n° 93).

Mais cette exception elle-même nous paraît inadmissible ; l'administration, en effet, n'a pas le droit de priver le propriétaire de la source de la libre faculté qui lui appartient d'en disposer comme bon lui semble ; et dès lors, on devrait interpréter le règlement fait par elle, en ce sens qu'il n'est applicable qu'à l'état de choses actuel, tant qu'il continuera d'exister, et sans préjudice des droits du propriétaire de la source (comp. Daviel, t. III, n° 769).

70. — C'est ainsi que l'autorisation administrative accordée aux riverains d'un cours d'eau, d'établir un moulin ou une usine quelconque, ne leur attribue aucun droit contre le propriétaire de la source qui alimente le cours d'eau. Le savant auteur du *Traité des Servitudes* reconnaît ici la vérité de cette proposition (t. I, n° 97) ; or, la règle est toujours la même, soit que l'administration homologue ou fasse elle-même un règlement d'eaux, soit qu'elle autorise l'établissement d'une usine ; elle ne peut pas, plus dans un cas que dans l'autre, porter atteinte à la propriété privée de celui qui a la source dans son fonds (Comp. Conseil d'État, 23 décembre 1858, Cornet d'Yseux, Dev., 1860, II, 345 ; 1er mars 1860, Bonnard, Dev., 1860, II, 346).

71. — Ce principe-là a existé dans tous les temps (*supra*, n°s 64, 65) ; et voilà pourquoi nous n'adopterions pas non plus la doctrine de Pardessus, qui considère comme étant aujourd'hui fondés *en titre*, d'après l'article 641, à l'encontre du propriétaire de la source, les moulins ou usines établis à l'époque de la féodalité, soit par les seigneurs eux-mêmes, soit par les riverains autorisés, à cet effet, par les seigneurs en vertu de leurs droits de propriété ou de police sur les rivières non navigables (t. I, nᵒˢ 95, 98).

Les anciens seigneurs n'avaient, en effet, aucun droit de propriété ni de police, en ce qui concernait les sources, qui formaient alors, comme aujourd'hui, une propriété privée; et leurs concessions n'étaient pas plus opposables au propriétaire de la source, que ne le serait aujourd'hui l'autorisation administrative.

Les propriétaires de moulins ou usines quelconques ainsi établis, ne pourraient donc invoquer, contre les propriétaires de la source, que le moyen déduit de la prescription ou de la destination du père de famille, s'ils se trouvaient dans les conditions nécessaires à cet effet.

72. — Il faut prendre garde d'ailleurs de confondre le titre en vertu duquel le propriétaire de la source aurait acquis, dans son propre intérêt, le droit d'en diriger le courant vers un fonds inférieur qui n'était pas tenu de le recevoir, avec le titre qui attribuerait au propriétaire du fonds inférieur, un droit sur l'eau de la source.

La différence est grande entre ces deux cas.

Dans le premier, le fonds inférieur est tenu, en vertu d'une servitude passive, de recevoir l'eau de la source, sans que le propriétaire de cette source ait renoncé, de son côté, au droit qu'il a toujours d'en disposer à sa volonté;

Tandis que, dans le second cas, c'est une servitude active que le titre confère au fonds inférieur, à l'encontre du propriétaire de la source, qui ne peut plus désormais en détourner le courant à son préjudice.

C'est dans les termes de l'acte, et en cas d'ambiguïté,

dans toutes les circonstances du fait, qu'il faut alors rechercher qu'elle a été la véritable intention des parties,
et si la servitude est ou n'est pas réciproque.

75. — B. La prescription est le second moyen par
lequel le propriétaire du fonds inférieur peut acquérir le
droit aux eaux de la source.

Mais nous avons déjà remarqué (*supra*, n° 54) qu'il ne
suffit pas, pour que cette prescription s'accomplisse, que
l'eau de la source ait coulé pendant plus de trente ans
sur le fonds inférieur, par la pente naturelle du terrain.

Et il en serait ainsi, lors même que le propriétaire de
la source aurait changé la direction naturelle du courant
et l'aurait dirigé, pendant plus de trente ans, vers un
fonds qui, par sa position naturelle, n'était pas assujetti
à le recevoir. Le propriétaire de ce fonds aurait pu sans
doute s'y refuser (art. 640); mais s'il a reçu les eaux
sans se plaindre, parce qu'elles lui étaient peut-être
utiles, il ne les a reçues alors que par le seul fait du propriétaire supérieur, fait qui ne suppose de sa part aucun
abandon de son droit.

Vainement encore, le propriétaire du fonds inférieur
aurait usé des eaux, pendant plus de trente ans, soit dans
son propre fonds, soit même dans le fonds supérieur, où
il serait venu les prendre jusque dans le bassin de la
source.

Rien de tout cela ne pourra jamais le conduire à la
prescription !

En effet, pour pouvoir prescrire, il faut, entres autres
conditions, une possession à titre de propriétaire; et les
actes de pure faculté ou de simple tolérance ne peuvent
fonder aucune possession utile à cet effet (articles 2229-
2232);

Or, d'une part, le propriétaire inférieur, en tant qu'il
s'est borné à recevoir les eaux qui découlaient du fonds
supérieur, les a reçues, non pas *jure dominii*, mais seu-
ment *jure servitutis* (art. 640), et il est impossible que

celui qui subit une servitude passive, acquière ainsi, par cela seul, une servitude active, tant que les choses restent dans le même état ; et d'autre part, c'était pour le propriétaire de la source, un acte de pure faculté, de laisser couler l'eau dans telle ou telle direction, ou de la retenir et d'en disposer autrement :

Donc, sous aucun rapport, le simple écoulement de l'eau de la source ne saurait attribuer aucun droit au propriétaire inférieur, lors même qu'il en aurait use de temps immémorial ;

Donc il faut, pour que la prescription puisse s'accomplir, que le propriétaire inférieur ait fait une entreprise, qui annonce :

De son côté, l'intention d'avoir sur l'eau de la source un droit propre de servitude active ;

Et du côté du propriétaire supérieur, l'abandon de son droit de libre disposition, par l'inaction et le silence dans lequel il sera resté pendant trente ans, en face de cette entreprise. (Comp. Montp., 12 janv· 1870; Fonsès, Dev., 1870, 2-244, et D. 1871, 2-70.)

74. — Et voilà, en effet, la condition que l'article 642 formule en ces termes :

« La prescription, dans ce cas, ne peut s'acquérir que « par une jouissance non interrompue pendant l'espace « de trente années, à compter du moment où le proprié- « taire du fonds inférieur a fait et terminé des ouvrages « apparents, destinés à faciliter la chute et le cours de « l'eau dans sa propriété. »

Notons d'abord que la prescription ne commence à courir que du moment où les ouvrages sont *terminés;* jusque-là le propriétaire inférieur n'a pas encore pris complétement possession de la servitude, qu'il veut acquérir; et le propriétaire de la source n'est pas encore absolument mis en demeure de réclamer.

Et de là il résulte qu'il s'agit évidemment ici d'ouvrages qui doivent rester, d'ouvrages permanents; car la

possession doit être continue; or, ce sont les ouvrages
une fois terminés qui constituent, dans ce cas, la possession utile à l'effet de prescrire.

Des barrages faits avec des branches d'arbres, des
mottes de gazon ou autres objets mobiles, qui seraient,
de temps en temps, placés et replacés, ne suffiraient
donc pas.

A plus forte raison, en serait-il ainsi du simple fait
du curage ou du rétablissement du fossé, par lequel
s'écoulent les eaux de la source (Bourges, 11 juin 1828,
Barbat, D., 1831, II, 168; Pardessus, t. I, n° 100).

Daviel, toutefois, enseigne que « le curage pourrait
avoir été accompagné de circonstances tellement caractéristiques, qu'il porterait en lui-même l'indice d'une possession contradictoire et hautement reconnue au profit
du propriétaire inférieur; comme par exemple, s'il avait
été fréquemment répété; si les ouvriers avaient été
préposés sans permission demandée au propriétaire de la
source; si quelques inconvénients étaient résultés pour
lui des travaux, et qu'il n'eût pas réclamé; si les vases
pouvant être considérées comme engrais utiles, avaient
été enlevées par le propriétaire inférieur.... » (T. III,
n° 774; ajout. Proudhon, *du Dom. publ.*, n° 1376.)

Mais tous ces faits pourtant sont fugitifs et intermit-
tents; ils ne constituent pas un ouvrage stable, un appareil établi à demeure, *une structure incorporée*, comme
disait très-bien Guy-Coquille; et nous ne croyons pas,
en conséquence, qu'ils satisfassent à la condition exigée
par notre article 642, lors même qu'ils auraient été ac-
complis par le propriétaire inférieur, sur le terrain
même du propriétaire de la source.

75. — Ce n'est pas qu'il nous paraisse nécessaire que
les travaux soient en maçonnerie ou en autres ouvrages
d'art. Il se pourrait qu'une simple tranchée, destinée à
amener les eaux de la source du fonds supérieur dans le
fonds inférieur, fût reconnue suffisante (Bordeaux, 5 juil-

let 1833, Boussely, D., 1833, II, 227 ; Cass., 2 août 1858, Billette, Dev., 1859, I, 733).

Car l'importance des ouvrages, en pareil cas, doit être appréciée eu égard au fonds pour lequel ils sont faits ; et on ne saurait raisonnablement exiger du propriétaire de ce fonds qu'il fasse des ouvrages plus considérables que ceux qui lui sont nécessaires pour prendre pleine possession des eaux de la source (comp. Daviel, t. III, n° 771 ; Duranton, t. V, n° 180).

Ce que nous prétendons seulement, c'est qu'il faut toujours qu'un ouvrage ait été fait et établi à demeure.

76. — Ces ouvrages, d'ailleurs, doivent être apparents ; car l'une des conditions les plus essentielles de la possession, à l'effet de prescrire, est qu'elle soit publique (art. 2229).

Un aqueduc souterrain, des tuyaux enfouis dans le sol, ou tous autres ouvrages semblables, ne suffiraient pas, lors même qu'ils auraient été pratiqués au bassin de la source ;

A moins, toutefois, qu'ils ne fussent révélés, en quelque endroit, par des signes apparents d'existence, tels que des regards, des massifs de pierre, ou des travaux extérieurs quelconques ; car il n'est pas nécessaire que les ouvrages soient apparents dans toute leur étendue ; et puisque la loi admet que l'on peut acquérir la propriété d'un souterrain sous le bâtiment d'autrui (art. 553), c'est qu'elle suppose qu'une telle possession peut réunir les conditions requises de publicité et autres, qui sont nécessaires pour la prescription (voy. notre tome IX, n° 655 ; comp. Cass., 20 déc. 1825, de Verdonnet, D., 1826, I, 29 ; Cass., 9 avril 1833, Leclerc, D., 1834, I, 6 ; Duranton, t. V, n° 179 ; Pardessus, t. I, n° 100 ; Daviel, t. III, n° 773).

77. — Il faut aussi que les ouvrages aient été pratiqués par le propriétaire du fonds inférieur, qui doit faire,

par lui-même ou par des ouvriers à ses ordres, bien entendu, l'acte de possession et de mainmise, d'où résulte l'annonce de sa prétention.

Le texte de l'article 642 est, à cet égard, positif; et les ouvrages, faits par le propriétaire inférieur, doivent être destinés à faciliter la chute et le cours de l'eau dans sa propriété, c'est-à-dire qu'ils doivent être des ouvrages significatifs, qui ne laissent aucun doute sur son intention de tirer un parti quelconque de la source, dans l'intérêt de son fonds, et d'en acquérir la jouissance permanente.

Ces deux conditions sont inséparablement nécessaires.

Il ne suffirait donc pas que les ouvrages eussent été faits par le propriétaire inférieur, s'ils avaient pour objet, non pas de retirer un avantage de l'eau, et de s'en procurer la transmission, mais seulement d'éviter ou de diminuer les inconvénients résultant de leur passage; tels seraient, par exemple, l'établissement d'un pont pour traverser le cours d'eau; le curage, ou même les simples réparations d'un fossé ou d'un canal, afin d'éviter l'encombrement des eaux, ou pour tout autre motif (voy. aussi *supra*, n° 74).

Pareillement, en sens inverse, lors même que les ouvrages auraient pour résultat de faciliter la chute et le cours de l'eau dans le fonds inférieur, ils ne feraient néanmoins acquérir aucun droit au propriétaire de ce fonds, s'ils avaient été établis par le propriétaire de la source, afin de faciliter l'écoulement des eaux, et d'en débarrasser son propre fonds. Il pourrait bien résulter de ces sortes de travaux une servitude passive à la charge du fonds inférieur, mais nullement une servitude active à son profit (comp. Cass., 15 avril 1845, Courceret, Dev., 1845, I, 583; Duranton, t. V, n° 179; Pardessus, t. I, n° 101, p. 218; Demante, *Cours analyt.*, t. II, n° 493 *bis*; *voy.* aussi le numéro suivant).

78. — La difficulté seulement peut être de savoir, après un grand nombre d'années, par lequel des proprié-

taires ont été faits les ouvrages qui dirigent les eaux d'un fonds sur l'autre; une preuve de ce genre est, en effet, souvent très-difficile à fournir, lorsque l'établissement primitif des ouvrages remonte à une époque éloignée.

La règle générale, en pareil cas, nous paraît être que les ouvrages doivent être présumés avoir été faits par celui des propriétaires dans l'intérêt duquel ils sont établis : *is fecit cui prodest;* car c'est lui qui les a véritablement possédés ; et l'ancienneté des travaux n'est qu'un titre de plus en sa faveur (comp. *supra*, n° 47; et Cass., 22 oct. 1811, *J. du P.*, t. XII p. 811; Cass., 6 juill. 1825, Lalouel, D., 1825, I, 356; Cass., 12 avril 1830, Nicoel, *J. du P.*, t. LXXXVII, p. 233; Cass., 16 mars 1853, Vignave, Dev., 1853, I, 621 ; Cass., 1er déc. 1856, Barbot-Duclosel, D., 1858, I, 21; Bordeaux, 4 déc. 1867, Faure, Dev., 1868, 2, 115; Cass.. 17 nov. 1869, Dordigny, Dev., 1870, I, 21.; Coquille, *Cout. de Nivernais*, art. 2, chap. x ; Bourjon, *Droit comm. de la France, des Servit.*, sect. III, n° 14; Zachariæ, t. II, p. 36, note 5; Demante, *Cours analyt.*, t. II, n° 493 *bis*).

Mais les ouvrages peuvent être tels, qu'ils paraissent être utiles à peu près également aux deux fonds, de sorte qu'il soit difficile de reconnaître s'ils constituent une servitude active au profit du fonds inférieur ou une servitude passive à sa charge; c'est ainsi que Duparc-Poulain remarquait que des fossés ou des canaux creusés dans le fonds, où naît la source, sont *un intersigne très-équivoque* de servitude au profit du propriétaire inférieur, parce qu'il peut être difficile de découvrir si le canal a été fait par le propriétaire inférieur ou seulement pour l'écoulement des eaux (sur la cout. de Bretagne, art. 292). Il faudrait alors interroger toutes les circonstances de l'espèce, et surtout les faits de possession; car il serait naturel de présumer que les ouvrages ont été primitivement établis dans l'intérêt de celui qui les entretient et qui les répare.

Que si enfin les faits de possession eux-mêmes se balançaient en quelque sorte et se *croisaient* réciproquement, le plus sûr serait d'en revenir à la règle, d'après laquelle le propriétaire de la source a le droit d'en disposer, puisque le propriétaire inférieur ne fournirait pas la preuve, qui est à sa charge, qu'il a acquis, par prescription, une servitude active sur les eaux de cette source (Rouen, 15 déc. 1843, Baroche, cité par M. Daviel, t. III, n° 772).

79. — C'est une question difficile et controversée que celle qui consiste à savoir si les ouvrages doivent être faits sur le fonds même dans lequel naît la source, ou s'il suffit qu'ils soient établis par le propriétaire inférieur sur son propre fonds.

L'opinion d'après laquelle les ouvrages pourraient être faits indifféremment, soit sur le fonds supérieur, soit sur le fonds inférieur, invoque deux arguments principaux : l'un, déduit des travaux préparatoires de notre titre ; l'autre, de certaines considérations de principe et d'équité :

1° Et d'abord, que telle ait été la pensée des rédacteurs de l'article 642, cela, dit-on, n'est pas contestable.

L'article 641 (637 du projet) ne renfermait primitivement que cette disposition unique et absolue :

« Celui qui a une source dans son fonds, peut en user à sa volonté. » (Fenet, t. XI, p. 246.)

Mais, lors de la discussion au conseil d'État, M. Berlier proposa l'amendement suivant :

« Sans préjudice néanmoins des droits du propriétaire de l'héritage inférieur, *quand il a reçu l'eau de cette source pendant un temps suffisant pour en prescrire l'usage.* »

Ainsi M. Berlier n'exigeait même la confection d'aucun ouvrage pour l'acquisition des eaux de la source au profit du propriétaire inférieur; et il s'en est expliqué positivement en ce sens.

Cette proposition, combattue par M. Treilhard, fut défendue par MM. Pelet, Malleville, Cambacérès et aussi par M. Regnauld (de Saint-Jean-d'Angely), qui déclara même « que l'usage a établi que la propriété des eaux s'acquiert par la jouissance, toutes les fois qu'il a été fait *dans le fonds inférieur* des constructions pour en profiter. »

L'article fut adopté avec les amendements proposés par MM. Berlier, Regnauld et Cambacérès (Fenet, t. XI, p. 256, 262).

Et une nouvelle rédaction fut, en conséquence, arrêtée par suite de laquelle les deux articles suivants furent ajoutés à l'article 637 du projet :

Article 638 : « Il ne peut changer le cours donné à « l'eau (celui qui a une source dans son fonds), lorsque « le propriétaire du fonds inférieur en a acquis l'usage « ou par titre, ou par une possession suffisante. »

Article 639 : « La prescription, dans ce cas, ne peut « s'acquérir que par une jouissance de trente années, à « compter du moment où le propriétaire du fonds infé- « rieur a fait et terminé *des ouvrages extérieurs,* destinés « à faciliter la chute et le cours d'eau dans sa pro- « priété. » (Fenet, t. XI, p. 269, 270.)

Lorsque cette rédaction fut communiquée au Tribunat, la même question fut agitée dans la section de législa- tion; et on demanda en termes formels :

« Si les ouvrages extérieurs, nécessaires pour acquérir la prescription des droits auxquels s'applique l'article 237 (du projet), *doivent être faits sur le fonds supérieur, ou s'il suffit qu'ils le soient sur le fonds même de celui qui veut prescrire ou partout ailleurs.* »

La section du Tribunat reconnut que cette dernière opinion avait prévalu dans le conseil d'État ; mais comme le mot : *extérieurs,* pouvait paraître équivoque

et faire supposer précisément que les ouvrages devaient
être établis en *dehors* du fonds inférieur; comme on avait
objecté aussi que les ouvrages même *extérieurs*, établis
par le propriétaire inférieur sur son propre fonds, pourraient être ignorés du propriétaire supérieur, surtout si
les deux propriétés étaient séparées par des édifices ou
des murs, la section pensa que, vu les difficultés que
le mot *extérieurs* pourrait faire naître, il convenait
d'y substituer le mot *apparents* (Fenet, t. XI, p. 282,
285).

Et tel est, en effet, le mot qui se trouve dans le texte
définitif, que M. Berlier lui-même, premier auteur de cet
amendement, présenta au Corps législatif (p. 305).

Ainsi, l'intention des auteurs mêmes du Code est manifeste; ils ont rédigé l'article 642 dans les termes où il
est aujourd'hui conçu, tout exprès afin de décider qu'il
suffit que les ouvrages aient été faits sur le fonds inférieur.

2° Maintenant que cette décision soit ou ne soit pas
conforme aux principes, qu'importe, ajoute-t-on, puisque le législateur a prononcé! Et notez bien qu'il a prononcé en connaissance de cause; tous les arguments, en
effet, sur lesquels est fondée l'opinion contraire, ont été
produits dans les discussions du conseil d'État et du Tribunat. On a rappelé que, pour acquérir par prescription,
il faut posséder quelque chose sur autrui; que le propriétaire inférieur, qui se borne à édifier des ouvrages sur
son propre fonds, ne possède rien sur le propriétaire supérieur; et que celui-ci, par conséquent, n'aurait aucun
moyen d'interrompre cette prétendue prescription, etc.
Les rédacteurs du Code n'ont pas été touchés de ces motifs; ils ont considéré que, « bien que les eaux soient
une propriété, on ne peut se dissimuler que cette propriété est d'une espèce toute particulière; qu'il faut distinguer entre les servitudes qui dérivent de la situation
des lieux, et celles provenant du fait de l'homme;... que

le propriétaire inférieur tient ici sa jouissance du bienfait de la nature, et non d'une convention expresse ou
tacite entre lui et le propriétaire supérieur; et que si
le propriétaire supérieur laisse passer le long intervalle
de trente ans sans troubler cette jouissance, il est censé
avoir ratifié l'ouvrage de la nature, et que quelque idée
d'ailleurs que l'on veuille rattacher à cette espèce de possession, la loi n'a pas moins le droit d'en fixer les effets
de la manière la plus utile à la société.... » (Fenet, t. XI,
p. 257, 260, 284.)

On a aussi ajouté qu'en admettant que le propriétaire
inférieur pourrait acquérir par prescription le droit à l'eau
de la source, le législateur a entendu, sans doute, décréter une règle sérieuse et susceptible d'application; or,
cette règle, au contraire, n'aurait été faite que pour une
hypothèse à peu près impossible et véritablement chimérique, s'il était nécessaire que les ouvrages fussent établis sur le fonds supérieur : 1.° parce qu'il n'est pas sup-
posable que le propriétaire inférieur, à moins d'être dé-
pourvu de toute espèce de prévoyance et de bon sens,
s'avise d'entrer dans le champ, le clos, le jardin, où la
source est située, pour y construire des ouvrages, et s'exposer ainsi d'abord à être poursuivi comme auteur de
voies de fait, et ensuite à perdre ses ouvrages, conformément aux articles 552 et 553; 2° parce que les ouvrages destinés à procurer au propriétaire inférieur l'utilité
qu'il voudrait retirer des eaux, les vannes, les moulins et
autres usines, ne sont presque jamais susceptibles d'être
faits sur le fonds même où naît la source, surtout dans
les terrains qui n'ont que peu de pente, et où la chute ne
peut être prise qu'à une assez grande distance du point
de départ de la source.

On devait donc, comme on l'a fait, se contenter, dans
ce cas, d'ouvrages apparents faits par le propriétaire inférieur, sur son propre fonds, parce que ces ouvrages
suffisent alors pour annoncer, de sa part, une intention

formelle d'appropriation, et pour purger le vice de précarité de sa possession; il était naturel aussi de présumer l'existence d'un arrangement conclu entre le propriétaire inférieur et le propriétaire de la source, puisque
celui-ci a laissé passer le long espace de trente ans sans
rien faire ni rien dire.

Il n'est pas exact, en effet, de prétendre que le propriétaire de la source n'ait pas le moyen d'interrompre cette
prescription; il peut, au contraire, l'interrompre, soit
naturellement, en détournant le courant des eaux, soit
civilement, en assignant le propriétaire, afin de faire reconnaître son droit absolu de disposition sur la source
(art. 2242, 2243, 2244; Dissertation, Sirey, 1825, II,
166; Rouen, 16 juill. 1857, Hubin, Dev., 1857, II, 621
(arrêt cassé, *infra*); Delvincourt, t. I, p. 155, note 16;
Pardessus, t. I, n° 101, et t. II, p. 363, note *c;* Favard de
Langlade, *Rép.*, v° *Servitudes*, sect. II, § 1, n° 2; Solon,
p. 64; Curasson, t. II, art. 6. part. I, sect. III, n° 57;
Zachariæ, Aubry et Rau, t. II, p. 36; Massé et Vergé, t.
II, p. 181; Marcadé, art. 642, n° 2; Ducaurroy, Bonnier
et Roustaing, t. II, n° 268; Demante, *Cours analyt.*, t. II,
n° 493 *bis;* Serrigny, *Bulletin des Tribunaux* du 20 juin
1863).

80. — Les arguments qui précèdent n'ont pas toutefois déterminé la jurisprudence, qui paraît être définitivement formée aujourd'hui dans le sens opposé; et nous
croyons, pour notre part, qu'ils ne sont pas, en effet,
déterminants.

L'opinion, qui enseigne que les travaux peuvent être
faits sur le fonds inférieur, est, à notre avis, radicale-
ment contraire aux principes les plus certains en matière
de propriété, de prescription et de servitude; et il faudrait, pour l'admettre, que le texte même de la loi l'eût
consacrée; or, s'il est vrai que les travaux préparatoires
témoignent que cette opinion a été celle des membres du
conseil d'Etat et du Tribunat, le texte même de l'article

642 ne l'a pourtant pas consacrée; donc, les principes doivent conserver ici leur empire.

Voilà, en substance, toute notre argumentation.

La condition essentielle et *sine qua non* de l'acquisition par prescription, c'est la possession de la chose ou du droit d'autrui; toute prescription commence, sous ce rapport, par une usurpation, que le temps légitime; la prescription, c'est le fait qui devient droit (art. 2229); or, le propriétaire inférieur, qui se borne à établir des ouvrages sur son propre fonds, ne possède rien, ni sur le fonds du propriétaire supérieur, ni sur l'eau de la source, qui est sortie de ce fonds, libre de toute servitude, et qui n'appartenait plus au propriétaire de la source, lorsqu'elle a été utilisée par le propriétaire inférieur sur son propre fonds; donc, celui-ci ne peut rien acquérir par prescription. Il s'agit, en effet, ici de l'acquisition d'une servitude active au profit du fonds inférieur; or, le propriétaire de ce fonds, en faisant chez lui des ouvrages, agit *jure dominii*, non pas *jure servitutis;* comment donc pourrait-il acquérir un droit quelconque de servitude, à l'encontre du propriétaire de la source, puisqu'il n'a jamais possédé aucune espèce de servitude ni sur son fonds ni sur sa source!

C'est précisément parce que la possession nécessaire pour prescrire, constitue et doit constituer une usurpation, que le propriétaire, dont la chose ou le droit est usurpé, est formellement ainsi mis en demeure de réclamer; et alors il n'est pas injuste de présumer une renonciation ou un consentement de la part de celui qui, pouvant faire cesser l'usurpation, l'a laissée, au contraire, paisiblement et publiquement subsister pendant trente ans. Mais comment le propriétaire pourrait-il faire cesser une usurpation qui n'existe pas? et quel serait, pour lui, le moyen d'interrompre une prescription contre le propriétaire inférieur, qui exerce son droit de propriété dans les limites mêmes de son fonds?

Aussi la doctrine, que nous essayons de combattre, nous parait-elle être ici fort embarrassée. Ce n'est pas sérieusement, sans doute, qu'on a dit que le propriétaire de la source peut en détourner le cours, afin d'interrompre la prescription! car c'est pour lui un acte de pure faculté de la laisser couler ou de la retenir (art. 640; *supra*, n°s 51, 52). Qu'il forme, dit-on, une demande judiciaire contre le propriétaire inférieur. Et pourquoi donc? et à quelles fins? et à quelle condamnation pourrait-il conclure? Il n'y a là évidemment aucune matière à litige; aussi quelques auteurs en sont-ils venus à enseigner qu'une protestation par acte extra-judiciaire serait suffisante (Delvincourt, Pardessus, *loc. supra cit.*), désavoués d'ailleurs en ce point, par les autres partisans de la même doctrine, qui repoussent ce mode d'interruption (Proudhon, *du Dom. publ.*, t. IV, n° 1367; Zachariæ, *loc. supra cit.*).

Et ce n'est pas entre eux la seule dissidence! Faudra-t-il que le propriétaire de la source renouvelle, dans les trente ans, son interruption contre le propriétaire inférieur, qui a fait des travaux sur son propre fonds? Oui, suivant Delvincourt (*loc. supra cit.*); non, au contraire, d'après Demante, qui pense que, après une première interruption, le caractère précaire de la possession ne pourrait plus s'effacer sans une interversion de titre dans les termes de l'article 2238 (t. I, n° 494 *bis*, I). La vérité est que, si une seconde interruption n'est pas nécessaire, c'est que la première elle-même ne l'est pas! c'est qu'il n'est, à aucune époque, besoin d'une sommation, ni d'une décision judiciaire, pour constater le droit du propriétaire de la source, en face des travaux faits, par le propriétaire inférieur, sur son propre fonds! C'est la loi organique de la propriété, qui constate ce droit, et qui, chaque jour et incessamment, le maintient et le renouvelle!

La propriété des eaux n'est pas, dit-on, une propriété

comme une autre. Cela est vrai de l'eau courante, considérée comme chose commune dans le cas prévu par les
articles 644 et 645, mais non pas de l'eau d'une source,
qui appartient comme toute autre propriété à celui dans
le fonds duquel la source se trouve, aux termes de l'article 641 (*supra*, n° 53).

On a encore objecté qu'il ne faut pas confondre les servitudes naturelles qui dérivent de la situation des lieux,
avec celles qui dérivent du fait de l'homme, et que c'est
ici par le *bienfait même de la nature*, que le propriétaire
inférieur reçoit les eaux de la source. Mais précisément,
il s'agit de l'établissement d'une servitude *par le fait de
l'homme*; ce que le propriétaire inférieur soutient, c'est
qu'il a changé, à son profit, les droits résultant de la situation naturelle des lieux; c'est qu'il a acquis, par son
propre fait, une servitude à l'encontre du fonds où naît la
source; et, par conséquent, les règles qui sont ici applicables, sont celles relatives à l'acquisition des servitudes
résultant du fait de l'homme (art. 690 et suiv.).

Enfin, quant à l'argument sur lequel Pardessus insiste
particulièrement, et qui consiste à dire que l'article 642,
ainsi entendu, ne serait jamais susceptible d'application,
il ne saurait être non plus décisif; et cela est si vrai, que
Demante lui-même, qui partage la doctrine que nous
combattons, reconnaît, au contraire, que c'est cette doctrine qui sera, en fait, très-difficilement applicable, parce
que « les travaux faits sur le fonds inférieur, seront rarement jugés propres à faciliter la chute et le cours de l'eau;
que le plus souvent ils seront insuffisants pour lever l'é-
quivoque de la possession et lui imprimer le caractère légal de publicité.... » (T. II, n° 493 *bis*, I.)

Lorsque d'ailleurs on demande quel est l'homme de
bon sens qui s'exposera jamais à construire des travaux
sur le fonds supérieur, sans avoir obtenu le consentement par écrit du propriétaire de ce fonds, nous pourrions demander aussi, à notre tour, quel est celui qui

s'exposera, sans avoir obtenu ce consentement, à construire, même sur son propre fonds, des travaux dont l'utilité serait, pendant trente ans, à la merci du propriétaire de la source! car il est évident que l'acquisition par prescription, sous les conditions exigées par l'article 642, suppose, dans tous les systèmes, une imprudence plus ou moins grande de la part du propriétaire inférieur.

Ainsi donc, d'après les principes les plus certains en matière de propriété, de prescription et de servitude, il est nécessaire que les travaux aient été faits sur le fonds où naît la source. Aussi telles ont toujours été les traditions les plus constantes de la jurisprudence (Comp. Cœpolla, *de Servit.*, tract. 2, cap. IV, n°ˢ 56-59; Voët, *ad Pandect.*, lib. VIII, tit. III, n° 6 ; Basnage, cout. de Normandie, art. 607 ; Dubreuil, *Législ. sur les eaux*, p. 92).

Et maintenant, le Code Napoléon a-t-il renversé tous ces principes et toutes ces traditions ?

Que les membres du conseil d'État et du Tribunat aient exprimé l'intention de s'en écarter, cela paraît bien certain; et c'est en vain que Duranton a entrepris de le méconnaître (t. V, n° 181). Mais est-il vrai, d'un autre côté, comme Daviel semble l'admettre (t. III, n° 775), que cette intention ait été convertie en loi? S'il en était ainsi, il ne nous resterait plus qu'à nous soumettre; et nous ne nous croirions pas autorisé à dire, avec le savant auteur, qu'il est des « cas où la doctrine s'assied à côté de la loi, et que parfois le juge réforme le législateur ! » Nous n'hésiterions pas, pour notre part, à nous ranger, en pareil cas, du côté du législateur contre la doctrine.

Mais l'un des partisans les plus convaincus de la solution que nous combattons, Pardessus, tout en reconnaissant lui-même que le texte de l'article 642 ne tranche pas la question, convient aussi que « le procès-verbal de la discussion n'est qu'une autorité; qu'il n'est pas un texte de loi, et qu'encore bien qu'il soit, dans le silence

du Code, d'un grand poids pour en deviner le véritable
sens, ce n'est qu'une opinion susceptible d'être combattue. » (T. II, p. 368.)

Tel est, suivant nous, le véritable état de la question.
L'article 642, le texte même de la loi vivante et obligatoire, ne dit nullement qu'il suffira que les travaux soient
faits sur le fonds inférieur ; tout au contraire ! en exigeant que ces travaux soient destinés à faciliter la *chute*
et le cours d'eau dans le fonds inférieur, il paraît bien
exiger qu'ils soient faits sur le fonds supérieur ; car il y
a là deux idées : il s'agit, non pas seulement d'en diriger
le *courant*, mais d'en faciliter la *chute*, c'est-à-dire le
passage d'un fonds à l'autre, au point de sortie où l'eau
quitte le fonds supérieur pour entrer dans le fonds inférieur ; donc il faut que les travaux entreprennent et *mor-
dent*, pour ainsi dire, sur le fonds supérieur lui-même.
Voilà le texte ! voilà la loi !

Et quant au procès-verbal de la discussion, nous croyons
avoir suffisamment réfuté par la démonstration que nous
venons de présenter, l'autorité purement doctrinale et
historique qui en résulte. Ajoutons que c'est dans cette
même discussion que M. Malleville, soutenant l'amendement de M. Berlier, a exprimé aussi cette idée que l'article 645 était applicable à l'hypothèse prévue par l'article 641, c'est-à-dire que les juges pouvaient exercer à
l'encontre du propriétaire qui a une source dans son
fonds, le pouvoir discrétionnaire, qui leur appartient en
ce qui concerne l'usage de l'eau courante considérée
comme chose commune (Fenet, t. XI, p. 258) ; or, nul
assurément ne voudrait défendre une telle proposition
(*supra*, n° 66) ; donc, l'autorité qui résulte de ces discussions, si respectable qu'elle soit, n'est pas toujours in-
faillible ; et nous en avons déjà fourni plus d'une preuve
(*voy.* notre tome V, n° 86, p. 83.)

Concluons donc qu'il est indispensable que les travaux
soient faits, en partie du moins, sur le fonds supérieur

(comp. Cass., 25 août 1812, Besnard, Sirey, 1812, I, 350 ;
Cass., 15 avril 1822, *Rép. de la nouv. législ.*, v° *Servit.* ;
Cass., 6 juillet 1825, Lalouel, D., 1825, I, 356 ; Bordeaux,
1er juill. 1834, Johnston, Dev., 1834, II, 648 ; Cass.,
5 juill. 1837, Lignières, Dev., 1837, I, 565 ; Limoges,
22 janv. 1839, Bonnet, D., 1839, II, 201 ; Rouen, 15 déc.
1843, de Motalembert, cité par Daviel, t. III, n° 772 ;
Cass., 15 avril 1845, Bourceret, Dev., 1845, I, 585 ;
Cass., 15 févr., 1854, Baboin, Dev., 1854, I, 186 ; Cass.,
31 juill. 1854, Bonnin, *le Droit* du 1er août 1854 ; Cass.,
18 mars 1857, Carrède, Dev., 1857, I, 263 ; Colmar,
26 nov. 1857, Kieffer, Dev., 1857, II, 343 ; Cass., 8 févr.
1858, Comp. des eaux du Havre, Dev., 1858, I, 193 (il
s'agissait, dans cette espèce, d'une usine considérable !) ;
Paris, 15 mai 1858, Comp. des eaux du Havre, Dev.,
1858, II, 475 ; Grenoble, 17 mai 1864, Chaffard, Dev.,
1865, II, 340 ; Cass., 23 janvier 1867, Alric, Dev., 1867,
I, 125 ; Toullier, qui avait d'abord embrassé l'opinion
contraire, t. III, n° 635 ; Duranton, t. V, n° 181 ; Proudhon, *du Dom. public*, n° 1372 ; Henrion de Pansey, *Compét. des juges de paix*, chap. xxvi, § 4 ; Garnier, t. III,
n° 728 ; Vazeille, *de la Prescription*, n° 402 ; Taulier, t. II,
p. 364).

81. — Il ne résulte pas d'ailleurs de la solution qui
précède, que la faculté d'acquérir le droit à l'eau de la
source par prescription, n'appartient qu'au propriétaire
immédiatement inférieur et limitrophe ; rien ne nous paraît s'opposer à ce que tout autre propriétaire inférieur
puisse invoquer le bénéfice de l'article 642.

Delvincourt enseigne la doctrine contraire, en se fondant : 1° sur ce que les articles 641 et 642 disent : *le propriétaire* DU *fonds inférieur*, et que le pronom *du* indique
qu'il ne s'agit ici que d'un seul fonds, qui ne peut être
autre que le fonds immédiatement inférieur ; 2° sur ce
que les ouvrages qui seraient faits sur un fonds inférieur
quelconque, très-éloigné peut-être du fonds où se trouve

la source, pourraient être ignorés du propriétaire de ce fonds (t. I, p. 155, note 13).

Il est clair d'abord que ce dernier argument ne nous est pas opposable, puisqu'il faut, suivant nous, que les travaux soient faits, dans tous les cas, sur le fonds supérieur. Et, quant à la raison déduite de ce que les articles 641 et 642 ont employé le pronom *du*, nous croyons, avec Pardessus (t. I, n° 101), qu'elle est trop *grammaticale* : car il en résulterait, si on prenait ce mot à la lettre, que nul autre que le propriétaire immédiatement inférieur, ne pourrait ainsi acquérir, même par titre, cette servitude d'aqueduc ! La vérité est donc que tous les fonds, qui se trouvent au-dessous de l'héritage où naît la source, n'en sont pas moins des *fonds inférieurs*, lors même qu'ils en sont séparés par un chemin public ou par un autre fonds intermédiaire.

Il faudra seulement, bien entendu, que le propriétaire inférieur, qui ne serait pas limitrophe du fonds où se trouve la source, ait obtenu le consentement, soit de l'administration, s'il y a lieu, soit des propriétaires intermédiaires, suivant qu'il s'agira d'un chemin public ou d'un héritage privé, que l'eau devra traverser pour arriver sur son fonds; mais ceci est étranger au propriétaire du fonds où serait la source ; et, dès que les propriétaires intermédiaires ne réclament pas, la prescription a pu s'accomplir à l'encontre du propriétaire de la source, même au profit du propriétaire du fonds inférieur le plus éloigné (comp. Duranton, t. V, n° 185; Demante, t. II, n° 493 *bis*, III; Zachariæ, t. II, p. 35; Daviel, t. III, n° 772; Marcadé, art. 642, n° 3).

Et nous ne voyons pas, en conséquence, pourquoi cette prescription ne pourrait pas aussi s'accomplir au profit d'un propriétaire qui ne serait pas même riverain du cours d'eau formé par la source, s'il avait pratiqué lui-même des travaux sur le fonds où naît la source, après avoir pris des arrangements avec les propriétaires intermédiaires ou riverains, qui auraient consenti à ce qu'il conduisît le cours d'eau jusqu'à son fonds (Pardessus, t. I, n° 101).

81 *bis*. — Puisque c'est une prescription que les articles 641 et 642 consacrent, et que rien n'annonce qu'il s'agisse ici d'un délai préfix, il s'ensuit que le cours en est suspendu par les mêmes causes, qui d'après les articles 2252 et suivants, suspendent, en général, le cours de la prescription (comp. Duranton, t. V, n° 177; Pardessus, t. I, n° 138).

82. — Mais en faut-il conclure également que le propriétaire inférieur pourrait acquérir la servitude de prise d'eau ou d'aqueduc, sans avoir établi aucun ouvrage, et par le fait seul de la contradiction qu'il aurait opposée au propriétaire de la source?

Supposons, par exemple, que le propriétaire inférieur a formé une demande judiciaire contre le propriétaire supérieur, afin d'obtenir la jouissance des eaux; ou bien que le propriétaire supérieur, ayant commencé des travaux pour retenir les eaux dans son fonds, le propriétaire inférieur lui a fait sommation de les cesser; et qu'ensuite, à partir de la demande judiciaire ou de la sommation, le propriétaire inférieur a continué à recevoir chez lui les eaux pendant trente ans.

Le propriétaire supérieur est-il désormais encore fondé à en détourner le cours?

Non, a-t-on répondu, parce que, aux termes de l'article 2238, la possession du propriétaire inférieur est devenue utile, pour prescrire, dès que le vice de précarité qui l'infectait, s'est trouvé purgé par la contradiction opposée au droit du propriétaire (Proudhon, *du Dom. publ.*, t. IV, n°s 1331 et 1371; Zachariæ, Aubry et Rau, t. II, p. 37, note 8).

Oui, répondrais-je, au contraire, parce que, d'après les termes formels de l'article 642, *la prescription, dans ce cas, ne peut s'acquérir* que par une jouissance non in-

terrompue, pendant l'espace de trente années, à compter
du jour où le propriétaire du fonds inférieur a fait et terminé des ouvrages apparents, etc. (Pardessus, t. I,
n° 94; Daviel, t. III, n° 777; Taulier, t. I, p. 363).

83. — C. Enfin, la servitude de prise d'eau, au profit du propriétaire inférieur, à l'encontre du propriétaire
de la source, peut encore, avons-nous dit, résulter de la
destination du père de famille (*supra*, n° 68).

Il est vrai que l'article 641 ne mentionne pas ce troisième mode d'établissement de la servitude.

Mais il nous paraît évident qu'il n'y a rien à induire
de cette omission ; car il est de règle générale que les
servitudes continues et apparentes, qui s'établissent par
la prescription (art. 690), peuvent s'établir aussi par la
destination du père de famille (art. 692) ; or, il n'y a absolument aucune raison de s'écarter ici de cette règle, si
conforme à la volonté présumée des parties et à l'équité.

Si donc le fonds, sur lequel la source naît et prolonge
son cours, vient à être morcelé, soit par des aliénations
partielles, soit par des partages, l'état des choses existant, au moment de la séparation, et que les parties ont
réciproquement accepté, doit, en général, être maintenu (comp. Caen, 18 fév. 1825, Decocquerel, D., 1826,
II, 101 ; Cass., 20 déc. 1825, de Verdonnet, D., 1826,
I, 20 ; Courges, 13 déc. 1825, Guillaume, Sirey, 1826,
II, 222 ; Pau, 20 mai 1831, Lacassin, D., 1841, II, 201;
Cass., 30 juin 1841, Lévesque, D., 1841, I, 273 ; Duparc-Poulain, *Princ. du droit*, t. III, p. 310; Duranton,
t. V, n° 186 ; Daviel, t. III, n° 770; Garnier, t. III, n° 721).

84. — Reste maintenant une question commune
aux différents cas, dans lesquels le propriétaire inférieur peut avoir acquis le droit de prise d'eau sur la
source ; et cette question se divise elle-même en deux
branches :

D'une part, quels droits restent au propriétaire du
fonds où se trouve la source?

D'autre part, quels droits appartiennent au propriétaire du fonds inférieur?

Il faudra d'abord examiner, pour résoudre l'un et l'autre point, de quelle manière la servitude de prise d'eau a été acquise : par titre, par prescription, ou par destination du père de famille?

Le titre, s'il en existe un, devra être, avant tout, consulté ; et c'est d'après les règles ordinaires d'interprétation , appliquées à cette matière spéciale, qu'il y aura lieu de déterminer les droits et les obligations respectifs des parties.

Si la servitude résulte de la prescription, c'est la possession elle-même, ou, en d'autres termes, la jouissance, que le propriétaire aura eue des eaux pendant trente ans, qui servira de règle : *tantum præscriptum quantum possessum ;* de sorte que si, en effet, le propriétaire inférieur a eu pendant trente ans, la jouissance exclusive des eaux de la source, il peut en résulter pour lui, un véritable droit de propriété, qui l'autorise même à en disposer au profit d'un tiers (comp. le tome II de ce Traité, n° 673, Cass., 23 mars 1867, Riou, Dev., 1867-1-384 ; Colmar, 15 janv. 1868, Comm. de Recouvrance, Dev., 1868-2-133).

Et enfin, dans le cas de la destination du père de famille, il faudra se déterminer surtout d'après l'état des lieux, au moment où les fonds ont été divisés (art. 693).

85. — Maintenant, et sous cette réserve, voici quelle serait, en général, notre solution :

En ce qui concerne le propriétaire, qui a la source dans son fonds, ce qui résulte du texte même de l'article 641, c'est qu'il ne peut plus *en user à sa volonté,* lorsque le propriétaire inférieur a acquis un droit de prise d'eau ; mais évidemment, il n'a pas perdu, pour cela, la propriété de la source, c'est simplement une servitude qui a été acquise contre lui par le propriétaire inférieur ; et, dès lors, le propriétaire du fonds où naît la source, peu

encore lui-même s'en servir et tirer parti des eaux, à la
condition seulement de ne pas porter atteinte au droit,
qui a été acquis par le propriétaire inférieur (Bourges,
11 juin 1828, Barbat, D., 1831, II, 168). Il est clair, par
exemple, qu'il ne peut plus désormais détourner le cours
de la source à son préjudice (L. 6, Cod. *de Servit. et
aqua*); s'il peut encore en user, ce n'est plus *à sa volonté*,
c'est-à-dire, d'une manière arbitraire et absolue; il faut,
au contraire, qu'il en use modérément (arg. de l'article 701).

Pardessus fait, toutefois, à cet égard, une distinction
entre le cas où le propriétaire inférieur a acquis la servitude de prise d'eau par titre, et le cas où il l'a acquise
par prescription; et il enseigne que, dans ce dernier cas,
le propriétaire de la source *continue d'être libre d'en user
sur lui-même, pour ses besoins et pour son agrément, de la
manière qu'il lui plaît, avec toute liberté, encore que cet
emploi en diminuât le volume, pourvu qu'à la sortie de son
fonds, il ne donne point à la partie des eaux, qu'il n'aura
pas absorbée, une direction qui en ôte la jouissance à l'inférieur* (t. I, n° 102).

Cette distinction nous paraît trop absolue; il résulte,
en effet, de l'article 644, que le propriétaire qui a la
source dans son fonds, ne peut en *user à sa volonté*, que
sauf le droit que le propriétaire du fonds inférieur pourrait avoir acquis *par titre ou par prescription ;* le texte ne
distingue pas la prescription d'avec le titre; et dans l'un
comme dans l'autre cas, le droit du propriétaire d'user
de sa source, se trouve évidemment modifié. Ce n'est
pas que nous prétendions que le propriétaire inférieur,
qui a acquis la servitude de prise d'eau par prescription serait fondé à se plaindre de l'usage que le propriétaire supérieur ferait de sa source, par cela seul que le
volume de l'eau, qui lui arriverait ensuite, serait un peu
moindre qu'auparavant; c'est là une question de fait et
de bonne foi; mais ce qui nous paraît certain, c'est que

le propriétaire de la source ne pourrait plus, en changeant, par exemple, le mode d'exploitation de son fonds, en convertissant une terre labourable en prairie, absorber la totalité ou la presque totalité de l'eau, de manière à rendre à peu près illusoire la servitude acquise par le propriétaire inférieur (comp. Favard de Langlade, *Rép.*, v° *Servitudes*, sect. ii, § 1 ; Duranton, t. V, n° 182; Daviel, t. III, n° 781).

86. — C'est d'après le même principe que doit être résolue, suivant nous, la question qu'on a encore élevée, de savoir si le propriétaire de la source peut faire de nouvelles concessions de prise d'eau, après que l'un des propriétaires inférieurs a déjà acquis une servitude semblable.

Plusieurs textes romains paraissent, à ce sujet, contradictoires (comp. L. 4, ff. *de aqua quot. et æstiva ;* L. 2, § 1, ff. *de servit. præd. rustic. ;* L. 8, ff. *de aqua et aquæ pluv. ;* ajout. Voët, *ad Pand.*, lib. VIII, tit. iv, n°ˢ 13, 14).

Mais il est possible d'en déduire une distinction qui nous semble devoir être adoptée.

Ou la nouvelle concession diminuerait le droit déjà acquis par le propriétaire inférieur, parce que l'eau de la source ne serait pas assez abondante pour suffire aux besoins des anciens et des nouveaux concessionnaires ; et alors la nouvelle concession ne pourrait être consentie par le propriétaire de la source qu'avec l'agrément du propriétaire inférieur, auquel appartient déjà une servitude de prise d'eau. Ce n'est pas exactement, en effet, que le jurisconsulte Julien comparait, sous ce rapport, la servitude d'aqueduc à la servitude de passage (L. 4, ff. *de aqua quotid. et æst.*); plusieurs peuvent avoir le droit de passer par la même voie, sans que le droit de l'un altère le droit de l'autre ; tandis qu'il n'en est pas ainsi évidemment d'une servitude de prise d'eau dans une source, qui serait insuffisante pour les besoins de tous ;

Ou, au contraire, la source est assez abondante pour satisfaire aux besoins de tous ; et alors rien ne fait obstacle à ce que le propriétaire de la source consente une nouvelle concession, sans l'agrément du propriétaire inférieur, qui n'a pas d'intérêt, ni dès lors droit ni qualité pour s'y opposer : *si aqua satisfecit utrique*, dit fort justement Cœpolla (*de Servit.*, tract. 2, cap. IV, n° 11 ; Pardessus, t. I, n° 102).

87. — Au reste, lorsqu'il s'élève quelque difficulté relativement à l'usage des eaux, soit entre le propriétaire de la source et le propriétaire inférieur, qui a acquis une servitude sur cette source, soit entre plusieurs propriétaires inférieurs qui pourraient avoir acquis cette servitude en même temps ou successivement, *vel simul, vel separatim* (L. 4, ff. *de aqua quotid.*), à des titres semblables ou différents, c'est aux magistrats qu'il appartient de prononcer sur le conflit des intérêts opposés et des prétentions contraires. L'ordre d'ancienneté des diverses acquisitions et l'état des possessions, tels sont surtout les deux éléments de décision en ces circonstances ; et il faudrait bien alors, dans le silence des titres, que les magistrats déterminassent, par une espèce de règlement, les droits respectifs des parties, en fixant, par exemple, par jours ou par mesure, l'usage réciproque, successif ou simultané, que chacune d'elles pourra faire des eaux. C'est ce que disait encore Julien, dans la loi 4 au Digeste : *de aqua quotidiana et æstiva :*

Sed si inter eos, quibus aqua cessa est, non convenit quemadmodum utantur, non erit iniquum judicium reddi.... »

Ce n'est point là exercer le pouvoir discrétionnaire tel que l'article 645 ne l'accorde aux magistrats qu'en ce qui concerne les eaux courantes considérées comme choses communes ; c'est tout simplement prononcer sur la cause qui est en litige, d'après le seul moyen de solution dont elle soit susceptible (art. 4 ; comp. Cass.,

20 mai 1828, Thomas, D., 1828, I, 250 ; Daviel, t. III, n° 785).

88. — Quant au propriétaire inférieur qui a acquis la servitude d'aqueduc, son droit consiste à en user, conformément à son titre, ou à sa possession antérieure, ou à l'état des lieux, suivant que la servitude résulte d'une concession spéciale, de la prescription ou de la destination du père de famille (arg. de l'article 702; comp. Cass., 18 juill. 1832, Degros, D., 1833, I, 313).

Pourrait-il, sans le consentement du propriétaire de la source, concéder une prise d'eau à un tiers sur le canal ou le fossé pratiqué chez lui?

Ou bien user lui-même de l'eau de la source, soit pour un autre fonds qu'il aurait à côté du fonds dominant, soit pour une partie de ce dernier fonds autre que celle pour laquelle la servitude aurait été établie?

La loi 24 au Digeste, *de servitutibus prædiorum rusticorum*, décidait formellement, sur ces deux points, la négative (comp. Dumoulin, *de Divid.*, part. II, n°s 540 545; Voët. *ad Pandect.*, tit. viii, lib. IV, n°s 13, 14).

C'est, en effet, une règle fondamentale de notre matière, que la servitude n'est due qu'au fonds pour lequel elle a été établie et qu'elle est limitée aux besoins mêmes de ce fonds. Aussi, croyons-nous que les deux solutions de la loi romaine seraient encore généralement vraies dans notre droit (comp. Pothier, *Introd. au titre* xiii *de la cout. d'Orléans*, n° 4; Duranton, t. V, n° 184).

Il faut toutefois reconnaître que cette règle a principalement pour but d'empêcher que la servitude ne soit aggravée, par le propriétaire du fonds dominant, au préjudice du fonds assujetti; et dès lors il semble qu'elle ne peut pas être invoquée, lorsque la disposition que le propriétaire dominant a pu faire des eaux ne change en aucune manière la condition du fonds servant.

Telle était précisément la décision de Cœpolla, qui reconnaissait bien aussi, en principe, que le propriétaire qui a acquis une servitude d'aqueduc, ne peut pas faire à un tiers une concession de prise d'eau, ni s'en servir lui-même que pour le fonds dominant; mais le judicieux auteur ajoutait :

Et quod dixi, quod aquam debitam meo fundo, non possum alteri fundo concedere, intellige antequam ingressa sit in fundum meum, cujus servitus est constituta; sed postquam est ingressa, possum ducere ad alias partes et alteri concedere pro libito voluntatis, nisi nocitura sit ei fundo ex quo ducitur (de servit., tract. 2, chap. iv, n° 12; voy. aussi tract. 1, chap. xiv, n° 16).

C'est que l'eau, une fois entrée dans le fonds dominant, appartient au propriétaire de ce fonds; et il peut, en conséquence, en disposer, dès qu'il n'en résulte aucune aggravation pour le propriétaire du fonds servant, qui n'a pas dès lors d'intérêt à s'y opposer (voy. notre tome X, n° 773).

L'application de cette doctrine ne paraîtrait pas susceptible de difficulté, dans le cas où la prise d'eau aurait été réglée soit par heures, soit par mesures.

Dans le cas contraire, et surtout si la servitude ne résultait que de la prescription au profit du fonds inférieur, sans aucune limitation du volume d'eau, le plus sûr serait de s'en tenir à la règle que la servitude est limitée aux besoins du fonds dominant et à l'usage pour lequel elle a été établie (comp. Duval, *de Rebus dubiis*, tract. 8, n° 6; Decius, const. 244 et 373; Toullier, t. II, n° 651; Daviel, t. III, n°s 783 et 922).

89. — Ce qui est certain, c'est que le propriétaire du fonds inférieur, qui a acquis une servitude de prise d'eau sur la source qui découle du fonds supérieur, c'est, disons-nous, que ce propriétaire n'a pas le droit d'en arrêter le cours au détriment des propriétaires des fonds inférieurs (art. 644); car il n'a pas acquis la propriété de la source; et il n'a pas, en conséquence, le droit d'en disposer.

Ce n'est pas à dire, bien entendu, que les propriétaires inférieurs aient eux-mêmes acquis le droit aux
eaux de la source, s'ils n'ont, à cet effet, ni titre ni prescription; et ils en pourraient certainement être privés
par le propriétaire de la source, si celui-ci s'entendait
avec celui des propriétaires inférieurs auquel appartient
la servitude d'aqueduc.

Que si les autres propriétaires inférieurs entrepre-
naient aussi des ouvrages de nature à leur faire acquérir,
par prescription, la servitude de prise d'eau, ils n'en
pourraient être empêchés par le propriétaire inférieur,
qui aurait déjà acquis antérieurement cette servitude,
qu'autant qu'il en résulterait un dommage matériel
pour son fonds ou pour son usine; car, ainsi que nous
venons de le dire, il n'est pas devenu propriétaire de la
source; et de même qu'il ne pourrait pas s'opposer à
une concession nouvelle qui ne préjudicierait pas à son
droit (*supra*, n° 86), de même il ne peut empêcher l'acquisition par prescription d'une nouvelle servitude sur
la même source, si elle ne lui cause aucun préjudice
matériel; car Pardessus (t. I, n° 109) remarque fort
justement qu'il ne suffirait pas que la nouvelle servitude
de prise d'eau menaçât d'une concurrence plus ou moins
redoutable, l'établissement industriel que le propriétaire
inférieur aurait fondé, si d'ailleurs les eaux de la source,
sur laquelle il a acquis antérieurement un droit, lui
étaient conservées telles qu'il les a acquises.

89 *bis*. — La Cour de cassation a décidé que le propriétaire inférieur, qui a acquis le droit de recevoir les
eaux à leur sortie du fonds supérieur, de manière *qu'elles
s'écoulent facilement sur le sien*, peut exiger que son voisin fasse sur son fonds les travaux nécessaires à cet
effet, mais qu'il n'est pas fondé à s'introduire sur le
fonds supérieur pour y pratiquer lui-même ces travaux
(18 avril 1854, Lafond, *le Droit* du 19 avril 1854).

Cette décision nous paraît juridique d'après les faits

de l'espèce tels que le sommaire de l'arrêt les suppose (*voy.* toutefois *supra*, n°s 34, 35 et 44).

90. — 2° La seconde exception à la règle que nous avons posée (*supra*, n°s 63 et 67) se trouve dans l'article 643, en ces termes :

« Le propriétaire de la source ne peut en changer le « cours, lorsqu'il fournit aux habitants d'une commune, « village ou hameau, l'eau qui leur est nécessaire; mais « si les habitants n'en ont pas acquis ou prescrit l'usage, « le propriétaire peut réclamer une indemnité, laquelle « est réglée par experts. »

Puisque l'intérêt public est une cause d'expropriation forcée (art. 545), à plus forte raison peut-il motiver l'établissement d'une simple servitude.

Seulement la disposition de l'article 643 a ceci de singulier et de remarquable, qu'elle constitue une attribution directe et de plein droit, de la servitude au profit de la commune, du village ou du hameau, sans qu'il soit nécessaire d'employer les formalités de l'expropriation pour cause d'utilité publique (Cass., 15 janvier 1849, Lohemeyer, Dev., 1849, I, 329).

C'est là, il faut bien le reconnaître, une importante restriction au droit de propriété, et qui ne doit pas dès lors être étendue au delà des termes mêmes de la loi, qui l'établit.

91. — Or, il s'agit, dans notre article 643, d'un cours d'eau formé par une source.

D'où nous déduisons d'abord deux conséquences :

D'une part, cette disposition n'est pas applicable aux citernes, puits, mares, étangs ou fontaines stagnantes.

Le sentiment contraire a été toutefois exprimé par Delvincourt (t. I, p. 156, note 1); Pardessus (t. I, n° 138); par Duranton (t. V, n° 191); et par Taulier (t. II, p. 365); comp. Houard, *Dict. du droit normand*, v° *Mare;* Cass., 3 juill. 1822, Daviat, D., *Rec. alph.*, v° *Servitude*, n° 27).

Mais ce n'est pas seulement le texte même de la loi qui s'y oppose, suivant nous ; il existe, en outre, entre le cas déterminément prévu par l'article 643 et ceux qu'on voudrait y assimiler, de sérieux motifs de différence :

Soit parce que l'usage des eaux courantes d'une source, qui se renouvellent sans cesse, est inépuisable pour les besoins domestiques ; tandis qu'il en est autrement des eaux d'une citerne, d'une mare, ou de tout autre amas d'eaux stagnantes ;

Soit parce qu'il faudrait, dans ces derniers cas, que les habitants de la commune, du village ou du hameau, vinssent jusque sur le fonds même du propriétaire, exercer cette servitude de puisage ou d'abreuvage, et que ce serait là une gêne exorbitante que l'article 643 ne lui impose pas (comp. *infra*, n° 96 ; Poitiers, 26 janv. 1825, la commune de Thenezay, D., 1825, II, 135 ; Nimes 24 nov. 1863, Laupiez, Dev., 1863, II, 26 ; Montpellier, 16 juill. 1866, Barré, Dev., 1867, II, 115 ; Nîmes, 13 juill. 1867, Boudes, Dev., 1868, II, 218 ; Dijon, 9 novembre 1866, Lorain, Dev., 1867, II, 157 ; Proudhon, *du Dom. publ.*, n° 1391 ; Curasson, t. II, art. 6, part. I, sect. III, § 4, n° 58 ; Daviel, t. III, n° 825 ; Marcadé, art. 643, n° 1).

92. — D'autre part, l'article 643 ne fait pas obstacle au droit, qui appartient à tout propriétaire, de faire des fouilles dans son fonds, lors même que le résultat de ces fouilles serait d'intercepter les veines alimentaires d'une source ou d'une fontaine nécessaire aux besoins d'une commune, d'un village ou d'un hameau (*voy.* toutefois Brillon, *Dictionn.*, v° *Eaux*, n° 3).

Cette seconde conséquence se lie, suivant nous, à la première, que nous venons de présenter ; et elle dérive comme elle du texte même de l'article 644, qui ne s'applique qu'à une source ayant un cours extérieur.

Aussi, sommes-nous surpris de trouver ici, parmi nos adversaires, Proudhon (*du Dom. public*, n° 1547), qui

tout à l'heure, défendait, comme nous, la première déduction, et qui va jusqu'à dire maintenant que le propriétaire qui serait empêché de faire des fouilles dans son
fonds, n'aurait même pas de droit à une indemnité!
tandis que nous comptons, au contraire, parmi nos
alliés, sur cette seconde déduction, Pardessus (t. I,
n° 138), qui combattait la première (*supra*, n° 91).

Pour notre part, nous ne voyons pas, à vrai dire, de
différence entre l'une et l'autre; ajoutons seulement que
la défense de faire des fouilles au préjudice d'une fontaine communale, constituerait, à la charge des propriétaires voisins, une servitude beaucoup plus onéreuse que
celle qui résulte de l'article 643, puisqu'ils se trouveraient ainsi paralysés dans l'un des attributs essentiels
de leur droit de propriété. Aussi, la Cour de cassation a-
t-elle maintenu ce droit, dans le cas même où l'on prétendait que les fouilles pratiquées par le propriétaire sur
son propre fonds, auraient pour résultat d'altérer ou
tarir des sources d'eaux médicinales et thermales (*voy.*
toutefois *infra*, n°s 102 et suiv.; comp. Cass., 29 nov.
1830, la commune de Gagnon, D., 1830, I, 396; Grenoble, 5 mai 1834, d'Apprieux, Dev., 1835, II, 491;
Cass., 15 janvier 1835, la commune de Fayence, D.,
1835, I, 105; Cass., 26 juill. 1836, la ville d'Apt, Dev.,
1836, I, 819; Cass., 13 avril 1844, Brossers, Dev.,
1844, I, 664; Cass., 3 déc. 1849, Marcadé, Dev., 1850,
I, 33; Zachariæ, t. II, p. 37; Hennequin, t. I, p. 438;
Daviel, t. III, n° 894; Garnier, t. IV, 471; Solon,
n° 43).

92 bis. — Mais si l'article 643 n'est applicable qu'aux
eaux de source, il est toujours applicable à cette espèce
d'eaux, soit sur le fonds même du propriétaire où naît
la source, soit sur les fonds inférieurs où la source, devenue ruisseau, prend son cours, et dont les propriétaires,
bien entendu, ne sauraient avoir plus de droits que celui
dans le fonds duquel la source prend naissance (comp.

Nancy, 29 avril 1842, de Lanjobbe, Dev., 1842, II, 486; Cass., 15 janv. 1849, Lohmeyer, Dev., 1849, I, 329).

93. — Lors même qu'il s'agit d'une source ayant un cours extérieur, l'article 643 n'est applicable qu'autant que l'eau est nécessaire aux habitants de toute une commune, de tout un village ou de tout un hameau (*hameau*, diminutif de village), c'est-à-dire d'une collection d'individus réclamant non pas *ut singuli*, mais *ut universi*, et en faveur de laquelle on puisse invoquer la raison tirée de l'intérêt public.

Le bénéfice de cet article ne pourrait donc pas être réclamé par les habitants de maisons isolées, même de maisons qui se toucheraient, si elles ne formaient pas au moins un hameau (Colmar, 5 mai 1809, Srub, Sirey, 1810, II, 61 ; Pardessus, t. I, n° 138, Zachariæ, t. II, p. 36; Massé et Vergé, t. II, p. 163; *voy.* néanmoins Proudhon, *du Dom. publ.*, t. IV, n° 1386 ; Bordeaux, 4 décembre 1867, Faure, Dev., 1868, 2, 115.)

C'est d'ailleurs à l'autorité administrative qu'il appartient de déterminer si telle agglomération d'habitants, plus ou moins éloignés du chef-lieu de la commune ou du village, doit être considérée comme un hameau (comp. Cass., 15 janvier 1835, commune de Fayence, Dev., 1835, I, 105; *voy.* toutefois *infra,* art. 663).

94. — Encore faut-il que l'eau de la source soit *nécessaire* aux habitants (art. 643).

Un simple intérêt de commodité ne suffirait pas ; et peut-être même ne convient-il pas de dire, comme le fait Duranton (t. V, n° 187), qu'une *utilité bien marquée* serait suffisante. La loi qui emploie ce mot ailleurs (art. 545), veut ici, au contraire, qu'il y ait *nécessité*. Telle nous paraît être du moins la règle qu'il faut poser, sauf à apprécier en fait, suivant les circonstances, le caractère de la nécessité qui serait invoquée (comp. Colmar, 26 nov. 1857, Kieffer, Dev., 1858, II, 343 ; Cass., 4 mars 1862, Bricourt, D., 1862, I, 283; et *J. du P.*,

1862, p. 642; Toullier, t. III, n° 134; Favard de Langlade, *Rép.*, v° *Servit.*, sect. i, n° 8).

95. — Et la nécessité dont il s'agit ici, n'est relative qu'aux besoins domestiques, c'est-à-dire à la consommation personnelle des habitants et à celle des bestiaux. C'est ce qui résulte du texte même de notre article 643, qui ne s'applique qu'au cas où la source fournit *aux habitants* l'eau qui *leur* est nécessaire, à eux-mêmes personnellement; et c'est bien là aussi ce qui résulte des discussions préparatoires (Locré, t. VIII, p. 334 et suiv.).

D'où il suit que le bénéfice de l'article 643 ne pourrait être invoqué :

Ni pour employer l'eau de la source aux besoins de l'agriculture, à l'irrigation des fonds, par exemple, appartenant soit à la commune elle-même, soit aux habitants (Pardessus, t. I, n° 138) ;

Ni pour l'employer, comme moyen de traitement curatif, s'il s'agissait d'eaux médicinales (comp. Montpellier, 13 fév. 1847, et Cass., 4 déc. 1849, Mercader, Dev., 1850, I, 33) ;

Ni pour se servir de la force motrice résultant du cours de la source, afin de faire fonctionner les moulins servant à l'approvisionnement de la commune. D'anciens auteurs, il est vrai, admettaient cette exception au droit du propriétaire de la source (Bretonnier sur Henrys, liv. IV, quest. 189; Potier de la Germondaye, *du Gouvern. des paroisses*, p. 477); et la même doctrine a encore été enseignée dans notre droit nouveau (Toullier, t. II, n° 134; Garnier, t. III, n° 745). Mais les termes de l'article 643 ne nous paraissent pas comporter cette exception; d'autant plus que, après tout, il est possible, soit de se procurer d'autres moyens de force motrice, soit de porter ailleurs les grains à moudre, tandis qu'on ne peut pas remplacer l'eau nécessaire aux besoins de la vie (comp. Proudhon, *du Dom. public*, t. IV, n° 1386; Daviel, t. III, n° 789).

Aussi, Pardessus reconnaît-il que si le propriétaire de la source pouvait être empêché, en cas pareil, d'en détourner le cours, ce ne serait pas en vertu de notre article 643, mais par application des lois sur l'expropriation forcée pour cause d'utilité publique (t. I, n° 138).

96. — Les habitants ont-ils le droit de forcer le propriétaire de la source à leur ouvrir un accès sur son fonds pour qu'ils aillent y exercer le puisage ou l'abreuvage?

Quoique Proudhon enseigne l'affirmative (du Dom. public, n° 1381), il nous paraît résulter évidemment du texte de l'article 643, que le propriétaire de la source est seulement tenu *de ne pas en changer le cours* (comp. Pau, 2 Juill. 1864, Ducuron, Dev., 1865, II, 171).

On ne saurait donc ajouter à cette servitude l'exorbitante aggravation, qui grèverait son fonds d'un droit de passage au profit des habitants de tout un village, et qui le mettrait dans l'impossibilité de se clore (comp. Cass., 5 juill. 1864, Rateau, Dev., 1864, I, 362; Bordeaux, 6 déc. 1864, Lamartinière, et Agen, 31 janv. 1865, Rateau, Dev., 1865, II, 122, 123; Nîmes, 13 juill. 1867, Boudes, Dev., 1868, II, 218; Ducaurroy, Bonnier et Roustaing, t. II, n° 269; Daviel, t. III, 790).

97. — Nous savons qu'en règle générale le sacrifice individuel qui est demandé à un propriétaire, dans un intérêt public, n'a lieu que moyennant une juste et préalable indemnité (art. 545; *voy.* notre tome IX, n°ˢ 556 et suiv.)

L'article 643 fait ici l'application de cette règle, en déclarant que le propriétaire de la source peut réclamer une indemnité, laquelle est réglée par experts, à moins que les parties ne s'accordent à l'amiable.

Cette indemnité d'ailleurs n'a pour but (le mot le dit assez) que de rendre le propriétaire *indemne*, c'est-à-dire *sine damno*; elle doit donc être appréciée, non pas d'après l'avantage que retire la commune, mais d'après le préjudice que peut éprouver le propriétaire par suite de l'impossibilité où il est d'user désormais de la source à sa volonté (arg. de l'article 682 ; Proudhon, *du dom. public*, t. IV, n° 1390 ; Zachariæ, t. II, p. 36).

Il paraît juste d'ailleurs que cette indemnité ne soit supportée que par la collection d'habitants, à laquelle l'eau est nécessaire, et que, s'il ne s'agit, par exemple, que d'un hameau, le prix de l'indemnité ne pèse pas sur la commune tout entière (arg. de l'article 643 ; Pardessus, t. I, n° 138).

98. — L'article 643 dispose que le propriétaire de la source peut réclamer une indemnité, *si les habitants n'en ont pas acquis ou prescrit l'usage.*

Pas de difficulté, si les habitants ont acquis, soit entre-vifs, à titre gratuit ou onéreux, soit par testament, le droit d'user de la source.

Mais c'est, au contraire, une question assez délicate que celle de savoir dans quel cas et sous quelles conditions les habitants auront pu, comme dit notre article, prescrire l'usage de l'eau.

S'agit-il ici d'une prescription à l'effet d'acquérir le droit à l'eau de la source ?

Ou bien, au contraire, n'est-ce qu'une prescription à l'effet de libérer les habitants de l'action en indemnité, qui appartient au propriétaire ?

On a prétendu qu'il s'agissait d'une prescription acquisitive, et qui ne commençait à courir qu'à compter du jour où la commune avait fait et terminé des ouvrages, d'après les conditions déterminées par l'article 642 :

D'une part, le texte même de l'article 643 dispose que, pour être affranchis de la dette d'indemnité, les habitants ont à prescrire, non pas la libération de cette dette, mais *l'usage de l'eau,* c'est-à-dire l'acquisition de cet usage.

D'autre part, tant qu'aucun travail n'a été fait par les habitants, l'eau de la source découle du fonds supérieur, en vertu de l'article 640, et par l'effet d'un acte

de pure faculté de la part du propriétaire de la source ;
il est fort possible que ce propriétaire n'ait actuellement
aucun intérêt à en détourner le cours, ou même qu'il
ignore que l'eau est nécessaire aux habitants ; donc aucune prescription ne doit courir contre lui, tant que les
habitants ne l'ont pas mis en demeure de réclamer une
indemnité contre eux, en annonçant leur intention d'user
de l'eau de la source, à titre de servitude active, en vertu
de l'article 643 (comp. Proudhon, *du dom. public*, t. IV,
n°⁵ 1388, 1389).

Ces motifs ne manquent pas de force ; mais nous
croyons pourtant qu'il est plus exact de décider qu'il ne
s'agit ici que d'une prescription purement extinctive et
libératoire.

Il résulte de l'article 643 que dès le jour où l'eau est
nécessaire aux habitants, la loi elle-même leur attribue
directement le droit de s'en servir, en accordant aussi,
dès ce jour, au propriétaire de la source une action en
indemnité ; les habitants n'ont, pour cela, aucun ouvrage
à faire, ni aucune demande à former ; aussitôt que la nécessité existe, elle devient leur titre ; et dès lors, la jouissance qu'ils ont de l'eau, n'est nullement le résultat de la
tolérance, ni d'un acte de pure faculté ; c'est une jouissance *animo domini*, en vertu de la servitude qui leur est
désormais tout acquise. Et cela est si vrai qu'ils pourraient exercer l'action possessoire, si le propriétaire de
la source voulait désormais la détourner (Cass., 3 juill.
1822, Daviat, D., *Rec. alph.*, v° *Servitudes*, n° 27 ; Cass.,
19 déc. 1854, Drouin, *le Droit* du 20 déc. 1854).

Tel est l'article 543.

Or, si le droit à l'usage de l'eau leur est acquis de
plein droit, en vertu de la loi elle-même, il est clair
qu'ils n'ont plus à l'acquérir ! et que, par conséquent, la
seule prescription qui soit possible, c'est celle qui a pour
but de les libérer de l'action en indemnité.

L'inexactitude de ces mots de l'article 643 : *Si les ha-*

bitants n'en ont pas prescrit l'usage, est donc démontrée par la rédaction de l'article tout entier; et on peut voir que, dans une hypothèse toute semblable, les rédacteurs du Code ont eux-mêmes déclaré que c'est *l'action en indemnité qui est prescriptible* (art. 682-685 ; *infra*, t. II, n° 635).

Au reste, lors même que nous concéderions qu'il s'agit d'une prescription à l'effet d'acquérir l'usage de l'eau, l'opinion contraire n'en serait pas plus avancée ; car l'article 643 attribuant aux habitants, dès le jour où cette eau leur est nécessaire, une possession utile à l'effet de prescrire, et n'exigeant d'ailleurs la confection d'aucun ouvrage, comme l'attestent les discussions préparatoires (Locré, t. VIII, p. 334 et suiv.), la prescription acquisitive serait accomplie au bout de trente ans; et le résultat serait absolument le même (comp. Duranton, t. V, n° 189; Pardessus, t. I, n° 138; Zachariæ, t. II, p. 38 ; Demante, t. II, n° 494 *bis*, II; Ducaurroy, Bonnier et Roustaing, t. II, n° 269 ; Marcadé, art. 643, n° 2; Daviel, t. III, n° 788 ; Taulier, t. II, p. 366).

99. — C'est d'ailleurs aux tribunaux qu'il appartient d'examiner, en fait, le caractère de la jouissance alléguée : si elle a eu, depuis trente ans, pour cause la nécessité ; et si elle a été en effet, communale, c'est-à-dire, si elle a été exercée, non point par quelques individus isolément, *ut singuli*, mais par la généralité des habitants, *ut universi*, comme représentant la commune, le village ou le hameau (Garnier. t, III, n° 739).

100. — Pardessus enseigne que « le propriétaire peut user à son gré, des eaux pour les besoins de son fonds, même quand les avantages qu'en retire la commune, seraient diminués ; que l'article 643 ne lui interdit que d'en changer le cours ; et que la commune n'a pu acquérir contre lui que le superflu des eaux... » (T. I, n° 138.)

D'après Duranton, au contraire, si le propriétaire

de la source conserve encore le droit d'en user pour ses besoins personnels et l'utilité de son fonds, « ce n'est qu'à la charge de ne pas nuire à l'usage des habitants, lequel passe avant tout. » (T. V, n° 190.)

Peut-être les deux propositions sont-elles, de part et d'autre, trop absolues.

Il est certain que le propriétaire supérieur conserve la propriété de la source, et qu'il est seulement grevé d'une servitude, au profit de la commune. Il peut donc continuer à user lui-même de l'eau, mais à la condition, toutefois, de ne pas rendre illusoire la servitude que la loi lui a imposée.

Or, nous croyons que, sous ce rapport, Pardessus s'attache de trop près à la lettre de l'article 643, lorsqu'il en conclut que le propriétaire de la source est seulement tenu de ne pas en changer le cours.

Il faut combiner l'article 643 avec l'article 641, d'où il résulte que le propriétaire de la source a perdu le droit *d'en user à volonté*, lorsque l'usage de la source est acquis à un tiers ; et le bon sens indique d'ailleurs assez que la loi, en attribuant ainsi l'usage de l'eau aux habitants, parce qu'elle est nécessaire à leurs besoins, a dû vouloir atteindre efficacement son but. D'où il suit que non-seulement le propriétaire de la source ne peut pas en détourner le cours, mais qu'il ne peut pas non plus en diminuer notablement le volume, s'il est à peine suffisant pour satisfaire aux besoins des habitants, et qu'il ne peut pas surtout corrompre l'eau ni la rendre, par quelque moyen que ce soit, impropre aux usages domestiques. L'indemnité, d'ailleurs, sera, dans les différents cas, proportionnée à la privation des avantages plus ou moins grands, qui en résultera pour le propriétaire de la source (comp. Cass., 2 nov. 1825, Huré, D., 1826, I, 93 ; Nancy, 29 avril 1842, de Lagobbe, Dev., 1842, II, 486 ; Garnier, t. III, n° 738).

101. — Les deux exceptions, que nous venons d'examiner (*supra*, n° 67), sont les seules que notre Code ait faites à la règle de l'article 641, d'après laquelle celui qui a une source dans son fonds, peut en user à sa volonté.

Il ne serait donc point permis d'en admettre d'autres, en invoquant même des raisons d'analogie ou d'utilité publique.

On a demandé, par exemple, si le propriétaire de la source peut en changer la direction, lorsque cette source est le principal aliment d'un ruisseau public, ou lorsqu'elle forme l'un des affluents d'une rivière navigable ; et quoique la négative ait été enseignée (Dubreuil, *Légis. des eaux ;* Garnier, t. III, n° 747), il nous paraît certain que ce serait là une solution arbitraire, et par conséquent une violation des textes, qui consacrent le droit de propriété (comp. Rouen, 4 févr. 1824, Adeline, D., 1824, II, 114 ; Daviel, t. III, n°ˢ 792, 793 ; Ducaurroy, Bonnier et Roustaing. t. II, n° 267).

102. — 1° Nous avons même vu (*supra*, n° 92) que la Cour de cassation a plusieurs fois décidé que rien ne s'opposait à ce que les propriétaires voisins des établissements thermaux fissent des fouilles dans leurs propres fonds, lors même que les résultats de ces fouilles pourraient être de dénaturer et de détourner les sources qui alimentent ces établissements.

Et la vérité est qu'aucun texte n'avait, jusqu'alors, apporté de restriction au droit de propriété pour cette hypothèse spéciale.

C'était là sans doute une regrettable lacune, au point de vue de l'intérêt général de l'État et de l'humanité.

Aussi, le gouvernement proposa-t-il un projet de loi, pour réglementer cette matière, en 1837 ; mais ce projet, adopté par la Chambre des Pairs, fut rejeté par la Chambre des députés. Un second projet, proposé en 1846, adopté par la Chambre des Députés, fut au contraire, rejeté par la Chambre des Pairs ; et enfin un troisième projet venait d'être présenté à la Chambre des Députés, dans le mois de février 1848, lorsque la révolution éclata.

C'est alors que, *attendu l'urgence*, le gouvernement provisoire a rendu, le 10 mars 1848, un décret ainsi conçu :

Article 1er. « Aucun sondage, aucun travail souterrain ne pourront être pratiqués sans l'autorisation préalable du préfet du département, dans un périmètre de mille mètres au moins du rayon, autour des sources d'eaux minérales, dont l'exploitation aura été régulièrement autorisée.

« Cette autorisation ne sera délivrée que sur l'avis de l'ingénieur des mines du département et du médecin inspecteur de l'établissement thermal. »

M. Jousselin, dans son *Traité des servitudes d'utilité publique*, a remarqué que, tandis que les projets de loi antérieurs accordaient expressément une indemnité aux propriétaires ainsi gênés dans l'exercice de leur droit, le décret du 10 mars 1848 est, au contraire, muet à cet égard. De ce silence, il faut conclure aujourd'hui, dit fort justement l'honorable auteur, que l'indemnité n'est pas due (t. I, 21 ; comp. aussi arrêt du Conseil du 5 mai 1781 ; arrêté du Directoire du 29 floréal an VII ; ordonnance du 13 juin 1823).

102. — 2° Ce sujet est définitivement réglé aujourd'hui par la loi du 22 juillet 1856, *sur la conservation et l'aménagement des sources d'eaux minérales.*

Cette loi, composée de vingt et un articles, est divisée en trois titres :

Le titre 1er est relatif *à la déclaration d'intérêt public des sources, aux servitudes et aux droits qui en résultent,*

Le titre II, *à des dispositions pénales;*

Le titre III renferme *des dispositions générales et transitoires.*

Nous n'avons pas à nous occuper de ces deux derniers titres, qui n'ont pas trait à la matière des servitudes.

Mais il en est autrement du titre 1er, qui établit un nouvel ordre de servitudes légales d'une assez grande importance.

102. — 3° Remarquons d'abord que, aux termes de l'article 1er, la loi ne s'applique pas indistinctement à toutes les sources d'eaux minérales, mais seulement à celles qui ont été déclarées d'intérêt public, après enquête, par un décret impérial délibéré en conseil d'État.

102. — 4° L'article 2 est ainsi conçu :

« Un périmètre de protection peut être assigné, par un « décret rendu dans les formes établies en l'article précé- « dent, à une source déclarée d'intérêt public.

« Ce périmètre peut être modifié, si de nouvelles cir- « constances en font reconnaître la nécessité. » (*Voy.* aussi l'article 6, *infra*, n° 102, 6°)

102. — 5° Et les articles suivants établissent à la charge des héritages voisins, deux sortes de servitudes :

A. L'une, qui, par exception au droit absolu de propriété, consiste à empêcher le propriétaire de faire sur son fonds certains travaux; *ut non faciat;*

B. L'autre, qui, par exception à son droit exclusif, consiste à l'obliger de souffrir qu'un autre que lui fasse certains travaux sur son fonds; *ut patiatur* (*infra*, t. II, n° 676).

102. — 6° A. La première de ces servitudes est ainsi décrétée :

Article 3 : « Aucun sondage, aucun travail souterrain « ne peuvent être pratiqués dans le périmètre de protec- « tion d'une source minérale déclarée d'intérêt public, « sans autorisation préalable.

« A l'égard des fouilles, tranchées pour extraction de « matériaux ou pour un autre objet, fondations de mai- « sons, caves ou autres travaux à ciel ouvert, le décret « qui fixe le périmètre de protection, peut, exceptionnel-

« lement, imposer aux propriétaires l'obligation de faire,
« au moins un mois à l'avance, une déclaration au pré-
« fet, qui en délivre récépissé. »

Article 4 : « Les travaux énoncés en l'article précédent
« et entrepris, soit en vertu d'une autorisation régulière,
« soit après une déclaration préalable, peuvent sur la de-
« mande du propriétaire de la source, être interdits par
« le préfet, si leur résultat constaté est d'altérer ou de
« diminuer la source. Le propriétaire du terrain est préa-
« lablement entendu.

« L'arrêté du préfet est exécutoire par provision, sauf
« recours au conseil de préfecture et au conseil d'État,
« par la voie contentieuse. »

Article 5 : « Lorsque, à raison de sondages ou de tra-
« vaux souterrains entrepris en dehors du périmètre et
« jugés de nature à altérer ou diminuer une source miné-
« rale déclarée d'intérêt public, l'extension du périmètre
« paraît nécessaire, le préfet peut, sur la demande du
« propriétaire de la source, ordonner provisoirement la
« suspension des travaux.

« Les travaux peuvent être repris, si, dans le délai de
« six mois, il n'a pas été statué sur l'extension du péri-
« mètre. »

Article 6 : « Les dispositions de l'article précédent
« s'appliquent à une source minérale déclarée d'intérêt
« public à laquelle aucun périmètre n'a été assigné. »

On voit, d'après ces textes, en quoi consiste cette première servitude :

S'agit-il de travaux à entreprendre, par le propriétaire
du fonds voisin, dans le périmètre de protection?

Une autorisation préalable lui est nécessaire, lorsque
ce sont des sondages ou des travaux souterrains;

Et lorsque ce sont des tranchées ou travaux à ciel ouvert, il doit en faire la déclaration au moins un mois à
l'avance, lorsque le décret qui a fixé le périmètre de protection, lui a imposé cette obligation.

Dans l'un et dans l'autre cas, les travaux entrepris soit en vertu d'une autorisation, soit après une déclaration, peuvent être suspendus par le préfet, si leur résultat constaté est d'altérer ou de diminuer la source, sauf recours, par la voix contentieuse, contre la décision du préfet.

S'agit-il de travaux à entreprendre en dehors du périmètre, ou par le propriétaire voisin d'une source déclarée d'intérêt public, à laquelle aucun périmètre n'aurait été assigné?

Le propriétaire n'a besoin ni d'obtenir une autorisation, ni de faire une déclaration préalable.

Mais s'il a entrepris des sondages ou des travaux souterrains, qui soient jugés de nature à altérer ou à diminuer la source, le préfet peut, sur la demande du propriétaire de la source, suspendre provisoirement les travaux.

Il importe de remarquer que l'article 5, qui autorise la suspension provisoire des travaux entrepris en dehors du périmètre, ne s'applique qu'*aux sondages et aux travaux souterrains*, c'est à-dire aux ouvrages pour lesquels une autorisation est nécessaire, dans l'intérieur du périmètre (1er alinéa de l'article 3).

Mais il ne s'applique pas, et on ne saurait évidemment l'étendre aux fouilles, tranchées et autres ouvrages *à ciel ouvert*, pour lesquels il suffit d'une déclaration préalable, dans l'intérieur du périmètre (2e alinéa de l'article 3).

La suspension provisoire de cette dernière sorte de travaux ne pourrait donc pas être ordonnée; mais il est clair que si le périmètre était étendu, afin d'empêcher le propriétaire de faire à l'avenir des travaux de ce genre, les travaux déjà faits, et qui seraient reconnus nuisibles à la source, pourraient être supprimés, avec indemnité.

Aussi, l'honorable M. Duvergier remarque-t-il fort

justement qu'il sera toujours prudent, en cas pareil, de suspendre volontairement les travaux, lorsque la demande d'extension du périmètre sera formée (*Collect. des lois*, 1856, p. 286, note 5).

102. — 7° B. La seconde servitude, qui consiste à obliger le propriétaire du fonds voisin à souffrir que le propriétaire de la source fasse certains travaux sur son fonds, est établie en ces termes :

Article 7 : « Dans l'intérieur du périmètre de protec-
« tion, le propriétaire d'une source déclarée d'intérêt
« public a le droit de faire dans le terrain d'autrui, à l'ex-
« ception des maisons d'habitation et des cours atte-
« nantes, tous les travaux de captages et d'aménagement
« nécessaires pour la conservation, la conduite et la dis-
« tribution de cette source, lorsque ces travaux ont été
« autorisés par un arrêté du ministre de l'agriculture, du
« commerce et des travaux publics.

« Le propriétaire du terrain est entendu dans l'in-
« struction. »

L'article 8, qui n'est peut-être pas, fort à propos, in-
tercalé entre l'article 7 et les articles 9 et 10, dont il rompt l'enchaînement, l'article 8, disons-nous, s'occupe des travaux que le propriétaire de la source peut exécuter sur son terrain, à lui.

Article 9 : « L'occupation d'un terrain compris dans
« le périmètre de protection pour l'exécution des travaux
« prévus par l'article 7, ne peut avoir lieu qu'en vertu
« d'un arrêté du préfet, qui en fixe la durée.

« Lorsque l'occupation d'un terrain compris dans le
« périmètre prive le propriétaire de la jouissance du
« revenu au delà du temps d'une année, ou lorsque,
« après les travaux, le terrain n'est plus propre à l'usage
« auquel il était employé, le propriétaire dudit terrain
« peut exiger du propriétaire de la source l'acquisition
« du terrain occupé ou dénaturé. Dans ce cas, l'indem-
« nité est réglée suivant les formes prescrites par la loi

« du 3 mai 1841. Dans aucun cas, l'expropriation ne
« peut-être provoquée par le propriétaire de la source.

Article 10 : « Les dommages dus par suite de suspen-
« sion, interdiction ou destruction de travaux dans les
« cas prévus aux articles 4, 5 et 6, ainsi que ceux dus à
« raison de travaux exécutés en vertu des articles 7 et
« 9, sont à la charge du propriétaire de la source.
« L'indemnité est réglée à l'amiable ou par les Tribu-
« naux.

« Dans les cas prévus par les articles 4, 5 et 6, l'in-
« demnité due par le propriétaire de la source ne peut
« excéder le montant des pertes matérielles qu'a éprou-
« vées le propriétaire du terrain, et le prix des travaux
« devenus inutiles, augmenté de la somme nécessaire
« pour le rétablissement des lieux dans leur état primi-
« tif. »

De ces textes, il résulte que le propriétaire de l'héritage
voisin de la source, est fondé :

D'une part, à réclamer une indemnité pour les dommages que peut lui causer l'exercice de l'une et de l'autre des servitudes que la loi lui impose : soit à raison de
la suspension, de l'interdiction ou de la destruction de
ses propres travaux, lorsqu'ils ont été, bien entendu,
par lui légalement entrepris, soit à raison des travaux
exécutés, sur son fonds, par le propriétaire de la source
(art. 10) ;

Et, d'autre part, en ce qui concerne l'une d'elles (la
dernière que nous venons d'exposer dans l'article 7), à
exiger du propriétaire de la source l'acquisition du terrain que celui-ci a occupé ou dénaturé (art. 9).

102. — 8° Sur le premier point, M. Duvergier a fait
cette remarque que la loi actuelle admet, dans une certaine mesure, une doctrine opposée à la doctrine par lui
combattue et qui refuse une indemnité aux propriétaires
sur les fonds desquels les servitudes légales sont établies
(*Collect. des lois*, 1856, p. 284, note 1).

Nous croyons, pour notre part, que cette dernière doctrine, qui est d'ailleurs aujourd'hui consacrée par la jurisprudence, est, en effet, la plus juridique (*infra*, n° 304).

Et nous ajoutons que la loi actuelle ne nous paraît pas véritablement y déroger, en ce sens que, si elle attribue une indemnité au propriétaire du fonds asservi, c'est à raison *des pertes matérielles* que lui cause l'exercice de la servitude, mais non pas directement à raison de la création de la servitude elle-même et de l'atteinte qu'elle porte à son droit de propriété.

102. — 9° Sur le second point, il importe de remarquer que le propriétaire du fonds assujetti est seul autorisé à demander que le propriétaire de la source acquière son fonds.

Le propriétaire de la source n'a jamais, au contraire, lui-même, le droit de demander à l'acquérir :

« Dans aucun cas, dit l'article 9, l'expropriation ne « peut être provoquée par le propriétaire de la source. »

On ne saurait s'exprimer en termes plus absolus ; et il est clair qu'il n'y a aucune distinction à faire, sous ce rapport, entre les maisons d'habitation et les cours attenantes d'une part, et les terrains de toute autre nature d'autre part.

C'est même afin qu'il fût bien constaté que les auteurs de la loi n'entendaient pas que l'intérêt des sources pût devenir une cause d'expropriation forcée, dans les termes de la loi du 3 mai 1841, qu'à cette formule : *de la déclaration d'utilité publique des sources*, qui formait d'abord l'intitulé du titre i[er], on a substitué celle-ci, qui s'y trouve définitivement : *de la déclaration d'intérêt public des sources* (comp. notre *Traité de la distinction des biens et de la Propriété*, etc., t. I, n° 557 ; le rapport de M. Lélut, dans le *Moniteur* du 15 mai 1856, et M. Duvergier, *Collect. des lois*, 1856, p. 284, note 1, et p. 288, note 2).

APPENDICE

Sur le point de savoir si les principes qui viennent d'être exposés relativement aux eaux de source, s'appliquent également aux eaux pluviales.

SOMMAIRE.

103. — La règle, avec ses deux exceptions, que les articles 641, 642 et 643 ont établie, relativement aux eaux vives, est-elle aussi applicable aux eaux pluviales?

104. — Il convient d'examiner à cet égard, séparément, deux hypothèses :

105. — A. Du cas où l'eau pluviale, tombant sur un héritage privé, descend sur d'autres héritages privés. — L'article 641 est applicable; et le propriétaire, sur le fonds duquel les eaux tombent directement du ciel, ou descendent d'un fonds supérieur, peut en user à sa volonté.

106. — Suite. — *Quid*, si le propriétaire supérieur avait réuni les eaux pluviales dans un canal ou tout autre aqueduc?

107. — Les deux exceptions que comporte la règle posée par l'article 641, sont-elles applicables aux eaux pluviales?

108. — 1° Du titre.

109. — De la prescription.

110. — Suite.

111. — De la destination du père de famille.

112. — Le propriétaire supérieur contre lequel l'inférieur a acquis le droit aux eaux pluviales, peut-il ensuite en détourner le cours, ou modifier, d'une manière quelconque, l'état des lieux?

113. — 2° L'article 643 est-il applicable aux eaux pluviales?

114. — B. Du cas où les eaux pluviales tombent ou descendent sur un chemin public.

115. — Suite.

116. — Suite.

117. — Suite.

118. — Suite.

103. — Nous avons remarqué (*supra*, n° 62) que notre Code, qui s'occupe de toutes les eaux, *vives ou mortes*, sans distinction, en ce qui concerne les inconvénients qui peuvent en naître, ne s'applique au contraire, du moins dans ses termes littéraux, relativement aux avantages qu'elles peuvent procurer, qu'aux *eaux vives*.

On appelle, en général, eaux vives, celles dont l'existence est continuelle, *perenne quod semper fluat;* et elles ne perdraient pas d'ailleurs ce caractère, lors même qu'elles seraient quelquefois intermittentes, par l'effet de la sécheresse ou autrement : *non ideo minus perenne est* (L. 1, § 2, ff. *de flum.*). Ce sont les eaux qui sortent du sein de la terre, qu'elles aient ou non un cours extérieur, telles que celles des rivières, des ruisseaux, des puits.

A la différence des eaux qui n'ont pas une existence continuelle, telles que celles qui tombent du ciel, *aqua cœlestis,* ou qui proviennent de la fonte des neiges ou des glaces : *aquam pluviam dicimus, quæ de cœlo cadit, atque imbre excressit* (ff. L. 1, princ., *de aqua et aquæ*).

Eh bien donc, la thèse, que nous avons ici à résoudre, est de savoir si la règle, avec ses deux exceptions, que les articles 641, 642 et 643, ont établie relativement aux eaux vives, doit être aussi appliquée aux eaux pluviales.

104. — Il convient d'examiner, à cet égard, séparément, deux hypothèses, qui ont été peut-être quelquefois un peu confondues :

A. D'abord, celle où l'eau pluviale, tombant sur un héritage privé, descend sur d'autres héritages privés;

B. Ensuite, celle où l'eau pluviale, tombant sur un chemin public, devient l'objet de prétentions opposées de la part des propriétaires riverains.

105. — A. Nous supposons, en premier lieu, qu'il s'agit d'eaux pluviales tombant sur un héritage privé.

Que la règle posée par l'article 641, et d'après laquelle celui qui a une source dans son fonds, peut en user à sa volonté, que cette règle soit applicable aux eaux pluviales, c'est ce qui ne saurait être contesté.

Les eaux qui tombent du ciel, sont effectivement par leur nature même, et dans l'état où les phénomènes physiques les produisent, des choses *nullius;* non pas sans doute en ce sens qu'elles ne puissent pas être l'objet d'un droit privé, mais tout au contraire en ce sens qu'elles deviennent la propriété du premier occupant (*voy.* notre tome IX, n° 461 ; Dubreuil, t. I, p. 162 et suiv.).

D'où il résulte :

1° Que celui sur le fonds duquel les eaux pluviales tombent directement du ciel, en devient propriétaire par droit d'occupation, ou, si l'on veut, par l'effet d'une sorte d'accession à son héritage ; et qu'il peut conséquemment *en user à sa volonté* (art. 641), les retenir, les absorber tout à fait en usages agricoles ou industriels ou de pur agrément, ou les laisser couler sur les fonds inférieurs, en vertu de l'article 640 (L. I, § 2, ff *de aqua et aquæ ;* Pothier, sur l'article 170 de la cout. d'Orléans ; Henrion de Pansey, *Compét. des juges de paix,* chap. vi, § 5 ; Pardessus, t. I, n° 79 ; Solon, n° 46) ;

2° Que le même droit appartient au propriétaire, à l'égard des eaux pluviales qui ne tombent pas directement sur son fonds, mais qui découlent des fonds supérieurs, lorsque les propriétaires de ces fonds, n'ayant pas eu la volonté ou la possibilité de les retenir ou d'en changer le courant, n'ont pas exercé, à l'égard de ces eaux, le droit du premier occupant.

106. — Il n'y a donc pas lieu d'appliquer, dans ce dernier cas, l'article 644, qui ne concerne que les propriétaires dont les fonds sont bordés ou traversés par *une eau courante,* qui n'est pas *res nullius,* mais seulement *res communis,* c'est à dire une chose dont l'usage est commun à tous et qui n'appartient à personne (art. 714 ; *voy.* notre tome IX, n° 461).

Très-différente est l'eau pluviale ; et puisqu'elle appartient, comme nous venons de le dire, au premier occupant, il s'ensuit que le propriétaire, sur le fonds duquel elle coule, par la pente naturelle du sol, ou même par l'effet d'une direction différente qui lui aurait été donnée par le propriétaire supérieur, peut exercer sur cette eau, une fois arrivée dans son fonds, le droit d'occupation, et qu'il n'est nullement tenu de la transmettre aux autres

propriétaires inférieurs (Caen, 26 fév. 1844, Duhamel,
Dev., 1844, II, 335).

Et il en serait ainsi, dans le cas même où le propriétaire supérieur aurait construit un canal, afin d'y réunir
les eaux pluviales et de leur donner une direction. Qu'importe, en effet, que les eaux pluviales soient éparses ou
réunies? Cette circonstance ne change pas leur nature
propre; elle ne fait pas qu'elles deviennent des *eaux courantes*, dans le sens que l'article 644 attache évidemment
à ces mots; et par conséquent, le droit du propriétaire
qui reçoit ces eaux du fonds supérieur, même par le
moyen d'un canal ou d'un aqueduc, son droit, dis-je, demeure toujours entier et absolu à l'égard des autres
propriétaires inférieurs (comp. Cass., 14 janv. 1823, de
Peynier, *J. du P.*, t. LXVII, p. 55; Proudhon, *du Dom.
public*, t. IV, n° 1330; Zachariæ, t. II, p. 35; Demante,
Cours analyt., t. 2, n° 495 *bis*, I).

107. — La règle que l'article 641 a posée, est donc
applicable aux eaux pluviales.

Voyons maintenant, s'il en est de même des deux exceptions qu'elle comporte, ou, en d'autres termes :

1° Si le propriétaire inférieur peut acquérir le droit
aux eaux pluviales :

Soit par titre;

Soit par prescription;

Soit par destination du père de famille (art. 641,642);

2° Si les habitants d'une commune, d'un village ou
d'un hameau, pourraient s'opposer à ce qu'un propriétaire disposât des eaux pluviales, qui tombent directement ou qui passent sur son fonds, par le motif que ces
eaux seraient nécessaires à leurs besoins (art 642; *supra*,
n°s 90 et suiv.).

108. — 1° Quant au titre, pas de difficulté; il est
évident que le propriétaire supérieur peut s'interdire le
droit de disposer des eaux pluviales, au détriment des
propriétaires des fonds inférieurs; le titre, quel qu'il soit,

vente, partage, donation ou testament, fait, en ce cas
comme toujours, la loi des parties (art. 1134). Tout le
monde est d'accord sur ce point (comp. Cass., 21 juill.
1845, Dumont, *J. du P.*, t. I de 1846, p. 446; Bordeaux,
7 janv. 1846, Ducluzeau, Dev., 1846, II, 210; Caen,
22 févr. 1856, Lemonnier, Dev., 1857, II, 402; Pardessus, t. I, n° 103).

109. — C'est, au contraire, une question très-controversée que celle de savoir si le propriétaire inférieur peut
acquérir, par prescription, le droit d'empêcher le propriétaire supérieur de disposer des eaux pluviales, qui tombent sur son fonds, ou qui lui arrivent à lui-même des
fonds supérieurs au sien.

Que la prescription ne puisse pas résulter, à son profit, du seul fait de l'écoulement des eaux, fût-ce même
per mille annos, cela est d'évidence, puisqu'il en serait
ainsi des eaux mêmes d'une source vive (*supra*, n° 73).

Mais il est une opinion qui va jusqu'à enseigner que
la prescription ne pourrait point, dans ce cas, être acquise,
lors même que le propriétaire inférieur aurait fait des ouvrages apparents, dans les conditions déterminées par
l'article 642 :

1° On invoque d'abord le texte même de la loi, qui ne
s'applique qu'aux eaux de source, et point aux eaux pluviales (art. 641, 642, 643);

2° On ajoute que cette différence entre les unes et les
autres, relativement à l'acquisition par prescription, est
très-conforme aux principes :

Soit parce que la possession des eaux pluviales, dont
le cours n'est qu'accidentel et intermittent, n'est pas
continue;

Soit parce qu'elle est toujours le résultat de la simple
tolérance et de la familiarité;

Et qu'elle est, sous ce double rapport, insusceptible de
servir de base à la prescription (art. 2229, 2232; Duranton, t. V, n° 158; comp. aussi Cass., 21 juill. 1825, Bois-

sière, D., 1825, I, 366; Colmar, 26 mai 1831, Gigandez,
D. 1832, II, 205; Limoges, 14 juill. 1840, Bonifardière,
Dev., 1841, II, 1; en remarquant toutefois que ces arrêts sont relatifs à des eaux pluviales, qui tombaient sur
une voie publique; *voy.* aussi Tardif et Cohen sur Dubreuil, t. I, p. 141 et suiv.).

Cette doctrine ne nous paraît pas admissible.

Il est vrai que l'article 641 ne parle littéralement que
d'une source; mais tout ce qui résulte de cette formule,
c'est qu'elle fait naître la question; elle ne la tranche pas!
il sera certain, au contraire, que les termes des articles
641 et 642 ne sont point limitatifs, si les principes sur
lesquels ils reposent sont applicables aux eaux pluviales
tout aussi bien qu'aux eaux de source; or, cette démonstration nous paraît facile :

1° D'après l'article 690, les servitudes continues et
apparentes s'acquièrent par la possession de trente ans;

Or, d'une part, nous supposons que le propriétaire inférieur a fait des travaux apparents pour faciliter la chute
et le cours des eaux pluviales dans son fonds; d'autre
part, les servitudes d'aqueduc, *les conduites d'eau* (article
688), sont continues;

Donc, le propriétaire inférieur peut invoquer la prescription au bout de trente ans, en vertu des articles 642
et 690.

Mais on nie que les eaux pluviales puissent être l'objet
d'une possession utile à l'effet de prescrire, d'une possession continue et privative, à titre non précaire !

Nous convenons que plusieurs fragments du droit romain semblent favoriser cette idée, que les eaux pluviales
ne seraient pas, en effet, susceptibles d'une vraie possession : *Loquitur autem prætor, in hoc interdicto, de ea aqua
sola, quæ perennis est; nulla enim alia aqua duci potest,
nisi quæ perennis est;* ainsi s'exprime Ulpien, dans la
loi I, § 5, ff. *de aqua cottidiana et æstiva.*

Mais cette proposition était, chez les Romains, la con-

séquence d'un principe général en cette matière, à savoir
que la servitude devait avoir une cause perpétuelle; et
voilà précisément ce que nous dit Paul : *Omnes servitu-*
tes prædiorum perpetuas causas habere debent; et ideo ne-
que ex lacu neque ex stagno concedi aquæductus potest (L.
28, ff. *de servit.;* comp. Pothier, *ad Pandect.*, h. *t.*,
n° 8, note 9).

Ulpien lui-même est encore, à cet égard, fort explicite :

Hoc interdictum de cisterna non competit; nam cisterna
non habet perpetuam causam nec vivam aquam : ex quo ap-
paret in his omnibus exigendum ut viva aqua sit; cis-
ternæ autem imbribus concipiuntur; denique, constat inter-
dictum cessare, si lacus, piscina, puteus, vivam aquam non
habeat (L. 1, § 4, ff. *de fonte*).

C'est sans doute encore sous l'influence de ces traditions, qu'il arrive souvent que dans notre législation
moderne, on déclare que les eaux pluviales ne sont pas
susceptibles de la possession utile à l'effet de prescrire,
parce que le cours n'en est pas permanent et perpétuel ; et
tel est effectivement le motif, que l'on trouve dans les
arrêts de la Cour de cassation et des cours impériales,
que nous venons de citer.

Mais nous n'avons pas admis chez nous, qu'il fût
nécessaire que la servitude eût une cause perpétuelle ;
c'est là un point incontestable, que nous établirons d'ailleurs plus bas (n° 702). Qui voudrait, par exemple,
soutenir aujourd'hui, avec le jurisconsulte Paul, qu'une
servitude d'aqueduc ne peut pas être établie sur un lac
ou sur un étang, parce que leurs eaux sont susceptibles
de tarir? (L. 28 précitée, *de servit.*)

Tout au contraire, notre Code considère comme continues les servitudes dont l'usage est ou peut être continuel, sans avoir besoin du fait actuel de l'homme, tels
que *les conduites d'eau, les égouts* (art 688); or la conduite des eaux pluviales peut s'exercer sans le fait actuel

de l'homme; il ne pleut pas toujours, sans doute ; mais, chaque fois qu'il pleut, la servitude s'exerce elle-même et toute seule, sans aucun fait de l'homme ; donc, elle est continue ; et voilà bien pourquoi l'article 688, lorsqu'il met les conduites d'eaux et les égouts au rang des servitudes continues, ne fait aucune distinction entre les eaux vives et les eaux pluviales :

« Attendu, dit très-bien la Cour de cassation, que la circonstance que la servitude n'aurait pas des effets continuels, ne serait pas de nature à modifier son caractère légal ; qu'elle n'en reste pas moins continue dans son essence, quoique son exercice éprouve des interruptions plus ou moins longues, plus ou moins fréquentes.... » (Cass., 18 juin 1851, Fevez, Dev., 1852, I, 543.)

Et quant au motif déduit de ce que le propriétaire inférieur ne recevrait les eaux pluviales que par l'effet d'une simple tolérance et d'un acte de pure faculté de la part du propriétaire supérieur, quoiqu'il paraisse déterminant à Duranton (t. V, n° 158), nous devons avouer qu'il ne nous touche pas : d'abord parce que nous supposons que le propriétaire inférieur a fait des ouvrages, qui annoncent sa volonté d'acquérir une servitude active sur le fonds supérieur ; et puis, parce qu'il n'est pas du tout exact de regarder les eaux pluviales comme assez peu précieuses, pour supposer nécessairement que le propriétaire supérieur n'a pas dû y attacher d'importance, ni s'émouvoir des prétentions qu'annonçait le propriétaire inférieur par ses travaux ; les eaux pluviales, au contraire, sont presque toujours infiniment recherchées pour la culture des jardins, pour l'irrigation des terres, etc. ; et certes, le propriétaire supérieur serait mal venu à dire, après trente ans, que la prescription n'a pas pu courir contre lui, parce que cela n'en valait pas la peine !

2° Il paraît d'ailleurs d'autant plus juste de permettre au propriétaire inférieur, d'invoquer les articles 641 et 642, en ce qui concerne les eaux pluviales, que le propriétaire supérieur peut lui opposer, relativement à ces mêmes eaux, l'article 640, d'où résulte, à sa charge, l'obligation de les recevoir; cette réciprocité, qui est conforme aux principes, ainsi que nous venons de l'établir, se recommande donc, en outre, par une puissante considération d'équité!

3° Enfin, puisqu'on reconnaît généralement, comme nous allons le voir (*infra*, n° 111), que cette espèce de servitude peut résulter de la destination du père de famille, il nous est difficile de comprendre pourquoi elle ne pourrait pas résulter aussi de la prescription. Duranton, par exemple, admet, dans ce cas, la destination du père de famille; et cela, même relativement aux eaux pluviales, qui tombent sur la voie publique, c'est-à-dire, dans l'hypothèse, de toutes, la plus contestable (*infra*, n° 117); mais le savant auteur n'admet pas, néanmoins, la prescription! (Comp. t. V, n°ˢ 158 et 160; *voy.* aussi Devilleneuve, 1846, I, 33, note 1.)

Et pourtant, cette servitude, étant tout à la fois continue et apparente, doit pouvoir être acquise aussi bien par la prescription que par la destination du père de famille (comp. art. 690-692).

Aussi, l'article 121 du second projet de Code rural renfermait-il une disposition expresse en ces termes:

« Le propriétaire supérieur a droit de profiter des eaux pluviales avant le propriétaire inférieur, et sans que ce dernier puisse y mettre aucun obstacle. Le propriétaire inférieur ne pourra se prévaloir, à cet égard, d'aucune possession contraire, qui ne serait fondée que sur le non-usage du propriétaire supérieur, *et ne serait appuyée d'aucun ouvrage apparent, fait par lui depuis un temps suffisant pour prescrire.* »

Nous concluons donc que le propriétaire inférieur qui a fait, suivant l'article 642, des travaux destinés à faciliter, dans son fonds, la chute et le cours des eaux pluviales, qui tombent sur le fonds supérieur, a pu acquérir

cette servitude d'aqueduc par prescription (comp. Cass.,
19 juin 1810, Paradis, Sirey, 1811, I, 164; Cass.,
12 mai 1858, Fournier, Dev., 1859, I, 431; Dijon,
17 juin 1864, Jannot, Dev., 1866, II, 17; Colmar,
23 mars 1869, Com. de Montreux-Château, Dev., 1870,
II, 8; Proudhon, *du Dom. public*, t. IV, n°ˢ 1331, 1332;
Demante, *Cours analyt.*, t. II, n° 495 *bis*, I; Pardessus,
t. I, n° 103 ; Daviel, t. III, n°ˢ 797, 798; Troplong, *de la
Prescription*, t. I, n° 148 ; Marcadé, art. 642, n° 5; Zachariæ, t. II, p. 35, note 3: Duvergier sur Toullier,
t. II, n° 132, note *a*).

110. — Mais la confection d'ouvrages apparents est
indispensable; et nous n'admettons pas le sentiment de
Daviel, qui enseigne que la prescription s'accomplirait
au profit du propriétaire inférieur, « qui aurait opposé
quelque acte de contradiction à l'usage exclusif, que le
propriétaire supérieur tenterait de faire des eaux, si cet
acte de contradiction était suivi pendant trente ans d'une
possession paisible. » (T. III, n° 798.)

L'article 642 nous paraît applicable aux eaux pluviales
comme aux eaux de source, ni plus ni moins ;

Or, la prescription ne court, d'après cet article, que
du jour de l'achèvement des ouvrages ; Daviel lui-même
reconnaît qu'un acte de contradiction opposé au propriétaire de la source, ne suffirait pas (*supra*, n° 82) ;

Donc, il doit en être de même relativement aux eaux
pluviales; et les deux solutions données, à cet égard,
par le savant auteur, seraient, à notre avis, difficiles
à concilier entre elles (comp. t. III, n°ˢ 777 et 798).

111. — Il est évident, d'après ce qui précède, que
la servitude, dont il s'agit, peut également résulter de
la destination du père de famille ; et nous venons même
de remarquer, que, parmi les auteurs qui n'admettent
pas ici la prescription, quelques-uns reconnaissent que
la destination du père de famille suffirait (*supra*,
n° 110).

Si donc, entre deux fonds, appartenant au même propriétaire, il existait un fossé ou une rigole conduisant les
eaux pluviales du fonds le plus élevé vers le fonds le plus
bas, et que le propriétaire disposât de l'un d'eux, sans
que le contrat contînt aucune clause relative à la jouissance des eaux, la servitude se trouverait ainsi constituée; et celui auquel appartiendrait désormais le fonds
inférieur, aurait le droit de continuer à recevoir les eaux
pluviales, soit en totalité, soit en partie, suivant le mode
de jouissance qui était pratiqué au jour de la séparation
des deux fonds (art. 692, 694; Cass., 21 juill. 1845,
Dumont, Dev., 1846, I, 33; Duranton, t. V, n° 160; et
supra, n° 83).

112. — Nous avons examiné plus haut (n° 84) quels
sont les droits du propriétaire inférieur, lorsqu'il a acquis par titre, par prescription ou par destination du
père de famille, le droit aux eaux d'une source, qui
se trouve dans le fonds supérieur?

Ses pouvoirs sont-ils, à cet égard, les mêmes, lorsqu'il
a acquis, en vertu de l'une de ces trois causes, le droit
de recevoir les eaux pluviales, qui lui arrivent du fonds
supérieur?

Voici ce que nous lisons, à cet égard, dans le traité
de Pardessus :

« La nature précaire et souvent interrompue de l'eau
reçue par l'inférieur, apportera de grandes restrictions à
sa jouissance. Le propriétaire supérieur, après avoir
longtemps entretenu, sur son fonds, un étang ou tout
autre réservoir alimenté par des eaux pluviales, qu'il dérivait de la voie publique ou d'autres fonds, peut adopter
un autre mode d'exploiter sa propriété et cesser d'y réunir les eaux que, dans cet état, il transmettait à l'inférieur, sans craindre une action de la part de ce dernier.
En lui laissant acquérir droit à la transmission des eaux,
il n'a point contracté l'obligation d'en avoir toujours sur
son domaine; il n'en est point de ce cas comme de celui

où une source prend naissance sur un terrain. » (T. I,
n°s 103, p. 257.)

Cette observation ne manque pas de vérité; mais prenons garde pourtant, après avoir admis l'acquisition
par prescription relativement aux eaux pluviales, de
rendre complétement illusoire le droit qui en résulte, et
de fournir ainsi, contre nous, un argument décisif à l'o-
pinion, qui prétend précisément, que *la nature précaire
et souvent interrompue* de ces eaux ne permet pas qu'elles
soient l'objet d'une possession utile à l'effet de prescrire
(*supra*, n° 109).

Que le propriétaire supérieur ne soit point, par l'effet
de la servitude acquise contre lui, paralysé dans le droit
d'exploiter son fonds, et d'en changer même le mode de
culture, nous le croyons bien certainement aussi; mais
il faut, en même temps, réserver le droit qui est acquis
par le propriétaire inférieur, de l'empêcher de donner
désormais une direction différente aux eaux pluviales,
qui découlent de son fonds.

113. — 2° Quant à la seconde exception, que l'article 643 apporte à la règle posée par l'article 641,
nous avons vu qu'elle constitue une disposition exorbitante, qui ne saurait être étendue par voie d'analogie (*supra*, n° 90); et il nous paraît en conséquence,
malgré le sentiment contraire de Pardessus (t. I,
n° 138), qu'elle ne devrait point être appliquée aux
eaux pluviales (Demante, *Cours analyt.*, t. II, n° 495
bis, I).

114. — B. Nous arrivons à la seconde hypothèse que
nous avons annoncée plus haut (n° 104,) c'est-à-dire à
celle, où les eaux pluviales tombent ou descendent sur
un chemin public.

Il faut, à cet égard, distinguer :

Ou bien il s'agit d'apprécier les droits de chaque propriétaire riverain, à l'encontre des autres propriétaires,
coriverains ou inférieurs, relativement aux eaux plu-

viales, en tant qu'elles coulent sur la voie publique elle-même;

Ou bien ces eaux ayant été dérivées de la voie publique par un propriétaire riverain sur son propre fonds, il s'agit de savoir si elles peuvent être l'objet d'une servitude d'aqueduc ou autre, au profit d'un héritage attenant à ce fonds et séparé par lui de la voie publique.

115. — Dans le premier cas, pas de difficulté.

Les eaux pluviales sont, avons-nous dit, choses *nullius*, et appartiennent, comme telles, au premier occupant (*supra*, n° 103).

D'où il suit que tout propriétaire riverain de la voie publique peut s'approprier, par droit d'occupation les eaux pluviales à leur passage vis-à-vis de son fonds, à la condition seulement, bien entendu, de n'établir, pour opérer cette dérivation, aucun appareil nuisible à la voie publique (comp. Cass., 3 oct. 1835, Verney, D., 1835, I, 450; Colmar, 3 févr. 1863, Fassnacht, Dev., 1864, II, 37).

Mais d'ailleurs, à l'encontre des autres propriétaires, inférieurs ou coriverains du ruisseau pluvial, chaque propriétaire riverain peut exercer ce droit de la manière la plus absolue, sans qu'on soit fondé à lui opposer l'article 644; lequel s'applique *aux eaux courantes*, qui sont choses communes, et non point aux eaux pluviales, qui sont *res nullius*.

Il en serait ainsi, lors même que pendant un temps immémorial, un des propriétaires riverains aurait dérivé sur son fonds toutes les eaux pluviales de la voie publique, fût-ce même à l'aide de travaux apparents; un autre propriétaire, coriverain ou supérieur, qui aurait été, lui, pendant plus de trente ans, sans dériver les eaux sur son fonds, n'en aurait pas moins le droit de les y amener, dès qu'il le voudrait, pour son utilité ou son agrément; car c'était là, de sa part, un acte de pure faculté (art. 2232); et quant aux travaux, qui auraient été pratiqués antérieurement par le propriétaire coriverain ou

inférieur, ils n'étaient qu'un mode d'occupation, qu'une
manière d'exercer le droit, qui appartenait toujours également à chacun des riverains, de s'emparer des eaux
pluviales ; ils n'ont pu, évidemment, ni changer la nature
de ces eaux, ni enlever aux autres propriétaires la faculté
imprescriptible qui leur appartenait, à leur titre d'habitants et comme fraction du public, de s'emparer de ces
eaux (comp. Cass. 22 avril 1863, Alric, Dev., 1863, I,
479; Dijon, 17 juin 1864, Jannot, Dev., 1866, II, 17;
Cass. 18 déc. 1866, Alric, Dev. 1868, I, 28 ; Cass. 26
mars 1867, Fournier, Dev. 1868, I, 29).

Cette solution a toujours été reconnue dans l'ancien
droit et dans le nouveau; et en voilà, nous le pensons,
les vrais motifs. Quelques arrêts l'ont fondée sur ce que
les eaux pluviales, n'ayant pas un cours permanent, ne
sont pas susceptibles d'une possession véritable, ni d'un
droit privatif (comp. Cass., 21 juill. 1825, Boissière, D.,
1825, I, 366). Cet argument-là n'est pas bon; car déjà
nous avons au contraire (*supra*, n° 109), et bientôt nous
allons voir encore (*infra*, n° 117) que les eaux pluviales,
lorsqu'elles se trouvent sur un héritage privé, peuvent
très-bien devenir l'objet d'une servitude.

La véritable raison donc de la solution qui précède, se
trouve dans le caractère de choses *nullius*, dont sont essentiellement empreintes les eaux pluviales, en tant
qu'elles coulent sur la voie publique (arrêt du 5 avril
1710; Cass., 14 janv. 1823, de Peynier, Sirey, 1823, 1,
173; Rennes, 10 fév. 1826, Desmars, Sirey, 1828, II,
74; Limoges, 22 janv. 1839, Bonnet, Dev., 1839, II,
239; Limoges, 14 janv. 1840, Bonifardière, Dev., 1841,
II, 1; Cœpolla, tract. 2, cap. IV, n° 99; Dunod, *des Prescript.*, p. 88; Toullier et Duvergier, t. II, n° 132, note *a;*
Proudhon, *du Dom. public*, t. IV, n° 1318; Duranton,
t. V, n° 159; Troplong, *de la Prescription*, t. I, n° 147; Solon, n° 46; Marcadé, art. 642, n° 4; Zachariæ, t. II,
p. 35).

116. — La seule difficulté serait de savoir si cette faculté, pour chacun des riverains d'un ruisseau pluvial, de s'emparer des eaux à leur passage devant son fonds, si, disons-nous, cette faculté ne pourrait pas lui être enlevée par l'effet d'une concession, que l'administration, chargée de la police locale, en aurait faite à l'un d'eux.

La négative est enseignée par Duranton, qui pense que « les eaux pluviales étant au premier occupant, et par droit de nature et par la disposition du droit civil, l'administration ne doit point pouvoir disposer de ces eaux, par de simples motifs de préférence ou pour un prix offert, au préjudice de ceux à qui le droit commun les attribue.... » (T. V., n° 159 ; ajout. *Rec. de Devilleneuve*, 1841, II, 1, note 1.)

Et cette doctrine nous paraît généralement vraie (*supra*, n° 51).

Nous devons dire toutefois que des autorités d'un grand poids enseignent la solution contraire, par un double motif : soit parce que les eaux pluviales étant choses *nullius*, l'administration a, par cela même, le droit de disposer de celles qui tombent sur la voie publique ; soit parce que les frais d'entretien de cette voie étant à la charge de la commune, il est juste qu'elle profite des avantages qu'il est possible d'en retirer pour y faire face (comp. arrêt du Conseil du 4 août 1824 ; Cœpolla, tract. 2; cap. IV, n° 28 ; Boutaric, *des Droits seigneuriaux*, p. 566, Pardessus, t. I, n° 79 ; Daviel, t. III, n° 802).

Ces considérations, si graves qu'elles puissent paraître, ne sauraient, suivant nous, l'emporter sur le principe : que les eaux pluviales sont *res nullius*, et doivent, d'après le droit civil, appartenir au premier occupant.

117. — Mais supposons maintenant que les eaux pluviales ont été dérivées de la voie publique par un propriétaire riverain, et qu'elles sont entrées dans son fonds (*supra*, n° 114).

En cet état, le propriétaire du fonds séparé de la voie publique, par celui sur lequel les eaux pluviales ont été dérivées, peut-il y acquérir un droit de servitude, soit par titre, soit par prescription, soit par destination du père de famille ?

Il nous a paru qu'il régnait une assez grande confusion, sur ce point, dans la doctrine et dans la jurisprudence.

C'est ainsi que Proudhon enseigne que le propriétaire non riverain du chemin, ne peut pas obtenir, même par un titre, avec le consentement du propriétaire riverain, le droit d'amener les eaux sur son fonds, au moyen d'une rigole pratiquée sur le fonds intermédiaire ! (*Du Dom. public*, n° 1335).

Tandis que Duranton, qui admet l'établissement de cette servitude par la destination du père de famille (t. V, n° 160), ne paraît pas aussi explicite en ce qui concerne la prescription.

A la différence de Troplong, qui professe d'une manière très-nette que ni la prescription, ni la destination du père de famille ne sauraient être invoquées en pareil cas (*de la Prescription*, t. I, n° 147 ; ajout. Colmar, 26 mai 1831, Gigandez, D., 1832, II, 205).

Nous croyons, pour notre part, que l'acquisition de la servitude peut alors résulter, sans distinction, soit d'un titre, soit de la prescription, soit de la destination du père de famille.

Nous avons établi que les eaux pluviales, une fois qu'elles sont sur un héritage privé, cessent d'être choses *nullius*, et appartiennent au maître de l'héritage, dont elles sont devenues l'accessoire, et qu'elles sont, en cet état, susceptibles d'être l'objet d'une servitude (*supra*, n° 105),

Or, nous supposons précisément que les eaux pluviales ont été dérivées de la voie publique par le propriétaire riverain, qui s'en est emparé par occupation, et qu'elles sont maintenant un accessoire de son héritage ;

Donc, elles ne sont plus *res nullius;* donc, toutes les règles, que nous avons posées sur le cas où il s'agit d'eaux pluviales, qui se trouvent sur un fonds privé, sont ici, de tout point applicables. Aussi est-il à remarquer que les arrêts précédemment cités, et qui jugent que les eaux pluviales coulant sur un chemin public ne sont pas susceptibles de devenir l'objet d'une servitude, sont relatifs à des eaux pluviales coulant sur la voie publique et considérées à leur état de choses *nullius* (*supra*, n° 117).

Dire, comme a fait Proudhon, qu'il n'y a que le propriétaire riverain de la voie publique qui puisse profiter des eaux pluviales qui y coulent, et appliquer ici l'article 644, c'est confondre les *eaux courantes*, choses communes, avec les eaux pluviales, qui n'ont jamais ce caractère, et qui sont ou bien choses *nullius*, tant que personne ne s'en est emparé, ou bien propriété privée, dès qu'elles ont été l'objet d'une occupation.

Et quant à l'objection, à l'aide de laquelle Troplong soutient que ni la prescription, ni la destination du père de famille ne sont ici possibles, elle ne nous paraît pas plus décisive. Cet auteur s'appuie sur ce que l'existence des ouvrages apparents, à l'aide desquels s'exercerait, en cas pareil, la prise d'eau, serait subordonnée à cette prise d'eau elle-même ; et qu'en conséquence, le droit de prendre de l'eau étant alors essentiellement précaire, les ouvrages ne sauraient avoir une existence assurée. « Est-il possible de concevoir, dit-il, un droit de prise d'eau sur des eaux publiques, sur des eaux dont on n'use que comme habitant faisant partie du public, et qu'un autre habitant peut épuiser au même titre, s'il est premier occupant ? » (*Loc. supra cit.*)

Mais c'est là précisément qu'est, suivant nous, la méprise ; c'est que les eaux pluviales, une fois dérivées de la voie publique sur un fonds privé, ne sont pas du tout *des eaux publiques que tout habitant ait le droit d'épuiser ;* elles sont au contraire, en cet état, devenues la propriété du maître du fonds où elles sont entrées ; et voilà ce que la Cour de cassation a fort bien remarqué, dans un arrêt qui a admis, pour ce cas, la destination du père de famille :

« Attendu, en droit, que si les eaux pluviales qui coulent sur la voie publique, n'étant à personne, ne sont pas susceptibles d'une possession exclusive, le propriétaire riverain peut néanmoins les prendre à leur passage ; *qu'il dépend de lui d'en faire l'usage qu'il lui plaît, et par suite de les concéder à son voisin, afin que celui-ci en use, après les avoir reçues de lui...*» (21 juill. 1845, Dumont, Dev., 1845, I, 33 ; ajout. Cass., 16 mars 1853, Vignave, Dev., 1853, I, 621 ; Cass., 9 avril 1856, Solacroux, Dev., 1856, I, 309.)

Il est vrai que les autres propriétaires, supérieurs ou coriverains de la voie publique, n'en conserveront pas moins toujours la faculté de dériver les eaux pluviales de la voie publique sur leur propre fonds ; et le propriétaire non riverain pourra ainsi se trouver privé de la prise d'eau qu'il avait acquise. Mais ce sera, dit justement Marcadé (art. 642, n° 4), comme si une source sur laquelle une servitude de prise d'eau avait été constituée se trouvait tarie ; et il n'en résulte nullement que celui des propriétaires riverains de la voie publique, qui, après avoir dérivé les eaux pluviales sur son fonds, se trouvait obligé de les transmettre, en vertu d'une cause quelconque, à un autre héritage attenant au sien, puisse lui-même, par son propre fait, porter atteinte à la servitude passive dont il serait grevé.

118. — Que l'article 645 ne soit pas applicable aux eaux pluviales, c'est là, au point où nous en sommes, une proposition qui n'a plus besoin d'être démontrée ; car cet article n'accorde un pouvoir réglementaire aux magistrats qu'en ce qui concerne les eaux courantes, considérées comme choses communes.

C'est donc inexactement, suivant nous, que la thèse contraire paraît avoir été admise par un arrêt de la Cour de Colmar, dont nous avons d'ailleurs essayé déjà de combattre la décision (26 mai 1831, Gigandez, D., 1832, II, 205; *supra*, n° 117).

La même Cour avait rendu, le 29 mai 1829, une décision beaucoup plus conforme aux principes, quoique pourtant les motifs ne nous en paraissent pas non plus irréprochables; car l'arrêt s'appuie sur ce que, relativement aux eaux pluviales, « le propriétaire inférieur ne peut faire aucun travail, soit à ciel découvert, soit souterrain, sur le fonds supérieur, puisque ce serait le grever d'une servitude sans titre. » (Sauvageot, Sirey, 1829, II, 352.)

Il est évident que ce motif n'est d'aucune valeur, puisque, même à l'égard des eaux de source, le propriétaire inférieur ne pourrait grever, bien entendu, le fonds d'aucune servitude sans titre.

La vraie raison, qui fait que l'article 645 ne s'applique pas aux eaux pluviales, c'est que cet article ne concerne que *l'eau courante*, c'est-à-dire celle qui a un cours ordinaire (comp. Favard de Langlade, *Rép.*, v° *Justice de paix*; Daviel, t. III, n° 804).

SECONDE HYPOTHÈSE.

Des droits des propriétaires, dont les fonds sont bordés ou traversés par une eau courante.

SOMMAIRE.

119. — Division.

119. — L'hypothèse, dont nous avons à nous occuper ici, est réglée par les articles 644 et 645, dont voici les termes :

« Article 644. « Celui dont la propriété borde une eau
« courante, autre que celle qui est déclarée dépendance
« du domaine public par l'article 538, au titre *de la Dis-*
« *tinction des biens*, peut s'en servir à son passage pour
« l'irrigation de ses propriétés.

« Celui dont cette eau traverse l'héritage peut même
« en user dans l'intervalle qu'elle y parcourt, mais à la
« charge de la rendre, à la sortie de ses fonds, à son
« cours ordinaire. »

Article 645. « S'il s'élève une contestation entre les
« propriétaires auxquels ces eaux peuvent être utiles, les
« tribunaux, en prononçant, doivent concilier l'intérêt
« de l'agriculture avec le respect dû à la propriété ; et,
« dans tous les cas, les règlements particuliers et locaux
« sur le cours et l'usage des eaux, doivent être ob-
« servés. »

Trois points principaux se présentent à résoudre sur
cet important sujet :

1° A quelles espèces d'eaux les articles 644 et 645 sont-
ils applicables ?

2° Quels sont les droits que l'article 644 confère aux
propriétaires riverains sur les eaux auxquelles il s'applique ?

3° Sous quelles conditions et dans quelles limites peut
être exercé le pouvoir réglementaire, que l'article 645
accorde, en cette matière, aux tribunaux ?

N° 1.

A quelles espèces d'eaux les articles 644 et 645 sont-ils applicables ?

SOMMAIRE.

120. — L'article 644 s'applique uniquement à l'eau courante, qui n'est
point une dépendance du domaine public. — En conséquence, il ne
s'applique pas :
121. — A. Aux eaux pluviales ;
122. — B. Aux eaux des lacs, étangs, ou autres réservoirs de ce
genre ;

123. — C. Aux eaux courantes, qui sont une dépendance du domaine public.

124. — Suite.

125. — Suite. — Des rivières flottables à bûches perdues. — Des parties non navigables ou flottables des rivières, qui n'ont pas été déclarées navigables ou flottables dans toute l'étendue de leur lit. — Des affluents des rivières navigables ou flottables.

126. — Suite. — Des bras des rivières navigables ou flottables.

127. — D. Des canaux creusés de main d'homme, et appartenant soit à l'État, soit à des particuliers.

128. — Suite. — Il importe beaucoup de distinguer si le propriétaire de l'usine n'a qu'un droit de servitude ou d'aqueduc sur le terrain d'autrui, ou s'il a, au contraire, la propriété même du canal, de son lit et de ses bords.

129. — Comment reconnaître le caractère du droit qui appartient au propriétaire du fonds, dans l'intérêt duquel le canal a été établi ?

130. — Suite.

131. — Suite.

132. — Du cas où le canal a été établi en vertu d'un titre.

133. — Suite. — De la prescription.

134. — Suite. — De la destination du père de famille.

135. — La propriété de l'usine et la propriété du canal, de son lit e de ses bords, sont-elles inséparables et indivisibles?

136. — Suite.

137. — Il ne s'agit, dans tout ce qui précède, que des eaux qui coulent dans un canal artificiel creusé de main d'homme. — Transition.

120. — Des termes mêmes de l'article 644, il résulte qu'il s'applique à *l'eau courante autre que celle qui est déclarée dépendance du domaine public.*

La disposition qu'il renferme est donc étrangère :

A. Aux eaux pluviales;

B. Aux eaux des lacs, étangs ou réservoirs;

C. Aux eaux des fleuves, rivières ou canaux, navigables et flottables;

D. Aux eaux des canaux artificiels, même privés.

121. — A. Et d'abord que les articles 644 et 645 ne s'appliquent point aux eaux pluviales, c'est là une proposition qui nous est, dès à présent, acquise.

Il est vrai que M. Garnier enseigne la thèse contraire, et qu'il étend, même aux eaux pluviales, les dispositions de nos deux articles (t. III, n° 717, p. 48).

Mais les développements, que nous avons déjà fournis

à cet égard, nous dispensent d'une réfutation nouvelle (*supra*, n° 105).

Les eaux pluviales sont *res nullius*, et deviennent, comme telles, la propriété du premier occupant; or, les articles 644 et 645 ne concernent, au contraire, que l'eau courante, considérée comme chose commune.

122. — B. C'est également parce que les eaux des lacs, étangs, ou autres réservoirs de ce genre, ne sont pas choses communes, mais constituent, au contraire, une propriété privée, que les riverains n'y peuvent exercer aucune entreprise, pour l'irrigation de leurs fonds ou autrement (comp. Cass., 29 janv. 1840, Burdon, Dev., 1840, I, 207; *voy.* aussi Pau, 2 mai 1857, Cazenave, Dev., 1858, II, 181, Cass., 21 juin 1859, Courthile, Dev., 1859, I, 661; Cass., 19 avril 1865, Nollet, Dev. 1865, I, 252; Proudhon, *du Dom. publ.*, t. IV, n° 1421 ; Zachariæ, t. II, p. 38).

123. — C. Quant aux eaux courantes, qui sont une dépendance du domaine public, nous savons que leur affectation essentielle aux intérêts généraux du pays, ne permet pas qu'elles deviennent l'objet de droits privés (art. 538, 644).

Telles sont les rivières navigables et flottables, et les canaux de navigation intérieure, ou d'irrigation, ou de desséchements généraux (*voy.* notre t. IX, n°ˢ 457, 457 *bis*). Telles aussi les eaux d'une fontaine publique communale. (Comp. Cass., 20 août 1861, Comm., de Tourvès, Dev., 1861, I, 65; Cass., 4 juin 1866, Flamencq, Dev., 1866, I, 446; Cass., 15 nov. 1869, Viard, Dev., 1870, I, 20.)

Le principe, qui soustrait aux entreprises des propriétaires riverains, les cours d'eau consacrés à un usage public, était aussi observé, soit dans le droit romain (L. 10, § 2, ff. *de aqua;* L. 2, ff. *de fluminibus*), soit dans notre ancien droit français, du moins à partir de l'ordonnance de 1566, qui déclara inaliénable le domaine du roi (ordonnance du mois d'août 1669, art. 42, 43, 44).

Nous avons déjà remarqué pourtant (dans notre tome X, n° 137) que ce principe paraissait avoir été méconnu par la loi du 28 sept.-6 octobre 1791 (tit. i, sect. i, art. 4), qui portait que :

« Nul ne peut se prétendre propriétaire exclusif des eaux d'un fleuve ou d'une rivière navigable ou flottable ; *en conséquence, tout propriétaire riverain peut, en vertu du droit commun, y faire des prises d'eau, sans néanmoins en détourner ni embarrasser le cours d'une manière nuisible au bien général et à la navigation établie.* »

Il est vrai que, d'après les lois antérieures des 22 décembre 1789 et 22 novembre 1790, les rivières publiques avaient été déclarées dépendances du domaine de la nation, et placées sous la surveillance des administrations de département ; d'où l'on avait induit que les prises d'eau ne pouvaient y être exercées que sous leur surveillance ; ce que les termes mêmes de l'article précité semblaient bien aussi supposer.

Ces termes, toutefois, en conférant aux riverains un véritable droit de prise d'eau, étaient évidemment trop absolus ; et il en était résulté beaucoup d'abus dans la pratique ; aussi, le Directoire exécutif a-t-il voulu rétablir l'ancien principe, dans toute sa force, dans son important arrêté du 19 ventôse an vi, qui forme une espèce de Code sur cette matière ; et dont l'article 10 est ainsi conçu :

« Ils veilleront pareillement (les administrations centrales et municipales, et le commissaire du Directoire exécutif près d'elles) à ce que nul ne détourne le cours des eaux des rivières et canaux navigables ou flottables, et n'y fasse des prises d'eau ou saignées pour l'irrigation des terres, qu'après y avoir été autorisé par l'administraion centrale, et sans pouvoir excéder le niveau, qui aura été déterminé. »

Et voilà, en effet, la règle à laquelle notre article 644 se réfère pour la maintenir de plus en plus.

124. — En conséquence, les propriétaires riverains des cours d'eau dépendant du domaine public, ne peuvent y exercer aucune entreprise.

C'est ainsi qu'aux termes de l'article 1er de la loi du 15 avril 1829, le droit de pêche appartient à l'État. (Comp. Cass., 15 janvier 1861, Izernes, Dev., 1861, I, 161.)

Notre article 644 leur interdit toute prise d'eau pour l'irrigation de leurs propriétés.

Et il est également certain qu'ils ne peuvent y établir aucun moulin, aucune usine; pas plus qu'ils n'ont le droit d'en fouiller le lit, pour en extraire du sable et des pierres (comp. Jousse, sur l'article 40, tit. xxvii de l'ordonnance de 1669; arrêt du Conseil du 24 juin 1777, art. 4; Cass., 29 juill. 1828, *J. du P.*, t. LXXXIII, p. 262; de Cormenin, *Quest. de droit administratif*, t. II, p. 298 et suiv.; Duranton, t. V, n° 198).

Ce n'est pas à dire, sans doute, que les cours d'eau dépendant du domaine public ne puissent jamais être utilisés par un particulier : l'intérêt général de la société exigeait, au contraire, que l'administration pût accorder, à cet égard, les autorisations qui seraient compatibles avec le service de la navigation. Mais ces sortes d'autorisations, qui peuvent être données à des propriétaires riverains, ou même à des personnes qui ne possèdent aucun fonds sur la rive, sont, en général, toujours révocables; et l'administration a, bien entendu, le droit d'y mettre les conditions qu'elle juge convenables; c'est ainsi que, depuis la loi de finances du 16 juillet 1840 (art. 8), le prix des concessions de ce genre est porté au nombre des revenus du trésor public (comp. Dubreuil, t. I, n°s 120 et suiv., p. 200).

125. — Mais il n'en est ainsi, que relativement à l'eau courante qui fait partie du domaine public (art. 644).

En conséquence, l'art. 644 est applicable, et les propriétaires riverains peuvent exercer les droits, qu'il confère, en ce qui concerne :

1° Les cours d'eau qui ne sont flottables qu'à bûches perdues (*voy.* notre t. IX, n° 457 *bis ;* Duranton, t. V, n° 211 ; Favard de Langlade, *Rép.*, v° *Cours d'eau*, n° 1) ;

2° Les parties non navigables ni flottables des rivières, qui n'ont pas été déclarées navigables et flottables dans toute l'étendue de leur lit (comp. Henrys, t. II, liv. III, quest. 5 ; Déclaration d'avril 1863 ; Chardon, *de l'Alluvion*, n° 37) ;

3° Les cours d'eau non navigables ni flottables, lors même qu'ils seraient des affluents de rivières navigables ou flottables, sauf, bien entendu, le droit de l'Administration, dans les différents cas, qui précèdent, de remonter le point, à partir duquel commencera désormais, pour le cours d'eau, le caractère public de rivière navigable ou flottable (comp. Ballot, *Revue pratique de droit français*, 1858, t. V, p. 53).

Il est vrai que ces propositions (et principalement les deux dernières) ont été, plus d'une fois, contestées. On invoquait surtout, dans l'intérêt de la domanialité, les textes romains cités plus haut (n° 123) :

« Si flumen navigabile sit, non oportere Prætorem concedere ductionem ex eo fieri Labeo ait, quæ flumen minus navigabile efficiat; *idemque est, si per hoc, aliud flumen fiat navigabile.* » (L. 10, § 2, ff. *de aqua ;* adde, L. 2, ff. *de fluminibus;* comp. Bartole, h. t. ; Cœpolla, tract. 2. cap. IV, n° 30 et suiv.).

Godefroy, sur ce fragment, n'assimilait aux cours d'eau navigables que ceux des affluents, dont l'adjonction était véritablement constitutive de la navigabilité elle-même, *per immediatam eorum adjunctionem.*

Mais d'Aguesseau, allant beaucoup plus loin, voulait, dans sa douzième requête, que tout cours d'eau, qui se jetait dans une rivière navigable, fût, par cela seul, empreint du caractère de domanialité.

La vérité est qu'à ce compte, tous les cours d'eau, sans exception, seraient devenus publics; car on sait le proverbe vulgaire, que ce sont les *petites rivières qui font les grandes !*

Tenons-nous-en donc au principe, d'après lequel on ne considère comme dépendance du domaine public, que les cours d'eau eux-mêmes, qui ont été déclarés tels par l'administration, à laquelle ce pouvoir appartient (art. 3 de la loi du 15 avril 1829; Duranton, t. V, n°s 202, 204; de Cormenin, *Quest. de droit adm.*, t. II, p. 307, 318; Daviel, t. I, n°s 39, 39 *bis*).

126. — Quant aux bras des rivières navigables ou flottables, on les considère généralement comme des dépendances nécessaires de ces rivières, quoiqu'ils ne soient eux-mêmes ni navigables ni flottables (arrêt du Conseil du 10 août 1694; Déclaration du 10 août 1700; Bouhier, sur la coutume de Bourgogne, chap. LII, n° 175; Lefèvre de la Planche, *Traité du domaine public*, liv. I, chap. V; Décret du 12 juill. 1806; Daviel, t. I, n° 40).

Et, M. Chardon, qui combat cette doctrine, convient lui-même d'ailleurs que son dissentiment ne s'applique qu'aux bras complétement inutiles à la navigation et au flottage, et que, pour peu qu'on en tirât parti, ils resteraient dans la même catégorie que les cours d'eau, dont ils se séparent (*de l'Alluvion,* n°s 38, 39).

127. — D. Enfin, les articles 644 et 645 ne sont pas applicables aux eaux qui coulent dans un canal creusé de main d'homme appartenant soit à l'État, soit à des particuliers; et les propriétaires, dont les héritages sont bordés ou traversés par ce canal, n'y peuvent exercer aucune prise d'eau, au préjudice du moulin, de l'usine, ou généralement de l'héritage, pour le service duquel ce conduit artificiel a été établi.

Nos articles, en effet, comme nous l'avons dit, ne concernent que les eaux courantes, considérées comme choses communes; que les eaux avec lesquelles les héritages riverains se trouvent en contact direct et immédiat;

Or, d'une part, les eaux renfermées dans un canal artificiel, ont été l'objet d'une véritable occupation, qui leur a imprimé le sceau de la propriété privée, d'autre part, ces eaux ne se trouvent point alors le plus ordinairement en contact avec les fonds riverains, dont elles sont, au contraire, séparées par les berges ou francs bords du canal;

Donc, sous ce double rapport, on ne saurait invoquer les articles 644 et 645 (comp. arrêts des 13 déc. 1608 et 15 juill. 1656, cités par Lacombe, v° Eau, n° 2; Cass., 28 nov. 1815, Bernard, Sirey, 1816, I, 374; Cass., 9 déc. 1818, Bodin, Sirey, 1819, I, 168; Cass., 7 août 1839, Charbonnel, D., 1839, I, 860; Cass., 17 mars 1840, d'Aremberg, Dev., 1840, I, 472; Cass., 15 avril 1845, Hillerin, Dev., 1845, I, 585; Cass., 24 déc. 1860, Aveilié, Dev., 1862, I, 977; Duranton, t. V, n°s 236, 237; Demante, Cours analyt., t. II, n° 495 bis, II; Marcadé, art. 644, n° 1; Pardessus, t, I, n° 111, Zachariæ, Massé et Vergé, t. II, p. 164).

128. — Toutefois, afin d'apprécier exactement les droits et les obligations réciproques du propriétaire de l'usine au service de laquelle le canal de dérivation est affecté, et des propriétaires dont les fonds sont traversés par ce canal, il est essentiel de distinguer si le propriétaire de l'usine n'a qu'un droit de servitude d'aqueduc sur le terrain d'autrui, ou s'il a, au contraire, la propriété même du canal, de son lit et de ses bords.

Il existe, entre l'une et l'autre hypothèse, deux différences importantes :

D'une part, lorsque l'usinier, ou plus généralement lorsque le maître du fonds, dans l'intérêt duquel le canal a été établi, n'a droit qu'à une servitude d'aqueduc à travers les fonds qui sont bordés ou traverses par le canal, les propriétaires de ces fonds, ne peuvent pas, sans doute, ainsi que nous venons de le dire, y faire des prises d'eau, dont le résultat serait de diminuer le volume alimentaire de l'usine, ou de gêner de quelque manière que ce soit, le service auquel le canal est affecté ; et c'est ainsi qu'ils sont tenus de livrer le passage pour l'entretien et le curage du canal, qui sont, en principe, à la charge du propriétaire de l'usine (arg. des articles 697, 698 ; Bordeaux, 22 janv. 1828, Michaud, D., 1828, II, 30 ; Cass., 15 déc. 1835, Expilly, D., 1836, I. 31).

Mais, comme ils sont propriétaires du lit et des bords du canal, ils ont le droit d'y exercer tous les actes de propriété compatibles avec l'exercice de la servitude de conduite d'eau, qui le grève. Ils peuvent donc, sous cette réserve, employer les eaux à leur passage. Et, à cet égard, la Cour de Grenoble a fait une distinction fort rationnelle entre les riverains en amont, dont les entreprises pourraient nuire au jeu des usines, et les riverains en aval, dont les droits peuvent être plus étendus, précisément parce que l'usine n'a point à en souffrir (24 nov. 1843, Christophe, Dev., 1844, II, 486). Les riverains du canal peuvent également, dans ce cas, y pêcher, planter le long des berges, y recueillir enfin tous les produits utiles qu'il est possible d'en tirer, les arbres, les roseaux le foin, etc., suivant que le terrain est plus ou moins susceptible de culture ; et, en cas de desséchement du canal, ils recouvrent, bien entendu, la libre jouissance de leur terrain.

Tandis que, au contraire, si le propriétaire de l'usine avait aussi la propriété du canal, du lit, et de ses bords, et par suite, des eaux elles-mêmes qui y seraient renfermées, les propriétaires riverains ne pourraient exercer aucun droit, soit sur les eaux, soit sur le lit ou les bords du canal : ni employer les eaux à un usage quelconque,

agricole ou industriel, sauf seulement la faculté naturelle
de s'en servir pour les besoins domestiques des personnes et des ménages (Cass., 13 juin 1827, Chottard,
Sirey, 1827, I, 473); et encore cette faculté serait-elle
contestable, puisqu'il s'agit ici d'eaux privées (comp.
Bertin, *Code des irrigations*, p. 61, n°⁵ 249 et suiv.); ni
pêcher, ni s'approprier les produits qui croissent sur les
bords (art. 544; comp. Colmar, 12 juill. 1812, Dupré,
Sirey, 1814, II, 6; Cass., 28 nov. 1815, Bernard, Sirey,
1816, I, 374; Cass., 9 déc., 1818, Bodin, Sirey, 1819,
I, 168; Cass., 13 juin 1827, Chottard, Sirey, 1827, I,
473; Cass., 7 août 1839, Charbonnel, Dev., 1839, I,
868; Cass., 17 mars 1840, d'Aremberg, Dev., 1840, I,
472; *voy.* aussi comme analogue, Caen, 25 juill. 1848,
Lebeg, Dev., 1849, II, 708; Pardessus, t. I, n°⁵ 112;
Daviel, t. III, n°⁵ 844-846).

D'autre part, lorsque le maître de l'usine n'a qu'une
servitude de conduite d'eau, il ne peut, en général,
l'employer que pour le service de son usine, d'après
le principe constant en cette matière, que la servitude
n'est due qu'au fonds dominant et se trouve, par
conséquent, limitée aux besoins de ce fonds (comp.
Cass., 22 avril 1840, de Germigney, Dev., 1840, I,
740; *voy.* aussi Cass., 21 mai 1860, Guyon, Dev.,
1860, I, 512).

Tandis qu'il peut, au contraire, librement disposer
des eaux pour toute espèce d'usage, lorsqu'il est propriétaire du canal; et le terrain, même desséché, continuerait
toujours de lui appartenir (Pardessus, t. I, n° 111; Duranton, t. V, n° 240).

129. — Mais comment reconnaître le caractère du
droit qui appartient au propriétaire du fonds, dans l'intérêt duquel le canal a été établi : si c'est une servitude
de conduite d'eau, ou la propriété même du terrain occupé par le canal?

On considérait généralement, dans notre ancien droit,

que la propriété du canal, du lit et de ses bords, devait être présumée appartenir au propriétaire de l'usine.

C'est ainsi qu'Henrys écrivait que : « Comme un moulin ne peut être moulin sans sa prise d'eau, il s'ensuit aussi que la prise d'eau en est une partie nécessaire, et presque la principale, puisque, sans elle, le moulin serait inutile ; d'où il faut pareillement inférer que le béal ou canal, qui conduit l'eau au moulin, n'est pas seulement un simple accessoire ou dépendance ; mais plutôt c'en est une portion inséparable, et qui, prise conjointement avec les bâtiments, ne fait qu'une même chose ; par conséquent, que celui qui est propriétaire du moulin, l'est aussi du béal ou canal qui conduit l'eau ; que le sol lui appartient, et qu'il faut croire qu'avant de bâtir le moulin, il s'est assuré de la prise d'eau et du passage d'icelle..... » Et l'auteur cite deux arrêts du parlement de Paris des 13 décembre 1608 et 15 juillet 1656, en remarquant toutefois lui-même qu'ils ont plutôt jugé en fait qu'en droit (Rec. d'arrêts, suite du liv. IV, quest. 149 ; ajout. Lacombe, v° *Eau*, n° 2 ; Fréminville, *Pratique des terriers*, III, chap. VI, quest. 38).

Cette doctrine a été également enseignée sous notre droit nouveau, et même d'une façon encore plus absolue peut-être, car on a prétendu non-seulement que la propriété du canal et de ses bords devait être considérée comme une dépendance accessoire de la propriété de l'usine, mais que cette propriété accessoire était inséparable de la propriété principale, et ne pouvait point, par exemple, être acquise par prescription contre le maître de l'usine.

On a dit :

Celui qui est propriétaire et possesseur d'une chose est nécessairement aussi propriétaire et possesseur de toutes les parties constitutives de cette chose elle-même ;

Or, d'une part, le canal et son lit sont une partie

constitutive de l'usine ; comme, d'autre part, les bords sont une partie constitutive du canal, puisqu'il n'y aurait pas plus d'usine sans le canal que de canal sans les bords ;

Donc, celui qui a la propriété et la possession du canal, a, par cela même, toujours la propriété et la possession du lit et des bords, qu'on appelle effectivement, à cause de cela, les *francs bords*.

Et s'il en a toujours la possession, il s'ensuit qu'il ne peut pas en perdre la propriété par l'effet d'une prescription acquisitive de la part du propriétaire riverain (comp. Colmar, 12 juill. 1812, Dupré, Sirey, 1814, II, 6 ; Lyon, 17 juin 1830, et Cass., 6 déc. 1832, Journaud, D., 1833, I, 110; Cass., 26 nov. 1840, Gon, Dev., 1841, I, 158 ; Cass., 22 fév. 1843, Chaix, Dev., 1843, I, 418 ; Cass., 17 déc. 1867, Laperche, Dev. , 1868, I, 37; Dubreuil, *Législ. sur les eaux*, t. I, n° 164; Proudhon, *du Dom. public*, t. III, n° 1082).

130. — Nous n'admettons, pour notre part, ni le principe ni la conséquence; et il nous paraît au contraire : .

1° Qu'il n'existe aucune présomption légale qui attribue la propriété du canal et de ses bords au propriétaire, dont les eaux du canal alimentent l'usine ou arrosent l'héritage.

2° Que, lors même qu'il est établi, en fait, que cette propriété lui appartient, il n'y a là aucune espèce d'indivisibilité ; et que, dès lors, le propriétaire de l'usine ou de l'héritage, au service desquels le canal est affecté, peut perdre la propriété, soit tout à la fois du lit et des bords, soit des bords seulement de ce canal.

131. — 1° Que le lit d'un canal artificiel constitue une propriété privée, cela est incontestable; et voilà pourquoi il est déclaré imposable par la loi du 22 frimaire an VII, article 104; à la différence du lit naturel des petites rivières, qui n'appartient à personne, ainsi que nous avons entrepris de le démontrer (*voy.* notre tome X, nᵒˢ 128 et suiv.; ajout. Pau, 16 juin 1834, Berdizier, D., 1835, II, 19).

Mais à qui appartient cette propriété, lorsque le canal, destiné à l'alimentation d'une usine ou à l'irrigation d'un fonds, traverse d'autres héritages que celui dans l'intérêt duquel il a été établi?

Telle est notre seule question; or, pour combattre la présomption de propriété qu'on élève tout d'abord en faveur du propriétaire de l'usine, notre raisonnement est bien simple, et le voici:

Aux termes de l'article 1350, la présomption légale est celle qui est attachée par une loi spéciale à certains actes ou à certains faits;

Or, aucune loi spéciale n'a créé cette prétendue présomption;

Donc, il n'y a, en effet, aucune présomption de propriété en faveur du maître de l'usine.

Tout au contraire! la présomption légale est contre lui; car, aux termes de l'article 552, la propriété du sol emporte la propriété du dessus et du dessous; et, par conséquent, le propriétaire du terrain, sur lequel le canal a été établi, est, de droit, présumé propriétaire du lit et des bords de ce canal (comp. Cass., 21 déc. 1830, Dommage, Sirey, 1831, I, 14; Cass., 13 janv. 1835, Mézières, D., 1836, I, 154; Cass., 4 déc. 1838, Baud, Dev., 1839, I, 253; Duranton, t. V, nᵒ 240; Daviel, t. III, nᵒ 833 *bis*).

En pareil cas, donc, afin de savoir si le maître de l'usine n'a qu'une servitude d'aqueduc sur les fonds traversés par le canal, ou s'il a, au contraire, la propriété même du lit et des bords, il faut interroger l'origine et la cause constitutive de cet établissement; or, cette cause peut, suivant les cas, résulter:

Soit d'un titre;

Soit de la prescription;

Soit de la destination du père de famille.

132. — Lorsque le canal a été établi en vertu d'un titre qui est représenté, c'est dans le titre lui-même qu'il faut rechercher le caractère et l'étendue de la concession; et les obscurités, qui pourraient naître des termes plus ou moins ambigus de l'acte, devraient être surtout dissipées par l'exécution que cet acte aurait reçue, par le genre des travaux au moyen desquels le canal aurait été établi, et par les faits de possession.

Que si les différents moyens d'interprétation, qui pourraient être employés, laissaient subsister encore des doutes, il serait conforme aux principes de décider que le titre ne renferme que la concession d'une simple servitude d'aqueduc, et non pas l'aliénation d'une portion de la propriété : *in obscuris, quod minimum est sequimur* (L. 9, ff *de reg. juris;* Cass., 24 juillet 1839, Brémond, Dev., 1839, I, 918 ; Cotelle, *Droit administratif,* t. I, p. 230).

133. — En l'absence de titre, et lorsque les magistrats n'ont, pour se décider que le fait même de l'existence du canal, la prescription pourra être invoquée ; mais ce moyen-là précisément ne sera pas toujours très-décisif pour déterminer nettement le caractère du droit, et si le propriétaire de l'usine a acquis seulement une servitude d'aqueduc sur les fonds d'autrui, ou la propriété même de la portion de ces fonds, sur laquelle le canal est établi; car il aura pu acquérir également, par la prescription l'un ou l'autre droit: soit la propriété superficiaire ou souterraine, soit la servitude d'aqueduc, qui est tout à la fois continue et apparente, et cela, lors même que les tuyaux ou conduits seraient souterrains, si l'existence s'en révèle par quelque signe extérieur, comme un regard, etc. (art. 553, 690, 2228; *voy.* notre tome IX, nos 484, 644, 655).

C'est encore et même surtout dans ce cas, par l'état des lieux, par le caractère des travaux et par les faits de possession, que cette question devra être tranchée.

Ce que nous pouvons dire en thèse générale, c'est qu'il faut, suivant nous, considérer que le propriétaire de l'usine a acquis, par prescription, la propriété même du terrain occupé par le lit et les bords du canal, lorsque ces deux conditions se rencontrent, à savoir :

1° Que le canal se compose de travaux quelconques, en maçonnerie ou autrement, formant incorporation et inédification sur le terrain qu'il occupe (art. 712);

2° Que le propriétaire de l'usine a eu seul la possession du lit et des bords, en exerçant seul le droit de pêche, en plantant sur les bords, en récoltant les herbes, le foin, et en général les produits que le lit et les bords étaient susceptibles de fournir, en curant le canal, et s'appropriant constamment le rejet, etc.

La première condition surtout est de la plus haute importance; et Dumoulin l'a fait justement remarquer dans sa note célèbre sur l'article 220 de la coutume de Blois, qui déclarait que « vues et *égouts* ne portent pas saisine à celui qui les a sur autrui, et ne peuvent se prescrire sans titre. »

« Intellige (dit Dumoulin), de simplici stillicidio in « aere, id est non quiescente in fundo vicini, sive pen- « deat supra fundum vicini, sive non pendeat, sed in il- « lud stillat; *secus de incorporato et inædificato visibiliter,* « *vel quiescente super fundo vicini.* »

Et Lalaure a posé très-bien aussi le même principe en ces termes :

« Celui *qui bâtit un aqueduc* sur le terrain d'autrui, ou *qui incorpore un égout* dans un édifice qui appartient à un autre, fait plutôt un acte de propriétaire de la portion du terrain sur lequel il entreprend de faire ces constructions, qu'il ne paraît exercer un droit de servitude. » (*Des servitudes,* liv. II, chap. ix; ajout. Cass., 22 oct. 1811, *J. du P.,* t. XII, p. 811 ; Caen, 18 févr. 1825, Decoquerel, *Rec. des arrêts de Rouen et de Caen,* t. V, p. 54 ; Coquille sur Nivernais, chap. x, art. 2; Bourjon, *Droit comm. de la France, des Servit.*, sect. III, n° 14; Merlin, *Rép.*, v° *Moulin*, § 12; Toullier, t. III, n° 622; Duranton, t. V, n° 240).

154. — Enfin, il se peut que le canal ayant été originairement établi par un propriétaire sur son propre fonds, la question s'élève plus tard, par suite de la division de ce fonds, entre les différents propriétaires, copartageants ou autres, dont l'un aura succédé à la partie du fonds, sur laquelle existe l'usine; et l'autre à la partie de ce fonds, sur laquelle le canal a été établi.

Si l'acte de partage, de vente ou de donation, etc., renferme, à cet égard, quelque clause, il fera, bien entendu, la loi commune des parties; et il devra être interprété comme nous venons de le dire (*supra*, n° 132).

Mais, dans le silence de l'acte, que faudra-t-il présumer? Le canal ne constituera-t-il, au profit du propriétaire de la partie du fonds où se trouve l'usine, qu'une servitude d'aqueduc sur les autres lots? Ou, au contraire, le propriétaire de l'usine, aura-t-il aussi la propriété de toute la partie du terrain occupée sur les autres lots, par le lit et par les bords du canal?

D'après une doctrine assez accréditée, le propriétaire de la portion de l'héritage où se trouve l'usine, n'aurait droit qu'à une servitude d'aqueduc sur les autres portions traversées par le canal (comp. Bordeaux, 16 févr. 1821, Degros, Sirey, 1827, I, 145; Grenoble, 23 août 1828, Marcel, inédit, cité par Daviel, t. III, n° 836; Chardon, *de l'Alluvion*, n°ˢ 29 et suiv.).

Cette solution pourrait être adoptée sans beaucoup d'inconvénients, lorsque le canal est extérieur, ou, s'il est souterrain, lorsqu'il se manifeste par quelque signe apparent; la servitude résulterait alors tout naturellement de la destination du père de famille (art. 694).

Mais si on suppose que les travaux souterrains qui conduisent l'eau à l'usine, ne se révèlent par aucun signe extérieur sur la portion de l'héritage qui se trouve séparée de l'usine elle-même, comment serait-il possible de maintenir, à titre seulement de servitude, au propriétaire de l'usine, ce droit de conduite d'eau? Quel serait alors le moyen d'empêcher le propriétaire de la portion traversée par le canal souterrain, d'y faire des fouilles et de le couper?

Nous avons vu précisément se présenter cette hypothèse; il s'agissait de canaux souterrains, creusés par les Romains, qui conduisaient les eaux à une ville. Il paraît véritablement impossible, en pareil cas, que l'existence de ces canaux séculaires ne doive pas être respectée; car ils forment eux-mêmes la substance du sol et le *tréfonds;* aussi croyons-nous que l'on devrait alors considérer qu'il a été dans l'intention des parties, lors de la séparation des héritages, d'attribuer au propriétaire de l'usine la propriété de ces conduits incorporés dans le sol et identifiés avec lui (arg. de l'article 523; comp. Bourges, 24 août 1838, Dumay, D., 1841, II, 7; Aix, 9 janv. 1839, Brémond, Dev., 1839, II, 918).

135. — Nous avons dit, en second lieu, que la propriété de l'usine et la propriété du canal, de son lit et de ses bords, lors même qu'elles se trouveraient réunies, ne sont nullement inséparables (*supra,* n° 130).

Et, au point où nous en sommes, notre preuve est évidemment déjà faite.

Nous venons de constater, en effet, que la propriété de l'usine n'emporte pas même la présomption de la propriété du canal et de ses rives, et qu'il peut très-bien arriver, au contraire, que le canal appartienne aux propriétaires des terrains qu'il traverse; or, de la même manière que dans le principe, le maître de l'usine a pu n'acquérir qu'une servitude d'aqueduc, sans la propriété du lit ni des bords; de même, il a pu postérieurement aliéner cette propriété, et dès lors la perdre par l'effet de la prescription.

Il est donc inexact de dire que celui qui est propriétaire et possesseur de l'usine, est nécessairement par cela seul, propriétaire du lit et des bords du canal (*supra*, n° 130). La propriété et la possession du canal, soit de ses bords seulement, soit même de son lit, peuvent être, au contraire, très-distinctes de la propriété de l'usine; et si les riverains ont exclusivement possédé, soit les bords, soit même le lit, en tout ou en partie, il n'y a pas de motif pour qu'ils n'aient pas pu les acquérir par prescription.

Il est vrai que, d'après l'article 558, le propriétaire d'un étang conserve toujours le terrain que l'eau couvre, quand elle est à la hauteur de la décharge de l'étang, encore que le volume de l'eau vienne à diminuer; et nous en avons nous-même conclu qu'il n'en saurait être dépouillé par l'effet d'une prescription acquisitive au profit d'un autre (*voy.* notre tome X, n° 31); mais c'est là une disposition spéciale, fondée sur le caractère particulier de la propriété d'un étang; et on ne saurait l'étendre à la propriété d'un canal servant à l'alimentation d'une usine ou à l'irrigation d'un héritage. Il faudra, sans doute, en fait, pour que le propriétaire de l'usine ait perdu la propriété soit du lit, soit seulement des bords du canal, qu'il soit bien constaté que les riverains en ont eu la possession et la jouissance, par des faits bien caractérisés; mais, une fois cette condition accomplie, le propriétaire de l'usine invoquerait en vain la possession de l'usine elle-même, puisque cette possession n'est pas inséparable de celle du lit et des bords du canal (comp. Angers, 22 fév. 1843, Hubert, Dev., 1844, II, 27; Cass., 6 mai 1844, Hubert, Dev., 1844, I, 289; Cass., 28 avril 1846, de Morlac, Dev., 1846, I, 380; Troplong, *de la Prescription*, t. I, n° 245; Daviel, t. III, n° 838; Pardessus, t. I, n° 112).

136. — A plus forte raison, les propriétaires riverains d'un canal artificiel peuvent-ils y acquérir un droit de prise d'eau, soit par titre, soit par prescription, lorsqu'ils ont pratiqué dans le canal des travaux destinés à faciliter la chute et le cours de l'eau dans leurs héritages conformément à l'article 642, soit aussi par l'effet de la destination du père de famille (arg. des articles 690, 692, 694; comp. Cass., 13 juin 1827, Chatard, Sirey, 1827, I, 473; Cass., 27 mars 1832, Dev., 1832, I, 598; Cœpolla, *de Servit.*, tract. 2, cap. IV, n° 60; Duranton, t. V, n° 239; Pardessus, t. I, n° 112).

137. — Tout ce qui précède ne concerne, bien entendu, comme nous avons eu soin de le remarquer, que les eaux qui coulent dans un canal artificiel, creusé de main d'homme.

Les mêmes principes ne sont point applicables aux eaux qui coulent dans leur lit naturel, alors même que l'un des riverains aurait établi une usine sur le bord de la rivière; il est évident, en effet, que l'établissement d'une usine, *en lit de rivière*, comme on dit, ne saurait modifier la condition du cours d'eau, ni changer les droits des autres propriétaires riverains (comp. Cass., 7 août 1839, *J. du P.*, 1839, I, 318; Cass., 30 mars 1840, Delavingterie, Dev., 1840, I, 417; Daviel, t. III, n° 833 *bis;* Pardessus, t. I, n° 111).

Les articles 644 et 645 seraient alors, au contraire, tout à fait applicables; et les riverains auraient tous les droits qui en résultent pour eux, sur les eaux courantes, considérées comme *choses nullius.*

Mais quels sont ces droits? C'est ce que nous avons maintenant à examiner.

N° 2.

Quels sont les droits que l'article 644 confère aux propriétaires riverains sur les eaux auxquelles il s'applique?

SOMMAIRE.

138. — Distinction entre les deux espèces de droits dont les eaux cou-

rantes peuvent être l'objet. — Il s'agit ici des droits qui sont concédés aux propriétaires riverains.

139. — Ces droits ne sont concédés par la loi qu'aux propriétaires riverains. — Conséquences.

140. — Suite. — Observation sur cette condition de contiguïté.

141. — Si les droits d'irrigation ou autres sur les eaux courantes ne sont accordés qu'aux riverains, ils sont accordés du moins à tous les riverains. — Pourquoi et comment?

142. — Il faut, à cet égard, distinguer deux hypothèses :

143. — A. Première hypothèse : celle où la propriété étant seulement bordée par l'eau courante, chacun des propriétaires n'est riverain que d'un côté. — Quels sont alors les droits de chacun d'eux?

144. — Suite.

145. — Suite. — Le riverain d'un seul côté, peut-il pratiquer des saignées et des rigoles, afin d'amener l'eau dans son fonds?

146 — Suite. — Peut-il appuyer un barrage sur la rive opposée?

147. — Le riverain peut-il dériver l'eau sur son fonds, au moyen d'une prise établie sur un héritage supérieur au sien, lorsque le propriétaire de cet héritage y consent?

148 — Le riverain peut faire participer au bénéfice de l'irrigation toutes les terres qu'il possède, si étendues qu'elles soient, dès qu'elles se rattachent, sans solution de continuité, à sa propriété riveraine.

149. — Plusieurs questions s'élèvent ici. — Exposition.

150. — 1º Le propriétaire riverain pourrait-il, sans le consentement de ses coriverains et des riverains inférieurs, faire participer au bénéfice de l'irrigation, ses propriétés non riveraines, en obtenant, à cet effet, le droit de faire passer l'eau sur les fonds intermédiaires?

151. — 2º Pourrait-il concéder l'eau à un tiers non riverain, soit que celui-ci dût la venir prendre directement au cours d'eau lui-même, soit qu'il dût exercer sa prise d'eau à un canal creusé dans le fonds riverain?

152. — 3º Les terres d'abord non riveraines peuvent-elles participer au bénéfice de l'irrigation, lorsqu'elles s'ajoutent, en l'agrandissant, à la terre riveraine, soit que le propriétaire riverain les acquière, soit que le propriétaire non riverain devienne lui-même propriétaire du fonds riverain?

153. — 4º En cas de division du fonds riverain, par l'effet d'un partage ou de toute autre aliénation, les parts qui cessent d'être riveraines, continuent-elles d'avoir droit à l'eau courante pour l'irrigation?

154. — Suite.

155. — Le riverain latéral est-il obligé de rendre ensuite à son cours naturel, l'eau qui n'aurait pas été absorbée par l'irrigation?

156. — Celui dont la propriété borde seulement l'eau courante, ne peut-il se servir de cette eau que *pour l'irrigation de ses propriétés*

156 bis. — Suite. — Peut-il l'employer à des usages domestiques?

157. — Suite. — Pour l'exercice d'une profession?

158. — Suite. — Comme force motrice, pour faire mouvoir une usine?

159. — Suite. — Des moulins ou autres usines, qui avaient une existence légale antérieurement à la révolution de 1789?

160. — Suite.

161. — Les riverains, même d'un seul côté, ont encore d'autres droits, tels que celui de pêcher dans les cours d'eau, d'y récolter les herbes, etc., et d'y avoir des barques pour leur usage habituel.

162. — Si les droits de celui qui n'est riverain que d'un seul côté sont moins étendus que ceux du propriétaire dont le cours d'eau traverse l'héritage, c'est uniquement dans l'intérêt du riverain de l'autre côté. — Conséquences.

163. — B. Seconde hypothèse : celle où l'eau traverse l'héritage d'un propriétaire, qui se trouve ainsi riverain de chaque côté. — Quels sont ses droits?

164. — Suite.

165. — Il est clair que celui qui est propriétaire des deux côtés, a, sur le riverain d'un seul côté, l'avantage de pouvoir appuyer ses barrages ou autres travaux sur l'une et l'autre rive.

166. — Peut-il, en général, employer toute la quantité d'eau dont il a besoin, sauf à ne laisser aux riverains inférieurs que ce qui en reste après ses besoins satisfaits?

167. — Il peut déplacer le lit du cours d'eau, et le faire serpenter chez lui, à la charge de le rendre à son cours ordinaire, à la sortie de ses fonds.

168. — Suite.

169. — Le propriétaire dont l'eau courante traverse l'héritage, peut, à son gré, l'employer, soit à ses propriétés de chaque côté de la rive, soit seulement d'un seul côté.

170. — Quatre propositions sont communes aux deux hypothèses prévues par l'article 644 : 1º Le propriétaire riverain d'une eau courante ne peut user de cette eau de manière à causer un dommage injuste aux autres propriétaires, soit coriverains, soit inférieurs. — Exemples.

171. — 2º Les propriétaires riverains doivent se conformer aux règlements administratifs qui ont été faits par l'autorité compétente sur les cours d'eau qui bordent ou qui traversent leurs fonds.

172. — Suite. — En faut-il conclure que les riverains sont soumis à obtenir l'autorisation administrative, pour employer les moyens nécessaires à l'exercice des différents droits d'usage qui leur sont attribués par la loi?

173. — Suite. — Quid, si un riverain prétendait qu'un arrêté administratif l'a privé du droit même que la loi lui accordait, sous prétexte d'en réglementer l'exercice?

174. — 3º Les différents droits, qui sont attribués respectivement aux riverains, peuvent être modifiés, soit par des conventions particulières, soit par la prescription.

175. — Suite. — Des conventions.

176. — Suite. — De la prescription

177. — Suite.

178. — Suite.

179. — Suite.

180. — Suite.

181. — Suite. — L'un des riverains peut-il acquérir, par prescription le droit de pêche contre un autre riverain?

158. — De ce qui précède, il résulte que nos articles 644 et 645 ne s'appliquent qu'à l'eau courante, considérée comme chose commune.

Or, nous avons remarqué déjà que l'eau courante, sous ce rapport, pouvait être l'objet de deux sortes de droits ou plutôt de facultés :

D'abord, de certains droits communs à tous ; comme, par exemple, le droit d'y puiser pour les besoins de la vie, d'y laver du linge, d'y abreuver des bestiaux, de s'y baigner, etc.

Ensuite, de certains droits privés au profit des propriétaires riverains, et qu'il a paru juste de leur reconnaître comme dépendances de leurs héritages, soit parce qu'ils supportent les inconvénients du cours d'eau, soit parce qu'ils peuvent seuls, à raison de leur situation, profiter de ces avantages, qui seraient perdus, au grand détriment de l'intérêt général de la société, si les riverains ne pouvaient pas les utiliser (*voy.* notre tome X, n° 143).

C'est sur cette dernière espèce de droits que nous avons à rechercher en quoi ils consistent, et de quelle manière ils peuvent être exercés.

159. — Et d'abord, il est bien clair, d'après les considérations mêmes que nous venons d'indiquer, que ces droits ne sont concédés par la loi qu'aux propriétaires riverains, c'est-à-dire à ceux-là seulement dont les héritages touchent le cours d'eau lui-même. Le texte d'ailleurs est formel; il faut que la propriété soit *bordée* ou *traversée* par le cours d'eau (art. 644; ajout. arrêt du 12 juill. 1787, cité par Henrion de Pansey, *Compét. des juges de paix,* chap. xxvi, § 2).

D'où il suit :

1° Que si le cours d'eau s'était ouvert un nouveau lit, en abandonnant l'ancien, les propriétaires riverains de ce nouveau lit pourraient seuls se prévaloir de l'article 644, sans que les propriétaires riverains du lit abandonné fussent recevables à prétendre contre eux un droit quelconque d'aqueduc, afin de faire revenir les eaux sur leurs fonds (art. 563; Cass., 11 fév. 1813, Guillot, D., 1813, 1, 253; L. 3, § 2, ff. *de aqua quotid. et æstiva*);

2° Que le bénéfice de l'article 644 ne saurait non plus être invoqué par celui dont l'héritage serait séparé du cours d'eau par un chemin public ou communal, ou par un chemin particulier appartenant à un tiers (comp. Toulouse, 25 nov. 1832, Santons, D., 1833, II, 120; Bordeaux, 2 juin 1840, Briand, Dev., 1850, II, 248; Angers, 28 janv. 1847, Regot, *J. du P.,* t. II, 1847, p. 453; Dijon, 23 janv. 1867, comm. de Dezize, Dev., 1867, II, 259; Zachariæ, t. II, p. 38; Daviel, t. II, n° 598; Bertin, *Code des irrigations,* p. 22; Garnier, t. III, n° 771; Duranton, t. V, n° 209; Proudhon, *du Dom. publ.,* t. IV, n° 1421).

Et c'est par le même motif que l'alluvion n'aurait pas lieu, dans ce cas, à son profit (*voy.* notre tome X, n° 46).

Pardessus ajoute toutefois qu'il serait porté à croire que « celui, dont l'héritage ne paraît séparé du cours d'eau que par un chemin public, devrait jouir du même avantage que le riverain immédiat, si l'administration lui permettait de construire, sous ce chemin, un aqueduc propre à lui faciliter l'usage des eaux. » (T. I, n° 105.)

Mais cet amendement serait contestable; la concession

de la loi n'est faite qu'à celui dont la propriété est *bordée* ou *traversée* par une eau courante; et on peut mettre en question s'il appartient au riverain, quel qu'il soit, État, commune ou particulier, d'étendre par son seul fait, au préjudice des autres riverains, cette concession à des propriétaires non riverains. Nous reviendrons, au reste, bientôt sur cette difficulté (*infra*, n° 150; comp. Duranton, t. V, n° 209).

140. — Il est vrai que cette condition de contiguïté, exigée par la loi, pour qu'un propriétaire ait le droit de profiter du cours d'eau, peut souvent produire des conséquences singulières.

Il en résultera, par exemple, que celui qui n'est séparé d'une eau courante que par une petite langue de terrain appartenant à un tiers, ou par un chemin plus ou moins étroit, ne pourra, en aucune manière, employer cette eau à l'irrigation de son héritage; tandis que le propriétaire, de l'autre côté, dont l'héritage riverain s'étend peut-être fort au loin dans la plaine, pourra s'en servir pour l'arrosement de son domaine tout entier; de telle sorte que l'avantage de l'irrigation se trouvera très-inégalement réparti entre les terres latérales du cours d'eau.

Peut-être aurait-on pu tenir compte, dans cette concession, des choses plutôt que des personnes, et accorder également le droit d'irrigation, de chaque côté, à une certaine étendue de terrain, sans distinguer si le terrain, compris dans cette mesure, appartiendrait tout entier au propriétaire de la terre riveraine ou à des propriétaires différents; et ce système aurait eu encore l'avantage de prévenir toutes les difficultés qui peuvent résulter des événements, par suite desquels les propriétés riveraines peuvent être augmentées ou diminuées (*infra*, n°s 150 et suiv.).

Mais telle n'est pas évidemment la doctrine de notre Code.

141. — Toutefois, si notre Code n'attribue les droits

d'irrigation qu'aux riverains, du moins attribue-t-il ces droits à tous les riverains ; et cela est aussi juste que logique (*voy.* L. 17, ff. *de servit. rust. præd.*).

D'une part, l'eau courante, considérée comme élément liquide, et dans son volume continu, n'appartient à personne, elle n'est pas une dépendance des héritages qu'elle borde ou qu'elle traverse ; elle n'en est, tout au plus, qu'un accessoire momentané et fugitif, qui, par sa perpétuelle mobilité, échappe à toute appropriation exclusive.

D'autre part l'égale situation de tous les propriétaires riverains doit évidemment assurer à chacun d'eux un égal et réciproque avantage, et il est même de leur intérêt à tous, que cet avantage soit respectivement garanti par le législateur à chacun d'eux ; car l'un ne pourrait avoir la prétention de s'emparer de la totalité ou de la presque totalité du cours d'eau, qu'autant qu'il reconnaîtrait, chez les autres, le même droit ; et alors il arriverait que ce pouvoir illimité de chacun d'eux serait également funeste à tous les riverains ; c'est ainsi que le riverain d'un seul côté, qui voudrait faire dériver une trop grande quantité d'eau dans son héritage, serait immédiatement exposé à des représailles de la part du riverain collatéral, qui attirerait, peut-être, tout le courant de son côté ; et il est clair aussi que le propriétaire dont le fonds est traversé par le cours d'eau, et qui voudrait l'absorber tout entier, de manière à en priver absolument les propriétaires inférieurs, ne serait pas fondé à se plaindre, s'il en était absolument privé lui-même par le fait des propriétaires qui lui sont supérieurs.

Le législateur devait donc, en même temps qu'il concédait aux propriétaires riverains ces droits d'usage, régler, autant que possible, entre eux, l'exercice respectif des droits de chacun, eu égard aux droits équivalents des autres propriétaires riverains, qui se trouvent *en face, au-dessus* ou *au-dessous.*

Et c'est en ce sens que Coquille disait très-bien que :
« En rivières et autres héritages publics, le droit de chacun est d'en user tellement, que l'usage des autres n'en
soit pas empêché. » (Sur la cout. de Nivernais, tit. *des
Maisons et servit. réelles*, art. 2; *voy.* aussi cout. de Normandie, art. 206.)

142. — A cet égard, l'article 644 fait une distinction
importante entre celui dont la propriété est bordée seulement d'un côté par le cours d'eau, et celui, au contraire,
dont cette eau traverse l'héritage, et qui se trouve ainsi
riverain à la fois des deux côtés.

Le droit du premier, a dû être limité non-seulement
dans l'intérêt des propriétaires inférieurs, mais aussi eu
égard au droit égal et réciproque du propriétaire de l'héritage joignant la rive opposée; tandis que le droit du
second ne pouvait évidemment être restreint que dans
l'intérêt des propriétaires inférieurs.

Examinons donc successivement chacun de ces deux
cas.

143. — A. D'après le premier alinéa de notre article
644, celui dont la propriété borde une eau courante, autre que celle qui est déclarée dépendance du domaine
public par l'article 538, *peut s'en servir à son passage pour
l'irrigation de ses propriétés.*

On dit généralement que les coriverains ont ici, chacun de son côté, un droit égal; et l'on a même comparé
le cours d'eau, qui les sépare, à une sorte de clôture mitoyenne dans laquelle chacun d'eux aurait, comme dans
un mur mitoyen, un droit de copropriété, qui devrait, en
conséquence, produire entre les riverains les différents
effets, droits et obligations, que la mitoyenneté fait naître
(comp. Duranton, t. V, n° 213; Pardessus, t. I, n° 107;
Ducaurroy, Bonnier et Roustaing, t. II, n° 271; Daviel,
t. II, n°ˢ 540 et 626; ajout. Bouvot, t. I, part. I, v° *Rivières*, quest. 1 ; Henrys, t. II, liv. III, quest. 6).

Il faut toutefois remarquer que les auteurs qui ont

établi cette comparaison, enseignent, en effet, que les petites rivières sont la propriété des riverains; et comme
nous avons pensé au contraire, qu'elles n'appartiennent
à personne, nous ne voudrions pas, en ce qui nous concerne, accepter absolument ce parallèle, ni fonder sur un
principe de copropriété mitoyenne, le droit égal des coriverains à l'usage des eaux (*voy.* notre tome X, n°s 128
et suiv.).

Ce droit dérive uniquement pour eux, ainsi que nous
l'avons établi, de la concession du législateur; et comme
la concession est faite à l'un et à l'autre, le vrai caractère
de la situation réciproque qui leur est faite, n'est autre
chose qu'un droit de jouissance commune et indivise du
cours d'eau.

Et maintenant, la part de chacun des riverains, dans
cette commune jouissance, doit-elle toujours être égale?
Il serait impossible de poser, à cet égard, *a priori,* une
règle absolue. L'étendue respective des fonds, la nature
du sol, le genre de culture et d'exploitation, etc., sont à
prendre en considération, suivant que ces causes diverses
exigent, pour l'un ou l'autre des riverains, des irrigations
plus ou moins considérables; c'est ainsi que le droit romain décidait que l'eau devait être distribuée entre les
propriétaires *ad irrigandos agros, pro modo possessionum*
(L. 17, ff. *de servit. rust. præd.*); et l'article 644, en concédant l'eau *pour l'irrigation des propriétés,* veut évidemment aussi que la distribution en soit faite d'après l'étendue respective et comparée des fonds coriverains, eu égard
à leurs besoins plus ou moins grands d'arrosage. Enfin,
nous verrons bientôt que l'article 645, en accordant aux
tribunaux un pouvoir discrétionnaire pour la répartition
des eaux, reconnaît et proclame lui-même l'impossibilité
d'une règle absolue et invariable sur ce point (*infra,*
n°s 185 et suiv.).

144. — Il est toutefois une proposition toujours incontestable, c'est qu'aucun des coriverains ne peut dé-

tourner le cours de l'eau; tel est le sens de ces mots de l'article 644, qui autorise seulement le riverain à s'en servir *à son passage*, c'est-à-dire sans en déplacer, même accidentellement et momentanément, le lit; et cela est très-juste, puisque ce déplacement aurait pour résultat de priver l'autre riverain de la contiguïté du cours d'eau. Il résulte bien de la comparaison des deux alinéas de l'article 644, que le droit de changer le lit n'appartient qu'à celui dont le cours d'eau traverse l'héritage, et qui, propriétaire en même temps des deux rives, ne nuit, par ce déplacement, à personne, dès qu'il rend l'eau à son cours ordinaire, à la sortie de son fonds.

145. — Mais d'ailleurs, bien entendu, la loi, en accordant à chacun d'eux le droit d'irrigation, accorde par cela même aussi, à chacun d'eux, le droit de faire tout ce qui est nécessaire pour l'exercer; qui veut la fin, veut les moyens (art. 696).

Il n'est donc pas douteux que l'un et l'autre des riverains peut pratiquer des saignées ou des rigoles, pour faire dériver l'eau dans son fonds; de manière toutefois à ne pas en diminuer tellement le volume, que le coriverain ne puisse pas lui-même en profiter, sauf à demander, s'ils ne peuvent pas s'entendre, un règlement.

Il peut de même établir, dans le lit du cours d'eau, une écluse, un barrage, ou tout autre travail ou ouvrage d'art, en pierre, en bois, ou en toute autre matière, afin que les eaux puissent s'élever à la hauteur nécessaire pour refluer sur son fonds; mais de manière encore à ne pas nuire aux autres riverains et à ne pas contrevenir aux règlements, qui défendent de rejeter l'eau sur le fonds : ... *ex flumine aquam ducere plures possunt, ita tamen ut vicinis non noceant....* (L. 3, § 1, ff. *de aqua quotid. et æstiva; voy.* aussi *infra*, n° 172; Cass., 22 févr. 1870, Belton, Dev., 1870, I. 190.)

146. — Pardessus (t. I, n° 105) pense même que chacun des propriétaires riverains a le droit d'appuyer momentanément, sur la rive opposée, les barrages nécessaires pour l'irrigation de son fonds ; et Proudhon va jusqu'à dire qu'il peut les y maintenir habituellement, s'il n'existe pas d'autre moyen d'arrosage (*du Dom. publ.*, t. IV, n° 1443).

Mais c'était là imposer au fonds coriverain une servitude qu'aucun texte n'établissait (Cass., 12 mai 1840, Godart, D., 1840, I, 239 ; Besançon, 27 novembre 1844, Thiboudet, *J. du P.*, t. II, 1845, p. 402) ; et la preuve que cette servitude, en effet, ne résultait pas comme une conséquence tacite du droit d'irrigation, c'est qu'il a fallu que la loi du 15 juillet 1847 décidât que le propriétaire, qui voudra se servir pour l'irrigation de ses propriétés, des eaux dont il a le droit de disposer, *pourra obtenir la faculté d'appuyer sur la propriété du riverain opposé les ouvrages d'art nécessaires à sa prise d'eau, à la charge d'une juste et préalable indemnité* (*infra*, n°s 228 et suiv.).

Daviel, au contraire, restreignant, en sens inverse, le droit des coriverains, semblerait enseigner que le coriverain ne peut pas pousser, au delà de la moitié du cours d'eau, les barrages ou travaux quelconques, qu'il établit pour l'arrosement de son fonds (t. II, n° 626 ; comp. Cass., 2 déc. 1829, *J. du P.*, t. LXXXVII, n° 305).

Nous croyons, pour notre part, que les ouvrages pratiqués par l'un des riverains peuvent s'avancer jusqu'au delà du fil de l'eau, et que l'autre n'est pas recevable à demander qu'ils soient réduits jusqu'à la moitié de la largeur du courant, à moins que ces travaux ne lui soient dommageables, par le reflux qu'ils occasionneraient sur son fonds, ou qu'il ne veuille lui-même en établir aussi de pareils pour l'arrosement de son héritage ; car les ouvrages de l'un ne sauraient paralyser le droit égal et réciproque de l'autre (comp. Nîmes, 27 juillet 1829, Domergue, D., 1830, II, 5 ; Cass., 19 avril 1841, Champflour, D., 1841, I, 221 ; Cass., 17 juin 1850, Galand, D., 1850, I, 202 ; Duranton, t. V, n° 213 ; Dubreuil,

Légis. sur les eaux, t. I, n° 89; *voy.* aussi notre tome X,
n° 149).

147. — Il n'est pas d'ailleurs indispensable que les
travaux nécessaires pour l'irrigation soient pratiqués par
le riverain dans la berge même de son propre fonds; et
rien ne s'oppose à ce qu'il dérive l'eau sur son fonds au
moyen d'une prise établie sur un héritage supérieur au
sien, lorsque le propriétaire de cet héritage y consent.

D'une part, en effet, le texte de la loi ne s'explique en
aucune manière sur les moyens qui pourront être employés à l'effet d'utiliser l'eau pour l'irrigation. En décidant que le riverain peut s'en servir *à son passage*, l'article 644 a seulement voulu lui défendre d'en détourner
le cours; mais il n'en résulte certainement pas que les
rigoles, les saignées ou autres ouvrages ne puissent être
faits par chaque riverain que vis-à-vis de son fonds lui-
même.

D'autre part, ainsi que nous l'avons déjà remarqué, qui
veut la fin, veut les moyens; or. il est beaucoup de circonstances dans lesquelles le riverain ne pourrait que
très-difficilement, et quelquefois même ne pourrait pas
du tout, à raison de l'élévation de son terrain et de l'escarpement des rives, profiter de la concession de la loi,
s'il lui était interdit de pratiquer une prise d'eau, à un
point supérieur, sur l'héritage d'un autre riverain.

Ajoutons enfin que le coriverain est sans aucun intérêt
à se plaindre, dès que le riverain ne fait d'ailleurs qu'employer ainsi la quantité d'eau à laquelle il a droit pour
l'arrosement de son fonds.

Aussi, en fait, arrive-t-il souvent que plusieurs prairies contiguës, d'amont en aval, sont arrosées par une
seule rigole qui descend parallèlement à la rivière, des
fonds supérieurs sur les fonds inférieurs; et cet état de
choses doit être maintenu, à moins que l'un des riverains
n'ait un intérêt légitime à s'y opposer, comme si, par
exemple, l'un d'eux était propriétaire d'une usine dont le

service serait compromis par cette espèce de dérivation (comp. Cass., 11 avril 1837, Blain, D., 1837, I, 926; Aix, 20 mars 1837, cité par Dubreuil, t. I, n° 89; Cass., 21 novembre 1864, Angué-les-Forgettes, Dev., 1865, I, 21.; Pardessus, t. I, n° 105; Daviel, t. II, n° 588; Ballot, *Revue pratique de droit français*, t. V, p. 54, 55).

148. — L'article 644 accorde à celui dont la propriété borde une eau courante, le droit de s'en servir *pour l'irrigation de ses propriétés*.

Ces mots ont soulevé plusieurs difficultés.

Que le propriétaire riverain puisse faire participer au bénéfice de l'irrigation toutes les terres qu'il possède, si étendues qu'elles soient, dès qu'elles se rattachent, sans solution de continuité, à sa propriété riveraine, ce n'est pas là ce qui nous paraît contestable, quoiqu'on ait entrepris de mettre ce point en question (comp. Paris, 8 août 1836, Teston, Dev., 1836, II, 467).

Celui qui possède une prairie riveraine du cours d'eau, séparée d'une autre prairie par une terre labourable qui lui appartient également, est donc certainement fondé, suivant nous, à pratiquer des rigoles au travers de sa terre en labour, afin de diriger l'eau sur sa prairie non riveraine; ces diverses pièces, en effet, les unes au bout des autres, ne forment, dans leur jonction et malgré la différence des cultures, qu'un seul tout, dès qu'elles appartiennent au même propriétaire et ne sont séparées de la terre riveraine ni par des propriétés appartenant à un tiers, ni par un chemin public (*supra*, n° 139). Et, d'ailleurs, si on prétendait voir là plusieurs propriétés, nous répondrions que l'article 644 accorde au riverain le droit d'irrigation *pour ses propriétés riveraines* (comp. Cass., 24 janv. 1865, Dorguin-Delevon, Dev., 1865, I, 62).

149. — Mais voici où les questions s'élèvent :

1° Le propriétaire riverain pourrait-il, sans le consentement de ses coriverains et des riverains inférieurs, faire participer au bénéfice de l'irrigation ses propriétés non riveraines, séparées du cours d'eau par des propriétés appartenant à un tiers, en obtenant le consentement de ce propriétaire intermédiaire, ou en invoquant la loi du 29 avril 1845? (*Infra*, nᵒˢ 201 et suiv.)

2° Pourrait-il concéder l'eau à un tiers non riverain, soit que celui-ci dût la venir prendre directement au cours d'eau lui-même, soit qu'il dût exercer sa prise d'eau à un canal creusé dans le fonds riverain?

3° Si le propriétaire riverain augmente l'étendue de son fonds, par des acquisitions de terrains contigus, ou si le propriétaire non riverain acquiert le fonds contigu, qui le séparait du cours d'eau, le droit d'irrigation appartiendra-t-il à tout le terrain nouveau, qui s'ajoutera, dans l'une et l'autre hypothèse, à la propriété riveraine?

4° En cas de division du fonds riverain, par l'effet d'un partage ou de tout autre mode d'aliénation, les parties, qui cessent d'être riveraines, continuent-elles d'avoir droit à l'eau courante pour l'irrigation?

Reprenons chacune de ces difficultés.

150. — 1° Nous demandons d'abord si le propriétaire riverain peut appliquer l'irrigation à une propriété non riveraine, qui lui appartiendrait, en obtenant, à cet effet, le droit de faire passer l'eau sur les fonds des propriétaires intermédiaires.

Pour soutenir que ce droit ne lui appartient pas, on peut argumenter ainsi :

L'article 644, en ne concédant le droit d'irrigation qu'à celui dont la propriété borde une eau courante, c'est-à-dire seulement au propriétaire riverain, ne le lui concède, dès lors, que pour ses propriétés riveraines; et ce qu'il peut y avoir d'équivoque dans ces mots *pour ses propriétés*, est suffisamment éclairci par les premiers mots de l'article : *celui dont la propriété borde une eau courante;*

Or, en tant qu'il s'agit de la propriété, qui est séparée du cours d'eau par une propriété intermédiaire, cette propriété ne borde pas une eau courante; ce propriétaire n'est pas riverain; il possède cette autre propriété comme tout autre non riverain.

Donc il n'a pas droit à l'irrigation pour cette propriété, soit d'après le texte de la loi, soit d'après ses motifs, puisque l'avantage de l'irrigation est considéré comme une compensation des inconvénients du cours d'eau, auxquels le propriétaire non riverain n'est pas exposé.

Et de là, en effet, beaucoup de jurisconsultes ont conclu que les coriverains et les riverains inférieurs pourraient s'opposer à ce mode d'irrigation :

1° Lors même que le propriétaire riverain n'absorberait pas ainsi une plus grande quantité d'eau, que celle qui lui serait assignée par les règlements existants, la concession étant spéciale au fonds riverain, et ne pouvant pas être déplacée au profit d'un autre fonds (L. 25, ff. *de servit. præd. rust.*);

2° Lors même que les propriétaires intermédiaires consentiraient à livrer passage aux eaux, soit volontairement, soit par application de la loi du 29 avril 1845 (comp. Duranton, t. V, n°s 209 et 231 ; Pardessus, t. I, n° 105 ; Ducaurroy, Bonnier et Roustaing, t. II, n° 271 ; de Gérando, t. III, p. 97 ; Daviel, comm. de la loi du 29 avril 1845, art. 1er; Ballot, *Revue pratique de droit français*, t. V, 1858, p. 55, 56).

Cette argumentation est assurément très-sérieuse.

L'interprétation contraire nous paraît toutefois avoir été adoptée par le législateur de 1845 (loi du 29 avril) : il est vrai qu'il a déclaré qu'il n'entendait rien changer aux droits des riverains tels que la législation existante les reconnaissait : mais nous verrons que du moins il a résolu les doutes que notre question avait soulevés. Nous établirons, en effet, bientôt qu'il résulte des discussions qui ont précédé la loi de 1845 et de l'article 1er de cette loi, que le propriétaire riverain peut demander un passage

sur les fonds intermédiaires, pour transmettre à ses propriétés non riveraines, la quantité d'eau dont il a le droit
de disposer (comp. *supra*, n° 88, et *infra*, n° 210; Cass.
2 fév. 1836, Besnard, Dev., 1836, I, 85; Cass., 8 no.
1854, d'Escars, Dev., 1855, I, 49; Lyon, 15 nov. 1854,
Denys, *le Droit* du 4 janv. 1855, et Dev., 1855, II, 78;
Demante, t. II, n° 495 *bis*, II, et 498 *bis*, II).

151. — 2° Il est clair que les mêmes jurisconsultes
qui enseignent que le propriétaire riverain ne peut pas,
sans le consentement des coriverains et des riverains inférieurs, transmettre à ses terres non riveraines le bénéfice de l'irrigation, doivent enseigner aussi qu'il ne peut
pas le céder à un tiers non riverain ; et ils professent, en
effet, qu'une telle concession serait nulle, non-seulement
dans le cas où le tiers serait autorisé à prendre l'eau directement au ruisseau ou à la rivière, mais lors même
qu'il ne devrait la prendre que dans un canal ou fossé,
au moyen duquel elle serait d'abord conduite dans le
fonds riverain. Car, dit-on, le propriétaire riverain n'a le
droit de conduire l'eau dans son fonds que pour un usage
déterminé, à savoir : pour l'irrigation de son fonds lui-
même; et il ne peut pas, en conséquence, l'appliquer à
un usage différent, et établir ainsi sur le cours d'eau,
une véritable servitude dans l'intérêt d'un fonds non riverain (arg. de la L. 24, ff. *de servit. præd. rust.*).

Mais puisque nous avons pensé, au contraire, que le
propriétaire riverain peut transmettre à ses terres non
riveraines la quantité d'eau dont il a le droit de disposer,
nous devons aussi, pour être conséquent, décider qu'il
pourrait la céder à un tiers propriétaire non riverain ; et
c'est là ce que nous établirons plus bas, en nous occupant
de la loi du 29 avril 1845 (*infra*, n° 211).

Au reste, remarquons que l'on est généralement d'accord pour reconnaître qu'un propriétaire même non riverain pourrait avoir droit aux eaux:

Soit en vertu de quelque ancien statut ou usage local,

sous l'empire duquel ce droit lui aurait été acquis, conformément à la loi du temps (arg. des articles 645 et 694);

Soit en vertu d'une convention consentie par tous les intéressés, ou de la prescription accomplie suivant les conditions exigées en pareil cas (art. 642, 690), ou enfin, comme nous allons le voir, de la destination du père de famille (art. 694 ; comp. Duranton, t. V, n° 231-233 ; Daviel, t. II, n°ˢ 599 ; Dubreuil, t. I, n° 124).

152. — 3° On peut demander encore si les terres d'abord non riveraines peuvent participer au bénéfice de l'irrigation, lorsqu'elles s'ajoutent, en l'agrandissant, à la terre riveraine, soit que le propriétaire riverain les acquière, soit que le propriétaire non riverain devienne lui-même acquéreur du fonds riverain [1].

Le droit d'irrigation appartiendra-t-il, dans ce cas, à ce propriétaire unique, pour toute l'étendue de sa propriété actuelle, de telle sorte qu'il soit autorisé à prendre désormais un volume d'eau plus considérable, au détriment des autres intéressés ?

Cette question est plus délicate.

Pour soutenir que les terrains nouveaux, qui n'avaient pas d'abord droit à l'arrosement, ne peuvent pas davantage en profiter depuis leur réunion au fonds riverain, on peut raisonner ainsi :

En principe général, la servitude accordée à un certain héritage, ne peut pas être étendue à un autre héritage, qui n'avait pas originairement le droit d'en profiter, lors même que ces deux héritages, maintenant réunis, n'en formeraient désormais qu'un seul. Par exemple, il est certain qu'une servitude conventionnelle de prise d'eau attribuée à un fonds déterminé, ne saurait être

---

1. Nous ne parlons pas, bien entendu, des terrains d'alluvion; il est d'évidence qu'ils participent au bénéfice d'irrigation, comme la terre riveraine, dont ils sont réputés avoir toujours fait partie intégrante. (L. 3, § 2, ff. *de aqua quotid.* ; Voyez notre tome X, n°ˢ 84 et suiv.)

aggravée par le résultat des augmentations que le fonds dominant pourrait recevoir (L. 24, ff. *de servit. præd. rust.*; Cœpolla, *de servit. præd. rust.*, tract. 2, cap. IX, n° 17; art. 702, et *infra*, t. II, n° 847);

Or, l'article 644 n'attribue, à titre de servitude dérivant de la situation des lieux, le droit d'irrigation qu'au fonds riverain; et il vient d'être, en effet, établi que les fonds non riverains n'y ont pas droit;

Donc, la concession légale est définie et limitée; et elle ne peut pas, plus qu'une concession conventionnelle, être étendue à un fonds auquel son texte ne s'applique pas.

S'il en était autrement, l'un des riverains pourrait, à son gré, augmenter démesurément, au grand préjudice de ses coriverains et des riverains inférieurs, son droit à l'usage des eaux; et il pourrait, au moyen d'acquisitions successives, dériver l'eau fort loin de son lit, dans l'intérieur des terres; or, en même temps qu'un tel système serait une source d'abus et d'injustices, il est contraire à la pensée essentielle de la loi, qui n'accorde l'irrigation qu'aux terres véritablement *latérales,* aux terres que le cours d'eau *borde* ou *traverse,* et qui peuvent être exposées à ses inconvénients et à ses dangers (comp. Proudhon, *du Domaine public,* n° 1426; Duranton, t. V, n° 235; Ducaurroy, Bonnier et Roustaing, t. II, n° 271).

Nous n'admettons pas toutefois cette conclusion dans des termes aussi absolus :

Si l'article 644 n'accorde le droit d'irrigation qu'aux propriétés riveraines, du moins l'accorde-t-il à toutes les propriétés riveraines, quelle que soit, de chaque côté, leur étendue respective, plus ou moins inégale, et sans distinguer non plus si les propriétés riveraines ont été formées de la réunion de plusieurs pièces autrefois séparées, ou si ces pièces réunies sont actuellement de même ou de différente culture (*supra,* n°ˢ 139, 140);

Or, les terrains, dont il s'agit, ne forment plus désormais, par leur réunion, qu'un seul morceau et qu'une même propriété riveraine ;

Donc, aux termes de l'article 644, cette propriété riveraine a le droit, pour toute son étendue, au bénéfice de l'irrigation.

C'est confondre deux ordres de principes très-différents que d'assimiler aux servitudes conventionnelles les droits d'usage que la loi concède aux propriétaires riverains des cours d'eau; ces concessions-là n'ont pas, en effet, le véritable caractère de servitude ; ce sont bien plutôt des attributs de la propriété riveraine, qui doivent être réglés d'après les principes particuliers sur lesquels repose la loi qui les a créés ;

Or, cette loi, ainsi que nous venons de le dire, n'assigne pas invariablement à chacun des coriverains, une certaine étendue de terrain, à laquelle il pourrait seulement appliquer le droit d'irrigation ; elle accorde à chacun d'eux ce droit pour toute sa propriété riveraine, et rien que pour sa propriété riveraine ; de telle sorte que ce droit ou plutôt l'étendue de ce droit, augmente ou diminue, suivant que la propriété riveraine augmente ou diminue elle-même. Prétendre, comme on l'a fait, qu'il faut, pour déterminer, à cet égard, le droit réciproque des riverains, considérer l'état primitif des fonds à l'époque où les droits de chacun ont été constitués, c'est tout simplement, dit très-bien Daviel, vouloir remonter au déluge ! (T. II, n° 587.) Il est très-vraisemblable que le législateur n'a pas entendu faire abstraction de ce perpétuel mouvement de morcellement et de recomposition auxquels les propriétés sont soumises. Au moins faudrait-il, dans ce système, considérer comme établissant suffisamment ce qu'on appelle l'état primitif des fonds, l'état des possessions antérieures pendant une durée de trente ans, ou encore, comme on l'a proposé, l'état des fonds à l'époque de la promulgation du Code Napoléon (*voy.* le rapport de M. Passy à la Chambre des Pairs sur la loi du 29 avril 1845, *Moniteur* du 28 mai 1845).

Ajoutons enfin que notre doctrine n'a nullement ce caractère d'injustice qu'on lui reproche :

Soit parce que très-souvent, en fait, il pourra arriver que les fonds, qui viennent d'être réunis, aient constitué originairement une seule propriété, et que cette réunion ne soit elle-même qu'un retour à l'état primitif ; ou encore, indépendamment de toute circonstance de ce genre, que le riverain de l'autre côté ait une propriété beaucoup plus étendue que celle de son coriverain, même après l'augmentation dont il se plaint, et qu'il continue, en conséquence, d'absorber une bien plus grande quantité d'eau que lui ;

Soit, dans tous les cas, parce que l'article 645 accordant, en cas pareil, aux magistrats un pouvoir discrétionnaire pour l'équitable distribution des eaux, aucun abus ni aucune fraude n'est sérieusement à craindre (comp. Limoges, 9 août 1838, D., 1839, II, 38 ; Cass., 24 janv. 1865, Dorguin-Delavau, Dev., 1865, I, 62 ; Bertin, *Code des irrigations*, p. 25, n°ˢ 70-74).

153. — 4° Supposons maintenant l'hypothèse inverse, celle où le fonds riverain au lieu de s'augmenter par des additions, s'est diminué par l'effet d'une division résultant d'un partage ou de tout autre mode d'aliénation ; de telle sorte que certaines portions détachées de ce fonds ont cessé d'être riveraines.

Ces portions, qui sont maintenant séparées du cours d'eau, peuvent-elles néanmoins continuer toujours de participer au bénéfice de l'irrigation ?

La question peut être examinée sous un double point de vue : d'abord en ce qui concerne les propriétaires des portions riveraines et les propriétaires des portions qui ne joignent plus le cours d'eau ; ensuite en ce qui concerne ces propriétaires dans leurs rapports avec les autres propriétaires coriverains ou inférieurs.

A l'égard des propriétaires du fonds divisé, les uns relativement aux autres, nous croyons que ceux dont les portions ne sont plus riveraines, auront néanmoins toujours droit à l'usage des eaux dans les deux cas suivants :

1° Si l'acte de partage, de vente, d'échange ou autre, en contient à leur profit, la réserve (art. 1134);

2°. Même en l'absence de toute réserve expresse, s'il existe une rigole, un fossé, ou tout autre travail apparent destiné à conduire les eaux à travers les portions riveraines jusqu'aux portions du fonds qui ont cessé de l'être (art. 690). Nous supposons, bien entendu, que le fossé ou la rigole ont été pratiqués dans l'intérêt du fonds lui-même, afin d'y porter les eaux; et il en sera toujours évidemment ainsi, lorsque le mode d'exploitation de ce fonds exigera l'emploi des moyens d'irrigation, comme, par exemple, une prairie. S'il s'agissait d'une terre en labour ou d'un bois, et que le fossé eût été établi pour conduire les eaux au ruisseau plutôt que pour les y prendre, il est clair qu'il n'y aurait point alors, au profit des portions riveraines, destination du père de famille; mais ce mode d'établissement de la servitude pourra, au contraire, être invoqué, lorsqu'au moment de la division, le fossé ou la rigole aura pour objet l'utilité même des portions qui vont cesser de joindre le cours d'eau.

Mais, dira-t-on, le droit d'irrigation n'est concédé qu'aux fonds riverains; or, les pièces désormais détachées de ce fonds ont cessé d'être riveraines.

Il est vrai; mais elles n'ont cessé d'être riveraines que sous une condition inséparable du fait même qui les a détachées du fonds riverain, à savoir : qu'elles conserveraient le droit d'irrigation qui leur était acquis, condition acceptée par les propriétaires des portions riveraines du fonds divisé et qui fait certainement, entre eux, la loi commune (comp. Besançon, 4 juill. 1840, Lebrun,

J. du P., t. I, 1843, p. 492 ; Bertin, *Code des irrigations*, p. 41, n°s 145 et suiv.).

154. — Cette loi, ou plutôt cette convention, est-elle opposable aux propriétaires de l'autre rive ou aux propriétaires inférieurs ?

Ce second point de vue de notre question peut paraître plus délicat. Aussi Pardessus, qui enseigne la même solution que nous venons de présenter, en ce qui concerne les propriétaires des portions du fonds divisé les uns à l'égard des autres, pense, au contraire, que les parties non riveraines, ayant cessé d'être un tout avec les parties riveraines, n'ont plus de droit à prendre les eaux pour l'irrigation à l'encontre des propriétaires de la rive opposée et des propriétaires inférieurs (t. I, n° 106 ; ajout. Bertin, *Code des irrigations*, p. 26, n°s 77, 78).

Mais n'est-ce point là, si j'osais m'exprimer ainsi, leur retirer d'une main ce qu'on semble leur accorder de l'autre ? Car enfin, que signifiera, le plus souvent, le droit qu'on leur reconnaît, de se servir des eaux pour l'irrigation, à l'égard des propriétaires des parties riveraines du fonds divisé, s'ils peuvent être empêchés de l'exercer par les propriétaires coriverains ou inférieurs ! Nous croirions donc, pour notre part, qu'ils auraient envers ces derniers les mêmes droits, ni plus ni moins, qu'envers leurs copartageants ou leurs auteurs quelconques, qui sont restés propriétaires des portions riveraines ; et que, par conséquent, toutes les fois qu'en vertu d'une clause de l'acte d'aliénation, ou de la destination du père de famille, les portions non riveraines auront conservé le droit à l'irrigation à l'encontre des portions riveraines du fonds divisé, elles l'auront également conservé à l'encontre des propriétaires coriverains ou inférieurs.

On objecte que l'article 700, d'après lequel la servitude, en cas de division de l'héritage dominant, reste due pour chaque portion, on objecte que cet article n'est point ici applicable, parce qu'il ne concerne que les servitudes proprement dites, et que l'usage des eaux, dans l'hypothèse de l'article 644, n'a pas lieu à titre de servitude. Nous en convenons; et voilà pourquoi, tout à l'heure, nous n'avons pas, en effet, invoqué cet article, lorsque nous avons établi le droit des portions non riveraines du fonds divisé à l'encontre des portions riveraines (*supra*, n° 153), quoique pourtant cet article lui-même puisse nous fournir un argument d'analogie.

Mais ce qui nous détermine, c'est que le droit à l'irrigation était acquis au fonds riverain tout entier et à chacune de ses parties; or, d'une part, les propriétaires de la rive opposée et les propriétaires inférieurs, pour soutenir que les portions non riveraines du fonds divisé ont perdu le droit d'irrigation, ne peuvent invoquer que l'acte de partage ou d'aliénation quelconque qui les a divisées; d'autre part, cet acte même renferme la condition expresse ou tacite, la condition concomitante et inséparable de la division elle-même, que les portions non riveraines conserveront le droit à l'usage des eaux; donc, les propriétaires coriverains ou inférieurs sont obligés de prendre cet acte dans son entier; et on peut leur opposer la maxime : *Quod produco non reprobo.*

Dira-t-on que cette condition est contraire à la loi, qui n'attribue le droit d'irrigation qu'au fonds riverain, et qu'il est dès lors légalement impossible de réserver ce droit pour les portions d'un fonds divisé, qui ont cessé d'être riveraines? Nous croyons que c'est là une exagération de principe; autre chose est d'attribuer *a novo*, à un fonds non riverain un droit d'irrigation (*supra*, n° 139); autre chose, de conserver ce droit à une partie d'un fonds riverain, auquel il appartenait pour toute son étendue et qui n'en est détachée que sous cette condition. Notre savant collègue, Duranton (t. V, n° 234), remarque aussi, avec beaucoup de sagesse, que la doctrine contraire mettrait, dans un grand nombre de

cas, obstacle au partage en nature des fonds riverains,
partage que notre loi moderne encourage et favorise pourtant le plus possible; très-souvent, en effet, un fonds,
une prairie, ne présente le long de la rivière ou du ruisseau, qu'un front peu étendu; et il serait impossible
d'en opérer la division de manière que chacune des parties aboutisse au cours d'eau, à moins de donner à chacune de ces parties une largeur tout à fait dispro-
portionnée à sa longueur. Il faudrait donc le plus
souvent, dans le système contraire, que certaines portions fussent privées du droit à l'usage des eaux; d'où
résulterait, pour le fonds tout entier, au moment de la division, une dépréciation notable et très-nuisible même
aux intérêts généraux de la société (comp. Besançon,
4 juill. 1840, *J. du P.*, 1843, I, 492; Cass., 30 juin 1841,
Levesque, D., 1841, I, 273; Proudhon, *du Dom. public,*
n° 1259; Daviel, t. II, n° 590, et t. III, n° 770).

155. — L'article 644 accorde à celui dont le fonds
borde une eau courante le droit de s'en servir, à son
passage, *pour l'irrigation de ses propriétés.*

D'où il faut conclure qu'il est obligé de rendre ensuite
à son cours naturel le résidu de l'eau, qui n'aurait pas
été, comme il arrive très-souvent, absorbée entièrement
par cet emploi, et qu'il ne pourrait pas la perdre dans
des bétoires ou la conduire dans des citernes ou réservoirs. Il est vrai que l'obligation de rendre l'eau à son
cours ordinaire ne semblerait être imposée par le second
alinéa qu'à celui-là seulement dont l'eau traverse l'héritage; mais, d'une part, celui dont l'héritage n'est que
bordé par l'eau, ayant moins de droit que celui dont
l'eau traverse le fonds cette disposition doit, *a fortiori,*
lui être applicable; d'autre part, le premier alinéa de
l'article 644, accordant à celui dont l'eau borde l'héritage, un droit d'usage défini et déterminé à cette eau, à
savoir : pour l'irrigation, la conséquence en est qu'une
fois cet usage accompli et satisfait, l'eau doit être resti-

tuée à son cours (comp. Duranton, t. V, n° 240 *bis;*
Daviel, t. II, n° 588; Demante, *Cours analytique,* t. II,
n° 495 *bis,* IV).

Mais il n'en résulte pas, toutefois, que celui des propriétaires, qui, à raison de la hauteur et de l'escarpement des rives, ne pourrait pas rendre les eaux, après
qu'il les aurait reçues, devrait être empêché absolument
d'en prendre, même dans la mesure rigoureusement nécessaire pour l'irrigation de son fonds (comp. Metz,
5 juin 1866, Marly, Dev., 1867, II, 228).

Ce qui est vrai seulement, c'est qu'il ne pourrait en
prendre que dans cette mesure. Si nous disons plus bas
(n° 220) que l'impossibilité où se trouverait le propriétaire de rendre les eaux à leur cours ordinaire, serait de
nature à lui rendre, par cela même, impossible la dérivation de ces eaux, en vertu de la loi du 29 avril 1845,
c'est que nous supposons précisément l'hypothèse, où il
s'agirait d'eaux, qu'il ne pourrait détourner de leur
cours naturel que sous la condition de les lui rendre.

156. — Mais est-ce à dire pourtant que celui dont la
propriété borde une eau courante, ne puisse absolument
se servir de cette eau pour aucun autre usage que l'irrigation de ses propriétés?

Telle est la doctrine de M. Hennequin, qui enseigne
que « l'irrigation est la vie des propriétés agricoles;
qu'il ne faut pas que les eaux riveraines s'épuisent dans
des usages domestiques sur l'une des deux rives, pour
qu'ensuite l'autre bord se voie privé d'un irremplaçable
moyen de travail et de fécondité; que les eaux, qui séparent deux héritages, ne sauraient donc être employées,
dans l'intérieur des terres, soit comme force motrice,
soit comme décoration, soit comme moyen d'alimenter
des fontaines ou d'abreuver des bestiaux; que l'irrigation est la seule destination qu'il soit permis de leur
donner. » (T. I, p. 421; comp. Cass., 2 déc. 1829,
J. du P., t. LXXXVII, p. 305; Toullier, t. II, n° 141;

Demante, t. II, n° 495 *bis*, IV; Marcadé, t. II, art. 644, n° 1.)

Il est vrai que le premier alinéa de notre article 644 ne s'explique que sur le droit d'irrigation; et quoique la formule n'en soit pas limitative, il paraît bien en résulter que tel est l'objet précis et déterminé de la concession de la loi. Aussi croyons-nous, en effet, que généralement le riverain d'un seul côté ne pourrait pas employer l'eau à d'autres usages, au préjudice du droit d'irrigation du riverain collatéral; qu'il ne pourrait point, par exemple, la faire servir à la formation ou à l'entretien d'un étang, la faire circuler ou la retenir, de quelque manière que ce fût, dans son fonds.

Mais ce serait toutefois, suivant nous, une conclusion beaucoup trop absolue, que celle d'où il résulterait que l'irrigation est, toujours et nécessairement, le seul usage auquel il lui soit permis d'employer l'eau (*infra*, n° 163).

156 *bis*. — Et d'abord, que l'eau puisse être employée, dans une certaine mesure, par le riverain même d'un seul côté, à des usages d'utilité domestique, comme l'établissement d'un lavoir, d'un vivier, ou même de simple agrément, comme un bassin dans un parc, cela nous paraît incontestable; sauf, bien entendu, au coriverain à demander un règlement, en cas d'abus. Il existe entre l'eau, considérée comme élément liquide, et les terres qu'elle baigne, ou les habitations riveraines dans lesquelles on l'emploie pour les besoins de la vie et du ménage, une telle affinité, qu'on peut la considérer, en quelque sorte, comme un appendice de ces terres et de ces habitations. C'est là d'ailleurs une faculté naturelle, que notre article 644 n'avait pas besoin de concéder, et qu'évidemment il présuppose (*supra*, n° 138; Massé et Vergé sur Zachariæ, t. II, p. 165; comp., toutefois, Dijon, 23 janv. 1867, comm. de Dezize, Dev., 1867, II, 259).

157. — C'est par application du même principe, que

nous déciderions que le riverain d'un seul côté peut utiliser les eaux même pour l'exercice d'une profession ou d'une industrie, qui en nécessiterait l'emploi, d'une blanchisserie, par exemple, d'une teinturerie ou d'une tannerie, etc.; et qu'en conséquence, il ne lui est pas interdit de les conduire, à cet effet, dans son fonds, au moyen d'un fossé ou d'un canal. La pratique, à cet égard, est très-conforme au droit.

Il faut bien remarquer, en effet, que celui, *dont l'eau traverse l'héritage*, peut, de l'aveu de tous, l'employer à tous ces usages, et que, par conséquent, si celui dont l'eau borde seulement la propriété, a des droits moins étendus, c'est uniquement dans l'intérêt du riverain de l'autre côté.

D'où il résulte :

1° Que les propriétaires inférieurs ne sont pas recevables à se plaindre de l'usage, quel qu'il soit, auquel l'un des riverains supérieurs d'un seul côté emploierait l'eau, si le riverain de l'autre côté ne se plaint pas;

2° Que le riverain de l'autre côté n'est pas lui-même recevable à se plaindre, si l'emploi de l'eau à ces divers usages, autre que l'irrigation, ne diminue pas le volume d'eau, auquel il a, pour sa part, droit de prétendre.

Et les uns et les autres, riverains collatéraux ou inférieurs, n'ont pas en général effectivement d'intérêt à réclamer en pareil cas; l'emploi des eaux à ces sortes d'usages en absorbant presque toujours une moins grande quantité que ne ferait l'irrigation dans les terres (comp. Zachariæ, t. II, p. 39, note 5; Duranton, t. V, n° 226; Daviel, t. II, n° 626; Garnier, t. II, n° 83; Proudhon, *du Dom. public*, t. IV, n° 1425; Ballot, *Revue pratique du droit français*, 1858, t. V, p. 56; ajout. toutefois Cass., 16 janv. 1866, Lefillâtre, Dev., 1866, I, 104; et *supra*, n° 39).

158. — Le riverain d'un seul côté ne peut-il pas

même employer l'eau comme force motrice, et construire, à cet effet, un moulin ou toute autre usine?

Cette question peut paraître plus délicate.

D'une par , en effet, nous avons vu que la pente du cours d'eau, ou, en d'autres termes, la puissance motrice qui en résulte, est une chose *nullius*, et qu'il appartient à l'Administration, dans l'intérêt privé des riverains non moins que dans l'intérêt général de l'État, d'en concéder l'usage (comp. notre *Traité de la Distinction des biens; De la Propriété; De l'Usufruit*, etc., t. I, nᵒˢ 144 et suiv.; *infra*, nᵒˢ 185 et suiv.; conseil d'État, 18 avril 1866, de Colmont, Dev., 1867, II, 204).

D'autre part, l'eau n'est plus, dans cette espèce d'emploi, considérée que comme un moyen de pression, tel que serait la vapeur ou le gaz; et l'on ne trouve point alors entre elle et l'usine ou l'établissement industriel quelconque, dont elle devient le moteur, ces rapports primitifs et naturels, qui existent entre l'eau, considérée comme substance fluide, et la terre ou les habitations, qui la bordent.

Aussi a-t-on enseigné que le riverain d'un seul côté ne pourrait pas, d'après le Code Napoléon, employer l'eau à faire rouler les usines qu'il construirait sur son fonds; et que lorsqu'il obtenait, à cet effet, de l'Administration, l'autorisation d'élever un moulin ou un établissement quelconque, c'était alors un acte d'administration, plutôt que l'exercice d'un droit reconnu par le Code (comp. Proudhon, *du Dom. public*, nᵒ 1425; Duranton, t. V, nᵒ 227).

Nous croyons toutefois encore ici qu'il ne faut pas s'arrêter à une solution absolue; car nous avons pu reconnaître déjà que ces sortes de solutions, qui manquent toujours, en général, d'esprit pratique, conviennent particulièrement très-peu à notre matière actuelle de l'usage des eaux courantes.

159. — D'abord il faut, si je puis m'exprimer ainsi,

mettre tout de suite hors de cause les moulins et autres usines, qui avaient une existence légale avant la révolution de 1789.

La loi n'a pas d'effet rétroactif, et elle ne dispose que pour l'avenir (art. 2); d'où la conséquence que les lois abolitives de la féodalité, notamment celles des 28 mars 1790, 28 août 1792 et 14 ventôse an VII, pas plus que les articles 644 et 645 du Code Napoléon n'ont dû porter atteinte aux droits qui, à l'époque de leur promulgation, étaient régulièrement acquis sur les cours d'eau non navigables, en vertu de la législation, sous l'empire de laquelle ils avaient été créés.

Or, avant 1789, les seigneurs étaient réputés propriotaires de la plupart des cours d'eau non navigables ; et dans les pays où ces cours d'eau appartenaient aux riverains, ils y exerçaient un droit de police et de surveillance (*voy.* notre tome X, n°s 134 et suiv,); de telle sorte que, si d'une part aucun établissement ne pouvait avoir lieu sur les petites rivières sans leur autorisation, d'autre part cette autorisation, concédée par eux en vertu de leurs droits de propriété ou de police, constituait véritablement une propriété privée.

Aussi nulle proposition n'est-elle aujourd'hui plus certaine, dans la doctrine aussi bien que dans la jurisprudence judiciaire et administrative, que celle d'après laquelle les moulins ou autres usines légalement établis avant 1789, ont toujours dû continuer à jouir, soit depuis les lois intermédiaires, soit depuis les articles 644 et 645 du Code Napoléon, des droits résultant des conditions constitutives de leur établissement; et l'art. 645, en effet, lorsqu'il recommande aux tribunaux d'observer, dans tous les cas, les règlements particuliers et locaux sur le cours et l'usage des eaux, prouve bien qu'il entend maintenir tous les droits déjà régulièrement acquis soit pour l'irrigation, soit pour tout autre mode d'emploi, comme l'établissement d'un étang, d'un moulin ou d'une usine quelconque (comp. Cass., 23 ventôse an x, Presseler, Sirey, 2, II, 416, arrêt rendu toutefois contre les conclusions de Merlin, *Quest. de droit*, v° *Cours d'eau*, § 1; Cass., 8 sept. 1814, Escudier, Sirey, 1815, I, 26; Cass., 19 juill. 1830, Sirey, 1831, I, 618; Cass., 10 avril 1838, de Caramony, Dev., 1838, I, 842; Cass., 9 août 1843, Amat, Dev., 1844, I, 6; Bordeaux, 13 juin 1849, Joutard, Dev., 1849, II, 545; conseil d'État, 22 nov., Mocquet, et 29 nov. 1851, Rouyer, Dev., 1852, II, 157, 158; Lettre du ministre de l'intérieur, de 1804, citée par Pardessus, t. I, n° 95; Favard de Langlade, *Rép.*, v° *Servitudes;* Duranton, t. I, V, n° 228; Daviel, t. II, n° 602, 603).

La jurisprudence a même étendu l'application de ce principe aux moulins ou usines anciennement établis à l'égard desquels les propriétaires actuels ne pourraient pas représenter d'acte de concession ou d'autorisation seigneuriale. Leur existence prolongée, sous l'empire de l'ancien droit, pendant le temps requis pour la prescription, a été justement considérée comme une autorisation tacite formant un titre aussi solide qu'une autorisation expresse (comp. Caen, 19 août 1837, de Ponthault, D., 1838, II, 53; Caen, 19 janv. 1838, Dauge, D., 1838, II, 127; Cass., 23 avril 1844, de Colbert, Dev., 1844, I, 712; conseil d'État, 15 mars 1844, Glais-Bizoin, Dev., 1844, II, 277; Legrand, *sur la Cout. de Troyes*, art. 199, gloss. I, n° 8; Proudhon, *du Dom. Public*, t. IV, n° 1162; de Cormenin, t. II, p. 369; Garnier, t. I, n° 118; Daviel, t. II, n° 610) :

La Cour de cassation, dans plusieurs arrêts, semblerait toutefois avoir restreint notre principe aux moulins ou autres usines qui ont été construits *par des tiers*, en vertu des concessions faites à titre onéreux par les anciens seigneurs, en refusant de l'appliquer aux acquéreurs des établissements, qui auraient été construits par les seigneurs eux-mêmes, pour leur propre compte, sur les cours d'eau dans l'enceinte de leurs seigneuries (comp. Cass., 19 juillet 1830, Presseler, Sirey, 1831, I, 613 ; Cass., 21 juillet 1834, Lombard, Dev., 1834, I, 615 ; Bertin, *Code des irrigations,* p. 19, n.os 45 et suiv.).

Mais cette distinction ne nous paraît pas fondée ; car de tels établissements, créés par les seigneurs, en vertu de leur droit de propriété, ou de leur pouvoir de police, étaient certes aussi très-légalement créés ; et nous ne voyons pas de motif pour que ceux qui en sont ensuite devenus acquéreurs, ne soient pas aussi maintenus dans tous leurs droits (comp. Pardessus, t. I, n° 95 ; *Revue du notariat et de l'enregistrement,* 1863, p. 101 et suiv.).

160. — Voilà pour le passé.

Mais, depuis les nouvelles lois, et particulièrement sous l'empire des articles 644 et 645 de notre Code, le riverain latéral d'un cours d'eau non navigable ni flottable a-t-il droit d'y établir un moulin ou une usine quelconque, et d'employer ainsi le cours d'eau comme force motrice ?

Nous savons déjà que c'est à l'Administration qu'il appartient de faire la concession des pentes, et qu'aucune usine ne peut être établie, même sur les cours d'eau non navigables ni flottables, sans un acte d'autorisation régulièrement accordée. C'est là une proposition aujourd'hui très-certaine et d'ailleurs suffisamment justifiée suivant nous, malgré le dissentiment de Troplong (*de la Prescription,* t. I, n° 146 ; *voy.* notre tome X, n° 144 ; comp. lois des 16, 20 août 1790 ; 28 sept., 6 oct. 1791 ; arrêtés des 9 et 19 ventôse an VI; loi du 16 sept. 1807, art. 4 ; décret du 12 nov. 1811 ; Cass., 14 fév. 1833, Martin, D., 1833, I, 138; conseil d'État, 23 août 1836, Frevin, Dev., 1837, II, 44; Merlin, *Rép.,* v.is *Moulin,* § 7, art. 1, n° 3, et *Rivière,* § 2, n° 2; Garnier, t. III, n° 873; Daviel, t. II, n° 560).

De là il résulte certainement que toute usine établie sans autorisation administrative, ne saurait avoir ni acquérir, par une possession quelconque, à l'encontre de l'Administration, d'existence légale, et qu'en conséquence l'Administration n'en a pas moins toujours le droit de disposer des eaux, au détriment de cette usine sans être tenue à aucune indemnité (comp. conseil d'État, 15 mars 1844, Glais-Bizoin, Dev., 1844, II, 277; Daviel, t. II, n° 613; Nadault de Buffon, *des Usines*, t. II, p. 319).

Mais est-ce à dire que l'usine établie sans autorisation administrative par l'un des riverains, ne doive être considérée aussi, dans les rapports privés des riverains entre eux, que comme une simple voie de fait, qui ne- repose sur aucun droit; et que l'usinier, en conséquence, ne puisse réclamer en justice contre les atteintes que les autres riverains porteraient à son établissement, par la construction de barrages non autorisés, ou de toute autre manière ?

L'affirmative a été consacrée par un arrêt de la Cour de Caen du 10 juillet 1835 (Puel), que rapporte en partie Daviel (t. II, n° 541) ; et c'est également en ce sens, comme nous venons de le dire, que Duranton paraît professer que l'article 644 n'accorde au riverain latéral le droit de se servir de l'eau que pour l'irrigation de ses propriétés, et que s'il a obtenu l'autorisation d'établir une usine c'est alors un acte d'administration plutôt que l'exercice d'un droit reconnu par le Code (t. V, n° 227). Proudhon enseigne d'une façon bien plus explicite encore « que quand il s'agit de construction de barrages ou écluses pour servir à l'établissement de quelque usine à eau, même sur une petite rivière, nul ne peut en revendiquer les droit en justice ordinaire, puisque personne ne peut l'exercer qu'avec la permission du chef de l'État; qu'ici il n'y a pas de servitude légale à revendiquer, comme quand il s'agit du droit de pêche ou d'irrigation; qu'ici, en un mot, toute l'affaire reste sous la dépendance et dans les attributions de l'administration publique, à laquelle seule appartient exclusivement le droit de régler, proscrire ou permettre, ce qui concerne ce genre d'établissement. » (*Du Dom. public*, t. II, n° 1187.)

La doctrine contraire a toutefois, très-justement, suivant nous, prévalu; et l'on est à peu près d'accord aujourd'hui pour reconnaître que le défaut d'autorisation n'empêche pas le riverain propriétaire d'une usine, qui ne cause d'ailleurs aucun dommage aux autres riverains, d'actionner ceux-ci en justice, à raison des dommages qu'ils causeraient à son établissement :

D'une part, en effet, l'autorisation administrative est surtout une mesure de haute police et de prévoyance sociale, étrangère aux intérêts privés et individuels dans leurs rapports les uns avec les autres;

D'autre part, l'eau courante, avec les divers avantages qu'elle peut procurer, est une chose commune sur laquelle les riverains n'ont, les uns à l'égard des autres, d'autres droits privés que ceux qui leur sont conférés par l'article 644; d'où la conséquence très-bien déduite par l'arrêt de la Cour de cassation du 17 juin 1850, que *les contestations qui s'élèvent entre les riverains, ne peuvent avoir d'autre fondement que l'atteinte portée au droit d'usage que chacun a la faculté d'exercer dans la mesure et sous les conditions déterminées par la loi....* (Galand, D., 1850, I, 202); or, nous supposons que l'usine établie sans autorisation, ne porte pas atteinte au droit d'usage des autres riverains, dans les limites où il leur est garanti par l'article 644; donc, ils sont non recevables à prétendre, dans leur intérêt privé, que le riverain n'a pas pu construire une usine.

L'article 645 prouve lui-même que si l'intérêt de l'agriculture est celui dont les rédacteurs du Code Napoléon se sont principalement préoccupés, il n'est pourtant pas le seul, puisque précisément cet article recommande aux magistrats de concilier l'intérêt de l'agriculture avec le respect dû à la propriété; or, il nous paraît certain que la propriété industrielle doit trouver là sa garantie tout

aussi bien que la propriété territoriale (comp. Ducaurroy, Bonnier et Roustaing, t. II, n° 274; Marcadé, t. II,
art. 645, n° 1 ; et notre tome X, n° 139).

Ajoutons enfin que cette interprétation, qui n'a rien
que de conforme au texte, doit d'autant plus être admise
aujourd'hui, en présence des merveilleux progrès de l'industrie manufacturière, qu'il importe, au plus haut degré,
de ne pas laisser les lois en dehors du mouvement so-
cial et dans l'impuissance de seconder les développements de la richesse publique (comp. Caen, 28 sept. 1828,
Huard, *Recueil des arrêts de Caen*, t. III, p. 279; Cass.,
5 mars 1833, Delagarrière, D., 1833, I, 159; Caen, 25
mars 1846, Salles, *Rec. de Caen*, t. X, p. 263; Caen, 5
nov. 1853, Colein, même rec., t. XVIII, p. 54; Cass., 26
juill. 1864, Duparc, Dev., 1864, I, 438; Besançon, 10
fév. 1864, Marsoudet, Dev., 1864, II, 217; Daviel, t. II,
n° 541; Toullier, t. III, n° 119; Troplong, *de la Prescription*, t. I, n° 146 ; et Proudhon lui-même, qui, au n° 1452
de son *Traité du Domaine public,* enseigne que « tant
que le gouvernement souffre une usine, son autorisation
tacite est suffisante pour que tout particulier doive en
respecter la propriété entre les mains de celui qui en
jouit à titre de maître »).

161. — Les riverains d'un seul côté ont encore
d'autres droits également certains.

C'est ainsi qu'aux termes de l'article 2 du titre 1er de la
loi du 15 avril 1829, ils peuvent exercer, chacun de son
côté, le droit de pêche jusqu'au milieu du cours de l'eau
(*voy.* notre tome X, n° 140).

Et il résulte même formellement de la comparaison des
articles 1, 2 et 5 de la loi du 15 avril 1829, que le droit
de pêche appartient exclusivement aux riverains des
cours d'eau non navigables ni flottables, à ce point qu'aucun autre ne peut y pêcher, même à la ligne flottante,
sans avoir obtenu leur permission (comp. Cass., 4 juill.
1846, Antoine, Dev., 1847, I, 72).

Nous avons pensé aussi (*voy.* notre tome X, n° 152) qu'ils ont le droit exclusif, soit d'extraire du lit de la rivière le limon, les sables et graviers, soit de récolter les herbes, les roseaux, etc., qui croissent dans les rivières.

Quant au droit d'avoir une barque dans la rivière, que Proudhon leur reconnaît également (*du Dom. public*, t. IV, n°s 1224 et 1245), nous hésitons d'autant moins à penser nous-mêmes qu'il leur appartient que, suivant nous, chacun peut traverser les petites rivières en bateau, sans que les riverains soient fondés à s'y opposer (*voy.* notre tome X, n° 147; ajout. Cass., 9 juillet 1851, Coste, Dev., 1852, I, 15; Dufour, *Droit adm.*, t. I, n° 410; *voy.* toutefois Paris, 2 août 1862, Paulmier, *Gazette des Tribunaux* du 9 août 1862).

Le décret du 25 mars 1852 décide (art. 4) que les préfets statueront sur tous les objets mentionnés dans le tableau D, annexé à ce décret; et dans ce tableau D, nous lisons un n° 9 ainsi conçu : « Autorisation et établissement des bateaux particuliers. »

Mais nous croyons qu'il ne s'agit, dans cette disposition, que des rivières navigables et flottables : car il nous paraît bien difficile d'admettre que le décret ait entendu soumettre à la nécessité d'une autorisation, le droit qui a toujours appartenu aux particuliers, d'avoir une barque sur les cours d'eau non navigables ni flottables pour leur usage individuel (comp. Garnier, t. V, supplément, p. 196).

162. — Tels sont généralement les droits de celui qui n'est riverain que d'un seul côté.

Mais il nous reste encore à faire cette observation importante, à savoir : que si ses droits sont moins étendus que ceux du propriétaire dont le cours d'eau traverse l'héritage, c'est uniquement dans l'intérêt du riverain de l'autre côté que cette différence a été faite.

D'où il faut conclure :

1° Que le riverain, même d'un seul côté, pourrait, avec

le consentement du riverain latéral, user de l'eau tout
aussi bien que s'il était lui-même riverain des deux côtés, et, par exemple, la faire entrer et serpenter dans son
fonds, à la charge seulement de la rendre ensuite à son
cours ordinaire (*infra*, n° 167);

2° Qu'il pourrait ainsi user de l'eau, indépendamment
même de tout consentement de la part du riverain latéral, si celui-ci n'éprouvait, par suite de cet usage, aucun
préjudice et n'avait dès lors aucun intérêt à s'y opposer,
comme si, par exemple, l'une des terres riveraines avait
des abords si élevés, qu'il fût impossible d'y faire monter
les eaux pour l'arroser, etc.

Ni dans l'un ni dans l'autre cas, les propriétaires inférieurs ne nous paraîtraient fondés à prétendre que le riverain supérieur, dont l'eau borde seulement la propriété, dépasse alors la mesure de ses droits.

Proudhon est toutefois d'un avis contraire : et il enseigne que cette décision, qui est d'abord, dit-il, contraire
au texte même du premier alinéa de l'article 644, n'est
pas juste non plus quant au fond, « parce qu'il est incontestable que les propriétaires des fonds inférieurs ont
droit à toutes les eaux qui découlent naturellement des
fonds supérieurs; d'où il résulte que si, parmi ces fonds,
il y en a qui n'absorbent aucune partie du fluide, ce sera
une cause d'accroissement ou plutôt de non-décroisse-
ment, dans la masse dirigée vers la région inférieure. »
(*Du Dom. public*, t. IV, n° 1436.)

Mais ces motifs ne sont pas, à notre avis, assez con-
cluants :

Quant au texte, le rapprochement des deux alinéas de
l'article 644 prouve assez que si le riverain, dont le cours
d'eau borde seulement l'héritage, n'a pas autant de droit
que celui dont l'héritage est traversé par l'eau, ce n'est
que dans l'intérêt tout relatif du propriétaire de la rive
opposée;

Et en raison, il serait bien difficile d'apercevoir pour-

quoi les deux riverains de chaque côté n'auraient pas, à
eux deux, si je puis m'exprimer ainsi, les mêmes droits
que le riverain, dont le fonds est traversé par le cours
d'eau, peut exercer à lui seul. Qu'importe, en effet, au
propriétaire inférieur, que l'eau, par exemple, soit employée par l'un ou par l'autre, dès qu'un seul n'en use
pas autrement que les deux ensemble n'auraient le droit
d'en user? L'un des riverains latéraux pourrait certainement vendre ou donner à l'autre sa propriété riveraine; or, pourquoi ne pourrait-il pas renoncer aussi,
dans l'intérêt de l'autre, à son droit privé d'usage sur les
eaux? Il est vrai que Proudhon a été jusqu'à dire que
« si le propriétaire latéral affectait d'acquérir la rive
opposée, pour parvenir, par cette voie, à s'emparer de
tout le ruisseau, dans ce cas-là même, les propriétaires
inférieurs auraient le droit de s'opposer à une pareille
usurpation ! » (*Loc. supra cit.*) Mais ceci est évidemment
la violation du second alinéa de l'article 644, puisque le
riverain latéral, désormais acquéreur et propriétaire de
l'autre rive, ne serait plus seulement bordé, mais bien
traversé par le cours d'eau ; or, cette exagération, à laquelle le savant auteur est conduit par sa doctrine, nous
paraît un argument décisif contre cette doctrine tout entière (comp. Besançon, 24 mai 1828, Tugnot, Sirey,
1828, II, 346; Duranton, t. V, nᵒˢ 221, 222; Daviel,
II, nᵒˢ 592 et 627).

163. — B. Quant au propriétaire dont l'eau traverse
l'héritage, le second alinéa de notre article 644 dispose
« qu'il peut même en user, dans l'intervalle qu'elle y
« parcourt, mais à la charge de la rendre, à la sortie de
« ses fonds, à son cours ordinaire. »

Ses droits sont donc plus étendus que ceux du propriétaire, qui n'étant riverain que d'un côté, est tenu de
respecter le droit égal et réciproque du riverain latéral.
Aussi la loi ne détermine-t-elle pas ici l'espèce d'usage
auquel elle lui permet d'employer les eaux.

Proudhon enseigne, il est vrai, que le riverain, même
des deux côtés, ne peut s'en servir que pour l'irrigation
de ses propriétés (*du Dom. public*, t. IV, n° 1427). Mais
cette doctrine, contraire au texte formel du second alinéa
de l'article 644, doit d'autant moins être admise, que
nous avons reconnu que, même à l'égard de celui dont
l'eau borde seulement l'héritage, ces mots du premier
alinéa : *pour l'irrigation de ses propriétés*, ne sont pas rigoureusement limitatifs (*supra*, n° 156). Et voilà pourquoi le Code civil de la Louisiane, où notre article 644
est devenu l'article 637, en a modifié la rédaction en ces
termes : « Celui dont la propriété borde une eau cou-
« rante peut s'en servir, à son passage, pour l'irrigation
« de ses propriétés ou pour d'autres usages. »

164. — Il est donc certain que celui dont l'eau courante traverse l'héritage, peut s'en servir pour toute espèce d'usage, agricole, industriel, ou de simple agrément.

Et on peut dire que, dans l'emploi de ces divers usages, il a principalement sur celui qui n'est riverain que
d'un seul côté, ces avantages :

1° Qu'il peut appuyer, bien entendu, sur chacune des
rives latérales qui lui appartiennent, tous les ouvrages
d'art nécessaires ;

2° Qu'il peut, en général, employer toute la quantité
d'eau dont il a besoin pour ses exploitations agricoles ou
industrielles, et n'est tenu de laisser aux inférieurs que
ce qui reste après ses besoins satisfaits ;

3° Qu'il est permis de déplacer le lit du cours d'eau et
de le faire serpenter dans son fonds.

165. — 1° Que le propriétaire riverain de chaque
côté puisse appuyer ses barrages ou autres travaux quelconques sur l'une et l'autre rive, cela est d'évidence, à
la condition, bien entendu, de se conformer aux règlements administratifs.

La loi du 15 juillet 1847 a bien autorisé le riverain

d'un seul côté à acquérir, moyennant une indemnité, le droit d'appui sur le bord du riverain latéral.

Mais cette loi, comme nous le verrons (*infra,* n°s 201 et suiv.), ne s'applique qu'aux irrigations; et par conséquent, c'est toujours pour le propriétaire riverain des deux côtés, un notable avantage de position, que de pouvoir appuyer sur les deux rives tous ses ouvrages, quelle qu'en soit la destination, la pêche ou l'établissement d'une usine quelconque, papeterie, moulin à blé ou à huile, etc. (comp. Cass., 25 nov. 1857, Thomas, Dev., 1858, I, 455).

166. — 2° Nous disons en second lieu, que celui dont le cours d'eau traverse l'héritage, peut, en général, employer toute la quantité d'eau dont il a besoin et qu'il n'est tenu de laisser aux riverains inférieurs que ce qui en reste après ses besoins satisfaits.

D'une part, en effet, le texte du second alinéa de l'article 644 lui permet de s'en servir, sans apporter à ce droit d'autre restriction que celle qui résulte de l'obligation de rendre l'eau à son cours ordinaire;

D'autre part, on comprend que cette espèce de droit de préoccupation et de préférence, résulte, pour les propriétaires supérieurs à l'encontre des inférieurs, de la situation naturelle des lieux. Que les deux coriverains, qui se trouvent face à face, avec des droits égaux, soient obligés à des ménagements réciproques dans le concours de cette jouissance simultanée, il le faut bien! car il n'y a pas de raison, dans ce cas, pour que l'un, dans l'exercice de son droit, détruise ou diminue le droit de l'autre. Mais au contraire, dans cette vocation graduelle et successive des supérieurs et des inférieurs, la vérité est que la situation même des héritages, en attribuant la priorité aux supérieurs, semble ne laisser aux inférieurs qu'un droit en quelque sorte éventuel sur ce qui excédera les besoins des premiers (comp. Bourges, 18 juillet 1826, Senly, Sirey, 1827, II, 240; Cass., 23 nov. 1829, mêmes parties, Sirey, 1829, I, 403; Bourges, 7 avril 1837, Ma-

gnin, Dev., 1837, II, 319 ; Paris, 19 mars 1838, Bussy,
D., 1839, I, 148 ; Cass., 8 août 1843, *Gazette des Tri-
bunaux* du 9 août 1843 ; Cass., 15 nov. 1864, de Coues-
boue, *Gazette des Tribunaux* du 16 nov. 1854 ; Demante,
Cours analy., t. II, n° 495 *bis* ; Garnier, t. III, n°s 77, 78 ;
Devilleneuve, 1846, I, 211, note 1 ; Tardiff et Cohen sur
Dubreuil, t. I, p. 148 et suiv.).

Cette doctrine, toutefois, a soulevé de vives objections :

Et d'abord, a-t-on dit, dans l'ancienne jurisprudence,
le propriétaire supérieur n'a jamais eu le droit de disposer d'une manière absolue des eaux courantes, qui ne
faisaient que traverser sa propriété. C'est ainsi que, dans
l'intérêt des prairies inférieures et des moulins, les arrêts
des parlements défendaient aux riverains supérieurs d'absorber en trop grande partie le volume des rivières (Paris,
16 juillet 1605) ; et les seigneurs eux-mêmes, quoique
réputés propriétaires des petites rivières, ne pouvaient
en détourner le cours qu'à la charge de les rendre, à
l'issue de leurs fiefs, à leurs cours ordinaire, *sans dommage d'autrui*. « La rivière, disait Flaust, n'appartient
pas seulement au fief particulier ; elle appartient à tous
les lieux qu'elle parcourt et qu'elle arrose. » (Sur la cout.
de Normandie, t. II, p. 329.)

On ajoute que tel est évidemment l'esprit dans lequel
a été conçu le second alinéa de l'article 644. La rédaction primitive portait, en effet, que celui dont l'eau traverse l'héritage, peut en user *à sa volonté* (Locré, t. VIII,
p. 322, 323) ; or précisément ces mots ont été retranchés,
d'après l'observation du conseiller d'État Pelet, qu'il serait à craindre « que l'un des propriétaires supérieurs
ne s'emparât tellement des eaux, qu'il en absorbât l'u-
sage et n'en laissât rien échapper envers les propriétés
inférieures. » Et l'article, en obligeant le propriétaire riverain de chaque côté à rendre l'eau, à la sortie de ses
fonds, à son cours ordinaire, prouve assez qu'il entend
garantir le droit des propriétaires inférieurs (Locré, t.

VIII, p. 340; comp. Cass., 7 juill. 1807, Merlin, *Rép.*, v°
Cours d'eau ; Cass., 15 juill. 1807, Berthelin, Sirey, 1807,
1,470; Cass., 17 fév. 1809, Gauthier, Sirey, 1809, I,
316; Angers, 28 juin 1826, *J. du P.*, t. LXXVI, p. 507;
Caen, 19 août 1837, Thoumin, Dev., 1838, II, 25; Cass.,
21 août 1844, Baric, et 8 juill. 1846, Letanneur, *J. du
P.*, t. II, 1847, p. 706; Cass., 12 fév. 1845, mêmes parties, Dev., 1845, II, 598; Lyon, 15 nov. 1854, Mailly,
Dev., 1855, II, 78; Ducaurroy, Bonnier et Roustaing,
t. II, art. 644, note 1; Daviel, t. II, n° 584).

Ces raisons sont fort graves; et nous sommes tout disposé à leur faire une part.

Mais chacune de ces opinions aurait également tort,
suivant nous, si elle prétendait aboutir à une conclusion
absolue; et c'est dans l'article 645 que nous paraît se
trouver le moyen de conciliation; car cet article s'applique, nous allons le voir, aux deux hypothèses prévues
par l'article 644 (comp. Cass., 15 avril 1845, Hillerin,
Dev., 1845, I, 585; et *infra*, n° 189).

Ainsi donc, tout en maintenant, en principe, le droit
antérieur et préférable du propriétaire dont le fonds est
traversé par le cours d'eau, nous reconnaissons qu'il n'y
a, dans tout ceci, rien de précisément absolu, et qu'il
appartient au pouvoir réglementaire de tenir compte aussi,
dans une équitable mesure, des droits et des besoins des
propriétaires inférieurs (comp. Cass., 4 déc. 1861, Mau-
champ, et 17 déc. 1861, Dolivot, D., 1862, I, 161 à 166;
Dijon, I, déc. 1865, Neyrand, Dev., 1866, II, 123;
Bertin, *Code des irrigations*, p. 21, n° 61, et p. 36,
n° 113).

167. — 3° Enfin, le propriétaire dont le fonds est traversé par l'eau, peut en déplacer le lit, et la faire circuler
et serpenter chez lui, à la charge de la rendre à son cours
ordinaire, à la sortie de ses fonds : .

A son cours ordinaire, c'est-à-dire à celui qu'elle aurait
eu, si elle n'avait pas été dérivée; il ne pourrait donc

pas changer la direction du courant, de manière à en faire profiter un autre propriétaire que celui vers lequel le cours ordinaire aurait naturellement conduit l'eau, si elle n'eût pas été détournée (comp. Cass., 22 févr. 1870, Delton, Dev., 1870, I, 190).

A la sortie de ses fonds, c'est-à-dire au point où il cesse d'être propriétaire, soit des deux rives, soit seulement de l'une d'elles (comp. Cass., 26 janv. 1836, Boubée, Dev., 1836, I, 90; Proudhon, *du Dom. public*, t. IV, n° 1429; Zachariæ, t. II, p. 40, note 11).

Telle est la règle. Nous croyons toutefois, avec Pardessus, que le vœu de la loi serait suffisamment rempli, si, à raison des obstacles que le terrain présenterait, à sa limite, pour la sortie des eaux, le propriétaire, qui a détourné le cours d'eau sur sa propriété, ne le rendait que par une sortie pratiquée sur un autre fonds dont il ne serait pas propriétaire, mais avec le consentement du maître de ce fonds (t. I, n° 105).

168. — Puisque le propriétaire supérieur est obligé de rendre l'eau, à la sortie de ses fonds, à son cours ordinaire, il s'ensuit qu'il n'aurait pas le droit de l'intercepter; il ne pourrait donc point, par exemple, la retenir dans des étangs ou des réservoirs, ni la perdre dans d'autres eaux souterraines. Il faut qu'il lui laisse *son cours*, et même son cours continu. Aussi, est-ce avec raison, suivant nous, que Daviel (t. II, n° 631) enseigne qu'une usine ne pourrait pas être établie pour marcher par *éclusées*, de manière à arrêter tout à fait pendant un certain temps le cours de l'eau, et à la précipiter, au contraire, ensuite avec violence vers les fonds inférieurs (comp. Duranton, t. V, n° 218; Pardessus, t. I, n° 106; Favard de Langlade, *Rép.*, v° *Servitude*, sect. II, § 1, n° 7).

Telle est aussi la règle; ajoutons toutefois encore que cette règle ne saurait être non plus absolue, et qu'il ne serait pas impossible qu'à raison du peu d'importance du volume du cours d'eau, les propriétaires riverains fussent autorisés à l'arrêter, chacun à son tour, pendant un temps déterminé (*infra*, n° 195).

169. — C'est à peine s'il est nécessaire de dire que celui dont le cours d'eau traverse l'héritage, peut exercer tous les droits qui résultent du second alinéa de l'article 644, lors même que les deux terres riveraines de chaque côté seraient de culture différente, l'une en prairie, par exemple, et l'autre en labour. Le texte de l'article 644 n'exige nullement qu'il fasse participer l'une et l'autre terre riveraine aux avantages du cours d'eau ; et c'est là un mode de jouissance qui constitue essentiellement, de sa part, un acte de pure faculté. Qui pourrait d'ailleurs, en cas pareil, se plaindre ? Et qu'importe aux propriétaires inférieurs que j'emploie, du côté droit ou du côté gauche, cette eau courante qui de chaque côté baigne également le fonds qui m'appartient !

170. — Nous venons d'examiner, successivement et séparément, chacune des deux hypothèses qui sont réglées par l'article 644.

Il nous reste à poser ici quatre propositions générales, qui sont communes à l'une et à l'autre, et qui nous paraissent applicables à tous les propriétaires riverains d'une eau courante, soit que cette eau borde seulement leurs héritages, soit qu'elle les traverse :

1° Le propriétaire riverain d'une eau courante ne peut user de cette eau de manière à causer un dommage injuste, *damnum injuria, datum sine jure*, aux autres propriétaires, soit coriverains, soit inférieurs (*Inst.*, lib. IV, tit. III et IV, art. 1382, 1383).

C'est ainsi qu'il ne pourrait point, par exemple, établir des ouvrages qui feraient refluer les eaux sur leurs fonds, ou qui les attireraient, au contraire, tout entières dans le sien (loi du 23 sept., 6 oct. 1791, tit. II, art. 25) ;

Pas plus qu'il n'aurait le droit d'y déverser des immondices ou autres matières nuisibles qui les rendraient insalubres ou impropres aux usages auxquels elles seraient

ordinairement employées. C'est là, bien entendu, une
question de fait, dont l'appréciation est subordonnée à
l'importance du cours d'eau, aux habitudes et aux usages,
aux possessions et à toutes les autres circonstances. On
peut d'ailleurs, en général, appliquer ici ce que nous
avons dit plus haut, à propos de l'article 640, sur une
proposition toute semblable (comp. Bourges, 11 juin 1828,
Barbot, D., 1831, II, 168 ; Douai, 3 mars 1845, Benvoi-
sin, Dev., 1845, II, 337 ; Bordeaux, 12 avril 1848, Du-
puy, *J. du P.*, t. II, 1848, p. 141 ; Bertin, *Code des irrigations*, p. 38 ; et *supra*, nᵒˢ 36, 37, 38, 39, 40 et 41).

171. — 2° Les propriétaires riverains doivent se conformer aux règlements administratifs qui ont été faits par
l'autorité compétente sur les cours d'eau qui bordent ou
qui traversent leurs fonds (art. 645 ; *infra*, nᵒˢ 182 et
suiv.).

Tous les cours d'eau, en effet, sans distinction, navigables, flottables ou non, sont soumis au pouvoir réglementaire de l'Administration, qui y exerce, au nom de
l'État, un droit de surintendance et de police, afin de
garantir soit les intérêts généraux de la salubrité publique, de l'agriculture et de l'industrie, soit les intérêts
privés des riverains, pour la meilleure et la plus équitable distribution des eaux entre les uns et les autres
(comp. art. 714 ; lois des 22 déc. 1789 ; 12-20 août
1790, ch. IX ; 6 oct. 1791, tit. II, art. 16 ; 14 floréal an
XI, et 16 sept. 1807 ; ajout. décret du 25 mars 1852).

Aussi est-ce un point très-constant, dans la jurisprudence judiciaire et administrative, qu'il n'y a point lieu
de distinguer, sous ce rapport, entre les différentes espèces de cours d'eau.

172. — Toutefois, on peut mettre, et on a mis effectivement en question, si les riverains des cours d'eau non
navigables ni flottables sont soumis à obtenir l'autorisation administrative pour employer les moyens nécessaires
à l'exercice des différents droits d'usage qui leur sont at-

tribués par la loi ; s'il leur faut, par exemple, cette autorisation préalable pour l'établissement des saignées,
rigoles ou barrages, que nécessitent leurs droits d'irrigation et de pêche ?

Tous reconnaissent qu'un moulin ou une usine quelconque ne pourrait pas être établi sans autorisatiou, sur
un cours d'eau même non navigable ni flottable ; et qu'en
l'absence d'une autorisation, qui aurait déterminé la hauteur de l'eau et les autres conditions de ce genre, un tel
établissement n'aurait pas, en ce qui concerne l'Administration, d'existence légale (*supra*, nᵒˢ 158, 160 ; Proudhon, *du Dom. public*, t. IV, nᵒˢ 1442 et suiv. ; et t. V,
nᵒ 1476).

Mais, au contraire, en ce qui concerne les ouvrages nécessaires pour l'exercice des droits d'irrigation et de pêche, il est permis de douter si cette autorisation préalable
est requise ; car ces droits d'usage sont conférés directement par la loi elle-même aux riverains, sans qu'elle les
ait soumis à la nécessité d'une autorisation administrative ; or, aux termes de l'article 697, celui auquel est due
une servitude, a droit de faire tous les ouvrages nécessaires pour en user et pour la conserver ; donc, la loi elle-
même, qui attribue ces droits aux riverains, comme une
dépendance de leurs propriétés privées, leur attribue, par
cela même, aussi directement et sans nécessité d'autorisation administrative préalable, les droits accessoires,
sans lesquels ils ne pourraient pas mettre à profit la concession principale qu'elle leur fait ; et il en doit surtout
être ainsi, lorsqu'il s'agit de barrages purement tempo-
raires (comp. Paris, 30 avril 1844, Besnard, *J. du P.*,
t. II, 1846, p. 234 ; Proudhon, *du Dom. public*, t. IV,
nᵒˢ 1260, 1261 et 1442 ; Dubreuil, t. II, p. 34 et suiv. ;
Garnier, t. III, nᵒ 6677 ; Zachariæ, t. II, p. 30).

Cette argumentation est serrée sans doute ; mais il faut
prendre garde pourtant de nous laisser conduire, en ce
sujet, à des solutions trop absolues.

C'est ainsi d'abord qu'il nous paraît incontestable :

1° Que l'Administration pourrait ordonner la suppression de ces sortes de barrages déjà établis, si elle les croyait nuisibles ; comme aussi des autres constructions, telles que lavoirs, ponts, etc., que les riverains font très-souvent sur les cours d'eau (conseil d'État, 30 déc. 1842, Leguest, Dev., 1843, II, 257) ;

2° Qu'elle pourrait même préventivement décider que sur tel cours d'eau, déterminé, ou sur telle partie de ce cours d'eau, en raison des circonstances locales, aucun barrage ni autre travail semblable ne pourra être établi sans autorisation.

On ne saurait lui dénier ce double droit, sans méconnaître essentiellement son pouvoir supérieur et réglementaire (comp. Cass., 5 nov. 1825, Huré, Sirey, 1826, I, 84 ; Cass., 7 mars 1834, Roze, Dev., 1834, I, 763 ; Cass., 9 mai 1843, Ansiaume, Dev., 1843, I, 769 ; décrets des 22 janv. et 11 août 1811 ; conseil d'État, 31 oct. 1833, Petit, Dev., 1834, II, 569 ; 28 mars 1838, Guyot, Dev., 1839, II, 60 ; Cass., 24 nov. 1854, Maunoury, Dev., 1855, I, 74 ; Dumay et Proudhon, *du Dom. public*, t. III, n° 1187).

Il n'y a donc de difficulté que pour le cas où il n'existe aucun règlement administratif qui interdise, pour tel cours d'eau déterminé, de faire des ouvrages sans autorisation.

La jurisprudence administrative décide néanmoins que, même dans ce cas, aucun barrage ne peut être établi sans une autorisation préalable (conseil d'État, 20 mai 1843, Bonneau, Dev., 1843, II, 428 ; conseil d'État, 15 déc. 1853, Guilbert, *Gazette des Tribunaux* du 3 avril 1854).

La vérité est pourtant qu'aucune loi précise ne soumettrait les riverains à la nécessité de cette autorisation préalable dans l'exercice des droits d'usage privés, que les lois leur confèrent.

Mais on peut aujourd'hui considérer que cette jurisprudence a été législativement consacrée par le décret du 25 mars 1852, qu'on a nommé le décret de la décentralisation, et qui décide (art. 3) que les préfets statueront également, sans l'autorisation du ministre des travaux publics, mais sur l'avis ou la proposition des ingénieurs en chef, et conformément aux instructions ministérielles, sur tous les objets mentionnés dans le tableau D annexé à ce décret; or, le tableau D contient (aux nᵒˢ 2 et 3) ces énonciations :

2° Autorisation sur les cours d'eau non navigables ni flottables de tout établissement nouveau, tel que moulin, usine, barrage, prise d'eau d'irrigation, patouillet, bocard, lavoir à mine ;

3° Régularisation de l'existence desdits établissements, lorsqu'ils ne sont pas encore pourvus d'autorisation régulière, ou modification des règlements, déjà existants.

173. — Mais enfin, a-t-on dit, s'il arrivait qu'un arrêté administratif privât véritablement les riverains des droits eux-mêmes, qui leur sont garantis par la loi, sous prétexte d'en réglementer seulement l'exercice, est-ce qu'il serait obligatoire pour les riverains ? Les tribunaux seraient-ils tenus d'en ordonner l'exécution ?

La question étant ainsi formulée, il nous paraît bien difficile de ne pas répondre que l'autorité judiciaire, gardienne de tous les intérêts privés, ne serait pas liée, en effet, par une décision administrative, qui aurait violé le fond même des droits privés, qui appartiennent aux riverains; et nous ne serions pas touché de l'objection, que Daviel (t. II, n° 594) déduit de l'article 645, d'après lequel les règlements particuliers et locaux doivent être observés *dans tous les cas;* l'article supposant évidemment, selon nous, que les règlements émanés de l'Administration, ont été rendus par elle dans la limite de ses attributions (comp. notre tome X, n° 139; *infra,* n° 193; Paris, 19 mars 1838, Bussy, *J. du P.,* 1838, II, 258; tri-

bunal civil de Dreux, 24 mai 1842, Besnard, Dev.,
1843, II, 484 ; Devilleneuve, *loc. supra cit.*, not. 1 ; Cass.,
4 juill. 1846, Antoine, Dev., 1847, 1, 72 ; Cass.,
13 août 1860, Millardet, Dev., 1861, I, 56 ; Pardessus,
t. I, n° 116).

Nous nous empressons d'ajouter toutefois que nous
n'aimons nullement à poser ces *casus belli* entre l'autorité
judiciaire et l'autorité administrative ; et qu'il faut, en
général, se défier beaucoup des termes d'une question
ainsi formulée.

Que l'Administration n'ait pas le pouvoir d'abroger,
au préjudice des riverains, la loi civile qui leur attribue
certains droits privés d'usage, cela est incontestable.

Mais ce qu'il ne faut pas oublier non plus, c'est que
l'Administration a le droit et le devoir de réglementer
l'exercice de ces mêmes droits, que la loi civile concède ;
et que c'est à elle qu'il appartient souverainement d'apprécier les considérations d'intérêt général ou local, qui ap-
pellent, à cet égard, son intervention (comp. Paris, 8 août
1836, Teston, D., 1837, II, 23 ; Cass., 15 nov. 1838,
Durand, D., 1838, I, 487 ; Cass., 9 mai 1843, Ansiaume,
Dev., 1843, 1, 769).

174. — 3° Les différents droits qui sont attribués
respectivement aux riverains, peuvent être modifiés
soit par des conventions particulières, soit par la prescription.

Et d'abord, que les propriétaires riverains puissent
déroger, par des arrangements particuliers, qui seront
obligatoires pour eux et pour leurs ayants cause, aux
règles d'après lesquelles la loi répartit, entre eux, les avantages qu'elle leur concède sur le cours d'eau, c'est là une
proposition généralement reconnue.

On pourrait objecter, il est vrai, que les servitudes sont
attachées déterminément au fonds pour lequel elles sont
établies, et que les droits d'usage accordés aux riverains
ne sont eux-mêmes que des servitudes naturelles, qui ne

peuvent, en conséquence, être déplacées de l'héritage auquel la loi les concède.

Mais nous avons déjà plus d'une fois remarqué que cette assimilation entre les charges ou les droits dérivant de la situation naturelle des lieux ou de la loi, et les servitudes proprement dites, manquait, à beaucoup d'égards, d'exactitude. Ces droits d'usage, après tout, sont établis dans l'intérêt privé des riverains; et on ne voit pas pourquoi ils ne pourraient pas y renoncer, en tant que chacun d'eux n'engage effectivement ainsi que son intérêt privé. Quel texte, par exemple, ou quelle raison s'oppose à ce que le riverain d'un seul côté abandonne son droit d'irrigation ou de pêche à l'autre riverain latéral, ou que tous deux renoncent également à leurs droits en faveur des propriétaires inférieurs ? (Comp. loi du 15 avril 1829, art. 2.) Nul n'est alors recevable à se plaindre, puisque ces arrangements particuliers ne sont pas opposables à ceux qui ne les ont pas consentis, et que le concessionnaire ne peut jamais obtenir, à l'encontre des riverains qui n'ont pas été parties dans la concession, que les mêmes droits absolument, ni plus ni moins, que le concédant pouvait exercer ; que le même volume d'eau, par exemple, si c'est un droit d'irrigation, qui a été cédé par l'un des riverains à l'autre.

Voilà pourquoi nous avons reconnu plus haut (n° 151) qu'un propriétaire riverain pouvait transmettre à un fonds non riverain, appartenant même à un tiers, la quantité d'eau dont il avait le droit de disposer pour son propre fonds riverain (comp. Cass., 22 frimaire an VIII, Chavy, Sirey, 1, I, 271 ; Cass., 29 nov. 1854, Fruitier, *Gazette des Tribunaux* du 2 déc. 1854; Henrion de Pansey, *Compét. des juges de paix*, chap. XXVII ; Dubreuil, n°s 91 et 121 ; Duranton, t. V, n°s 215, 216; Ducaurroy, Bonnier et Roustaing, t. II, n° 271 ; Demante, t. II, n° 495 *bis*, VI; Pardessus, t. I, n° 107; Daviel, t. II, n°s 543 et 664).

175. — Dans quels cas le propriétaire ou les propriétaires riverains auront-ils renoncé, en tout ou en partie, à leurs droits sur le cours d'eau ?

Ce n'est plus là évidemment, le principe une fois posé, qu'une question d'interprétation.

Il n'y aurait aucune difficulté, si le propriétaire d'un fonds traversé par le cours d'eau, se réservait, en disposant de l'une des terres riveraines, le droit exclusif de prendre l'eau devant le fonds, qu'il conserve, ou s'il accordait ce droit à l'acquéreur.

Et cette réserve nous paraîtrait pouvoir résulter aussi de la destination du père de famille, si, au moment de la division du fonds, il existait des ouvrages apparents destinés à attribuer l'eau tout entière à l'une des terres riveraines, à l'exclusion de l'autre (arg. de l'article 694).

La même solution devrait être adoptée dans le cas où le propriétaire riverain aurait déclaré vendre le cours de l'eau avec son fonds; cette clause, qui ne pourrait pas, bien entendu, transmettre à l'acquéreur un droit de propriété, qui n'appartient pas au vendeur, aurait du moins pour effet de dépouiller celui-ci de ses droits d'usage sur le cours d'eau (comp. Merlin, v° *Pêche*, § 1, n° 3; Proudhon, *du Dom. publ.*, n°s 888 et 1428; Garnier, t. V, supplément, p. 191).

Mais il ne faudrait pas déduire une telle conséquence de la clause, qui aurait désigné seulement le cours d'eau comme limite et confin du fonds aliéné; « rien n'étant plus naturel, dit fort justement Duranton, que de limiter ainsi le fonds aliéné, sans qu'on doive en conclure que le vendeur a entendu se réserver entièrement le droit à l'eau, et surtout que l'acquéreur, qui sera soumis aux dégradations qu'elle peut causer, a entendu renoncer aux avantages qu'elle peut lui procurer, surtout si le fonds par lui acquis était un jardin ou un pré, ou même une terre propre à le devenir. D'ailleurs, s'il s'agissait d'une vente, l'obscurité du contrat, à cet égard, s'interpréterait contre le vendeur, aux termes de l'article 1602. » (T. V. n° 223.)

176. — Ces différentes modifications dans les droits respectifs des riverains peuvent, avons-nous dit, résulter aussi de la prescription.

La règle générale est que les droits, qui peuvent être aliénés par convention, sont susceptibles d'être perdus aussi par la prescription, qui repose, entre autres motifs, sur une présomption d'aliénation.

Dès là donc que les droits d'usage des riverains sur les cours d'eau peuvent être aliénés, il s'ensuit que la prescription peut également les atteindre, lorsque d'ailleurs elle réunit les conditions exigées par la loi.

Le principe lui-même ne saurait être contesté; mais l'application en est parfois difficile.

177. — La difficulté vient surtout de ce que les droits des riverains sur les cours d'eau, constituent de simples facultés, ou, comme on l'a dit quelquefois, des droits purement facultatifs, et que précisément les facultés de ce genre échappent, en général, à toute prescription (art. 2232).

Nous expliquerons plus tard le caractère distinctif de ces actes de pure faculté. Bornons-nous à citer ici ce passage de Dumoulin, qui en précise nettement l'effet :

In actibus, qui dependent a libera facultate unius, qui potest facere, vel non, et certum modum servare, vel non, abstinentia vel observantia certi vel determinati modi, quantacumque diurna, non censetur implicare contrarium usum, nec inducit desuetudinem, nec præscriptionem ad alium modum utendi (sur l'article 1er de la cout. de Paris, gloss. 4, n° 5).

Ainsi, par exemple, voilà un riverain qui est resté pendant cinquante ans, ou même *per mille annos,* comme disait Cœpola (*supra,* n° 51), sans profiter du droit d'irrigation ou de pêche.

Rien ne s'oppose à ce qu'il convertisse maintenant en prairie sa terre, qui avait toujours été en labour, et qu'il y amène l'eau de la rivière pour l'arroser; pas plus qu'il ne pourrait être empêché d'exercer, quand il le voudra, son droit de pêche.

Et les autres riverains n'auraient rien à dire, lors même que, pendant le temps de sa longue abstention, ils auraient attiré l'eau tout entière dans leurs héritages pour l'irrigation, ou qu'ils auraient seuls promené leurs filets dans toute l'étendue du cours d'eau. L'avantage, *lucrum*, comme dit Ulpien, que mon voisin peut ressentir de ce que je n'exerce pas une pure faculté qui m'appartient, ne saurait lui créer un droit, ni me gêner, à aucune époque, dans l'exercice de ce libre arbitre, souverain et absolu, qui constitue ce que nous appelons les actes de pure faculté.

Et il importerait même peu que les autres riverains eussent établi des barrages ou autres travaux, afin de s'attribuer la jouissance entière et exclusive de l'eau, si d'ailleurs l'effet de ces ouvrages n'était pas de rendre impossible l'exercice du droit d'irrigation par le riverain, qui, en fait, ne l'a pas exercé (comp. L. 26, ff. *de damno infect.;* Julien sur les statuts de Provence, p. 541; Grenoble, 17 juill. 1830, Chazel, D., 1831, II, 86; Cass., 21 juill. 1834, Lombard, D., 1836, I, 154; Grenoble, 24 nov. 1843, Christophe, *J. du P.*, t. II, 1846, p. 235; Lyon, 15 nov. 1854, Denis, Dev., 1855, II, 78; Cass., 23 nov. 1858, Spenlé, Dev., 1859, I, 682; Orléans, 27 janv. 1860, Tournois, Dev., 1860, II, 337; Cass., 26 déc. 1854, Délétang, *le Droit* du 27 déc. 1854; Cass., 13 janv. 1869, de Pontevès, Dev., 1870, I, 112; Valserres, *Manuel du droit rural*, p. 425).

178. — Que faut-il donc pour qu'un propriétaire riverain voie s'altérer et se perdre, dans ses mains, les droits ou plutôt les facultés que la loi lui accorde ?

Il faut précisément que sa possession de liberté ait été

intervertie; qu'il ait perdu ce libre arbitre, qui constitue les simples facultés; et qu'un tiers soit venu, si j'osais dire ainsi, s'interposer entre lui et la loi, qui les lui concédait, pour détourner la concession à son profit.

L'acte de pure faculté, en effet, est celui que je puis exercer par un simple fait, sans le secours d'une action contre un tiers; car il suppose essentiellement que je ne suis pas en rapport avec un tiers; à ce point que l'on pourrait expliquer tout simplement la maxime, que les simples facultés sont imprescriptibles, en disant qu'on ne peut pas prescrire contre soi-même !

Donc la prescription, au contraire, pourra commencer à s'accomplir du jour où, dans l'exercice que je voudrais faire de la faculté qui m'appartient, je me trouverais en face d'un tiers, qui prétendrait y faire obstacle, et contre lequel il me faudrait agir.

Ce qui est indispensable seulement, c'est que la contradiction apportée par le tiers à l'exercice de ma faculté, soit suffisamment caractéristique pour annoncer manifestement :

1° De sa part, la volonté de faire obstacle à l'exercice de la faculté qui m'appartient ;

2° Et de ma part, l'acquiescement à cette volonté, par l'inaction et le silence dans lesquels je serai resté vis-à-vis de lui, depuis qu'il aura ainsi attenté à ma liberté (Cass., 4 avril 1842, Agnel, *J. du P.*, t. I, 1842, p. 556 ; Cass., 15 févr. 1860, Maillardet, Dev., 1861, I, 56 ; Montpellier, 12 janv. 1870, Fonsès, D. 1871, 2-70 ; Proudhon, *du Dom. public*, t. III, n°s 1095, 1096 ; Bertin, *Code des irrigations*, p. 27).

179. — Cette contradiction peut certainement résulter de l'établissement, par l'un des riverains, de digues, de barrages, ou de travaux quelconques, qui rendraien matériellement impossible, pour l'autre riverain, l'exercice des droits d'irrigation, de pêche, ou autres.

Si, en effet, l'article 642 autorise les propriétaires inférieurs à acquérir ainsi, au moyen de travaux apparents, le droit à l'eau d'une source, à l'encontre même du propriétaire de cette source, *a fortiori* cette prescription est-elle opposable aux propriétaires dont les fonds sont seulement bordés ou traversés par une eau courante puisqu'à la différence de celui auquel la source appartient, ils ont sur cette eau non pas un droit de propriété, mais un simple droit d'usage ; et il n'est pas douteux, à notre avis, qu'il suffit, dans ce cas, que les travaux aient été faits par le riverain sur son propre terrain. (Comp. Bourges, 7 août 1835, Blain, Dev., 1837, 1,296 ; Cass., 26 févr. 1844, Préaux, Dev., 1844, I, 779 ; Cass., 4 mars 1846, Saint-Santin, Dev., 1846, I, 481 ; Pau, 27 mai 1861, Pardon, D., 1861, II, 183 ; Dubreuil, *Législat. des eaux*, liv. III, n°s 128, 129 ; Proudhon, *du Dom. public*, t. III, n° 1879, et t. IV, n° 1435 ; Duranton, t. V, n° 224 ; Demante, *Cours analyt.*, t. II, n° 495 *bis ;* Zachariæ, t. II, p. 41.)

180. — On a même enseigné, quoique ce point paraisse beaucoup plus douteux (*supra*, n° 82), que, dans ce cas, la possession de liberté serait également intervertie par une contradiction que l'un des riverains aurait opposée à l'exercice des droits de l'autre, si celui-ci s'était arrêté, pendant trente ans, devant cette contradiction (arg. de l'article 2238).

« Les choses qui consistent en pure faculté peuvent être prescrites, disait Despeisses, lorsqu'il y a eu prohibition de les faire, et que, déférant à cette prohibition, on ne s'est pas servi de la faculté pendant trente ans. » (*Des Contrats*, partie IV, *de la Prescription*, n° 34 ; comp. aussi Zachariæ, t. II, p. 41 ; Daviel, t. II, n° 582.)

Nous nous réservons d'examiner plus bas cette doctrine dans son application aux servitudes (*infra*, n°s 789, 790).

181. — Nous venons de dire (*supra*, n° 179) que l'un des riverains pouvait acquérir, par prescription, le droit de pêche à l'exclusion des autres riverains.

Troplong enseigne toutefois la solution contraire, par le motif que l'on ne peut pas prescrire contre les lois de police, qui punissent comme un délit le fait de pêche sans permission du propriétaire (*de la Prescription*, t. I, n° 139).

Mais la loi du 15 avril 1820, dans son article 2, admet évidemment, dans ce cas, la prescription, puisque, après avoir déclaré que les propriétaires riverains auront, chacun de son côté, le droit de pêche, jusqu'au milieu du cours de l'eau, elle ajoute : « sans préjudice des droits contraires établis *par possession* ou titres. » Et la vérité est que si cette loi a le caractère d'une loi de police, c'est seulement dans celles de ses dispositions qui concernent le règlement des saisons et des modes d'exercice de la pêche, dans le but d'empêcher le dépeuplement des rivières ; mais, en tant qu'elle distribue entre les propriétaires riverains le droit de pêche, elle n'est qu'une loi d'intérêt purement privé.

Reste une autre objection, que l'on a souvent faite aussi, et qui consiste à dire que le droit de pêche ne peut constituer qu'une servitude discontinue, et que, aux termes de l'article 691, ces sortes de servitudes ne sont pas susceptibles d'être acquises par prescription (comp. Proudhon, *du Dom. public*, t. IV, n° 1247 ; Daviel, t. II, n° 683 ; Garnier, *des Actions posses.*, p. 339 ; Belime, *de la Possession*, n° 268).

Mais nous avons déjà répondu qu'il ne suffisait pas, en effet, pour que la prescription s'accomplît, que l'un des riverains eût toujours exercé seul le droit de pêche en jetant son filet dans toute la largeur de la rivière. Il faudrait, pour cela, qu'il eût créé quelque établissement permanent de pêcherie, de manière à acquérir effectivement une servitude apparente et continue (Paris, 30 avril 1844, Besnard, Dev., 1844, II, 484). C'est ainsi que, d'après la constitution IV de l'empereur Léon, celui qui, au moyen de pieux enfoncés sur le fonds voisin, avait établi une pêcherie permanente *fixum*, *immotum*, acquérait par dix ou vingt ans le droit de la conserver (*supra*, n° 179).

182.—Daviel va même jusqu'à enseigner que le droit de pêche peut être détaché de la propriété des fonds riverains, soit par titre, soit par prescription, et appartenir, en conséquence, à un propriétaire non riverain (t. II, n° 687, et t. III, n°⁵ 932 et suiv.).

Mais nous avons déjà (dans notre tome IX, n° 526) exprimé le sentiment contraire; et nous croyons toujours devoir y persévérer.

Il est vrai que le droit d'irrigation n'est pas inséparablement attaché aux héritages riverains ; et l'on pense généralement aujourd'hui, surtout depuis la loi du 29 avril 1845, qu'il peut être communiqué aux héritages non riverains (*supra*, n° 151).

Mais, en ce qui concerne le droit de pêche, toutes les lois rendues depuis le décret de la Convention nationale du 30 juillet 1793, qui abolit le droit seigneurial de pêche, toutes ces lois, dis-je, supposent essentiellement qu'il ne peut appartenir qu'aux riverains (comp. avis du conseil d'État du 3 pluviôse an XIII ; du 19 octobre 1811 ; loi du 15 avril 1829, art. 2).

L'avis du conseil d'État du 19 octobre 1811 pose même très-nettement ce principe :

« Le conseil qui, après le renvoi ordonné par Sa Majesté, a entendu le rapport de la section de l'intérieur sur celui du ministre de ce département, tendant à faire approuver l'acquisition à titre d'échange par la commune de Condé-sur-Iton, département de l'Eure, d'une maison pour servir de presbytère :

« A la charge, par la commune, de céder en contre-échange : 1° des biens communaux; 2° le droit de pêche dans la rivière d'Iton, le long du terrain communal appelé les *Prés-Morins*, le tout estimé deux mille cinq cents francs ;

« Considérant que le droit de pêche appartenant à la commune sur la rivière d'Iton, résulte pour elle de la propriété des terrains communaux, et en est une dépendance indivisible... ;

« Est d'avis : 1° qu'il n'y a pas lieu à autoriser ledit échange ; 2° que le présent avis soit inséré au *Bulletin des lois* (*Bull.*, t. XV, p. 474, 4ᵉ série). »

Ç'est que l'on n'a pas voulu que le droit de pêche, pas plus que le droit de chasse, pût revivre, en quelque sorte, sous la forme du droit seigneurial ; et cette disposition est fondée sur des considérations politiques et sociales, non moins que sur des principes de droit privé (comp. Proudhon, *du Dom. public*, t. III, n° 996, et t. IV, n°ˢ 1246, 1247).

183. — La règle que nous venons d'exposer, et d'après laquelle les droits respectifs des riverains peuvent être modifiés, soit par des conventions, soit par la prescription, cette règle est-elle applicable même au cas où il existe un règlement administratif ?

En d'autres termes, peut-on déroger à un règlement administratif, qui a déterminé le mode de jouissance des eaux entre riverains ?

Que les riverains puissent, entre eux, changer, par des arrangements particuliers, la répartition des eaux et le mode de jouissance réglés par l'Administration, nous n'y voyons aucun obstacle, dès que les intérêts des tiers n'en sont pas lésés.

Et sous cette même réserve, c'est-à-dire en tant qu'il ne s'agit que de l'intérêt privé des riverains, il nous paraît que la prescription peut produire le même effet.

On a objecté que « l'existence du règlement était une protestation permanente au profit de chacun des riverains, et qu'à moins d'une convention expresse ou d'un abandon formel, un autre riverain ne peut prétendre avoir prescrit un mode d'usage contraire au règlement. » (Devilleneuve, 1844, II, 484, note 2.)

Mais il nous semble que la prétention du riverain serait, au contraire, fondée, s'il se trouvait dans les conditions requises par la prescription, c'est-à-dire s'il était prouvé, non pas seulement qu'il a joui des eaux contrairement au règlement, mais que cette jouissance qu'il en a eue, a constitué, à l'encontre des autres riverains, une contradiction telle, que la possession de la faculté qu'ils avaient d'en jouir eux-mêmes conformément au mode réglé par l'Administration, aurait été intervertie, et que l'exercice en aurait été, pour eux, impossible (*supra*, n° 176; comp. décret du 23 avril 1807; Paris, 8 août 1836, Teston, Dev., 1836, I, 467; Grenoble, 17 août 1842, Buissonnet, Dev., 1844, II, 434; Proudhon, *du Dom. publ.*, t. I, n°⁵ 1137 et 1435, et t. V, n° 1509; Pardessus, t. I, n°ˢ 110 et 116; Daviel, t. II, n°ʳ 544, 579 et 664; Dubreuil, t. I, n°ˢ 91 et 128).

Et par suite, notre avis serait également que cette dérogation peut résulter de la destination du père de famille, malgré une décision contraire de la Cour de Paris (30 avril 1844, Besnard, Dev., 1844, II, 482; art. 692-694).

184. — 4° Enfin, notre quatrième proposition, commune aux deux hypothèses prévues par l'article 644 (*supra*, n° 170), est que les riverains sont recevables à exercer les actions possessoires, lorsqu'ils sont troublés dans la possession annale, qu'ils ont du cours d'eau (art. 6, n° 1 de la loi du 13 mai 1838; Cass., 4 janvier 1841, Picquet, Dev., 1842, I, 249; Cass., 4 novembre 1846, Hollet, Dev., 1848, I, 309; Cass., 24 avril 1850, Menard, Dev., 1850, I, 461; Cass., 17 févr. 1858, Saint-Ouen, Dev., 1859, I, 491; Cass., 10 décembre 1862, Poyard, D., 1863, I, 77; Cass., 9 juill. 1867, De Roussillac, Dev., 1867, I, 321.).

Il faut, pour cela, bien entendu, que leur possession réunisse les conditions exigées par l'article 23 du Code de procédure, c'est-à-dire qu'elle soit d'une année au moins, paisible et à titre non précaire.

Et elle sera à titre non précaire, lorsqu'elle reposera soit sur la loi, soit sur un titre, soit sur des ouvrages de nature à produire, au bout de trente ans, la prescription.

Ce n'est pas que le juge de paix doive apprécier le fond du droit, ni moins encore faire un règlement d'eau ; il violerait ainsi la règle fondamentale de son institution, qui veut que le possessoire et le pétitoire ne soient jamais cumulés (art. 25, procéd.; Cass., 14 décembre 1841, Claudureau, Dev., 1842, I, 146 ; Cass., 3 août 1852, Vermelinger, *J. du Palais*, t. II, de 1853, p. 570 ; Cass., 29 nov. 1852, Gambier, Dev., 1853, I, 156).

S'il doit s'enquérir du titre, en vertu duquel la possession existe, ce n'est que pour apprécier le caractère de cette possession elle-même, sur laquelle seulement il est appelé à prononcer (comp. Cass., 1er mars 1815, Escudier, D., 1815, I, 86 ; Cass., 14 août 1832, Moutier, Dev., 1832, I, 734; Cass., 9 déc. 1833, Leclerc, D., 1834, I, 6; Cass., 14 févr. 1858, Saint-Ouen., Dev., 1859, I, 491 ; Pardessus, t. II, n° 326 ; Duranton, t. V, n° 244 ; Demante, *Cours analyt.*, t. II, n° 495 *bis*, VI ; Proudhon, *du Dom. publ.*, t. III, n°s 994, 995, Daviel, t. III, n°s 961 et suiv.).

184 bis. — La question, qui précède, et qui consiste à savoir dans quels cas et sous quelles conditions, l'action possessoire est recevable de la part de l'un des riverains contre l'autre, a soulevé de vives controverses, dans la doctrine et dans la jurisprudence ; et notamment elle a partagé, et l'on peut même dire qu'elle partage encore aujourd'hui les deux Chambres de la Cour de cassation, la Chambre des requêtes et la Chambre civile.

Cette question d'ailleurs présente deux aspects; et il s'agit de décider dans quels cas et sous quelles conditions l'action possessoire est recevable :

A. Soit relativement au riverain défendeur, contre lequel elle est exercée ;

B. Soit relativement au riverain demandeur, qui l'exerce.

184 ter. — Et d'abord, pour que l'un des riverains puisse être actionné par l'autre au possessoire, faut-il que l'entreprise, qui lui est reprochée, constitue, de sa part, un abus de jouissance nuisible au demandeur dans la possession annale qu'il a du cours d'eau?

Ou suffit-il que cette entreprise nuise au demandeur dans sa possession annale, lors même qu'elle ne constituerait, de la part du défendeur, que l'exercice légitime de la faculté légale que lui accorde l'article 644?

D'après un premier système, l'action possessoire ne serait recevable contre le riverain défendeur que sous la double condition que l'acte, qui lui est reproché, serait tout à la fois abusif et dommageable. L'argument essentiel de ce système, c'est que le simple et légitime exercice d'une faculté conférée par la loi, ne saurait être une cause de poursuite et de condamnation; et que l'on objecterait vainement contre le riverain défendeur, qu'il n'aurait pas, pendant un temps plus ou moins long, exercé cette faculté, puisque, précisément, les actes de pure faculté ne peuvent fonder ni possession, ni prescription (art. 2232); or, il s'agit ici d'une faculté toute légale, et essentiellement imprescriptible comme la loi elle-même dont elle émane ! Telle est la doctrine, qui résulte surtout des arrêts de la Chambre des requêtes de la Cour de cassation (comp. Cass., 10 févr. 1824, Dev. et Car., *collect. nouv.*, 7, I, 393; Cass., 26 janv. 1836, Roubée, Dev., 1836, I, 90; Cass., 6 déc. 1836, Bigeon, Dev., 1837, I, 66; Cass., 16 janv. 1856, Lerond, Dev., 1856, I, 577; Cass., 17 févr. 1858, Saint-Ouen, Dev., 1859, I, 591; Curasson, *Compét. des juges de paix*, t. II, p. 270; Carou, *des Act. possess.*, n° 370; Daviel, t. II, 373; Pardessus, t. II, n° 326; Massé et Vergé sur Zachariæ, t. I₁, § 319, note 12; Devilleneuve, *Observations*, 1846, I, 401;

Hérisson, *Revue pratique de droit français*, 1860, t. IX, p. 468 et suiv.).

Au contraire, l'autre système décide que l'action possessoire est recevable, encore bien que l'entreprise reprochée au riverain défendeur, ne constitue pas, de sa part, une jouissance abusive, et lors même qu'il n'aurait usé des eaux qu'en vertu de la faculté légale, que lui confère l'article 644, et dans les limites de cette faculté :

« Attendu qu'il ne s'agit, au possessoire, que de maintenir la possession plus qu'annale des eaux courantes contre les troubles et entreprises nuisant à son exercice; que c'est au pétitoire seulement que les riverains peuvent être admis à faire valoir tous les droits contraires à la possession plus qu'annale de cet usage, aussi bien ceux qui leur seraient conférés par l'article 644 du Code Napoléon, que ceux qui procéderaient de titres distincts et particuliers.... » (Cass., 20 mars 1860, Cazaubon, *J. du P.*, 1860, p. 689.)

Telle est surtout la doctrine de la Chambre civile de la Cour de cassation. (Comp. Cass., 4 mars 1846, Saint-Santin, Dev., 1846, I, 401; Cass., 24 avril 1850, Ménard, Dev., 1850, I, 461; Cass., 2 août 1853, Giraud, Dev., 1853, I, 694; *voy.* aussi un arrêt de la Chambre des requêtes, 18 juin 1850, Delézé, Dev., 1851, I, 113; Proudhon, *du Dom. publ.*, t. V, nᵒˢ 1446 et suiv.; Levesque, *Observations*, *J. du P.*, 1860, p. 689 et suiv.)

184 *quater*. — Laquelle de ces deux théories est la plus juridique?

Nous croyons, pour notre part, que la solution de cette première question est subordonnée à la solution de la seconde question, qui consiste à savoir dans quels cas et sous quelles conditions l'action possessoire est recevable, relativement à celui des riverains, qui l'exerce (*supra*, nᵒ 184 *bis*).

De deux choses l'une, en effet :

Ou le riverain, demandeur, qui se plaint d'être troublé dans sa possession annale, n'a exercé lui-même sur le cours d'eau que la faculté légale, qui lui était conférée par l'article 644, sans que cette possession d'ailleurs ait eu les caractères nécessaires pour fonder, à son profit, une prescription;

Ou, au contraire, sa possession annale a été de nature à opérer la prescription, et à lui conférer, à l'encontre de l'autre riverain, un droit plus avantageux que celui qui résulte, pour lui, de l'article 644.

Dans le premier cas, notre avis est que le demandeur en complainte ne serait recevable, en effet, qu'autant que l'entreprise par lui reprochée au riverain défendeur, constituerait un abus de jouissance; car si le défendeur s'est renfermé dans les limites de la faculté légale à lui concédée par l'article 644, et si d'autre part, le demandeur n'a fait lui-même aussi qu'exercer cette faculté légale, il nous semble que la condition essentielle de l'exercice de l'action possessoire fait défaut, puisque les deux riverains, le demandeur et le défendeur, n'ont fait qu'exercer, chacun de son côté, la faculté purement légale que l'article 644 accorde également et réciproquement à chacun d'eux, sans que le complaignant puisse invoquer une possession *animo domini*, qui l'aurait placé en dehors de l'article 644; et alors, en effet, il nous serait difficile d'admettre, avec l'arrêt du 4 mars 1846, que « *le riverain inférieur, qui a exercé depuis plus d'un an le droit légal du cours d'eau pour l'irrigation de sa propriété, s'est créé une possession utile de nature à motiver, en cas de trouble, l'action possessoire....* » (Dev., 1846, I, 407; *voy.* aussi l'arrêt du 20 mars 1860, Casaubon, *J. du P.*, 1860, p. 689.)

Mais, au contraire, dans le second cas, nous admettons que le riverain demandeur est recevable à exercer l'action possessoire contre le riverain défendeur, lors même que celui-ci n'aurait usé du cours d'eau que con-

formément à l'article 644, et que l'entreprise, qui lui serait reprochée, ne constituerait pas, en soi, un abus de
jouissance, mais c'est que, alors, la faculté légale, que
lui accordait l'article 644, se trouve atteinte et intervertie par la possession contraire, qu'il a laissé acquérir à
l'autre riverain ; et dès que cette possession annale s'est
exercée, comme nous le supposons, par des entreprises,
qui ont restreint, à son préjudice, l'exercice du droit que
l'article 644 lui concédait, il ne peut plus dire que c'était,
de sa part, un acte de pure faculté d'user ou de ne pas
user de cette concession; la vérité est qu'il était, au contraire, mis en demeure d'en user ou du moins de faire
cesser l'obstacle, par lequel l'autre riverain s'interpo-
sant, pour ainsi dire, entre lui et la loi, attentait à cette
faculté que la loi leur concédait également, et détour-
nait la concession à son profit (voy. *supra*, n° 178;
comp. sur cette distinction, Cass., 16 janvier 1856, Le-
cout, Dev., 1856, I, 577; Cass., 17 févr. 1858, Saint-
Ouen, Dev., 1860, I, 491 ; Cass., 12 mai 1862, Barrès,
Dev., 1862, I, 769; Devilleneuve, *Observations*, 1846, I,
404 ; Lévesque, *Observations J. du P.*, 1860, p. 694 ; Carette, *Observations;* Dev., 1862, I, 769-771 ; Cass.,
16 janv. 1866, Lefillâtre, Dev., 1866, I, 101).

N° 3.

Sous quelles conditions et dans quelles limites peut être exercé le pouvoir réglementaire, que l'article 645 accorde, en cette matière, aux
tribunaux?

SOMMAIRE.

185. — Les riverains ne sont, comme nous venons de le voir, que de simples usagers ; et les droits de jouissance que la loi leur confère, sont nécessairement indivis ; il était bien impossible d'en régler d'avance le partage, et de faire *a priori* une répartition, dont les circonstances si diverses et si nombreuses de chaque espèce, peuvent seules founir les éléments.

Mais l'indivision, pourtant, est une des sources les plus fécondes de querelles ; et c'est surtout en ce qui concerne la jouissance commune des cours d'eau, que l'expérience a dès longtemps démontré cette vérité ; au point que c'est du nom même des riverains, *rivales, rivalibus,* que paraissent être venues les expressions qui désignent, dans notre langue, les sentiments les plus vifs de concurrence et d'antagonisme : *rival, rivalité* (L. 1, § 26, et L. 3, § 5, ff. *de aqua quotid. et æstiv.;* Villemain, *Dict. de l'Académie*, disc. prélim.).

Le législateur devait donc, dans l'intérêt privé des riverains non moins que dans l'intérêt général de la société, afin de prévenir le désordre et l'anarchie, qui seraient inévitables, si chacun avait le droit de jouir des eaux, autant, quand et comme il voudrait, le législateur, disons-nous, devait conférer à une autorité supérieure le pouvoir d'organiser, en pratique, la concession législative qu'il faisait aux riverains.

Deux autorités sont chargées de cette mission, chacune à un point de vue tout à fait différent et dans une sphère d'action très-distincte :

L'autorité judiciaire, en vertu de notre article 645 ;

Et l'autorité administrative, en vertu des lois qui lui confèrent, sur tous les cours d'eau sans exception, une tutelle providentielle (*supra*, n° 171, art. 714).

Nous n'avons à nous occuper ici que de l'article 645, qui seul est de notre domaine ; mais en déterminant le caractère de la mission du pouvoir judiciaire, en ces circonstances, nous ferons, par cela même, connaître en même temps le caractère de la mission qui appartient à l'autorité administrative.

186. — Aux termes de l'article 645 :

« S'il s'élève une contestation entre les propriétaires « auxquels ces eaux peuvent être utiles, les tribunaux, « en prononçant, doivent concilier l'intérêt de l'agricul « ture avec le respect dû à la propriété ; et, dans tous les « cas, les règlements particuliers et locaux sur le cours « et l'usage des eaux doivent être observés. »

Il faut bien se garder de croire que cet article accorde aux tribunaux un pouvoir exceptionnel et qui serait en dehors du caractère normal de leurs attributions. La compétence que leur confère l'article 645 en est, au contraire, une conséquence toute naturelle.

Il ne s'agit pas en effet, ici, pour les magistrats, de prononcer par voie de disposition générale et réglementaire ; la défense qui leur est faite, à cet égard, par l'article 5 de notre Code, est applicable à toutes les affaires, sans excepter celles qui concernent les cours d'eau.

Voici le véritable fondement de la compétence que l'article 645 attribue, en ces sortes d'affaires, aux magistrats :

C'est le pouvoir judiciaire qui est, de droit commun, compétent pour prononcer sur les contestations que fait naître, entre les copropriétaires ou co-usagers, la jouissance d'une chose indivise; et il peut, en conséquence, arrêter entre eux un règlement ou un partage de jouissance;

Or, les riverains ne sont que des co-usagers dont la jouissance est indivise;

Donc, il n'y a rien que de très-conforme aux règles du droit commun sur la compétence, à voir les magistrats chargés de prononcer sur les prétentions individuelles des riverains, lorsqu'ils se disputent entre eux des droits d'usage, qui constituent, comme nous l'avons dit, dans leur patrimoine, de véritables biens, soumis, en tant qu'il ne s'agit que de leurs intérêts privés, aux règles de la loi commune, soit quant au fond, soit quant à la forme.

Cette idée une fois comprise, il nous sera facile de déterminer :

1° Dans quels cas les tribunaux peuvent statuer sur ces sortes d'affaires;

2° Suivant quelles règles, et comment;

3° Quel est enfin l'effet de leurs décisions en pareil cas.

187. — 1° Les tribunaux ne peuvent prononcer, dans ces sortes d'affaires comme dans toutes les autres, que lorsqu'ils sont saisis par les parties intéressées, qui leur défèrent la décision du litige privé qui s'élève entre elles (*voy.* notre t. I, n° 109).

C'est effectivement devant l'autorité judiciaire que les riverains doivent se pourvoir en règle générale, pour faire décider les contestations particulières qui naissent, entre eux, sur leurs intérêts privés et individuels (comp. Cass., 8 nov. 1836, Sellière, D., 1836, I, 411; arrêt du conseil du 1er sept. 1825).

Et voilà bien ce que déclare notre article 645 : « *S'il*

« *s'élève une contestation entre les propriétaires auxquels*
« *ces eaux peuvent être utiles...* »

Les tribunaux peuvent d'ailleurs être saisis, soit au
possessoire, soit au pétitoire (*supra*, n° 184).

L'action peut avoir pour cause un fait particulier, une
entreprise quelconque, consommée ou simplement tentée
par l'un des riverains à l'encontre de l'autre, qui en nie
la légitimité ; et, dans ce cas, les magistrats, après avoir
prononcé sur l'objet déterminé du litige, peuvent régler,
entre les parties contendantes (au pétitoire seulement,
bien entendu), le mode de jouissance des eaux. La demande d'un règlement de ce genre est, en effet, toujours
virtuellement comprise, aux termes de l'article 645, dans
les conclusions des parties; et la vérité est que la décision,
qui le renferme, statue sur la demande des parties, dont
le but, finalement, est de faire cesser, pour l'avenir, les
difficultés qui les divisent (comp. Cass., 18 déc. 1865,
Baboin, Dev., 1866, I, 55; Cass., 19 juill. 1865, Syndicat de l'étang de Raynans, Dev., 1866, I, 163; Daviel,
des Cours d'eau, t. III, n° 990).

188. — Rien ne s'oppose, du reste, à ce que, indépendamment même de toute entreprise particulière, les
riverains contendants saisissent, de part et d'autre, les
magistrats par une demande directe, afin d'obtenir un
règlement d'eau. C'est ainsi que le partage peut être demandé en justice, lorsque les communistes ne peuvent
pas s'entendre à l'amiable; et, encore une fois, le règlement dont il s'agit a le caractère d'un partage judiciaire
de jouissance entre les riverains usagers (comp. Duranton, t. V, n°s 246 et suiv.; Demante, *Cours analyt.*, t. II,
n° 496 *bis*, I).

189. — Il est bien entendu d'ailleurs que les tribunaux sont compétents, à cet effet, dans les deux hypothèses
prévues par l'article 644, et qu'ils peuvent régler le mode
de jouissance, non seulement entre les deux riverains latéraux, mais aussi entre les riverains supérieurs et les

riverains inférieurs (*supra*, n° 166; comp. Cass., 20 janvier 1840, Beudon, Dev., 1840, I, 207; Cass., 15 avril 1845, Hillerin, et le rapport de M. le conseiller Mesnard, Dev., 1845, I, 585; Merlin, *Rép.*, v° *Cours d'eau*, n° 3; Pardessus, t. I, p. 283).

190. — 2° Les tribunaux doivent évidemment aussi, dans ce cas comme toujours, *dire droit* entre les parties, c'est-à-dire attribuer à chacun ce qui lui appartient, *suum cuique.*

Quant aux règles d'après lesquelles cette attribution doit ici être faite, il faut distinguer :

Ou il existe, soit des règlements particuliers, soit des règlements administratifs, qui déterminent le mode de jouissance de chacun;

Ou il n'en existe pas.

191. — Dans le premier cas, les magistrats doivent se borner à reconnaître et à déclarer les droits respectifs tels qu'ils sont déjà réglés.

Ainsi, d'abord *les règlements particuliers*, c'est-à-dire les arrangements privés des riverains entre eux (car tel nous paraît être le sens de ces mots dans l'article 645), ces règlements, disons-nous, forment leur loi commune (art. 1134); nous avons vu, en effet (*supra*, n° 195), que rien ne s'oppose à ce que les riverains fassent entre eux tels arrangements que bon leur semble, dans la limite de leurs intérêts privés, et sous la réserve des droits des autres intéressés, comme aussi de l'action réglementaire et de police de l'administration (comp. Loi du 21 juin 1865, sur les associations syndicales).

Il faut appliquer le même principe aux droits privés, qui résulteraient valablement, soit de la destination du père de famille, soit de la prescription (*supra*, n°s 176 et suiv.; comp. Cass., 8 sept. 1814, Escudier, Sirey, 1815, I, 26; Cass., 4 juin 1834, Desprey, D., 1834, I, 263; Cass., 20 juin 1840, Garraud, Dev., 1840, I, 451; Colmar, 15 nov. 1859, Ruel, Dev., 1860, II, 191; Proudhon, *du Dom. public*, t. V, 1512; Pardessus, t. I, n° 113 et suiv.; de Cormenin. *Quest. de droit administratif*, t. II, p. 1 à 69).

192. — Les tribunaux doivent maintenir aussi, *dans tous les cas, les règlements locaux*, c'est-à-dire les règlements que l'autorité administrative aurait faits soit pour toute l'étendue d'un cours d'eau, soit pour une certaine partie de son parcours (comp. Cass., 22 janv. 1858, Puzo, Dev., 1858, I, 402; Cass., 8 janv. 1858, Gorest, Dev., 1859, I, 285; Agen, 24 juill. 1865, Martin, Dev., 1866, II, 113, et 26 juill. 1865, Calmejone, Dev. 1866, II, 115).

Et ce n'est pas seulement des règlements nouveaux que l'article 645 recommande aux magistrats l'observation; il s'applique évidemment aussi aux règlements anciens, tels que ceux émanés, par exemple, des anciens seigneurs ou des autres autorités, qui étaient autrefois investis du pouvoir réglementaire, et dont les actes ont continué de subsister, tant qu'il n'y a pas été dérogé, depuis les nouvelles lois (Cass., 9 août 1843, Amat, D., 1843, I, 489; *supra*, n°s 156, 160).

Rappelons toutefois, à cet égard, que les pouvoirs de police et de juridiction, aujourd'hui séparés, étaient, au contraire, sous l'ancien régime, le plus souvent, confondus et exercés par les mêmes magistrats; d'où il résulte que leurs décisions offrent souvent un mélange de dispositions réglementaires d'intérêt général et de jugements sur des contestations privées. Il importe d'autant plus de bien discerner les unes d'avec les autres, que les tribunaux, qui peuvent statuer sur toutes les questions judiciaires, doivent, au contraire, se conformer purement et simplement aux règlements qui ont un caractère administratif, et renvoyer en cas de doute, les parties à se pourvoir devant l'administration (comp. Cass., 4 déc. 1833, Debost, D., 1834, I, 39; Favard de Langlade, *Rép.*, v° *Servitude*, sect. II, § 1, n° 16; Pardessus, t. I, n° 113).

195. — Il ne faut pas d'ailleurs confondre avec les règlements proprement dits, par lesquels l'administration
pourvoit à l'intérêt général du pays et au plus grand avantage du collége des riverains; il ne faut pas, dis-je, les
confondre avec les simples autorisations, qu'elle accorde
à tel ou tel riverain, d'établir, dans son intérêt privé,
quelque ouvrage sur un cours d'eau, moulin, usine ou
barrage, etc.

Ces sortes d'autorisations ne sont jamais accordées que
sous la réserve implicite des droits des tiers :... *quia im-
perator non videtur velle præjudicare sententiis vel transac-
tionibus, sed tacite reservare* (Cœpolla, *de Servit. rust. præd.,*
tract. 2, cap. IV, n° 49). Ce sont là, comme on l'a fort
bien dit, de simples *permissions* plutôt que des *concessions*
(Tarbé de Vauclair, v° *Moulins et usines,* p. 331); et dès
lors, s'il arrive que les droits d'un tiers soient lésés par
l'établissement que l'acte administratif a autorisé, les tribunaux peuvent non-seulement condamner l'impétrant
à des dommages-intérêts, mais encore ordonner la destruction de l'établissement.

Et ils ne violent en cela, ni l'article 645, puisque cet
article ne s'applique qu'aux règlements généraux ayant
pour objet les intérêts collectifs des riverains; ni le principe fondamental, d'après lequel le pouvoir judiciaire ne
peut pas réformer les actes du pouvoir administratif,
puisque précisément le pouvoir administratif a lui-même
réservé les droits des tiers, et n'a concédé l'autorisation
que sous la condition virtuelle que le concessionnaire serait en mesure d'en profiter vis-à-vis des autres intéressés. (Comp. Cass. 13 nov. 1867, Ecoutin, Dev. 1868,
1. 19).

Tels seraient, suivant nous, les vrais principes.

Nous ne nierons pas toutefois la grande difficulté de
notre thèse, en tant qu'il s'agit de reconnaître aux tribunaux le pouvoir d'ordonner la destruction des ouvrages
autorisés par l'administration.

Il est vrai que le conseil d'État lui-même a rendu, plus d'une fois, des décisions en ce sens (15 juil. 1835; 22 août et 15 déc. 1839).

Mais il faut convenir aussi que la jurisprudence de la Cour de cassation est contraire; ce qui a fait dire à Pardessus (t. II, n° 339), que ses arrêts avaient poussé *jusqu'à l'excès du scrupule* le respect des actes administratifs (comp. *supra*, n° 173; Cass., 26 janv. 1841, Laherard, D., 1841, I, 95; Cass. 2 avril 1844, Maubert, cité par Daviel, t. III, n° 986 *bis;* Cass. 11 mai 1868, de Béarn, Dev. 1868, t. 285; Dufour, *Droit administratif*, n° 1225; *voy.* toutefois Cass., 15 févr. 1860, Maillardet, Dev., 1861, I, 56).

194. — On est généralement d'accord pour reconnaître que le mot *règlements* dans notre article 645 est générique et qu'il comprend même les anciens usages non écrits.

« On serait souvent en peine, après vingt-cinq ans de révolution, de retrouver aujourd'hui ces règlements, que des intérêts particuliers ont pu faire disparaître dans des temps d'anarchie ; mais là où l'usage ancien peut encore être prouvé, on ne doute pas que cette preuve ne fût admise, même par témoins.... » (Dubreuil, *Législation des eaux*, t. I, p. 178; ajout. Julien, *Statuts de Provence*, t. II, p. 550, n° 18).

C'est la même idée que Pecchius exprimait en ces termes :

Confugiendum est ad vetustatem, vel ad consuetudinem, vel tantum ad testes (lib. I, cap. v. quæst. 1 ,n° 7).

195. — Mais lorsqu'il n'existe aucun règlement, ni privé ni public, notre article 645 confère aux magistrats un pouvoir modérateur et discrétionnaire, en vertu duquel ils sont chargés de prononcer sur ces sortes de contestations, *ex æquo et bono*, en imposant, de part et d'autre, des concessions réciproques, suivant les circonstances, eu égard à l'étendue des fonds, à la nature du sol, et aux intérêts si nombreux et si divers, qui s'y trouvent engagés presque toujours avec plus ou moins de complications. Aussi, leurs décisions sur ces affaires ne constituent-elles, comme on dit, que des arrêts *d'espèces.*

C'est ainsi qu'ils peuvent régler le mode de jouissance des riverains, suivant le volume plus ou moins considérable des eaux, en distribuant par mesures la quantité à laquelle chacun d'eux aura droit, ou en fixant les jours et les heures pendant lesquels chacun pourra en user alternativement (Bordeaux, 23 janv. 1838, Garreau, D., 1838, II, 60 ; Cass., 19 avril 1841, Chamflour, D., 1841, I, 223 ; Nancy, 29 avril 1842, Delagobbe, Dev., 1842, II, 486 : Pardessus, t. I, n° 113 ; Marcadé, art. 645, n° 2 ; Ducaurroy, Bonnier et Roustaing, t. II, n° 275).

Ce que les magistrats doivent surtout envisager, c'est *si les eaux peuvent être utiles* (art. 645), aux parties litigantes, et dans quelle mesure. C'est ici surtout qu'il n'y a point d'action sans intérêt, et qu'il importe de ne pas encourager la malice et l'envie de nuire à autrui, sans profit pour soi-même.

Il serait impossible de poser, à cet égard, des règles absolues; et nous nous bornerons aux deux observations suivantes :

La première, c'est que l'article 645 recommande particulièrement aux magistrats de concilier l'intérêt *de l'agriculture avec celui de la propriété ;* et nous avons remarqué déjà qu'il s'agissait ici, non pas seulement de la propriété territoriale, mais encore de la propriété industrielle, des usines, des moulins, etc. C'est aux magistrats qu'il appartient, en vertu de leur pouvoir discrétionnaire, de vider, le plus équitablement possible, les vives et incessantes querelles des propriétaires de prairies et des usiniers (comp. Cass., 19 avril 1865, Delétang, Dev., 1865, I, 264 ; Houard, *Droit normand,* v° *Prise d'eau ;* Proudhon, *du Dom. public,* t. IV, n° 1452; Duranton,

t. V, n⁰ˢ 219, 220 ; Bertin, *Code des irrigations*, p. 49,
n⁰ˢ 184 et suiv.).

196. — Notre seconde observation, c'est que, bien
entendu, le pouvoir discrétionnaire des magistrats ne
peut s'exercer que dans les limites tracées par la loi, et
que dans le partage et le règlement de jouissance qu'ils
établissent entre les riverains, ils doivent prendre pour
règle leurs droits respectifs, tels qu'ils sont déterminés
par l'article 644 (Comp. Bordeaux, 8 avril 1826, de
Marsac, D., 1826, II, 184 ; Cass., 21 juill. 1834, Lombard, D., 1836, I, 154).

197. — La Cour de cassation a décidé que les magistrats peuvent, en vertu de l'article 645, faire le règlement, non-seulement du cours d'eau lui-même, mais
aussi des affluents qui l'alimentent ;

« Attendu que l'article 645 a pour objet de concilier
l'intérêt de l'agriculture avec le respect dû à la propriété;
que cet article embrasse dans la généralité de ses expressions, tous les propriétaires auxquels les eaux courantes et non dépendantes du domaine public, peuvent
être utiles ; et qu'il donne aux tribunaux toute l'étendue
de pouvoir nécessaire pour les mettre à même d'admettre,
relativement à la jouissance d'une chose dont la propriété
n'appartient à personne, tous les tempéraments que
l'intérêt légitime peut justifier.... » (Cass., 3 décembre
1845, Lefranc, Dev., 1846, I, 211).

Cette décision nous paraît fondée en principe. De ce
que la loi accorde des droits d'usage aux riverains d'une
eau courante, il paraît, en effet, raisonnable d'en conclure
qu'elle les autorise à employer les moyens nécessaires
pour utiliser cette concession, et par conséquent à demander le règlement des affluents qui viennent se réunir
dans le cours d'eau, et plutôt même qui le forment et
qui le constituent.

198. — 3° Quant aux effets des décisions, que les
magistrats rendent dans ces sortes d'affaires, rien

de plus simple encore que de les déterminer, dès que l'on se rappelle que ces décisions sont de véritables jugements.

Il s'ensuit, par exemple :

A. Que ces décisions deviennent la loi commune des parties, qui figuraient dans l'instance, et de leurs ayants cause (comp. Cass., 25 nov. 1857, Thomas, Dev., 1858, I, 455).

B. Qu'elles ne peuvent pas, en général, être réformées ni modifiées par les juges ;

C. Qu'elles se renferment essentiellement dans leur objet, et qu'elles ne peuvent ni profiter ni nuire aux autres riverains, qui n'étaient point parties dans l'instance (art. 1165, 1351).

D. Que, statuant sur des questions de fait, elles ne sont pas, en général, sujettes au contrôle de la Cour de cassation (Comp. Cass., 8 janv. 1868, de Colmont, Dev., 1868, I, 64).

199. — En déterminant la compétence de l'autorité judiciaire, nous avons en quelque sorte déterminé par contre-coup, *forma negandi,* la part d'attribution qui revient à l'autorité administrative.

L'autorité administrative ne juge pas, elle gouverne. « Les actes que font les échevins, disait Loyseau sont des actes de gouvernements et non de justice.... » (*Des offices,* liv. V, chap. VII, n° 51). Et de la même manière que les tribunaux ne pourraient pas décréter des règlements généraux de police, de même l'administration ne pourrait pas décider, entre les riverains, une contestation particulière sur leurs intérêts privés (conseil d'État. 12 janv. 1854, Fournier, rec. de Lebon, 1854, p. 17).

C'est au point de vue de l'utilité générale du pays et dans l'intérêt collectif de tous les riverains, que l'administration est investie d'un pouvoir de surintendance et de haute tutelle ; et cette idée une fois comprise, qu'il s'agit ici non plus de *juger*, mais *d'administrer*, il est également facile de résoudre les trois questions que nous nous proposions tout à l'heure (*supra*, n° 186), à savoir : Dans quels cas l'administration peut ou doit agir ; — suivant quelles règles ; — et quels sont les effets de ses décisions :

1° Il est bien clair d'abord que l'Administration peut agir dans tous les cas où elle estime que son action est nécessaire ou utile ; et il n'est nullement besoin qu'elle soit saisie par la demande ou la pétition d'une partie intéressée (*supra*, n° 187).

2° Les règles que l'administration décrète doivent toujours se proposer un but d'utilité générale, soit, par exemple, de prévenir ou de faire cesser, dans la contrée, des causes d'insalubrité ou d'inondation, soit d'établir, entre les riverains, le mode le meilleur de jouissance et la plus équitable répartition des eaux. C'est, comme nous venons de le dire, à l'administration elle-même qu'il appartient d'apprécier les circonstances, dans lesquelles il convient qu'elle intervienne pour régler, au point de vue des intérêts généraux, les droits d'usage, que l'article 644 accorde aux riverains sur les eaux courantes.

Demante fait d'ailleurs observer avec beaucoup de raison que « la conciliation des intérêts divers, permise ou plutôt prescrite aux tribunaux par l'article 645, doit être également prise pour règle dans les actes émanés de l'Administration.... » (*Cours analyt.*, t. II, n° 496 *bis*, III.)

Mais ce qu'il importe aussi de remarquer, c'est que l'Administration, agissant au nom de l'intérêt général, n'est pas tenue d'observer les *règlements particuliers et locaux* dont l'article 645 recommande, au contraire, l'observation aux tribunaux. Ni les conventions ou arrangements entre riverains, ni la possession la plus ancienne ne sauraient paralyser le droit supérieur de l'Administration publique ; et toutes les possessions privées, quelles qu'en soient la cause et l'origine, doivent disparaître, dès qu'elles se trouvent contraires à un règlement de police et d'intérêt général; car il n'y a pas de convention ni de prescription qui puisse s'élever au-dessus du droit de la société elle-même (art. 6; loi du 6 octobre 1791, art. 16; ordonnance royale du 7 janvier 1831, Dev., 1831, II, 349; Cass., 6 décembre 1833, Boulanger, D., 1834, I, 59; conseil d'État, 28 mars 1838; 13 févr. 1840; et 9 févr. 1854, Poirier, rec. de Lebon, 1854, p. 91; Cass., 14 juill. 1860, Chaudron, Dev., 1860, I, 1016; ajout. aussi conseil d'État, 20 juill. 1860, Vauzel, Dev., 1860, II, 502; Proudhon, *du Dom. publ.*, t. V, n°s 1521-1525).

Ce que l'on peut dire seulement, c'est que les titres privés continueront à produire, entre les parties, celles de leurs conséquences qui seront compatibles avec les dispositions des règlements administratifs (Zachariæ, t. II, p. 42).

3° Enfin, en ce qui concerne leurs effets, les règlements de l'Administration ayant, pour ainsi dire, le caractère de *lois* (*voy.* notre tome Ier, n° 22), il s'ensuit :

1° Qu'ils sont obligatoires pour tous les riverains, sans distinction; car ils disposent, à vrai dire, pour les choses plutôt que pour les personnes;

2° Qu'ils peuvent être modifiés, changés ou abrogés, suivant les temps et les localités, au gré des exigences variables de l'intérêt public (comp. Proudhon, t. IV, n° 1167; de Cormenin, *Quest. de Dr. admin.*, v° *Préfet*, § 1, n° 1; Daviel, t. II, n° 577; Delvincourt, *Journal administratif* du 13 mars 1866; conseil d'État, 12 nov. 1869, Roquelaure, Dev., 1870, II, 227; Cass., 14 mars 1870, Lambert, Dev., 1870, I, 301; Cass., 16 mars 1870, Neudin, Dev., 1870, I, 359).

§ III.

Examen des lois spéciales rendues les 29 avril 1845, 11 juillet 1847
10 juin 1854, et 23 juillet 1856, sur les irrigations, le droit d'appui,
et l'écoulement des eaux par le drainage.

SOMMAIRE.

qui lui est imposée par l'article 644, de rendre les eaux à leur cours ordinaire.

221. — 2° La loi de 1845 autorise également l'établissement de la servitude de passage pour l'écoulement des eaux nuisibles dérivées d'un terrain submergé. — Motifs.

222. — Faut-il distinguer entre les différentes causes par suite desquelles le terrain a pu être submergé?

223. — Ou entre les causes par suite desquelles les eaux, en séjournant dans le fonds submergé, peuvent lui devenir nuisibles?

224. — 3° Dispositions communes à l'une et à l'autre des servitudes dont la loi de 1845 autorise l'établissement. — A. Exception relative aux maisons, cours, jardins, parcs et enclos attenant aux habitations.

225. — B. De l'indemnité qui peut être due.

226. — C. De la compétence et du pouvoir du juge en ces affaires.

227. — D. Les droits supérieurs de l'Administration, relativement à la police des eaux, demeurent toujours réservés.

228. — II. De la loi du 11 juillet 1847, sur le droit d'appui. — Dans quels cas et au profit de qui cette servitude peut-elle être autorisée?

228 bis. — La loi ne fait pas de distinction entre les diverses natures de propriétés susceptibles d'irrigation, ni entre les divers modes d'irrigation ou d'arrosement.

229 — Ce n'est que sur la propriété du riverain opposé que la servitude d'appui peut être réclamée. — Conséquence.

230. — Suite.

231. — L'article 1er de la loi de 1847 n'affranchit pas de la servitude d'appui les parcs et enclos. — Pourquoi?

231 bis. — En quoi doit consister alors l'indemnité?

232. — La faculté accordée à tout propriétaire, d'appuyer des ouvrages d'art sur la propriété du riverain opposé, est réciproque. — Conséquences.

232 bis. — L'exemption de la servitude d'appui, en ce qui concerne les cours et jardins attenant aux habitations, est-elle applicable au cas où l'un des riverains demande seulement à acquérir la mitoyenneté d'un barrage déjà établi par l'autre riverain?

233. — De la compétence et du pouvoir des tribunaux, d'après la loi du 11 juillet 1847.

234. — III. De la loi du 10 juin 1854, sur le libre écoulement des eaux provenant du drainage. — Exposition.

235. — Cette loi distingue deux hypothèses.

236. — De l'hypothèse où l'opération d'asséchement est faite par un propriétaire isolément. — C'est seulement aussi, dans ce cas, une servitude de passage qui peut être établie. — Cette servitude est-elle légale et nécessaire?

236 bis. — Le passage des eaux pourrait-il être demandé dans un but d'exploitation industrielle et pour des usages domestiques?

236 ter. — Le propriétaire qui aurait été soumis à la servitude de passage pour l'écoulement des eaux, pourrait-il ensuite s'en affranchir, en construisant un bâtiment ou une clôture, et en offrant de rendre l'indemnité qu'il aurait reçue?

200. — Nous venons d'exposer les dispositions du Code Napoléon sur le régime des eaux, et l'on a pu voir tout ce qu'elles laissaient à désirer.

C'est particulièrement en ce qui concerne les irrigations, c'est-à-dire l'agent le plus actif et le plus essentiel de l'industrie agricole, que l'insuffisance en avait été depuis longtemps signalée; et les plaintes étaient d'autant plus vives, que la plupart des législations européennes, notamment celles de Sardaigne, de Lombardie, de Prusse, de Wurtemberg, nous avaient donné l'exemple de plusieurs améliorations importantes.

Un grand nombre de jurisconsultes et de publicistes demandaient donc que l'on suivît cet exemple, afin d'augmenter les forces productrices de notre sol, en proportion des nécessités de plus en plus impérieuses d'une population toujours croissante, et pour que la France ne demeurât pas plus longtemps, sous ce rapport, dans un état d'infériorité manifeste vis-à-vis des pays étrangers, auxquels elle était forcée de demander une grande partie des matières animales servant à l'alimentation publique (*voy.* le Code civil de Sardaigne, avec l'introduction de M. Portalis, p. CLXI et suiv.).

Tel est le vœu que se sont proposé de remplir les quatre lois qui ont été successivement rendues :

L'une, le 29 avril 1845, sur les irrigations;

L'autre, le 11 juillet 1847, sur le droit d'appui;

La troisième, le 10 juin 1854, sur le libre écoulement des eaux par le drainage;

La quatrième, enfin, le 23 juillet 1856, sur les encouragements donnés par l'État pour le drainage.

Ces lois forment aujourd'hui le complément indispensable de notre Code, et nous devons en examiner aussi les dispositions.

201. — I. *Loi du 29 avril 1845.*

Cette loi a un double objet :

Le premier consiste à autoriser l'établissement d'une servitude légale de passage pour les eaux destinées à l'irrigation (art. 1 et 2) ;

Le second est d'étendre cette faculté pour les eaux dérivées d'un terrain submergé (art. 3).

Plusieurs dispositions sont d'ailleurs communes à l'une et l'autre hypothèse (notamment art. 4 et 5).

Notre division est donc tout naturellement tracée ; et nous allons nous occuper :

D'abord, de la servitude de passage des eaux pour l'irrigation ;

En second lieu, de la servitude de passage pour l'écoulement des eaux nuisibles ;

Et enfin des dispositions communes à l'une et à l'autre.

202. — 1° Voici en quels termes les articles 1 et 2 autorisent l'établissement d'une servitude de passage pour les eaux d'irrigation, que l'on peut justement appeler la *servitude d'aqueduc ;*

Article 1er : « Tout propriétaire qui voudra se servir, « pour l'irrigation de ses propriétés, des eaux naturelles « et artificielles, dont il a le droit de disposer, pourra « obtenir le passage de ces eaux sur les fonds inter- « médiaires, à la charge d'une juste et préalable indem- « nité.

« Sont exceptés de cette servitude, les maisons, cours, jardins, parcs et enclos attenant aux habitations. »

Article 2 : « Les propriétaires des fonds inférieurs « devront recevoir les eaux, qui s'écouleront des ter- « rains ainsi arrosés, sauf l'indemnité qui pourra leur « être due.

« Sont également exceptés de cette servitude, les mai-
« sons, cours, jardins, parcs et enclos attenant aux habi-
« tations. »

Le but de cette première disposition est donc d'encourager et de favoriser le plus possible les irrigations et de
permettre aux propriétaires d'en étendre le bienfait à des
héritages qui en avaient été jusqu'à présent privés. À cet
effet, la loi autorise les tribunaux à accorder une servitude de passage : d'abord, sur les fonds intermédiaires,
par lesquels l'eau doit être conduite au fonds que l'on
veut arroser, et puis sur les fonds inférieurs par lesquels
elle doit s'écouler après l'arrosement.

Il est remarquable que le principe de cette disposition
remonte très-haut dans notre législation nationale ; on le
retrouve dans un édit de Henri II du 26 mai 1547 ; et
Bretonnier allait même jusqu'à dire que c'était là une
servitude *naturelle*, « attendu que, sans irrigation, les
prés demeureraient stériles » (sur Henrys, liv. IV, quest.
35 et 149 ; ajout. Brillon, v° *Eaux*, n° 41).

203. — La proposition originaire (de M. d'Ange-
ville) admettait, dans ce cas, l'expropriation forcée pour
cause d'utilité publique, du terrain nécessaire à la conduite des eaux. Mais la commission de la Chambre des
Députés a justement pensé que ce droit suprême d'expropriation ne devait appartenir qu'à la puissance publique,
et ne pouvait pas être placé, en quelque sorte, dans les
mains des particuliers.

On n'a donc autorisé que l'établissement d'une servitude ; d'où il suit que le propriétaire qui veut conduire
des eaux à travers le fonds d'un autre ne peut pas exiger
qu'on lui cède la propriété d'une partie de ce fonds, pas
plus d'ailleurs qu'il ne pourrait être forcé de l'acquérir (Garnier, comm. de la loi du 29 avril 1845,
p. 5).

C'est déjà sans doute une assez grave atteinte au droit
de propriété que cette faculté d'obtenir une servitude sur

le fonds d'un propriétaire, malgré lui ; et s'il est vrai que l'intérêt de l'agriculture, qui est l'intérêt de l'État lui-même, justifie cette atteinte, du moins faut-il s'efforcer de la renfermer dans les plus étroites limites.

204. — Et voilà pourquoi on a laissé au Tribunal le pouvoir discrétionnaire d'accorder ou de refuser, suivant les circonstances, le passage demandé.

C'est là même une différence caractéristique entre la servitude de passage pour cause d'enclave, telle qu'elle est établie par l'article 682 du Code Napoléon, et la servitude de passage des eaux, telle que l'autorise la loi de 1845, quoiqu'il y ait, d'ailleurs, beaucoup de ressemblance entre l'une et l'autre.

Tandis que l'article 682 dispose que le propriétaire enclavé *peut* RÉCLAMER, etc., l'article 1er de la loi de 1845 décide seulement que le propriétaire qui voudra se servir des eaux, etc., *pourra* OBTENIR ; et c'est précisément afin d'établir cette différence, que, sur la demande de M. Pascalis, le mot *obtenir* a été substitué au mot *réclamer*, qui se trouvait d'abord dans le projet.

Les tribunaux sont donc ainsi constitués juges souverains de la convenance et de l'utilité de l'entreprise, avec le droit de refuser l'établissement de la servitude, si elle n'a pas pour but un intérêt suffisamment sérieux d'irrigation, et si elle paraît présenter plus d'inconvénients que d'avantages (comp. Cass., 1er juin 1863, de Bastard, Dev., 1864, I, 279 ; Lyon, 15 févr. 1865, Broyer, Dev., 1866, II, 18).

205. — Notons aussi :

1° Que c'est au propriétaire (ou à l'usufruitier), et non pas au fermier ou à tout autre détenteur précaire, à la différence du Code sarde (art. 427), que cette faculté est accordée (de Parieu, *Revue de législ.*, 1845, p. 17 ; Bertin, *Code des irrigations*, p. 64) ;

2° Que ce n'est que *pour l'irrigation* que l'établissement de la servitude peut être autorisé.

Sans doute, le bénéfice de la loi n'est pas restreint seulement aux prairies ; l'article 1er se sert du mot *propriétés*, qui comprend tous les héritages, quel que soit le mode d'exploitation, dès que le secours de l'eau peut les servir, les rizières, par exemple, les terres labourables, les jardins, et même certains bois ; car la loi se propose de favoriser l'augmentation de tous les produits du sol sans distinction (comp. Garnier, p. 9 ; Cass., 20 déc. 1853, Goubard, Dev., 1854, I, 249 ; Colmar, 9 avril 1861, Lieblin, Dev., 1861, II, 457).

Mais toujours faut-il qu'il s'agisse d'utiliser l'eau pour l'irrigation ; et, par conséquent, on ne pourrait en obtenir le passage, ni pour faire mouvoir une usine, ni pour établir un étang (quoique pourtant M. Dumay ait enseigné le contraire sur Proudhon, *du Dom. publ.*, t. IV, n° 1452), ni pour tous autres usages quelconques, domestiques ou d'agrément (Jousselin, *des Servit. d'utilité publique*, t. I, p. 323, n° 6 ; Bertin, *Code des irrigations*, p. 264 et suiv.).

Il est vrai que le Code sarde (art. 622) autorise le passage des eaux, même pour le service des usines ; mais notre législation a considéré sans doute que l'industrie peut se procurer d'autres moteurs, tandis que rien ne saurait remplacer l'eau comme élément d'irrigation.

M. Garnier ajoute toutefois « qu'il ne serait pas interdit d'employer accessoirement les eaux à un autre usage, pourvu qu'il n'en résulte pas d'aggravation de la servitude ; et que, par exemple, le propriétaire qui aura obtenu l'autorisation de faire passer sur un ou plusieurs fonds intermédiaires l'eau destinée à arroser un héritage d'une certaine étendue, pourra faire bâtir un moulin sur la partie supérieure du canal qui lui appartient.... » (P. 9.)

Nous n'y verrions pas non plus d'obstacle, à la condition, bien entendu, que les propriétaires intermédiaires seraient effectivement sans intérêt à s'en plaindre (ajout. Devilleneuve et Carette, 1845, *Lois annotées*, p. 32).

206. — Mais dans cette limite, c'est-à-dire, en tant qu'il ne s'agit d'employer l'eau que pour l'irrigation, les termes de l'article 1er de la loi de 1845 sont aussi généraux que possible, et ils ne font de distinction :

Ni quant à la nature des eaux pour lesquelles le passage peut être demandé ;

Ni quant à la cause d'où procède le droit d'en disposer.

Ainsi la servitude de passage peut être accordée pour toutes les espèces d'eaux, vives ou mortes, courantes ou stagnantes, naturelles ou artificielles.

Que les eaux donc proviennent de sources, de la pluie, de la fonte des neiges ou des glaces, de lacs, d'étangs ou de réservoirs quelconques, des rivières navigables, flottables ou non ; qu'elles sortent naturellement du sein de la terre, ou qu'elles n'aient été obtenues que par le creusement de puits artésiens, peu importe ; dans tous les cas, l'article est applicable (comp. Cass., 9 févr. 1858, Castarède, Dev., 1859, I, 500 ; Demante, *Cours analyt.*, t. II, n° 495 *bis*, II ; Garnier, p. 4).

207. — Pareillement, il n'y a point à distinguer en vertu de quelle cause le propriétaire qui demande la servitude de passage, a le droit de disposer des eaux.

Le législateur de 1845 a bien, il est vrai, déclaré qu'il n'entendait modifier, en aucune manière, le droit commun à cet égard ; et que le but unique de la loi actuelle était de procurer un passage, en tant que, d'après la législation existante, à laquelle on n'entendait nullement déroger, celui qui demandait le passage, aurait le droit de disposer des eaux.

Mais aussi, les termes, qu'il a employés, et les explications mêmes qui ont été fournies dans les Chambres législatives, témoignent que l'article 1er est applicable, dès que le propriétaire qui réclame le passage, a la droit de disposer des eaux, de quelque cause d'ailleurs que procède ce droit, et de quelque manière qu'il l'ait acquis.

Or, le pouvoir de disposer des eaux peut procéder :

Soit d'un droit de propriété ;

_ Soit d'une concession ;

Soit d'un droit d'usage.

208. — Pas de difficulté dans le premier cas ; et il est clair que celui qui a dans son fonds une source, un lac, un étang ou des eaux pluviales qu'il s'est appropriées par droit d'occupation, il est clair, disons-nous, qu'il peut demander le passage sur les propriétés intermédiaires et inférieures, pour transmettre les eaux dont il a la propriété, du fonds où elles se trouvent, à un autre fonds qui lui appartient également (comp. Colmar, 3 fév. 1863, Fassnacht, Dev., 1864, II, 37 ; Bordeaux, 1er août 1864, Labat, Dev., 1866, II, 286).

Et s'il arrive que celui qui a une source dans son fonds, veuille ainsi l'utiliser pour l'irrigation d'un autre fonds, il pourra en priver les propriétaires inférieurs, qui étaient tenus d'en recevoir l'écoulement, aux termes de l'article 640, à moins que ceux-ci n'aient acquis le droit aux eaux de la source par titre ou par prescription (supra, n° 51 ; art. 641, 642).

Cette situation pourra même offrir cette singularité que le propriétaire de la source aura le droit de demander la servitude de passage sur les fonds inférieurs, afin d'empêcher les propriétaires de ces fonds de se servir eux-mêmes des eaux, comme ils en ont le droit, tant qu'ils les reçoivent par l'effet de la servitude dérivant de la situation naturelle des lieux ; mais alors, bien entendu, il leur devra une indemnité, non pas pour la privation de l'usage des eaux, dont il avait le droit de les priver, mais pour la servitude nouvelle et différente de passage qui leur sera désormais imposée (Garnier p. 13 ; Daviel, comm. de la loi du 29 avril 1845, p. 14).

209. — Pareillement, le propriétaire riverain d'un canal, d'un étang, d'un lac appartenant à un autre, et qui aurait acquis la concession d'une prise d'eau, serait fondé à réclamer la servitude d'aqueduc sur les fonds intermédiaires (comp. Nîmes, 6 déc. 1852, de Villèle; et Montpellier, 17 fév. 1852, Calvet, Dev., 1853, II, 17 et 21).

Il en serait de même du propriétaire riverain d'une rivière navigable ou flottable, auquel l'Administration aurait aussi concédé une prise d'eau (Demante, t, II, n° 498 *bis*; Daviel, *loc. supra cit.*, p. 14).

210. — Enfin, le droit de disposer des eaux dans le sens de notre loi spéciale, peut encore, avons-nous dit, procéder d'un simple droit d'usage.

C'est ainsi que les propriétaires riverains des cours d'eau non navigables ni flottables peuvent être, suivant les cas, fondés à réclamer le passage sur les fonds intermédiaires, afin de conduire les eaux sur d'autres fonds non riverains qui leur appartiennent.

Cette proposition toutefois a soulevé de vives dissidences : on a objecté que le droit d'irrigation n'est concédé par l'article 644 qu'aux propriétaires riverains, e qu'il a été formellement déclaré, dans les Chambres législatives, que la loi de 1845 ne changeait, en aucune manière, les lois existantes, relativement à l'usage des eaux (comp. Daviel, comm., p. 14, 22; Jousselin, *des Servit. d'utilité publique*, t. I, p. 325).

Il est vrai que c'était, sous l'empire du Code Napoléon, une question controversée et très-délicate que celle de savoir si le propriétaire riverain d'un cours d'eau non navigable, pouvait étendre à ses terres non riveraines le bénéfice de l'irrigation (*supra*, n° 150); mais il nous paraît résulter des termes de la loi de 1845, en même temps que des discussions préparatoires, surtout des déclarations formelles de M. le rapporteur dans la Chambre des Députés (M. Dalloz), que la législature de 1845 a adopté l'interprétation, d'après laquelle le bienfait de l'irrigation n'est pas nécessairement limité aux héritages riverains. C'est ce qui·a fait dire à MM. Devilleneuve et Carette que *maintenant, d'après la loi nouvelle, cette question n'en est plus une* (comp. lois annotées, 1845 ; Duvergier, rec. de lois, loi du 29 avril 1845).

L'article 1er de notre loi autorise tout propriétaire à obtenir la servitude d'aqueduc pour les eaux dont il a le droit de disposer.

Or, vis-à-vis des propriétaires intermédiaires et inférieurs, le riverain d'un cours d'eau non navigable ni flottable a le droit de disposer des eaux :

1° Si les riverains de la rive opposée et les riverains inférieurs consentent à ce qu'il les dérive jusque sur ses propriétés non riveraines, ou même seulement s'ils ne s'y opposent pas;

2° Dans tous les cas, s'il ne transmet à ses héritages non riverains que la même quantité d'eau qu'il a le droit d'absorber, d'après les règlements existants, pour ses héritages riverains (comp. Cass., 8 nov. 1845, d'Escars, *le Droit* du 16 déc. 1854, et Dev., 1855, I, 49; Cass., 22 fév. 1870, Belton, Dev. 1870-1-190; Garnier, p. 12; Demante, t. II, n° 498 *bis*, II; Decaurroy, Bonnier et Roustaing, t. II, n° 273 ; Bertin, *Code des irrigations*, n°s 290 et suiv.).

211. — Jusqu'à présent nous avons toujours supposé que le propriétaire qui demandait le droit d'aqueduc était lui-même riverain des eaux qu'il s'agissait de dériver, et qu'il pouvait, par conséquent, exercer la prise d'eau sur son propre fonds.

La loi de 1845 est-elle également applicable au propriétaire non riverain des eaux qu'il s'agit de dériver, et qui aurait obtenu le droit de les dériver de celui qui avait le pouvoir d'en faire la concession ?

C'est encore là une question difficile, et sur laquelle une discussion des plus confuses s'est engagée à la Chambre des Députés, lors de la discussion de la loi du 11 juillet 1847, à l'occasion d'un amendement proposé par M. Pascalis (comp. lois annotées, Duvergier, Devilleneuve et Carette).

Il est permis de dire que la même confusion a continué de régner dans la Jurisprudence et dans la doctrine, où les opinions sont, à cet égard, très-incertaines et très-partagées.

C'est ainsi que la Cour de Montpellier a jugé que « la loi de 1845 a seulement voulu étendre la faculté d'arroser une propriété riveraine, à d'autres fonds non riverains appartenant au même propriétaire, en faisant passer les eaux sur les propriétés intermédiaires ; — que le bénéfice de cette loi ne peut donc être invoqué que par celui qui possède une propriété riveraine sur le côté et au lieu même où il veut établir sa prise d'eaux... » (17 fév, 1852, Calvet. Dev., 1853, II, 21 ; ajout. Ducaurroy, Bonnier et Roustaing, t. II, n° 272 ; de Parieu, *Revue de législ.* de M. Wolowski, 1845, p. 46 et suiv.; Duvergier, lois annotées, 1847, p. 183, note 2 ; Devilleneuve et Carette, 1847, p. 82, note 4 ; Ballot, *Revue pratique du droit français*, 1858, t. V, p. 61.)

Cette solution pourtant ne serait pas la nôtre.

D'après les termes mêmes de l'article 1er de la loi de 1845, tout propriétaire (on n'ajoute pas *riverain*) peut obtenir, pour les eaux dont il a droit de disposer, le passage sur les propriétés *intermédiaires*, c'est-à-dire sur les propriétés qui séparent les eaux dont il a le droit de disposer, des héritages vers lesquels il veut les conduire ;

Or, le propriétaire, même non riverain, qui a obtenu une concession de prise d'eau, a le droit de disposer de cette eau, dont il est séparé par une propriété intermédiaire ;

Donc, il se trouve littéralement dans le texte même de la loi.

Et il faut ajouter que cette loi, si on en restreignait le bénéfice aux seuls propriétaires riverains de l'eau, qui possèdent encore d'autres fonds plus éloignés, serait d'une application assez rare, et ne rendrait pas à l'agriculture tous les services qu'il a été certainement dans l'intention du législateur de lui rendre.

En conséquence nous admettrions au bénéfice de la loi de 1845, le propriétaire non riverain qui aurait obtenu la concession d'une prise d'eau.

Soit du propriétaire d'une source, d'un étang, d'un lac, etc. (comp. Nîmes, déc. 1852, de Villèle, Dev., 1853, II, 17);

Soit même d'un propriétaire riverain d'un cours d'eau non navigable ni flottable, sous les conditions et dans les limites où ce propriétaire pourrait lui-même transmettre les eaux à une propriété non riveraine, qui lui appartiendrait (*supra*, nᵒˢ 151 et 210; Agen, 7 février 1856, Castarède, Dev., 1856, II, 118; Cass., 9 février 1858, mêmes parties, Dev., 1859, II, 500; Lyon, 15 février 1865, Broyer, Dev., 1866, II, 18; Granier, comm., p. 11 et suiv.; Demante, t. II, nᵒ 408 *bis*, II).

212. — Faudrait-il étendre la même solution au propriétaire non riverain, auquel l'Administration aurait concédé une prise d'eau sur une rivière navigable ou flottable? et ce concessionnaire pourrait-il obtenir le passage pour les eaux sur les fonds qui séparent le sien de la rivière?

Cette question peut paraître délicate.

L'affirmative a été enseignée (de Parieu, *Revue de législ.*, 1845, p. 21).

Pourtant, nous ne croirions pas devoir l'adopter :

1° Parce que c'est contre cette hypothèse que les réclamations les plus vives se sont élevées dans les Chambres législatives, et que l'on a paru surtout préoccupé du danger qu'il y aurait à ce que l'Administration pût concéder trop facilement les prises d'eau aux propriétaires non-riverains (comp. Garnier, comm. de la loi du 11 juillet 1847, p. 4 et 5);

2° Parce qu'effectivement cette hypothèse (qu'il est, selon nous, regrettable que l'on ait souvent confondue avec celles dont nous venons de nous occuper) présente, au contraire, cela de particulier, qu'il faudrait alors que le non-riverain exerçât sur le fonds riverain, non pas seulement une servitude forcée d'aqueduc, mais encore une prise d'eau avec les ouvrages nécessaires à cet effet. Or, c'est précisément afin de ne pas soumettre le riverain à cette autre espèce de servitude, que l'article 1er de la loi du 11 juillet 1847 ne permet d'établir l'appui pour le barrage d'irrigation que *sur la propriété du riverain opposé;* ce qui prouve, relativement à la rive du côté de laquelle la prise d'eau est exercée, qu'il faut :

Ou bien que ce soit le propriétaire riverain lui-même qui l'exerce;

Ou bien, si elle est exercée par un non-riverain, que le propriétaire riverain ait lui-même librement concédé le droit de prise d'eau sur sa rive (*infra*, n° 229 ; Ballot, *loc. supra cit.*).

213. — Et voilà pourquoi nous n'admettons pas non plus le sentiment de Daviel, lorsqu'il enseigne que le propriétaire riverain, qui se trouve dans l'impossibilité de lever l'eau sur son propre fonds, peut être autorisé à établir sa prise d'eau sur le fonds d'un riverain supérieur, et forcer celui-ci à lui fournir le passage pour la conduite des eaux jusqu'à son propre fonds (comm. de la loi de 1845, n° 13, p. 30; ajout. Esquirou de Parieu, *Revue de législ.*, sept. 1845, p. 27).

Malgré les avantages qui pourraient résulter d'une telle faculté, nous ne croyons pas qu'elle puisse être accordée :

D'abord, parce que le riverain n'a pas, dans ce cas, le droit de disposer des eaux à l'endroit où il veut les prendre, c'est-à-dire vis-à-vis du fonds supérieur;

Et ensuite, parce qu'il faudrait imposer forcément à ce fonds, non pas seulement une servitude de passage, mais presque toujours une servitude de prise d'eau, avec barrage ou autres travaux nécessaires à cet effet (comp. Montpellier, 17 fév. 1852, Calvet, Dev., 1853, II, 21; Angers, 7 déc. 1853, Vallade, Dev., 1854, II, 337; Bertin, *Code des irrigations*, p. 22-25; Dévilleneuve et Carette, Notes sur la loi du 29 avril 1845, art. 1er, n° 2, p. 33).

Les deux motifs, qui nous déterminent, prouvent assez que notre décision serait différente, si la prise d'eau devait être établie sur un terrain en amont, qui appartiendrait également à celui qui, à raison de l'escarpement de sa propriété riveraine, ne pourrait pas y pratiquer une prise d'eau (Cass., 14 mai 1849, Giroud-Agnet, Dev., 1849, I, 323).

214. — Quelques conseils généraux avaient demandé que le propriétaire du fonds traversé eût le droit d'utiliser les eaux, du moins en tant que leur volume excéderait les besoins de celui qui aurait obtenu le passage.

Le législateur, toutefois, n'a pas adopté cette proposition, dans la crainte des contestations auxquelles une telle faculté pourrait donner lieu.

La règle est donc que le propriétaire du fonds traversé par les eaux, n'a pas le droit de s'en servir.

Tout au plus pourrait-il y exercer certaines facultés naturelles, comme celles, par exemple, de puiser de l'eau dans le canal pour ses besoins domestiques, d'y laver son linge, d'y abreuver ses bestiaux; et encore faudrait-il que cet usage ne causât aucun préjudice au propriétaire du canal et que celui-ci fût sans intérêt à s'en plaindre; aussi notre honorable confrère, M. Bertin, refuse-t-il même absolument au propriétaire du fonds assujetti toute espèce d'usage sur les eaux (*Code des irrigations*, nos 328 et suiv.; comp. Daviel, *loc. cit.*, p. 27;

Garnier, p. 26; *voy.* aussi *supra*, n° 128; Ballot, *Revue pratique de droit français*, 1858, t. V, p. 63).

215. — La concession de la servitude d'aqueduc entraîne, bien entendu, la concession de toutes les facultés accessoires, sans lesquelles elle ne pourrait pas être exercée, telles que le droit de passage sur les bords, pour le curage, pour les réparations, etc. (arg. de l'article 696; Jousselin, t. I, p. 329; Cotelle, t. III, p. 547).

. Et on peut dire que l'article 2 de notre loi n'est lui-même qu'une conséquence de cette règle :

« Les propriétaires des fonds inférieurs devront recevoir les eaux qui s'écouleront des terrains ainsi arrosés, sauf l'indemnité qui pourra leur être due. »

Il faut bien effectivement, dès que l'on a permis au propriétaire d'amener l'eau sur son fonds, lui donner les moyens d'écoulement nécessaires. Aussi, cette seconde servitude est-elle la conséquence forcée de la première : « Les propriétaires des fonds inférieurs « *devront*..., » dit notre texte.

216. — Quant à l'indemnité, elle *pourra* seulement leur être due, suivant les termes de ce même article 2.

C'est qu'il peut arriver que l'eau, qui s'écoule sur leurs fonds, soit pour eux un bienfait et nullement une cause de dommage; et tel est, précisément, le motif pour lequel notre article a été ainsi rédigé (*supra*, n° 34).

217. — De cette double rédaction, qui, d'une part, impose directement aux fonds inférieurs l'obligation de recevoir les eaux, et d'autre part, n'accorde l'indemnité qu'hypothétiquement, Demante a conclu que « le fait d'écoulement, sans accord ou jugement préalable, pourrait, selon les circonstances, n'être pas considéré comme un trouble à la possession des propriétaires inférieurs, mais comme l'usage légitime d'un droit. » (T. II, n° 498 *bis*, III.)

Et cette proposition nous paraît aussi fort exacte; car on serait alors fondé à dire que la servitude d'écoulement des eaux est imposée par la loi (*supra*, n°ˢ 31 et 90; art. 643; et *infra*, art. 682).

218. — Le propriétaire, qui a obtenu le droit d'aqueduc, doit aussi faire les ouvrages nécessaires pour l'écoulement des eaux sur les fonds inférieurs.

On ne saurait admettre que la loi ait voulu assujettir les propriétaires inférieurs à voir leurs héritages attaqués en même temps sur tous les points par les filets d'eau, qui s'écouleraient des fonds arrosés.

Si donc un canal de dérivation, ou tout autre ouvrage de ce genre est reconnu nécessaire, il devra être fait par le propriétaire qui a obtenu le passage (arg. de l'article 698; Daviel, *loc. cit.*, p. 28, 29; *voy.* aussi *infra*, n° 221).

219. — Quant à ceux des fonds qui devront être considérés comme inférieurs, et par lesquels l'eau devra s'écouler, c'est une question de fait qu'il appartient aux magistrats de décider suivant les circonstances. Il se pourrait que ceux vers lesquels la pente du sol dirigerait naturellement les eaux, ne fussent pas néanmoins assujettis à les recevoir, si, par exemple, on y rencontrait des difficultés considérables d'exécution, ou encore s'ils étaient relativement d'un tel prix que l'équité commandât de donner une autre direction à l'écoulement (*voy.* le second alinéa de l'article 2; Garnier, p. 26; Dumay, sur Proudhon, *du Dom. public*, t. IV, n° 1452; Bertin, *Code des irrigations*, n°ˢ 353, 355).

220. — Remarquons d'ailleurs que le propriétaire riverain d'un cours d'eau non navigable ni flottable n'est autorisé à ces sortes de dérivations qu'à la condition, qui lui est imposée par l'article 644, de rendre les eaux à leurs cours ordinaire; condition telle que, dans beaucoup de cas, il sera, en réalité, impossible aux riverains de ces sortes de cours d'eau, de profiter du bénéfice de la loi de 1845 (comp. *supra*, n° 220; Bertin, *Code des irrigations*, n° 299).

Quoi qu'il en soit, cette loi ne les affranchit pas de cette condition; et on ne saurait induire une telle conséquence de la disposition générale de l'article 2 (comp. Cass., 8 nov. 1854, d'Escars, Dev., 1855, I, 49).

221. — 2° Nous arrivons maintenant à la seconde espèce de servitude, dont la loi du 29 avril 1845 permet aux tribunaux d'autoriser l'établissement.

L'article 3 est ainsi conçu :

« La même faculté de passage sur les fonds intermédiaires pourra être accordée au propriétaire d'un terrain submergé en tout ou en partie, à l'effet de procurer aux eaux nuisibles leur écoulement. »

On voit que cet article est étranger à l'objet principal de notre loi, qui s'occupe *des irrigations;* aussi ne se trouvait-il point d'abord dans le projet, et il n'y fut introduit que par un amendement, pour ainsi dire, improvisé dans la discussion de la Chambre des Députés (*Moniteur* du 14 fév. 1845).

Le double but de cette disposition est de rendre à la culture des terrains submergés, en même temps que d'assainir le sol, et de tarir ainsi, dans leur source (disait M. Passy à la Chambre des Pairs), des maladies et des souffrances, sous le poids desquelles succombent annuellement de malheureuses populations (*Moniteur* du 27 mars 1845).

A cet effet, l'article permet d'accorder au propriétaire du terrain submergé la même faculté de passage pour ses eaux nuisibles sur les fonds intermédiaires.

La *même faculté*, c'est à-dire, par conséquent la faculté de les diriger, au moyen d'un aqueduc ou de tout autre travail, dans un lieu où elles doivent se perdre, et non pas la faculté pure et simple de les laisser écouler de quelque manière que ce soit, sur les fonds qu'elles doivent traverser (*supra*, 218).

222. — M. Garnier enseigne que « la submersion, dont il s'agit ici, est celle qui provient d'une cause natu-

relle, de la chute des pluies, de la fonte des neiges ou
des glaces, de l'écoulement des eaux de source, du débor-
dement des rivières navigables, flottables ou autres, des
torrents, etc., mais non du consentement du propriétaire de l'héritage inondé, ou du fait purement volontaire d'un tiers.... » (Comm., p. 31, 32.)

La vérité est pourtant que notre article 2 est absolu
et qu'il ne distingue pas entre les différentes causes de
submersion; aussi croyons-nous que la faculté de passage
pourrait être accordée même pour des eaux, qui seraient
le résultat d'un travail volontaire de la part du maître de
l'héritage submergé, comme par exemple, pour des eaux
provenant du forage d'un puits artésien (comp. Demante,
t. II, n° 498 *bis*, VI).

Il est vrai qu'il ne faut pas que les propriétaires d'u-
sines se croient ainsi autorisés à grever les prairies d'une
servitude de passage, qui pourrait être fort onéreuse.
Cette observation de Daviel est fort juste (comm., p. 31).
Mais c'est aux magistrats qu'il appartient, en ces circonstances, d'exercer le pouvoir discrétionnaire que la loi
elle-même leur confère, et de prévenir, à cet égard, les
abus.

223. — Pareillement, la loi ne nous paraît pas distinguer davantage entre les causes, par suite desquelles
les eaux, en séjournant sur un fonds submergé, peuvent
lui devenir nuisibles, et voilà pourquoi nous adhérons
au sentiment de Demante, qui pense que « la faculté de
passage pourrait être accordée pour des eaux plus ou
moins corrompues par l'emploi qu'elles auraient reçu
dans un établissement industriel. » (T. II, n° 498 *bis*, VI.)

Sauf encore aux magistrats à prendre en considération
cette circonstance, pour décider s'il y a lieu d'accorder
ou de refuser le passage.

224. — 3° Restent enfin quatre propositions communes aux deux espèces de servitudes dont nous venons
de nous occuper :

A. La faculté d'accorder l'établissement de ces servitudes a été soumise à certaines restrictions, qui sont fondées, soit sur l'inviolabilité du domicile, soit sur la
nécessité de conserver les constructions et les travaux
d'art.

« Sont exceptés de cette servitude, les maisons, cours,
jardins, parcs et enclos attenants aux habitations. »
(Art. 1er et art. 2, 2e alinéa.)

Les *maisons*.... non pas seulement les *maisons d'habi-*
tation, mais plus généralement les *bâtiments*. C'est le
terme employé depuis, afin de lever toute ambiguïté, par
la loi du 11 juillet 1847 (*infra*, n° 231 ; Dumay sur
Proudhon, *du Dom. public*, t. IV, n° 1452).

Cours, jardins, parcs.... lors même qu'ils ne seraient
pas clos, si d'ailleurs *ils sont attenants aux habitations*.
C'est bien là ce qui paraît résulter de notre texte (comp.
Garnier, p. 25; Carette et Devilleneuve, 1845, *Lois*
annotées, p. 33 ; Demante, t, II, n° 498 *bis*, IV; Bertin,
Code des irrigations, n°s 321-323; ajout. Dijon, 3 mai
1850, de Blanzy, et 13 juill. 1853, Nicolas; Bourguignat,
Guide du draineur, n° 20).

Enclos.... Le texte ne définit pas ici les conditions de
la clôture; et c'est aux magistrats qu'il appartient de
les apprécier, d'après les usages du pays et les circonstances particulières de fait. Les définitions que four-
nissent, à cet égard, certaines lois spéciales, ne nous
paraîtraient donc pas, dans cette hypothèse, nécessairement obligatoires; et nous pensons, avec M. Bourguignat, qu'en règle générale, le bénéfice de l'exemption ne
doit s'appliquer qu'aux héritages, que leur genre de
clôture, à raison des usages du pays, peut faire regarder
comme spécialement réservés pour le service ou l'agrément des fonds auxquels ils attiennent (*Guide légal du*
draineur, n° 21 ; comp. lois du 30 avril 1790 ; du 6 oct.
1791; art, 391 et 392 Code pénal ; Garnier, *loc. cit.*,
p. 25; Devilleneuve et Carette, p. 33, note 3).

225. — B. L'une et l'autre servitude (art. 1er, 2 et 3) ne peut être établie, bien entendu, que moyennant une indemnité, qui, de même qu'en matière d'expropriation forcée pour cause d'utilité publique, doit être *juste* et *préalable;* et voilà pourquoi nous n'admettrions pas le sentiment de M. Dumay, qui enseigne (sur Proudhon, *du Dom. public*, t. IV, n° 1452) qu'elle pourrait être réglée en rentes ou annuités (*voy.* notre tome IX, n°s 557 et suiv.; Cass., 14 déc. 1859, d'Authieulle, Dev., 1860, I, 406; Garnier, comm., p. 32; Bertin, *Code des irrigations*, n° 308; Bourguignat, *Guide du draineur*, n° 37).

226. — C. Aux termes de l'article 4 de notre loi de 1845 :

« Les contestations auxquelles pourront donner lieu l'établissement de la servitude, la fixation du parcours de la conduite d'eau, de ses dimensions et de sa forme, et les indemnités dues aux propriétaires du fonds traversé, soit à celui (ou à ceux) qui recevra (ou qui recevront) l'écoulement des eaux, seront portées devant les tribunaux, qui, en prononçant, devront concilier l'intérêt de l'opération avec le respect dû à la propriété.

« Il sera procédé devant les tribunaux comme en matière sommaire; et s'il y a lieu à expertise, il ne sera nommé qu'un seul expert. » (Comp. art. 303, procéd.)

Cette disposition est évidemment commune à la servitude d'irrigation qui fait l'objet des articles 1er et 2, et à celle d'écoulement des eaux nuisibles dont s'occupe l'article 3.

Et c'est très-justement que le législateur s'en est remis, dans les deux cas, au pouvoir discrétionnaire des tribunaux, pour apprécier d'abord s'il convient d'autoriser l'établissement de la servitude demandée, et ensuite pour régler le plus équitablement possible, eu égard *à l'intérêt de l'opération*, comparé aux autres intérêts qui se trouvent en présence, toutes les conditions de son établissement et de son exercice (comp. art. 645).

227. — D. Enfin l'article 5 réserve aussi, dans tous les cas, les droits supérieurs de l'Administration en ces termes :

« Il n'est aucunement dérogé par les précédentes dispositions aux lois qui règlent la police des eaux. »

228. — II. *Loi du 11 juillet* 1847.

Le droit d'irrigation ne peut très-souvent être exercé par les riverains qu'au moyen d'un barrage appuyé sur la rive opposée, afin d'élever le niveau des eaux à la hauteur du sol de la rive, et de les introduire dans les canaux de dérivation ; aussi quelques jurisconsultes avaient-ils pensé que ce droit d'appui était une conséquence du droit d'irrigation, que le Code Napoléon accorde aux riverains (*supra*, n° 146).

La doctrine contraire avait toutefois prévalu (*voy.* notre tome X, n° 149) ; et une disposition législative était, à cet égard, vivement réclamée.

Un membre de la Chambre des Députés avait proposé de l'introduire dans la loi du 27 avril 1845 ; mais on répondit alors que les conseils généraux n'avaient pas été consultés ; et cette proposition n'eut pas de suite.

Tel est aujourd'hui l'objet de la loi du 11 juillet 1847, dont l'article 1er s'exprime ainsi :

« Tout propriétaire, qui voudra se servir, pour l'irrigation de ses propriétés, des eaux naturelles ou artificielles dont il a le droit de disposer, pourra obtenir la faculté d'appuyer sur la propriété du riverain opposé les ouvrages d'art nécessaires à sa prise d'eau, à la charge d'une juste et préalable indemnité.

« Sont exceptés de cette servitude les bâtiments, cours et jardins attenants aux habitations. »

Dans quels cas, au profit de qui, et sous quelles conditions l'établissement de cette servitude peut-il être autorisé ?

La réponse est très-simple :

La loi du 11 juillet 1847 est, en quelque sorte, le complément de la loi du 29 avril 1845; et on peut voir que l'article 1er de l'une et de l'autre est presque littéralement conçu dans les mêmes termes.

La servitude d'appui ne peut donc être autorisée que pour l'irrigation et non pour le service d'un moulin ou d'une usine (*supra*, n° 205); mais d'ailleurs elle peut être accordée non pas seulement au propriétaire riverain qui voudrait arroser sa propriété riveraine, mais encore à tous les propriétaires même non riverains, qui pourraient obtenir la servitude de passage pour les eaux dont ils auraient le droit de disposer (*supra*, n°s 204 et suiv.).

228 bis. — La loi ne fait aucune distinction entre les diverses natures de propriétés, prairies, terres labourables, jardins, etc. (*supra*, n° 205).

Et comme elle ne distingue pas davantage entre les divers modes d'irrigation, la servitude d'appui pourrait être réclamée non-seulement pour l'irrigation à grande eau, par saignées ou rigoles, mais aussi pour l'arrosement, à bras, d'un jardin (comp. Cass., 20 déc. 1853, Goubard, Dev., 1854, I, 249).

229. — Ce n'est que *sur la propriété du riverain opposé* que la servitude d'appui peut être autorisée.

La Chambre des Députés a rejeté un amendement de M. Pascalis, qui proposait de substituer aux mots qui se trouvent dans la loi, ceux-ci: *la faculté d'appuyer sur la propriété des riverains....*

Il s'ensuit que le barrage ne peut être appuyé, en vertu de la loi du 11 juillet 1847, que sur l'une des rives, c'est-à-dire sur la rive opposée à celle où s'exerce la prise d'eau; et par conséquent, il faut avoir, indépendamment de cette loi, le droit d'exercer une prise d'eau sur la rive, soit comme propriétaire riverain, soit comme concessionnaire du propriétaire riverain, ainsi que nous l'avons expliqué plus haut (n°s 207 et suiv.; comp. Garnier, comm. de la loi du 11 juillet 1847, p. 4, 5).

230. — D'ailleurs il ne nous paraît pas résulter du

texte de notre article 1er, que le droit d'appui ne puisse être exercé que sur la rive en face de laquelle la prise d'eau doit avoir lieu.

Nous pensons, au contraire, avec M. Garnier (*loc. supra cit.*) que les tribunaux pourraient, suivant les circonstances, autoriser l'établissement du barrage sur une rive plus en amont ou en aval, s'il se rencontrait sur la rive de face des obstacles de localité tels, que le barrage ne puisse pas y être posé.

231. — Il faut aussi remarquer que le second alinéa de l'article 1er de la loi de 1847 n'affranchit de la servitude d'appui que les *bâtiments, cours et jardins attenants aux habitations;*

A la différence de l'article 1er de la loi du 29 avril 1845, qui excepte, en outre, les *parcs et enclos.*

C'est que l'on a pensé, avec raison, que la servitude d'appui était, en ce qui concerne les parcs et enclos, beaucoup moins gênante que la servitude de conduite d'eau, et que le pouvoir discrétionnaire des tribunaux suffirait, dans ces circonstances, pour protéger les propriétaires des parcs et enclos, sans qu'il fût nécessaire que la loi établît en leur faveur une prohibition générale et absolue.

231 bis. — En quoi doit consister alors l'indemnité? N'est-elle due que pour la valeur du *lopin* de terre occupé par l'appui du barrage, sauf au propriétaire de la rive opposée à se pourvoir en dommages-intérêts, suivant le droit commun, au cas où il éprouverait des dommages provenant du barrage?

Nous le pensons tout à fait ainsi.

L'article 1er de la loi du 11 juillet 1847, qui impose la charge *d'une juste et préalable indemnité* à celui qui obtient la faculté d'appuyer *sur la propriété du riverain opposé les ouvrages nécessaires à sa prise d'eau,* cet article se compose de deux dispositions corrélatives, dont l'une correspond exactement à l'autre; c'est pour avoir

la faculté d'appuyer ses ouvrages sur la rive opposée,
que le propriétaire qui fait le barrage, doit une indemnité.

L'indemnité dont il est tenu, en vertu de la loi de 1847,
a pour cause le droit, qu'il obtient en vertu de cette même
loi;

Or, il n'obtient pas, bien entendu, le droit de refouler
le courant sur la rive opposée ni de l'inonder;

Donc, il ne doit pas d'indemnité pour un dommage que
le droit d'appui ne l'autorise pas à causer.

L'indemnité est adéquate au dommage actuel, direct et
défini, que la loi de 1847 permet de causer au propriétaire de la rive opposée; or, nous le répétons, ce dommage (en général très-minime), est uniquement celui qui
résulte de l'appui même du barrage sur la propriété du
riverain opposé; aussi, le texte ne dit-il pas un mot des
dommages futurs et éventuels qui pourraient résulter plus
tard du barrage une fois établi.

Il est vrai que, lors de la discussion du projet de loi à
la Chambre des Députés, M. Levasseur a dit que « cette
indemnité est subordonnée à la hauteur des eaux, à la
submersion qui en résultera pour les propriétaires en
amont, au dommage qu'ils en éprouveront.»

Mais la thèse, que l'honorable membre soutenait, a été
complétement rejetée par la Chambre. M. Levasseur aurait voulu que celui qui demande le droit d'appui, ne pût
se présenter devant les tribunaux civils qu'après avoir
obtenu de l'Administration supérieure un règlement
d'eau; mais c'était dénaturer tout à fait le projet de loi,
dans lequel il ne s'agissait nullement *des propriétaires en
amont,* pas plus que des propriétaires en aval, et qui
avait pour but unique de déterminer les rapports de
celui qui demande le droit d'appui, envers le propriétaire
sur la rive duquel ce droit est demandé; toutes les questions de règlement et de dommages demeurant d'ailleurs
réservées suivant le droit commun; et telle est, en effet,

la doctrine qui a prévalu dans la loi (*Moniteur* du 24 avril 1847, p. 915).

Rien ne serait d'ailleurs plus contraire aux principes généraux du droit, ni plus rempli d'incertitude, d'arbitraire ou plutôt même d'impossibilités, que cette appréciation d'une indemnité pour des dommages incertains et éventuels! d'une indemnité *in futurum*, et pour ainsi dire à forfait, qui manquerait absolument de base et qui serait toujours sans rapports avec le dommage : trop faible, si ce dommage était important; trop forte, s'il était minime ou presque nul!

252. — La faculté accordée par l'article 1er à tout propriétaire d'appuyer ses ouvrages d'art *sur la propriété du riverain opposé*, cette faculté, disons-nous, est, bien entendu, réciproque.

Et de là deux conséquences qui sont ainsi formulées par l'article 2 :

« Le riverain sur le fonds duquel l'appui sera réclamé, pourra toujours demander l'usage commun du barrage, en contribuant pour moitié aux frais d'établissement et d'entretien; aucune indemnité ne sera respectivement due dans ce cas; et celle qui aurait été payée, devra être rendue.

« Lorsque cet usage commun ne sera réclamé qu'après le commencement ou la confection des travaux, celui qui le demandera, devra supporter seul l'excédant de dépenses auquel donneront lieu les changements à faire au barrage pour le rendre propre à l'irrigation des deux rives. »

Dans le premier cas, c'est-à-dire lorsque l'usage commun est réclamé avant l'établissement du barrage, il est tout simple qu'il soit établi à moitié frais; si pourtant il était nécessaire, à raison de quelques circonstances, de faire plus de dépenses pour l'un que pour l'autre, cet excédant devrait être supporté par celui des deux riverains dans l'intérêt duquel il serait fait (arg. du 2e alinéa de notre article). M. Garnier remarque aussi, avec raison, que le riverain qui restitue l'indemnité qui lui avait été payée, ne doit aucun intérêt jusqu'à la demande en restitution (com., p. 8; arg. des articles 1152, 1682, etc.).

Dans le second cas, la faculté de réclamer l'usage commun du barrage déjà établi, présente une grande analogie avec la faculté qui appartient à tout propriétaire joignant un mur mitoyen, d'en acquérir la mitoyenneté (art. 660, 661); elle repose évidemment sur le même principe, sur l'intérêt commun bien entendu des deux parties.

Remarquons encore que les riverains, en tant qu'ils se bornent à exercer leurs droits d'usage sur le cours d'eau, ne sont pas tenus à une indemnité envers celui qui a établi le barrage, encore bien qu'ils profitent ainsi indirectement de la surélévation des eaux. Et comme cette proposition est vraie à l'égard du riverain lui-même sur le fonds duquel le barrage est appuyé, M. Bertin en induit, avec raison, que l'indemnité dont parle l'article 2 de notre loi, pourra être très-rarement réclamée (*Code des irrigations*, n°s 414 à 421).

232 bis. — L'exemption de la servitude de barrage, prononcée par le paragraphe 2 de l'article 1er de notre loi, en ce qui concerne les cours et jardins attenants aux habitations, est-elle applicable au cas où l'un des riverains demande seulement à acquérir la mitoyenneté d'un barrage déjà établi par l'autre riverain?

La Cour de cassation a décidé la négative, dans une espèce où il s'agissait d'un barrage anciennement établi, et par le motif très-sage et très-juridique, suivant nous, que la loi se montre plus difficile pour un barrage à établir, que pour un barrage déjà existant, parce qu'elle présume que la création d'un barrage ancien n'a pas été entièrement dénuée du consentement mutuel des deux propriétaires riverains actuels ou de leurs auteurs (20 déc. 1853, Goubard, Dev., 1854, I, 249).

233. — La loi du 11 juillet 1847 reproduit enfin, dans ses derniers articles, deux dispositions que nous avons déjà trouvées dans la loi du 29 avril 1845 :

Article 3. « Les contestations auxquelles pourrait donner lieu l'application des articles ci-dessus, seront portées devant les tribunaux.

« Il sera procédé, comme en matière sommaire, et s'il y a lieu à expertise, il ne sera nommé qu'un seul expert. »

Quoique cet article se borne à établir, purement et simplement, la compétence des tribunaux, sans leur attribuer le même pouvoir discrétionnaire qui leur est conféré par l'article 4 de la loi de 1845, il ne saurait être douteux que ce pouvoir leur appartient également dans l'application de la loi de 1847, qui autorise l'établissement d'une servitude toute semblable (comp. aussi l'article 5 de la loi du 10 juin 1854, sur le drainage, *infra,* n° 236; Demante, t. II, n° 499 *bis,* III).

Enfin, aux termes de l'article 4 : « Il n'est aucunement dérogé, par les présentes dispositions, aux lois qui règlent la police des eaux. »

234. — III. *Loi du 10 juin 1854, sur le libre écoulement des eaux provenant du drainage.*

Nous avons vu que la loi du 29 avril 1845, dans son article 3, autorisait l'établissement d'une servitude de passage pour l'écoulement des eaux nuisibles ; mais le texte de cet article n'accordant la faculté de l'obtenir qu'au propriétaire *d'un terrain submergé,* on en avait généralement conclu qu'il n'était applicable que lorsque effectivement la surface même du sol était *inondée et couverte d'eau* (*voy.* le Dictionnaire de l'Académie, v° *Submergé*).

Pourtant, il existe une immense étendue de terrains, les terrains argileux surtout ou à sous-sol imperméable, qui, sans être *submergés,* sont tellement imprégnés d'eau jusqu'à la surface, que la culture en est fort difficile, et ne rend pas, à beaucoup près, tous les produits que l'on

en pourrait tirer, s'ils étaient convenablement asséchés.
Or, il est une opération dont l'industrie agricole a constaté
les bienfaits déjà par de nombreuses expériences, et qui
consiste à placer dans un fonds des séries de tuyaux qui
enlèvent l'humidité par le sous-sol; tel est le *drainage*,
expression que nous avons francisée, et qui signifie, en
anglais, écoulement, desséchement. Aussi, demandait-on
depuis longtemps que le législateur encourageât et facili-
tât ces entreprises; et il paraît même que les auteurs de
l'amendement, qui est devenu l'article 3 dans la loi du 29
avril 1845, se proposaient de donner toute la satisfaction
possible à ces demandes et à ces besoins. Mais la formule
restrictive de la rédaction de cet article n'avait pas bien
exprimé leur pensée; et il a fallu qu'une loi nouvelle in-
tervînt pour généraliser la faculté que l'article 3 de la
loi de 1854 semblait n'accorder que dans le cas spécial de
submersion.

Tel est l'objet de cette loi du 10 juin 1854, qui n'est,
suivant les expressions de M. Garreau, rapporteur au
Corps législatif, que « l'explication conforme aux idées de
la Chambre de 1845, de l'article 3 de la loi ancienne. »
(*Moniteur* du 11 mai 1854.)

Et l'on a aussi ajouté fort justement que cette loi mettait l'article 640 du Code Napoléon en harmonie avec les
besoins nouveaux et désormais constatés de l'industrie
agricole (comp. Bourguignat, *Guide légal du draineur*,
nos 8, 9).

235. — La loi de 1854 distingue deux hypothèses :

Celle où l'opération d'asséchement est faite par un propriétaire isolément;

Celle où elle est entreprise par une réunion de propriétaires constitués en syndicats.

236. — Les articles 1er et 2 règlent la première hypothèse en ces termes :

Article 1er : « Tout propriétaire qui veut assainir son
fonds par le drainage ou un autre mode d'asséchement,

peut, moyennant une juste et préalable indemnité, en conduire les eaux, souterrainement ou à ciel ouvert, à travers les propriétés qui séparent ce fonds d'un autre cours d'eau ou de toute autre voie d'écoulement.

« Sont exceptés de cette servitude les maisons, cours, jardins, parcs et enclos attenants aux habitations. » (*Supra*, nº 224.)

Article 2 : « Les propriétaires des fonds voisins ou traversés ont la faculté de se servir des travaux faits en vertu de l'article précédent, pour l'écoulement des eaux de leurs fonds.

« Ils supportent dans ce cas : 1° une part proportionnelle dans la valeur des travaux dont ils profitent; 2° les dépenses résultant des modifications que l'exercice de cette faculté peut rendre nécessaires ; et 3° pour l'avenir, une part contributive dans l'entretien des travaux devenus communs. »

C'est aussi, dans ce cas seulement, une simple servitude de passage, que la loi nouvelle autorise.

Mais cette servitude doit-elle être nécessairement accordée à tout propriétaire qui en forme la demande? ou bien, au contraire, le juge peut-il, selon les circonstances, l'accorder ou la refuser?

La rédaction de l'article 1ᵉʳ de la loi nouvelle diffère, à cet égard, de celle des articles 1ᵉʳ et 3 de la loi du 29 avril 1845 et de l'article 1ᵉʳ de la loi du 11 juillet 1847; tandis que ces dernières dispositions portent seulement que le propriétaire qui demandera le passage des eaux pour l'irrigation ou le droit d'appui, *pourra l'obtenir*, l'article 1ᵉʳ de la loi du 10 juin 1854 déclare que « *tout propriétaire.... peut conduire les eaux....* » etc.

M. Garnier enseigne néanmoins qu'encore bien que la loi nouvelle soit conçue en termes plus impératifs que celles de 1845 et de 1847, elle n'a pas fait cependant aux tribunaux une obligation absolue d'accorder la servitude, et qu'ils doivent vérifier si le fonds a besoin d'être assaini,

s'il s'agit d'un assainissement réel (comm. de la loi du
10 juin 1854, p. 18). On peut ajouter que l'article 5 de
la loi nouvelle accorde au juge le pouvoir de statuer sur
les contestations auxquelles peuvent donner lieu *l'établissement* et l'exercice de la servitude, et que la loi nouvelle
n'étant qu'une explication de l'article 3 de la loi de 1845,
il semble naturel de l'interpréter aussi dans le même sens
et de laisser encore aujourd'hui aux magistrats le pouvoir discrétionnaire, que cet article 3 leur confère positivement (*supra*, n° 204).

Mais pourtant le texte de l'article 1er de la loi de 1854
paraît bien formel; et la vérité est qu'il établit une servitude de passage légal et nécessaire pour les eaux, de
même que l'article 682 établit une servitude légale et nécessaire de passage pour les personnes. C'est ainsi que
M. Heurtier a dit positivement, lors de la discussion du
projet, que « le juge n'aura pas à se prononcer sur l'établissement de la servitude ; car cette servitude est établie
par la loi elle-même. » (Comp. *Moniteur* du 14 mai 1854;
Bourguignat, *Guide légal du draineur*, p. 14; Cass., 14
avril 1868, Guillot, Dev. 1868, I, 287.)

236 bis. — M. Garnier enseigne que le passage des
eaux pourrait être réclamé non-seulement pour l'amélioration de la culture des terres et l'augmentation de leurs
produits, mais encore dans un but purement industriel,
comme, par exemple, afin d'exploiter des terrains en nature de mine, ou même pour y établir des bâtiments d'exploitation ou des maisons d'habitation (comment., p. 7;
ajout. Cass., 14 déc. 1859, d'Autheuille, Dev., 1860,
I, 406).

Il est vrai que l'article 1er se sert de l'expression générale d'*assainir ;* mais tous les travaux préparatoires, rapports et discours dans la discussion du Corps législatif,
nous paraissent témoigner formellement de la volonté du
législateur, de restreindre la portée de ce mot aux améliorations agricoles, sans y comprendre les entreprises

industrielles ou les usages domestiques. Tel est aussi le sentiment de MM. Devilleneuve et Carette. (*Lois annotées* 1854, p. 112).

256 *ter*. — On a demandé si le propriétaire qui aurait été soumis à la servitude de passage pour l'écoulement des eaux, pourrait ensuite s'en affranchir, en construisant un bâtiment ou une clôture, et en offrant de rendre l'indemnité qu'il aurait reçue ?

La négative nous paraît résulter de la combinaison même des deux alinéas de l'article 1er. Le législateur défend bien qu'on établisse la servitude sur les propriétés bâties ou closes; mais rien n'autorise à décider qu'une fois la servitude établie, le fait postérieur de la construction ou de la clôture doive en affranchir le propriétaire; et on conçoit facilement la raison de cette différence (comp. Devilleneuve et Carette, *loc. supra cit.*).

237. — La loi a prévu qu'il pourrait arriver que la constitution du sol ou le morcellement des parcelles rendissent, pour ainsi dire, impossibles à chacun des propriétaires isolément, les travaux de drainage et d'asséchement, et alors, elle les autorise à former des associations, auxquelles elle reconnaît un caractère légal.

Les articles 3 et 4 s'occupent de cette seconde hypothèse:

Article 3. « Les associations de propriétaires qui veulent, au moyen de travaux d'ensemble, assainir leurs héritages par le drainage ou tout autre mode d'asséchement, jouissent des droits et supportent les obligations qui résultent des articles précédents. Ces associations peuvent, sur leur demande, être constituées, par arrêtés préfectoraux, en syndicats auxquels sont applicables les articles 3 et 4 de la loi du 14 floréal an XI.»

Article 4. « Les travaux que voudraient exécuter les associations syndicales, les communes ou les départements, pour faciliter le drainage ou tout autre mode d'asséchement, peuvent être déclarés d'utilité publique par décret rendu en conseil d'État.

« Le règlement des indemnités dues pour expropriation, est fait conformément aux paragraphes 2 et suivants de la loi du 21 mai 1836.»

Il a été d'ailleurs bien entendu que les associations syndicales devaient être purement facultatives, et qu'aucun propriétaire ne pouvait être forcé d'améliorer, malgré lui, son héritage. Seulement, lorsque le propriétaire d'une parcelle enclavée voudra profiter du bénéfice de l'article 2, il pourra traiter avec le syndicat comme avec un particulier (*supra*, n° 232).

On a objecté, dans la discussion au Corps législatif, que la loi nouvelle ferait double emploi avec la loi du 16 septembre 1807 sur le desséchement des marais; objection, du reste, qui s'était déjà produite lors de la discussion de l'article 3 de la loi du 29 avril 1845. Mais il a été répondu que chacune de ces lois conserverait sa sphère d'action spéciale; que la loi du 16 septembre 1807 est surtout une loi d'intérêt public et de salubrité générale qui suppose une vaste opération, à laquelle les efforts des particuliers ne suffiraient pas; tandis que la loi actuelle se propose principalement l'amélioration des fonds dans un intérêt privé; qu'il est vrai que cet intérêt privé peut devenir collectif et s'élever alors aux proportions d'un intérêt général; mais que la loi nouvelle y pourvoit, *sans interdire d'ailleurs le recours à l'ancienne législation*, et, depuis lors, est intervenue la loi du 21 juin 1865, relative aux associations syndicales, qui peuvent se constituer, notamment en vue des travaux de drainage (M. Rouher, commissaire du Gouvernement, *Moniteur* du 14 mai 1854; comp. Daviel, comm. de la loi du 27 avril 1845, p. 32; Garnier, art. 3 de cette loi, p. 30; comp. Cass., 26 mai 1849, Chantereine; Bourguignat, *Guide du draineur*, r° 9).

238. — Enfin la loi du 10 juin 1854 se termine par les dispositions suivantes :

Article 5. « Les contestations auxquelles peuvent donner lieu l'établissement et l'exercice de la servitude, la fixation du parcours des eaux, l'exécution des travaux de drainage ou d'asséchement, les indemnités et les frais d'entretien, sont portés en premier ressort devant le juge de paix du canton, qui, en prononçant, doit concilier l'intérêt de l'opération avec le respect dû à la propriété.

« S'il y a lieu à expertise, il ne pourra être nommé qu'un seul expert. »

Article 6. « La destruction totale ou partielle des conduits d'eau ou fossés évacuateurs, est punie des peines portées à l'article 456 du Code pénal.

« Tout obstacle apporté volontairement au libre écoulement des eaux, est puni des peines portées par l'article 457 du même Code.

« L'article 463 du Code pénal peut être appliqué. »

Article 7. « Il n'est aucunement dérogé aux lois qui règlent la police des eaux. »

Ce qu'il importe de remarquer ici, c'est l'attribution de la compétence au juge de paix. « En agriculture, a dit M. Garreau, rapporteur au Corps législatif, il faut surtout que l'on puisse opérer promptement et économiquement; la justice des tribunaux de première instance et des cours impériales est plus lente et plus coûteuse que celle des juges de paix, par lesquels la loi nouvelle fera juger les contestations en premier ressort. » (*Moniteur* du 11 mai 1854.)

Il paraît même certain que si les lois de 1845 et de 1847 sur les irrigations et le droit d'appui, n'ont pas, jusqu'à ce jour, produit tous les résultats que l'on en espérait, c'est principalement au système établi pour la juridiction, qu'il faut en attribuer la cause. Aussi, avait-on proposé d'introduire, dans la loi nouvelle, deux dispositions, qui déclaraient l'article 5 de la présente loi (et même aussi l'article 6) applicables aux cas prévus par les lois des 29 avril 1845 et 11 juillet 1847.

Mais le conseil d'État a rejeté ces amendements; et en

conséquence, les tribunaux de première instance conservent encore aujourd'hui la juridiction pour tout ce qui concerne l'exécution des lois de 1845 et de 1847; tandis que le juge de paix est, au contraire, compétent pour statuer sur les contestations que peut faire naître la loi nouvelle sur l'écoulement des eaux provenant du drainage.

238 bis. — IV. En ce qui concerne la loi du 23 juillet 1856, il nous suffit de la mentionner; cette loi, en effet, n'établit aucune servitude nouvelle, et ne se rattache, sous ce rapport, par aucun lien, à notre matière. Son objet, très-important sans doute, au point de vue de l'économie politique et des progrès de l'agriculture et de l'industrie, consiste uniquement en ce que l'État lui-même affecte une somme de cent millions à des prêts destinés à faciliter les opérations du drainage; telle est la disposition du premier et du principal article; les autres articles déterminent de quelle manière les prêts seront effectués et remboursés (art. 2-10).

SECTION II.

DE L'OBLIGATION, POUR LES PROPRIÉTAIRES, DE PROCÉDER, A FRAIS COMMUNS, AU BORNAGE DE LEURS FONDS CONTIGUS.

SOMMAIRE.

239. — Division.

239. — Aux termes de l'article 646 :

« Tout propriétaire peut obliger son voisin au bornage
« de leurs propriétés contiguës. Le bornage se fait à frais
« communs. »

Nous allons rechercher, à cet égard :

1° Ce que c'est que l'action en bornage; quelle est sa nature; et quel juge est compétent pour en connaître;

2° Par qui et contre qui elle peut être formée, et dans quels cas;

3° En quoi consiste l'opération du bornage, et quelles
en sont les formes;

4° Enfin, quels en sont les effets.

.1.

Ce que c'est que l'action en bornage : quelle est sa nature; et quel juge
est compétent pour en connaître.

SOMMAIRE.

240. — L'action en bornage a pour but de fixer, d'une
manière certaine, la limite qui sépare des propriétés
contiguës, afin de bien constater le point où chacune
d'elles commence et finit, et de prévenir ainsi les empiétements, que l'un pourrait commettre sur l'autre, avec
intention ou par erreur.

Le droit de demander le bornage est inhérent à la propriété même ; il est né en même temps qu'elle : « *Dominia distincta, agris termini positi.* » (L. 5, ff. *de justit. et jure*).

L'incertitude et la confusion des limites entre les propriétaires voisins, est d'ailleurs presque toujours, comme l'indivision, une source de difficultés et de procès [1]; aussi peut-on dire de l'action en bornage, comme de l'action en partage, qu'elle est fondée non-seulement sur l'intérêt privé des parties, mais encore sur l'intérêt général de la société.

241. — De ces considérations résultent déjà deux conséquences :

La première, c'est que l'action en bornage est imprescriptible et peut être formée, en conséquence, à toute époque ; car elle constitue, comme nous venons de le dire, un attribut essentiel du droit de propriété, que la loi elle-même consacre et renouvelle incessamment ; et elle n'est véritablement, sous ce rapport, qu'un acte de pure faculté. Il est vrai qu'elle est dirigée contre un tiers ; mais le demandeur n'a d'autre prétention que celle de planter des bornes chez soi et sur son propre fonds, signe caractéristique des actes de pure faculté (art. 815, 2232 ; comp. Dunod, p. 98 ; Delvincourt, t. I, p. 157, note 7 ; Toullier, t. III, n° 170 ; Pardessus, t. I, n° 130 ; Duranton, t. V, n° 245 ; Troplong, *de la Prescription*, t. I, n° 119 ; Zachariæ, t. II, p. 42 ; Solon, n° 57 ; Mongis, *Encycl. du droit*, v° *Bornage*, n° 23).

La seconde conséquence, c'est que les propriétaires ne pourraient pas renoncer à l'action en bornage, ni tous les deux réciproquement, ni l'un des deux seulement au profit de l'autre, puisqu'elle intéresse la paix et l'harmo-

---

1. « Cantent laudes, Termine sancte, tuas ;
. . . .
« Omnis erit, sine te, litigiosus ager. »
                                    Ovide, *Métam.*

nie des relations de voisinage et le bon ordre de l'État (art. 6, 815; Solon, n° 64).

242. — Ce qui est plus difficile à comprendre, c'est comment l'obligation réciproque du bornage entre propriétaires voisins, peut constituer une servitude foncière. D'assujettissement réel de l'un des héritages envers l'autre, il n'y en a pas effectivement l'apparence, ni avant l'action, ni après; et la vérité est que celui qui demande à son voisin le bornage, ne lui demande que l'accomplissement d'une simple obligation personnelle, de l'obligation que la loi lui impose de concourir à cette opération et de payer sa part des frais; voilà pourquoi Paul avait dit : *Actio finium regundorum in personam est, licet pro rei vindicatione sit* (L. 1, ff. *fin. reg.; voy.* aussi Pothier, 2ᶜˢ app., au *Contrat de Société*, n° 231).

Cela est incontestable; et nous en avons déjà fait plus haut la remarque (*supra*, nᵒˢ 10 et 11); mais nous avons dit en même temps pourquoi le législateur avait cru devoir ranger cette espèce d'obligation dans la catégorie des servitudes, *qui résultent de la situation des lieux;* c'est qu'en effet elle constitue, de chaque côté, activement et passivement, un attribut réel de la propriété, qui se transmet partout avec elle, et qui est bien, certes, la conséquence la plus immédiate de la situation des lieux.

243. — Ce caractère de réalité, que le Code a imprimé à l'action en bornage, par la place qu'il lui a donnée dans notre titre *des Servitudes*, a produit, du reste, une conséquence très-importante, et à laquelle on ne peut qu'applaudir, c'est de rendre compétent, en cette matière, le juge de la situation des lieux (art. 3, 2°, et art. 59, 3ᵉ alinéa, procéd.).

On objecterait en vain que l'action en bornage étant principalement personnelle, devrait être portée devant le juge du domicile du défendeur; ou tout au moins qu'en raison de sa nature mixte, puisqu'elle renferme toujours le germe d'une action en revendication, *pro rei vindica-*

tione (L. 1, ff. *fin. reg.*), elle pourrait être portée, soit
devant le juge de la situation, soit devant celui du domicile du défendeur (art. 59, 1er et 4e alinéa, procéd.; comp.
Ducaurroy, Bonnier et Roustaing, t. II., n° 276; *voy.*
aussi notre tome IX, n° 467).

Nous avons déjà répondu que le Code, en considérant
cette matière comme exclusivement réelle, en a par cela
même attribué aussi exclusivement la connaissance au
juge de la situation. Et c'est très-justement sans doute;
car ces sortes d'actions nécessitant toujours des acces-
sions des lieux, des expertises, etc., aucune juridiction
n'était préférable à celle du juge même de la situation des
héritages (comp. Duranton, t. V, n° 251; Demante, t. II,
n° 500 *bis*, III; Marcadé, art. 646, n° 1).

244. — C'est par ces motifs, et aussi à cause de la
simplicité de l'action en bornage proprement dite, en
tant que cette action garde son caractère propre et ne se
complique pas d'une question de propriété, c'est, dis-je,
par ces motifs que la loi du 25 mai 1838 en a attribué
la connaissance au juge de paix, lorsque la propriété ou
les titres qui l'établissent, ne sont pas contestés (art. 6,
n° 2).

Antérieurement à cette loi, et d'après la loi des 16, 24
août 1790 (tit. III, art. 10) confirmée par l'article 3 du
Code de procédure, l'action en bornage était de la compétence des tribunaux civils d'arrondissement; et Malleville, en soutenant (sur l'article 646 du Code Napoléon)
que la loi de 1790 l'avait placée dans les attributions des
juges de paix, avait évidemment confondu l'*action en bornage* avec l'*action en déplacement de bornes* poursuivie au
civil (comp. art. 10, tit. III de la loi du 24 août 1790;
art. 3, procéd.; et art. 6, n° 2 de la loi du 25 mai 1838;
Toullier, t. III, n° 173; et *infra*, n° 245).

Il est vrai que l'article 48 du projet de Code rural, imprimé en 1808 par ordre du gouvernement, attribuait
formellement au juge de paix la connaissance des actions

en bornage. Mais précisément cette loi voulait leur conférer ainsi une attribution nouvelle; et il arriva même que, parmi les commissions consultatives nommées dans les départements, auxquelles le projet de Code rural avait été adressé, les avis furent partagés sur cette innovation.

Ceux qui s'y opposèrent faisaient le dilemme :

Ou les parties seront d'accord sur leurs limites respectives, et alors, elles n'ont pas besoin de recourir à la justice ; elles peuvent elles-mêmes, à l'amiable, planter des bornes et dresser un procès-verbal de bornage ; que si elles ne savent pas écrire, elles peuvent, afin d'éviter les frais d'un acte notarié, s'adresser au juge de paix, en prorogeant sa juridiction (art. 7, procéd.) ;

Ou, au contraire, les parties ne s'entendent pas sur leurs limites réciproques, sur la ligne séparative de leurs fonds ; et alors, s'élève une question de propriété, dont on ne pourrait pas attribuer la connaissance au juge de paix, sans altérer profondément le caractère de son institution, d'après laquelle la compétence du juge de paix, en matière réelle immobilière, a toujours été restreinte aux actions possessoires, et qui lui défend de statuer sur des actions pétitoires, à l'égard desquelles il ne peut jamais être que conciliateur (comp. art. 25, 48, procéd.).

Ces considérations ne manquaient pas de gravité sans doute ; et nous allons voir que le législateur de 1838, tout en plaçant les actions en bornage dans les attributions des juges de paix, en a lui-même tenu compte ; mais elles avaient aussi quelque chose de trop absolu ; et on pouvait leur reprocher de confondre les actions en revendication véritable des biens immobiliers, avec une action qui, sans être possessoire, n'est pas non plus, à vrai dire, précisément pétitoire, puisqu'elle n'a pour but que de régler, en quelque sorte, l'exercice de la propriété immobilière. C'est par application de cette idée, que l'article 6, n°s 2 et 3, de la loi du 25 mai 1838, autorise également le juge de paix à statuer sur les contestations relatives soit aux distances prescrites pour les plantations d'arbres ou de haies (art. 671, 672), soit aux constructions et travaux énoncés dans l'article 674 du Code Napoléon.

Le dilemme précité était d'ailleurs en défaut, sous un rapport important ; car il arrive très-souvent, alors même qu'il ne doit y avoir aucune difficulté entre les parties sur leurs limites respectives, que celle qui veut obtenir un bornage, ne peut pas vaincre l'indifférence et l'inertie de l'autre, ni l'amener à procéder volontairement à cette opération de gré à gré. Rien n'est plus fréquent dans les campagnes, que de voir des refus catégoriques, ou du moins des lenteurs interminables, opposés aux demandes de bornage. Les ennuis d'un déplacement, la crainte des frais, la crainte aussi d'être obligé de rendre ce qu'on aurait évidemment usurpé, tout cela peut expliquer ces résistances ; or, dans ces cas, on ne peut nier que la compétence du juge de paix ne soit un grand bien et qu'elle n'est pas non plus d'une application aussi rare que quelques-uns l'ont pensé.

245. — Mais ce n'est, bien entendu, qu'autant qu'il s'agit de l'action en bornage véritable et proprement dite, que le juge de paix est compétent d'après la loi du 25 mai 1838.

Nous appelons action en bornage proprement dite, celle qui a pour objet de fixer contradictoirement entre les propriétaires contigus, les limites de leurs héritages, soit que ces limites étant dès à présent connues et certaines, il n'y ait plus qu'à faire la plantation matérielle des bornes, soit que ces limites étant inconnues et incertaines, il soit nécessaire de les rechercher et de les découvrir préalablement.

Il faut bien se garder de confondre l'action en bornage ainsi définie :

Soit avec l'action en déplacement de bornes ;

Soit avec l'action que l'on a appelée, plus ou moins exactement, action en délimitation ou en règlement de limites (comp. Zachariæ, t. II, p. 43 ; Demante, t. II, n° 500 *bis*, I ; Marcadé, art. 646, n° 2).

246. — L'action en déplacement de bornes (intentée au civil), n'est autre chose qu'une action possessoire, qui a toujours été de la compétence des juges de paix, lorsqu'elle réunit d'ailleurs les conditions requises pour l'exercice des actions possessoires, et dont particulièrement le juge de paix ne peut connaître que lorsqu'elle est intentée dans l'année du trouble (art. 23, procéd.).

Cette action ne demande pas le bornage, puisqu'elle suppose, au contraire, qu'il a déjà eu lieu ; et si elle n'est pas formée dans l'année, la demande contre l'usurpation prétendue doit être portée au pétitoire, comme toute action en revendication.

Le déplacement des bornes peut d'ailleurs constituer un fait punissable, d'après les dépositions du Code pénal, dont nous n'avons pas à nous occuper ici.

Notons seulement que le déplacement des bornes n'est un délit qu'autant que le bornage a été fait, soit volontairement, soit judiciairement, entre les propriétaires intéressés. Le déplacement des bornes qui n'auraient été plantées que par un propriétaire sur son propre fonds, ne pourrait donner lieu qu'à une action possessoire en complainte ou en réintégrande (comp. art. 389, 456, C. pén.; Cass., 8 avril 1854, Novier, Dev., 1854, I, 344 ; loi du 28 sept., 6 oct. 1791, tit. II, art. 17 ; L. 2, ff. *de termino moto ;* Mongis, *Encycl. du droit*, v° *Bornage*, n°ˢ 59-71 et 82).

247. — Quant à l'action que certains auteurs ont nommée en délimitation ou en règlement de limites, si on entend par là une action qui suppose des limites contestées et un débat sur une question de propriété, la connaissance en appartient, suivant le droit commun, aux tribunaux civils d'arrondissement; car il ne s'agit plus alors seulement d'une simple action en bornage, mais d'une véritable revendication.

Aussi l'article 6, n° 2, de la loi du 25 mai 1838, qui porte que les juges de paix connaissent, à la charge d'appel des actions en bornage, ajoute-t-il cette restriction importante : *lorsque la propriété ou les titres qui l'établissent, ne sont point contestés.*

248. — Mais des difficultés se sont élevés souvent, dans la pratique, sur le point de savoir ce qu'il faut entendre par ces mots : *propriétés ou titres contestés ;* et les auteurs eux-mêmes ont exprimé, à cet égard, dans la doctrine, des opinions fort divergentes.

Pour notre part, nous pensons que, pour qu'il y ait contestation sur la propriété, et en conséquence, pour que le juge de paix soit incompétent, la condition, nécessaire tout à la fois et suffisante, est que les parties ne soient pas d'accord sur les limites respectives de leurs héritages, et que l'une prétende être propriétaire au delà de la ligne jusqu'à laquelle l'autre soutient, au contraire, que sa propriété s'étend.

Toutes les fois, en un mot, que pour statuer sur l'action en bornage, il faudrait que le juge de paix décidât une question de revendication relative aux héritages limitrophes, il doit se déclarer incompétent ; et cela même d'office, puisqu'il s'agit d'une incompétence *ratione materiæ,* et d'ordre public (art. 170, procéd. ; comp. Cass., 27 nov. 1865, 1re espèce, Rougemont; 2e espèce, Lévêque, Dev., 1866, I, 241, 243).

La règle étant ainsi posée, il nous sera facile de résoudre, par voie de conséquence, les différentes questions que ce sujet a soulevées.

249. — Voilà, par exemple, le défendeur qui soutient que son adversaire n'est pas propriétaire du fonds, qu'il possède *pro suo* et dont il demande le bornage.

Est-ce là une contestation sur la propriété ou sur les titres, et le juge de paix devient-il incompétent?

L'affirmative a été soutenue (comp. Benech sur la loi du 25 mai 1838, art. 6; Curasson, *du Bornage*, § 2, n° 11; ajout. Millet, *du Bornage*, p. 278 et suiv.).

Mais nous ne saurions l'admettre :

D'une part, celui qui possède comme propriétaire, est réputé, en effet, propriétaire à l'égard des tiers, qui ne prétendent pas eux-mêmes à la propriété du fonds, qu'il détient; et le défendeur est ici sans qualité pour soulever une question de propriété (*infra*, n° 259).

D'autre part, il n'y a là, de loin ni de près, aucune question de propriété que le juge de paix doive résoudre, afin de statuer sur l'action en bornage qui lui est soumise, puisque ni le demandeur ni le défendeur ne revendiquent rien l'un contre l'autre (comp. Pothier, *de la Société*, n° 232; Duranton, t. V, n° 253; Marcadé, art. 646, n° 2).

250. — Supposons, au contraire, que l'une des parties, le demandeur ou le défendeur, peu importe, possédant une étendue de terrain plus grande que celle énoncée dans ses titres, prétende avoir acquis, par la prescription de trente ans, tout ou partie du fonds dont le bornage est demandé.

Oh! alors, c'est bien la propriété qui est contestée; la propriété respective des héritages limitrophes, et entre les parties elles-mêmes, qui figurent dans l'action du bornage. Le juge de paix ne pourrait statuer sur cette action qu'en tranchant cette question de propriété; donc il est alors incompétent.

M. Mongis enseigne toutefois que « vainement, pour repousser l'action en bornage, le voisin assigné invoquerait en sa faveur la possession trentenaire;.... que l'action ne serait point entravée; que seulement ses effets seraient soumis aux principes généraux de la possession trentenaire, et que les bornes seraient plantées conformément

aux titres modifiés par la possession *longi temporis* »
(*Encycl, du droit*, v° *Bornage*, n° 25).

Cette proposition est incontestable (*infra*, n° 272);
mais il est évident que l'honorable auteur suppose que la
prescription invoquée par l'un ne sera pas contestée par
l'autre, et qu'il ne sera point soulevé, à ce sujet, de question de propriété; car, dans le cas contraire, la propriété
serait évidemment contestée (comp. Cass., 1er fév. 1842,
Olivier, Dev., 1842, I, 99; Douai, 19 janv. 1848, Daumalle, Dev., 1849, II, 154; Curasson, *du Bornage*, § 2,
n° 11, Benech, *des Just. de paix*, p. 274, *in fine*; Marc-
Deffaux, sur l'article 6 de la loi du 25 mai 1838; Millet,
p. 282).

251. — On a même soutenu que cette solution devait
être appliquée dans le cas où l'une des parties invoquait
seulement la possession annale pour obtenir une plus
grande étendue de terrain que celle énoncée dans ses
titres (comp. Curasson, *loc. supra cit.*; et aussi Duranton,
t. V, n° 260).

Mais le moyen déduit de la simple possession annale
ne saurait, à notre avis, constituer, dans une action
en bornage, une contestation sur la propriété ou sur les
titres.

Sans doute, si la partie se prétend propriétaire de la
portion de terrain qu'elle possède, il faudra que le juge
de paix se déclare incompétent. Mais opposer seulement
la possession annale, ce n'est pas se prétendre propriétaire; ce serait plutôt avouer que l'on n'est que simple
possesseur d'une portion de terrain au delà de ses titres;
or, le bornage a précisément pour but de faire rentrer les
possessions respectives dans les limites déterminées par
les titres.

A plus forte raison, en serait-il de même, si l'une des
parties prétendait seulement que le bornage doit avoir
lieu d'après l'état de sa possession actuelle, et qu'elle n'y
consent qu'à cette condition. (*Voy.* toutefois Morin, *Prin-*

cipes du bornage, chap. IV, p. 24 et suiv. ; *infra*, n° 272 *bis*).

On peut très-bien, en effet, se passer de son consentement, dès que l'on se trouve dans les conditions déterterminés par la loi pour que le bornage soit obligatoire (art. 646) ; or, la partie qui prétend seulement que le bornage doit avoir lieu d'après la ligne de ses possessions actuelles, dont l'étendue est plus grande que celle énoncée dans ses titres, sans d'ailleurs invoquer, pour justifier cet excédant et cette surmesure, une cause acquisitive de propriété, cette partie ne saurait se placer, par une telle prétention, en dehors des conditions de l'action en bornage ; car il n'y a là aucune contestation sur la propriété et sur les titres.

M. le conseiller Mesnard a très-justement remarqué que la partie, dans ce cas, « ne faisait que se débattre contre l'inévitable effet du bornage, qui, en pareille circonstance, aboutit à des reprises pour ramener précisément la jouissance dans les limites de chaque titre. (Comp. Cass., 19 nov. 1845, Lesueur, Dev., 1846, I, 457 ; Cass., 27 août 1829, Benoist, D., 1829, II, 349 ; Millet, p. 285 ; Mongis, *loc. supra*, n°s 25-29.)

252. — Les développements qui précèdent peuvent servir à décider la question de savoir si le juge de paix doit se déclarer incompétent, lorsque les parties ne sont pas d'accord sur la ligne divisoire de leurs héritages et sur le lieu où les bornes doivent être plantées.

De deux choses l'une :

Ou ce désaccord sur la ligne divisoire résulte d'une prétention, par l'une ou l'autre des parties, à la propriété du terrain que l'autre soutient, au contraire, lui appartenir ; et, dans ce cas, le juge de paix n'est point compétent (Cass., 1er févr. 1842, Olivier, Dev., 1842, I, 99 ; Douai, 19 janv. 1848, Daumalle, D., 1849, II, 60 ; Cass., 25 juill. 1848, Tastemain, D., 1852, I, 55 ; D., *Rec. alphab.*, nouv., édit. v° *Compét. des juges de paix*, n° 264) ;

Ou ce désaccord ne se traduit en aucune revendication directe ni indirecte ; et alors, la contestation, en tant qu'elle porte sur le lieu où les bornes devront être plantées, n'est qu'un des accidents naturels de l'action en bornage, qui a précisément pour but, ainsi que nous venons de le dire, de ramener les possessions dans les limites énoncées par les titres, et d'opérer ainsi des reprises et des restitutions, contre lesquelles les parties opposent toujours, plus ou moins, des objections et des résistances, qui sont naturelles sans doute aussi de leur part, mais qui ne sauraient entraver la compétence du juge de paix, autrement, la juridiction de ce magistrat serait à la discrétion des parties, et elle n'existerait qu'autant que celles-ci seraient d'accord constamment, en tout et pour tout ! c'est-à-dire qu'elle serait véritablement anéantie ! (Comp. Cass., 2 avril 1850, Bellot, D., 1850, I, 154 ; Cass., 19 juill. 1852, Baudot, D., 1854, I, 432 ; Curasson, § 2, n° 11 ; Millet, p. 291 ; Comp. Cass., 6 août 1860, Lucas, J. du P. de 1861, p. 760 ; voy. toutefois Cass., 27 nov. 1860, de Forestier, Dev., 1861, I, 317.)

252 bis. — C'est par application du même principe que la Cour de cassation a décidé que le juge de paix est compétent pour apprécier les anciennes mesures indiquées dans les titres produits et pour les convertir en mesures nouvelles, lorsqu'il y a, sur ce point, dissentiment entre les parties (11 juin 1861, Marchand, Dev., 1862, I, 867).

253. — En règle générale, le juge de paix doit se déclarer incompétent, *lorsque la propriété et les titres qui l'établissent, sont contestés.*

Ce sont là les termes de la loi ; et il n'appartient pas au juge de paix de décider jusqu'à quel point la contestation est fondée, et si la prétention doit ou non réussir (comp. Cass., 12 avril 1843, Dumet, J. du P., 1843, I, 721 ; Cass., 24 juillet 1860, Lefranc, Dev., 1860, I, 897 ; Cass., 28 fév. 1870, Gibert, Dev., 1870, I, 267).

Telle est la règle qu'il nous paraît prudent de suivre, et dont il ne faudrait s'écarter que dans le cas où la prétendue contestation, non motivée ou dépourvue de toute apparence de fondement, ne serait manifestement qu'un prétexte imaginé pour entraver l'action en bornage (comp. Millet, p. 305) ; car si la contestation n'était pas sérieuse le juge de paix devrait se déclarer compétent (Cass., 28 mars 1355, Delmonte, Dev., 1855, I, 729 ; Cass., 16 mai 1860, de Beaumetz, Dev., 1861, I, 160 ; Cass., 10 déc. 1862, Thiébaut, D., 1863, I, 29).

254. — D'ailleurs, il est bien clair que la contestation de propriété n'est assujettie à aucune formule obligatoire ; et il n'est pas même nécessaire qu'elle soit exprimée en termes formels.

Il suffit, pour que le juge de paix soit incompétent, que l'action en bornage, comme l'a dit M. le conseiller Mesnard dans son rapport déjà cité (*supra*, n° 251), doive aboutir à des résultats, qui ne pourraient être légitiemment attendus que d'une action en revendication.

Aussi, la éontestation de propriété fait-elle cesser la compétence du juge de l'action en bornage, lors même qu'elle n'est élevée qu'en appel. (comp. Cass., 16 mars 1870, Neudin, Dev., 1870, t. 359.)

II.

Par qui et contre qui l'action en bornage peut-elle être intentée et dans quels cas?

SOMMAIRE.

263. — L'action en bornage est-elle recevable entre un particulier et
l'État ou une commune?

264. — L'action en bornage ne concerne que les propriétés rurales.

265. — Il faut, bien entendu, que les propriétés soient distinctes et
appartiennent à des maîtres différents.

266. — La contiguïté est aussi une condition essentielle.

267. — Les arrière-voisins peuvent-ils être appelés? — A quel moment
et par qui?

268. — L'action en bornage est-elle recevable, lorsque l'un des propriétaires a établi, pour sa limite, une haie vive ou sèche, des épines
foi, des arbres ou des murs?

269. — Suite. — Observation.

255. — D'après notre article 646, le bornage peut
être demandé *par tout propriétaire.*

Ce droit est donc réciproque entre voisins ; et même,
lorsque l'un d'eux prend l'initiative, l'autre est, en quelque sorte, réputé jouer aussi le rôle de demandeur ; car
c'est le propre de cette action que « chacune des parties, dit Pothier, celle qui est assignée aussi bien que
celle qui a assigné, réclame, chacune l'une contre l'autre,
ce qui par le bornage sera déterminé faire partie de son
héritage. » (*De la Société,* n° 231 ; comp. l. 10, ff. *fin
regund*).

256. — Faut-il conclure de ces mots : *tout propriétaire,*
qu'il n'y ait, en effet, que le propriétaire lui-même, c'est-
à-dire celui qui a le *plenum dominium,* qui puisse exercer
l'action en bornage ?

Ainsi l'ont pensé quelques auteurs, qui enseignent en
conséquence que cette action, toute pétitoire et immobilière, n'appartient pas à l'usufruitier, ou que, du moins,
il ne pourrait l'exercer qu'en mettant lui-même en cause
le nu-propriétaire (comp. Carou, *Jurid. des juges de paix,*
p. 640; Millet, p. 123; A. Dalloz, *Dict.* v° *Servitude,* art.
252, n° 193 ; Hennequin, t. II, p. 353).

Mais cette doctrine, qui est contraire aux traditions du
droit romain (L. 4, § 9, *fin. regund*), et de notre ancien
droit français (Pothier. *de la Société,* n° 232), nous paraît

également méconnaître les véritables principes, sous notre droit nouveau.

Les principes veulent, en effet, que l'action en bornage appartienne à quiconque a dans l'héritage un droit réel, c'est-à-dire un droit propre et indépendant de toute obligation personnelle de la part d'un tiers ; or, tel est bien le droit de l'usufruitier ; donc, l'action lui appartient ; et elle est régulièrement exercée par lui, lors même qu'il n'a pas mis le nu-propriétaire en cause.

Il est vrai que le bornage opéré avec l'usufruitier ne serait pas opposable au nu-propriétaire, qui pourrait en provoquer un nouveau, même pendant la durée de l'usufruit (Bordeaux, 23 juin 1836, Lauretet, Dev., 1837, II, 36). Mais tout ce qui résulte de là, c'est que la partie, assignée en bornage par l'usufruitier, fera bien, si elle veut obtenir une opération définitive, d'y appeler elle-même, comme elle le peut certainement, le nu-propriétaire (comp. notre Tome X, n°s 327 et 658 *bis ;* ajout. Mongis, *Encycl. du droit,* v° *Bornage,* n°s 37-41).

257. — Par suite des mêmes principes, l'action en bornage appartient aussi, suivant nous, à l'usager (comp; Pardessus, t. II, n° 332 ; Marcadé, article 646, n° 2 ; *contra,* Curasson, § 1, n° 4) ;

A l'emphytéote, à l'antichrésiste (comp. L. 4, § 9, ff. *fin. reg. ;* Domat, *Lois civ.,* liv. II, tit. VI, section I, n° 7 ; Pardessus, *loc. supra ;* Neveu-Derotrie, *Lois rurales,* p. 54 ; Duranton, t. V, n° 257).

258. — Mais il faut, au contraire, la refuser au fermier, qui n'a pas de droit réel (comp. art. 1725, 1726, 1727 ; notre tome IX, n°s 492-494 ; Toullier, t. II, n° 181 ; Poulain-Duparc, t. VIII, p. 25 ; Demante, *Cours analyt.,* t. II, n° 500 *bis,* IV ; Taulier, t. II, p. 375 ; Solon, n° 59 ; Curasson, § 1, n° 4 ; Millet, p. 128).

259. — « Le possesseur d'un héritage, qui s'en porte pour le propriétaire, soit qu'il le soit effectivement, soit qu'il ne le soit pas, est partie capable pour intenter cette action; il n'a pas besoin, pour cela de justifier sa propriété; sa possession le fait présumer propriétaire.... »

Cette opinion de Pothier (*de la Société,* n° 232), nous paraît encore exacte aujourd'hui, malgré quelques dissentiments (comp. Montpellier, 14 janvier 1842, comp. de Lagen, Dev., 1842, II, 119; Merlin, *Rép.,* v° *Bornage.* n° 3; Duranton, t. V, n° 253; Vaudoré, *Droit rural,* t. I, n° 81; *contrat,* Pardessus, t. II, n° 331).

Et, par la même raison, l'action appartiendrait aussi bien à l'usufruitier, à l'usager et à l'emphytéote putatifs, qu'à celui qui posséderait en se portant, comme dit Pothier, pour le propriétaire (*supra,* n° 249; Marcadé, art. 646, n° 3).

260. — Plusieurs jurisconsultes enseignent que les personnes qui administrent le bien d'autrui, ne peuvent pas exercer seules l'action en bornage, toujours par le motif qu'elle est une action pétitoire immobilière (art. 1988); et ils décident :

1° Que l'autorisation du conseil de famille est nécessaire à cet effet, au tuteur du mineur ou de l'interdit; et même que le bornage doit alors être fait nécessairement en justice (art. 464);

2° Que l'envoyé en possession provisoire des biens d'un absent, doit être autorisé par le tribunal (art. 125, 128);

3° Que ce n'est pas le mari, mais la femme elle-même autorisée par son mari ou par justice, qui doit figurer dans une instance en bornage, relative aux biens personnels de celle-ci, du moins sous le régime de la communauté ou de l'exclusion de communauté (art. 818, 1428, 1538, 1549; comp. Delvincourt, t. I, p. 157, note 6; Pardessus, t. II, n° 333; Carou, t. II, n° 498; Solon, n° 59; Curasson, § 1, n° 4; Vaudoré, *Droit rural,* t. I. p. 37; Millet, p. 134 et suiv.; Taulier, t. II, p. 372).

Nous avons déjà proposé ailleurs, sur cette thèse, une distinction dans laquelle nous croyons devoir toujours persister. Cette distinction, qui nous paraît conforme aux principes et à la raison, consiste à décider, pour la capacité de la partie à l'effet d'agir, ce que la loi elle-même (du 25 mai 1838, art. 6, n° 2) décide pour la compétence du juge à l'effet de statuer (*voy.* notre tome VII, n° 689) :

Ou bien donc, aucune question ne s'élève sur la propriété ni sur les titres qui l'établissent ; et alors, l'action en bornage, ne tendant absolument, comme dit Pothier, qu'à conserver à chacune des parties l'intégrité de son héritage (*de la Société*, n° 232), n'est en réalité, qu'un acte d'administration conservatoire, qui peut être exercée, sans autorisation, par le tuteur, par l'envoyé provisoire, ou par le mari lui-même sans l'intervention de la femme ;

Ou, au contraire, la propriété ou les titres qui l'établissent, sont contestés ; et dans ce cas, le même motif qui fait que le juge de paix cesse d'être compétent, doit faire aussi que le tuteur et l'envoyé provisoire ont besoin d'autorisation, et que la femme doit être mise en cause (comp. Rouen, 6 nov. 1835, de Villepoix, Dev., 1836, II, 297 ; Pothier, *de la Société*, n° 232 ; Toullier, t. II, n° 182 ; Duranton, t. V, n° 255 ; Mongis, n°ˢ 42, 44).

261. — Il semblerait d'abord logique d'appliquer la même distinction au mineur émancipé et à l'individu pourvu d'un conseil judiciaire, et de leur accorder, en conséquence, le droit d'exercer l'action en bornage, sans l'assistance de leur curateur ou de leur conseil, lorsqu'il ne s'élève aucune question de propriété.

Cette application de notre principe est toutefois ici plus délicate ; on sait, en effet, que le mineur émancipé ne peut faire seul aucun autre acte que ceux de pure administration (art. 484), et que l'individu pourvu d'un conseil judiciaire, ne peut, en aucun cas, plaider sans l'assistance de ce conseil (art. 499-513).

Il nous paraîtrait donc plus sûr qu'ils fussent, l'un et

l'autre, assistés, dans tous les cas, de leur curateur ou de leur conseil (*voy.* notre tome VIII, n°° 304 et 723).

262. — Les mêmes personnes, qui peuvent intenter l'action en bornage, ont, *a fortiori*, qualité pour défendre à cette action.

Et même, la distinction que nous avons présentée plus haut (n° 260), ne devrait plus alors être faite en ce qui concerne le tuteur, puisqu'il peut, dans tous les cas, défendre, sans autorisation, à une action relative aux droits immobiliers du mineur (art. 464, 465; *voy.* notre tome VIII, *loc. supra cit.*).

263. — Le bornage peut d'ailleurs être demandé par tout propriétaire et contre tout propriétaire, que ce soit un particulier, une commune, un établissement public, ou l'État lui-même (Douai, 26 mars 1844, préfet du Nord, Dev., 1845, II, 294).

Remarquons toutefois :

1° Que les principes du droit privé sur le bornage ne sont pas applicables aux objets qui font partie du domaine public ou communal, à l'égard desquels il faut se reporter aux règles du droit public et administratif (comp. loi du 29 ventôse an XIII, art. 5; Pardessus, t. I, n° 118; Mongis, n° 15);

2° Que l'importance et l'étendue de certaines forêts de l'État ou des communes, ont nécessité des mesures spéciales relativement à la délimitation et au bornage de ces forêts d'avec les propriétés limitrophes (comp. Code forestier, tit. III, sect. I, art. 8-14; Curasson, t. II, n° 24).

264. — Lorsque l'article 646 dispose que tout propriétaire peut obliger son voisin au bornage *de leurs propriétés*, il est vraisemblable qu'il n'a entendu parler que des propriétés *rurales*, c'est-à-dire de celles qui ne sont point bâties et qui ne se composent que de terres, en quelque endroit d'ailleurs que ces terres soient situées (art. 687; L. 2, princ., et L. 4, § 10, ff. *fin. reg.*; *voy.* aussi la loi du 28 sept., 6 oct. 1791, dite le *Code rural*, et qui traite de l'action en bornage sous le titre 1ᵉʳ : *des Biens et usages ruraux*).

Le bornage, en effet, a pour but de prévenir le danger des anticipations et des empiétements; or ce danger n'est à craindre que pour les terres, dont l'étendue peut varier; quant aux bâtiments, les murs qui les soutiennent, en déterminent l'étendue; et le jurisconsulte Paul disait qu'ils sont plutôt voisins que limitrophes (*loc. supra cit.*).

De ces motifs, il semble que l'on doit conclure :

1° Que, même à la campagne, l'action en bornage n'est pas recevable, en ce qui concerne les terrains bâtis, et qu'il n'y a lieu, alors, qu'à la revendication ;

2° Que, même à la ville, elle est recevable, en ce qui concerne les terrains non bâtis, tels que les cours et les jardins, fussent-ils attenants aux bâtiments (comp. Pardessus, t. I, nᵒˢ 54 et 117; Mongis, n° 19; Millet, p. 157; Massé et Vergé sur Zachariæ, t. II, p. 167).

Nous allons voir toutefois (*infra*, n° 268) que cette doctrine est contestable.

265. — Est-il besoin de dire d'ailleurs que la première condition du bornage est que les propriétés soient distinctes et appartiennent à des maîtres différents? (L. 4, § 6, ff *fin. reg.*)

Sans doute les copropriétaires d'une masse de biens, qui serait composée de plusieurs domaines contigus, pourraient demander, les uns contre les autres, que les limites respectives de ces héritages fussent fixées avant l'opération du partage; mais il est clair que ce ne serait là qu'une mesure préliminaire du partage lui-même et non point l'action en bornage proprement dite, dont nous nous occupons ici; car cette action a pour but de prévenir les anticipations; or, il n'y a point d'anticipation à craindre entre les copropriétaires, de l'un envers l'autre, tant que dure l'indivision.

Mais, au contraire, on trouverait une véritable action
en bornage dans celle qui serait formée par l'un des copropriétaires d'un fonds indivis contre ses copropriétaires, ou par ceux-ci contre lui, en sa qualité de propriétaire exclusif d'un autre fonds contigu (comp. L. 4,
§ 7, ff. *fin. reg.;* Pardessus, t. I, n° 118; Mongis, n° 16).

266. — La contiguïté des propriétés est encore aussi
évidemment une condition essentielle du bornage (art.
646).

L'action n'est donc pas possible entre deux propriétaires, dont l'un est séparé de l'autre par une rivière,
sans que l'on doive distinguer même, suivant nous, si
elle est ou si elle n'est pas navigable ou flottable (*voy.*
notre tome X, n° 150), ou par une mare communale, un
chemin public, une rue, ou par la propriété d'un tiers,
si minime qu'elle puisse être.

Mais il en serait autrement, bien entendu, d'un sentier privé, d'un ravin, d'un ruisseau ou d'un ouvrage
d'art, qui feraient partie de l'un ou de l'autre des héritages, et qui n'empêcheraient pas dès lors leur contiguïté. Il y aurait seulement à rechercher dans ces cas, si
le sentier, ou le ruisseau, etc., d'après les titres ou la
possession, ne doivent pas eux-mêmes servir de limites
entre les propriétés (comp. Cass., 30 déc. 1818, Lotte,
D., 1819, I, 176; notre tome X, n° 17; L. 4, § 10, et
L. 5 et 6, ff. *fin. reg.;* Zachariæ, t. II, p. 43; Pardessus,
t. I, n° 118; Mongis, n° 14; Vaudoré, t. I, p. 87; Cass.,
6 nov. 1866, Immer, Dev., 1866, I, 427).

267. — Ce n'est pas à dire toutefois que l'action en
bornage formée par un propriétaire contre son voisin
immédiat, ne puisse pas atteindre, comme on dit, son
arrière-voisin; et on voit même ainsi souvent ces sortes
d'actions embrasser, de proche en proche, une contrée
tout entière. Il faut bien, effectivement, en venir là,
lorsque les deux voisins entre lesquels l'opération du
bornage est engagée, se trouvent ne point avoir la con-

tenance portée dans leurs titres, et que tout annonce que ce qui manque soit à l'un ou à l'autre, soit à tous les deux, a été usurpé par quelque propriétaire voisin.

Aussi, la règle, à cet égard, est-elle constante (comp, Toullier, t. II, n° 178; A. Dalloz, *Dict.*, v° *Serv.*, n°s 194. 195; Vaudoré, t. I, p. 264; Curasson, t. II, n° 462; Dumay, append., n° 52).

Nous devons ajouter toutefois que cette règle a été vivement contestée par M. Morin, qui dénonce *le bornage général comme une procédure frustratoire, inique, désastreuse! (Principes du bornage*, chap. IX, p. 93 et suiv.; *infra.* n° 272 *bis*).

Mais cette protestation est, à peu près, isolée; et s'il s'est élevé des dissidences, c'est seulement sur le mode de procédure, qu'il convient alors de suivre.

On a enseigné :

1° Que le propriétaire demandeur en bornage, ne peut assigner que son voisin immédiat, sauf à appeler ensuite en cause, s'il y a lieu, l'arrière-voisin (Curasson, *du Bornage*, n° 50);

2° Que l'arrière-voisin du demandeur, lorsqu'il est nécessaire de l'appeler, doit être mis en cause non point par le demandeur lui-même, mais par le défendeur, son voisin immédiat.

Sur le premier point, il nous semble qu'en effet, tel est le mode de procéder le plus régulier; mais, après tout, nous ne croyons pas que la loi elle-même l'impose nécessairement; l'article 646 déclare, il est vrai, que le propriétaire peut demander à son voisin le bornage de leurs propriétés *contiguës*; mais s'il en résulte que le propriétaire qui forme une demande en bornage, doit mettre en cause ses voisins immédiats, nous ne voyons pas que le texte fasse obstacle à ce que les *arrière-voisins* soient assignés en même temps, lorsque le demandeur soutient que le bornage, qu'il provoque, ne peut être fait que contradictoirement avec eux; ce mode d'agir a l'avantage d'éviter beaucoup de retard et de frais, et ne présente pas d'ailleurs d'inconvénient, puisque le demandeur devrait, bien entendu, payer les frais de sa procédure, si elle était reconnue *frustratoire* (comp. Millet, p. 150).

Quant au second point, il nous paraît tout à fait indifférent que l'arrière-voisin, lorsque sa mise en cause est nécessaire, soit assigné par le demandeur primitif ou par le défendeur; et il peut l'être, à notre avis, aussi régulièrement par l'un que par l'autre (Douai, 2 juill. 1842, Dorvillers; Douai, 11 nov. 1842, Darras, Dev., 1843, II, 407 ; Cass., 20 juin, 1855, Petit, *J. du P.*, t. I, de 1857, p. 9, et *Observ.* de M. Levesque, notes 1, 2, p. 19; Cass., 9 nov. 1857, Marquis, D., 1858, I, 31).

268. — C'est une question controversée que celle de savoir si l'action en bornage est recevable, lorsque l'un des propriétaires a établi, pour sa limite, une haie vive ou sèche, des épines de foi, des arbres, et surtout des murs.

D'après une doctrine qui compte des autorités imposantes, il n'y aurait lieu, dans ces circonstances, qu'à l'action en revendication de la part du voisin, surtout lorsque ces signes de délimitation existent depuis plus d'un an. L'action en bornage, dit-on, n'a pour but que de faire déterminer les limites incertaines, et de mettre fin aux usurpations qui ne reposent que sur une possession clandestine et précaire; or, dans les hypothèses proposées, les limites sont certaines, et la possession publique, puisque le tout se révèle par une clôture qui fixe la délimitation respective des fonds ; donc, l'action en bornage n'est pas admissible, et on ne peut agir qu'en revendication ou par simple action possessoire, s'il en est temps encore (art. 23; comp. Besançon, 10 mars 1828, Ravenet, D., 1828, II, 215; Domat, *Lois civ.*, liv. II, tit. VI, sect. I, n° 1 ; Pardessus, t. I, n° 119).

Voici pourtant nos objections :

1° Le texte de l'article 646 est absolu ; il accorde à tout propriétaire le droit de demander à son voisin le bornage de leurs propriétés contiguës, sans distinguer si ce voisin a clos lui-même sa propriété, ni si cette clôture existe depuis plus ou moins d'une année ;

2° C'est qu'en effet le bornage est une opération essentiellement contradictoire, et qui n'est opposable qu'à celui-là qui y a été partie ; on a, sous ce rapport, fort exactement distingué le bornage lui-même d'avec la simple délimitation. (Cass., 30 décembre 1818, Lotte, Sirey, 1819, I, 233 ; d'Olive, liv. V, chap. xxxii ; Tronçon, *Cout. de Paris*, art. 118) ;

3° Enfin le voisin a certainement le droit de demander que les limites des deux propriétés soient déterminées d'après les signes usités dans le pays, lorsque ceux qui ont été employés par le voisin, tels que haies, pieds-corniers ou autres semblables, n'ont pas ce caractère et n'offrent pas les mêmes garanties de durée et de fixité (Duparc-Poullain, liv. IV, chap. vii, n° 6 ; Buridan, *Cout. de Reims*, art. 369 ; Duranton, t. V, n° 259 ; Mongis, n° 29 ; Zachariæ, t. II, p. 43 ; Delahaye, *J. de procéd.*, t. VIII, p. 341 ; Dalloz, v° *Servitude* (suppl.), n°ˢ 198-200 ; Millet, p. 175-180).

269. — Tout propriétaire sans doute peut clore son héritage par une haie, par un mur ou autrement (art. 647).

Mais la solution que nous venons de présenter dans le numéro précédent (268), prouve que la prudence peut exiger alors que le propriétaire, avant de construire un mur de clôture sur la limite de son fonds, fasse déterminer cette limite contradictoirement avec le voisin, en le provoquant au bornage (Domat, *Lois civ.*, loc. *supra cit.*; et notre tome IX, n° 691 *ter*).

III.

En quoi consiste l'opération du bornage, et quelles en sont es
formes ?

SOMMAIRE.

270. — Lorsque les propriétaires sont d'accord et
maîtres de leurs droits, ils peuvent faire eux-mêmes, à
l'amiable, le bornage de leurs fonds, de telle manière et
par tel acte, sous seing privé ou authentique qu'ils jugent convenable d'adopter (art. 1108, 1134).

Ils peuvent choisir, à cet effet, des experts, géomètres,
arpenteurs, dont les pouvoirs sont déterminés par l'acte
qui les nomme.

Il arrive même souvent, en ces circonstances, que les
experts sont constitués arbitres et chargés de prononcer
sur les difficultés qui se rattachent à l'opération du bornage (art. 1003 et suiv. procéd.).

271. — Si les intéressés ne peuvent pas s'entendre, le
bornage doit être fait en justice.

Quant au cas où il se trouve parmi eux des incapables,
nous nous en sommes occupé plus haut (n° 260).

272. — Aucun texte n'a déterminé les formes de cette

procédure, ni les mesures d'instruction à suivre, ni le mode d'après lequel les limites doivent être fixées.

Mais la nature même et le but essentiel de l'opération les indiquent suffisamment; et il existe d'ailleurs, à cet égard, dans les différentes contrées, des traditions et des usages auxquels le législateur, en gardant sur ce point le silence, a voulu sans doute s'en rapporter.

La nomination d'experts arpenteurs, choisis par les parties ou nommés d'office, et l'accession des lieux par le juge, telles sont ordinairement les bases principales de cette opération : « .... *Mensores mittere.... oculisque suis subjectis locis....* » (L. 8, § 1, ff. *fin. reg.;* Pothier, *de la Société*, n° 233).

Les experts, pour la confection de leur procès-verbal, et le juge, pour sa décision, doivent interroger les titres, la possession, les anciennes traces de délimitation, les livres d'arpentement, le cadastre, les plans non suspects, tous les documents enfin que les parties ont pu leur remettre, et qui sont de nature à les éclairer;

Les titres anciens, *vetera monumenta*, et aussi les nouveaux, lorsque les propriétés, en passant successivement dans plusieurs mains ont été divisées, et ont reçu des délimitations nouvelles et différentes, *varietate successionum et arbitrio possessorum* (L. 11, ff. *loc. supra*); les titres surtout, qui sont communs aux deux parties; ce qui n'exclut pas d'ailleurs les titres particuliers de chacune d'elles (comp. *De l'autorité des titres en matière de bornage*, Journal des géomètres, 1866, t. IX, p. 167).

La possession, qui est toujours le meilleur moyen d'expliquer et d'interpréter les titres, et qui peut même les modifier et l'emporter sur eux (art. 2262-2265); car s'il est vrai que l'on ne peut pas prescrire *contre son titre*, c'est seulement en ce sens qu'on ne peut pas se changer à soi-même la cause de sa possession (art. 2240); mais on peut très-bien prescrire *au delà de son titre;* et cela, soit avant, soit depuis le bornage (L. ult. Cod. *fin. re-*

gund.; Henrys, liv. IV, quest. 82; Pothier, *loc. supra,*
n° 233; *supra,* n° 250; Orléans, 24 août 1816, Ar-
nould, Sirey, 1818, II, 104; Metz, 19 avril 1822, Bouil-
lard, Dev. et Car., *Collect. nouv.,* 7, II, 59; Cass., 20 nov.
1833, Lodey, D., 1834, I, 23; Metz, 8 déc. 1857, Lefèvre, Dev., 1858, II, 537).

Il faut absolument, bien entendu, que la possession
ait été paisible, publique, surtout non équivoque ni incertaine (art. 2229); aussi le juge devra-t-il repousser
toute prétention, qui ne s'appuierait que sur une possession clandestine, acquise plus ou moins subrepticement,
d'année en année par des anticipations successives et in-
sensibles, surtout lorsque les deux héritages limitrophes
sont tous deux également déclos et incultes, ou tous deux
également de même culture. Il est alors bien rare que des
empiétements n'aient pas lieu, plus ou moins involontairement, de l'un sur l'autre, lors du labourage, de la récolte et de la fauchaison; et il ne serait ni juridique ni
équitable de fonder une prescription acquisitive de propriété sur de tels faits de possession, lorsqu'il n'y a eu,
bien entendu, aucune contradiction contre les propriétaires
(comp. Cass., 11 août 1851, Haudecœur, Dev., 1852, I,
646; Cass., 29 juillet 1856, de Mornezay, Dev., 1857, I,
655; Caen, 5 nov. 1859, de Vendeuvre, *Rec. des arrêts
de Caen et de Rouen,* 1859, p. 305; Duparc-Poullain,
Princ. de droit, liv. IV, chap. VII, n° 10; Pardessus, t. I,
n° 126; Mongis, n° 28; Curasson, *Compétence des juges
de paix,* t. II, n° 441).

272. bis. — Dans une monographie fort intéressante
qu'il a publiée sous ce titre *Principes de bornage,* M. Morin a surtout entrepris de démontrer que le *bornage doit
se faire d'après la possession et non d'après les titres;* d'où
il conclut qu'il *n'y a pas même lieu dans les procès de
bornage, de produire les titres, qui du moment où ils n'émanent pas d'un auteur commun, sont sans effet entre les parties* (chap. IV, p. 24 et suiv.).

La thèse de l'auteur peut se résumer tout entière dans cet argument :

Aux termes de l'article 1165, les conventions n'ont d'effet qu'entre les parties contractantes;

Or, le titre particulier de l'une des parties n'est autre chose, à l'encontre de l'autre partie, qu'une convention, dans laquelle elle n'a pas été partie contractante;

Donc, ce titre ne saurait avoir aucun effet à son égard.

La réponse nous paraît facile :

C'est qu'il faut bien se garder de confondre le droit personnel avec le droit réel, l'*obligatio* avec le *dominium* (Comp. notre traité de la *Distinction des biens, de la propriété*, etc., t. I, n°s 464 et suiv.).

Oui, sans doute ! les droits personnels, qui résultent des conventions, ne peuvent pas être opposés à des tiers; l'article 1165, ainsi entendu, est tout à fait d'accord avec l'article 1122.

Mais aussi il n'est pas moins certain que les droits réels, au contraire, existent, d'une manière absolue, *erga omnes;* et apparemment, le tiers possesseur d'une chose, actionné en revendication par le propriétaire, qui démontre, contre lui, son droit de propriété par ses titres, ne serait pas bien venu à dire que ces titres-là sont une convention, dans laquelle il n'a pas été partie, et qui ne peut pas lui être opposée !

Or, précisément, l'action en bornage participe du caractère de l'action en revendication.... *pro rei vindicatione est* (L. I, ff. *finium regund.*).

Donc, lorsque le demandeur a établi, par ses titres, son droit de propriété, ce droit existe envers et contre tous ! Donc, le possesseur ne peut se soustraire à l'obligation de restituer la chose qu'autant qu'il invoque sa possession comme une cause légitime d'acquisition ; et il faut alors, bien entendu, que cette possession réunisse toutes les conditions de durée et autres, qui sont nécessaires pour la prescription. (Comp. *supra*, n°s 244-252,

Dumay, Append. sur Curasson; Jay, *Annales*, etc., *des juges de paix*, 1856, p. 179.)

273. — Le bornage peut avoir, comme nous l'avons dit (*supra*, n° 231), pour résultat d'opérer des restitutions de la part de l'un des propriétaires au profit de l'autre (L. 7, ff. *fin. reg.*).

L'énonciation des quantités n'étant souvent exprimée dans les titres que d'une manière approximative et incertaine et quelquefois fort inexacte, il peut aussi arriver que l'opération produise en même temps, de chaque côté, soit une augmentation, soit une diminution de contenance; c'est ce qui a lieu, lorsque les quantités énoncées dans les titres respectifs, sont inférieures ou supérieures à celle de la totalité des terrains soumis au bornage; la règle alors, s'il n'est pas prouvé que l'une des parties doit exclusivement gagner ce qui est en plus, ou perdre ce qui est en moins, est que l'ouvrage ou la perte, résultant de l'*excédant* ou du *déficit*, doivent être répartis proportionnellement à l'étendue des deux propriétés (Bannelier sur Davot, t. II, p. 560, et t. IV, p. 474; Dunod, *des Prescript.*, p. 68; Pardessus, t. I, n° 123; Mongis, n° 50; comp. Cass. 2 mai 1866, Labriet, Dev. 1868, I, 89).

274. — D'autres fois, lors même que la ligne séparative des deux héritages résulte clairement des titres, on la modifie et on la déplace, afin d'en corriger les irrégularités, de faire disparaître, par exemple, les coudes et les angles rentrants ou saillants qu'elle pourrait présenter.

Et alors, le bornage constitue un véritable alignement *pour la commodité de l'un et de l'autre des propriétaires*, dit très-bien Domat, *en laissant d'une part autant qu'on donne de l'autre* (*Lois civ.*, liv. II, tit. VI, sect. II, n° 6).

Mais, à cet égard, plusieurs questions peuvent être proposées :

1° Le consentement des parties est-il nécessaire dans ce cas?

2° Ce consentement peut-il être donné par le tuteur figurant, dans une action en bornage, au nom du mineur, ou par les époux mariés sous le régime dotal, relativement à l'immeuble constitué en dot?

3° Le bornage ainsi fait, sera-t-il purement déclaratif? ou sera-t-il au contraire attributif, de telle sorte, par exemple, que les créanciers hypothécaires soient fondés à prétendre qu'il y a là, en ce qui les concerne, une aliénation ordinaire, et qu'ils peuvent suivre dans les mains du propriétaire voisin, la portion détachée de l'immeuble qui fait leur gage?

Que le consentement des parties soit alors nécessaire, nous le croyons; car il s'agit, entre elles, d'une espèce d'échange; et le juge, chargé seulement de constater et de déterminer les limites existantes, ne nous paraîtrait pas pouvoir, même pour le plus grand intérêt des parties, les changer, lorsqu'elles sont certaines et reconnues. Le magistrat n'a point, chez nous, comme autrefois à Rome, le pouvoir de faire, en pareil cas, une *adjudicatio* (comp. Inst. *de officio judicis*, § 6; et notre tome X, n° 232; *Nouveau Denizart*, t. I, v° *Alignement*, § 3, n° 6).

Mais la solution de cette première question n'entraîne-t-elle pas nécessairement la solution des deux autres? Et si le consentement des parties est nécessaire dans ce cas, parce que l'opération a le caractère d'une aliénation, n'en faut-il pas conclure qu'elle ne peut être consentie que par les parties capables d'aliéner et en ce qui concerne seulement les parties aliénables?

Cette déduction semble en effet, à première vue, rigoureusement très-logique; et pourtant nous ne croirions pas devoir l'adopter.

Nous supposons, bien entendu, deux choses : d'abord, que l'espèce d'échange, qui résulte du redressement, et plus généralement du déplacement de la ligne séparative des héritages, n'est que de peu d'importance ; et ensuite, que tout se passe, en fait, avec bonne foi.

Eh bien! alors, notre avis est que cette opération devrait être considérée comme un acte de bonne et sage administration, qui n'excède pas les pouvoirs du tuteur, ni du mari sous le régime dotal, relativement à l'immeuble constitué en dot. C'est ainsi que le tribunal civil de Caen a nettement décidé que le mari, qui, en procédant au bornage des propriétés dotales, avait rectifié l'alignement en cédant quelques portions à peu près égales à celles qu'il avait reçues, n'avait pas fait un échange auquel l'article 1559 fût applicable (*infra*, les citations ; art. 450, 1549).

Par suite, les créanciers hypothécaires auraient été valablement représentés par le propriétaire agissant dans la limite du droit d'administration, qu'il conserve.

Nous dirions donc, dans ce cas, du bornage comme du partage, qu'il est purement déclaratif (*infra*, n° 278).

Ces solutions, qui nous paraissent logiques, ne sont-elles pas d'ailleurs aussi éminemment raisonnables et utiles? (Comp. Caen, 1re ch., 22 août 1832, Petithomme ; Caen, tribunal civil, 27 févr. 1833, Desbordes ; Cass., 2 avril 1850, Bellot, D., 1850, I, 155 ; *voy.* notre tome IX, n° 691 *ter*.)

275. — Les limites étant constatées, il s'agit de les déterminer par des signes certains et reconnaissables.

Ces signes sont de deux sortes :

Les uns, naturels et immobiles, comme une rivière, une colline, un rocher, etc.

Les autres, artificiels et mobiles, comme des pieux ou plus généralement des *bornes*, c'est-à-dire, des pierres de même grain et de même nature, enfoncées dans le sol et disposées de telle façon, disait Coquille, *que l'une, à son aspect, s'adresse à l'autre* (sur Nivernais, tit. viii).

On a coutume de placer, avec ces pierres, des sub-

stances ou des matériaux, dont le procès-verbal fait men-
tion, et qui servent ainsi à faire reconnaître et à consacrer, en quelque sorte, la destination des bornes; ces
signes, connus autrefois sous le nom de *perdriaux*,
filleules, *gardes*, etc., et que nous appelons *garants* ou
témoins, sont, chez nous encore, comme autrefois chez
les Romains, tantôt du charbon pilé, tantôt des fragments de verre ou de métal, et le plus souvent des cailloux ou des tuileaux cassés en plusieurs endroits; de
telle sorte que lorsqu'on les confronte l'un à l'autre, *il
est reconnu que ç'a été autrefois une seule pierre ou tuile
qui, à escient, a été cassée pour servir à cet effet* (Coquille,
loc. supra; Fournel, *du Voisinage,* t. I, p. 234, 235).

276. — D'après notre article 646, le bornage se fait
à frais communs.

Mais on ne s'accorde pas sur le véritable sens de ces
mots.

La loi des 28 sept.-6 oct. 1791 disait : *à moitié frais;*
il est une opinion qui enseigne que les deux formules
sont synonymes et expriment la même idée, à savoir :
« que les frais du bornage doivent être supportés par
moitié, et non en proportion de la valeur et de l'étendue
respective des deux fonds, parce qu'il offre aux deux parties le même avantage, celui de prévenir les anticipations,
qui sont à craindre d'un côté comme de l'autre. » (Ducaurroy, Bonnier et Roustaing, t. II, n° 277; Marcadé,
art. 646, n° 3.)

D'après une seconde opinion, au contraire, les mots :
a frais communs, ne veulent pas dire *à frais égaux;* « et
il ne serait pas juste que l'arpentage de deux propriétés
d'inégale grandeur fût payé par moitié entre les deux riverains; chacun devra donc supporter cette charge et
*toutes les autres relatives au bornage, en proportion de l'im-
portance de ses droits.* » (Mongis, n° 57; Taulier, t. II,
p. 374; Millet, p. 356 et suiv.; Tardif sur Fournel, t. I,
p. 240.)

Nous croyons, pour notre part, qu'il convient de distinguer entre les frais du *bornage* lui-même (art. 646), c'est-à-dire de l'opération matérielle de la plantation des bornes, et les frais du mesurage des propriétés respectives, qui a pu être nécessaire pour y arriver.

Les premiers doivent être supportés en commun, c'est-à-dire, suivant nous, par moitié, parce qu'en effet ceux-là sont également utiles à l'un et l'autre (arg. de l'article 3 de la loi de 1791, et de l'article 14 du Code forestier).

Quant aux frais d'arpentage, il semble logique et équitable qu'ils soient supportés proportionnellement à l'étendue de chaque propriété ; autrement, il pourrait arriver que le propriétaire, qui aurait un domaine d'une grande étendue, imposât ainsi, pour un simple bornage, une énorme charge à son voisin, qui n'aurait qu'un petit coin de terre (comp. Pardessus, t. I, n° 129 ; Curasson, § 3, n° 23).

277. — Au reste, on reconnaît généralement, et avec grande raison sans doute, que les frais des procès qui peuvent s'élever, à l'occasion du bornage, doivent être supportés par la partie qui succombe (art. 130 procéd.) ; et cette règle est applicable aux frais de l'instance judiciaire en bornage, que l'une des parties aurait été forcée d'intenter contre l'autre, qui se refusait à l'opération (comp. cout. de Chaumont, art. 18 ; Fournel, t. I, p. 240 ; Pardessus, t. I, n° 129 ; Ducaurroy, Bonnier et Roustaing, t. II, n° 277 ; Mongis, n° 57 ; Taulier, t. III, p. 374 ; Morin, *Principes du bornage.* chap xiv, p. 169).

IV.

Des effets du bornage.

SOMMAIRE.

278. — Le bornage est purement déclaratif. — *Quid*, en ce qui concerne la restitution de fruits?

278. — Le bornage, n'ayant pour but que *de conserver à chacune des parties l'intégrité de son héritage* (Pothier, *loc. sup.*, n° 232), n'est pas *attributif* ; il est, au contraire, purement *déclaratif* des droits préexistants des propriétaires voisins (*supra*, n° 274).

Il ne faut pas toutefois conclure de là que celle des parties à laquelle le bornage fait restituer quelque portion de terrain, dont elle jouissait auparavant, soit tenue de restituer aussi les fruits, à compter du jour de l'anticipation ; elle ne les doit, au contraire, que du jour de la demande, parce qu'elle est, jusqu'à preuve contraire, présumée de bonne foi (art. 549, 2258).

Mais s'il était prouvé que l'un des propriétaires a empiété de mauvaise foi sur le fonds de son voisin, il devrait être condamné à la restitution des fruits, à dater du jour de son usurpation (L. 4, § 2, ff. *fin. regund.*; Curasson, § 3, n° 21 ; Pardessus, t. I, n° 129 ; *voy.* notre tome IX, n°[os] 586 et suiv.)

279. — Le bornage une fois fait, soit d'un commun accord, soit en vertu d'une décision judiciaire, devient un titre réciproque entre les parties.

C'est ainsi que lorsqu'il a eu lieu suivant les titres, l'une d'elles ne serait pas ensuite recevable à prétendre qu'elle avait acquis au delà de son titre par la prescription. On peut renoncer à la prescription ; et la renonciation tacite résulte d'un fait qui suppose l'abandon d'un droit acquis (art. 2221); or, on présumerait alors le plus souvent, en fait, une renonciation de la part de celui qui aurait consenti ou laissé ordonner par le juge, que le bornage fût fait d'après les titres respectifs ; la difficulté de prouver une possession trentenaire, des scrupules de conscience, très-légitimes assurément, expliqueraient suffisamment cette renonciation (comp. Legrand, *Cout. de Troyes*, art. 61, gloss. 3 et art. 131 ; Tardif sur Fournel, t. I, p. 244 ; Duranton t. V, n° 260 ; Pardessus, t. I, n° 125 ; *voy.* aussi Cass., 3 août 1853, Sergent, D., 1853, I, 246).

280. — Mais le titre qui résulte du bornage, avec la détermination respective des contenances qu'il constate, est-il définitif et irrévocable ?

La partie qui prétendrait que l'opération, qui a été faite, ne lui a point attribué les quantités auxquelles elle avait droit, et que les bornes auraient dû être plantées sur une autre ligne que celle où elles ont été mises, cette partie serait-elle encore recevable ?

Les auteurs, qui ont écrit sur notre sujet, ne paraissent pas avoir abordé très-nettement cette question ; et les opinions divergentes, que l'on rencontre ici, sont peut-être bien aussi un peu confuses (comp. Duranton, t. V, n° 260 ; Taulier, t. II, p. 373 ; Pardessus, t. I, n° 125, 129, 130).

Nous présenterons, pour notre part, la distinction que voici :

Ou le bornage a été fait en exécution d'une décision judiciaire, qui a ordonné la plantation des bornes à tel ou tel endroit ; et alors cette décision ne pourrait être attaquée, suivant le droit commun, que par les voies de recours permises, et sous les conditions et dans les délais déterminés ;

Ou le bornage a eu lieu par suite d'un accord volontaire entre les parties ; et alors la règle générale est qu'il fait leur loi commune, et que l'une d'elles ne pourrait plus ensuite revenir discuter de nouveau sur la meilleure ligne de démarcation qu'il convenait d'adopter (art. 1134).

Nous croyons toutefois qu'il faudrait excepter :

1° Le cas où la convention serait attaquée pour cause d'erreur ; comme si, par exemple, un premier procès-verbal de bornage, ignoré des parties, avait déjà eu lieu antérieurement; car alors il serait vrai de dire que la nouvelle opération était sans but et sans cause (comp. Douai, 21 février 1848, Lebrun, Dev., 1848, II, 523; Cass., 13 mars 1849, *Moniteur* du 17 mars 1849, p. 888, col. 2);

2° Le cas, assez rare d'ailleurs, que suppose notre regrettable collègue Taulier (*loc. supra cit.*), où les parties n'auraient entendu faire qu'une opération purement matérielle de plantation de bornes, sans fixer par là l'incertitude qui pourrait exister sur la ligne divisoire de leurs fonds.

281. — Le bornage, une fois opéré, a encore cet effet de faire, en général, pendant trente ans, obstacle à une nouvelle demande en bornage; car un propriétaire ne saurait, bien entendu, forcer son voisin de recommencer, à tout propos, cette opération, dont le résultat est devenu leur loi commune (comp. Pardessus, t. I, n° 130; Millet, p. 171 et suiv.).

L'action en déplacement de bornes serait d'ailleurs toujours recevable (*supra*, n° 246).

Et il est clair également que si, par un accident fortuit quelconque, les bornes avaient été détruites, *si irruptione fluminis, fines agri confudit inundatio* (L. 8 ff. *fin. regund.*), chacun des voisins aurait le droit d'en demander le rétablissement, en exécution du procès-verbal antérieur de bornage.

SECTION III.

DU DROIT, QUI APPARTIENT A TOUT PROPRIÉTAIRE, DE SE CLORE.

SOMMAIRE.

282. — Le droit de se clore est une conséquence toute simple du droit de propriété. — Comment se fait-il que le législateur en ait traité dans le titre des servitudes?

283. — L'article 647 n'apporte à la règle générale qu'il décrète, que l'exception portée en l'article 682. — En quoi consiste cette exception?

282. — Aux termes de l'article 647 :

« Tout propriétaire peut clore son héritage, sauf l'ex-« ception portée en l'article 682. »

La faculté de se clore n'est qu'une conséquence du droit qui appartient au propriétaire, de faire sur sa chose tout ce qu'il veut, et d'en jouir à l'exclusion de tous autres (art. 544) ; et nous avons déjà remarqué qu'il n'y avait là aucune trace de servitude (*supra*, n° 12).

Il serait même difficile peut-être de s'expliquer comment le législateur a cru devoir décréter une règle aussi simple, si l'on ne se rappelait que cette règle a été autre-

fois soumise à des exceptions, dont il a précisément
voulu l'affranchir.

Voilà pourquoi, après avoir disposé que :

« Le droit de clore et de déclore ses héritages résulte
essentiellement de celui de propriété, et ne peut être contesté à aucun propriétaire ; »

La loi du 28 sept. 6 oct. 1791 ajoutait immédiatement
dans le même article :

« L'Assemblée nationale abroge toutes les lois et coutumes qui peuvent contrarier ce droit. » (Art. 4 de la
sect. IV du tit. 1er.)

C'est que, dans notre ancienne jurisprudence, la faculté de se clore était modifiée par des restrictions résultant soit du droit de chasse réservé au seigneur féodal ou
haut justicier, soit des droits de parcours et de vaine pâture (*infra*, nos 285 et suiv.).

Les nouveaux législateurs ont voulu restituer à cette
faculté toute sa plénitude ; et la vérité est que leur disposition à cet égard, loin d'établir ou de reconnaître une
servitude quelconque, naturelle ou légale, n'a fait au
contraire qu'affranchir la propriété d'une servitude, qui
la grevait antérieurement.

On peut d'ailleurs ajouter, avec Demante, que le législateur, en proclamant cette faculté naturelle de clôture,
aura pu vouloir indiquer aussi qu'elle ne saurait être
restreinte, à raison de l'incommodité que son exercice
ferait éprouver aux voisins (*Cours analyt.*, t. II, n° 501) ;
sous la condition, bien entendu, lorsqu'il s'agit d'une
clôture sur la voie publique, de se conformer aux lois
spéciales sur la matière (comp. Cass., 20 juill. 1864,
Giraud-Pinard, Dev., 1864, I, 428).

285. — L'article 647, qui pose la règle générale, ne
mentionne que l'*exception portée en l'article* 682.

Mais deux remarques sont à faire sur cette formule :

D'une part, la servitude légale de passage pour cause
d'enclave, établie par l'article 682, ne constitue pas, à

vrai dire, une exception à la règle qui autorise tout propriétaire à clore son héritage ; ou du moins, cette exception n'est que relative, en ce sens qu'il suffit, comme
nous l'établirons plus tard, que le propriétaire, sur le
fonds duquel le passage est réclamé, livre effectivement
ce passage au propriétaire enclavé ; mais dès que, par
une ouverture, il lui fournit un moyen convenable d'accès,
l'intérêt tout relatif qui s'opposait à la clôture, est satisfait ; et, à l'égard de tous autres, le propriétaire du fonds
asservi au droit de passage, en vertu de l'article 682,
peut clore ses héritages, de manière, par exemple, à les
soustraire ainsi au droit de parcours et de vaine pâture
(comp. Pardessus, t. I, n°134 ; Demante, t. II, n°501 *bis*, I).

284. — D'autre part, l'exception que l'article 647 a
seule mentionnée, n'est pourtant pas la seule qui existe
à cet égard.

Il est clair, en effet, que l'exception s'appliquerait
aussi bien à toute servitude, de passage ou autre, soit
légale, soit conventionnelle, à laquelle un fonds pourrait
être assujetti.

Et même, dans ce dernier cas, elle pourrait être plus
étendue que celle portée dans l'article 682, et s'opposer,
d'une manière absolue, à la clôture du fonds. C'est ce qui
arriverait, si le titre constitutif de la servitude déclarait
que le passage devra être libre (Duranton, t. V, n° 263) ;
ou bien encore, si l'un ou l'autre des propriétaires voisins, ou tous les deux réciproquement, s'étaient interdit
la faculté de clôture ; car rien ne nous paraît s'opposer à
l'établissement de cette servitude, qui peut être fort utile
à l'un des fonds, et qui n'a rien de contraire à l'ordre
public (comp. art. 686 ; Cass., 9 août 1853, Beauvau,
Dev., 1854, I, 253).

284 *bis*. — Le droit de se clore appartient-il même
au propriétaire dont l'héritage est traversé par un cours
d'eau, qui n'est ni navigable ni flottable ?

Question controversée, qui se rattache à la thèse si dif-

ficile et si controversée elle-même de la propriété des petites rivières, et que nous avons examinée ailleurs avec
des développements auxquels nous ne pouvons que nous
référer. (Comp. notre traité *de la Distinction des biens; de
la Propriété*, etc., t. II, n° 147 : ajout. Paris, 2 août 1862,
Paulmier, Dev., 1862, II, 355.)

285. — Quant au droit de chasse, en vertu duquel
autrefois le seigneur pouvait pénétrer jusque dans les
parcs et jardins dépendant des maisons, et dont la clôture elle-même n'affranchissait pas toujours les fonds,
est-il besoin de rappeler qu'il a disparu dans la révolution politique et sociale, que les lois intermédiaires et
les lois nouvelles ont consacrée ? (*Voy.* Merlin, *Rép.*,
v° *Chasse.*)

286. — Les droits de parcours et de vaine pâture ne
font pas non plus aujourd'hui obstacle à la faculté que
tout propriétaire a de se clore.

La vaine pâture est le droit réciproque que les habitants d'une même commune ont de faire paître leurs
troupeaux ou bestiaux sur les héritages les uns des autres
*où il n'y a ni semences ni fruits, et qui, d'après la loi ou
l'usage du pays, ne sont pas en défends* (Brillon, *Dictionnaire*, v° *Pâturage*, n° 6 ; *voy.* les articles 9 et 10 de la
sect. IV du tit. 1ᵉʳ de la loi du 6 oct. 1791).

C'est pour cela qu'elle est appelée *vaine*, par opposition à la grasse ou vive pâture, que les habitants d'une
commune exercent sur les landes, marais ou bruyères
appartenant à la commune ou assujettis, dans leur intérêt, à un droit exclusif de pâturage.

Le *parcours*, qui est connu encore sous les noms d'*en-
trecours* ou de *marchage*, n'est autre chose que la vaine
pâture exercée respectivement par les habitants d'une ou
de plusieurs communes voisines.

Ces droits de vaine pâture ont eu certainement partout pour origine une sorte d'association tacite, par laquelle les propriétaires ou cultivateurs sont convenus,

dans leur intérêt réciproque, de mettre en commun les dernières dépouilles de leurs fonds, et d'y laisser paître librement leurs animaux, sans que chacun fût obligé de garder les siens à vue, afin de les renfermer dans ses limites. La satisfaction que la vaine pâture procurait aux besoins du pauvre, a dû aussi, sans doute, en favoriser l'établissement (*voy.* l'article 14 de la sect. IV du tit. Ier de la loi de 1791).

Les règles toutefois étaient, sur ce sujet, fort diverses sous notre ancienne législation.

Dans les provinces de droit écrit, le vain pâturage n'était généralement considéré que comme l'effet d'une simple tolérance, qui ne mettait nullement obstacle à la faculté que chacun des propriétaires avait de se clore.

Quant aux coutumes, elles se partageaient sur ce point, comme sur bien d'autres, en plusieurs classes ; et si quelques-unes considéraient aussi que la vaine pâture était purement précaire, d'autres l'avaient érigée en une servitude légale, à laquelle il n'était pas permis aux propriétaires de soustraire leurs héritages, même par la clôture, à moins, disaient quelques-unes, « qu'ils ne fussent joignants à cours, jardins et autres héritages fermés. » (Montargis, chap. IV, art. 1-3 ; Lorraine, tit. XIV, art. 23, 24.)

287. — C'est une thèse depuis longtemps et encore aujourd'hui controversée que celle qui consiste à savoir si les droits de vaine pâture et de parcours, par l'espèce de promiscuité des possessions, par le vagabondage des bestiaux, qu'ils occasionnent sur un territoire où les récoltes peuvent n'être pas encore levées ; si, disons-nous, ces droits n'ont pas, pour les exploitations agricoles, plus d'inconvénients que d'avantages.

Nous n'avons pas à nous en occuper ici, pas plus que des conditions sous lesquelles ils peuvent être exercés, ni des personnes auxquelles ils appartiennent.

La question qui est en ce moment pour nous à résoudre, est de savoir si ces droits font un obstacle à la faculté de se clore.

Or, cette question doit être surtout décidée d'après les dispositions de la loi des 28 sept.-6 oct. 1791 (tit. 1er, sect. IV), auxquelles les rédacteurs de notre Code, en gardant à cet égard le silence, ont voulu sans doute se référer purement et simplement.

Voici donc, avant tout, les dispositions de cette loi, qu'il est nécessaire de connaître :

Article 2. « La servitude réciproque de paroisse à paroisse, connue sous le nom de parcours, et qui entraîne avec elle le droit de vaine pâture, continuera provisoirement d'avoir lieu, avec les restrictions déterminées à la présente section, lorsque cette servitude sera fondée sur un titre ou sur une possession fondée sur les lois et les coutumes ; à tous autres égards, elle est abolie. »

Article 3. « Le droit de vaine pâture dans une paroisse, accompagné ou non de la servitude de parcours, ne pourra exister que dans les lieux où il est fondé sur un titre particulier, ou autorisé par la loi ou par un usage local immémorial, et à la charge que la vaine pâture n'y sera exercée que conformément aux règles et usage locaux qui ne contrarient point les réserves portées dans les articles suivants de la présente section. »

Article 4. « Le droit de clore et de déclore ses héritages résulte essentiellement de celui de propriété, et ne peut être contesté à aucun propriétaire. L'Assemblée nationale abroge toutes lois et coutumes, qui peuvent contrarier ce droit. »

Article 5. « Le droit de parcours et le droit simple de vaine pâture ne peuvent, en aucun cas, empêcher les propriétaires de clore leurs héritages ; et tout le temps qu'un héritage sera clos de la manière qui sera déterminée à l'article suivant, il ne pourra être assujetti ni à l'un ni à l'autre droit ci-dessus. » (Comp. aussi art. 7, 8 et 11; Cass., 8 mai 1828, Pravaz, D., 1828

I, 239; Cass., 24 mai 1830, Chalaneilles, D., 1830, I, 252.).

288. — Maintenant, dans quels cas, d'après ces articles, un propriétaire peut-il clore son héritage et le soustraire ainsi au droit de vaine pâture?

Est-ce seulement dans le cas où ce droit ne repose que sur la coutume ou sur un usage local immémorial? hypothèse, dans laquelle l'affirmative ne fait aucun doute (Cass., 1er juill. 1840, Gelin, Dev., 1840, I, 877).

Est-ce même aussi dans le cas où il est fondé sur un titre?

Question très-débattue, sur laquelle Merlin a changé d'opinion (*infra*) et qui est effectivement, suivant nous, très-délicate.

D'après une doctrine fort accréditée, le droit de vaine pâture, lorsqu'il est fondé sur un titre, ferait obstacle à la clôture. Cette opinion invoque soit la disposition spéciale de la loi du 6 octobre 1791, soit les principes généraux du droit en matière de convention et de servitudes :

D'une part, dit-on, il résulte des articles 7 et 11 de la section IV du titre 1er de la loi de 1791, que la clôture n'affranchit les héritages du droit de la vaine pâture, qu'autant que ce droit n'est pas fondé sur un titre;

D'autre part, c'est un principe en quelque sorte sacré que la convention fait la loi des parties, et que celui qui a concédé sur son fonds une servitude, ne peut point, par son fait, en diminuer l'usage, ni moins encore l'anéantir (art. 1134, 702); et il est impossible de supposer que le législateur de 1791 ait entendu délier les parties des engagements par elles contractés! (Comp. Cass., 13 fructidor an IX, commune de Saint-Martin, Sirey, 1820, I, 467; Cass., 13 déc. 1808, fabrique de Revonnas, Sirey, 1809, I, 72; *Dissertation* de Sirey; Rennes, 27 mai 1812, Lecompte, Sirey, 1815, II, 102; Cass., 27 avril 1846, Faure, Dev., 1846, I, 488; Delvincourt, t. I,

p. 158, note 3; Toullier, t. III, n° 161; Duranton, t. V, 265; Pardessus, t. I, n° 134; Solon, n° 86; Troplong, *de la Prescription*, t. I, n°⁵ 385 et suiv.; Lepasquier, *de la Vaine pâture*, p. 379 et suiv.; *voy.* aussi D., *Rec. alphab.*, nouv. éd., v° *Droit rural*, art. 3, § 2, n°⁵ 65 et suiv.)

Cette solution toutefois ne serait pas la nôtre; car nous croyons qu'elle est contraire aux textes mêmes de la loi de 1791, ainsi qu'à la pensée des auteurs de cette loi :

1° Aux termes de l'article 5 (sect. IV, tit. I), le droit de parcours et le droit simple de vaine pâture ne pourront, *en aucun cas*, empêcher les propriétaires de clore leurs héritages;

Or, d'une part, il est évident que cet article ne peut s'entendre que des droits de vaine pâture, qui n'ont pas été purement et simplement abolis par cette loi, et qui existent encore légalement; d'autre part, le droit de vaine pâture n'existe légalement, d'après l'article 3, *que dans les lieux où il est fondé sur un titre particulier, ou autorisé par la loi ou par un usage local immémorial;*

Donc, c'est précisément lorsque le droit de parcours est fondé soit sur un titre, soit sur la loi ou sur l'usage, que la loi de 1791 qui le maintient, déclare, en même temps, qu'il n'empêche pas les propriétaires de se clore.

Et cette conclusion est d'autant plus nécessaire, que les articles 2 et 3 ne maintiennent en effet les droits de parcours et de vaine pâture, *même fondés sur un titre, que sous les restrictions et les réserves portées dans les articles suivants de la présente section* (art. 3).

Or, l'article 5 réserve aux propriétaires la faculté de se clore, en déclarant que la vaine pâture ne peut, *en aucun cas*, les en empêcher.

2° C'est vainement que, pour échapper à cette conclusion qui résulte, suivant nous, inévitablement des articles 2, 3, 4 et 5, on a invoqué les articles 7, 8, et 11 de la même section.

Les articles 7 et 8 ne s'appliquent qu'au cas où le droit de vaine pâture, réciproque ou non réciproque, existe *entre particuliers;* or, précisément, en déclarant que, dans ce cas, la clôture n'en affranchira pas les héritages déterminés, qui en seraient grevés en vertu d'un titre, ces articles prouvent, *a contrario,* qu'il en est autrement, orsque le droit de parcours existe sur la totalité du terroir d'une commune. MM. Ducaurroy, Bonnier et Roustaing remarquent, en effet, fort justement, que la vaine pâture, limitée à deux héritages seulement, n'a pas, pour l'agriculture, les mêmes inconvénients que celle qui s'exerce sur toute l'étendue d'une commune (t. II, n° 279; *voy.* d'ailleurs *infra,* n° 290).

Quant à l'article 2, il suppose l'existence non pas d'un titre constitutif de la vaine pâture, mais bien d'un *titre de propriété;* et nous nous étonnons que ce soit l'argument que l'on a déduit de cet article, qui ait décidé Merlin à abandonner le système qu'il avait d'abord soutenu (*infra,* n° 293).

3° Enfin, pour ce qui est des textes mêmes, il faut remarquer encore qu'aux termes de l'article 17, le droit de parcours appartenant à une commune, n'empêche pas la clôture des héritages, *même dans le cas où son droit serait fondé sur un titre;* pourquoi donc, dans le même cas, le droit de vaine pâture appartenant à une commune l'empêcherait-il davantage ?

4° Mais, dit-on, cette doctrine constitue la violation la plus manifeste et la plus inique de la convention qui faisait la loi des parties !

N'oublions pas l'espèce de droit dont il est ici question. C'est un *droit simple de vaine pâture,* c'est-à-dire un droit, qui, par son origine et par sa nature, dans la pensée des parties, ne doit pas nuire, notablement du moins, aux propriétaires : *dicitur vana pastura, quia nullum damnum affert prædiis servientibus* (Chassagne, cout. de Bourgogne). Et on comprend dès lors comment le législateur a pu interpréter la convention des parties, convention qui remontera le plus souvent à des temps reculés, à des époques où les propriétaires ne pouvaient pas certes mesurer toute l'étendue des conséquences que l'on voudrait tirer aujourd'hui de leur concession, en l'assimilant rigoureusement à une servitude conventionnelle ordinaire ; comment, dis-je, le législateur l'a interprétée en ce sens que les propriétaires n'ont entendu concéder la vaine pâture qu'autant que leurs terres demeureraient ouvertes; c'est par la même raison que la vaine pâture ne peut, *dans aucun cas ni en aucun temps*, s'exercer sur les terres qui sont converties en prairies artificielles (art. 9). Or, pourquoi en serait-il autrement de la clôture ? (Comp. Cass., 25 floréal an VIII, commune d'Allemagne, Merlin, *Rép.*, v° *Vaine pâture*, § 1, art. 1, n° 3; et *Quest. de droit*, v° *Vaine pâture*, § 1; Demante, *Cours analyt.*, t. II, n° 502 *bis*, I; Ducourroy, Bonnier et Roustaing, *loc. supra ;* Curasson, *des Droits d'usage*, t. I, 350; Taulier, t. II, p. 375, 376; Gavini de Campile, *des Servitudes*, t. I, n°ˢ 172 et suiv.)

289. — Les motifs qui précèdent, prouvent assez que notre solution ne serait pas la même, si on supposait que le titre renfermât une stipulation précise et formelle, d'où résulterait l'établissement d'une servitude conventionnelle de pâturage, ou mieux encore un droit de propriété (comp. Caen, 13 juill. 1835, comm, de Caen, *Rec. de Caen*, t. XIII, p. 552 ; Proudhon, *des Droits d'usufruit*, etc., t. VIII, n°ˢ 3660 et suiv.; Zachariæ, t. I, p. 398).

Mais telle n'est pas, nous le croyons, l'hypothèse prévue par les articles de la loi de 1791, lorsqu'ils supposent que le droit de vaine pâture est fondé sur un titre; le titre, dans la pensée des auteurs de cette loi, ne change, en aucune façon, le caractère du droit lui-même, dont l'exercice, lors même qu'il serait soumis à une redevance, a toujours dû, d'après l'intention présumée des parties, demeurer subordonné à la condition que les héritages ne seront pas mis en état de clôture.

290. — M. Gavini de Campile va même plus loin ; et il enseigne que le droit de vaine pâture n'empêche pas les propriétaires de clore leurs héritages, même dans l'hypothèse de l'article 7, c'est-à-dire lorsque le droit existe *entre particuliers et qu'il est fondé sur un titre* (t. I, n°ˢ 178 et suiv.).

Le droit de vaine pâture, dit l'auteur, lorsqu'il existe entre particuliers, ne peut être que conventionnel; on ne saurait supposer que la loi ou les usages locaux aient établi une telle servitude au profit d'une seule personne ou même à l'avantage réciproque de deux personnes ; or, l'article 7 lui-même déclare que la clôture affranchira aussi de la vaine pâture entre particuliers ; donc, à moins de rendre cette disposition tout à fait illusoire, il faut l'appliquer au droit de vaine pâture fondé sur un titre, puisque le titre est, dans ce cas, le seul mode d'établissement de ce droit.

Mais alors nous demandons ce que signifient ces mots de l'article 7 : *si ce droit n'est pas fondé sur un titre ?*

Le savant magistrat les applique « au cas où il s'agit d'un titre contenant renonciation expresse de la part du propriétaire du fonds grevé, à la faculté de se clore, ou établissant un droit de copropriété, ou enfin constituant une servitude de pâturage grasse et vive. »

Le texte nous paraît résister ouvertement à cette interprétation; l'article 7, en effet, après avoir dit que la clôture affranchira *des droits de vaine pâture*, réciproque ou non réciproque, entre particuliers, ajoute ces mots : si *ce droit* n'est pas fondé sur un titre...; si *ce droit*, c'est-à-dire, si *le droit de vaine pâture* n'est pas conventionnel.

Et nous avons déjà remarqué que le législateur, outre qu'il avait pu vouloir maintenir plus strictement entre particuliers l'effet des contrats, n'avait pas vu sans doute non plus les mêmes inconvénients dans la vaine pâture exercée seulement de particulier à particulier, que dans celle qui asservit le territoire entier d'une commune (comp. Cass., 24 mai 1842, comm. de Chalesme, Dev., 1842, I, 488; Proudhon, t. VIII, n° 3683; Demante, Ducaurroy, Bonnier et Roustaing, *loc. supra cit.*, n° 289).

291. — Tout au plus, pourrait-on soutenir que l'article 7 n'est pas applicable, et qu'il ne s'agit pas d'un droit de vaine pâture *entre particuliers*, lorsque le titre n'établit le droit sur un héritage déterminé qu'au profit d'une commune (Gavini, *loc. supra;* ajout. Henrion de Pansey, *Biens communaux*, p. 401 et suiv.).

Et encore, cette restriction elle-même serait-elle fort contestable, puisqu'il s'agit alors d'un droit limité à un héritage déterminé, qui ne s'étend pas sur toute l'étendue d'une commune, et qui n'offre pas dès lors les mêmes inconvénients que le droit de vaine pâture de commune à commune, de *paroisse à paroisse* (comp. Cass., 13 déc. 1808, fabrique de Revonnas, Sirey, 1809, I, 72 ; Demante, *Cours analytique*, t. II, n° 502 *bis*, I).

292. — Au reste, d'après l'article 8 de la loi de 1791 (sect. IV, tit. I), entre particuliers, tout droit de vaine pâture fondé sur un titre, même dans les bois, est rachetable (ajout. le Code forestier, art. 64 et suiv.; 112 et suiv.).

293. — Remarquons enfin qu'il importe de ne pas confondre avec le droit de vaine pâture le droit de propriété fondé sur un titre, et en vertu duquel les prairies deviennent communes à tous les habitants d'une commune, soit immédiatement après la récolte de la première herbe, soit dans tout autre temps déterminé (*voy.* l'édit. de mai 1771, préambule et art. 7).

Il est vrai que, d'après l'article 11 de la loi de 1791 (tit. I, sect. IV), cette communauté des prairies n'empêche pas les propriétaires de clore leurs héritages, lorsqu'elle

n'est établie que par l'usage (Cass., 29 juill. 1807, Duro-
zoir, Sirey, 1808, II, 42; Cass., 14 nov. 1853, de Fon-
tette, D., 1853, I, 328).

Mais le même article excepte, au contraire, de cette
disposition le cas où c'est sur *un titre de propriété* que
cette communauté est fondée (comp. Cass., 22 mars
1836, Bridmann, D., 1836, I, 245; Cass., 7 mai 1838,
Bertrand, Dev., 1838, I, 789; Cass., 18 juin 1839,
Périer, D., 1839, I, 767; Proudhon, *des Droits d'usufruit,* etc., t. VII, n° 3327; *voy.* aussi notre tome IX,
n° 514, p. 451).

294. — Aux termes de l'article 6 de la loi de 1791
(tit. I, sect. IV) :

« L'héritage sera réputé clos, lorsqu'il sera entouré
d'un mur de quatre pieds de hauteur, avec barrière ou
porte, ou lorsqu'il sera exactement fermé et entouré de
palissades, ou de treillages, ou d'une haie vive, ou d'une
haie sèche, faites avec des pieux ou cordelée avec des
branches, ou de tout autre manière de faire des haies en
usage dans chaque localité, ou enfin d'un fossé de quatre
pieds de large, au moins, à l'ouverture, et de deux pieds
de profondeur. »

Le Code Napoléon n'ayant rien statué à cet égard, cet
article nous paraît être toujours applicable.

On a invoqué, il est vrai, en sens contraire, la disposition de l'article 391 du Code pénal (comp. Pardessus,
t. I, n° 133).

Mais cette disposition est tout à fait spéciale ; et nous
croyons que le seul mode de clôture, en ce qui concerne
les usages ruraux, et particulièrement la vaine pâture,
est encore aujourd'hui exclusivement celui que détermine
l'article 6 précité de la loi de 1791 (comp. Cass., 29 mai
1841, Dumet, Dev., 1841, I, 461; Cass., 24 juill. 1845,
Dessessars, Dev., 1845, I, 862; Taulier, t. II, p. 375;
Gavini, t. I, n° 164).

295. — C'est également par les dispositions de la loi

de 1791, qu'il faut interpréter l'article 648 de notre Code qui est ainsi conçu :

« Le propriétaire qui veut se clore, perd son droit au « parcours et vaine pâture, en proportion du terrain qu'il « y soustrait. »

C'est que, d'après l'article 13, sect. IV, tit. I de la loi de 1791, la quantité du bétail que chaque propriétaire peut envoyer au parcours ou vaine pâture, est réglée *proportionnellement à l'étendue du terrain..., à tant de bêtes par arpents*, soit par des règlements et usages locaux, soit par un arrêté du conseil municipal.

Et l'article 16 en déduit la conséquence suivante :

« Quand un propriétaire d'un pays de parcours ou de vaine pâture aura clos une partie de sa propriété, le nombre de têtes de bétail qu'il pourra continuer d'envoyer dans le troupeau commun, ou par troupeau séparé, sur les terres particulières des habitants de la communauté, sera restreint proportionnellement, et suivant les dispositions de l'article 13 de la présente section. »

Il est clair, en effet, que la réduction du nombre de têtes de bétail en proportion du terrain soustrait à la vaine pâture, était, en cas pareil, le seul moyen équitable et exempt d'arbitraire, le seul même qu'il fût possible d'employer (comp. à ce sujet, Cass., 3 août 1853, Sergent, D., 1853, I, 289; Dijon, 21 nov. 1861, Comm. de Trugy, D., 1862, II, 193).

296. — Ce n'est d'ailleurs que *tout le temps que l'héritage sera clos* (art. 5), qu'il est affranchi de la vaine pâture et du parcours ; d'où il suit que l'on a pu dire, en effet, que la clôture ne procure pas un affranchissement réel et définitif, mais qu'elle suspend plutôt seulement l'exécution du droit (Henrion de Pansey, *Biens communaux*, p. 401).

Et à cet égard, on peut demander si l'état de défense, où un héritage a été mis par ce moyen, doit cesser par cela seul que la clôture est mal entretenue par le propriétaire.

C'est là, suivant nous, une question de fait. La dé
gradation de la clôture est-elle légère ou considérable ?
ancienne ou nouvelle ? Et peut-on supposer que le propriétaire qui ne la répare point, n'entend plus avoir de
clôture ?

On verra, on appréciera (comp. Proudhon, t. VIII,
n° 3682; Gavini, t. I, n° 162; Jousselin, *des Servitudes
d'utilité publique*, t. I, p. 372, n° 162).

297. — Le propriétaire qui a mis son héritage en
état de clôture, n'est pas même tenu de livrer passage
aux bestiaux, qui avaient l'habitude de le traverser pour
se rendre aux autres héritages qui sont grevés du parcours et de la vaine pâture.

Il est vrai que l'édit de mai 1769, concernant la pro-
vince de Champagne, portait que « la clôture des héritages ne pourra néanmoins avoir lieu au préjudice du
passage des bestiaux pour aller sur les terrains, qui
restent ouverts à la pâture.... » (Merlin, *Rép.* v° *Clôture*,
§ 3.)

Mais ni la loi de 1791, ni l'article 647 du Code Napoléon n'ont consacré cette restriction ; et s'il arrivait
que l'on décidât que le propriétaire qui a clos son fonds,
doit le passage pour les bestiaux, ce ne pourrait être
qu'en vertu de l'article 682, sous les conditions par conséquent déterminées par cet article et à la charge d'une
indemnité (comp. Delvincourt, t. I, p. 158, note 3 ;
Pardessus, t. I, n° 134 ; Toullier, t. III, n° 160 et 553 ;
Fournel, t. II, p. 384 ; Vaudoré, t. I, n° 322 ; Jousselin,
t. I, p. 375).

CHAPITRE II.

EXPOSITION.

SOMMAIRE.

298. — Nous avons exposé déjà l'origine et le caractère des servitudes établies par la loi et nous avons vu que, loin de constituer des servitudes proprement dites, elles forment le droit commun et, en quelque sorte, la manière d'être générale de la propriété immobilière en France (*supra*, n° 8 ; *voy.* aussi notre tome IX, n°ˢ 555 et suiv.).

D'après l'article 649 ; « les servitudes établies par la « loi, ont pour objet l'utilité publique ou communale, ou « l'utilité des particuliers. »

C'est qu'en effet les considérations qui ont déterminé le législateur à établir ces servitudes, sont de deux sortes:

Les unes sont directement fondées sur l'utilité publique, générale ou communale ;

Les autres se proposent, au contraire, principalement l'utilité des particuliers, qui prend elle-même, d'ailleurs, le caractère d'utilité publique, lorsqu'elle est collective et réciproque, et que l'avantage qui est fait à l'un surpasse notablement l'inconvénient qui peut en résulter pour l'autre, comme il arrive dans presque toutes les servitudes légales qui concernent les relations privées.

299. — Nous n'avons point à nous occuper ici des servitudes légales d'utilité publique, que l'article 650 ne mentionne que par forme d'exemple et de renvoi :

« Celles établies pour l'utilité publique ou com« munale ont pour objet le marchepied le long des
« rivières navigables ou flottables, la construction ou
« réparation des chemins et autres ouvrages publics ou
« communaux.

« Tout ce qui concerne cette espèce de servitude est
« déterminé par des lois ou des règlements particuliers.»

Ce sujet appartient au droit public et administratif.

Remarquons seulement que c'est surtout de cet ordre de règles qu'il est vrai de dire qu'elles ne constituent pas des servitudes; car souvent les assujettissements qu'elles établissent, sont imposés non pas au fonds, mais à la personne, comme, par exemple, l'obligation de planter des arbres sur les héritages riverains de grandes routes : de même que souvent encore, il arrive que ces assujettissements sont créés non pas en faveur d'un fonds, mais dans l'intérêt des personnes, soit pour le bien général de la société tout entière, soit pour l'utilité des habitants d'une commune déterminée : telles sont la prohibition de défricher les bois, ou encore celle de détourner le cours d'une source dans le cas prévu par l'article 643 (comp. art. 637, 686 ; Pardessus, t. I, n° 137; Jousselin, *des Servitudes d'utilité publique*, t. I, chap. I, n° 1).

C'est qu'il ne s'agit point seulement, dans cette vaste sphère des servitudes d'utilité publique, du règlement des rapports des propriétaires des héritages les uns envers les autres ; il s'agit du gouvernement tout entier de la société elle-même, de ses intérêts de toutes sortes, matériels et moraux, des dispositions, par exemple, que réclament la défense militaire du territoire de l'État, ou la santé et la salubrité publiques, ou la conservation des richesses nationales, ou la création et le développement de toutes les voies de transport et de navigation, etc., etc.

500. — L'article 650 range au nombre des servitudes établies pour l'utilité publique, celles qui ont pour objet le marchepied le long des rivières navigables ou flottables, et la construction ou réparation des chemins et autres ouvrages publics ou communaux.

Il est évident que la loi comprend ici, sous le nom de *marchepied*, la servitude appelée aussi du nom de chemin de halage, et que l'on en distingue dans la pratique ; mais notre Code a considéré le marchepied et le chemin de halage comme une seule servitude désignée seulement par deux expressions synonymes, quoique pourtant il soit vrai de dire que l'un et l'autre ne se confondent ni quant à leur étendue, ni quant à leur destination (comp. art. 556 et 650).

Le marchepied, dans son acception générale, est l'espace de terrain sur lequel les propriétaires riverains doivent s'abstenir d'élever aucune construction ni plantation sur les deux bords des fleuves et rivières navigables, savoir : « vingt-quatre pieds au moins de place en largeur pour chemin royal et trait de chevaux, sans qu'ils puissent planter arbres ni tenir clôture en haies plus près que trente pieds du côté que les bateaux se tirent, et dix pieds de l'autre bord. » (Ordonn. de 1669, tit. VII, art. 28.)

Ainsi, lorsqu'il s'agit d'un fleuve ou d'une rivière navigable, le chemin de halage est d'un côté, et le marchepied de l'autre ; le premier, le plus large, est placé sur la rive, où les chevaux halent ou tirent les bateaux à la remonte; le second, sur la rive opposée, sert aux piétons, et a surtout pour but de faciliter le sauvetage des trains et radeaux. Il faut ajouter, toutefois, que la zone de trente pieds ($9^m,75$) pourrait être exigée à la fois sur l'une et sur l'autre rive, ou seulement reportée de l'une sur l'autre (ordonn. de 1672, art. III; arrêt du conseil du 24 janvier 1777; décret du 22 janv. 1808; conseil d'État, 7 mars 1849, Langlois, et 23 mars 1854, Cornudet, D., 1854, III, 41).

Lorsque la rivière est simplement flottable, il n'y a pas de chemin de halage, puisque les trains de bois, ne faisant que descendre le courant, n'ont pas besoin d'être halés; mais alors le marchepied proprement dit est dû sur l'une et l'autre rive.

Cette différence entre les rivières navigables et les rivières seulement flottables, que notre article 650 ne mentionne point, résulte formellement de la loi du 15 avril 1826 sur la pêche fluviale (art. 35).

On remarquera enfin qu'un arrêté du 12 nivôse an V a limité à 1 mètre 32 centimètres de largeur le marchepied le long des rivières flottables à bûches perdues (comp. ordonn. de 1672, chap. XVII, art. 17; avis du conseil d'État du 21 fév. 1822; Jousselin, t. II, n° 27).

301. — Le marchepied et le chemin de halage ne constituent d'ailleurs que des *servitudes* (art. 645, 659; Cass., 24 févr. 1827, Bichet, D., 1827, 1, 388);

Or, il est de règle certaine, en cette matière, d'abord que la servitude n'est due que pour le genre de service en raison duquel elle a été établie; et ensuite, que le propriétaire du fonds assujetti conserve tous les avantages qui sont compatibles avec l'exercice de la servitude dont il est grevé.

Et de là deux conséquences :

1° Le marchepied ou chemin de halage n'étant qu'une servitude de passage pour les besoins de la navigation, il s'ensuit d'une part que l'usage n'en est rigoureusement permis qu'aux navigateurs ou bateliers; et, par exemple, un propriétaire usinier ne pourrait pas s'en servir pour l'exploitation de son héritage, sauf à invoquer, en cas d'enclave, la disposition de l'article 682 (comp. Pardessus, n° 139; Solon, n° 102). D'autre part, les bateliers eux-mêmes ne peuvent employer le chemin qu'aux besoins de la navigation; et c'est ainsi qu'ils n'ont pas le droit de s'en servir pour les commodités de la pêche, pas plus que d'y établir un point fixe d'abordage (comp. décret du 16 messidor an XIII; conseil d'État, 22 sept. 1818, Périer; Proudhon, n° 784; Daviel, n° 116; Dufour, n°s 1112, 1116; Jousselin, t. II, n° 14).

2° Le propriétaire riverain, qui ne peut pas sans doute nuire au service de la navigation, qui n'a pas le droit, par exemple, de cultiver ni d'ensemencer, du moins dans une zone de vingt-quatre pieds à partir de la rive, le propriétaire riverain, dis-je, conserve néanmoins, sous cette réserve, tous es attributs de sa propriété; voilà pourquoi il profite toujours de l'alluvion (art. 556; voy. notre tome X, n° 14); et il recouvrerait bien entendu, la plénitude de son droit, si le chemin de halage était supprimé, dans le cas, par exemple, où la rivière qui le borde, cesserait d'être navigable ou flottable (comp. ordonn. de 1669, tit. XXVIII, art. 7; Garnier t. I, n° 83).

302. — La seconde espèce de servitude légale établie pour l'utilité publique, a pour objet, d'après notre article 659, la construction ou réparation des chemins et autres ouvrages publics et communaux.

Nous croyons que cette formule se réfère principalement au droit qui appartient aux agents de l'administration de fouiller dans les héritages privés, afin d'en extraire les matériaux, les pierres, la terre, le sable, nécessaires pour la confection des travaux publics, et par conséquent aussi pour la constuction ou la réparation des chemins (comp. avis du conseil du 7 sept. 1755; loi du 28 sept.-6 oct. 1791, tit. I, sect. VI, art. 13; loi du

16 sept. 1807; D. *Rec. alph*, v° *Voirie*, sect. i, art. 157; *voy.* aussi notre tome IX, n° 645).

On a encore cité, comme exemple d'application de notre texte, l'article 5 du titre xxviii de l'ordonnance de 1669, d'après laquelle les bois, épines et broussailles traversées par un grand chemin doivent être essartés et coupés dans une largeur de soixante pieds, afin que le chemin soit libre et plus sûr, et aussi l'article 6 d'un règlement du conseil du 3 mai 1720, d'après lequel « tous les propriétaires d'héritages tenants et aboutissants aux grands chemins et branches d'iceux, » sont tenus de les planter d'arbres d'espèces différentes suivant la nature du terrain (ajout. la loi du 9 ventôse an xiii et l'acte du gouvernement du 16 déc. 1811).

Que ce soit là des servitudes établies par la loi pour l'utilité publique, point de doute; mais la vérité est que ces servitudes ne se rapportent pas *à la construction et à la réparation des chemins*, et qu'elles ne rentrent pas, en conséquence, dans les termes de notre article 650 (comp. Ducaurroy, Bonnier et Roustaing, t. II, n° 283; Demante, t. II, n° 504 *bis*, II).

303. — Il est bien clair, en effet, que cet article 650 n'a fait qu'une énumération simplement énonciative, et même très-incomplète, des servitudes que la loi a établies pour cause d'utilité publique.

Il y en a bien d'autres; et ce serait aussi de notre part un hors d'œuvre que d'entreprendre d'en fournir ici l'exposition.

Telles sont, par exemple, celles qui se rapportent :

A la défense militaire de l'État (comp. lois du 10 juillet 1791 et du 17 juillet 1819, et l'ordonn. du 1er août 1825);

A l'alignement de la voie publique (loi du 16 sept. 1807, art. 50);

A la conservation des bois et forêts (Code forestier, art. 124, 133, 219, etc.);

À tout ce qui concerne l'exploitation soit des sources d'eau salée (comp. arrêtés des 3 nivôse et 3 pluviôse an VI; loi du 24 avril 1806, art. 51; du 6 avril 1825, du 17 juin 1840), soit des eaux minérales et thermales (arrêt du conseil du 26 mai 1780; arrêtés du gouvernement des 29 floréal an VII, 3 floréal an VIII et 6 nivôse an XI; décret du 10 mars 1848, loi du 22 juillet 1856);

À la défense d'élever aucune habitation ni de creuser aucun puits à moins de 100 mètres de distance des cimetières (article 2 du règlement du 27 prairial an XII; décret du 7 mars 1808, etc., etc,, *voy*. aussi notre tome IX, n° 569).

304. — C'est un principe généra'ement reconnu aujourd'hui que les servitudes légales d'utilité publique ne donnent droit, par elles-mêmes, à aucune indemnité, ni contre les particuliers, ni contre l'État, et qu'une indemnité ne serait due qu'autant qu'elle serait allouée par une loi spéciale.

D'une part, en effet, les différents articles du Code Napoléon qui consacrent les servitudes d'utilité publique, ne concèdent, à raison de ces servitudes, aucune indemnité (art. 537, 544, 552, 649, 650); et leur silence, à cet égard, devient de plus en plus significatif, lorsqu'on les rapproche de l'article 545 qui impose, au contraire, formellement l'obligation d'une juste et préalable indemnité, lorsqu'il s'agit de l'expropriation, c'est-à-dire de la cession forcée de la propriété elle-même, du *dominium*, pour cause d'utilité publique;

D'autre part, il ne s'agit pas ici, comme nous l'avons déjà remarqué, de véritables servitudes, mais de règles générales, communes et réciproques, qui constituent l'état normal de la propriété et qui sont les conditions inséparables de son existence telle que la loi elle-même la reconnaît et la consacre.

Ce système d'indemnité, d'ailleurs, à raison même du caractère de réciprocité de la plupart de ces servitudes, et aussi de leur nombre, ne serait, dans l'État, qu'une source d'embarras et de complications.

Aussi croyons-nous, pour notre part, que le principe doit être maintenu intact, et qu'il faut rejeter les divers amendements par lesquels on a proposé de distinguer :

Soit entre les servitudes, qui « obligent le propriétaire du fonds servant à souffrir l'exercice d'actes qui diminuent sa jouissance, et les servitudes purement négatives qui l'empêchent seulement d'avoir le libre usage de son fonds» (Serrigny, *Droit public*, t. II, p. 462);

Soit entre celles qui résultent d'une mesure générale et celles qui résultent d'une mesure particulière (Gand, *Exprop.*, p. 59).

Outre que ces distinctions seraient, en pratique, de la plus difficile application, et ne pourraient pas, le plus souvent, malgré une certaine apparence d'équité, se justifier au fond, elles nous paraissent repoussées par les raisons de texte et par les considérations que nous venons de présenter.

Concluons donc qu'aucune indemnité n'est due, en principe, à raison des simples servitudes légales d'utilité publique, à moins qu'un texte spécial n'en accorde, comme a fait, par exemple, le décret du 22 janvier 1808, qui déclare qu'il sera payé aux riverains des fleuves et rivières, où la navigation n'existait pas et où elle s'établira, une indemnité proportionnée au dommage qu'ils en éprouveront ; disposition fondée sans doute sur ce que l'on a considéré qu'il s'agissait là de l'extension d'une servitude légale à des fonds qui n'y étaient pas primitivement assujettis (comp. *supra*, n° 102 ; conseil d'État, 27 août 1839, Donjon, Lebon, t. IX. p. 489 ; 13 août 1840, Pierre ; Paris, 14 janvier 1833, Ledieu, Dev., 1834, II, 11 ; Nancy, 30 mai 1843, Lamoureux, Dev., 1843, II, 333 ; Gand, 11 avril 1844, *Gazette des Tribunaux*, du 8 mai 1844 ; Proudhon, *du Dom. public*, n°s 322 et 871 ; Pardessus, t. I, art. 139 ; de Cormenin, t. II,

p. 223 ; Laferrière, *Droit public*, p. 393 ; Jousselin, t. I, p. 63 et t. II, p. 200).

505. — Mais rentrons maintenant dans le sujet qui est le nôtre, et occupons-nous des servitudes établies par la loi pour l'utilité des particuliers, dont l'article 651 dit que « la loi assujettit les propriétaires à différentes « obligations l'un à l'égard de l'autre, indépendamment « de toute convention.»

Aux termes de l'article 652 :

« Partie de ces obligations est réglée par les lois sur « la police rurale.

« Les autres sont relatives au mur et au fossé mi- « toyens, au cas où il y a lieu à contre-mur, aux vues « sur la propriété du voisin, à l'égout des toits, au droit « de passage. »

Nous n'avons pas à examiner ici celles des servitudes pour lesquelles le Code Napoléon lui-même nous renvoie aux lois sur la police rurale (*voy.* la loi du 28 sept.-6 octobre 1791, tit. 1, sect. IV et tit. II, et le projet du Code rural de 1807).

506. — Le chapitre II de notre titre est composé de cinq sections, qui correspondent aux cinq espèces de servitudes légales qui viennent d'être énumérées dans l'article 652.

Nous suivrons également cet ordre; et nous chercherons ensuite, dans une sixième section, s'il existe encore d'autres servitudes d'utilité privée, en dehors des articles compris dans les cinq sections qui précèdent.

SECTION I.

DU MUR ET DU FOSSÉ MITOYENS.

SOMMAIRE.

307. — Division.

307. — Il faut remarquer d'abord que l'*intitulé* de cette section n'est pas tout à fait exact, en ce sens qu'il n'annonce pas tout ce que la section renferme.

Il n'est pas, en effet, ici question seulement *du mur et du fossé mitoyens;* le Code y a, en outre, placé les règles relatives au cas où les différents étages d'une maison appartiennent à divers propriétaires; à la mitoyenneté des fossés et des haies; et à la distance requise pour les plantations des haies et des arbres.

Voici donc les sujets dont nous aurons à traiter dans cette section :

1° Des murs mitoyens et non mitoyens;

2° Des mitoyennetés relatives au cas où les différents étages d'une maison appartiennent à plusieurs propriétaires; et, plus généralement, des cas où une chose commune est affectée à l'usage indivis de plusieurs héritages appartenant à des propriétaires différents;

3° Des fossés mitoyens et non mitoyens;

4° Des haies mitoyennes et non mitoyennes; et des arbres qui se trouvent sur les confins des héritages;

5° De la distance à observer pour les plantations des arbres et des haies vives.

§ I.

Des murs mitoyens et non mitoyens.

SOMMAIRE.

308. — Définition et origine des mots *mitoyenneté, mitoyen*

309. — Quel est le caractère de la mitoyenneté? — Constitue-t-elle una copropriété indivise?

308 — La mitoyenneté, en général, est la copropriété d'une clôture située sur les confins de deux héritages contigus.

Moi et *toi*, telle serait, suivant d'anciens glossateurs, la racine de cette expression complexe; et la vérité est que l'on disait autrefois *metoyen* et même *moitoyen* (comp. Loysel, *Inst. cout.*, liv. II, tit. III, nᵒˢ 1 et 3; Guy-Coquille, art. 214 de la cout. de Nivernais; Basnage, sur l'article 611 de la cout. de Normandie).

Suivant d'autres, au contraire, c'est dans les mots *milieu, moitié,* ou *mitan,* comme on dit vulgairement, qu'il faudrait en chercher l'étymologie « quasi médius inter « utrumque, vel meus, vel tuus.» (Ferrières, sur l'article 183 de la cout. de Paris.)

Ces deux explications semblent assez ingénieuses; nous croyons toutefois, pour notre part, que la dernière origine que nous venons d'indiquer est la plus vraisemblable; car si le mot *mitoyenneté* dérivait de ce que la chose est commune à deux personnes, à *moi* et à *toi*, on devrait appeler de ce nom toute communauté ou copropriété quelconque; or, précisément, l'expression de *mitoyenneté* est réservée à cette espèce de communauté intermédiaire, qui forme le milieu entre deux autres propriétés, qu'elle sépare, et dont l'indivision forcée est l'un des caractères distinctifs et essentiels.

309. — On pourrait même soutenir que, dans la rigueur du principe, la mitoyenneté ne constitue pas véritablement un état de communauté ni de copropriété indivise.

La communauté véritable, en effet, a ce caractère, que les droits indivis des copropriétaires affectent la chose tout entière et chacune de ses parties; de telle sorte qu'ils se retrouvent toujours croisés et confondus sur chacune des parties de la chose commune, même subdivisée à l'infini.

Tandis qu'il semblerait, au contraire, que dans l'état de mitoyenneté chacun des voisins est propriétaire exclusif, *pro regione, pro diviso,* de la partie de la clôture commune, qui est de son côté et sur son sol ; d'où il suivrait qu'il y aurait là non pas une seule propriété commune et indivise, mais deux propriétés séparées et distinctes, quoique juxtaposées (comp. Pothier, *ad Pandectas, de servit. urban. præd.,* t. I, p. 367, note 7 ; et du *Contrat de société,* Appendice, n° 199).

Et c'est ainsi que, dans ces derniers temps encore, on a écrit que ces deux expressions *mitoyen* et *commun* ne sont pas synonymes, et que, dans la mitoyenneté, la chose est censée divisée par le milieu, dans sa longueur et dans sa hauteur ou dans sa profondeur, de façon qu'une moitié appartient à chacun des propriétaires voisins (Toullier, t. II, n° 183 ; Taulier, t. II, p. 378).

Mais Pothier lui-même avait remarqué déjà que cette prétendue distinction ne reposait que sur une subtilité, et que finalement la mitoyenneté n'était autre chose qu'un état de communauté et d'indivision.

Seulement, c'est une communauté *sui generis ;* et de même qu'on la désigne sous un nom spécial (la mitoyenneté), elle a aussi des règles particulières, qui lui sont propres. (Comp. Cass. 10 juil. 1865, Marty, Dev., 1865, I, 341 ; et les *Observations* de l'arrêtiste).

310. — Au premier rang de ces règles, il faut placer celle qui, contrairement à l'article 815, d'après lequel nul ne peut être contraint à demeurer dans l'indivision, ne permet pas à l'un des copropriétaires de la chose mitoyenne d'en demander, contre le gré de l'autre, le partage ni la licitation. Cette règle est virtuellement écrite dans l'article 656, duquel il résulte que l'abandon de la mitoyenneté est le seul moyen par lequel le copropriétaire

puisse se dispenser de contribuer aux réparations et reconstructions. C'est qu'en effet, partager alors ne serait
que détruire ; c'est que la chose ne peut rendre les services qu'elle est destinée à rendre, qu'autant qu'elle de-
meurera indivise, et qu'en conséquence la copropriété de
la chose commune se trouve ici compliquée d'une servitude réciproque au profit de l'un des communistes, sur
la portion indivise de l'autre ; circonstance qui crée cet
état de communauté forcée, cette servitude d'indivision,
dont nous aurons bientôt l'occasion de rencontrer encore
d'autres exemples (comp. L. 19, § 1, ff. *comm. div.* ;
Cass. 10 déc. 1823, Séguin, D., 1823, I, 490).

Nous allons voir aussi que la loi admet, en matière
de mitoyenneté, des modes d'acquisition forcée et des
genres de preuves, des présomptions, qui sont tout à fait
étrangères à la communauté ordinaire (comp. art. 661 et
653).

Et quant aux effets de la mitoyenneté, s'il est vrai qu'il
en est un certain nombre qui dérivent des principes ordinaires de la communauté, il en est d'autres aussi, et de
très-importants, qui n'appartiennent qu'à cette matière
spéciale. C'est ainsi qu'à la différence de la copropriété
d'une chose indivise, sur laquelle un communiste ne peut
pas faire d'innovations sans le consentement des autres,
la mitoyenneté confère à chacun des copropriétaires le
droit de retirer de la chose tous les services qu'elles peut
rendre, d'après sa destination habituelle, lors même qu'il
y faudrait pratiquer des innovations et des changements,
d'exhausser, par exemple, le mur mitoyen, ou de bâtir
sur ce mur, etc.

C'est tout cet ensemble de règles qui constitue ce que
l'on appelle la servitude légale de mitoyenneté.

311. — Nous devons nous occuper ici d'abord des
murs mitoyens.

Le droit romain n'a pas été, et il ne pouvait pas être
d'un grand secours pour les rédacteurs du Code Napoléon

sur cette matière. Il paraît, en effet, certain qu'à Rome, il n'était pas permis aux propriétaires de construire sur la limite même de leurs héritages. D'après une loi de Solon, que reproduit la loi 13 au Digeste, *finium regundorum*, on devait laisser un pied de distance entre un mur de clôture et la ligne séparative des deux fonds ; et quant aux maisons, elles devaient être éloignées de deux pieds au moins de l'héritage du voisin. Et voilà pourquoi elles étaient, en général, bâties au milieu d'un jardin ou d'un espace vide quelconque, et entourées ainsi de petites ruelles, *ambitus* ; d'où leur était venu ce nom d'*insulæ*, sous lequel les jurisconsultes romains les désignent si souvent (*voy.* même aussi la loi 12 § 2, au Code, *de ædificiis privatis*). On conçoit que sous une législation ainsi faite, et avec de tels usages, la mitoyenneté des murs ne pouvait résulter que de conventions particulières et qu'elle devait être assez rare ; et nous ne trouvons, en effet, dans les lois romaines, qu'un petit nombre de dispositions sur le *paries communis* (comp. Pauli *Sentent.*, lib. V, tit, 18, § 2 ; L. 8, ff. *de servit, præd. urban.* ; L. 35, 36, 37 et 39, § 1, ff. *de damno infecto*, etc.).

C'est dans nos anciennes provinces coutumières, et particulièrement dans les coutumes de Paris et d'Orléans, qu'a véritablement pris naissance et que s'est développé l'usage des mitoyennetés, qui sont, en effet, bien appropriées à nos habitudes nationales, et en général à la forme de nos constructions et de nos habitations ; aussi est-ce à ces coutumes que les rédacteurs de notre Code ont eu recours, quoiqu'ils les aient d'ailleurs, en plusieurs cas, assez notablement modifiées.

312. — Deux points sont à résoudre à cet égard :
1° Dans quels cas un mur est-il mitoyen ?
2° Quels sont les effets de la mitoyenneté d'un mur ?

Dans quel cas un mur est-il mitoyen?

SOMMAIRE.

313. — Exposition générale. — Division.

313. L'intérêt bien compris de deux propriétaires voisins est d'avoir en commun, sur la ligne séparative de leurs fonds, un seul mur, soit pour supporter leurs bâtiments, soit pour servir de clôture à leurs héritages contigus. Un seul mur suffit en effet; deux murs seraient inutiles, incommodes, dispendieux; et on peut même dire, que la société tout entière est intéressée à ce que la dépense des capitaux et des terrains ne soit pas ainsi doublée en pure perte (comp. toutefois les Observations critiques de M. Batbie, dans son article *de la Révision du Code Napoléon*, publié par la Revue *le Correspondant,* 1866, p. 98).

Telle est l'idée fondamentale de cette matière; et c'est de cette prémisse que dérivent les trois règles importantes que nous avons à examiner ici :

1° La présomption de mitoyenneté que la loi établit dans le plus grand nombre des cas (art. 653, 654);

2° La faculté qu'elle accorde à tout propriétaire joignant un mur mitoyen, d'en acquérir la mitoyenneté (art. 660, 661);

3° La faculté réciproque pour chacun des propriétaires, dans les villes et faubourgs de contraindre son voisin aux constructions et réparations du mur mitoyen (art. 663).

ARTICLE 1.

DE LA PRÉSOMPTION LÉGALE DE MITOYENNETÉ.

SOMMAIRE.

314. — Condition nécessaire pour qu'un mur soit mitoyen. — La mitoyenneté peut être établie par titre.

315. — L'article 653 établit, à défaut de titre, une présomption légale de mitoyenneté. — Fondement·sur lequel repose cette présomption.

316. — La présomption légale de mitoyenneté s'applique à deux hypothèses différentes.

317. — Première hypothèse : celle d'un mur servant de séparation entre bâtiments. — Jusqu'à quelle hauteur le mur est-il dans ce cas, présumé mitoyen?

318. — Suite. — *Quid*, si le toit du bâtiment inférieur ne s'étend point parallèlement au mur, mais présente, au contraire, un plan incliné?

319. — *Quid*, si les cheminées du bâtiment inférieur s'élèvent adossées contre le mur du bâtiment supérieur?

320. — Ce n'est que pour le cas où il n'existe pas de titre, que l'article 653 dispose que le mur servant de séparation entre bâtiments n'est mitoyen que jusqu'à l'héberge. — Conséquences.

321. — *Quid*, s'il est prouvé que l'un des bâtiments est plus ancien que l'autre et que celui-ci n'existe que depuis moins de trente ans?

322. — *Quid*, s'il n'y a de bâtiment que d'un côté du mur, mais qu'il existe, de l'autre côté, des traces d'un ancien bâtiment?

323. — Doit-on présumer la mitoyenneté du mur qui sépare un bâtiment d'une cour, d'un jardin ou d'une place vide quelconque.

324. — Lorsqu'il y a des bâtiments de chaque côté, peu importe la destination différente de ces bâtiments; la mitoyenneté du mur est toujours présumée.

325. — Seconde hypothèse: celle d'un mur servant de séparation entre cours et jardins, et même entre enclos dans les champs. — La mitoyenneté du mur est-elle présumée entre une cour et un jardin, ou un enclos quelconque?

326. — Dans les champs, le mur n'est présumé mitoyen qu'entre deux héritages également clos; mais alors il est présumé mitoyen, sans qu'il y ait lieu de distinguer si les deux fonds sont de même ou de différente nature.

327. — Lorsque le mur sert de séparation entre cours et jardins, n'est-il présumé mitoyen qu'autant que les deux fonds sont également clos de tous leurs côtés?

328. — Quel est dans l'article 653, la signification du mot *enclos*?

328 *bis*. — *Quid*, si l'un des fonds est enfermé, des quatre côtés de murs de pierres de taille, tandis que l'autre n'est clos, des trois autres côtés, que par des murs de pierres sèches ou de boue?

329. — Doit-on présumer la mitoyenneté d'un mur, qui sépare deux fonds qui ne sont ni cours, ni jardins, ni enclos ni l'un ni l'autre?

330. — Que décider à l'égard des murs de soutènement ou de terrasse? — Sont-ils présumés mitoyens?

331. — La présomption légale de mitoyenneté ne s'applique qu'aux murs servant de séparation immédiate entre les deux fonds. — Exemples.

332. — La présomption légale de mitoyenneté peut être détruite par la preuve contraire. — Dans quel cas?

333. — 1º La preuve de mitoyenneté peut résulter d'un titre. — Quelles sont les conditions de validité de ce titre? — La preuve par témoins serait-elle admissible?

334. — Est-il nécessaire que le titre, pour détruire, au profit de l'un des voisins, la présomption de mitoyenneté, soit un acte commun à l'autre voisin, et dans lequel celui-ci ou ses auteurs aient figuré?

335. — Suite.

336. — 2° La présomption de mitoyenneté peut être détruite par des marques du contraire. — Quelles sont ces marques?

337. — Suite.

338. — Suite. — *Quid*, si l'un des voisins, au vu et su de l'autre, établissait, après coup, dans le mur présumé mitoyen, ses marques de non-mitoyenneté?

339. — Les marques qui font présumer la non-mitoyenneté, lorsqu'elles n'existent que d'un seul côté du mur, font-elles présumer, au contraire, la mitoyenneté, lorsqu'il s'en trouve des deux côtés, soit de même nature, soit de nature différente?

340. — L'article 654 est-il limitatif? ou les magistrats peuvent-ils reconnaître d'autres marques de non-mitoyenneté que celles qu'il indique?

341. — Suite.

342. — Parmi les marques de non-mitoyenneté, il en est qui s'appliquent à la totalité du mur; il en est d'autres dont l'effet n'est que partiel.

343. — *Quid*, si l'un des voisins produit un titre qui lui attribue la mitoyenneté ou même la propriété exclusive du mur, et que l'autre voisin, au contraire, invoque, de son côté, des marques de non-mitoyenneté?

344. — *Quid*, s'il y a conflit entre plusieurs marques de non-mitoyenneté?

345. — De quelle manière peut être combattue la présomption qui résulte des marques de non-mitoyenneté?

346. — 3° La présomption légale de non-mitoyenneté peut-elle être détruite par l'effet de la prescription acquisitive de la propriété du mur au profit de l'un des voisins? — Même question en ce qui concerne la présomption légale de mitoyenneté des haies et des fossés.

347. — Suite. — La mitoyenneté d'un mur, d'un fossé ou d'une haie appartenant exclusivement à l'un des voisins, peut être acquise par l'autre au moyen de la prescription.

348. — Suite.

349. — La possession exclusive d'un mur, d'un fossé ou d'une haie, peut servir de base aux actions possessoires. — Mais quel est alors, devant le juge du pétitoire, l'effet de la possession annale? — Est-elle destructive de la présomption légale de mitoyenneté?

350. — Suite.

351. — Suite.

314. — Un mur ne peut être mitoyen que lorsqu'il a été construit à frais communs par les deux propriétaires et par moitié sur le sol de chacun d'eux, ou lorsque l'un des propriétaires ayant fait seul construire le mur à ses frais sur l'extrémité de son héritage, l'autre en a acquis de lui, à titre onéreux ou gratuit, la communauté.

Dans l'un et l'autre cas, la preuve de la mitoyenneté peut résulter d'un titre, soit authentique, soit privé ; et cette preuve, lorsqu'elle existe, est alors, comme toujours, la meilleure à produire.

315. — Mais il arrive souvent qu'il n'est pas prouvé et que l'on ignore par qui et aux frais de qui a été fait le mur qui sépare les deux héritages contigus ; et telle est l'hypothèse que l'article 653 décide en ces termes :

« Dans les villes et les campagnes, tout mur servant
« de séparation entre bâtiments jusqu'à l'héberge, ou
« entre cours et jardins, et même entre enclos dans les
« champs est présumé mitoyen, s'il n'y a titre ou
« marque du contraire. »

La présomption si naturelle que les hommes font en général ce que leur propre intérêt leur conseille, est fondée sur l'observation et l'expérience ; la maxime : *is fecit cui prodest*, n'en est que l'énergique traduction. Telle est aussi, comme nous venons de le dire (*supra*, n° 313), la base de notre présomption légale. C'est parce que dans les cas prévus par l'article 653, le mur est également utile aux deux voisins, que le législateur présume qu'il a été construit à frais communs, ou que l'un deux en a acquis la mitoyenneté de l'autre.

Cette présomption sans doute a une raison d'être de plus dans les villes et dans les faubourgs, où chacun peut contraindre son voisin aux frais d'une clôture commune (art. 663) ; car il est alors naturel de penser que celui des deux qui a voulu construire le mur aura usé du droit qu'il avait de contraindre son voisin à y contribuer ; mais elle est aussi pleinement justifiée dans les autres lieux, par la considération, soit de l'intérêt égal et réciproque que les deux propriétaires ont eu à construire en commun le mur qui sert également à chacun d'eux, soit de la faculté que l'un avait d'acheter la mitoyenneté du mur d'abord construit exclusivement par l'autre (art. 661 ; comp. Cass. 11 janv. 1864, Ernouf, Dev., 1865, I, 262).

316. — L'article 653 applique la présomption légale de mitoyenneté à deux hypothèses distinctes, qu'il importe de ne point confondre :

D'abord, au mur servant de séparation entre bâtiments ;

Ensuite, au mur servant de séparation entre cours et jardins, et même entre enclos dans les champs.

317. — Première hypothèse : Voilà un mur qui soutient deux bâtiments, à la ville, à la campagne, ou même dans les champs, peu importe ; la loi ne distingue pas, et elle ne doit pas ici distinguer sous le rapport des lieux.

L'article 653 déclare ce mur mitoyen *jusqu'à l'héberge*.

Héberge est un vieux mot qui signifie toit, couverture, logement ; et c'est en ce sens que l'on dit encore aujourd'hui héberger quelqu'un, c'est-à-dire le recevoir sous son toit.

Lorsque les deux bâtiments sont d'égale hauteur, il est clair que le mur ne saurait être mitoyen que jusqu'au toit, puisqu'au delà de ce toit, il n'y a plus de mur du tout. Si on supposait que le mur s'élevât néanmoins, au-dessus du toit de l'un et de l'autre bâtiment, cette surélévation devrait être encore présumée mitoyenne non pas comme mur servant de séparation entre bâtiments, puisqu'au delà de l'héberge, il n'y aurait plus de bâtiments, mais elle serait réputée mitoyenne comme reposant sur un mur mitoyen, et à défaut de preuve de propriété exclusive par l'un ou l'autre des voisins (comp. Delvincourt, t. I, p. 159, note 5 ; Pardessus, t. I, n° 160, et *infra*, n° 318).

Dans le cas où les deux bâtiments sont de hauteur inégale, l'article 653 n'exprime évidemment pas d'une manière complète la pensée du législateur, lorsqu'il déclare que le mur est mitoyen *jusqu'à l'héberge*, c'est-à-dire jusqu'au toit. Jusqu'à quel toit en effet ? voilà le sous-entendu qui reste à ajouter. Cela n'est pas, il est vrai, bien difficile ! et il est manifeste que c'est seulement jusqu'à la hauteur du toit le moins élevé, c'est-à-dire, suivant l'explication qu'en a donnée M. Berlier au conseil d'État, *jusqu'au point où les deux bâtiments de hauteur inégale peuvent profiter du mur commun* (Fenet, t. XI, p. 265; Pothier, n° 203).

Car, au delà de ce point, le mur ne sert plus de séparation *entre bâtiments ;* et comme il n'est utile qu'au propriétaire du bâtiment le plus élevé, la présomption doit être qu'il n'a été construit qu'à ses frais et que l'autre propriétaire n'y a pas contribué.

Et tout l'excédant du mur appartient alors au propriétaire du bâtiment le plus élevé, lors même que cet excédant dépasserait le toit de ce bâtiment; car il repose immédiatement sur la partie du mur qui est sa propriété exclusive; et il est rationnel de présumer que c'est le propriétaire du bâtiment le plus élevé qui l'a fait seul construire, afin de garantir son toit de la violence du vent, ou de se ménager le moyen d'exhausser encore plus tard son bâtiment (comp. *supra*, n° 317; Duranton, t. V, n° 316; Pardessus, t. I, n° 160).

318. — Mais supposons que le toit du bâtiment inférieur ne s'étend point parallèlement au mur, mais présente au contraire d'un côté, ou même des deux côtés, un plan incliné plus ou moins régulier. La présomption de mitoyenneté doit suivre alors la même direction; et elle ne s'étendrait pas parallèlement jusqu'au point le plus élevé du toit ; car c'est toujours à l'*héberge*, c'est-à-dire au toit du bâtiment le moins élevé qu'elle s'arrête, et elle ne saurait s'élever en une partie quelconque du mur, au delà de ce toit.

Cette décision, conforme à notre texte (art. 653), est, d'ailleurs, aussi fort raisonnable; car de deux choses l'une :

Ou c'est le propriétaire du bâtiment le moins élevé qui

a construit le premier ; et alors il est clair qu'il n'a pas élevé son mur au delà de son toit et qu'il lui a donné au contraire la même direction ;

Ou c'est le bâtiment supérieur qui est le plus ancien ; et, dans ce cas, il est très-vraisemblable que le propriétaire du bâtiment inférieur n'a acheté la mitoyenneté du mur que pour les parties qui lui étaient nécessaires (art. 661 ; comp. Duranton, t. V, n° 307).

319. — On voit aussi quelquefois les cheminées du bâtiment inférieur s'élever adossées contre le mur du bâtiment supérieur.

N'est-ce là qu'une espèce de servitude d'appui ?

On pourrait le prétendre.

Nous croirions, toutefois, qu'en général la présomption de mitoyenneté s'appliquerait encore, dans ce cas, aux parties du mur contre lesquelles seraient placées les cheminées, qui ne sont elles-mêmes, après tout, que des parties exhaussées du bâtiment inférieur (comp. Duranton, t. V, n° 386, note 1).

320. — Remarquons, au reste, que ce n'est que pour le cas où il n'existe pas de titre établissant la mitoyenneté du mur dans toute sa hauteur, que l'article 653 dispose que tout mur servant de séparation entre bâtiments n'est présumé mitoyen que jusqu'à l'héberge.

Lors donc qu'un titre est produit, les magistrats auxquels il appartient de l'apprécier, peuvent décider qu'il établit la mitoyenneté de tout le mur depuis sa base jusqu'à sa plus grande hauteur. Et cette interprétation sera souvent la plus vraie, puisque si les parties n'avaient voulu établir la mitoyenneté que jusqu'à l'héberge, elles n'auraient pas eu besoin de l'établir par un titre qui n'ajoutait rien à la présomption légale de l'article 653 (comp. Bordeaux, 1er février 1839, Batoux, D., 1839, II, 141 ; Cass., 9 mars 1840, Castelnon, Dev., 1840, I, 644).

De même qu'il se pourrait qu'il résultât des titres que le mur séparatif de deux bâtiments appartient tout entier, à partir de sa base, à l'un des voisins exclusivement; et que l'autre n'eût qu'à titre de servitude le droit d'y appuyer son bâtiment.

Et il en pourrait être ainsi, lors même que les deux bâtiments auraient appartenu d'abord au même propriétaire ; car la destination du père de famille, dit fort justement un arrêt de la Cour de Caen, n'est un titre que pour les servitudes et ne peut créer des droits de propriété (6 nov. 1840, Leroy, *Rec. de Caen,* t. IV, p. 419; *voy.* toutefois L. 4, ff. *de servitute legata*).

321. — Deux maisons sont séparées par un même mur; et nous supposons qu'il n'y a pas de titre ni de marque qui combatte la présomption de mitoyenneté.

Cependant l'un des propriétaires assigne l'autre pour le faire condamner à enlever la partie de son toit qui repose sur ce mur qu'il prétend être sa propriété exclusive, sauf au défendeur, s'il le juge convenable, à lui acheter la mitoyenneté; et pour établir sa propriété exclusive du mur, le demandeur offre de prouver que sa maison est plus ancienne que celle du voisin et que cette dernière n'existe que depuis moins de trente ans.

Est-il fondé ?

Il semble d'abord que l'on pourrait, avec succès, lui opposer cet argument :

Aux termes de l'article 653, tout mur servant de séparation entre bâtiments, est présumé mitoyen jusqu'à l'héberge, s'il n'y a titre ou marque du contraire; ce texte est absolu; il ne distingue pas si les deux constructions ont eu lieu simultanément, ou si, dans le cas contraire, celle qui a été faite la dernière remonte à plus de trente ans ; dans tous les cas, il présume la mitoyenneté, parce qu'en effet il est vraisemblable que si l'une des maisons a été construite après l'autre, sur le mur de celle-ci, il y a eu un arrangement entre les deux propriétaires;

Or, d'une part, les deux maisons sont séparées par

un même mur ; d'autre part, on n'invoque ni un titre ni une marque de non-mitoyenneté ;

Donc, la présomption de mitoyenneté existe alors et doit être maintenue.

Cette conclusion, toutefois, nous paraît trop radicale.

Qu'il y ait alors une présomption de mitoyenneté, nous le croyons aussi ; et le raisonnement qui précède nous paraît, sous ce rapport, irréprochable.

Mais c'est, suivant nous, aller trop loin que de repousser la demande de celui des propriétaires qui vient dire que son voisin, qui invoque cette mitoyenneté, n'a pas rempli les conditions sous lesquelles seulement la loi lui permettait de l'acquérir.

Si la construction des deux maisons avait été simultanée et que néanmoins l'un des voisins eût fait seul les frais du mur séparatif, est-ce qu'il n'aurait pas trente ans pour réclamer de l'autre propriétaire sa part contributive dans les frais ? oui, sans doute (art. 2262) ;

Or, le propriétaire qui a construit sa maison sur le mur déjà existant, dont un voisin avait la propriété exclusive, n'en peut acquérir la mitoyenneté, d'après l'article 661, qu'en lui remboursant la moitié de la valeur du mur et du sol ; et l'action du propriétaire du mur, à fin de payement de ce prix, dure évidemment aussi trente ans ;

Donc, c'est mettre l'effet avant sa cause, que d'invoquer la présomption de mitoyenneté contre une demande qui précisément repose sur ce que les conditions nécessaires pour l'acquérir n'ont pas été remplies (comp. Bourges, 21 déc. 1836, Pezard, Dev., 1837, II, 447, et D., 1837, II, 103 ; Cass., 10 juill. 1865, Marty, Dev., 1865, I, 341 ; Ducaurroy, Bonnier et Roustaing, t. II, n° 286, note 3).

322. — Pothier pensait « que quoiqu'il n'y ait de bâtiment que de l'un des côtés du mur et qu'il n'y en ait plus de l'autre côté, néanmoins s'il y a des vestiges de bâ-

timents (tel que ambages de cheminées ou autres), qui
y ont été adossés autrefois, ces vestiges de bâtiments font
présumer la communauté du mur jusqu'à la hauteur où
sont ces vestiges, de même que le feraient présumer les
bâtiments, s'ils existaient encore.... « (*De la Société,*
n° 204 ; *voy.* aussi l'article 242 de la cout d'Orléans.).

Quoique notre article 653 ne reproduise pas cette disposition, il n'en faut pas moins tenir pour certain que,
chez nous encore, les vestiges d'un ancien bâtiment, tels
que jambages de cheminées ou autres ruines ou marques
quelconques, conservent et maintiennent au profit du
propriétaire dont le bâtiment n'existe plus, la présomption de mitoyenneté du mur qui soutient le bâtiment de
son voisin ; car ces vestiges, dit très-bien Pothier, n'auraient pu y être construits, si le mur n'eût été commun
(comp. Merlin, *Rép.*, v° *Mitoyenneté*, § 1, n° 4 ; Toullier,
t. II, n° 176 ; Marcadé, art. 653, n° 2 ; Taulier, t. II,
p. 379 ; *voy.* aussi Caen, 1er juillet 1857, Blanchard, D.,
1858, II, 13).

323. — Mais supposons qu'il n'y a, de l'autre côté,
ni bâtiment, ni vestiges qu'il y en ait eu.

La mitoyenneté sera-t-elle alors présumée ?

En d'autres termes, doit-on présumer la mitoyenneté
du mur qui sépare un bâtiment d'une cour, d'un jardin,
d'un terrain quelconque non bâti, en un mot, *d'une place
vuide?* comme disait Davot (t. II, p. 164, n° 39).

Cette question est depuis longtemps controversée ; et
elle fait naître trois opinions :

1° La première distingue entre les lieux où la clôture
est forcée (les villes et faubourgs, art. 663), et les lieux
où elle ne l'est pas.

Elle présume, dans les uns, la mitoyenneté du mur
jusqu'à la hauteur déterminée pour la clôture par les
usages ou règlements locaux, mais elle ne la présume
pas dans les autres.

On invoque, à l'appui de cette distinction, le sentiment

de Pothier, qui, en effet, la propose (sous l'article 234 de la cout. d'Orléans et *de la Société*, n° 202). Tel était aussi le sentiment de Bourjon (*Droit commun de la France*, t. II, p. 25).

On ajoute ce motif que, dans les lieux où la clôture est forcée, il est naturel de présumer que celui qui a construit le bâtiment, a usé du droit qu'il avait de contraindre son voisin à contribuer, pour sa part, à la construction du mur jusqu'à la hauteur déterminée par l'usage ou les règlements (Merlin, *Rép.*, v° *Mitoyenneté*, § 1, n° 3; Toullier, t. II, n° 187; Pardessus, t. I, n° 159; Solon, n° 135).

2° La seconde opinion admet aussi que le mur est présumé mitoyen jusqu'à la hauteur de clôture, dans les lieux où la clôture est forcée.

Mais elle va encore plus loin; et pour les lieux mêmes où la clôture n'est pas forcée, elle propose la sous-distinction que voici :

Si le terrain non bâti est clos de tous côtés, le mur du bâtiment doit être présumé mitoyen jusqu'à la hauteur du mur qui forme la clôture des autres côtés;

Si, au contraire, ce terrain n'est clos que du côté du bâtiment, le mur doit être présumé appartenir en entier au propriétaire du bâtiment (arg. de l'article 670; Delvincourt, t. I, p. 159, note 6; Perrin, *Code des Construct.*, n° 477).

3° Enfin, d'après une troisième opinion, le mur n'est alors présumé mitoyen dans aucune de ses parties, pas plus dans les villes que dans les campagnes, et lors même que l'héritage non bâti serait clos de murs de tous les autres côtés.

Cette doctrine, qui nous paraît la seule vraie, repose sur le texte même de la loi, non moins que sur les principes généraux de cette matière :

L'article 653 établit la présomption de mitoyenneté dans deux hypothèses seulement : d'abord *entre bâtiments*, c'est-à-dire entre deux bâtiments ; et ensuite *entre cours et jardins, et entre enclos,* c'est-à-dire entre deux terrains non bâtis. Mais entre un bâtiment et une cour, un jardin ou un enclos quelconque, notre article est absolument muet ;

Or, ce n'est qu'à la loi qu'il appartient, bien entendu, de créer des présomptions légales (art. 1350) ;

Donc, il n'existe aucune présomption de mitoyenneté pour le mur qui sépare un bâtiment d'un terrain non bâti.

Cet argument de texte est absolu : loin de distinguer les villes et les faubourgs des autres endroits où la clôture n'est pas forcée, l'article 653 porte, au contraire, une disposition littéralement applicable : *Dans les villes et les campagnes....;* et il est également impossible de distinguer si le terrain non bâti est ou n'est pas clos des autres côtés : car l'article 653 n'établit la présomption qu'*entre les bâtiments* et non pas *entre bâtiments et enclos.*

Ce texte nous paraît tranchant ; et il suffirait à lui seul. Ajoutons pourtant qu'il est, en outre, très-conforme aux principes. Le mur, en effet, dans ce cas, est une partie intégrante du bâtiment lui-même, une partie sans laquelle le bâtiment ne pourrait pas subsister ; et il est dès lors naturel de penser qu'il appartient au propriétaire du bâtiment (Buridan, cout. de Vermandois, art. 271).

On objecte que dans les lieux où la clôture est forcée, celui qui a construit le bâtiment, ou ses auteurs, ayant pu forcer le voisin à contribuer à la confection du mur jusqu'à la hauteur prescrite par les règlements, on doit présumer que ce voisin ou ses auteurs y ont été forcés.

Plusieurs réponses se présentent :

D'abord, cette objection, que l'on emprunte à Pothier, avait, dans le livre du savant jurisconsulte une base qui lui manque aujourd'hui. L'article 234 de la coutume d'Orléans portait, en effet, que *tout mur* était commun entre voisins jusqu'à neuf pieds, etc.; or, on vient de voir que la disposition de notre article 653 s'écarte complétement de cette ancienne présomption.

En second lieu, de ce que le propriétaire, dans les villes et faubourgs, aurait pu forcer son voisin à construire en commun un mur de clôture, il n'est pas du tout logique d'en conclure qu'il lui aura demandé de contribuer, pour sa part, à la construction du mur de son bâtiment; car le mur qui soutient un bâtiment, est nécessairement toujours plus épais, plus fort, plus dispendieux qu'un simple mûr de clôture; il aurait donc fallu faire une ventilation; et les rédacteurs du Code ont sagement pensé sans doute que le constructeur du bâtiment, afin d'éviter cet embarras, et aussi pour être seul propriétaire de toute sa maison, avait mieux aimé la construire seul et à ses frais tout entière. Et en fait, dans la pratique, rien n'est effectivement plus ordinaire.

Enfin, il est d'autant plus probable que telle a été l'intention des rédacteurs de l'article 653, qu'au moment où cet article a été rédigé, le principe de la clôture forcée dans les villes et faubourgs n'avait pas encore été adopté et qu'il ne l'a été plus tard, dans l'article 653, que par suite de la discussion élevée au conseil d'État.

Remarquons aussi que parmi les auteurs qui enseignent que dans les villes et faubourgs, la mitoyenneté du mur qui sépare un bâtiment d'un terrain non bâti, doit être présumée, il s'en trouve qui enseignent, en même temps, que le propriétaire contre lequel on invoque l'article 663, pour le contraindre à la construction d'un mur de clôture commun, peut s'en affranchir en abandonnant la portion de son sol sur lequel le mûr doit être bâti. Or, il est clair que c'est-là une contradiction manifeste!

Il est vrai qu'aux termes de l'article 646, un mur mitoyen peut soutenir un bâtiment, même d'un seul côté; car chacun des propriétaires peut bâtir sur le mur mitoyen (art. 657). Nous ne nions point cela sans doute! Ce que nous disons seulement et ce que nous croyons

avoir prouvé, c'est que la présomption de mitoyenneté
n'existe pas pour le mur qui sépare un bâtiment d'un
terrain non bâti (Rennes, 9 juill. 1821, Septlivres, Dev.,
Collect. nouv., 6, II, 446; Pau, 18 août 1834, Lacroix,
D., 1835, II, 47; Cass., 4 juin 1845, Lefebvre, Dev.,
1845, I, 824; Pau, 7 févr. 1862, Dévert. Dev., 1862,
II, 499; Davot, *loc. supra cit.*; Duranton, t. V, n° 303;
Duvergier, sur Toullier, t. II, n° 187, note *a ;* Demante,
t. II, n° 507 *bis*, II; Ducaurroy, Bonnier et Roustaing, t. II,
n° 286; Zachariæ, t. II, p. 46; Marcadé, art. 653, n° 2;
Carou, *des Act. possessoires*, n° 95; Taulier, t. II,
p. 399).

324. — Mais aussi, lorsqu'il y a des bâtiments de
chaque côté, le mur est toujours présumé mitoyen, quelle
que soit d'ailleurs la différente destination de ces bâtiments, maison d'habitation d'un côté, magasin, grange,
écurie, etc., de l'autre, peu importe (art. 653).

325. — Seconde hypothèse : l'article 653 présume
encore la mitoyenneté de tout mur servant de séparation,
*entre cours et jardins, et même entre enclos dans les
champs.*

Entre deux cours ou entre deux jardins, pas de doute.

Mais entre une cour et un jardin, le mur sera-t-il présumé mitoyen?

La négative a été enseignée; et l'on a dit que, dans ce
cas, le mur serait présumé appartenir exclusivement au
propriétaire de la cour, parce que l'on a plus d'intérêt à
clore une cour qu'un jardin, et que tel est actuellement
l'usage général. Il paraît, toutefois, que l'on excepte de
cette solution les lieux où la clôture est forcée (art. 663),
et que l'on présume alors que le propriétaire de la cour
qui a pu contraindre le propriétaire du jardin à contribuer à la construction du mur séparatif de leurs héritages, a usé de ce droit (*voy.* cette doctrine citée par
Duranton, t. V, n° 304, et par Mourlon, t. I, p. 770).

Nous croyons, au contraire, que la loi n'exige nullement ici que les deux fonds soient de même nature, et que la mitoyenneté du mur est, en conséquence, présumée non-seulement entre deux cours ou entre deux jardins, mais aussi entre un jardin et une cour :

Le texte de l'article 653 nous paraît d'abord très-clair sur ce point : *Entre cours et jardins*, dit-il, et non pas entre deux cours seulement, ou seulement entre deux jardins ; ces termes s'appliquent évidemment aussi au cas où il y a cour d'un côté et jardin de l'autre. Et quant à la distinction entre les lieux où la clôture est forcée et ceux où elle ne l'est pas, l'article 653 la réfute textuellement par ces mots : *dans les villes et campagnes ;* d'où il résulte, ainsi que nous l'avons déjà remarqué (*supra,* n° 323), que la présomption de mitoyenneté qu'il établit est la même, ni plus ni moins, dans tous les lieux indistinctement.

Il ne ne nous paraît pas d'ailleurs absolument exact de dire que l'on ait plus d'intérêt à clore une cour qu'un jardin, et que tel soit généralement l'usage. L'intérêt est, au contraire, presque toujours le même, lorsqu'il s'agit, comme dans notre hypothèse, de jardins situés *dans les villes et dans les campagnes*, et contigus à des cours voisines. Est-ce que le propriétaire du jardin n'a pas, en effet, le même intérêt que le propriétaire de la cour à la construction d'un mur, qui le garantira de la vue du côté de son voisin, qui pourra lui servir d'espalier de ce côté-là, qui mettra ainsi ses arbres, ses fruits, ses plates-bandes, à l'abri des dégâts que pourraient y commettre les animaux ou même les personnes ? (Comp. Pardessus, t. I, n° 159 ; Demante, t. II, n°ˢ 507 *bis*, III.)

326. — Dans les champs, on n'a pas, au contraire, le même intérêt à éviter la vue des voisins, ni à se garantir des soustractions, qui sont, en général, moins faciles et ont aussi moins d'importance que dans les lieux habités.

Et voilà pourquoi l'article 653 ne présume alors la

mitoyenneté du mur qu'entre *enclos*, c'est-à-dire qu'entre deux héritages également clos de tous leurs côtés.

Mais aussi il n'importe plus alors que les deux héritages soient de même ou de différente nature ; que l'un, par exemple, soit un pré ou un verger, et l'autre un bois, ou même une pièce de terre labourable. Le texte ne fait aucune distinction de ce genre, et partout où il trouve, *même dans les champs*, un mur servant de séparation *entre enclos*, il le présume mitoyen, et très-justement, puisqu'en fait, le mur procurant à chacun des voisins une clôture complète, est également utile à chacun d'eux.

327. — On voit, par ce qui précède, que lorsque le mur sert de séparation *entre cours et jardins*, il n'est pas nécessaire, suivant nous, que les deux fonds soient clos de tous leurs côtés, pour que le mur soit présumé mitoyen.

Cette doctrine toutefois est controversée.

D'après une opinion, que plusieurs auteurs professent, la mitoyenneté, au contraire, ne serait jamais présumée qu'entre deux terrains enclos ; et le mur, qui sépare une cour ou un jardin entouré de clôtures de tous côtés, d'un jardin ou d'une cour *non clôturé*, ne serait pas présumé mitoyen. La présomption de la loi est, dit-on, que les cours et les jardins sont toujours clos ; et l'article 653 doit, en conséquence, être ainsi traduit : Est réputé mitoyen tout mur entre cours et jardins, et *même entre autres enclos* (comp. Delvincourt, t. I, p. 159, note 7 ; Marcadé, art. 653, n° 1 ; Mourlon, t. I, p. 771 ; Taulier, t. II, p. 379).

Mais d'abord le texte même de la loi nous paraît résister à cette interprétation ; si la présomption de mitoyenneté n'était jamais applicable qu'au mur séparatif de deux héritages également clos de part et d'autre, il était fort inutile de s'occuper de la nature de ces héritages, et de mentionner particulièrement les cours et les jardins ; il aurait suffi de dire *entre enclos ;* ces expressions : *cours et jardins,* demeurent donc inexplicables dans l'opinion contraire qui, en réalité, les supprime et les efface.

On a pu d'ailleurs très-bien supposer, lorsqu'il s'agit d'un jardin ou d'une cour, c'est-à-dire d'un terrain pavé ou battu, que celui des propriétaires, qui n'est pas clos des autres côtés, avait néanmoins contribué à la construction du mur qui le sépare du jardin ou de la cour de son voisin; car, de ce côté-là, ce mur lui est utile, vis-à-vis de ce même voisin, dont il le sépare; et il pourra lui servir encore pour les autres usages, auxquels on emploie très-utilement les murs dans les cours ou dans les jardins (comp. art. 210 et 211 de la coutume de Paris).

En admettant, au reste, que le législateur ait pensé que les cours et jardins sont presque toujours enclos dans les villes et même dans les campagnes (ce qui est assez vrai), il n'en faudrait pas moins encore, à notre avis, s'en tenir à son texte dans les cas particuliers où, par exception, la clôture n'existerait pas complète de chaque côté; car le texte est formel.

Quant à la distinction que l'on a voulu reproduire ici, entre les lieux où la clôture est forcée et les autres lieux où un propriétaire ne peut pas contraindre son voisin à la construction d'un mur commun (Delvincourt, *supra*), elle est évidemment encore inadmissible; car l'article 653, ainsi que nous l'avons dit, déclare positivement lui-même qu'il s'applique : *dans les villes et les campagnes* (comp. Pardessus, t. I, n° 159; Duranton, t. V, n° 304).

328. — *Entre enclos dans les champs,* dit notre texte. Mais quelle est la signification de ce mot *enclos?*

Les opinions sont, sur ce point, partagées et incertaines.

Il en est une, d'après laquelle il faudrait que les deux champs fussent également enclos *de murs* de tous les côtés (comp. Toullier, t. II, n° 187; Berriat-Saint-Prix, notes sur le Code Napoléon, t. I, n° 2266).

Une autre opinion enseigne que « par propriétés closes, il faut entendre ici uniquement celles qui sont entourées de murs de tous les côtés, ou bien sur certains
côtés de murs, et sur d'autres côtés *de haies vives*. »
(Taulier, t. II, p. 379.)

Nous croyons, pour notre part, que la loi n'ayant pas
précisé la signification de ce mot, il faut considérer
comme *enclos*, tout héritage entouré de clôtures telles,
qu'elles en rendent la vue et l'accès impossibles : non-
seulement donc de murs ou de haies vives, mais même
de haies sèches ou de palissades en bois, etc. Telle nous
paraît être la pensée de notre article ; et c'est justement,
à notre avis, que Pardessus a écrit qu'il est moins difficile de connaître par l'usage la qualification d'enclos que
de la définir (t. I, n° 159 ; comp. *supra*, n° 224 ; Sebire
et Carteret, *Encyclop. du droit*, v° *Clôture*, n°ˢ 1-3).

528 *bis*. — Et de là il résulte que la différence dans
l'espèce de clôture des deux héritages ne devrait pas
être considérée, suivant nous, comme une preuve de non-
mitoyenneté. Lorsque l'un d'eux, par exemple, est entouré,
des quatre côtés, de murs de pierres de taille, tandis que
l'héritage contigu n'est clos des trois autres côtés que par
des murs de pierres sèches, moins larges, moins épais et
moins haut, on pourrait certes prétendre que le mur de
pierres de taille ne sera pas alors présumé mitoyen. Mais
pourtant nous sommes exactement dans les termes de la
présomption légale ; et il se peut, en fait, que le propriétaire dont le fonds n'est clos des autres côtés que par des
pierres sèches, ait consenti à construire par moitié avec
son voisin le mur de pierres de taille qui les sépare.
Cette présomption serait surtout vraisemblable, si ce mur
était évidemment de construction plus récente que les
trois autres parties de la clôture de l'autre fonds.

529. — On a supposé qu'un mur était construit entre
deux héritages, qui n'étaient ni l'un ni l'autre, cour,
jardin ou enclos, par exemple, entre deux morceaux de

prés ou de terres non clos des autres côtés; et on a demandé si ce mur serait présumé mitoyen.

Il est certain qu'il ne peut pas être présumé tel en vertu de l'article 653; car la présomption légale est celle qui est attachée par une loi spéciale à certains actes ou à certains faits (art. 1350); or, l'hypothèse ci-dessus ne rentre pas dans les conditions spéciales auxquelles l'article 653 attache la présomption de la mitoyenneté.

Mais ce mur n'en devrait pas moins être présumé commun, s'il n'y avait pas de titre ou de marque qui établît la propriété exclusive au profit de l'un des voisins; car il n'y aurait pas alors de raison de l'attribuer à l'un plutôt qu'à l'autre (comp. Pardessus, t. I, n° 159; Duranton, t. V, n° 305; Taulier, t. II, p. 379).

330. — Que faut-il décider à l'égard des murs dits de soutènement ou de terrasse, c'est-à-dire qui soutiennent les terres d'un héritage supérieur, contigu à un héritage moins élevé?

C'est un point délicat, et sur lequel les opinions ont toujours été peut-être un peu confuses.

Nous croyons, pour notre part, qu'il faut faire une distinction :

Ou le mur de soutènement ne s'élève pas au-dessus du niveau du sol supérieur; et alors, notre avis est qu'en général, il doit être présumé appartenir exclusivement au propriétaire de ce sol : soit parce que l'article 653 ne déclare mitoyens que les murs *servant de séparation*, c'est-à-dire le mur de clôture, et que, dans notre hypothèse, ce mur ne sert véritablement pas de clôture entre les deux terrains; soit parce que ce mur, incorporé dans le sol supérieur, en paraît être une dépendance et une partie intégrante. Il en serait autrement, bien entendu, s'il résultait d'un titre ou même seulement de la disposition des lieux, que le mur appartînt exclusivement au propriétaire d'en bas, qui, ayant coupé son sol à pic, afin de se procurer une plus grande étendue de terrain, aurait dû faire construire ce mur pour soutenir le sol supérieur. Et par la même raison, le mur de soutènement appartiendrait en commun aux deux propriétaires, s'il était établi qu'il a été construit par l'un et par l'autre, afin de faire disparaître, de chaque côté, la pente du sol, et de se procurer, comme dit Proudhon, une planimétrie plus agréable (du Domaine privé, t. II, n° 591 ; comp. Duplessis, coutume de Paris, des Servitudes, liv. II, chap. IV; Bourjon, liv. IV, tit. I, des Servitudes, II° part., chap. IX, n° 1 ; Denizart, v° Mur, n° 25; Merlin, Rép., v° Mitoyenneté, § 1, n° 5; Orléans, 19 janv., 1849, Viot, Dev., 1849, II, 596[1]; Bordeaux, 18 mai 1858, Mouis, Dev., 1859, II, 177; voy. aussi Nîmes, 23 juill. 1862, Raspail, Dev., 1862, II, 456; Pardessus, t. I, n°s 150 et 164; Solon, n° 134).

Ou le mur qui soutient les terres de l'héritage supérieur, s'élève au-dessus du niveau de cet héritage, comme mur de clôture ; et dans ce cas, nous pensons qu'en règle générale, à moins de titre ou de marque du contraire, il doit être présumé mitoyen depuis sa base, c'est-à-dire à partir du sol le moins élevé, jusqu'à sa plus grande hauteur; et cela, bien entendu, sans distinguer entre les lieux où la clôture est forcée et ceux où elle ne l'est pas; car il s'agit de savoir si l'article 653 est applicable; et dès que nous décidons l'affirmative, il est clair que la solution doit être la même *dans les villes et dans les campagnes.*

Telle est aussi la solution de Demante, qui regarde

---

1. L'arrêt de la Cour d'Orléans porte que « le propriétaire d'une terrasse est obligé de soutenir ses terres, afin de les empêcher de tomber sur le voisin, et de ne pas s'exposer à une action en dommages-intérêts de la part de ce dernier. » Ce motif n'est pas péremptoire; car, au contraire, lorsque les terrains sont situés en pente, le propriétaire supérieur n'est pas tenu de garantir le propriétaire inférieur de l'éboulement naturel des terres, pas plus que de l'écoulement naturel des eaux (*supra*, n° 56).

également comme mitoyens tous les murs de terrasse.
« Réputés mitoyens dans leur sommité, aux termes de
l'article 653, ils le sont nécessairement à partir de la
base, puisque, de droit commun, un mur mitoyen ne
peut reposer sur un mur non mitoyen. »

Cela nous paraît de toute exactitude. Mais notre savant maître ajoute à sa doctrine la restriction que voici :
« Seulement, dit-il, pour la partie du mur qui soutient
les terres du fonds supérieur, le propriétaire de ce fonds
devra une contribution plus forte dans les constructions
et réparations; et comme il sera censé avoir fourni de
son côté un excédant d'épaisseur, il y aura lieu de déduire cet excédant pour la fixation ordinaire de la limite
des deux héritages au point milieu de l'épaisseur du
mur. » (T. II, comp. nos 507 *bis*, IV et 517 *bis*, V et VI.)

Cette restriction nous paraîtrait contestable.

D'une part, l'article 653, dans le cas où il est applicable, présume la mitoyenneté du mur tel qu'il est, du
mur en entier et dans toute son épaisseur; or, on convient que l'article 653 est applicable dans notre hypothèse; donc, le mur tout entier doit être présumé mitoyen. Sans doute, il se peut qu'un mur ne soit mitoyen
qu'en partie (art. 661); mais c'est alors une exception
qui doit être prouvée.

D'autre part, le mur qui soutient le sol supérieur,
est, dans notre hypothèse, utile aux deux propriétaires,
puisqu'il supporte un mur mitoyen entre eux, dont il est
la base; et comme nous supposons qu'il n'est pas prouvé
que c'est l'un plutôt que l'autre des propriétaires qui a
nécessité la construction d'un mur de terrasse par des
travaux de nivellement entrepris dans son seul intérêt,
il nous paraîtrait logique de déclarer mitoyen, dans
toute sa hauteur, ce mur qui sert également à chacun
d'eux, et sur lequel repose un mur mitoyen; Delvincourt, à ce propos, remarque très-bien que les réparations des fondations d'un mur font certainement partie

dès réparations de ce mur (t. I, p. 159, note 1; comp.
Caen, 13 mai 1837, Dillaye, Dev., 1837, II, 333).

Beaucoup d'auteurs professent que la partie inférieure
du mur, qui soutient le sol supérieur, doit être réparée
et reconstruite exclusivement aux frais de celui qui, par
ses travaux de nivellement, a nécessité la construction
d'un mur de soutènement (Toullier, t. III, n° 162; Proudhon, *du Dom. priv.*, *loc. supra cit.*; Pardessus, t. I,
n° 150; Marcadé, art. 663, n° 2; Zachariæ, t. II, p. 51;
Sebire et Carteret, *Encycl. du droit*, v° *Clôture*, n° 10).

Nous le croyons nous-même ainsi, lorsqu'il est prouvé
que c'est l'un des propriétaires qui a, en effet, nécessité,
dans son intérêt, le mur de soutènement.

Mais il ne faut pas déplacer notre question; il s'agit ici
de savoir si l'article 653 est applicable, c'est-à-dire si, *à
défaut de titre ou de marque du contraire*, la mitoyenneté
doit être présumée; or précisément ce que nous disons,
c'est que, lorsqu'il n'est pas prouvé par qui et dans l'intérêt de qui a été bâti le mur de soutènement, qui sert
de fondation et de base au mur de clôture, le mur tout
entier doit être présumé mitoyen, aux termes de l'article 653, depuis le sol le plus bas jusqu'à sa sommité.

331. — La présomption de mitoyenneté, écrite dans
l'article 653, n'est pas absolue; elle n'est qu'une présomption *juris tantum*, qui admet la preuve contraire
(art. 1352).

Mais d'abord notons bien que notre article lui-même
ne s'applique qu'aux murs servant de séparation immédiate entre les deux fonds, qu'à ceux qui joignent *sans
moien* l'héritage d'autrui, comme disent nos coutumes
(art. DCXVI de la coutume de Normandie; *voy.* aussi
art. 661 C. Napoléon, et *infra*, n° 345).

Lors donc qu'il existe, au delà du mur, un espace quelconque, si modique qu'il soit, appartenant au propriétaire du terrain qui est en deçà, le mur étant bâti exclusivement sur le terrain de ce propriétaire, lui appartient

aussi exclusivement (art. 552). Et ce n'est même point
là une preuve destructive de la présomption légale de
mitoyenneté, puisque dans le fait cette présomption
n'existe pas. C'est ainsi que l'on voit souvent des murs
soutenus à l'extérieur par des *arcs-boutants*, par des *pi-
liers boutants* ou des *jambes de force,* qui attestent qu'un
certain espace a été réservé au delà par le propriétaire de
ce mur; ou encore des murs faisant, comme on dit, *re-
traite* sur une autre clôture mitoyenne, qui sépare d'un
autre côté les deux fonds (Caen, 1re ch., 17 mai 1831,
Simon).

Il en serait de même, bien entendu, si le mur était séparé du fonds voisin par un sentier ou un espace public
quelconque (Delvincourt, t. I, p. 159, note 4; Taulier,
t. II, p. 379).

332. — Mais dans le cas même où il s'agit d'un mur
séparant immédiatement les deux fonds, la présomption
légale de mitoyenneté cesse, d'après l'article 653 :

1° Lorsqu'il y a titre ;

2° Lorsqu'il y a marque du contraire;

3° Nous verrons si elle ne doit pas également cesser
par l'effet de la prescription acquisitive de la propriété de
tout le mur par l'un des voisins.

333. — 1° Que la simple présomption de mitoyenneté
doive s'évanouir devant la preuve résultant d'un titre,
qui attribue à l'un des voisins la propriété exclusive
du mur, rien de plus simple (Pothier, *de la Société,*
n° 206).

Nous n'avons rien à dire de particulier sur ce titre,
qui est régi, dans ses conditions de validité pour le fond
et pour la forme, par les principes du droit commun.

Remarquons seulement que le mot *titre* suppose ici un
acte écrit, une preuve littérale, et qu'en effet la preuve
par témoins ne serait pas recevable (comp. Angers,
3 janv. 1850, Mercereau, Dev., 1850, II, 460; Pardessus, t. I, n° 161; Duranton, t. V, n° 308; *voy.* toutefois

Taulier, t. II, p. 380; *infra*, n° 346; et Cass., 10 juill. 1865, Marty, Dev., 1865, I, 341).

Notons aussi qu'il faut que ce titre détruise clairement la présomption légale de mitoyenneté, surtout lorsqu'il s'agit d'un mur soutenant, de part et d'autre, des bâtiments, et qu'il ne suffirait pas toujours, en ce cas, que les réparations eussent été mises à la charge de l'un des voisins, pour en conclure que le mur est sa propriété exclusive (Caen, 7 août 1848, Bertrand, *Rec. de Caen*, t. XII, p. 229).

Ce titre d'ailleurs peut être authentique ou sous seing privé; il importe peu aussi qu'il remonte à l'époque même de la construction du mur ou qu'il lui soit postérieur, comme si l'un des copropriétaires du mur d'abord mitoyen avait cédé ses droits à l'autre, ou si le propriétaire de deux fonds séparés par un mur disposait de l'un de ces fonds, en se réservant la propriété exclusive du mur, soit en termes formels, soit par une clause portant que le fond est aliéné à partir du parement du mur de séparation, ou toute autre clause semblable.

334. — Mais est-il nécessaire que le titre, pour détruire, au profit de l'un des voisins, la présomption de mitoyenneté, soit un acte commun à l'autre voisin, et dans lequel celui-ci ou ses auteurs aient figuré contradictoirement?

Voilà, par exemple, un propriétaire qui demande à prouver, avec ses titres de propriété, à lui, que le mur est construit sur son propre sol, dans sa limite, et comme on dit, *à fin d'héritage.*

Est-il recevable?

Il est une opinion, d'après laquelle le titre, dont parle l'article 653, doit consister dans un acte prouvant contradictoirement avec le voisin ou ses auteurs, la propriété exclusive du mur : l'article 653, dit-on, établit réciproquement et en quelque sorte contradictoirement, entre les deux voisins, la présomption légale de mitoyenneté;

et il paraît rationnel que le titre, en vertu duquel cette présomption peut être combattue par l'un contre l'autre, soit aussi un titre commun et contradictoire entre eux. En vain d'ailleurs, l'un des propriétaires établirait qu'il a seul construit le mur à ses frais et sur son terrain; l'autre serait fondé à répondre que la mitoyenneté a pu être achetée, depuis, par ses auteurs, et que l'absence de toute marque de non-mitoyenneté justifie cette présomption de la loi (comp. Duranton, t. V, n° 308; Taulier, t. II, p. 380).

Mais pourtant, chez nous, tout propriétaire a le droit de bâtir sur la limite extrême de son fonds; et les constructions par lui faites sur son fonds, et jusqu'à sa plus extrême limite, lui appartiennent, comme son fonds lui-même, en vertu de l'article 552 (voy. aussi l'article 661). Il se peut d'ailleurs que les circonstances du fait justifient entièrement sa prétention : soit parce que la contenance énoncée dans ses titres comprendrait tout l'espace occupé par le mur; soit parce qu'il résulterait d'un bornage antérieur, que le mur aurait été, en effet, construit tout entier sur son terrain; soit enfin parce que l'autre héritage, qui n'était, à l'époque de la construction du mur, qu'un terrain vague, ne serait devenu qu'à une époque postérieure, bâtiment, cour, jardin ou enclos. Et si le voisin prétend ensuite que par lui ou ses auteurs, la mitoyenneté du mur a été achetée, est-ce que ce n'est pas à lui d'en fournir la preuve? (Comp. art. 1315; Pothier, de la Société, n° 206; Pau, 18 août 1834, Dubroca, D., 1834, II, 47; Bourges, 21 déc. 1836, Pezard, Dev., 1837, II, 477; Orléans, 19 janv. 1849, Viot, Dev., 1849, II, 596. Ces arrêts n'ont pas jugé notre question; mais il serait possible d'en argumenter en ce sens).

Mais en voici un de la Cour de cassation, qui, depuis notre seconde édition, l'a jugée in terminis (25 janv. 1859, fabrique de Bolbec, Dev., 1859, I, 466).

335. — Quoi qu'il en soit, de ce qui précède, il résulte pour les propriétaires un avertissement sérieux.

Lors donc qu'un propriétaire fait construire un mur à ses frais et sur son sol, il doit avoir le soin de s'en assurer la propriété exclusive : soit en y plaçant des marques de non-mitoyenneté, que la loi considère comme contradictoires avec le voisin; soit en obtenant de ce voisin une déclaration par laquelle il reconnaîtra que le mur n'est pas mitoyen ; soit enfin, à défaut de reconnaissance amiable par le voisin, en protestant, par une notification extrajudiciaire, contre toute prétention de sa part à la mitoyenneté.

Et pareillement, lorsqu'un seul des héritages était d'abord en état de clôture et que le mur n'était pas légalement présumé mitoyen, s'il arrive que le voisin se mette lui-même en devoir de se clore, le propriétaire du mur antérieurement construit doit constater la preuve de sa propriété exclusive du mur, soit par une reconnaissance amiable de la part du voisin, soit par une notification extrajudiciaire (comp. Duranton, t. V, n° 308 ; Taulier, t. II, p. 380).

336. — 2° D'après l'article 653, la présomption de mitoyenneté n'existe que s'il n'y a pas *marque du contraire.*

Et, aux termes de l'article 654 :

« Il y a marque de non-mitoyenneté, lorsque la
« sommité du mur est droite et à plomb de son pare-
« ment d'un côté, et représente de l'autre un plan in-
« cliné;

« Lors encore qu'il n'y a que d'un côté un chaperon
« ou des filets et corbeaux de pierre qui y auraient été
« mis en bâtissant le mur.

« Dans ce cas, le mur est censé appartenir exclusive-
« ment au propriétaire du côté duquel sont l'égout ou les
« corbeaux et filets de pierre. »

On voit que les marques de non-mitoyenneté résultent

de l'état matériel du mur et de la forme extérieure de sa construction (*infra*, n° 341).

L'article 654 déduit les trois marques de non-mitoyenneté, qu'il indique, de l'une ou de l'autre de ces circonstances : soit de ce que l'un des propriétaires est seul tenu de recevoir l'égout des eaux pluviales, soit de ce qu'il a seul le droit de bâtir contre le mur. Et il est, en effet, naturel de présumer que celui-là est seul propriétaire de tout le mur qui, seul, en supporte les inconvénients, ou en retire les avantages.

A. Ainsi, lorsque la sommité du mur est droite et à plomb de son parement d'un côté, c'est-à-dire en ligne droite avec la paroi extérieure, et qu'elle présente de l'autre un plan incliné, les eaux ne tombant que sur le terrain de celui du côté duquel se trouve le plan incliné, le mur est censé lui appartenir exclusivement.

B. L'existence, d'un seul côté du mur, d'un chaperon ou de filets, est une indication du même genre.

Le chaperon est la couverture, le toit et, en quelque sorte, le chapeau du mur ; lorsqu'il n'y en a que d'un côté, le mur présente encore, de ce coté-là, un plan incliné qui sert d'égout ; seulement ce plan incliné, au lieu d'être formé avec les matériaux mêmes du mur, l'est alors par un petit toit.

On appelle *filets* une moulure, qui fait saillie au bout du chaperon, et qui est généralement formée de tuiles ou de pierres plates, afin de rejeter hors du parement du mur les eaux qui en découlent, et de prévenir ainsi les dégradations ; c'est de là sans doute que leur est venue aussi la dénomination de *larmiers*.

Quant aux corbeaux, ce sont des pierres en saillie, placées de distance en distance dans le mur et qui sont destinées à servir d'appui aux poutres, afin de leur donner plus de portée, lorsqu'on voudra bâtir. Le mur est censé appartenir exclusivement à celui du côté duquel ils se trouvent ; car, s'il eût été mitoyen, il est très-vraisemblable que l'autre voisin aurait également voulu se préparer d'avance le moyen d'appuyer aussi un bâtiment contre le mur (comp. Pothier, *de la Société,* n° 205, et sur l'article 241 *de la Cout. d'Orléans ;* Desgodets, sur l'article 214 *de la Cout. de Paris).*

Notons qu'il ne faut pas confondre les corbeaux avec les *harpes* ou *pierres d'attente,* que celui qui bâtit le premier fait saillir du côté du voisin, afin que celui-ci, lorsqu'il voudra plus tard bâtir lui-même, puisse lier le nouveau bâtiment à l'ancien, sans être obligé d'y faire des tenailles et des incrustements. Ces pierres d'attente, très-différentes des corbeaux, ne se trouvent qu'à l'extrémité des murs de façade antérieurs ou postérieurs, dont elles sont en quelque sorte le prolongement ; et il est clair dès lors qu'elles ne sauraient prouver la propriété exclusive du mur de la maison au profit du voisin ; car il serait absurde, dit très-bien Taulier (t. II, p. 381), que le mur d'une maison appartînt tout entier à celui qui n'est pas propriétaire de la maison (Goupy, sur Desgodets, art. 214, p. 413 ; Delvincourt, t. I, p. 160, note 3 ; Duranton, t. V, n° 309).

337. — Deux conditions sont nécessaires d'après le texte même de l'article 654, pour que l'existence des filets et des corbeaux détruise la présomption de mitoyenneté.

D'abord, il faut qu'ils soient de *pierre...,* *accompagnés de pierre,* disait la coutume de Paris (art. 214), que Pothier expliquait par ce motif « qu'il serait très-facile à un voisin qui voudrait s'attribuer la propriété du mur, de faire de son côté de ces filets *en plâtre* à l'insu de l'autre voisin. » (*De la Société,* n° 205.)

Ensuite, il faut qu'ils y aient été mis en bâtissant le mur et non après coup. « Il faut que la structure, disait Coquille, ait été faite dès la première édification de la muraille et de la même ordonnance. » (Sur Nivernais, chap. IX, art. XIV.) Et cela par le même motif, afin que l'un des voisins ne puisse pas ensuite furtivement se procurer une preuve de non-mitoyenneté. On reconnaît, en général, que les corbeaux ont été placés au moment même de la construction du mur, lorsque la pierre, dont une partie est saillante d'un côté, est assise dans toute l'épaisseur du mur ; ou, en d'autres termes, lorsque l'épaisseur du mur et la saillie ne forment qu'une seule et même pierre traversant *tout le mur*. C'étaient les termes de la coutume de Normandie (art. DCXVIII).

338. — Qu'arriverait-il pourtant, si l'un des voisins, au vu et su de l'autre, établissait après coup, dans le mur présumé mitoyen, des marques de non-mitoyenneté à son profit !

Évidemment l'autre voisin aurait le droit de s'opposer à toute entreprise de ce genre, et de demander le rétablissement des choses dans l'état primitif, sans attendre même que l'usurpateur voulût se prévaloir des signes de non-mitoyenneté, qu'il se serait indûment procurés.

Le voisin pourrait intenter, à cet effet, l'action possessoire, dans l'année du trouble, et après l'année, l'action pétitoire (*infra*, n° 349).

Mais, comme toutes les actions ne durent que trente ans (art. 2262), après ce délai, il ne pourrait plus demander la suppression de ces marques de non-mitoyenneté, qui seraient ainsi présumées avoir été établies soit en même temps que le mur, soit postérieurement, mais avec le consentement du voisin ; et par suite, leur existence prolongée pendant trente ans établirait au profit de celui du côté duquel elles se trouvent, la preuve de la propriété exclusive du mur (comp. Delvincourt, t. II, p. 160, note 6 ; Duvergier sur Toullier, t. II, n° 189, note *a* ; Duranton, t. V, n° 341 ; Pardessus, t. I, n° 163 ; Taulier, t. II, p. 382 ; Marcadé, art. 654, n° 2).

339. — Les marques qui font présumer la non-mitoyenneté, lorsqu'elles n'existent que d'un seul côté du mur, font-elles présumer la mitoyenneté, lorsqu'il s'en trouve, au contraire, des deux côtés, soit de même nature, soit de nature différente !

On le pensait généralement ainsi autrefois. « La marque du mur mitoyen, disait Loysel, est quand il est *chaperonné.... des deux côtés.* » (*Inst. cout.*, liv. II, tit. III, n° 2.) Ou même, suivant l'expression de Bannelier, *lorsqu'il est couvert à deux eaux* (sur Davot, t. II, liv. II, § 2, n° 39; la coutume de Normandie portait également ces mots : « Sinon en cas qu'il s'en trouvât des deux côtés, auquel cas ledit mur est censé mitoyen. » (Art. CCXIV *de la Cout. de Paris,* et Pothier, *de la Société,* n° 205.)

Et cette solution paraît, en effet, d'abord fort raisonnable : soit parce qu'il est à présumer que le mur appartient en commun aux deux propriétaires, qui participent également aux inconvénients et aux avantages de ce mur; soit parce qu'en fait, lorsque le mur est mitoyen, on place habituellement de chaque côté l'égout des eaux pluviales, chaperon ou filets, ou les corbeaux destinés à recevoir plus tard des poutres.

Il nous paraît toutefois impossible de l'adopter aujourd'hui.

De deux choses l'une :

Ou il s'agit d'un mur à l'égard duquel la mitoyenneté est présumée d'après l'article 653; et alors, les marques de non-mitoyenneté qui se trouvent de chaque côté sont inutiles; ces marques, existant de chaque côté, se neutralisent et s'annihilent; et on demeure sous l'empire de la présomption légale de mitoyenneté;

Ou, au contraire, il s'agit d'un mur à l'égard duquel l'article 653 ne présente pas la mitoyenneté; et, dans ce cas, le mur ne saurait être légalement présumé mitoyen, puisqu'en dehors de l'article 653, aucun autre article n'établit de présomption de ce genre. De ce que cet article, en effet, indique comme marque de non-mitoyenneté, le plan incliné, le chaperon, les filets ou les corbeaux, lorsqu'ils ne sont que d'un côté, il ne s'ensuit pas qu'il les indique comme marque de mitoyenneté, lorsqu'ils existent des deux côtés; les deux conséquences sont très-différentes, et l'une n'entraîne pas du tout l'autre. Voilà, par exemple, dans les champs, un héritage entièrement clos de murs qui est contigu à des terres non closes; de ce que le chaperon ou les filets seraient établis des deux côtés du mur, il n'en faudrait nullement conclure que le mur est mitoyen entre le propriétaire du terrain clos et les propriétaires des terrains déclos, surtout si les autres murs du fonds, qui est clos, avaient également des chaperons des deux côtés; car l'article 653 ne présume alors la mitoyenneté qu'entre enclos; et on devrait, en conséquence, seulement présumer soit que les propriétaires déclos ont toléré l'existence de l'égout du toit, parce qu'il n'en résultait pas pour eux grand dommage; soit que le propriétaire du mur s'est réservé un certain espace de son propre terrain pour y faire déverser les eaux de son toit (comp. Bordeaux, 22 février 1844, Tillet, Dev., 1844, II, 457; Delvincourt, t. I, p. 1860, note 5; Toullier, n° 190; Pardessus, t. I, n° 164; Duranton, t. V, n° 312).

340. — C'est une question controversée que celle de savoir si l'article 654 est limitatif, et s'il n'est pas permis aux magistrats de reconnaître d'autres marques de non-mitoyenneté que celles qu'il indique.

On convient, à la vérité, généralement qu'en ce qui concerne les murs construits avant la promulgation du Code, les signes de non-mitoyenneté, que les lois coutumières ou la jurisprudence ancienne avaient admis, peuvent toujours être invoqués; et cela est, en effet, très-certain (comp. art. 2 et 691); les articles 653 et 654 n'ont pas pu dépouiller les propriétaires de murs antérieurement construits, du droit qui leur était acquis, de prouver à toute époque, par la forme même de la construction, leur propriété exclusive (comp. Cass., 18 juillet 1837, Bonnecaze, Dev., 1838, I, 325; Pau, 20 mars 1863, Donsalat, Dev., 1863, II, 162; Toullier, t. II, n° 192; Duranton, t. V, n° 319; Pardessus, t. II, n° 343;

Chabot, *Quest. transit.*, v° *Servitude*; Taulier, t. II, p. 387; Zachariæ, t. II, p. 45).

C'est toutefois, bien entendu, au propriétaire qui prétend que la construction du mur est antérieure à la promulgation du Code, à en fournir la preuve; et sous ce rapport, il serait bon, en pareil cas, de se procurer une reconnaissance du voisin, ou de remplacer, contradictoirement avec lui, les signes anciens par des signes nouveaux de non-mitoyenneté, s'il était vrai que les signes anciens ne fussent plus d'aucune valeur dans les murs bâtis depuis le Code.

Mais c'est là ce que nous avons maintenant à examiner.

341. — D'après une opinion fort accréditée, on ne pourrait pas admettre, pour les murs construits depuis la promulgation du Code, d'autres marques de non-mitoyenneté que celles indiquées par l'article 654 :

D'une part, l'article 653 établit une présomption légale, qui ne peut être combattue que dans les deux cas que ces articles eux-mêmes déterminent, à savoir : s'il y a titre ou marque du contraire; et, d'autre part, l'article 654 *détermine précisément* les marques du contraire; ainsi s'exprimait le tribun Albisson dans son rapport sur notre titre (Locré, t. VIII, p. 388). On peut ajouter que cette doctrine a l'avantage de dissiper toutes les incertitudes qui existaient autrefois sur ce sujet dans les anciennes provinces, où les marques de non-mitoyenneté étaient très-diverses, à ce point que tel signe qui prouvait la mitoyenneté dans une contrée, prouvait la non-mitoyenneté dans une autre (comp. Duranton, t. V, n° 310; Pardessus, t. I, n° 162; Aubry et Rau sur Zachariæ, t. II, p. 45; Marcadé, art. 654, n° II; Taulier, t. II, p. 387).

Une opinion intermédiaire est venue depuis peu; voici l'amendement qu'elle propose :

Si la valeur du mur n'excède pas 150 francs, ou s'il existe un commencement de preuve par écrit qui rende la non-mitoyenneté vraisemblable, il est permis de recourir aux indices de toute espèce qui pourraient l'établir; car la preuve par témoins et en conséquence aussi les simples présomptions sont alors admissibles (art. 1341, 1347, 1353).

Si, au contraire, la preuve testimoniale n'est pas recevable, parce que le mur vaut plus de 150 francs et qu'il n'y a pas de commencement de preuve par écrit, les présomptions ne sont pas davantage admissibles, et on ne peut invoquer que celles qui sont écrites dans l'article 654 (Mourlon, *Rép. écrit.*, t. I, p. 773).

Nous n'admettons, pour notre part, ni l'une ni l'autre de ces opinions; et notre avis est que les juges peuvent, dans tous les cas, reconnaître d'autres marques de non-mitoyenneté que celles qui sont indiquées dans l'article 654 :

1° L'article 653, en établissant la présomption de mitoyenneté, réserve lui-même la preuve qui peut résulter de la *marque du contraire;* et, par conséquent, toute marque du contraire sera admissible en vertu de cet article même, si d'ailleurs l'article 654 n'a pas limitativement déterminé ces marques;

Or, l'article 654 s'exprime en termes purement énonciatifs; il indique certains insignes parmi ceux qui sont les plus caractéristiques à la fois et le plus en usage; mais rien dans la forme de sa rédaction n'annonce qu'il soit limitatif et exclusif;

Donc, toute autre marque du contraire demeure admissible en vertu de l'article 653.

Et cet argument de texte qui détruit la première opinion, détruit aussi du même coup l'amendement que nous venons de rappeler. Ajoutons que la distinction sur laquelle cet amendement repose, devrait être, en outre, repoussée : soit parce que la valeur des murs étant indéterminée, cette doctrine serait véritablement, en fait, impraticable; soit parce que les règles sur l'admissibilité

de la preuve par témoins et par présomptions ne sont pas
en général applicables, lorsqu'il ne s'agit que de constater l'état des immeubles par la voie d'une expertise
ou *visitation*, comme disait la coutume de Paris (art.
CLXXXIV), dont les juges sont chargés d'apprécier les
résultats.

2° Cette solution nous paraît d'ailleurs conforme à la
raison et à l'intérêt public. S'il est vrai qu'en général
l'uniformité de la règle ait de grands avantages, elle peut
offrir aussi parfois de grands dangers ; et c'est particulièrement dans la matière des servitudes, que ces décisions absolues auraient été souvent la source de beaucoup
de désordres et d'injustices. Voilà pourquoi sans doute
le législateur se réfère souvent, dans notre titre, aux
usages (art. 663, 671, 674).

Rien n'est plus tenace que les anciennes habitudes
locales dans la forme des constructions ; et si la présomption de la loi avait voulu les briser violemment, elle
n'aurait le plus souvent réussi qu'à dépouiller l'un des
voisins de la propriété exclusive du mur, pour en attribuer injustement la moitié à l'autre, qui n'y avait aucun
droit.

A quoi bon d'ailleurs enchaîner l'avenir et déclarer
d'avance, sans valeur aucune, les marques de non-mitoyenneté que les usages nouveaux pourraient introduire
dans les constructions ?

Enfin, n'est-il pas des cas où la marque de non-mitoyenneté, quoique non écrite dans l'article 654, serait
si manifeste et si flagrante, qu'il serait impossible, en
vérité, de ne pas se rendre à l'évidence ? Supposez que
ce mur qui sépare aujourd'hui deux cours, ou deux jardins, ou deux enclos, a soutenu autrefois, d'un seul
côté, un bâtiment appartenant à l'un des voisins, et qu'il
en porte encore les traces, les débris des cheminées, par
exemple, qui y sont encore attachées et suspendues ! Le
déclarerez-vous mitoyen, lorsque tout le monde recon-

naît qu'un mur, quoiqu'il ne soutienne actuellement le
bâtiment que d'un côté, sera présumé mitoyen, s'il y a,
de l'autre côté, les vestiges d'un ancien bâtiment? (*Supra*, n° 322.) Est-ce que la même marque qui le fait déclarer mitoyen dans le dernier cas, ne doit pas le
faire nécessairement déclarer non-mitoyen dans le premier cas?

Remarquons seulement qu'il faut toujours que les
marques de non-mitoyenneté résultent de l'état matériel
du mur : « Car c'est là dit Coquille, une façon de preuve
rapportée de l'état et forme ancienne de l'édifice. » (Sur
Nivernais, chap. IX, art. 14; *supra*, n° 336; Demante,
t. II, n° 508 *bis;* comp. Pau, 20 mars 1863, Donzalat,
Dev., 1863, II, 162; Rouen, 31 août 1867, Oursel,
Dev., 1868, II, 215.)

342. — Il faut noter aussi, entre les marques de
non-mitoyenneté, cette différence : que les unes, par leur
nature, s'appliquent au mur tout entier ; tandis que les
autres peuvent, au contraire, n'avoir qu'un effet local et
partiel.

C'est ainsi que l'existence d'une sommité droite d'un
côté et présentant de l'autre un plan incliné ou un
chaperon, témoignent que la totalité du mur appartient
exclusivement à celui du côté duquel se trouvent ces
marques.

Mais il en est autrement des filets ou des corbeaux,
dont la disposition peut être telle qu'il en résulte
la preuve qu'ils n'ont été placés, comme dit Pothier,
que *pour marquer jusqu'où le mur était commun* (n° 205).
On ne devrait donc, en pareil cas, présumer la non-
mitoyenneté que pour la partie du mur qui s'élève au-
dessus de ces marques (Pardessus, t. I, n° 164). Ce serait
là du moins une question d'appréciation; et nous n'a-
dopterions pas la doctrine de Delvincourt, qui a proposé
à cet égard, entre les lieux où la clôture est forcée et
ceux où elle ne l'est pas, une distinction, dont les termes

absolus ne nous paraissent pas admissibles (t. I, p. 159, note 10).

345. — Il peut arriver que l'un des voisins produise un titre qui lui attribue la mitoyenneté ou même la propriété exclusive du mur, et que l'autre voisin invoque, de son côté, au contraire, l'existence de marques de non-mitoyenneté.

Il n'est pas douteux que le titre, c'est-à-dire la preuve littérale et directe, ne doive l'emporter sur la simple présomption, que la loi n'induit que, par conjecture, des marques de non-mitoyenneté.

Mais en serait-il encore de même, si ces marques avaient une existence continue de plus de trente ans depuis la date du titre?

Non, a-t-on répondu, « parce que cet état de choses donne lieu de croire que les parties ont fait de nouvelles conventions, par suite desquelles le mur a été construit avec des signes de propriété exclusive au profit de l'un des deux voisins limitrophes. » (Comp. Pardessus, t. I, n° 160; Taulier, t. II, p. 382.)

Cette solution toutefois nous paraît contestable. De deux choses l'une, en effet:

Ou il s'agit de marques de non-mitoyenneté, qui existaient déjà au moment où celui qui les invoque aujourd'hui, a souscrit, par lui-même ou par ses auteurs, le titre qui a attribué à l'autre voisin la mitoyenneté ou la propriété exclusive du mur; et alors, ces marques, qui auraient dû être supprimées, n'ont continué d'exister que précairement;

Ou les marques de non-mitoyenneté ont été établies depuis la date du titre; et dans ce cas même, s'il n'y a eu, comme nous le supposons, de celui qui les invoque, ni acte de propriété exclusive, ni contradiction régulière signifiée au voisin muni d'un titre, il nous semble difficile d'admettre que ce titre ait perdu sa force probante; car, d'une part, nul ne peut se changer à soi-même la cause et le principe de sa possession (art. 2240) ; or, Duranton remarque très-bien que le voisin ne ferait pas en réalité autre chose, s'il pouvait se créer ainsi à lui-même un nouveau titre par les seules marques de non-mitoyenneté, sans exercer d'ailleurs aucun acte de possession exclusive ; et d'autre part, ces marques, lorsqu'elles sont toutes seules, ne sont toujours que des inductions et des conjectures qui doivent céder à la preuve contraire résultant d'un titre. Il est vrai que lorsqu'il n'y a pas de titre, la présomption légale de mitoyenneté peut elle-même céder à une présomption de non-mitoyenneté, résultant de l'existence de marques du contraire depuis plus de trente ans (*supra*, n° 338) ; mais il s'agit ici d'un titre, c'est-à-dire d'une preuve littérale et directe en face d'une simple présomption (comp. Delvincourt, t. I, p. 159, note 9 ; Duranton, t. V, n° 311 ; Zachariæ, t. II, p. 45 ; Marcadé, art. 654, n° 2).

344. — Le conflit, que nous venons de supposer entre le titre d'une part et les marques de non-mitoyenneté d'autre part, on peut le supposer aussi entre les marques de non-mitoyenneté les unes à l'égard des autres ; mais nous nous sommes déjà occupé de cette hypothèse (*supra*, n° 339).

343. — L'article 653 établit, pour ainsi dire, en sens inverse, deux présomptions :

L'une, de mitoyenneté, qui résulte de la situation respective des héritages ;

L'autre, de non-mitoyenneté, qui résulte (à défaut de titre) de certaines marques.

Nous avons déjà constaté que la première de ces présomptions, celle de mitoyenneté, ne peut être combattue que par un titre ou par une marque de non-mitoyenneté (*supra*, n° 332).

Mais de quelle manière peut être combattue la seconde présomption, celle qui résulte des marques de non-mitoyenneté ?

Ferrière, en enseignant qu'*un titre par écrit* l'emporterait sur les filets, qui ne seraient que d'un côté (cout. de Paris, art. 214), paraît supposer qu'un titre était autrefois nécessaire ; et telle semblerait être encore aujourd'hui l'opinion de plusieurs jurisconsultes (comp. Duranton, t. V, n° 311 ; Taulier, t. II, p. 481 ; Zachariæ, t. II, p. 45).

Mais pourtant, d'une part, la présomption légale peut être en général combattue par la preuve contraire, si ce n'est dans les cas déterminés par l'article 1352, second alinéa ; et d'autre part, l'article 653, qui dispose que la présomption de mitoyenneté pourra être combattue par des titres ou par des marques du contraire, n'indique aucun mode spécial de preuve pour combattre la présomption de non-mitoyenneté résultant de ces marques ; aussi croirions-nous, avec Demante, qu'un titre ne serait pas indispensable pour combattre cette dernière présomption (t. II, n° 508 *bis*, III).

346. — 3° Reste à savoir si la présomption légale de mitoyenneté doit aussi disparaître devant la prescription, en vertu de laquelle l'un des voisins, indépendamment de tout titre ou de toute marque de non-mitoyenneté, prétendrait avoir acquis la propriété exclusive du mur (*supra*, n° 332).

Cette question s'élève également en ce qui concerne la présomption légale de mitoyenneté des haies et des fossés ; et elle est, à nos yeux, régie, dans tous les cas, par les mêmes principes, quoiqu'on ait voulu y faire des différences ; nous allons donc de suite, afin de n'y plus revenir, la traiter ici d'une manière complète.

Nous devons avouer d'ailleurs que, malgré les controverses dont elle est l'objet, elle nous paraît être, en soi, très-simple ; et voici comment :

La prescription, soit de trente ans, soit de dix ou vingt ans, est un mode d'acquérir applicable aux murs, haies et fossés, comme à tous les autres biens (art. 712, 670, 2219, 2262, 2265).

De cette incontestable prémisse, nous déduisons d'abord trois conséquences :

A. La propriété exclusive du mur, de la haie ou du fossé mitoyens, peut être acquise par prescription, par l'un des copropriétaires, au préjudice de l'autre; car rien ne s'oppose à ce qu'un communiste acquière par prescription le droit de son coassocié (Dunod, *des Prescriptions*, part. I, chap. XII, p. 81 et 101). Ce qu'il faut seulement, c'est que les faits de possession exclusive soient, alors surtout, précis et non équivoques; et voilà pourquoi cette prescription acquisitive sera toujours très-rare, en ce qui concerne particulièrement le mur mitoyen; car, d'une part, il faudra que les faits soient différents de ceux que la mitoyenneté autorise; et d'autre part, lors même que l'un des copropriétaires aurait exercé, dans le mur, des entreprises qui dépasseraient les droits de la mitoyenneté, il se pourra qu'il n'en résulte à son profit que l'acquisition d'une servitude sur le mur commun; comme, par exemple, s'il avait seulement pratiqué des fenêtres dans ce mur. Mais enfin, en supposant (ce qui n'est pas impossible) des actes de possession attributifs de la propriété exclusive, par exemple, si l'un des voisins avait baissé la hauteur du mur, s'était attribué les matériaux à lui seul, et l'avait toujours seul réparé et entretenu, etc., on ne voit pas sur quel motif il serait possible de se fonder pour soutenir qu'il n'en est pas devenu propriétaire exclusif par prescription.

Et alors aussi, bien entendu, la preuve testimoniale des faits de possession par suite desquels la prescription se sera accomplie, cette preuve, disons-nous, sera certainement recevable, comme elle l'est toujours en pareil cas. C'est en vain que l'on objecterait qu'aux termes de l'article 653, la présomption légale de mitoyenneté ne doit céder qu'à un titre ou à une marque du contraire, et que la preuve testimoniale n'est pas admise contre cette présomption. Cela est vrai sans doute; et nous l'avons nous-même reconnu ainsi (*supra*, n° 333); mais prenons garde qu'il ne s'agit plus ici seulement d'une question de preuve; il s'agit d'une question de mutation de propriété. L'article 653, en réalité, ne nous dit pas de quelle manière la mitoyenneté peut s'acquérir ou se perdre; il nous dit uniquement de quelle manière elle se prouve; or, ce que l'on demande ici à établir, c'est que cette mitoyenneté, présumée d'après l'article 653, a été perdue par l'un au profit de l'autre, qui a acquis, en tout ou en partie, par prescription, la propriété exclusive du mur (comp. Pau, 18 août 1834, Dubroca, D., 1835, II, 47; Merlin, *Rép.*, v° *Mitoyenneté*, § 2, n° 8; Toullier, t. II, n° 188; Demante, t. II, n° 507 *bis*, V; Marcadé, *Rev. crit. de jurispr.*, 1851, p. 70).

347. — B. En sens inverse, la mitoyenneté d'un mur, d'un fossé, ou d'une haie, appartenant exclusivement à l'un des voisins, peut être acquise par l'autre au moyen de la prescription (comp. Pardessus, t. I, n° 153).

Seulement encore ici, il faut que les faits de possession soient bien caractérisés, et ne puissent pas être considérés comme des actes de familiarité, de tolérance et de bon voisinage, auxquels le propriétaire du mur n'aurait pas d'intérêt à s'opposer (art. 2229, 2232). Il serait bien difficile, par exemple, de voir des actes de possession suffisants pour engendrer la prescription acquisitive de la mitoyenneté, dans cette circonstance que le voisin aurait appuyé ses espaliers contre le mur, et y aurait même fixé des crochets en fer pour soutenir les arbres, etc. (Comp. Pau, 18 août 1834, Dubroca, D., 1835, II, 47; Cass., 4 juin 1845, Lefebvre, D., 1845, II, 824; Rouen 31 août 1867, Oursel, Dev., 1848-2-215.)

348. — C. Enfin, notre troisième conséquence (*supra*, n° 346), c'est que la propriété entière et exclusive d'un

mur, d'une haie ou d'un fossé appartenant tout entière et exclusivement à l'un des voisins, peut être acquise aussi par l'autre, au moyen de la prescription.

549. — Puisque la possession exclusive du mur, du fossé ou de la haie présumés mitoyens, peut engendrer la prescription, elle peut aussi certainement servir de base aux actions possessoires ; et celui des voisins qui, depuis plus d'un an, possède exclusivement le mur, le fossé ou la haie, doit dès lors être maintenu au possessoire (art. 3, n° 2, 23 et 28 Code de procéd.; art. 6, n° 1 de la loi du 25 mai 1838).

Mais quel sera ensuite, au pétitoire, l'effet de cette possession annale, et du jugement rendu, en conséquence, au possessoire ? Cette possession, quoiqu'elle n'ait pas le temps requis pour opérer la prescription, sera-t-elle néanmoins destructive de la présomption légale de mitoyenneté, de telle sorte que l'autre voisin ne puisse plus prouver cette mitoyenneté que par titre ?

C'est une question fort débattue et sur laquelle les avis sont partagés.

Il en est qui font, à cet égard, une distinction :

Pour les murs, la présomption de mitoyenneté ne céderait point à la possession contraire, à moins qu'elle n'eût duré assez longtemps pour opérer la prescription ; mais pour les haies, au contraire, la possession simplement annale détruirait la présomption de mitoyenneté. Cette différence est fondée, dit Toullier, sur les différentes rédactions des articles 653 et 670 (t. II, n°s 188 et 229, comp. Dalloz, 1832, II, 8, note 1).

Mais cette différence est tout à fait inadmissible : d'abord, elle ne saurait être justifiée, ni en raison ni en principe, par aucun motif sérieux; en second lieu, l'article 670, loin de faire cesser la présomption de mitoyenneté devant une possession annale, exige, au contraire, une possession équivalant à un titre, et par conséquent de nature à opérer la prescription; c'est bien là ce qui résulte de cette rédaction : *s'il n'y a titre* ou *possession suffisante au contraire* (*voy.* aussi l'article 182 du Code forestier). Enfin, il n'y a rien à induire du silence que l'art. 653 a gardé sur la possession : soit parce que cette possession exclusive du mur mitoyen par l'un des voisins (*supra*, n° 346) sera un fait très-rare; soit surtout parce que l'article 653 s'occupe des modes de preuve de la mitoyenneté du mur, et nullement des modes acquisitifs de la propriété exclusive ou de la mitoyenneté, qui demeurent sous l'empire du droit commun, et que dès lors, si l'on doit s'étonner d'une chose, ce n'est pas que le législateur ait gardé le silence sur la possession à l'effet d'acquérir dans l'article 653, c'est bien plutôt qu'il en ait parlé dans l'article 670, où il est question d'un tout autre ordre de principes (comp. Angers, 7 juillet 1830, Laurent, D., 1831, II, 97; Bourges, 31 mai 1832, Sureau, D., 1832, II, 160; Cass., 13 déc. 1836, Thoreau, *J. du P.*, t. I, 1837, p. 204; Bourges, 31 mars 1837, Mougue, *J. du P.*, t. I, 1837, p. 465; Cass., 17 janv. 1838, Goutheron, D., 1838, I, 23).

Aussi la jurisprudence décide-t-elle fort justement, pour les fossés aussi bien que pour les haies, que la possession annale n'est pas destructive de la présomption de mitoyenneté (comp. Douai, 15 février 1836, Dubois; et Poitiers, 23 juin 1836, de Vendœuvre, Dev., 1837, II, 116).

350. — Il faut donc, sur cette question, appliquer la même règle aux murs, aux haies et aux fossés; et sous ce rapport, ceux qui prétendent que la possession annale est également destructive, pour ces trois sortes de clôtures, de la présomption légale de mitoyenneté, ceux-là du moins, sont conséquents avec eux-mêmes. On invoque surtout, dans l'intérêt de cette doctrine, ce principe, que la possession annale fait présumer la propriété; et on en conclut que la présomption légale de mitoyenneté a disparu devant une présomption de propriété exclusive.

C'est faire, dit-on, une véritable confusion que d'objecter que la possession annale ne saurait enlever au voisin son droit de mitoyenneté; car il ne s'agit pas ici d'attribuer ou d'enlever à l'un des voisins le droit de mitoyenneté; il s'agit seulement de savoir quelle est l'étendue de la présomption légale, ce qui n'est qu'une question de preuve; et il n'est pas étonnant que la loi subordonne la présomption de mitoyenneté à celle qui résulte de la possession (Ducauroy, Bonnier et Roustaing, t. II, n° 305). Quel serait, d'ailleurs, dans le système contraire, l'utilité de la possession annale puisqu'elle ne dispenserait pas de produire un titre ? Et ne serait-il pas tout à fait illogique que la possession annale qui dispenserait le possesseur de tout fonds, de prouver qu'il est propriétaire, ne produisît pas le même effet, à plus forte raison, au profit du possesseur annal d'un simple mur ? (Duranton, t. V, n°s 314; Garnier, *des Act. possess.*, p. 240.)

Voici notre réponse :

S'il est vrai que le possesseur annal soit présumé propriétaire, cette présomption disparaît, bien entendu, lorsque le demandeur au pétitoire prouve, au contraire, que c'est à lui que la propriété appartient ; et pour appliquer cette règle à notre hypothèse, il est clair que la présomption de la propriété exclusive du mur, de la haie ou du fossé qui résulte de la possession annale, doit disparaître devant la preuve de la mitoyenneté, si le demandeur au pétitoire peut le faire ;

Or, la preuve de la mitoyenneté résulte de la présomption légale tout aussi bien que d'un titre (article 1316);

Donc, c'est d'après la règle générale elle-même que la possession simplement annale est suffisante pour détruire cette présomption.

On objecte qu'il ne s'agit ici que d'une question de preuve et d'un conflit entre deux présomptions ; que la seule question est de savoir si la présomption légale de mitoyenneté n'est pas vaincue par la présomption de propriété exclusive résultant de la possession annale. — Eh! sans doute, telle est la question ; mais ce que nous soutenons, c'est que la présomption légale écrite dans l'article 653 prouve, au profit de celui qui l'invoque, la mitoyenneté, c'est-à-dire un droit de propriété, tandis que la possession annale ne prouve qu'une possession insuffisante précisément pour engendrer la propriété. Autrement, il arriverait que celui qui, en vertu des art. 653, 666 et 670, compte sur la mitoyenneté du mur, du fossé ou de la haie, et qui n'a pas songé à se procurer d'autre titre, parce que la loi elle-même lui fournissait le sien, se trouverait privé, par une simple possession annale, de son droit de propriété, tandis que la possession à l'effet d'acquérir, doit avoir dix, vingt ou même trente ans de durée ! Et lorsqu'on se récrie que dans notre système, la possession annale d'un mur, d'un fossé ou d'une haie, ne présente pas d'avantages, nous sommes assurément bien fondé à répondre que le système que nous combattons lui fait, au contraire, des avantages excessifs et démesurés. Nous laissons, nous, dans ce cas comme dans tous les autres, au possesseur annal l'avantage de ne pouvoir plus être attaqué qu'au pétitoire et d'être jusque-là et pendant toute l'instance, paisiblement maintenu ; mais dans ce cas aussi, nous voulons qu'au pétitoire, lorsque le demandeur a prouvé légalement son droit de mitoyenneté, le possesseur établisse, à son tour, qu'il a acquis la propriété exclusive; or, cette propriété ne peut résulter que d'une possession de dix, vingt ou trente ans (comp. Merlin, *Rép.*, v° *Mitoyenneté*, § 1, n° 8 et v° *Haies*; Duvergier sur Toullier, t. II, n° 229, note *a*; Pardessus (nouv. édit.), t. II, 325; Coulon, *Quest. de droit*, t. II, p. 173; Zachariæ, t. II, p. 45; Taulier, t. II, p. 382; Marcadé, art. 670, n°s 11 et 111; Demante, t. II, n° 507 *bis*, VI; Solon, p. 202).

351. — Il est un argument qui a été encore fourni par l'opinion que nous venons de combattre.

« La loi, dit Duranton, présume aussi qu'un fonds est franc de toute servitude; et néanmoins si un voisin a acquis la possession annale d'une servitude sur ce fonds, ce sera au propriétaire du fonds à détruire, au pétitoire, par la preuve de la non-existence du droit, l'effet de cette possession.... » (T. V., n° 344.)

Telle est, en effet, la thèse que développe un peu plus bas, dans son livre (n° 641), notre savant collègue.

Mais précisément cette thèse est elle-même très-contestable; et nous faisons, pour notre part, dès à présent ici nos réserves pour nous en expliquer bientôt (*infra*, n° 957).

ARTICLE II.

DE LA FACULTÉ, POUR L'UN DES VOISINS, D'ACQUÉRIR LA MITOYENNETÉ DU MUR APPARTENANT A L'AUTRE.

SOMMAIRE.

limitrophes? — *Quid*, s'il avait déjà antérieurement annoncé l'intention de le démolir? — *Quid*, enfin, s'il l'avait démoli depuis que le voisin avait régulièrement annoncé l'intention d'en acquérir la mitoyenneté?

359. — Le voisin qui achète la mitoyenneté n'est pas tenu de donner de motifs; il peut l'acheter même sans avoir le projet de bâtir.

360. — L'existence de jours de souffrance ou même de fenêtres ouvrantes dans le mur, serait-elle un obstacle à la mitoyenneté?

361. — Le voisin pourrait-il renoncer à la faculté d'acquérir la mitoyenneté du mur? — Cette renonciation résulterait-elle de la servitude *non ædificandi aut non altius tollendi*, qui serait imposée à son héritage?

362. — Le voisin peut acquérir la mitoyenneté du mur en tout ou seulement en partie, dans une partie de sa hauteur ou de sa longueur. — Peut-il n'en acheter la mitoyenneté que dans une partie de son épaisseur?

363. — Lorsqu'on n'achète la mitoyenneté du mur que dans une partie de sa hauteur, il faut toujours l'acheter à partir de ses fondements. — *Quid*, pourtant, si le propriétaire du mur, afin d'avoir, par exemple, une cave, avait fait des fondations plus profondes et plus épaisses que celles qui seraient nécessaires pour soutenir un mur ordinaire?

364. — L'acquéreur de la mitoyenneté doit payer la moitié de la valeur actuelle du mur ou de la partie du mur qu'il veut rendre mitoyenne. — Conséquences de cette règle.

365. — *Quid*, si le mur dont le voisin veut acquérir la mitoyenneté, était, à raison de la qualité des matériaux, ou de son épaisseur, d'une solidité de construction hors de rapport avec sa destination?

366. — Lorsque les parties ne s'entendent pas à l'amiable, sur l'estimation de la valeur du mur ou de la partie du mur dont la mitoyenneté est demandée, à la charge de qui sont les frais de l'expertise, qui devient alors nécessaire?

367. — L'indemnité doit être payée au propriétaire d'un mur préalablement. — Mais s'il ne l'avait pas reçue d'avance, aurait-il, pour sa créance, le privilége et le droit de résolution, qui appartiennent au vendeur d'un immeuble non payé de son prix?

368. — Le propriétaire exclusif du mur pourrait-il, de son côté, contraindre le voisin à en acquérir la mitoyenneté?

369. — Quels sont les effets de l'acquisition forcée de la mitoyenneté? — Le voisin qui l'a acquise, peut-il faire supprimer les jours, les fenêtres ou autres ouvrages quelconques, que le propriétaire exclusif du mur y aurait pratiqués, et que le copropriétaire d'un mur mitoyen n'a pas le droit de pratiquer? — Distinction.

370. — Première hypothèse: L'acquéreur de la mitoyenneté peut-il faire supprimer les jours de souffrance que le voisin a ouverts dans le mur, aux termes des articles 676-677, pendant qu'il en était le propriétaire exclusif, ou tous autres ouvrages qu'il y aurait légalement pratiqués à ce titre?

371. — Suite. — *Quid*, si les jours de souffrance ou autres ouvrages existaient depuis plus de trente ans? — *Quid*, si les deux fonds avaient appartenu d'abord au même propriétaire?

372. — Suite. — *Quid*, si les ouvrages dont l'acquéreur de la mitoyenneté demande la suppression, ne lui causaient actuellement aucun dommage ni aucune gêne?

373. — Lorsque le voisin, après avoir acheté la mitoyenneté, demande la suppression des jours de souffrance que le propriétaire du mur y avait pratiqués, lequel des deux doit payer les frais de cette opération?

374. — Seconde hypothèse : L'acquéreur de la mitoyenneté peut-il faire supprimer les vues ou les fenêtres ouvrantes, qui existeraient dans le mur?

374 *bis.* — Quel est le caractère juridique de l'opération, par suite de laquelle la mitoyenneté du mur est acquise par l'un des voisins contre l'autre?

374 *ter.* — Suite. — Le propriétaire du mur, qui a été contraint de céder la mitoyenneté à son voisin, est-il tenu, envers lui, de la même obligation de garantie, dont le vendeur est tenu envers l'acheteur?

374 *quater.* — Suite. — Peut-il réclamer, pour le payement du prix, le privilége, que l'article 2103-1° accorde au vendeur non payé d'un immeuble? — Peut-il demander la résolution de la convention?

374 *quinter.* — Suite. — Les créanciers hypothécaires du propriétaire du mur auraient-ils le droit de suite contre le voisin acquéreur de la mitoyenneté?

375. — Article 660. — Le copropriétaire d'un mur mitoyen a le droit d'acquérir la mitoyenneté de l'exhaussement qui aurait été donné à ce mur par son copropriétaire. — Peut-il l'acquérir seulement en partie? — Avec ou sans intention de bâtir? — Peut-il faire fermer les jours de souffrance que le voisin y aurait pratiqués?

376. — Le voisin qui achète la mitoyenneté de l'exhaussement, doit-il payer toujours la moitié de la dépense qu'il a coûtée, quelle que soit l'époque à laquelle il l'achète, et sans jamais tenir aucun compte de l'état de délabrement où cet exhaussement se trouve?

352. — Aux termes de l'article 661 :

« Tout propriétaire joignant un mur, a de même la « faculté de le rendre mitoyen, en tout ou en partie, en « remboursant au maître du mur la moitié de sa valeur, « ou la moitié de la valeur de la portion qu'il veut ren- « dre mitoyenne, et moitié de la valeur du sol sur lequel « le mur est bâti. » (*Voy.* aussi art. 660.)

Cette disposition, que plusieurs de nos anciennes coutumes renfermaient déjà, est fondée sur les considérations d'intérêt privé et public, que nous avons signalées plus haut (n° 343). L'avantage que trouve l'un des voisins à acquérir la mitoyenneté du mur de son voisin, ne saurait être comparé au petit inconvénient que celui-ci peut en éprouver (*voy*. art. 657); Pothier même remarque qu'il est aussi le plus souvent de l'intérêt de celui auquel le mur appartient, d'en céder la mitoyenneté, afin de retirer la moitié du prix qu'il a coûté, et de n'être plus tenu que pour moitié des réparations. Ce ne serait donc que par pure malice ou mauvaise humeur qu'il s'y refuserait; et la loi a dû d'autant moins tenir compte d'une telle résistance, qu'il importe à l'intérêt public d'éviter la perte considérable de capitaux et de terrains qui résulterait de la nécessité où se trouveraient les propriétaires d'adosser mur contre mur, ou de laisser entre les deux murs un espace de terrain complétement perdu; ce qui donnerait, en outre, à nos constructions un aspect véritablement difforme.

Ces motifs expliquent suffisamment la dérogation que le législateur a cru devoir faire à cette maxime fondamentale que : « Nul ne peut être contraint de céder sa propriété, si ce n'est pour cause d'utilité publique » (art. 545); car il serait permis de dire, à certains égards, qu'il s'agit ici d'une sorte d'expropriation pour cause d'utilité publique.

353. — Notre article 661 accorde cette faculté à *tout propriétaire*.

Est-ce donc que l'usufruitier, l'usager ou l'emphytéote ne pourraient pas l'invoquer? Il nous serait difficile de l'admettre; car ils exercent, en cela, les droits du propriétaire (*voy*. art. 597 et notre t. X, nᵒˢ 332 et suiv.). *Si quelqu'un veut bâtir*..., disait l'article 194 de la coutume de Paris, qui autorisait aussi l'acquisition de la mitoyenneté; telle nous paraît être la pensée de l'article 661 : *tout propriétaire*, c'est-à-dire quiconque a le droit de bâtir un mur sur la limite extrême d'un héritage (comp. Bruxelles, 16 janvier 1849, Vanneron, D., *Rec. alph.*, t. XII, p. 43, nᵒ 2; et *supra*, nᵒˢ 206 et 256).

354. — Tout propriétaire *joignant un mur*, c'est-à-dire joignant immédiatement et sans moien (supra, n° 331).

Si donc, contrairement à la présomption générale, d'après laquelle chacun est censé avoir construit son mur à l'extrémité même de son héritage, il était établi qu'il existe un espace entre le mur et le terrain du voisin, un ruisseau, un égout, un sentier privé ou commun, ou une portion de terrain que le constructeur aurait laissée au delà du mur, l'article 661 ne serait pas applicable.

Mais supposez que l'espace laissé par le propriétaire constructeur, entre son mur et le terrain du voisin, est minime à ce point qu'il ne puisse évidemment lui être d'aucune espèce d'utilité, ni pour le placement d'une échelle, ni pour le passage des ouvriers ou le dépôt des matériaux destinés aux réparations, ni pour l'égout des eaux pluviales; est-ce que, dans ce cas même, il pourrait se refuser aussi à la cession de la mitoyenneté?

Oui, a-t-on répondu; car l'article 661 renferme une disposition exorbitante qui ne doit pas être étendue; et l'on demanderait, dans ce cas, la cession d'autre chose que de l'objet sur lequel la loi a statué (comp. Douai, 7 août 1845, Leclercq, D., 1845, II, 152; Cass., 20 mars 1862, Faisnel, Dev., 1862, I, 473; et D., 1862, I, 175; Duranton, t. V, n° 324; Duvergier sur Toullier, t. II, n° 193, note a; Demante, t. II, n° 515 bis, V; Ducaurroy, Bonnier et Roustaing, t. II, n° 252).

Mais pourtant nul ne peut se soustraire, par une fraude, à l'application d'une loi qui repose sur des motifs d'intérêt général; et tel est le caractère de notre article 661 (supra, n° 352); or, nous supposons qu'il est reconnu, en fait, que l'espace laissé au delà du mur est d'une exiguïté telle, que le constructeur n'a eu évidemment d'autre but que d'échapper à l'application de cet article; donc, cette fraude ne saurait l'autoriser à paralyser, par pure malice et sans aucun intérêt pour lui-même, l'application d'une mesure utile à son voisin et à la société

tout entière. *Malitiis non est indulgendum*, disait Pothier
précisément à l'occasion de notre sujet (n° 247). Nous
conclurions donc avec Pardessus (t. I, n° 154), que le
propriétaire du mur pourrait alors être condamné à
abandonner, à dire d'experts, la mitoyenneté de son mur
et du terrain qu'il a laissé au delà, à moins qu'il ne pré-
férât bâtir un mur à frais communs à l'extrémité des
deux héritages, en fournissant la moitié de l'emplacement (comp. Bourges, 9 déc. 1837, Bouchardon, Dev.,
1838, II, 159; Caen, 27 janvier 1860, Avenette, D., 1860,
II, 204; et Dev., 1861, II, 63; Delvincourt, t. I, p. 160,
note 7; Marcadé, art. 661, n° 1; Solon, n° 141; Pardessus,
t. I, n° 154; Taulier, t. II, p. 392; Mourlon, *Répét. écrit.*,
t. I, p. 768; Massé et Vergé sur Zachariæ, t. II, p. 173).

355. — Tout propriétaire joignant *un mur*, dit notre
article 661.

Ce texte est général; et, par conséquent, il s'applique :

A toute espèce de murs, soit qu'ils soutiennent un bâtiment, soit qu'ils servent seulement de clôture;

Quelque part qu'ils soient situés, à la campagne où à
la ville; car dans les lieux mêmes où le voisin ne pourrait
pas contraindre son voisin à construire en commun un
mur de séparation, il peut le contraindre à lui céder la
mitoyenneté du mur déjà construit (Pothier, n° 249);

Et à quelque époque enfin qu'ils aient été construits,
soit depuis, soit avant la promulgation du Code Napoléon; car il s'agit d'une loi qui réglemente la propriété,
d'une loi d'intérêt général, qui, sous ce double rapport,
a dû être, dès le jour même de sa promulgation, universellement applicable (comp. Cass., 13 déc. 1813, Chosson, Sirey, 1814, I, 95; Pardessus, t. II, n° 343).

355 bis. — Nous ne croirions même pas qu'il y eût
lieu de s'enquérir de l'origine de la propriété du mur, si
elle provient, par exemple, d'un partage entre celui auquel le mur appartient exclusivement, et le voisin, qui
demande à en acquérir la mitoyenneté.

Mais pourtant, dira-t-on, est-ce que les co-partageants ne se doivent pas réciproquement garantie des troubles et évictions, qu'ils éprouvent (art. 884)? et se peut-il dès lors que l'un des copartageants cause lui-même à son copartageant ce trouble, cette espèce d'éviction *sui generis*, dont il devrait lui-même garantie? N'est-ce pas le cas d'appliquer la maxime : *Quem de evictione tenet actio, eumdem agentem repellit exceptio?*

Ainsi l'a jugé, en effet, la Cour de Chambéry par un arrêt du 25 novembre 1862 (Mercier).

Mais la Chambre des requêtes de la Cour de cassation a admis le pourvoi formé contre cet arrêt (le 24 novembre 1862, Mercier, *Gazette des Tribunaux* du 25 novembre 1862).

Et nous nous expliquons très-bien, pour notre part, cette admission.

Est-ce que la garantie est due de l'exercice des servitudes légales?

Et n'est-ce pas une servitude légale que celle qui est écrite dans l'article 661 ? (Comp. notre traité *des Successions*, t. V, n° 337).

356. — Il est bien entendu toutefois qu'il ne s'agit point ici des murs, qui sont placés hors du commerce, comme faisant partie des édifices publics, et ne sont pas susceptibles de propriété privée, tels, par exemple, que ceux d'une prison ou d'une église, tant que dure cette destination (comp. art. 538; *infra,* n°s 698, 699 ; Toulouse, 13 mai 1831, Delhorn, D., 1831, II, 153 ; Cass., 5 déc. 1838, Rougier, Dev., 1839, I, 33 ; Cass., 16 juillet 1856, de Valory, Dev., 1859, I, 122 ; Agen, 2 juillet 1862, Fabrique de Mirande, D., 1862, II, 150; Douai, 2 août 1865, Baes, Dev., 1866, II, 229 ; Bordeaux, 5 avril 1870, Izembert, D. 1871, II, 55 ; Despeisses, t. V. p. 156; Bourjon, t. II, p. 26; Domat, liv. I, p, 14 ; Pardessus, t. I, n° 43 ; Ducroq, *Des Édifices publics,* n° 11).

Mais un hôtel de préfecture ne rentre pas dans la catégorie des édifices publics placés hors du commerce; et le voisin peut, en conséquence, demander à acquérir la mitoyenneté du mur de l'hôtel ou des bureaux (Paris, 18 fév. 1854, le préfet d'Eure-et-Loir, le *Droit* du 25 fév. 1854; comp., toutefois, Ducroq, *Traité des édifices publics*, nᵒˢ 11, 173 et suiv.).

La même solution est applicable au mur d'un presbytère. (comp. réponse ministérielle, 1868, Dev., 1869-2-186).

356 bis.— La Cour de cassation a décidé que la faculté accordée par l'article 661 au propriétaire joignant un mur, n'est applicable qu'aux *murs* proprement dits et ne peut être étendue aux clôtures en planches et pieux, quelle qu'en soit la solidité, telles que celles qui sont connues en Normandie sous le nom de pal :

« Attendu que cet article est une dérogation au prin
« cipe, d'après lequel nul ne peut être contraint de céder
« en tout ou en partie sa propriété ; — que fondé sur des
« motifs d'intérêt public, il doit être renfermé dans son
« objet ; — qu'il n'est relatif qu'aux murs proprement
« dits ; que c'est ce qui résulte clairement de son texte,
« comme aussi des dispositions qui le précèdent et qui le
« suivent ; — que si on voulait l'appliquer aux clôtures
« en général, il faudrait l'étendre même aux haies et fos
« sés ; ce qui est inadmissible ; — qu'il n'y a pas, relati
« vement à la cession forcée de la mitoyenneté, les mêmes
« raisons de décider pour les simples clôtures en plan
« ches que pour les murs, que la juxta-position des unes
« n'a pas les mêmes inconvénients que celle des au
« tres ; — que le maître d'une clôture en planches peut
« donc refuser d'en céder la mitoyenneté à son voisin,
« sauf à ce dernier, si les héritages sont contigus dans
« une ville ou dans un faubourg, à exiger que cette clô
« ture soit remplacée par un mur établi à frais communs,
« suivant l'article 663.... » (15 déc. 1857, Breton, Dev.,

1858, I, 271 ; ajout. Cass., I, févr. 1860, Bourgoin, Dev., 1860, I, 973).

Cette solution, si bien motivée, nous paraît aussi très-exacte (comp. toutefois le tome II, n° 572).

557. — L'article 661 accorde, dans les termes les plus absolus et sans aucune limitation, à tout propriétaire joignant un mur, *la faculté* de le rendre mitoyen.

D'où il suit que cette faculté peut être exercée à toute époque lors même que plus de trente ans se seraient écoulés depuis que le mur est la propriété exclusive du voisin ; car c'était là en effet un acte de *pure faculté* (art. 2232).

Lors même qu'il s'agirait d'un mur d'abord mitoyen et dont la mitoyenneté aurait été abandonnée par le voisin lui-même qui veut aujourd'hui l'acquérir (art. 656), celui-ci n'en serait pas moins fondé *à rentrer en son premier droit*, comme disait l'article 212 de la coutume de Paris (comp. Pothier *de la Société*, n° 253 ; Toullier, t. II, n° 221 ; Duranton, t. V, n° 322).

Il est clair aussi, dans ce dernier cas, que le voisin qui veut recouvrer la mitoyenneté, devrait payer la moitié de la valeur du mur et la moitié de la valeur du sol ; car ce mur et ce sol avaient cessé de lui appartenir ; et nous n'hésitons pas à délarer inadmissible la décision de Davot, qui voulait autrefois qu'il ne fût obligé de payer que la moitié des frais, *parce que le mur était construit sur le terrain ancien* (t. II° liv. II, § 5, L. 1, p. 171 ; *voy.* l'art. 212 de la cout. de Paris).

558. — Le consentement du propriétaire du mur n'est pas, bien entendu, nécessaire ; à ce point qu'il ne pourrait pas empêcher l'acquisition de la mitoyenneté, en offrant de le démolir et de contribuer ensuite pour moitié à la construction d'un autre mur sur une égale portion des terrains limitrophes ; car l'article 661, en obligeant l'acquéreur de la mitoyenneté à payer la moitié de la valeur du sol sur lequel le mur est bâti, a par avance prévu toute objection de ce genre.

Il importerait même peu que le propriétaire eût annoncé l'intention de démolir son mur, et que cette intention fût connue du voisin ; celui-ci n'en serait pas moins toujours fondé à acquérir la mitoyenneté ; et si, après que sa volonté aurait été régulièrement déclarée à cet effet, le propriétaire voisin démolissait son mur, il pourêtre contraint de le rétablir où il était auparavant (comp. Rouen, 29 janv. 1841, Michaux, Dev., 1841, t. II, 262 ; Pardessus, t. I, n° 155).

Ce n'est pas qu'il ne puisse arriver que la demande du voisin à la fin d'acquérir la mitoyenneté ne doive être rejetée comme tardive ; et nous comprenons que l'on ait décidé que cette demande était, en effet, formée tardivement et, en conséquence, mal fondée, lorsque le propriétaire du mur avait vendu ce mur à un entrepreneur pour le démolir et que déjà au vu et su du voisin luimême, la démolition était commencée. (Rouen, 23 janv. 1862, Chevalier, *Rec. des arrêts de Caen et de Rouen*, 1862, p. 200).

Mais ce doit être là, suivant nous une exception ; à ce point que la vente même du mur à un entrepreneur chargé de le démolir, ne devrait pas, à notre avis faire obstacle à ce que le voisin pût, dès qu'il l'apprendrait, demander, au contraire, l'acquisition de la mitoyenneté, à la charge, bien entendu, par lui, d'indemniser alors, non-seulement le propriétaire du mur, mais encore l'acquéreur des matériaux qui devaient provenir de la démolition.

559. — La seule volonté de celui qui veut acquérir la mitoyenneté, est si bien suffisante, qu'il n'est pas tenu d'en donner les motifs ni de justifier son projet par aucune raison de nécessité ou d'utilité.

C'est donc bien mal à propos que l'on prétendrait que le voisin ne peut acquérir la mitoyenneté du mur que pour bâtir. Déjà, même sous l'empire de la Coutume de Paris, dont l'article 194 portait : « *Si aucun veut bâtir* contre un mur non mitoyen, faire le peut en payant la moitié..., » déjà, disons-nous, on décidait que ces termes n'étaient pas restrictifs, mais seulement énonciatifs du cas le plus ordinaire (Pothier, n° 248), parce qu'en effet c'est le plus souvent afin de bâtir que le voisin achète la mitoyenneté ; à combien plus forte raison doit-on le décider ainsi en présence des termes absolus de l'article 661 (comp. Cass., 1er déc. 1813, Chosson, Sirey, 1814, I, 95 ; Paris, 18 juin 1836, Lireux, Dev., 1836, II, 403 ; Toulouse, 8 fév. 1844, Germa, Dev., 1844, II, 291 ; Cass., 3 juin 1850, Matter, Dev., 1850, I, 585 ; Merlin. *Rép.*, v° *Vue*, § 3, n° 8 ; Duranton, t. V, n° 325 ; Pardessus, t. I, n° 155 ; Ducaurroy, Bonnier et Roustaing, t. II, n° 292 ; Marcadé, *Revue crit. de jurisp.*, 1851, p. 70 ; Frémy-Ligneville, *Législ. des bât.*, t. II, n° 556).

360. — L'existence de jours de souffrance, tels que ceux qui peuvent être pratiqués dans un mur non mitoyen (art. 676) ou même de fenêtres ouvrantes, ne saurait être non plus un obstacle à l'acquisition de la mitoyenneté du mur. Bien plus ! nous allons voir que le voisin peut acquérir cette mitoyenneté uniquement et tout exprès pour faire supprimer les jours de souffrance (*infra*, n° 370).

Mais, en admettant même qu'il arrivât qu'après la mitoyenneté acquise, le voisin n'eût pas le droit de faire supprimer les vues ou autres ouvrages que le propriétaire exclusif du mur y aurait pratiqués, il ne s'ensuivrait pas, en règle générale, que la mitoyenneté elle-même ne pût pas être acquise ; la seule conséquence qui en résulterait, c'est que les droits de la mitoyenneté ne seraient plus entiers et que le mur mitoyen se trouverait grevé d'une servitude au profit de l'un des copropriétaires (comp. Cass., 21 juil. 1836, Thomas, Dev., 1836, I, 529 ; Bordeaux, 18 janv. 1850, Dumonteil, Dev., 1850,

II, 282; Cass., 23 juill. 1850, Varnier, Dev., 1851, I, 782).

361. — Ce n'est pas que nous voulions dire qu'en aucun cas, le voisin ne devrait être déclaré non recevable à acquérir la mitoyenneté; il se pourrait, en effet, qu'il eût lui-même, ou par ses auteurs, renoncé à cette faculté dans l'intérêt du propriétaire voisin ; et nous ne croyons pas qu'une telle convention fût illicite.

Cette renonciation résulterait-elle de la servitude *non ædificandi aut non altius tollendi* imposée à l'un des héritages au profit de l'autre ? Le propriétaire du fonds servant pourrait-il néanmoins, si le propriétaire du fonds dominant élevait ou surélevait le mur séparatif des héritages, en acquérir la mitoyenneté, à l'effet de faire fermer les jours de souffrance qui y auraient été pratiqués ?

Ce sera là, le plus souvent, une question de fait et d'interprétation, qui devra être surtout décidée d'après les clauses de l'acte et toutes les circonstances de l'espèce ; mais nous serions, en thèse générale, porté à admettre l'affirmative par ce motif, qui a déterminé aussi la Cour de cassation, que celui auquel une servitude est due, ne peut en user que suivant son titre (art. 702); et qu'autre chose est la servitude *non ædificandi* imposée au fonds voisin, autre chose la servitude des jours de souffrance, que le propriétaire dominant, par son innovation, prétendrait y substituer (com. *infra*, n° 922 *bis*; Cass., 29 fév. 1848, comp. du Phénix, Dev., 1848, I, 440; Orléans, I, déc. 1848, mêmes parties, Dev., 1849, II, 593).

362. — Le voisin, d'ailleurs, a le droit d'acquérir la mitoyenneté du mur, en tout ou seulement en partie, suivant le besoin qu'il en a et l'usage qu'il se propose d'en faire, pour y adosser des bâtiments, y appliquer des tuyaux, des cheminées ou autres ouvrages, ou même uniquement pour y appliquer des espaliers dans un certain espace du mur ; et il peut, en conséquence, ne le rendre

mitoyen que dans une partie seulement soit de sa hauteur, soit de sa longueur, soit à l'une des extrémités du
mur seulement, soit aux deux extrémités, soit au milieu.

Desgodets pensait autrefois (sur l'article 194 de la cout.
de Paris, n° 17), et on a encore enseigné, sous notre
Code, que le voisin pouvait aussi n'acheter la mitoyenneté du mur que dans une partie de son épaisseur (ar-
gum. de l'article 659 ; comp. Paris, 18 fév. 1854, ville
de Chartres, D., 1854, I, 179; Delvincourt, t. I, p. 160,
note 9; Marcadé, art. 661, n° 2; Zachariæ, t. II, p. 44 ;
Pardessus, t. I, n° 155).

Mais Pothier (*de la Société*, n° 251), sous notre ancien
droit, combattait déjà cette doctrine, qui ne nous paraît
pas non plus devoir être suivie aujourd'hui ; l'épaisseur
d'un mur, mais c'est le mur lui-même, tel quel ! on conçoit bien que ce mur, que voilà, devienne moins long ou
moins haut; mais moins épais ! c'est impossible, à moins
de détruire le mur lui-même. L'épaisseur, dit très-bien
Demante, de même que la solidité et la bonne construction, constitue donc la substance même du mur; et l'acquéreur, qui en profite, doit, en conséquence, la payer
(comp. Caen, 22 mars 1850, Paysant-Descoutures, *Rec.
de Caen*, t. XIV, p. 476; Demante, t. II, n° 515 *bis*, III;
Ducaurroy, Bonnier et Roustaing, t. II, n° 292).

565. — Remarquons bien que lorsqu'on n'achète la
mitoyenneté du mur que dans une partie de sa hauteur,
il faut toujours l'acheter à partir des fondements. Notre
article 661 est, à cet égard, très-explicite, lorsqu'il oblige
l'acquéreur à rembourser au maître du mur *la moitié de
sa valeur ou la moitié de la valeur de la portion qu'il veut
rendre mitoyenne, et moitié de la valeur du sol, sur lequel
le mur est bâti.* On voit que, dans tous les cas, ce dernier
élément d'appréciation est fixe, et que la moitié de la valeur du sol est due tout aussi bien par celui qui n'achète
la mitoyenneté qu'en partie, que par celui qui l'achète
pour le tout; c'est qu'en effet, le propriétaire du mur ne

saurait être forcé de supporter sur la partie inférieure qui lui resterait propre, la partie supérieure qui deviendrait seule mitoyenne; ce n'est que dans le cas d'un mur déjà mitoyen, que l'un des copropriétaires a le droit d'y imposer ainsi une surcharge en l'exhaussant (art. 659; Duranton, t. V, n° 327; Pardessus, t. I, n° 156).

On paraît néanmoins avoir toujours reconnu que si le propriétaire du mur, afin d'avoir une cave ou une fosse d'aisances, avait fait faire des fondations plus épaisses et plus profondes, que celles qui seraient nécessaires pour soutenir le mur, eu égard à la destination que le voisin veut lui donner, celui-ci ne serait obligé de payer la moitié de la valeur des fondations que jusqu'à concurrence de la partie qui serait nécessaire au soutien du mur pour cette destination; car on peut dire que ces fondations souterraines sont une partie intégrante de la cave elle-même bien plutôt que du mur (comp. Desgodets sur l'article 194 de la cout. de Paris; Pothier, *de la Société*, n° 250; Toullier, t. II, n° 194; Duranton, t. V, n° 327; Pardessus, t. I, n° 156; *voy.* toutefois *infra*, n° 365).

564. — Ce que l'acquéreur de la mitoyenneté doit rembourser, ce n'est pas la moitié de la dépense qu'a pu coûter la construction du mur ou de la partie du mur qu'il veut rendre mitoyenne; c'est la moitié de *sa valeur*, dit notre texte, c'est-à-dire évidemment de sa valeur présente eu égard à ses qualités actuelles de bonne construction et de solidité, à sa plus ou moins grande ancienneté, au bon ou au mauvais état de réparations et d'entretien dans lequel il peut être; car, dit Pothier, le prix d'une chose, qu'on vend, est celui qu'elle vaut au temps de la vente (*de la Société*, n° 254).

D'où il suit que si le mur était délabré à ce point que la reconstruction en fût indispensable pour l'usage même auquel celui qui en est le propriétaire exclusif, l'emploie, l'indemnité à payer ne comprendrait que les matériaux et le sol sur lequel le mur est construit.

Pardessus (t. I, n° 156) remarque que, dans le cas où la mitoyenneté du mur n'est acquise que pour partie et jusqu'à une certaine hauteur seulement, on doit, dans l'appréciation de la partie rendue mitoyenne, avoir égard à cette circonstance que l'excédant de hauteur, qui reste la propriété exclusive du voisin, forme sur la partie inférieure, désormais mitoyenne, une surcharge, qui peut accélérer la reconstruction, à laquelle devra contribuer celui qui acquiert la mitoyenneté; et la vérité est que cette situation déprécie d'autant la valeur de la partie rendue mitoyenne (arg. de l'article 658; Delvincourt, t. I, p. 160, note 9).

365. — Supposons que le mur, dont le voisin veut acquérir la mitoyenneté, soit, à raison de la qualité des matériaux ou de son épaisseur, d'une solidité de construction hors de rapport avec sa destination, ou du moins supérieure à celle qu'il aurait fallu employer pour ce mur, relativement à l'usage que le voisin se propose d'en faire.

Par exemple, c'est un simple mur de clôture qui a été bâti en pierres de taille; et un mur en moellons suffirait.

Ou bien ce mur en pierres de taille soutient le bâtiment du propriétaire; et le voisin ne veut en acquérir la mitoyenneté que pour y appuyer les espaliers de son jardin.

Peut-il, dans l'un et l'autre cas, n'offrir que la moitié de la valeur, qu'aurait ce mur, s'il n'était construit qu'en moellons ?

L'affirmative, enseignée dans notre ancien droit, par Desgodets (sur l'article 194 de la cout. de Paris, n° 28), a été encore soutenue sous l'empire de notre Code (Delvincourt, t. I, p. 160, note 10).

D'autres ont distingué :

S'agit-il d'un mur situé dans les villes et faubourgs, où la clôture est forcée (art. 663) ? le voisin qui veut en acquérir la mitoyenneté jusqu'à la hauteur de clôture, n'est tenu de payer que la valeur d'un mur qui serait construit avec les matériaux et dans les dimensions usités pour ces sortes de clôtures (arg. de l'article 659);

S'il s'agit, au contraire, d'un mur situé dans les autres lieux, où la clôture n'est pas forcée, ou si, même dans un lieu où la clôture est forcée, le voisin veut acquérir la mitoyenneté dans une étendue plus considérable que celle de la clôture, il doit alors payer la moitié de la valeur réelle du mur dans son état actuel (Pardessus, t. I, n° 155).

S'il nous fallait choisir entre ces deux opinions, nous n'hésiterions pas à adopter la seconde. Mais on peut même se demander si la distinction, que cette dernière opinion propose, est exacte, et si on ne doit pas, au contraire, décider dans tous les lieux, soit villes ou faubourgs, soit campagnes, que c'est la moitié de la valeur réelle du mur que l'acquéreur de la mitoyenneté doit payer :

1° Un seul article détermine les conditions de cette espèce d'expropriation forcée; et en dehors de ce texte, on n'en peut invoquer aucun autre; or, cet article (661) exige, sans distinction aucune, que l'acquéreur de la mitoyenneté paye la moitié *de la valeur du mur ou la moitié de la valeur de la portion qu'il veut rendre mitoyenne;* donc, le voisin qui ne peut jamais invoquer que ce seul article pour acquérir la mitoyenneté, ne peut jamais non plus se soustraire aux obligations qu'il lui impose; et notez que cet article s'applique aux villes comme aux campagnes.

2° En principe d'ailleurs et en raison, est-il possible que l'on achète la mitoyenneté d'un mur autre que celui qui existe? Et quand le mur, qui est là, est construit en pierres de taille, comment comprendre que vous demandiez à acheter la mitoyenneté d'un mur en moellons, puisqu'il n'y a pas de mur en moellons ! La qualité des matériaux n'est-elle pas la substance même du mur, non moins certes que l'épaisseur ? (*Supra*, n° 362.)

3° Il est vrai qu'aux termes de l'article 663, chacun peut contraindre son voisin, dans les villes et faubourgs, à la construction commune d'un simple mur de clôture jusqu'à une certaine hauteur; et nous croyons bien, en effet, que si le propriétaire du mur invoquait cet article pour contraindre son voisin à en acquérir la mitoyenneté, celui-ci ne serait tenu de payer que la moitié de la valeur que devrait avoir un simple mur de clôture, construit d'après l'usage (*infra*, n° 386); mais nous ne supposons rien de pareil; tout au contraire! Le propriétaire qui a seul fait construire son mur, et qui avait, bien entendu, le droit de le faire construire comme il l'entendait, ce propriétaire ne demande absolument rien au voisin. C'est celui-ci, qui, après avoir laissé le propriétaire construire seul le mur, sans invoquer alors l'article 663, vient l'invoquer seulement après la construction faite, et qui prétend ne payer que comme un mur de moellons un mur de pierres de tailles! Eh bien! alors, n'est-il pas juste, dans les villes aussi bien que dans les campagnes, qu'il paye la moitié de la valeur réelle du mur, tel qu'il est! c'est-à-dire d'un mur plus solide, qui rendra plus de services qu'un mur en moellons, et qui coûtera beaucoup moins de réparations.

On invoque l'article 663, qui permet de contraindre son voisin à faire une clôture !

Mais cette clôture est faite; et cela, même aux frais du voisin exclusivement. Ce qu'il demande donc, l'autre voisin, ce n'est pas d'être clos; car il l'est, et fort bien; c'est d'avoir le droit de se servir du mur; c'est, en un mot, l'acquisition de la mitoyenneté d'après l'article 664. Autrement, il faudrait autoriser ce voisin à prétendre qu'il ne doit pas payer, dans ce cas, la moitié de la valeur du terrain sur lequel le propriétaire a construit son mur; car, dans le système que nous combattons, il pourrait objecter qu'il aurait fourni en nature la moitié du terrain, s'il eût été provoqué à le faire, et que le pro-

priétaire, en construisant seul, n'a pas pu le forcer de
payer en argent! Mais en vérité cela serait-il admissible?
(Comp. Aix, 22 nov. 1866, De Carmejanne, Dev. 1867-2-
264; Pothier, *de la Société*, nᵒˢ 234 et 251; Marcadé,
art. 661, n° 2; Demante, t. II, nᵒˢ 515 *bis*.)

366. — Lorsque les parties ne s'entendent pas à l'a-
miable sur l'estimation de la valeur du mur, il faut, bien
entendu avoir recours à une expertise.

Mais à la charge de qui en seront les frais?

Deux propositions sont, en ce point, certaines :

D'une part, l'acquisition de la mitoyenneté ayant lieu
dans l'intérêt du voisin qui la demande, c'est lui seul
qui doit supporter les frais qu'elle peut occasionner;

Mais d'autre part, pourtant, si le propriétaire exclusif
du mur, rend nécessaires, par sa faute, des frais que l'on
aurait pu ne pas faire, il est juste aussi que ces frais restent à sa charge (arg. de l'article 1382, Cod. Napol., et
130 Cod. de procéd.).

On s'accorde généralement sur ces deux prémisses;
mais, quant aux conséquences qu'il convient d'en déduire, les opinions sont, au contraire, partagées.

Ainsi, quelques-uns pensent que si le voisin qui veut
acquérir la mitoyenneté, a fait des offres réelles, qui ont
été ensuite jugées suffisantes, parce qu'elles étaient égales
à la somme que l'expertise a ultérieurement déterminée,
les frais de l'expertise et de l'instance doivent être payés
par le propriétaire du mur, qui n'a pas tout d'abord accepté les offres (arg. des articles 1716 Cod. Napol., et
525 Cod. de procéd.; comp. Toullier, t. II, n° 195; Duranton, t. V, n° 328; Favard de Langlade, *Rép.*, v° *Servit.*,
sect. II, n° 54; Zachariæ, t. II, p. 48; Solon, *des Servit.*,
p. 22 de l'introd.).

D'autres ont répondu que le propriétaire du mur pouvait de très-bonne foi ignorer ce que valait la mitoyenneté demandée; qu'il n'y avait pas faute de sa part à ne
point accepter des offres qu'il était dans l'impossibilité

d'apprécier; et que la faute était, au contraire, au voisin qui, se bornant ainsi à lui faire purement et simplement des offres, forçait le propriétaire du mur à procéder lui-même à une estimation qui pourtant était tout entière dans l'intérêt du voisin (comp. Limoges, 12 avril 1820, Legas, Sirey, 1822, II, 232; Riom, 11 juill. 1838, Dupuis, Dev., 1839, II, 417; Pardessus, t. I, n° 158).

Nous sommes tout à fait de ce dernier sentiment; et voici, suivant nous, la marche que doit suivre le voisin qui veut acquérir la mitoyenneté, pour se mettre, sous ce rapport, bien en règle :

Il doit, en annonçant par une notification extrajudiciaire au propriétaire du mur, son intention d'acquérir la mitoyenneté, lui déclarer qu'il se trouvera, à un jour et à une heure déterminés, sur les lieux avec un expert, et inviter le propriétaire à s'y rendre, de son côté, avec un expert de son choix, pour procéder à l'estimation, en offrant de payer tous les frais de cette vacation. Et alors, soit que le propriétaire ne se rende pas à cette sommation, soit qu'après s'y être rendues, les parties ne puissent pas s'accorder sur l'estimation, si les offres faites par le voisin et refusées par le propriétaire, sont ensuite déclarées suffisantes, les frais que le refus du propriétaire du mur aura occasionnés, tels que ceux d'une demande en justice, d'une expertise nouvelle, doivent rester à sa charge.

567. — L'indemnité doit être payée au propriétaire du mur préalablement à toute entreprise; *et peut être empêché jusques à ce qu'il ait payé,* disait l'article 227 de la commune d'Orléans (arg. *a fortiori* de l'article 545; comp. Toullier, t. II, n° 195; Pardessus, t. I, n° 158; Taulier, t. II, p. 392).

Mais si le propriétaire du mur, par une raison quelconque, n'a pas reçu d'avance le prix de la mitoyenneté acquise, pourra-t-il réclamer un privilége pour sa créance, dans le cas où les circonstances rendraient possible l'exercice de ce privilége!

C'est ce que nous allons examiner bientôt (*infra*, n°s 374 *bis* et suiv.).

368. — Le propriétaire exclusif du mur pourrait-il contraindre, de son côté, le voisin à en acquérir la mitoyenneté?

L'article 661 accorde à celui-ci *la faculté* de rendre le mur mitoyen; mais il ne lui impose nullement l'obligation d'acheter cette mitoyenneté.

Nous avons vu pourtant contester cette doctrine, dans l'espèce que voici :

Un mur, appartenant à Primus, séparait son fonds de celui de Secundus; et voilà que Secundus fait construire un mur des trois côtés de son fonds, qui se trouve ainsi enclos; on peut supposer encore qu'il fait construire un bâtiment tout près du mur de Primus.

Mais d'ailleurs il n'appuie rien et ne place rien sur ce mur.

Primus soutient, néanmoins, que Secundus tire parti de son mur et qu'il s'en sert, puisque ce n'est que par suite de l'existence de ce mur qu'il a pu avoir un enclos; et en conséquence, il prétend qu'il est tenu d'en acheter la mitoyenneté.

Mais cette prétention nous paraît inadmissible : Secundus, en effet, n'exerce aucun droit sur le mur de Primus; et celui-ci est libre de le démolir, quand il voudra; ni le texte de la loi ni les principes ne l'autorisent donc à forcer son voisin à acquérir, malgré lui, la mitoyenneté. (Caen, 4 janv. 1844, Auvray; ajout. Cass., 20 juin 1859, Turmeau, Dev., 1859, I, 707).

Cette solution nous paraît certaine pour les murs situés hors des villes et faubourgs.

Mais faut-il également l'admettre pour les murs situés dans les lieux où la clôture est forcée? c'est ce que nous allons bientôt examiner (*infra*, n° 386).

369. — La question s'est présentée souvent de savoir quels sont les effets de la cession forcée de la mitoyenneté, et si le voisin qui l'a acquise peut faire supprimer les jours, les fenêtres ou autres ouvrages quelconques, que le propriétaire exclusif du mur y aurait pratiqués, et que le copropriétaire d'un mur mitoyen n'a pas le droit d'y pratiquer.

Il importe, pour la bien résoudre, de faire d'abord une distinction :

Ou il s'agit de jours dits de souffrances, dont les conditions sont déterminées par les articles 676-677, ou de tout autre ouvrage, que le propriétaire du mur non mitoyen avait le droit d'y pratiquer *jure dominii;*

Ou il s'agit, au contraire, de vues libres et de fenêtres ouvrantes, qu'il ne lui était pas permis d'ouvrir dans un mur même non mitoyen, si ce n'est *jure servitutis.*

370. — Première hypothèse : L'acquéreur de la mitoyenneté peut-il faire supprimer les jours de souffrance, que le voisin avait ouverts dans le mur, aux termes des articles 676-677, pendant qu'il en était le propriétaire exclusif, ou tous autres ouvrages, qu'il y aurait également pratiqués à ce titre ?

La négative a été soutenue dans l'ancien et dans le nouveau droit; et voici comment on pourrait argumenter en faveur de cette doctrine :

1° Le voisin a eu certainement le droit, lorsqu'il était propriétaire exclusif du mur, d'y pratiquer des jours de souffrance, ou tous les autres ouvrages qu'il est permis de pratiquer dans un mur non mitoyen (art. 544, 576, 677); et pour l'obliger maintenant à boucher ces jours et à détruire ces ouvrages, qui ont été légalement établis, il faudrait un texte de loi.

Or, l'acquéreur de la mitoyenneté ne peut invoquer, à l'appui de sa prétention, aucun texte : ni l'article 661, qui lui permet bien sans doute d'acquérir la mitoyenneté *du mur,* c'est-à-dire du mur dans son état actuel, du mur tel qu'il est; ni les articles 662 et 675, qui, en défendant seulement de *pratiquer* dans le mur mitoyen des enfoncements ou des ouvertures, présupposent ainsi le droit de *conserver* les ouvrages de ce genre déjà pratiqués avant que le mur fût mitoyen.

2° Cette différence, d'ailleurs, repose sur la raison et sur les principes.

D'une part, la prohibition faite au copropriétaire du mur mitoyen, d'y pratiquer des ouvertures, est fondée sur ce principe de la communauté : *potíor est causa prohibentis;* principe, en vertu duquel chacun des copropriétaires peut s'opposer aux innovations et peut demander le maintien du *statu quo;* or, précisément, c'est celui qui a des ouvertures déjà existantes dans le mur, qui demande le maintien de l'état de choses actuel, et qui s'oppose à l'innovation que voudrait faire l'acquéreur de la mitoyenneté.

D'autre part, la doctrine contraire aurait pour résultat de faire que le propriétaire exclusif d'un mur ne pourrait en réalité pas plus s'en servir que si le mur était mitoyen; or, telle n'a pu être la pensée de la loi; si elle l'oblige à céder la mitoyenneté de son mur au voisin, c'est en vertu de cette règle d'équité naturelle que nous devons faire ce qui est utile à nos semblables, lorsque nous n'en éprouvons nous-mêmes aucun préjudice; donc, cette vente forcée de la mitoyenneté ne doit pas être préjudiciable au propriétaire du mur.

On conçoit, en effet, qu'il serait toujours infiniment pénible pour le propriétaire du mur d'être obligé de boucher des jours déjà existants, et dont la suppression pourrait rendre impraticable un escalier ou toute autre partie d'un bâtiment. Remarquez, d'ailleurs, que l'existence de ces jours sera toujours prise en considération dans la fixation du prix de la mitoyenneté. Le législateur devait donc appliquer ici la maxime du jurisconsulte Paul :
« Non est novum, ut quæ semel utiliter constituta sunt,

« durent, licet ille casus extiterit a quo initium capere
« non potuerunt. » (L. 85, § 1, ff. *de regul. juris.*)

3° Objectera-t-on que l'acquisition de la mitoyenneté
sera, d'après ce système, sans résultat pour le voisin? Il
ne faut pas aller jusque-là ; et le voisin n'en pourra pas
moins bâtir contre le mur devenu mitoyen, quoique les
jours de souffrance se trouvent ainsi bouchés. Mais, du
moins, dans ce cas, le droit acquis au propriétaire du
mur le cède, non pas à un pur caprice ou à un sentiment
de malveillance, mais à la nécessité.

En conséquence, ce système conclut que l'acquisition
de la mitoyenneté a lieu *sans effet rétroactif* (comp. Poitiers, 28 déc. 1841, Héron, Dev., 1842, II, 461 ; Cass.,
7 janv. 1845, Grand, Dev., 1845, I, 269; arrêts des 24
nov. 1617, 24 mai 1623, 15 fév. 1635, 16 mars 1641,
20 juill. 1651 et 17 janv. 1665, cités par Desgobets, *Cout.
de Paris*, art. 199, n° 7 ; et art. 200, n°ˢ 10, 17; Coquille,
Cout. de Nivernais, tit. x, art. 9 ; Merlin, *Rép.*, v° *Vue*,
§ 3, n° 2 ; Toullier, t. II, n° 527; *voy.* aussi Pardessus,
t. I, n° 172).

Cette théorie est grave sans doute ; elle nous paraît
toutefois inadmissible ; et nous croyons pouvoir établir,
au contraire, que le voisin qui acquiert la mitoyenneté
du mur, doit acquérir aussi sans distinction et d'une
manière absolue, tous les droits qui résultent de la mitoyenneté :

1° Le législateur, en autorisant le propriétaire joignant
un mur, à en acquérir la mitoyenneté, a voulu, par des
considérations tout à la fois d'intérêt privé et d'intérêt
public, que ce propriétaire ne fût pas obligé, pour être
lui-même tout à fait clos, d'adosser mur contre mur, ou
de laisser un espace de terrain perdu entre le mur du
voisin et celui qu'il aurait été obligé lui-même de construire, si l'article 661 n'existait pas;

Or, ce vœu du législateur serait trompé, si le propriétaire qui achète la mitoyenneté n'était pas, après cela,

tout à fait chez lui, à l'abri des regards du voisin; il est clair, en effet, que si le mur devenu mitoyen ne lui sert pas, sous ce rapport, comme un mur qui lui serait propre, il bâtira mur contre mur;

Donc, le législateur, pour atteindre efficacement le but qu'il se proposait, a dû vouloir que les deux voisins, une fois la mitoyenneté acquise, fussent désormais sur un pied complet d'égalité, et que celui qui a payé cette mitoyenneté, acquît tous les droits que la mitoyenneté confère. Et il ne serait pas juste, en effet, que l'ancien propriétaire, qui a reçu le prix de la moitié du mur, conservât néanmoins encore des droits qui ne peuvent résulter que d'une propriété exclusive et d'un usage privatif.

2° On reconnaît, dans la doctrine contraire, que le voisin qui achète la mitoyenneté, peut, en bâtissant contre le mur, obstruer les jours de souffrance que le propriétaire exclusif de ce mur y avait pratiqués. Mais qui ne voit que cette concession, d'ailleurs inévitable, ruine la doctrine tout entière! Où est, en effet, le texte qui établit cette distinction entre le droit de bâtir contre le mur mitoyen et les autres droits qui résultent de la mitoyenneté? De deux choses l'une : ou les jours pratiqués avant l'acquisition de la mitoyenneté, forment un droit acquis, aux termes de l'article 675, qui les maintiendrait, comme on le dit, en défendant seulement d'en ouvrir désormais; et alors, le voisin ne pourrait pas, même en bâtissant, les obstruer; ou ils ne forment pas un droit acquis; et alors, le voisin, même sans bâtir, peut y placer un espalier, une simple planche, ou plutôt les faire boucher purement et simplement en vertu de l'article 675. Mais, dit-on, on décidait autrefois, dans plusieurs pays de coutume, que le voisin ne pouvait supprimer les jours qu'en bâtissant. Il est vrai; mais pourquoi? c'est que, dans ces coutumes, on décidait aussi que le voisin ne pouvait acquérir la mitoyenneté du mur que pour bâtir (*supra*, n° 359); or, chez nous, le voisin peut acquérir la mitoyenneté sans aucune intention de bâtir; donc, il doit avoir, chez nous, dans tous les cas, le droit que les anciennes coutumes lui accordaient elles-mêmes, dans le cas où elles lui permettaient d'acquérir la mitoyenneté. L'objection, que le système contraire déduit de ces précédents, se retourne donc ainsi évidemment contre lui.

3° Les arguments qui précèdent prouvent assez que le mot *pratiquer*, dans les articles 662 et 675, est seulement énonciatif, et qu'il implique, dans la pensée essentielle du législateur, l'interdiction générale et absolue de toute espèce d'ouverture dans un mur mitoyen.

4° Enfin, quant aux inconvénients qui peuvent résulter, pour le propriétaire du mur, de la nécessité où il se trouve, de supprimer les jours ou les autres ouvrages quelconques qu'il a pratiqués, la réponse est qu'il a dû s'y attendre, et que c'est à lui-même qu'il doit s'en prendre, s'il n'a pas, en faisant sa construction, songé, comme tout propriétaire avisé doit le faire, que le voisin aurait, dès le jour où le mur serait debout, le droit d'en acquérir mitoyenneté (Nov. 63, cap. i).

Nous concluons donc que le voisin, qui acquiert la mitoyenneté, a le droit de demander la suppression des jours de souffrance ou de tous autres ouvrages non autorisés dans un mur mitoyen, qui existent dans le mur, et qu'il peut même, sans aucune intention de bâtir, déclarer qu'il n'achète la mitoyenneté que pour cela (comp. Cass., 1er déc. 1813, Chosson, Sirey, 1814, I, 95 ; Toulouse, 28 déc. 1832, Bayssade, Dev., 1833, II, 632 ; Paris, 18 juin 1836, Lireux, Dev., 1836, II, 403 ; Toulouse, 8 fév. 1844, Germa, Dev., 1844, II, 291 ; Caen, 17 mars 1849, Lemansois-Duprey, *Rec. de Caen*, t. XIII, p. 142; Cass., 3 juin 1850, Mattler, Dev., 1850, I, 585; Cass., 1er juil. 1861, Fornari, Dev., 1862, I, 81 ; et D., 1862, I, 138 ; cout. de Paris, art. 199; Delvincourt, t. I, p. 160, note 8 ; Duranton, t. V, n° 325 ; Pardessus, t. I, n° 211 ; Solon, n° 142 ; Fremy-Ligne-

ville, *des Bâtim.*, t, II, 556 ; Demante , t , II , n° 515
bis, IV ; Marcadé, art. 675 : Zachariæ, t. II, p. 61 ;
Massé et Vergé, t. II, p. 174 ; Duvergier sur Toullier,
t. II, n° 527, note *a ;* Sauger, *du Louage et des Servitu-*
des, n° 353).

371. — Et il en serait ainsi, lors même que les jours
de souffrance existeraient depuis plus de trente ans ; car
le propriétaire du mur les a eus, dès le premier moment,
jure dominii, et il n'a pas cessé de les avoir au même titre;
le temps ne pouvait rien ajouter, à son droit ; or; si le
propriétaire du mur n'a rien acquis, il est clair que le
voisin, de son côté, n'a rien perdu ; la prescription
d'ailleurs ne court pas contre celui qui ne peut agir ; or,
le voisin ne pouvait pas demander la fermeture de ces
jours contre le propriétaire exclusif du mur (art. 676).
Il est vrai qu'il avait la faculté d'acquérir la mitoyenneté
et de les faire ensuite fermer ; mais précisément c'est là
une *faculté* imprescriptible (*supra*, n° 257 ; Cass., 31
déc. 1810, Bessy, Sirey, 1811, I, 81 ; Cass., 30 mai
1838, Toury, Dev., 1838, I, 818 ; Duranton, t. V,
n° 325 ; *voy.* toutefois Ducaurroy, Bonnier et Roustaing,
t. II, n° 292, note 1).

Il faut donc, pour que le propriétaire du mur puisse
conserver, à tout événement, ses jours de souffrance,
qu'il ait un titre à cet effet contre le voisin ; et on ne
saurait trop engager les parties, en pareil cas, à stipuler
nettement que ces jours devront être maintenus même
dans le mur devenu mitoyen ; car la circonstance que
les deux héritages ont appartenu au même propriétaire,
ne nous paraîtrait pas seule suffisante, pour que le voisin qui acquérerait ensuite la mitoyenneté du mur séparatif, n'en eût pas aussi tous les droits. La destination
du père de famille peut bien sans doute créer une servitude ; mais ce n'était pas à titre de servitude que le propriétaire exclusif du mur y avait des jours de souffrance
(comp. Lyon, 19 avril 1326, Lusterbourg, D., 1827, II,

63; Bourges, 6 mai 1847, Decomte, Dev., 1847, II, 523; Bordeaux, 18 janvier 1850, Dumonteil, Dev., 1850, II, 282).

572. — Notre conclusion, disons-nous, est donc que le voisin qui achète la mitoyenneté, en acquiert tous les droits, et peut, dès lors et de suite, faire supprimer les jours de souffrance et les autres ouvrages que le propriétaire exclusif du mur y aurait pratiqués, mais qui sont désormais incompatibles avec le droit de mitoyenneté.

C'est en ce sens que la Cour de Paris a décidé que le voisin, qui achète la mitoyenneté d'un mur, a le droit d'exiger la suppression des cheminées placées dans l'épaisseur de ce mur (9 janvier 1863, Behuré, *Gazette des Tribunaux* du 24 janv. 1863).

Tout au plus, pourrait-on proposer ce tempérament, à savoir : que le voisin ne serait pas recevable à demander, *hic et nunc*, la suppression de ceux de ces ouvrages qui ne lui causeraient actuellement aucun dommage ni aucune gêne; l'intérêt est la base des actions, a dit en ce sens un arrêt de la Cour de Paris (6 mai 1847, Malster, Dev., 1850, I, 585).

Et encore, cette restriction est-elle, à notre avis, contestable; et nous ne l'admettrions point pour les jours de souffrance, qui sont toujours, un peu plus ou un peu moins, gênants.

Mais ne conviendrait-il pas de l'adopter dans le cas, par exemple, où le voisin acquéreur de la mitoyenneté, qui ne voudrait lui-même rien édifier sur le mur, demanderait de suite, et sans aucune espèce d'intérêt, que les poutres du voisin, établies dans toute l'épaisseur du mur, fussent réduites de cinquante-quatre millimètres, aux termes de l'article 657? nous sommes porté à le croire ainsi (comp. Cass., 5 déc. 1814, Leloup, Sirey, 1815, I, 49 ; Poitiers, 28 déc. 1841, Héron, Dev., 1842, II, 464).

373. — Lorsque le voisin, après avoir acheté la mitoyenneté, demande la suppression des jours de souffrance, que le propriétaire du mur y avait pratiqués, lequel des deux doit payer les frais de cette opération ?

Le propriétaire du mur !

Mais il répondra qu'en les pratiquant, il a usé de son droit, et que ce n'est pas lui, qui demande cette suppression, qui est faite contre son intérêt (*voy.* pourtant Guy-Coquille sur la cout. du Nivernais, *des Servit. reélles*, art. 8).

Le voisin qui a acheté la mitoyenneté ?

Mais, dira-t-il à son tour, j'use également d'un droit, en demandant cette suppression, aux termes des articles 661 et 675.

La conséquence ne serait-elle pas que les frais doivent être supportés par moitié par l'un et par l'autre? nous le croirions ainsi; car les frais de la clôture commune, lorsque l'un des voisins peut y contraindre l'autre, doivent être supportés en commun (art. 663); or, il s'agit ici, pour ainsi dire, d'une clôture commune partielle dans tout l'espace occupé par les jours de souffrance (comp. Caen, 2ᵉ chambre, 29 juil. 1854, Frébet-Tannerie).

Cette solution toutefois ne serait pas applicable au cas où il existerait contre le mur, à l'époque de l'acquisition de la mitoyenneté, des ouvrages nuisibles, tels que des latrines, dont le voisin, en acquérant cette mitoyenneté, aurait ignoré l'existence. On doit, en pareil cas, penser, dit justement un arrêt de la Cour de Caen, que le prix de la mitoyenneté a été fixé comme s'il s'agissait d'un mur exempt de cet inconvénient ; et c'est à celui qui était propriétaire exclusif de ce mur à faire seul à ses frais les ouvrages nécessaires pour mettre le voisin à l'abri de tout dommage (Caen, 15 nov. 1848, Madeline, *Rec. de Caen*, t. XII, p. 300 ; *voy.* toutefois *infra*, n° 374 *ter*).

374.— Seconde hypothèse : l'acquéreur de la mitoyenneté peut-il faire supprimer les vues ou les fenêtres ouvrantes qui existeraient dans le mur ?

La réponse est, suivant nous, ici très-simple :

Ou bien il s'agit de vues que le propriétaire du mur n'a pas acquis le droit de conserver, soit par titre, soit par destination du père de famille, soit par prescription ; et alors, il est évident que le voisin qui acquiert la mitoyenneté peut les faire supprimer, puisqu'il le pourrait, même sans acquérir la mitoyenneté (comp. Pardessus, t. I, n° 211).

Ou, au contraire, le propriétaire du mur a acquis cette servitude de vue, soit par titre, soit par la destination du père de famille, soit par la prescription ; et dans ce cas, malgré une décision contraire (Bastia, 25 mai 1839, Cecconi, Dev., 1839, II, 417), il nous paraît également certain que le voisin ne peut pas, en acquérant la mitoyenneté, porter atteinte à cette servitude dont son héritage est grevé. Sous ce rapport, il est clair que le voisin ne peut acquérir la mitoyenneté que du mur tel qu'il est, avec ses qualités actives ou passives ; et de même qu'il conserverait, après l'acquisition de la mitoyenneté, les servitudes actives qu'il pourrait avoir, par le moyen de ce mur, sur le fonds voisin, de même il doit continuer de supporter les servitudes passives que le propriétaire du mur a le droit d'exercer sur son fonds. Nous reviendrons au reste tout à l'heure sur ce sujet, particulièrement pour ce qui concerne l'effet de la servitude de vue acquise par la prescription (comp. Bordeaux, 10 mai 1822, Fernelle, Sirey, 1822, II, 266 ; Grenoble, 20 juil. 1822, Boulond, D., *Rec. alph.*, t. XII, p. 37 ; Cass., 19 janv. 1825, Derne, Sirey, 1825, I, 309 ; Bordeaux, 8 mai 1828, Château-Reynaud, D, 1828, II, 213 ; Grenoble, 3 déc. 1830, Dustoutin, Dev., 1831, II, 91 ; Paris, 20 mai 1836, Chaumont, Dev., 1836, II, 401 ; Cass., 21 juil. 1836, Thomas, Dev., 1836, II, 529 ; Bordeaux,

27 juin 1845, Brigneaud, Dev., 1846, II, 106 ; Cass.,
23 juil. 1850, Varnier, Dev., 1851, I, 782 ; Caen, 7
juin, 1861, Jouin, *Rec. de Caen*, 1861, p. 232 ; Cass.,
25 janv. 1869, Gros-Montagnac, Dev., 1869, II, 156 ; Duranton, t. V, n° 326 ; Demante, t. II, n° 515 *bis*, IV).

374 *bis*. — Quel est le caractère juridique de cette
opération, par suite de laquelle la mitoyenneté du mur
est acquise par l'un des voisins contre l'autre ?

Est-ce une vente d'immeuble, à laquelle il faille appliquer les règles ordinaires du contrat de vente ?

N'est-ce pas plutôt une sorte d'expropriation forcée,
qui devrait emprunter les règles de l'expropriation pour
cause d'utilité publique ?

Notre Code ne s'en est pas expliqué ; et il serait difficile,
à la considérer en elle-même, d'y reconnaître un caractère
bien net et bien défini.

Aussi, le parti le plus sûr serait-il peut-être d'y voir
une opération *sui generis*, qui participerait tout à la fois,
à certains égards, de l'expropriation forcée pour cause
d'utilité publique et de la vente.

374 *ter*. — La question, par exemple, s'est élevée de
savoir si le propriétaire du mur, qui a été contraint d'en
céder la mitoyenneté à son voisin, doit être tenu, envers
lui, de la même obligation de garantie dont le vendeur
est tenu envers l'acheteur, aux termes des articles 1641
et suivants.

La construction du mur était défectueuse ; elle avait
été faite contrairement à toutes les règles de l'art ; et ce
vice caché n'ayant été reconnu qu'après l'acquisition de
la mitoyenneté, le voisin, qui l'avait acquise, prétendait
que son voisin en était garant envers lui, et devait seul,
en conséquence, supporter la dépense nécessaire pour la
reconstruction.

Le Tribunal civil de la Seine l'avait ainsi décidé, par
le motif que c'était là une vente ordinaire, qui devait
être régie par les principes du contrat de vente.

Mais la Cour de Paris a réformé son jugement :

« Considérant.... qu'il ne s'agit pas là d'un contrat librement intervenu entre les parties; qu'il faut considérer la position toute particulière du propriétaire qui a construit le mur à l'égard du voisin, qui en revendique la mitoyenneté; qu'obligé de se soumettre à la disposition impérative de la loi, il subit une véritable expropriation, à laquelle on ne saurait appliquer les règles ordinaires du contrat de vente, qui est de sa nature, essentiellement consensuel; qu'on ne peut invoquer ici les articles 1641, et suivants.... » (1er août 1861, Couturier, Dev., 1861, II, 478).

Cette dernière appréciation nous paraîtrait, en ce cas la plus exacte. Le propriétaire du mur, en effet, ne joue point alors véritablement, le rôle d'un vendeur; c'est son voisin, qui, en vertu de la loi, le dépossède, le plus souvent, malgré lui; il subit, en un mot, comme dit l'arrêt, une véritable expropriation, dans laquelle il serait difficile de trouver le principe de l'obligation de garantie à laquelle on voudrait le soumettre (*supra*, n° 365).

Le mur donc, tel qu'il est, comme il est, avec ses qualités bonnes ou mauvaises, devient, après cette expropriation, la propriété commune des deux voisins; et l'indemnité ayant été une fois irrévocablement fixée, il leur appartient, en effet, désormais en commun; de telle sorte que chacun d'eux est tenu de supporter, pour sa part, les dépenses de réparation et de reconstruction, qu'elles qu'en puissent être, d'ailleurs, la cause et l'origine.

Il faudrait toutefois excepter le cas où le propriétaire du mur aurait commis un dol à l'effet de tromper son voisin dans le règlement de l'indemnité.

Nous devons dire pourtant que la Chambre des requêtes de la Cour de cassation a admis le pourvoi contre l'arrêt précité de la Cour de Paris (25 juin 1862, Dessales; *Gazette des Tribunaux* du 27 juin 1862).

Mais nous nous félicitons de pouvoir ajouter, dans cette nouvelle édition, que la Chambre civile a rejeté le pourvoi (17 fév. 1864, Couturier, Dev., 1864, I, 117).

374 *quater*. — Mais voici venir d'autres questions :

Le propriétaire du mur, qui a été contraint d'en céder la mitoyenneté, peut-il réclamer, pour le payement du prix, le privilége que l'article 2103, n° 1, accorde au vendeur non payé d'un immeuble ?

La Cour de Paris a décidé négativement, par le motif que l'article 661 ne lui accorde, en ce cas, qu'une action personnelle (23 juill. 1833, Hagermann, D., 1834, II, I).

Cette doctrine semble être, en effet, d'accord avec celle qui précède ; on pourrait ajouter que si le propriétaire, qui a été contraint de céder la mitoyenneté, avait le privilége du vendeur, il devrait avoir aussi, comme le vendeur, le droit de résolution (art. 1184, 1654) ; or, comment comprendre, en cas pareil, le droit de résolution, puisque, immédiatement après la résolution prononcée, le voisin aurait encore et toujours le droit, en vertu de l'article 661, de réacquérir la mitoyenneté !

Et pourtant, nous serions, malgré ces motifs, portés à croire que le propriétaire du mur, qui a été contraint à céder la mitoyenneté, aurait le privilége, d'après l'article 2103, 1°, et même aussi le droit de résolution, d'après l'article 1654, sauf au voisin, sans doute, à réacquérir ensuite la mitoyenneté, mais alors sous la condition *sine qua non* du payement préalable de l'indemnité (*supra*, n° 367).

N'est-ce pas, en effet, trancher la question par la question même, que de dire seulement que l'article 661 ne lui accorde qu'une action personnelle? Cette proposition, d'ailleurs, ne nous paraît pas exacte; et c'est avec raison, suivant nous, que l'on a décidé, au contraire, que son action pouvait être formée contre tout tiers détenteur de l'héritage voisin. (Comp. *supra*, n° 10 ; Paris, 22 janv. 1834, Rousseau, Dev., 1834, II, 94 ; Paris, 3 avril 1841,Pochet, Dev., 1841, II, 184 ; Cass., 21 mai 1843, mêmes parties, *J. du P.*, 1843, I, 637.)

Ce qui demeure donc vrai, finalement, c'est qu'une transmission de propriété a eu lieu de l'un à l'autre ; c'est qu'elle n'a eu lieu que sous la condition de payement d'une somme d'argent ; et que le propriétaire, qui a été contraint de céder la mitoyenneté, se trouve, sous ce rapport, dans la même condition que celle d'un vendeur d'immeuble,

374 *quinter.* — Est-ce que, par exemple, les créanciers hypothécaires du propriétaire du mur n'auraient pas le droit de suite contre le voisin acquéreur de la mitoyenneté.

C'est là, nous le savons bien, une question encore controversée.

Et, toutefois, il nous serait difficile d'admettre que les créanciers hypothécaires fussent destitués de leur droit (art. 2114, 2166).

Des dispositions spéciales ont réglé le sort des créanciers hypothécaires, en matière d'expropriation forcée pour cause d'utilité publique (art. 17 et suiv. de la loi du 3 mai 1841).

Mais rien de pareil n'a été fait dans le cas qui nous occupe ; et comme, après tout, cette mitoyenneté est un immeuble toujours susceptible de propriété privée, on ne voit pas pourquoi les créanciers hypothécaires ne seraient pas fondés à y exercer leur droit de suite.

S'il en est ainsi, il faudra en conclure que le voisin acquéreur de la mitoyenneté serait fondé à refuser le payement de son prix, jusqu'à ce que le propriétaire du mur lui rapporte le certificat de radiation des inscriptions qui grèvent sa propriété, ou le consentement des créanciers inscrits (art. 1653).

Et par suite, il aura le droit de recourir aux formalités de la purge, s'il veut se libérer sans être exposé à payer deux fois (art. 2181 ; comp. Labbé, *Revue crit. de législat. et de jurisprud.*, t. VIII, p. 232).

Ce n'est pas ici le lieu d'insister sur ces différentes déductions, dont plusieurs ont été très-contestées, et peuvent, en effet, paraître contestables ; nous nous réservons de les exposer plus spécialement quand le moment en sera venu. (Comp. Tribunal civil de la Seine, 3 août 1859, Balutet, le *Droit* du 6 août 1859 ; Cour de Paris, 14 déc. 1860, Cellard, *Gazette des Tribunaux* des 2 et 3 janv. 1861.)

375. — Dès que l'on permettait à tout propriétaire d'acquérir la mitoyenneté d'un mur qui appartenait exclusivement à son voisin, à plus forte raison devait-on accorder au copropriétaire d'un mur mitoyen la faculté d'acquérir la mitoyenneté de l'exhaussement qui aurait été donné à ce mur par son propriétaire (art. 658, 659); car la partie non mitoyenne repose alors sur un mur mitoyen ; et l'acquisition de la mitoyenneté de la superficie par le copropriétaire de la base, ne fait alors que remettre les choses dans leur état normal (art. 552).

Telle est, en effet, la disposition de l'article 660 :

« Le voisin qui n'a pas contribué à l'exhaussement,
« peut en acquérir la mitoyenneté, en payant la moitié de
« la dépense qu'il a coûté, et la valeur de la moitié du
« sol fourni pour l'excédant d'épaisseur, s'il y en a. »

Nous n'avons rien à dire ici de particulier ; et les principes que nous venons d'exposer sur l'article 661, s'appliquent évidemment à l'article 660.

Il ne nous paraît pas douteux, par exemple, quoique l'article 660 ne s'en explique pas, que l'acquisition de la mitoyenneté de l'exhaussement ne puisse aussi avoir lieu en tout ou en partie (Comp. Demante, t. II, n° 515 *bis*, III).

De même qu'elle peut aussi être faite par le copropriétaire, sans aucune intention de bâtir sur l'exhaussement.

Et quant aux droits qui résultent, dans ce cas, de l'acquisition de la mitoyenneté, nous ne pouvons aussi que nous référer, de tout point, à ce que nous en avons déjà dit. L'acquéreur pourrait donc aussi, même sans aucune intention de bâtir, faire supprimer les jours de souffrance qui y auraient été pratiqués, conformément aux articles 676 et 677, par celui qui avait fait l'exhaussement (*supra*, n° 370, et *infra*, n° 408; comp. Grenoble, 1er août 1827, Mermet, Sirey, 1828, II, 180; Caen, 17 mars 1849, Lemansois-Duprey, *Rec. de Caen*, t. XIII, p. 142).

376.—Une question spéciale s'est toutefois élevée, en ce qui concerne les conditions auxquelles peut être acquise la mitoyenneté de l'exhaussement.

La rédaction des articles 660 et 661 est, en effet, sur ce point, différente; et tandis que, d'après l'article 661, le propriétaire qui acquiert la mitoyenneté d'un mur est tenu de rembourser au maître du mur *la moitié de sa valeur*, le voisin pour acquérir la mitoyenneté de l'exhaussement, doit, au contraire, d'après l'article 660, payer *la moitié de la dépense qu'il a coûté* (*supra*, n° 364).

Faut-il conclure de là que le voisin qui achète la mitoyenneté de l'exhaussement, doit payer toujours la moitié de la dépense qu'il a coûté, quelle que soit l'époque à laquelle il l'achète, et sans jamais tenir aucun compte de l'état de délabrement où serait la partie exhaussée, par l'effet de la vestuté ou du défaut de réparation?

Quelques-uns paraissent l'enseigner ainsi; et la raison de cette différence entre l'article 660 et l'article 661, vient dit-on, de ce que « le voisin qui achète la mitoyenneté d'un mur privatif à l'autre voisin, n'est point en faute de n'avoir point contribué à la construction du mur à laquelle il n'avait point été appelé : au lieu qu'un mur mitoyen ne peut être exhaussé sans le consentement du copropriétaire, ou du moins sans qu'il y ait été appelé;

son refus d'y contribuer pourrait avoir pour motif secret de laisser l'autre voisin faire seul la dépense de l'exhaussement, dans le dessein de se l'approprier ensuite au moyen d'une estimation d'experts toujours arbitraire et presque toujours au-dessous de ce qu'il a coûté. » (Toullier, t. II, n° 205 ; Duranton, t. V, n° 334 ; Zachariæ, t. II, p. 49 ; Taulier, t. II, p. 392.)

Cette solution néanmoins serait, à notre avis, trop absolue :

1° Il y aurait une grande injustice à faire payer au voisin la moitié de la dépense que l'exhaussement à coûté, lorsqu'il ne l'achète que longtemps après qu'il a eu lieu et lorsque la valeur de la partie exhaussée est de beaucoup inférieure au montant de cette dépense, par suite de son état de vétusté ; et, à plus forte raison, l'injustice serait-elle manifeste, si le délabrement de la partie exhaussée provenait du défaut d'entretien et de réparation de la part du voisin. Est-ce là ce que le législateur a voulu ? nous ne saurions l'admettre ; et en s'exprimant comme il l'a fait dans l'article 660, notre avis est qu'il a seulement voulu astreindre le voisin qui achète la mitoyenneté de l'exhaussement, à payer, dans tous les cas, non pas la moitié de la dépense directement relative à l'exhaussement lui-même, mais bien la moitié de celles des dépenses dont le temps ne diminue pas la nécessité ni l'utilité, et sans lesquelles l'exhaussement n'aurait pu, à aucune époque, avoir lieu ; tels seraient, par exemple, les frais de démolition et de reconstruction du mur mitoyen, qui n'était pas en état de supporter l'exhaussement qui lui a été donné.

Cette interprétation de notre article 660 nous paraît d'autant plus devoir être admise, qu'elle est exactement conforme à la doctrine de Pothier : « Lorsque mon voisin, dit-il, voudra bâtir contre l'exhaussement, il sera tenu de me payer, *outre la moitié de la valeur de l'exhaussement, la moitié de ce qu'il m'en a coûté pour mettre le mur*

commun en état de soutenir l'exhaussement. » (*De la Société,*
n° 217.)

2° Mais, dit-on, cette doctrine sera elle-même fort injuste, s'il arrive que le voisin qui n'a pas voulu contribuer à l'exhaussement, venant ensuite *ad paratas epulas,*
en demander la mitoyenneté, ne soit tenu de payer que
la moitié de la valeur de cet exhaussement ; laquelle est
presque toujours, comme chacun sait, en fait de construction, inférieure au montant de la dépense.

Ceci est autre chose ! et nous répondons que la fraude
fait exception à toutes les règles. Si donc on reconnaît
que l'un des copropriétaires n'a refusé de contribuer à
l'exhaussement que pour laisser à l'autre tous les embarras et tous les frais, dans l'intention d'en acquérir ensuite
la mitoyenneté à meilleur compte, les magistrats auront
certainement le pouvoir de déclarer qu'il a dû avoir, dès
l'époque même de l'exhaussement, la volonté d'y contribuer, et de considérer comme son mandataire le constructeur de l'exhaussement (comp. Delvincourt, t. I, p. 161,
note 18 ; Pardessus, t. I, n° 176 ; Demante, t. II,
n° 515 *bis,* I ; Marcadé, art. 660 ; Ducaurroy, Bonnier et
Roustaing, t. II, n° 293).

ARTICLE III.

DE LA FACULTÉ RÉCIPROQUE, POUR CHACUN DES PROPRIÉTAIRES, DANS LES
VILLES ET FAUBOURGS, DE CONTRAINDRE SON VOISIN À CONTRIBUER AUX
CONSTRUCTIONS ET RÉPARATIONS D'UN MUR MITOYEN.

SOMMAIRE.

6

existant, soit la moitié du sol nécessaire à la construction du mur qui n'existe pas encore ?

380. — Comment peut-on distinguer les villes d'avec les endroits auxquels cette qualification n'appartient pas ?

380 bis. — Que faut-il entendre par le mot *faubourgs ?*

380 ter. — *Quid*, lorsqu'il s'agit de fonds situés dans la première zone des servitudes militaires des places de guerre ?

381. — C'est un mur que le voisin peut contraindre son voisin à construire ? — De quels matériaux ? — De quelle épaisseur ? — Et quelle doit être la profondeur des fondations ?

382. — L'article 663 ne s'applique-t-il qu'aux *maisons, cours et jardins ?* — *Quid*, des autres terrains qui n'ont pas l'une de ces destinations et qui se trouvent néanmoins dans les villes et faubourgs ?

383. — De la hauteur du mur. — L'article 663 ne s'applique pas, sous ce rapport, aux murs qui étaient construits avant sa promulgation.— *Quid*, à l'égard des murs d'abord construits dans les lieux qui n'étaient ni villes ni faubourgs, mais qui ont ensuite acquis cette qualification ?

383 bis. — Les voisins, lorsqu'ils sont d'accord, peuvent-ils faire le mur à une hauteur moindre ou plus grande que celle déterminée par la loi ? — Dans ce cas, l'un des voisins pourrait-il, sans le consentement de l'autre, abaisser ou élever ensuite le mur ?

384. — Lorsque les deux terrains limitrophes ne sont pas de niveau, chacun des voisins peut-il exiger que le mur ait la hauteur légale, non-seulement à partir du sol le plus bas, mais aussi à partir du sol le plus élevé ?

384 bis. — Suite. — De quelle manière doit avoir lieu, dans ce cas, la contribution aux frais de construction de ce mur ?

385. — Le mur doit être construit à frais communs; et chacun des voisins doit fournir une portion égale du sol sur lequel il doit être édifié.

386. — Celui des voisins qui aurait construit le mur en entier sur son terrain et à ses frais, pourrait-il forcer l'autre d'en acquérir la mitoyenneté jusqu'à la hauteur légale de clôture?

577. — L'article 663 s'exprime ainsi :

« Chacun peut contraindre son voisin, dans les villes « et faubourgs, à contribuer aux constructions et répa- « rations de la clôture faisant séparation de leurs mai- « sons, cours et jardins assis ès dites villes et faubourgs ; « la hauteur de la clôture sera fixée suivant les règle- « ments particuliers ou les usages constants et reconnus ; « et, à défaut d'usages et de règlements, tout mur ser- « vant de séparation entre voisins, qui sera construit ou « rétabli à l'avenir, doit avoir au moins trente-deux « décimètres (dix pieds) de hauteur, compris le chape-

« ron, dans les villes de cinquante mille âmes et au-
« dessus, et vingt-six décimètres (huit pieds) dans les
« autres. »

Dans les campagnes, ou plus exactement dans les
lieux autres que les villes et faubourgs, le voisin ne peut
pas contraindre son voisin à construire à frais communs
un mur de clôture; et celui des deux qui veut se clore,
est obligé, si l'autre ne consent pas à faire un mur mitoyen, à construire seul son mur, à ses frais et sur son
propre terrain (Limoges, 20 mars 1822, Grateyrolle,
Dev., *Coll. nouv.*, 7, II, 45). Les clôtures, en effet, dans
les campagnes, n'augmentent généralement qu'assez peu
la valeur des fonds; et l'on aurait pu craindre, en décré-
tant alors le droit de clôture forcée, qu'un propriétaire
qui aurait des motifs particuliers pour se clore, n'eût
ainsi le pouvoir d'imposer une charge très-onéreuse et
sans aucune utilité à son voisin; ce droit d'ailleurs dans
les campagnes n'était réclamé par aucune considération
d'intérêt général ou public.

Dans les lieux, au contraire, où la population est ag-
glomérée, la sûreté des personnes et des propriétés est
exposée à beaucoup plus de risques; et il importe dès lors
qu'elle soit mieux garantie. Voilà pourquoi le législateur
a établi que dans les villes et faubourgs, la clôture pourrait être forcée ; et c'est par suite de la même idée que la
hauteur de cette clôture doit être d'autant plus élevée que
la population est plus considérable. Le désir de contribuer à la régularité et à l'embellissement des villes,
surtout de protéger le secret de la vie intérieure et de
famille, et de diminuer le plus possible les querelles de
voisinage, si fréquentes dans les endroits où les habitations se pressent et se touchent, a certainement aussi déterminé le législateur; il pouvait d'ailleurs d'autant
mieux décréter cette mesure que, dans les villes et faubourgs, la construction d'un mur de clôture, qui n'est
pas en général d'une très-grande étendue, est presque

toujours également utile à chacun des voisins, par l'augmentation de valeur qu'elle procure aux deux héritages.

578. — De ces motifs de l'article 663, il faut conclure que la disposition qu'il renferme est, sous certains rapports, d'ordre public.

Remarquons toutefois que l'autorité publique n'est point chargée d'en procurer l'exécution, et que l'article se borne à conférer à chacun des particuliers dont les héritages sont limitrophes, le droit respectif de se contraindre à une clôture commune (Cass. 1er juillet 1857, Marc-Karty, Dev., 1858, I, 110).

De là naît la question de savoir si l'un d'eux pourrait y renoncer au profit de l'autre, ou s'ils pourraient, chacun de son côté, y renoncer réciproquement.

La Cour de Rouen a décidé l'affirmative : « Attendu que l'obligation de se clore dans les villes, aux termes de l'article 663, n'est pas une obligation de droit public, mais seulement une obligation de droit privé, à laquelle il est permis de déroger par des conventions particulières.... » (24 février 1844, Saverneux, *Rec. de Rouen,* 1844, p. 251 ; comp. Caen, 1er ch., 20 juill. 1821, Besselièvre.) On peut ajouter, en ce sens, qu'il a été positivement reconnu, dans le conseil d'État, que les voisins pourraient convenir entre eux que le mur de séparation de leurs héritages n'aurait pas la hauteur déterminée par l'article 663 (Fenet, t. XI, p. 265 à 267); or, s'ils peuvent renoncer à ce que le mur ait la hauteur légale, c'est donc que cette disposition n'est pas d'ordre public ; et si elle n'a pas ce caractère en ce qui concerne la hauteur du mur, elle ne saurait l'avoir davantage, en ce qui concerne le droit lui-même, pour le voisin, de contraindre son voisin à construire un mur (Toullier, t. III, n° 162). Cette solution serait surtout incontestable, d'après la doctrine que nous allons examiner (*infra,* n° 379), et qui enseigne que le propriétaire interpellé par son voisin de contribuer à la construction d'un mur commun, peut s'en dispenser par l'abandon du terrain sur lequel le mur doit être construit. (Comp. Devilleneuve, 1860, II, 410, *Observations* sur un arrêt de la Cour de Metz du 9 mars 1859; Pau, 14 déc. 1868, Lèbre, Dev. 1869, II, 328).

Cette solution, toutefois, ne serait pas la nôtre :

On ne peut déroger, par des conventions particulières, aux lois qui intéressent l'ordre public (art. 6, 686, 1131); or, d'après les motifs sur lesquels il est fondé, comme aussi d'après le but qu'il se propose, l'article 663 est une loi d'ordre public, une loi véritablement de police et de sûreté ; donc, on n'y peut pas déroger.

De ce que les voisins, tant qu'ils s'accordent, peuvent n'en pas demander l'exécution l'un contre l'autre, il ne s'ensuit pas qu'ils puissent s'engager, *in futurum*, à ne jamais la demander; s'engager, dis-je, imprudemment, et de manière à ne pouvoir pas ensuite invoquer, quoi qu'il arrive, pour la sûreté de leurs biens et de leurs personnes, la disposition protectrice de la loi. C'est ainsi que les propriétaires qui peuvent, tant que cela leur plaît de part et d'autre, ne pas demander soit le partage de leur bien indivis, soit le bornage de leurs propriétés contiguës, ne pourraient pas valablement renoncer à la faculté inaliénable et imprescriptible de demander soit le partage, soit le bornage (art. 815; *supra*, n° 241).

Et que l'on n'objecte pas qu'il a été reconnu, dans le conseil d'État, qu'ils pourraient, s'ils étaient d'accord, ne point donner au mur la hauteur légale. Nous en convenons, tant qu'ils seront d'accord ; mais nous n'admettons pas plus qu'ils puissent renoncer, *in futurum*, au droit d'exiger que le mur ait la hauteur légale, qu'au droit d'exiger, à frais communs, la construction du mur lui-même. Évidemment l'une des solutions est la conséquence nécessaire de l'autre (comp. Cass., 27 nov. 1827, Gaudin, D., 1828, I, 32; les considérants d'un arrêt de la Cour de Limoges, 26 mai 1838, Chabrol, Dev., 1839,

II, 139 ; et de la Cour d'Amiens, du 15 août 1838, Gueule, Dev., 1839, II, 157 ; Solon, n° 210 ; Sebire et Carteret, *Encycl. du droit*, v° *Clôture*, n° 11).

379. — C'est une question très-controversée que celle de savoir en quoi consiste précisément l'obligation réciproque, que l'article 663 impose aux propriétaires voisins dans les villes et faubourgs.

Chacun d'eux est-il tenu, lorsque l'autre le demande, soit de construire avec lui un mur de clôture, lorsqu'il n'y en a pas, soit de réparer ou de reconstruire le mur déjà existant ?

Ou bien, au contraire, le voisin peut-il s'en dispenser, en abandonnant soit la mitoyenneté du mur déjà existant, soit la moitié du sol nécessaire à la construction du mur qui n'existe pas encore ?

Cette dernière solution a été défendue par plusieurs jurisconsultes ; et nous devons ajouter qu'elle est conforme à la jurisprudence de la Cour de cassation et de quelques Cours impériales.

Voici les arguments sur lesquels on l'appuie :

1° Aux termes de l'article 656, tout copropriétaire d'un mur mitoyen peut se dispenser de contribuer aux réparations et reconstructions, en abandonnant le droit de mitoyenneté, pourvu que le mur mitoyen ne soutienne pas un bâtiment qui lui appartienne ; or, cet article ne distingue pas entre les villes et les campagnes ; et cela est d'autant plus significatif, que l'article 15 du projet de Code portait que : « Dans les villes et communes dont la population excède 3000 âmes, les propriétaires des murs mitoyens ne peuvent pas se dispenser de contribuer à leur réparation, en abandonnant la mitoyenneté » (Fenet. t. II, p. 117) ; mais cette rédaction n'a pas été conservée ; la disposition de l'article 656 est, au contraire, générale et absolue ; la preuve en résulte de ses termes mêmes : *tout copropriétaire ;* et l'article n'apporte a cette règle générale qu'une seule exception : *pourvu que le mur mitoyen ne soutienne pas un bâtiment qui lui appartienne.* L'article 656 et l'article 655 se lient d'ailleurs à l'article 653, dont ils ne sont que la continuation; et il est clair qu'ils statuent sur la même hypothèse; or, l'article 653 est littéralement applicable *aux villes et aux campagnes;* donc les articles 655 et 656, qui n'en sont que la suite, sont également applicables aussi dans tous les endroits sans distinction.

2° Cette faculté d'abandon est conforme aux principes généraux en matière de servitude; et l'article 663, ainsi entendu, se trouve d'accord, non-seulement avec l'article 656, mais encore avec l'article 699; il est d'ailleurs fort équitable que celui des voisins auquel le mur serait tout à fait inutile, puisse se dispenser de devenir ou de rester copropriétaire d'une clôture qui n'existe que dans le seul intérêt de l'autre propriétaire, et dont la construction ou la réparation pourrait être une charge très-onéreuse pour lui.

3° Enfin, les travaux préparatoires du Code attestent que telle est la véritable interprétation de l'article 663. En effet, dans la discussion au conseil d'État, Berlier dit que « l'article 657 (aujourd'hui l'article 663) deviendrait d'une exécution plus facile, si on y exprimait que le propriétaire interpellé de contribuer à la clôture, peut s'en dispenser en renonçant à la mitoyenneté, et en cédant la moitié de la place sur laquelle le mur doit être construit; cette option était déférée en beaucoup de pays: » et Tronchet déclare, sans être contredit, que « cette modification est exprimée dans l'article 650, aujourd'hui l'article 656. » (Fenet, t. XI, p. 266; comp. Cass., 29 déc. 1819, Desjardins, Sirey, 1820, I, 166; Cass., 5 mai 1828, Martin, D., 1828, I, 164; Toulouse, 7 janv. 1834, Astre, D., 1834, II, 364; Caen, trib. civ., 28 mai 1838, Pelpel *Rec. de Caen*, t. IV, p. 17; Douai, 5 févr. 1840, Cornillot, Dev., 1840, II, 203; Angers, 12 mars 1847, Leconte, Dev., 1847, II, 435; Bordeaux,

14 juin 1855, Suand, D., 1856, II, 123; Paris, 14 nov.
1860, Ménessier, Dev., 1861, II, 127; *J. du P.* 1861,
p. 592; Cass., 3 déc. 1862, Wast-Matifas, *Gazette des
Tribunaux* du 5 déc. 1862; D., 1862, I, 503; Dev.,
1863, I, 33; Cass., 7 nov. 1864, Béranger, Dev., 1864,
I, 506; Malleville sur l'article 663; Toullier, t. II,
n° 218; Zachariæ, t. II, p. 52; Marcadé, art. 663,
n° 2; Favard de Langlade, *Rép.*, v° *Servit.*, sect. II, § 4,
n° 4; Perrin, *Code des construct. et de la contig.*,
n° 547; Carou, *des Act. poss.*, n° 102; Tardif sur Fournel, v° *Abandon*, p. 2; Sebire et Carteret, *Encycl. du
Droit*, v° *Clôture*, n° 13; Massé et Vergé sur Zachariæ,
t. II, p. 178.)

Nous sommes, pour notre part, convaincu que cette
doctrine n'est pas exacte; et nous espérons pouvoir le
démontrer.

Mais il importe de faire, avant tout, une observation :

D'après les coutumes de Paris (art. 209) et d'Orléans
(art. 236), et un grand nombre d'autres, le voisin, dans
les villes, pouvait contraindre son voisin à construire, à
communs frais, un mur de clôture. Il est vrai que quelques coutumes, celle de Lille par exemple, portaient que
l'héritier d'une maison ne s'enclôt s'il ne veut, et que
dans d'autres encore, le voisin était seulement obligé à
contribuer de son terrain, sans être obligé de contribuer
aux frais de la construction du mur, tant qu'il ne s'en
servait pas; mais c'étaient là des dispositions exception-
nelles ; et Duplessis (sur l'article 209 de la cout. de Paris)
atteste que, dans les coutumes qui ne s'en étaient pas
expliquées, le voisin pouvait contraindre précisément son
voisin à construire à frais communs un mur de clôture;
et sous ce régime, il est incontestable que l'abandon ni
du terrain ni de la mitoyenneté ne pouvait pas libérer le
propriétaire de son obligation envers le voisin; les articles 209 et 210 de la coutume de Paris sont formels à
cet égard, et sur l'article 236 de la coutume d'Orléans,

Pothier s'exprime aussi très-explicitement en ces termes : *Le voisin ne peut s'en exempter en offrant d'abandonner sa part du mur et de la terre sur laquelle il est assis; car il pourrait être contraint d'en faire un neuf, s'il n'y en avait pas; à la campagne, où cette raison cesse, le voisin peut s'exempter de la réfection d'un mur commun en abandonnant sa part* (ajout. *de la Société,* n°s 221 et 223); or, chacun sait que les dispositions du Code Napoléon sur les servitudes ont été, pour la plupart, empruntées au droit coutumier, et particulièrement aux coutumes de Paris et d'Orléans; donc, il est déjà très-vraisemblable que notre article 663 a reproduit ce droit de clôture forcé dans les villes, tel que ces coutumes l'avaient autrefois établi; d'autant plus que les termes mêmes de l'article 663 sont presque de tout point semblables à ceux de l'article 209 de la coutume de Paris.

Et maintenant, nous allons établir que telle a été effectivement la volonté des rédacteurs du Code Napoléon; la preuve en résulte, suivant nous : 1° du texte précis de l'article 663 ; 2° du principe essentiel sur lequel ce texte repose; 3° enfin des travaux préparatoires eux-mêmes, dans lesquels pourtant la doctrine contraire a cherché son principal appui :

1° Aux termes de l'article 663, chacun peut *contraindre son voisin,* dans les villes et faubourgs, à *contribuer aux constructions et réparations de la clôture,* etc.; ainsi quoiqu'il n'y ait pas encore de mur du tout, ni par conséquent de mitoyenneté entre les deux voisins, l'un d'eux peut contraindre l'autre à construire un mur; et il est clair que le voisin ne peut se soustraire à cette obligation *en abandonnant le droit de mitoyenneté,* aux termes de l'article 656, puisqu'il n'y a pas alors de *droit de mitoyenneté;* or, si le voisin est tenu de construire un mur, lorsqu'il n'en existe pas, il est tout à fait impossible qu'il ne soit pas tenu de réparer le mur lorsqu'il existe; et voilà bien ce que déclare l'article 663, par ces mots :

constructions et réparations; donc l'article 663 renferme, en ce qui concerne les villes et les faubourgs une disposition spéciale, qui fait exception à l'article 656.

Le texte de l'article 663 nous paraît, à cet égard, décisif et tranchant. Toute la question en effet, se réduit à ceci : Pouvez-vous, lorsqu'il n'y a pas de mur, contraindre votre voisin à en construire un avec vous, à frais communs? Si vous le pouvez, il est manifeste que vous pouvez, *a fortiori*, le contraindre à entretenir le mur déjà existant. Or, comment nier que vous ayez le droit de forcer votre voisin à construire un mur, en présence d'un texte qui déclare que *chacun peut contraindre son voisin aux constructions* et réparations de la clôture faisant séparation de leurs maisons, etc.?

Cette proposition est si évidente, que, parmi les partisans de la doctrine contraire, quelques-uns n'ont pas cru pouvoir la méconnaître; et ils ont distingué entre la construction primitive d'un mur et la réparation ou reconstruction d'un mur déjà existant. D'après cet amendement, l'article 663 serait applicable dans le premier cas; et le voisin sommé de contribuer à la construction primitive d'un mur, ne pourrait s'y soustraire par aucun abandon; tandis que, au contraire, dans le second cas, il pourrait, même dans les villes, abandonner la mitoyenneté du mur existant, aux termes de l'article 656 (comp. Paris, 22 nov. 1825, Martin, D., 1828, I, 164 ; Bordeaux, 7 déc. 1827, Nasse, D., 1828, II, 143).

Une telle concession ruinerait évidemment le système tout entier! car, encore une fois, on ne pourra jamais faire admettre que celui-là qui est tenu de construire, ne soit pas tenu de réparer. Aussi la Cour de cassation a-t-elle sévèrement réprimé ce schisme; et elle a décidé qu'il n'y a aucune différence entre les deux cas, parce que l'article 656 autorise le copropriétaire d'un mur mitoyen à abandonner la mitoyenneté, pour se dispenser de contribuer aux réparations et *reconstructions,* et qu'une

reconstruction n'est en réalité qu'une construction!
(5 mars 1828, Martin, D., *loc. supra cit.*)

Ainsi cela revient à dire que, dans les villes et faubourgs, chacun *ne peut pas contraindre son voisin à contribuer aux constructions....* de la clôture faisant la séparation de leurs héritages; et il fallait bien effectivement
en venir là dans le système que nous combattons, car si
le voisin n'est pas tenu de *réparer* et de *reconstruire*,
nous concevons qu'il ne saurait être tenu de *construire;*
comme on doit aussi convenir qu'il sera nécessairement
tenu de réparer et de reconstruire le mur existant, s'il est
tenu de construire un mur, lorsqu'il n'y en a pas. Il faut
donc, je le répète, en venir à dire que l'article 663 n'oblige
pas le voisin à *construire* un mur, lorsqu'il, n'en existe
pas! Et on y est venu! Et on décide que le voisin contre
lequel l'application de l'article 663 est demandée, peut
se dispenser de contribuer à la *construction,* en abandonnant la moitié du terrain sur lequel le mur doit porter!

Mais, en vérité, nous ne croyons pas qu'il puisse se
rencontrer une violation plus flagrante du texte même de
la loi! Comment! le texte vous oblige à *contribuer aux
constructions....* de la clôture; et cela, notez-le bien! en
déterminant la hauteur de cette commune clôture, à la
quelle je puis vous obliger de contribuer avec moi! et
vous m'offrez une lisière de votre terrain! Mais la loi ne
vous accorde pas une option, une alternative; elle vous
impose une obligation unique et absolue, savoir : celle
de contribuer à la *construction!* Or, *contribuer* aux constructions de la clôture, ce n'est pas faire l'abandon d'une
portion de terrain; c'est évidemment plus que cela et
tout autre chose! Ce n'est pas même seulement fournir la
moitié du terrain; du prix des matériaux et de la main-
d'œuvre; ce n'est pas seulement enfin une obligation de
donner; c'est une obligation de *faire;* c'est l'obligation de
participer, de concourir à la construction et à tous les
actes qui la constituent! Et voilà bien comment l'enten-

daient les communes de Paris et d'Orléans, et tous leurs interprètes ; et comment le sens le plus élémentaire des mots exige, en effet, qu'on l'entende!

Tel est le texte de l'article 623! Il est, si nous ne nous trompons, complétement inexplicable dans le système contraire ; ce système l'efface et le fait disparaître dans l'article 656, qui l'absorbe entièrement. Au contraire, dans notre doctrine, l'article 663 se concilie très-bien avec l'article 656 ; l'article 663 forme une disposition spéciale aux villes et faubourgs tandis que l'article 656, comme les articles 653, 654 et 655, règle en général les conditions et les effets de la mitoyenneté; remarquons bien que l'article 656, qui accorde la faculté d'abandon, ne l'accorde évidemment qu'en vue de la charge imposée par l'article précédent (655), c'est-à-dire en vue *du mur mitoyen*, de celui-là donc qui existe, en vue *de l'entretènement et réfection des murs anciens* comme disait la coutume de Paris, et non pas d'*un mur de nouvel*. (comp. art. 209 et 210).

2° Le texte de l'article 663 exprime d'ailleurs ainsi parfaitement le principe essentiel sur lequel il repose. Ce n'est pas en effet une charge de mitoyenneté qu'il établit, c'est une obligation de voisinage, c'est un engagement de l'un des propriétaires voisins envers l'autre, engagement qui naît de la contiguïté des héritages et qui subsistera tant qu'il y aura deux héritages contigus. Et voilà ce qui rend ici sans application l'article 699 aussi bien que l'article 656 ; on dit au propriétaire qu'il peut échapper à l'obligation que lui impose l'article 663, en abandonnant la moitié du terrain sur lequel le mur sera bâti; mais après cet abandon, le voisinage subsistera encore avec toutes les obligations qui en résultent; aussi, pour avoir le droit d'invoquer l'article 699, est-ce son fonds tout entier qu'il lui faudrait abandonner!

Et quand on objecte que la nécessité de contribuer aux constructions et réparations de mur, peut être pour l'un des voisins une charge onéreuse et inutile, on méconnaît encore profondément le principe dont l'article 663 est la consécration. Le législateur a lui-même fait la part de cette objection (*supra*, n° 377); et c'est pour cela qu'il n'a pas rendu la clôture obligatoire dans les campagnes; mais, au contraire, dans les villes et faubourgs; il a considéré que les propriétés ayant en général une étendue restreinte, et la clôture donnant à chacun des héritages une grande plus value, on pouvait sans inconvénient établir le droit réciproque pour les voisins de s'y contraindre, dans un intérêt de sûreté générale et d'ordre public. Or, il est clair que son but serait totalement déjoué, dans le système que nous combattons; car si le voisin qui veut construire ou réparer, renonce à ses projets, parce qu'il voit l'autre abandonner toute prétention sur la clôture afin de se soustraire à toute obligation, que devient, dit justement Taulier, le droit qui lui est accordé par la loi d'exiger une clôture commune? (T. II, p. 394.)

3° Enfin, nous disons que les travaux préparatoires eux-mêmes témoignent que telle a été la volonté du législateur. On prétend expliquer l'article 663 au moyen d'une observation de M. Berlier, qui demandait qu'on déclarât que « le propriétaire interpellé de contribuer à la clôture pourrait s'en dispenser en renonçant à la mitoyenneté et en cédant la moitié de la place sur laquelle le mur doit être construit, » et par un mot de M. Tronchet, qui dit que « cette modification est exprimée dans l'article 18 du projet (devenu l'article 656). »

Mais la réponse est bien simple : c'est qu'au moment où MM. Berlier et Tronchet s'exprimaient ainsi, la disposition de l'article 663 n'existait pas encore! À ce moment, aucun article du projet n'imposait aux propriétaires, dans les villes, l'obligation de se clore. Ce n'est que postérieurement à l'observation de M. Berlier et à la réponse de M. Tronchet, que M. Bigot-Préameneu fit l'objection que voici : « Dans les villes d'une population un peu nom-

breuse, toujours les propriétaires ont été dans l'obligation de se clore ; et cependant l'article ne rappelle pas
cette injonction ; » et en conséquence, la disposition de
l'article 663 fut introduite dans le projet. Aussi, l'observation que M. Berlier avait faite antérieurement, ne
fut-elle pas renouvelée ; et vraiment il était bien impossible qu'elle le fût ! Comment, en effet, aprés avoir décidé que l'un des voisins pourrait *contraindre l'autre aux
constructions* d'un mur (art. 663), aurait-on pu demander si celui-ci pourrait faire l'abandon d'une partie de
son terrain, c'est-à-dire s'il pourrait n'être pas *contraint
de construire* un mur ! Et voilà ce qui explique comment
le tribun Albisson, dans son rapport au Tribunat, postérieurement aussi, bien entendu, aux paroles de MM. Berlier et Tronchet, déclare que nous avons emprunté *la mitoyenneté forcée* à la jurisprudence française. J'insiste
sur cette remarque, qui n'a pas encore, je crois, été faite :
la mitoyennité forcée, a dit le tribun Albisson ; mais il
n'y en aurait pas, il n'y en aurait jamais, dans le système que nous combattons; donc, les travaux préparatoires eux-mêmes sont contraires à l'opinion dominante,
qui en a fait pourtant son principal argument (comp.
Fenet, t. XI, p. 248, 266, 273 et 322; Paris, 29 juill.
1823, Vincent, Sirey, 1823, II, 334; Amiens, 15 août
1838, Gueule, *J. du P.*, 1839, I, 576; Amiens, 12 déc.
1861, Wat, Dev., 1862, II, 231 (arrêt cassé le 3 déc.
1862, D., 1862, I, 503, *supra ;* mais voyez dans la *Gazette des Tribunaux,* du 5 déc. 1862, l'opinion contraire
exprimée par M. l'avocat général de Raynal); Delvincourt,
t. I, p. 161, note 1; Duranton, t. V, n° 319; Demante,
t. II, n° 517 *bis,* I; Ducaurroy, Bonnier et Roustaing,
t. II, n° 297; Rolland de Villargues, v° *Abandon de mi-
toyenn.;* Pardessus, t. I, n°ˢ 152, 168, 516, et t. II,
p. 371, note D.; Taulier, t. II, p. 394; Solon, n°ˢ 178-
222 ; *Revue du Notariat et de l'Enregistr.,* 1865, p. 7 et
suiv., article de M. le conseiller Flandin).

Telle paraît être aussi désormais la jurisprudence constante du Tribunal civil de la Seine. (Jugements des 18 et 28 juillet, et du 17 octobre 1862, Lambert, *Gazette des Tribunaux* du 20 octobre 1862.)

580. — Des difficultés peuvent s'élever sur le point de savoir si le lieu dans lequel l'application de l'article 663 serait réclamée, constitue soit une ville soit un faubourg.

Nous n'avons pas chez nous, comme il y en a dans certains États de l'Allemagne, de dispositions législatives qui déterminent les caractères, d'après lesquels on peut distinguer les *villes* des autres communautés d'habitants, auxquelles cette qualification n'appartient pas. En conséquence, de deux choses l'une :

Ou bien, dans l'espèce, il existe un acte de l'autorité administrative, qui confère expressément ou qui même reconnaît implicitement cette qualification au lieu dont il s'agit ; et alors il est certain que les tribunaux doivent s'y conformer ;

Ou, au contraire, il n'existe aucun précédent de ce genre ; et alors, c'est aux magistrats qu'il appartient de décider en fait, et seulement, bien entendu, pour la cause, si à raison de l'importance plus ou moins grande de l'endroit, de sa population, de ses établissements publics de bienfaisance et autres, il doit être ou non considéré comme une ville ; car il s'agit dans ce cas, d'une contestation relative à des intérêts particuliers, sur lesquels les magistrats, qui en sont saisis, doivent toujours prononcer (art. 4). C'est ainsi qu'il est reconnu que c'est aux magistrats qu'il appartient de décider, sur l'article 974, si le lieu dans lequel un testament par acte public a été reçu, est ou non une campagne (comp. Cass., 10 mars 1829, Berthonnot, D., 1829, I, 173 ; Grenoble, 22 mars 1832, Espitalier, D., 1833, II, 105). Remarquons seulement que les juges, en ces circonstances, doivent se déterminer surtout par le motif essentiel de la loi qu'ils ont à appliquer ; et de même, par exemple, que lorsqu'il s'agit de l'article 974, pour savoir si le lieu où le testament a été reçu est une *campagne*, ils doivent particulièrement s'attacher au point de savoir s'il eût été facile d'y trouver deux ou quatre témoins sachant signer; de même, lorsqu'il s'agit de l'article 663, il convient qu'ils examinent principalement si les motifs de sûreté publique et privée, qui ont fait décréter la clôture forcée, la réclament aussi dans le lieu en question. Et, à cet égard, on sait combien il y a, depuis un certain nombre d'années, de communes qui n'ayant été longtemps que de simples bourgs, sont véritablement devenues des *villes* par l'accroissement considérable qu'elles ont pris (comp. Rennes, 9 mars 1820, Bourgneuf, Dev., et Carette *Collect. nouv.*, 6, II, 223).

580 *bis*. — On entend généralement par *faubourg* la partie d'une ville qui se trouve au delà de ses portes ou de son enceinte, et qui se compose de la contiguïté des maisons qui se touchent (L. 147, ff. *de verb. signif.*; Pothier, sur l'article 236 de la cout. d'Orléans).

Jusqu'où s'étend un faubourg, et où finit-il? cette question est souvent fort délicate. Est-ce à dire qu'il n'appartiendra qu'à l'autorité administrative de la résoudre, et que les magistrats chargés de l'application de l'article 663, devront surseoir jusqu'à ce que l'administration ait rendu une décision à ce sujet? Plusieurs jurisconsultes paraissent l'enseigner ainsi (comp. Duranton, t. V, n° 219, note; Zachariæ, t. II, p. 51, Sebire et Carteret, *Encycl. du Droit*, v° *Clôture*, n° 8). Nous aimons mieux, pour notre part, suivre ici la même doctrine que tout à l'heure, et conclure que c'est aux magistrats qu'il appartient de décider, pour l'espèce particulière, d'après les circonstances locales, si l'endroit dont il s'agit est un *faubourg*, comme ils décideraient s'il est une *ville*.

Notons seulement, à cet égard, une condition essentielle, c'est qu'il faut que les deux héritages fassent, l'un et l'autre, partie de la ville ou du faubourg; l'article 663 est, sur ce point, positif; et l'obligation de clôture forcée doit toujours être réciproque (comp. Pardessus, t. II, n° 517 *bis*, II, Marcadé, art. 663, n° 1; Ducaurroy, Bonnier et Roustaing, t. II, n° 296).

. **580** *ter*. — La Cour de Colmar a décidé que l'obligation imposée par l'article 663 aux propriétaires dans les villes et faubourgs n'est pas applicable, lorsque les héritages sont situés dans la première zone des servitudes militaires des places de guerre (26 nov. 1863, Ruotte, Dev., 1864, II, 64).

Et cette décision nous paraît très-juridique; comment, en effet, serait-il possible à l'un des propriétaires de contraindre l'autre d'adresser une demande à l'autorité militaire, et surtout de construire un mur, qu'il pourrait être forcé de démolir à toute réquisition ! (Comp. le décret du 10 août 1853, art. 7.)

581. — La clôture, dont il s'agit ici, est un mur; le doute que les termes équivoques du commencement de l'article 663 auraient pu faire naître, disparaît complétement devant les termes formels de la fin de cet article. Il est donc certain qu'une haie vive ou sèche, ou une cloison ou palissade, ne seraient pas des clôtures suffisantes (comp. Amiens, 15 août 1838, Gueule, *J. du P.*, 1839, I, 576. Cass., 1er févr. 1860, Bourgoin, Dev., 1860, I, 973; Fournel, *du Voisinage*, v° *Clôture*; Duranton, t. V, n° 182; Demante, t. II, n° 517 *bis*, IV; *voy.* pourtant Toullier, t. II, n° 167).

Plusieurs des anciennes coutumes déterminaient l'espèce de matériaux qui devaient être employés, en même temps que le degré d'épaisseur du mur et de la profondeur de ses fondations (art. 236 de la cout. d'Orléans; Pothier, *de la Société*, n° 234).

Notre Code garde, sur ces différents points, le silence, s'en remettant à l'usage des différentes localités. N'oublions pas toutefois que c'est un mur qu'il faut *construire*, et que dès lors le voisin ne serait pas, en général, fondé à offrir une construction en pierres sèches simplement superposées, sans aucune liaison par le mortier, le plâtre ou la terre; car un mur ainsi fait n'est véritablement pas achevé (L. 147, ff. *de verb. signif.*).

Quant à l'épaisseur du mur et à la profondeur des fondations, elles sont généralement, par la nature même des choses, en raison de la hauteur du **mur** (comp. Pardessus, t. I, n° 147; Taulier, t. II, p. 393).

382. — Si l'article 663 s'est servi de ces mots : *maisons, cours et jardins,* c'est que le plus ordinairement telle est la nature et la destination des propriétés situées dans les villes et faubourgs; mais cette énumération n'a rien de limitatif; et le motif essentiel de l'article 663 exige qu'on l'applique à tous les terrains situés dans les villes et faubourgs, qui forment une dépendance de l'habitation, lors même qu'ils ne seraient pas en nature de cours ou de jardins, à des terrains, par exemple, servant de chantier ou de passage de communication, etc. Il paraîtrait toutefois difficile de l'étendre *à des prairies ou à des marais,* s'il arrivait qu'il s'en trouvât dans l'enceinte d'un faubourg (comp. Cass., 27 nov. 1827, et 14 mai 1828, Gaudin, D., 1828, I, 32 et 246; Limoges, 26 mai 1838, Chabrol, Dev., 1839, II, 139. Tribun. civ. de la Seine, 3 août 1871, Perrel, *Le Droit* du 1 oct. 1871; Delvincourt, t. I, p. 158, note 11 ; Pardessus, t. I, n° 148; Toullier et Duvergier, t. II, n° 165; Demante, t. II, n° 517 *bis,* III).

383. — La hauteur du mur est déterminée par les règlements locaux ou par les usages *constants* et *reconnus ;* à défaut de règlements et usages, l'article 663 la détermine d'une manière générale, eu égard à l'importance de la population.

Mais il faut remarquer que l'article 663 n'est pas applicable aux murs d'une élévation inférieure à celle qu'il exige, lorsqu'ils étaient construits avant la promulgation du Code; ce n'est que lorsqu'il y aura lieu de les *rétablir*

à l'avenir qu'ils devront être élevés à la hauteur légale
(comp. art. 2).

Et nous croyons qu'il faut en conclure aussi que l'article 663 ne serait pas non plus applicable à l'égard des murs déjà construits dans les lieux qui n'étaient d'abord ni villes ni faubourgs, mais qui ont acquis ensuite cette qualification et cette importance par leur accroissement.

383 bis. — Il a d'ailleurs été reconnu au conseil d'État, que les voisins, s'ils étaient d'accord à cet égard, pouvaient faire la clôture à une hauteur moindre que celle qui est déterminée par la loi (Fenet, t. XI, p. 267); mais nous avons pensé toutefois que cet accord ne pouvait pas les lier pour l'avenir (*supra*, n° 378).

Rien ne s'oppose non plus à ce que les voisins donnent, au contraire, à leur mur une élévation supérieure à celle que la loi détermine. Mais, dans ce dernier cas, l'un des voisins pourrait-il, sans le consentement de l'autre, l'abaisser ou l'exhausser.

L'abaisser ? non ; car l'état de ce mur serait présumé être le résultat d'une convention qui, dans ce cas, est parfaitement obligatoire (arrêt du 21 juillet 1752; Denizart, v° *Mur*, n° 5).

L'exhausser ? oui ; car la servitude *non altius tollendi* ou *non ædificandi*, ne se présume pas ; et elle ne saurait résulter tacitement de ce seul fait que le mur a été élevé d'abord par les voisins à telle hauteur (arrêt du Parl. de Paris de 1780; Merlin, *Rép.*, v° *Serv.*, sect. IV, § 4 ; Pardessus, t. I, n° 151 ; comp. Caen, 1er ch., 6 juill. 1824, de Montmoulin; 1re ch., 8 mai 1839, Tonnel; 1re ch., 16 mars 1840, Despréaux, *Rec. de Caen*, t. IV, p. 58).

384. — Que décider lorsque les deux terrains limitrophes ne sont pas de niveau et qu'il n'est pas possible, en conséquence, de donner au mur la même élévation de chaque côté ?

Cette hypothèse offre deux points à résoudre :

D'abord chacun des voisins peut-il exiger que le mur

ait la hauteur légale, non-seulement à partir du sol le plus bas, mais aussi à partir du sol le plus élevé ?

Ensuite, de quelle manière doit avoir lieu, dans ce cas, la contribution aux frais de construction de ce mur ?

Sur le premier point, Demante enseigne que le propriétaire du fonds inférieur peut bien exiger que la hauteur légale du mur soit prise à partir du sol le plus élevé, mais que lui-même ne peut pas être contraint d'élever le mur au delà de la hauteur légale à partir de son propre sol; car c'est principalement dans son intérêt qu'une plus grande élévation peut être exigée (t. II, n° 515 *bis*, V).

Mais d'une part, l'article 663 donne à *chacun* des voisins, dans tous les cas, le droit d'exiger la construction d'un mur de la hauteur légale; et, d'autre part, il est vrai aussi de reconnaître que le propriétaire du sol le plus élevé pourrait n'être pas, à beaucoup près, suffisamment clos, et qu'il pourrait même demeurer tout à fait découvert, si le mur n'avait la hauteur légale qu'à partir du sol le plus bas. Il nous semblerait donc plus sûr de décider que chacun des voisins en effet a le droit de demander que la hauteur légale se mesure à partir du sol le plus élevé (comp. Caen, 13 mai 1837, Dillaye, Dev., 1837, II, 333; Zachariæ, t. II, p. 51; Sebire et Carteret, *Encycl. du Droit*, v° *Clôture*, n° 9).

584 bis. — Quant à la question de savoir comment doivent être supportés, dans ce cas, les frais de construction du mur, elle n'a pas cessé de diviser les jurisconsultes dans l'ancien et le nouveau droit.

Desgodets pensait autrefois (sur l'article 209 de la coutume de Paris) que le voisin, dont le terrain est le plus bas ne doit contribuer aux frais que jusqu'à la hauteur requise par la coutume au-dessus de son sol, et que l'autre doit achever, à ses dépens seuls, le surplus de la hauteur que le mur doit avoir de son côté; et Pothier rapporte lui-même cette doctrine sans la contredire (*de la Société*, n° 234).

Toullier (qui d'ailleurs s'en est depuis départi) l'avait d'abord également enseignée sous notre Code (t. II, n° 162 et note 3; comp. aussi Duranton, t. V, n° 319, note 3).

Mais la vérité est que cela revient à dire que le propriétaire du sol le plus élevé ne peut pas demander que la hauteur légale soit prise à partir de son sol; car c'est évidemment lui refuser ce droit que de lui dire qu'il ne peut pas forcer le voisin à contribuer aux frais du mur à partir de ce sol.

Voici donc, suivant nous, la règle qu'il faudrait suivre :

Dans tous les cas, les deux voisins doivent contribuer aux frais de la construction d'un mur de la hauteur légale, à partir du sol le plus élevé.

Après cela, pour savoir par qui doivent être payés les frais de construction et de réparation du mur, à partir du sol le plus bas jusqu'au niveau du sol le plus élevé, il faut rechercher, en fait, par qui et dans l'intérêt de qui ce mur a été rendu nécessaire.

S'il a été fait par les deux voisins, dans leur commun intérêt, ils y contribueront chacun par moitié ou dans telle autre proportion qu'ils auraient réglée entre eux (voy. toutefois Demante, t. II, n° 517 bis, V).

Si le mur de soutien ou de terrasse n'a été rendu nécessaire que par le fait de l'un des voisins, celui-là, par le fait duquel il y a eu lieu de le construire, doit supporter les frais de construction; et nous croirions même avec Pardessus (t. I, n° 150), que l'autre propriétaire ne serait pas alors obligé à l'indemnité de la charge qu'éprouverait le mur de terrasse sur lequel serait construit le mur de clôture commune; car ce serait là une conséquence de la situation naturelle des lieux et du fait personnel du propriétaire de la terrasse (comp. supra, n° 330, Zachariæ, t. II, p. 51; Marcadé, art. 663, n° 1; Sebire et Carteret, Encyclop., v° Clôture, n° 9).

385. — Le mur doit être, bien entendu, construit à

frais communs; et chacun des voisins doit fournir une portion égale du sol sur lequel il doit être édifié. L'un d'eux ne pourrait pas forcer l'autre à fournir seul ou pour une plus forte part que la moitié, l'emplacement nécessaire, en prétendant que le terrain de son côté n'offre plus de solidité, ou sous prétexte d'alignement ou de redressement (arg. des articles 545, 963; comp. Cass., 5 déc. 1832, Schneider, D., 1833, I, 100; Pardessus, t. I, n° 150).

386. — Celui des voisins qui aurait construit le mur en entier, sur son terrain et à ses frais, pourrait-il forcer l'autre d'en acquérir la mitoyenneté jusqu'à la hauteur légale de clôture ?

La négative serait certaine dans l'opinion de ceux qui pensent que le voisin peut s'affranchir par l'abandon d'une portion de son sol, de l'obligation imposée par l'article 663 (*supra*, n° 379).

Mais dans l'opinion de ceux qui, comme nous, n'admettent pas cette doctrine, que faudrait-il décider ?

Pothier enseignait aussi la négative dans cette dernière opinion : « La coutume, disait-il, me donne bien le droit d'obliger mon voisin à construire, à frais communs, un mur pour séparer nos maisons, lorsqu'il n'y a pas de mur qui les sépare; mais lorsqu'elles sont séparées par un mur que j'ai bâti en entier sur mon terrain et à mes frais, et qui en conséquence m'appartient à moi seul, je ne puis pas obliger mon voisin à en acquérir la mitoyenneté, tant qu'il ne veut pas s'en servir, quoiqu'il puisse m'obliger à la lui vendre. » (*De la Société*, n° 534.)

Et on peut encore aujourd'hui soutenir, avec beaucoup de force, que le voisin constructeur du mur n'est fondé à invoquer ni le texte de la loi, ni ses motifs : car, d'une part, si l'article 661 accorde au voisin la faculté d'acheter la mitoyenneté, il ne permet pas de l'y contraindre; et quant à l'article 663, il autorise seulement le voisin à contraindre son voisin à la *construction* du mur; ce qui suppose que le mur n'est pas construit. D'autre part, les deux héritages étant clos, l'intérêt de la sûreté commune est garanti, et le vœu de la loi satisfait. Il ne s'agit donc plus que d'une question de frais; et on objecte surtout à celui qui a construit seul le mur sur son terrain, qu'il a bien pu renoncer à demander à son voisin de contribuer à ces frais; qu'en ne l'interpellant pas de concourir à la construction, il y a en effet renoncé; qu'il a pu vouloir être seul propriétaire du mur, afin, par exemple, de pouvoir y ouvrir des jours (art. 676); et qu'après s'être ainsi lui-même fait sa position, il ne peut pas revenir sur la renonciation qui en résulte (comp. Toullier, t. II, n° 198; Paris, 15 juill. 1864, Lamblin, Dev., 1864, II, 221).

L'opinion contraire est toutefois généralement suivie; on considère que celui qui aurait pu contraindre son voisin à contribuer à la construction du mur, est censé avoir été, en le construisant seul, son *negotiorum gestor;* et la vérité est qu'il serait étrange qu'il ne pût pas contraindre son voisin à lui rembourser la moitié des frais que lui a coûté la construction du mur existant, lorsqu'il pourrait, en démolissant ce mur, le contraindre à en construire un autre à frais communs (comp. arrêt du 10 juin 1561, rapporté par Larocheflavin, livre VI, titre XLII, art. 54; Desgodets sur l'article 194 de la cout. de Paris; Delvincourt, t. I, p. 158, note 13; Duranton, t. V, n° 323; Pardessus, t. I, n° 152; Zachariæ, t, II, p. 52; Taulier, t. II, p. 394).

Nous ne verrions donc pas d'objection contre cette doctrine, mais à une double condition, savoir :

1° Que le voisin ne pourrait être contraint de payer que la moitié de la valeur d'un mur, dans les conditions où il aurait pu être forcé de le construire, sous le rapport de la qualité des matériaux, de l'épaisseur, etc.; si donc il avait plu au voisin de construire un simple mur de clô-

ture en pierres de taille au lieu d'un mur en moellons
qui suffirait, le voisin ne serait tenu de payer que la moitié de ce qu'aurait coûté un mur en moellons;

2° Qu'en aucun cas, le voisin ne sera tenu de payer la
valeur de la moitié du terrain. Tel était aussi le sentiment de Goupy (sur Desgodets, *loc. supra cit.*). Mais les
auteurs modernes n'ont pas adopté cet amendement ; et
Duranton dit même, en termes formels, que « cette
distinction entre le terrain et les déboursés pour matériaux et main-d'œuvre ne repose sur rien de solide. »
(*Loc. supra cit.*). Il nous semble, au contraire, que c'est
une raison très-sérieuse que celle qui consiste à dire,
dans l'intérêt du voisin, que l'on n'a pas pu le forcer
à payer en argent le terrain qu'il aurait pu fournir en
nature, surtout s'il a une grande étendue de terrain, et
si l'abandon de la portion nécessaire pour la construction du mur n'eût été pour lui qu'un sacrifice presque
nul.

N° 2.

Quels sont les effets de la mitoyenneté d'un mur?

SOMMAIRE.

386 *bis.* — Principe général. — Division.

386 *bis.* — La mitoyenneté des clôtures, avons-nous
dit (*supra*, n° 389), est une espèce de communauté ; et la
règle générale est, en effet, qu'elle produit, entre les copropriétaires, les mêmes obligations et les mêmes droits
que la communauté des autres choses, à l'exception de
quelques dispositions spéciales qui leur sont propres.

C'est d'après ce principe, que nous allons examiner
d'abord les obligations, et ensuite les droits qui dérivent
de la mitoyenneté d'un mur.

A. — Des obligations qui dérivent de la mitoyenneté d'un mur.

SOMMAIRE.

387. — Aux termes de l'article 655 :

« La réparation et la construction du mur mitoyen « sont à la charge de tous ceux qui y ont droit, et pro « portionnellement au droit de chacun. »

C'est là une première conséquence de la prémisse que nous venons de poser (*supra*, n° 386) ; car toute copropriété impose à ceux qui y ont droit l'obligation de réparer et de rétablir, s'il y a lieu, la chose commune.

Chacun des copropriétaires d'un mur mitoyen doit donc supporter les frais de réparation et de reconstruction *proportionnellement à son droit*, dit notre texte ; et nous avons vu, en effet, que le mur peut n'être pas mitoyen dans toutes ses parties. L'entretien et le rétablissement de la partie non mitoyenne du mur sont, en conséquence, exclusivement à la charge de celui auquel elle appartient (art. 658). Mais quant aux réparations de la portion mitoyenne, elles doivent être supportées proportionnellement par chacun des copropriétaires, sans distinguer si elles sont à faire seulement de l'un des côtés du mur et point de l'autre ; cette distinction, qu'un arrêt paraît avoir admise en principe, est, suivant nous, tout à fait impossible, excepté dans le cas où les réparations auraient été rendues nécessaires par le fait du voisin du côté duquel elles sont à faire (comp. Grenoble, 20 juillet 1822, Boulond, D., *Rec. alph.*, t. XII, p. 37).

Il est bien entendu aussi que chacun des propriétaires du mur mitoyen doit supporter, en ce qui le concerne, et sans avoir droit à aucun recours ni indemnité, toutes les incommodités et privations qui peuvent résulter de la réparation et reconstruction : le passage des ouvriers, le dépôt des matériaux, les étayements, les déménagements nécessaires, la perte des peintures ou autres ornements qu'il aurait fait placer contre le mur, etc. (*voy.* aussi *infra*, n°ˢ 405 et suivants).

388. — Toutefois, chacun des copropriétaires n'étant tenu ici que *propter rem*, l'article 656 en déduit tout naturellement cette conséquence.

« Cependant tout copropriétaire d'un mur mitoyen
« peut se dispenser de contribuer aux réparations et re-
« constructions en abandonnant le droit de mitoyenneté,
« pourvu que le mur mitoyen ne soutienne pas un bâti-
« ment qui lui appartienne. »

Abandonner *le droit de mitoyenneté*, c'est abandonner non-seulement la copropriété des matériaux du mur, mais aussi la terre sur laquelle *il est assis* ; tels étaient les termes mêmes de l'article 210 de la coutume de Paris. Pothier remarque fort justement que chacun des voisins ayant mis en communauté une portion de son terrain pour la construction du mur mitoyen l'abandon de la mitoyenneté comprend nécessairement l'abandon du terrain, qui est la principale partie de ce mur (*de la Société*, n° 224 ; Pardessus, t. I, n° 168).

588 *bis.* L'abandon de la mitoyenneté peut d'ailleurs être partiel ou total.

De même, en effet, que, d'après l'article 664, la mitoyenneté peut n'être acquise que pour une partie du mur, de même il est logique de décider qu'elle peut n'être abandonnée aussi que pour une partie (comp. Cass., 3 avril 1865, Ogier, Dev., 1865, I, 159).

589. — Le voisin qui abandonne la mitoyenneté, ne devant plus être tenu d'aucune des charges qu'elle impose, ne doit par conséquent en conserver non plus aucun des avantages ; et voilà pourquoi cet abandon n'est pas proposable de la part de celui dont le bâtiment est soutenu par le mur mitoyen.

Il faudrait, dans ce cas, pour être recevable à abandonner la mitoyenneté, qu'il démolît la portion du bâtiment qui s'appuie sur le mur.

Nous croyons aussi qu'il pourrait sans rien démolir, abandonner le tout, et le mur et le bâtiment lui-même ; car il n'est tenu qu'en sa qualité de propriétaire.

Mais, du moins, faudrait-il, en effet, qu'il abandonnât *le tout*, et il ne pourrait pas offrir seulement l'abandon *du mur ;* c'est ce qui a été très-bien décidé par un important arrêt de la Cour de cassation du 16 décembre 1863 (Guérin, Dev., 1864, I, 33).

590. — L'autre voisin d'ailleurs n'est pas obligé d'accepter cet abandon, de manière à rester seul désormais chargé de l'entretien et de la reconstruction. La faculté d'abandon est évidemment réciproque ; et de ce que l'un des copropriétaires aurait fait à l'autre sommation de contribuer à la réparation ou à la reconstruction du mur, il n'en résulte nullement qu'il ait renoncé à cette faculté, s'il arrive que son voisin, au lieu d'y contribuer avec lui, comme il l'y provoque, veuille au contraire lui laisser tout le fardeau des dépenses. Celui-là même qui proposait d'abord la réparation ou la reconstruction du mur, pourra donc aussi de son côté l'abandonner ; et alors on partagera les matériaux et le sol ; et si aucun des deux ne prend cette initiative, le mur restera là en ruine, et les propriétaires voisins sans clôture (comp. Pardessus, t. I, n° 168).

391. — Lorsque le voisin accepte l'abandon de la mitoyenneté fait par son copropriétaire, il devient propriétaire exclusif du mur ; et il fera bien, en conséquence, d'exiger un acte de cet abandon, ou de détruire, de toute autre manière, la présomption légale de mitoyenneté qui pouvait exister auparavant.

Mais de ce qu'il est devenu propriétaire exclusif du mur, en faut-il conclure qu'il peut dès lors le détruire ou le laisser tomber, pour profiter seul des matériaux et du sol sur lequel le mur reposait ? Il n'en saurait être ainsi ; l'abandon du voisin n'est fait que dans le but de se décharger de l'obligation de réparer et de reconstruire ; et par conséquent, il implique naturellement que l'obligation de reconstruire et de réparer subsistera ; donc, l'abandon serait sans cause, si le voisin, au lieu de conserver le mur et de prendre sur lui toute la charge des dépenses, l'abandonnait en réalité lui-même en ne le réparant pas. Le voisin qui a fait l'abandon, serait donc fondé, dans ce cas, à répéter sa part des matériaux et du terrain (comp. Pothier, *de la Société*, n° 224 ; Toullier, t. II, n° 220 ; Duranton, t. V, n° 320 ; Pardessus, t. I, n° 168 ; Zachariæ, t. II, p. 46 ; Demante, t. II, n° 510 *bis*, II).

392. — Cette faculté d'abandon existe-t-elle non-seulement dans les campagnes, mais encore dans les villes et faubourgs ?

C'est là une question que nous avons examinée plus

haut, avec les développements que mérite son importance (*supra*, n° 379).

395. — Remarquons bien, d'ailleurs, que les règles que nous venons de poser sur l'obligation, pour chacun des copropriétaires du mur mitoyen, de contribuer, proportionnellement à son droit, aux frais de réparation et de reconstruction, et sur la faculté d'abandon de la mitoyenneté, que toutes ces règles ne s'appliquent qu'au cas où la nécessité de la réparation ou reconstruction provient de la vétusté ou d'un accident quelconque de force majeure non imputable à l'un des voisins.

Il en est, au contraire, tout autrement, lorsque l'un des propriétaires a nécessité par sa faute, ou par celle des personnes dont il doit répondre, la réparation ou reconstruction du mur; comme, par exemple, en le froissant ou en l'ébranlant avec ses voitures ou charrettes, etc.

C'est, en effet, un principe général que chacun doit réparer le dommage qu'il a causé injustement à autrui (art. 1382, 1383); et c'est un principe particulier de la *communauté*, que chacun des copropriétaires doit prendre soin de la chose commune comme si elle lui appartenait exclusivement, et qu'il est tenu de réparer seul les dégradations qui proviennent de sa faute ou de sa négligence.

Et de là deux conséquences :

1° En pareil cas, tous les frais de réparation et de reconstruction sont à la charge de celui qui y a donné lieu; et il doit même indemniser alors son copropriétaire des incommodités, des privations de jouissances, et des pertes, que la réparation ou la reconstruction peut lui causer, *si qui reditus ob demolitionem amissus est* (L. 37, ff. *de damno infect.*); pertes toutefois qui, dans ce cas même, doivent être appréciées eu égard aux travaux, que l'autre voisin a pu lui-même, sans imprudence, faire sur ou contre le mur mitoyen relativement à sa destination ; et c'est ainsi que ce voisin ne pourrait pas réclamer le rétablissement ou l'indemnité des peintures *pretiosissimæ*, qu'il aurait fait faire à ce mur, mais seulement le prix des peintures *vulgares* (L. 13, ff. *de servit. urb. præd.*; Domat, *Lois civ.*, liv. I, tit. XII, sec. IV, n° 4; *supra*, n° 387, et *infra*, n° 405).

2° Celui qui, par sa faute, a nécessité la réparation ou la reconstruction, ne pourrait pas s'affranchir, par l'abandon de la mitoyenneté, de cette obligation personnelle qui est née pour lui, non pas de la mitoyenneté, mais d'une sorte de quasi-délit, *quasi ex delicto.*

En un mot, ni l'article 655, ni l'article 656 ne seraient alors applicables (comp. Cass., 16 déc. 1863, Guérin, Dev., 1864, I, 33 ; Pothier, *de la Société*, n°ˢ 219 et 221, Zachariæ, t. II, p. 46 ; Pardessus n°ˢ 166 et 168; Demante, t. II, n° 510 *bis*, I).

394. — Dans quels cas y a-t-il lieu à la réparation ou à la reconstruction du mur mitoyen?

Ce n'est là, bien entendu, qu'une question de fait, à décider surtout d'après le rapport des gens de l'art. Remarquons toutefois qu'il n'est pas nécessaire que le mur soit en ruine; il suffit que la reconstruction en soit reconnue nécessaire. Cette nécessité de réparation et de reconstruction, d'ailleurs, peut être totale ou seulement partielle.

Au reste, il est bien clair qu'il n'appartient ni à l'un ni à l'autre des copropriétaires séparément, de décider seul cette question (L. 8, ff. *de servit. præd. urban.*). Ce n'est que dans les cas d'urgence et de péril imminent, que l'un d'eux pourrait, même sans consulter l'autre, y pourvoir; et encore, serait-il prudent de sa part de faire constatèr, s'il le pouvait, cette urgence, par le juge ou par la police locale.

Mais en règle générale, lorsque la nécessité de la réparation ou reconstruction n'est pas reconnue de part et d'autre, celui des copropriétaires qui prétend qu'elle

existe, doit la faire constater contradictoirement avec
l'autre et obtenir un jugement contre lui. Nous avons
même vu que s'il en avance les frais, il peut exercer son
action en remboursement contre les tiers acquéreurs
(comp. Cass., 21 mars 1843, Pochet, Dev., 1843, I, 350 ;
supra, n° 10 ; Pothier, *de la Société*, n° 220 ; Pardessus,
t. I, n° 166).

395. — Chacun des voisins d'ailleurs ne peut être
contraint de reconstruire le nouveau mur que dans les
conditions du mur ancien, sous le rapport de la profondeur des fondations, de l'épaisseur, de la hauteur et de
la qualité des matériaux ; car c'est le *mur mitoyen* qu'ils
sont réciproquement tenus de rétablir (art. 655), c'est-
à-dire le mur qui existait, celui-là et non pas un autre
(comp. art. 210 de la cout. de Paris ; Pothier, n° 222).

Telle est la règle, à laquelle toutefois il faut apporter
deux exceptions, savoir :

1° Si le mur avait été originairement, *par une mauvaise économie*, dit Pothier (n° 222), formé de matériaux de mauvaise qualité et n'était pas dès lors assez
solide ;

2° Si, même indépendamment de cette circonstance, le
mur, d'après sa construction ancienne, sous le rapport
de l'épaisseur ou autrement, ne suffisait plus à l'usage
auquel l'un et l'autre des copropriétaires l'employaient
au moment même de la reconstruction. .

Ces deux exceptions sont aussi justes que la règle ;
elles dérivent du droit incontestable qui appartient à
chacun des communistes, d'exiger toutes les mesures
nécessaires pour que la chose commune soit conservée
et puisse remplir sa destination.

Il est bien entendu, du reste, que celui des deux
propriétaires qui voudrait, dans son intérêt, que le mur
nouveau fût meilleur que l'ancien, plus haut ou plus
épais, pourrait toujours le rendre tel en payant seul
l'excédant des dépenses (*voy.* art. 658, 659 ; Pothier,

n°s 214 et 222; Paris, 26 déc. 1866, Malenfant, le *Droit* du 16 janv. 1867).

B. — *Des droits qui dérivent de la mitoyenneté d'un mur.*

SOMMAIRE.

396. — Quant aux droits qui résultent de la mitoyenneté, la règle est que chacun des copropriétaires peut se servir du mur pour les usages auxquels il est destiné par sa nature, sous la double condition : 1° de ne pas nuire à son copropriétaire et de ne pas empêcher l'exercice de son droit égal et réciproque; 2° de faire les ouvrages nécessaires pour ne pas dégrader le mur ou en compromettre la solidité.

Cette règle, d'ailleurs, est celle qui détermine, en général, les droits des copropriétaires d'une chose commune; il y a toutefois, dans la mitoyenneté, ceci de spécial, que chacun des copropriétaires, pour se servir

du mur, peut y pratiquer des innovations, sans le consentement du voisin et malgré son opposition, en obser-
vant d'ailleurs les conditions déterminées par la loi
(art. 662); tandis que, dans la communauté ordinaire,
on applique la maxime : *melior est causa prohibentis ;* et
l'un des communistes ne peut pas faire de changements
sur la chose commune sans le consentement des autres
(arg. de l'article 1859, n° 4).

Mais cette extension de la règle générale était ici réclamée par les motifs mêmes qui ont fait établir la
mitoyenneté, et pour le commun intérêt des deux
voisins.

Nous allons ramener principalement notre règle à trois
cas d'application :

1° Au droit de bâtir sur le mur mitoyen;

2° Au droit de l'exhausser;

3° Au droit d'y appliquer ou d'y adosser des plantations ou des ouvrages quelconques, d'y pratiquer des
enfoncements, et en général, de s'en servir pour les
différents usages non prévus par la loi et auxquels le mur
serait propre.

397. — 1° D'après l'article 657 :

« Tout copropriétaire peut faire bâtir contre un mur
« mitoyen et y faire placer des poutres ou solives dans
« toute l'épaisseur du mur, à cinquante-quatre milli-
« mètres (deux pouces) près, sans préjudice du droit
« qu'a le voisin de faire réduire à l'ébauchoir la poutre
« jusqu'à la moitié du mur, dans le cas où il voudrait
« lui-même asseoir des poutres dans le même lieu, ou y
« adosser une cheminée. »

Le mur n'a pas seulement pour but de séparer et de
clore les héritages; il est aussi destiné à supporter des
bâtiments; et nous avons remarqué déjà que c'est en effet
le plus souvent pour bâtir que l'un des voisins achète la
mitoyenneté du mur appartenant à son voisin. Le droit
de bâtir sur le mur mitoyen n'est donc qu'une applica-

tion toute naturelle de notre règle (*supra*, n° 396 ; comp.
L. 4, ff. *de servit. legat.*).

Peu importe, bien entendu, le genre et la destination
du bâtiment, que le copropriétaire veut construire : maison d'habitation, grange, hangar ou tout autre ; il a le
droit de *bâtir* ce qu'il veut (art. 657), sauf d'ailleurs les
précautions à prendre pour certaines constructions
(art. 674), et dont nous ne nous occupons pas encore
ici.

Quant aux poutres et solives, notre article permet de
les placer dans toute l'épaisseur du mur, à cinquante-
quatre millimètres près, en réservant au voisin le droit
de les faire réduire à l'ébauchoir, c'est-à-dire sans déplacement, jusqu'à la moitié du mur, s'il veut lui-même se
servir du mur dans le même lieu. Nos anciennes coutumes n'étaient pas, sur ce point, uniformes ; la coutume
de Paris, par exemple, ne permettait au voisin *de loger
les poutres de sa maison que jusqu'à l'épaisseur de la moitié
du mur* (art. 208) ; tandis que la coutume d'Orléans autorisait *chacune des parties à percer tout outre ledit mur,
pour y mettre.... ses poutres et solives.... en rebouchant les
pertuis* (art. 232 et art. 238). Mais il paraît, d'après le
témoignage des anciens commentateurs, que la disposition de la coutume de Paris sur ce point n'était pas,
dans les derniers temps, observée, par le motif qu'en
donne Goupy (sur l'article 238), que déjà, dès cette époque, on ne bâtissait plus aussi solidement qu'autrefois,
et que les poutres n'auraient pas eu assez de portée, si
elles n'avaient été placées que jusqu'au point du milieu
du mur. Telle est aussi sans doute la raison qui a déterminé notre législateur.

Notons pourtant que l'article 657 n'autorise pas le
voisin à percer le mur d'outre en outre. Pardessus néanmoins a écrit (t. I, n° 172) que le voisin, pour user de
la faculté que lui accorde l'article 657, peut percer le
mur d'outre en outre, à la charge de le rétablir sur-le-

champ du côté du voisin dans une épaisseur de cinquante-quatre millimètres. A la bonne heure; si cette opération est nécessaire, et à la condition de refermer, le plus tôt possible, le mur du côté du voisin.

398. — 2° Aux termes de l'article 658 :

« Tout copropriétaire peut faire exhausser le mur mi-
« toyen; mais il doit payer seul la dépense de l'exhaus-
« sement, les réparations d'entretien au-dessus de la
« hauteur de la clôture commune, et en outre l'indem-
« nité de la charge, en raison de l'exhaussement et sui-
« vant la valeur. »

Article 659 : « Si le mur mitoyen n'est pas en état de
« supporter l'exhaussement, celui qui veut l'exhausser
« doit le faire reconstruire en entier à ses frais; et l'excé-
« dant d'épaisseur doit se prendre de son côté.

Remarquons d'abord les termes absolus dans lesquels le législateur déclare que : *tout copropriétaire peut faire exhausser le mur mitoyen* (art. 658).

Il n'est donc pas nécessaire, pour cela, que le copropriétaire veuille bâtir; il peut faire exhausser le mur sans être tenu de rendre compte de ses motifs, afin de se clore davantage par exemple, ou même uniquement pour se garantir des vues que le voisin aurait sur lui, dans le cas, bien entendu, où ces vues ne constitueraient pas, au profit du voisin, un droit acquis de servitude (comp. Toulouse, 21 avril 1830, Lagarde, Dev., 1831, II, 329; Cass., 23 juillet 1850, Varnier, Dev., 1851, I, 782).

Mais la circonstance que les deux héritages ont appartenu au même propriétaire et que c'est lui qui a donné au mur son élévation actuelle, ne suffirait certainement pas pour priver le copropriétaire du droit de l'exhausser; car il ne s'agit pas ici d'une servitude apparente, qui puisse résulter de la destination du père de famille (art. 694; comp. *supra*, n° 383 *bis*; Metz, 12 juin 1807, Hulot, D., *Rec. alph.*, t. XII, p. 40).

Et le copropriétaire peut faire exhausser le mur si *haut que bon lui semble*, comme disait l'article 195 de la coutume de Paris, lors même que le résultat de cette surélévation serait de causer de l'humidité à l'héritage voisin et de diminuer l'air et la lumière qu'il recevait auparavant.

Remarquons toutefois, sur cette dernière proposition, qu'il ne faudrait pas pourtant que le voisin élevât le mur jusqu'à une hauteur dangereuse, ou bien uniquement dans le dessein de nuire au voisin, comme par exemple de rendre sa maison malsaine ou obscure, et cela sans intérêt pour lui même.

Il est vrai qu'en général chacun peut disposer de sa chose de la manière la plus absolue, et sans tenir compte du préjudice qui peut résulter pour les voisins, de l'exercice de son droit de propriété (art. 544; *supra*, n° 66); et c'est par ce motif, en effet, que la Cour de Paris a décidé qu'aucune restriction ne peut être apportée au droit qui appartient à chacun des copropriétaires d'exhausser le mur mitoyen (8 juill. 1858, Dessalle, Dev., 1859, II, 18; ajout. Cass., 11 avril 1864, Thier, Dev., 1864, I, 165; Toulouse, 22 nov. 1864, Isaac, Dev., 1865, II, 95).

Mais les termes de cette décision nous paraîtraient trop absolus; il s'agit, ici, en effet, non pas d'un droit de propriété exclusive, mais d'un droit de mitoyenneté; or, d'une part, la règle, en matière de communauté, est que l'un des copropriétaires ne peut pratiquer d'innovations sans le consentement des autres; et si l'on y fait une exception dans le cas de mitoyenneté, c'est évidemment à la condition que l'entreprise faite par l'un des voisins aura pour but son propre intérêt et ne sera pas uniquement inspirée par l'envie de nuire à l'autre; d'autre part, l'exhaussement fait par un seul des voisins, impose une véritable servitude, une servitude légale au mur mitoyen; or, il est de la nature des servitudes de ne pouvoir être

établies que pour l'usage et l'utilité des fonds (art. 637).
Aussi, déjà dans notre ancien droit, et en présence des
termes si absolus de l'article 195 de la coutume de Paris,
ce tempérament était-il universellement admis, comme
on s'accorde maintenant encore à l'admettre; et en conséquence, on décide qu'il appartient alors aux magistrats
de déterminer suivant les cas, la hauteur convenable du
mur (comp. Ferrières et Desgodets sur ledit article; Pothier, *de la Société*, n° 212; Valin, cout. de la Rochelle,
t. III, p. 226 et suiv.; Metz, 12 juin 1807, Hulot, D.,
Rec. alph., t. XII, p. 40; Toullier, t. II, n°ˢ 202, 203;
Duranton, t. V, n° 330; Pardessus, t. I, n° 173; Zachariæ, t. III, p. 46; *Observations* de M. Boullanger, Dev.,
1859, II, 180; Paris, 18 juin 1862, Thier, Dev., 1862,
II, 499; on vient de voir, toutefois, que cet arrêt a été
cassé le 11 avril 1864, *supra;* Paris, 13 juin 1864, D.
Eicthal, Dev., 1864, II, 220; *Revue crit. de Législat.*,
1864, t. XXV, p. 17 et suiv., article de M. le conseiller
Flandin).

399. — Le copropriétaire qui, dans son intérêt, ex-
hausse le mur mitoyen, doit payer seul la dépense de
l'exhaussement (art. 638).

Mais, pour apprécier d'une manière précise ses obligations à cet égard, il faut distinguer deux cas :

Ou le mur peut, sans qu'il soit nécessaire de le reconstruire, supporter l'exhaussement;

Ou, au contraire, il faut reconstruire le mur pour l'exhausser (comp. L. 35 et 36, ff. *de dam. infect.*).

400. — Dans le premier cas, l'article 658 dispose
que le copropriétaire doit payer (outre la dépense de
l'exhaussement) *l'indemnité de la charge en raison de
l'exhaussement et suivant la valeur.*

Et cela est très-juste; *la charge*, en effet, c'est-à-dire le
poids que va désormais supporter la partie inférieure qui
reste mitoyenne, nécessitera des réparations plus fréquentes et accélérera même la destruction de cette partie.

Aussi l'indemnité doit-elle être payée dans tous les cas sans exception, quels que soient d'ailleurs la solidité et le bon état du mur.

Quant au montant de cette indemnité, il doit être déterminé *en raison de l'exhaussement et suivant la valeur*. Pour comprendre ceci, il faut savoir que l'article 197 de la coutume de Paris avait fixé l'indemnité de la charge à la sixième partie de la valeur de l'exhaussement (*de six toises l'une*). C'est évidemment aussi cette base que notre article 658 adopte par ces mots : *suivant la valeur*, qu'il faut lire comme s'il y avait : *suivant sa valeur*, c'est-à-dire *en raison de l'exhaussement et suivant sa valeur*. Toutefois comme la fixation invariable et *a priori* de cette indemnité au sixième de la valeur avait soulevé autrefois beaucoup d'objections et de très-sérieuses, notre article ne la détermine pas lui-même. Aussi ne saurions-nous admettre le sentiment de Duranton (t. V, n° 332), qui pense que l'on pourrait encore prendre pour base générale la fixation qu'en avait faite la coutume de Paris; et il nous paraît certain que l'indemnité doit être, dans tous les cas, si les parties ne s'accordent pas, déterminée par experts. Cette disposition est bien préférable à celle de la coutume de Paris; c'est, en effet, le poids plus ou moins considérable des matériaux employés à l'exhaussement, qui fait que la charge est plus ou moins forte, et par suite le préjudice plus ou moins grand; or, chacun sait que le prix des matériaux n'est pas nécessairement en raison de leur poids. L'estimation de l'exhaussement devra donc être faite, eu égard à la conséquence qu'il s'agit d'en tirer, c'est-à-dire à la pesanteur qui en résulte sur la partie inférieure et mitoyenne du mur; et, par exemple, s'il arrivait que l'exhaussement fût mal construit et n'eût, par suite de ce vice de construction, qu'une faible valeur, il n'en faudrait pas moins l'estimer seulement en raison

de son poids, et comme si le vice de construction, qui
n'importe ici nullement, n'existait pas (comp. Desgodets sur l'article 197 de la cout. de Paris, n° 3; Pothier,
de la Société, n° 213; Pardessus, t. I, n° 177; Ducaurroy, Bonnier et Roustaing, t. II, n° 290; Taulier, t. II,
p. 390).

401. — D'après les motifs que nous venons d'exposer,
il est clair que l'indemnité de la charge devra être payée
de nouveau chaque fois qu'il y aura lieu de reconstruire
le mur dans les mêmes conditions; car le mur reconstruit souffrira de la charge de l'exhaussement tout
aussi bien que l'ancien mur; il durera moins longtemps, et il faudra le réparer plus tôt et plus souvent; or,
l'indemnité a précisément pour cause la réparation de ce
préjudice (comp. Pardessus, t. I, 177; Demante, t. II,
n° 513 *bis*, II).

402. — Et c'est parce que telle est uniquement la
cause de cette indemnité, qu'il faut nécessairement aussi,
dans l'évaluation qui en est faite, tenir compte des travaux par lesquels le copropriétaire qui a exhaussé le mur
mitoyen, l'aurait, à cet effet, fortifié et consolidé sans
pourtant le reconstruire.

Si donc, par exemple, il avait augmenté par une construction en sous-œuvre, la profondeur des fondations, il
ne devrait être tenu de payer l'indemnité de la charge
qu'en proportion de l'état dans lequel se trouvait le mur,
avant que ses fondations eussent été creusées et fortifiées
(comp. Pothier, *de la Société*, n° 216).

Et il se pourrait même qu'il n'y eût lieu à aucune indemnité, si, par des travaux confortatifs quelconques,
le copropriétaire avait fait disparaître entièrement tous
les inconvénients de la surcharge; voilà pourquoi,
lorsqu'il a reconstruit le mur pour le mettre en état de
supporter l'exhaussement, il n'est tenu, en effet, d'aucune indemnité de charge (art. 659, *infra*, n° 404); or, la
raison est la même dans tous les cas; il n'y a pas lieu à

indemnité de charge, là où la charge ne cause point de préjudice (comp. Pardessus, t. I, n° 174; Demante, t. II, n° 514 *bis*, II).

405. — Ajoutons encore cette observation, qui est commune d'ailleurs à tous les travaux quelconques, bâtiments, exhaussements ou autres, que l'on peut appuyer sur un mur mitoyen, à savoir : qu'ils ne doivent pas être placés sur l'un des côtés du mur, c'est-à-dire sur la moitié seulement de son épaisseur. Ce mode de construction offre, en effet, le double inconvénient de faire porter inégalement sur le mur le poids du bâtiment ou de la surélévation quelconque qu'on lui impose, et de gêner le droit qui appartient au voisin de faire exhausser le mur dans toute son épaisseur (comp. Bordeaux, 11 déc. 1844, Soubiroux, Dev., 1845, II, 523).

« C'est un mauvais usage, dit Desgodets, lequel est fort désapprouvé des architectes expérimentés, de mettre des pans de bois sur des murs mitoyens, par rapport aux accidents qui peuvent en résulter.... Un autre défaut est de les poser plus d'un côté que de l'autre; c'est même une chose vicieuse d'élever des murs de maçonnerie, parce qu'ils chargent les murs de dessous plus d'un côté que de l'autre, en sorte que l'on doit observer, dans ces deux derniers cas, de poser le milieu du mur ou pan de bois sur le milieu du mur mitoyen au-dessous. Le voisin, qui a part au mur mitoyen sur lequel l'autre voisin a fait élever un pan de bois ou un mur de maçonnerie sur la moitié de l'épaisseur dudit mur mitoyen de son côté, est en droit de le faire abattre.... » (*Lois des bâtiments*, n°s 416 et 418, édit. Destrem.)

404. — Supposons maintenant qu'il soit nécessaire de reconstruire le mur afin de l'exhausser (*supra*, n° 399).

Dans ce cas, il faut encore distinguer :

Ou le mur a besoin d'être reconstruit, indépendamment même de tout projet d'exhaussement; et alors la copropriétaire qui veut l'exhausser, peut invoquer l'article 655. L'autre copropriétaire peut soutenir sans doute que l'état du mur ne nécessite pas encore cette reconstruction et que son voisin ne la demande actuellement que dans son seul intérêt (comp. *Trib. civ.* de Blaye, 3 juill. 1863, Richon, Dev., 1864, II, 249; Paris, 30 déc. 1864, Dubois, Dev., 1865, II, 133).

Mais s'il est reconnu que le mur est en effet ruiné et qu'il faut le refaire, la reconstruction est à la charge de chacun de ceux qui y ont droit et proportionnellement au droit de chacun; et chacun doit alors aussi faire, à ses dépens, pour ce qui le concerne, les étayements nécessaires et les rétablissements convenables (*supra*, n° 387). Notons seulement que celui qui veut exhausser, s'il a besoin d'un mur plus solide et plus épais que ne l'était l'ancien, doit supporter seul ce qu'il en coûtera de plus, et que l'excédant d'épaisseur doit se prendre de son côté (arg. de l'art. 659). D'où Pardessus a conclu qu'il *devait être laissé maître de la construction* (t. I, n° 174). Ces termes sont peut-être un peu absolus; mais du moins faut-il admettre que c'est à lui principalement qu'il appartient de la diriger (comp. Pothier, *de la Société*, n° 214; Merlin, *Rép.*, v° *Démolition*, n° 1).

Ou, au contraire, le mur est bon et *de durée*, comme disait la coutume de Paris (art. 196), eu égard à sa destination actuelle, soit pour la clôture, soit pour le soutien des bâtiments qu'il supporte, quelle que soit d'ailleurs son ancienneté (comp. Montpellier, 29 nov. 1862, Serin, *Gazette des Tribunaux*, du 8 janvier 1863);

Et, dans ce cas, le copropriétaire qui veut l'exhausser uniquement dans son intérêt, doit : 1° payer *en entier* les frais de la reconstruction, sans pouvoir y contraindre pour aucune part son voisin, sous le prétexte que le nouveau mur mitoyen sera plus fort et plus durable; 2° prendre sur son terrain l'excédant de l'épaisseur. Telle est la double obligation que lui impose l'article 659. Et remarquons qu'il n'est pas ici question de l'indemnité de la charge, par la raison très-juste que précisément la reconstruction a pour but et pour résultat de fortifier le mur de manière à le mettre en état de la supporter (comp. Pothier, n° 215; Pardessus, t. I, n° 174; Demante, t. II, n° 514 *bis*, II; *supra*, n° 402; Rouen, 31 août 1867, Oursel, Dev., 1868, II, 215).

Il n'en serait autrement qu'autant que le surcroît d'épaisseur qui aurait été donné au mur, serait reconnu insuffisant pour rendre les réparations moins fréquentes et moins dispendieuses qu'auparavant.

405. — Mais, dans ce dernier cas, le copropriétaire qui reconstruit le mur, doit-il indemniser son copropriétaire de tous les dommages qui pourraient en résulter?.

Nous avons déjà vu :

1° Que lorsque la construction est faite dans le commun intérêt des deux propriétaires, chacun doit en supporter les suites, sans aucun recours l'un contre l'autre (*supra*, n° 387).

2° Que lorsqu'elle a été nécessitée par la faute de l'un d'eux, celui par la faute duquel elle a eu lieu, doit indemniser son copropriétaire de tous les dommages qui en sont la suite (*supra*, n° 393).

Maintenant il s'agit de savoir si le copropriétaire qui reconstruit le mur dans son seul intérêt, mais sans avoir commis aucune faute, et en usant au contraire du droit que la loi lui confère, si, disons-nous, ce copropriétaire est responsable envers son copropriétaire du dommage que la reconstruction peut lui causer.

L'affirmative est généralement reconnue et nous paraît en effet très-certaine, en ce qui concerne ceux de ces dommages, qui doivent être considérés comme faisant partie des frais de la reconstruction; car l'article 659 met ces frais *en entier* à la charge de celui qui reconstruit.

Tels sont: les frais d'expertise et autres, qu'il aura

fallu faire pour déterminer l'alignement du mur; les frais
nécessaires pour étayer le bâtiment du voisin, et pour
déplacer, s'il y a lieu, comme c'est l'ordinaire, une partie
du toit qui le couvre; ceux que nécessitera le rétablissement des arbres, treillages, berceaux, pavillons, han-
gars, cabinets, etc., que le voisin aurait pu, dans le
libre exercice de son droit de mitoyenneté, appliquer ou
adosser contre le mur (comp. Pothier, *de la Société*,
n° 212; Desgodets, sur l'article 196 de la cout. de Paris;
Pardessus, t. I, n° 174; Duranton, t. V, n° 331; Solon,
n° 155; *voy.* toutefois, Caen, 6 nov. 1840, Leroy, *Rec. de
Caen*, t. IV, p. 419).

Mais si le voisin a pratiqué contre le mur des ouvrages,
dont la démolition de ce mur entraîne la destruction
complète et inévitable, des peintures, un cadran solaire,
des sculptures, en devra-t-il être indemnisé?

Quelques-uns ont répondu qu'il n'y avait jamais lieu,
pour tout ceci, ni au rétablissement ni à l'indemnité,
que le constructeur n'était tenu que de faire le *ravalement*
du mur (Toullier, t. II, n° 209; Pardessus, t. I, n° 174;
voy. le *Dictionnaire des arts*, v° *Ravalement*).

D'autres, au contraire, semblent enseigner que l'indemnité serait toujours due, en raison de la valeur même
des peintures, qui auraient été détruites (Taulier, t. II,
p. 391; *voy.* aussi Duranton, t. V, n° 331, note 2).

Ces deux solutions seraient, à notre avis, trop absolues; et nous accorderions, dans tous les cas, au voisin
une indemnité, sous la condition que le montant de cette
indemnité n'excéderait jamais la valeur des peintures et
autres ornements ordinaires, que le voisin aurait pu,
sans imprudence, et en restant dans les limites de la destination de la chose commune, appliquer sur un mur
mitoyen, c'est-à-dire *non pretiosissimas, sed vulgares*
(comp. L. 13, ff. *de servit. præd.;* Duvergier sur Toullier, t. II, n° 209, note *a*).

406. — Mais que décider, relativement aux autres

incommodités et dommages que le voisin peut éprouver, et qui ne font point partie des frais de la reconstruction ?

Goupy (sur Desgodets, art. 196 de la cout. de Paris) pensait autrefois que le copropriétaire qui reconstruit le mur dans son intérêt, quelquefois même pour son seul agrément, doit indemniser l'autre de tous les dommages, sans aucune exception, qui peuvent en résulter pour lui ; et telle est encore, sous notre Code, la doctrine de plusieurs jurisconsultes (Delvincourt, t. I, p. 161, note 5 ; Taulier, t. II, p. 391 ; *voy.* aussi les autres citations *infra*).

Mais cette doctrine nous paraît contraire :

1° Au texte même de la loi, qui, dans l'article 659, impose uniquement au copropriétaire, qui reconstruit, l'obligation de reconstruire en entier à ses frais, et de prendre de son côté l'excédant d'épaisseur, c'est-à-dire qui ne l'oblige de payer que les dépenses directement relatives à la reconstruction elle-même, *propter rem ipsam;*

2° Aux principes généraux du droit, d'après lesquels nul n'est responsable du préjudice qui peut résulter pour autrui de l'exercice d'un droit légitime, et qui n'attachent la responsabilité qu'à la faute, à la négligence ou à l'imprudence (art. 1382, 2383);

3° Aux principes particuliers de la mitoyenneté, qui constitue, à la charge de chacun des voisins, une *servitude légale*, et qui d'ailleurs aussi confère également à chacun d'eux un droit égal et réciproque.

Notre conclusion est donc que le voisin qui fait reconstruire, ne doit aucune indemnité à son voisin, pour raison des dommages qui ne font point partie des frais de reconstruction; nous exceptons, bien entendu, le cas où il aurait commis, soit en laissant traîner la construction en longueur, soit en n'employant pas toutes les précautions convenables, quelque faute, qui le rendrait responsable d'après le droit commun (art. 1382, 1383).

Cette conclusion doit être, suivant nous, maintenue pour tous les cas; et nous n'hésitons pas à nous séparer de quelques jurisconsultes, qui, après l'avoir adoptée, nous semblent, dans plusieurs de ses applications, n'y être pas ensuite demeurés fidèles.

Ainsi, par exemple, point de doute qu'aucune indemnité ne soit due au voisin, pour la gêne et les embarras momentanés qu'il a éprouvés pendant l'opération, par suite du déménagement de ses meubles, etc. (Paris, 4 mai 1813, Viale, Sirey, 1814, II, 88).

Il en est de même de ce qu'on appelle les *profits cessants, lucrum cessans*. Le voisin tenait une boutique, un café, un cabinet de lecture, ou un *jeu de paume*; et pendant toute la durée des travaux, son commerce ou son industrie ont été en chômage. — Pas d'indemnité! L'état de maître paumier qu'a mon voisin ne doit pas me rendre plus onéreux mon droit de communauté de mur, disait très-bien Pothier (*de la Société*, n° 215).

Ou encore, le voisin avait loué à un tiers sa maison; le locataire, troublé dans sa jouissance, lui demande une indemnité; supposons même que les travaux se prolongeant pendant plus de quarante jours, le locataire obtient une diminution du prix du bail ou même la résiliation (art. 1724). — Pas d'indemnité!

Mais, a-t-on dit, il est d'une injustice frappante que le voisin soit obligé d'indemniser ses locataires, sans être lui-même indemnisé (Toullier, t. II, n° 211; Pardessus, t. I, n° 174; comp. Paris, 14 avril 1862, Rivière, *J. du P.*, 1862, p. 1148).

Nous répondons que les relations du bailleur envers le locataire ne sont pas du tout les mêmes que celles du copropriétaire du mur mitoyen envers son copropriétaire. Si le bailleur doit une indemnité au preneur, c'est parce qu'il ne remplit pas alors l'obligation qu'il a prise de le faire jouir de la chose, et que le loyer est sans cause, dès que le locataire ne jouit pas; mais il n'existe, entre les deux copropriétaires voisins, aucune obligation semblable (comp. Paris, 19 juill. 1848, Jeannette, Dev., 1848, II, 463; tribunal civil de la Seine, 30 mai 1854, Wallace, *le Droit* du 5 juin 1854; Duranton, t, V, n° 331; Duvergier sur Toullier, t. II, n° 211, note *a*).

Enfin, il peut arriver que les tuyaux de cheminée, que le voisin avait adossés au mur, deviennent, par l'exhaussement, hors d'usage, à cause du refoulement de la fumée. — Pas d'indemnité. — Il est vrai que l'on a prétendu que le copropriétaire qui a fait l'exhaussement du mur, devait exhausser aussi, à ses dépens, les tuyaux des cheminées de son voisin (Paris, 4 mai 1813, Vialle, Sirey, 1814, II, 88; Delvincourt, t. I, n° 161, note 13; Pardessus, t. I, n° 174; Perrin, *Code de la Contiguïté*, n°s 136, 565 et 566). — Mais c'est là évidemment imposer un véritable nouvel œuvre au copropriétaire, qui n'a fait qu'user de son droit, et le lui imposer dans l'intérêt particulier de son copropriétaire. C'est donc à celui-ci qu'il appartient d'exhausser lui-même, s'il le veut, les tuyaux de ses cheminées; et la loi lui accorde même, pour cela, la faculté d'acheter la mitoyenneté de l'exhaussement (art. 661; Bordeaux, 18 mai 1849, Chiron, Dev., 1850, II, 183; Duranton, t. V, n° 331).

De tout ce qui précède, il résulte que la reconstruction du mur mitoyen par l'un des voisins peut être parfois, pour l'autre voisin, la cause de dommages considérables, à raison desquels aucune indemnité ne lui est due. Aussi a-t-il grand intérêt, comme il en a certainement aussi le droit: 1° à s'opposer à la reconstruction du mur, lorsqu'elle n'est pas indispensable, et à soutenir, par exemple, qu'on pourrait même lui donner un excédant d'épaisseur en le laissant subsister (*supra*, n° 394); 2° à faire déterminer le délai dans lequel les travaux de reconstruction devront être exécutés (comp. Aix, 4 mai 1863, Baude, Dev., 1864, II, 73; Paris, 30 déc. 1864, Dubois, Dev., 1865, II, 133).

407. — Le mur ainsi reconstruit par l'un des voisins, avec des matériaux plus forts et un excédant d'épaisseur, continue d'être mitoyen jusqu'à l'ancienne hauteur..

Mais pourtant on peut se demander si les charges et les droits de la mitoyenneté demeurent,, de part et d'autre, les mêmes qu'auparavant ?

Et d'abord, quant aux charges, il est clair que s'il y a lieu, plus tard, de reconstruire le mur à frais communs, le propriétaire de la partie exhaussée devra supporter seul l'excédant des frais nécessaires pour rétablir le mur tel qu'il l'avait fait ; de même que l'excédant d'épaisseur continuera d'être pris de son côté. C'est par la même raison que nous avons vu plus haut (n° 401), que l'indemnité de la charge est due à chaque reconstruction du mur ; et il n'y a pas en effet de motif pour faire supporter au voisin, à la seconde ou à la troisième reconstruction, plutôt qu'à la première, le surcroît de dépenses qui résulte de l'exhaussement que l'autre a fait dans son seul intérêt.

Mais est-ce à dire qu'en ce qui concerne les droits de la mitoyenneté, le voisin qui n'a pas contribué à l'exhaussement, ne puisse pas les exercer avec les avantages nouveaux qui résultent du plus grand degré de solidité et d'épaisseur du nouveau mur ?

Il ne faudrait peut-être pas répondre ici d'une façon absolue. Par exemple, si, après que l'un des voisins a mis un simple mur de clôture en état de supporter des bâtiments, l'autre voisin voulait aussi y appuyer une construction, il ne paraît pas douteux qu'il devrait indemniser l'autre, à raison de la valeur actuelle du mur (arg. de l'article 664).

Mais supposez que le voisin veuille seulement appuyer des poutres sur le nouveau mur. Marcadé enseigne que « le voisin alors ne pourrait pas placer des poutres dans toute son épaisseur actuelle, moins cinquante-quatre millimètres, et qu'il ne pourrait le faire que dans l'épaisseur ancienne, sans être tenu toutefois, dans ce cas, de réserver ces cinquante-quatre millimètres du côté voisin. » (Sur l'article 659, n° 1.) Nous aimerions mieux, toutefois, décider qu'il aura le droit de placer ses poutres dans toute l'épaisseur du nouveau mur, à cinquante-quatre millimètres près, parce que l'autre voisin n'a véritablement pas d'intérêt à s'y opposer.

Quant à la ligne séparative des deux héritages, il nous paraît évident qu'elle ne se trouve pas reportée jusqu'au point milieu du nouveau mur ; et en cas de démolition, le voisin qui avait fourni sur son sol l'excédant d'épaisseur, devrait reprendre cet excédant (comp. Duranton, t. V, n° 339 ; Pardessus, t. I, n° 174 ; Demante, t. I, n° 514 bis, III ; Taulier, t. II, p. 391).

408. — En ce qui concerne l'exhaussement, il appartient, bien entendu, exclusivement à celui des voisins qui l'a construit (arg. de l'article 660).

D'où il résulte :

1° Qu'il doit payer seul les réparations au-dessus de la hauteur de la clôture commune (art. 658).

2° Qu'il a, dans cette partie non mitoyenne, tous les droits que confère la propriété exclusive d'un mur.

Nous ne saurions donc admettre la doctrine de la Cour de Douai, qui a jugé qu'il ne peut pas y pratiquer des jours à fer maillé et à verre dormant, et dans les autres conditions déterminées par les articles 676, 677 (17 févr. 1810, Boniface, Sirey, 1813, II, 29). Cette doctrine nous paraît tout à fait contraire : soit au texte formel de l'article 664, qui évidemment autorise chacun des propriétaires, dans l'hypothèse qu'il prévoit, à ouvrir des jours pour éclairer son appartement ; soit aux véritables principes, en ce qu'elle méconnaît le droit exclusif de propriété, et le but évident du législateur, qui, en autorisant l'un des copropriétaires à exhausser le mur mitoyen, a voulu certainement aussi l'autoriser à profiter de ce surhaussement ; ce qui lui serait souvent impossible, s'il ne pouvait pas y pratiquer au moins des jours de souffrance (comp. *supra*, n° 375, et *infra*, n° 539 ; Merlin, *Rép.*, v° *Vue*, § 3, n° 8 ; Toullier, t. II, n° 527 ; Duranton, t. V, n° 333 ; Pardessus, t. I, n° 211 ; Zachariæ, t. II, p. 47 ; Demante, t. II, n° 513 *bis*, III).

409. — Quoique le Code ne se soit occupé que de l'exhaussement du mur mitoyen, il ne faut pas mettre en doute que chacun des copropriétaires a aussi le droit de lui donner plus de profondeur souterraine, s'il en a besoin, pour creuser, par exemple, une cave, ou pour toute autre cause. Il faut seulement prendre, bien entendu, toutes les précautions nécessaires pour que ce travail sous-œuvre ne compromette pas la solidité et la durée de la partie mitoyenne. Celui qui l'a fait, est seul aussi, dans la suite, tenu des réparations de cette partie souterraine ; et enfin, il est évident qu'aucune indemnité ne saurait lui être due pour la charge que supporte cette partie qu'il lui a convenu de faire construire (comp. Desgodets, sur l'article 194 de la cout. de Paris, n°ˢ 19, 20 ; Delvincourt, t. I, p. 161, note 12 ; Pardessus, t. I, n° 175).

410. — 3° Il y a encore beaucoup d'autres usages, que la loi n'a pas réglementés (elle ne le pouvait guère, en effet !), et pour lesquels chacun des voisins peut se servir du mur mitoyen.

La règle, à cet égard, est, avons-nous dit, que chacun d'eux peut tirer du mur tous les services qu'il est susceptible de rendre d'après sa nature, sous la condition de ne nuire ni au mur ni au voisin (arg. de l'article 1859, n° 2).

Ainsi, par exemple, point de difficulté sur le droit du copropriétaire d'un mur mitoyen, d'y appliquer ou d'y appuyer divers objets : des plantations, des treillages, des peintures, des sculptures, un cadran solaire, un berceau, un hangar, un escalier, etc., surtout lorsque ces ouvrages ne s'incorporent point dans le mur et n'y exercent aucune charge ni aucune poussée : *si ita retineatur ut etiam sublato pariete maneat* (L. 19, §§ 1 et 2, ff. *de servit. præd. urban.;* Metz, 25 août 1863, Bertrand, Dev., 1864; II, 57).

Nous verrons d'ailleurs que l'on ne pourrait pas appuyer contre le mur mitoyen des ouvrages ou des matières qui seraient de nature à le compromettre (art. 674; *infra*, n°s 514 et suiv.).

411. — Mais il peut s'élever quelques doutes, lorsque les travaux entament le mur et y opèrent des enfoncements.

Il faut alors distinguer :

Ou bien il s'agit d'un genre de construction spécialement prévu par la loi, qui l'a soumis à certaines précautions pour empêcher qu'il ne soit nuisible au mur ou au voisin ; et alors, bien entendu, il n'est pas permis de le pratiquer dans le corps même du mur mitoyen, si la loi exige qu'il en soit séparé par une distance quelconque ou par des travaux intermédiaires ; telles seraient une fosse d'aisances ou une cheminée (art. 657 et 674);

Ou, au contraire, l'espèce d'entreprise, dont il s'agit, n'a pas été réglementée par la loi ; et, dans ce cas, tout se réduit à un point de fait et à la question de savoir si l'ouvrage est ou n'est pas préjudiciable au mur ou au voisin.

On demande, par exemple, si l'un des copropriétaires peut pratiquer, dans le mur mitoyen, une armoire, une niche, un tuyau ?

Et quelques-uns répondent qu'il n'en a pas le droit ; que les seuls enfoncements qui lui soient permis, d'apres les articles 657 et 662 combinés, sont ceux des poutres ou solives, et, par analogie, des chambranles de cheminée, des harpes en pierre, ou des barres de fer (Pardessus, t. I, n° 172).

Cette doctrine nous paraît trop absolue ; et nous

croyons qu'elle est contraire au texte même de la loi et aux principes de la mitoyenneté, non moins qu'au véritable intérêt des copropriétaires.:

1° L'article 662 dispose, il est vrai, que :

« L'un des voisins ne peut pratiquer dans le corps « d'un mur mitoyen, *aucun enfoncement*, ni y appliquer « ou appuyer aucun ouvrage, sans le consentement de « l'autre, ou sans avoir, à son refus, fait régler par ex- « perts les moyens nécessaires pour que le nouvel ou- « vrage ne soit pas nuisible aux droits de l'autre. »

Mais de cette rédaction elle-même il résulte qu'avec le consentement du voisin, ou à son refus, lorsque les experts déclarent que le nouvel ouvrage ne sera pas nuisible, le voisin peut pratiquer des *enfoncements*, comme il pourrait appliquer ou appuyer contre le mur toute autre espèce d'ouvrages. L'article 662 est, sous ce rapport, très-remarquable ; il ne défend pas, il ne permet pas ; tout est subordonné, d'après son texte, au point de savoir si le nouvel ouvrage, enfoncement ou autre, sera ou ne sera pas nuisible aux droits de l'autre voisin ; aussi, ne dit-il nullement que les enfoncements permis seront seulement ceux des poutres ou solives ; et si l'article 657 a mentionné spécialement ces sortes d'enfoncements, c'est sans doute parce que nos anciennes coutumes étaient fort divergentes en ce qui concerne le mode de placement des poutres et autres pièces de bois dans le mur mitoyen, et que le nouveau législateur aura voulu mettre fin à la grande diversité des usages locaux sur ce point.

2° En principe, chacun des voisins peut se servir du mur pour les différents usages auxquels il est propre, d'après sa destination ; or, la destination d'un mur, c'est-à-dire les services qu'on en peut tirer, les fonctions auxquelles il peut être employé, tout cela n'est pas évidemment quelque chose d'absolu et d'invariable ; cette destination, au contraire, est toute relative ; elle dépend de l'état de ce mur, des matériaux dont il est formé, de sa solidité,

surtout de son épaisseur plus ou moins grande, et aussi
des habitudes du pays et de l'usage des lieux ; donc, on
ne saurait, en pareil cas, répondre d'une manière théo-
rique et absolue que jamais, si grande que soit, par
exemple, l'épaisseur du mur, le voisin n'y pourra pratiquer la moindre niche ni le plus petit placard ; il faut
dire, au contraire, qu'il le pourra, lorsqu'à raison des
circonstances que nous venons d'indiquer, cette espèce
d'ouvrage rentrera dans la destination du mur et dans
l'ordre des services qu'il est en état de rendre. Et cela
répond à l'objection qui consiste à dire que si chacun
des voisins avait le droit de pratiquer des enfoncements
dans le mur, il ne resterait plus entre eux aucune séparation, ou que du moins il n'en resterait qu'une insuffisante ; c'est là une des circonstances que les experts
auraient à examiner.

3° Il nous semble que cette solution est beaucoup plus
favorable que l'autre au véritable intérêt de chacun des
copropriétaires des murs mitoyens. Ces sortes de murs
en effet, comme disait Basnage, ne sont pas faits seulement pour séparer les maisons, *mais pour servir à la commodité des propriétaires* (sur l'article 611 de la cout. de
Normandie) ; et nous ne voyons pas d'objection sérieuse
à une doctrine, qui en favorisant le plus possible *la commodité* que les propriétaires pourront retirer du mur mitoyen, y met toujours pour condition essentielle qu'il
sera reconnu, en fait, que l'ouvrage que l'un des voisins
veut faire, ne pourra nuire ni au mur ni au voisin.

4° Enfin, ajoutons que, dans le règlement des droits
et des assujettissements réciproques de la mitoyenneté,
il convient, pour le grand avantage des parties, de ne pas
poser de principes absolus et de laisser une certaine part
à l'appréciation discrétionnaire et équitable des magistrats ; telle est certainement la pensée du législateur dans
l'article 662 (comp. Delvincourt, t. I, p. 161, note 2 ;
Toullier, t. II, n° 206 ; Taulier, t. II, p. 388 ; Zachariæ,

t. II, p. 48; Demante, t. II, n° 514.*bis*, I ; Vaudoré, *Droit civ. des juges de paix*, t. I, p. 239, n°s 26, 27). '

412.— Le principe étant ainsi posé, les applications qui peuvent en être faites ne sauraient plus guère soulever que des questions de maçonnerie et d'architecture bien plutôt que des questions de droit.

On a, par exemple, demandé si les tuyaux de chute des fosses d'aisances pouvaient être encastrés dans un mur mitoyen ?

Il est vrai qu'autrefois l'opinion générale paraissait être que les appendices et accessoires des fosses d'aisances étaient soumis à des mesures de précautions comme les fosses elles-mêmes (comp. Ferrières, sur l'art. 191 de la cout. de Paris ; Desgodets, sur ledit article, §§ 9 et 10).

Mais comme, après tout, l'article 674 de notre Code ne mentionne que *la fosse d'aisances*, nous comprenons bien que l'on ait pu décider que les tuyaux de descente, surtout lorsqu'ils sont en fonte et qu'ils ne causent aucun préjudice au mur ni au voisin, ne rentrent pas dans les dispositions de cet article et peuvent être encastrés dans le corps même du mur mitoyen (Cass., 7 nov. 1849, Danel, Dev., 1850, I, 18 ; comp. aussi Poitiers, 18 août 1841, Héron, Dev., 1842, II, 465 ; Dijon, 18 août 1847, Legrand, Dev., 1848, II, 137).

413. — C'est par l'application de notre principe, et en se fondant précisément sur l'article 662, que la Cour de Caen a jugé que le massif de maçonnerie mitoyen entre deux usines, pouvait, sur la demande de l'un des propriétaires, être réduit, afin de procurer plus de largeur au mur de l'une des usines, pourvu qu'il fût constaté par experts que l'autre propriétaire pourrait, s'il le jugeait nécessaire et quand il voudrait opérer, de son côté une semblable réduction, sans que la destination du massif en souffrît (23 mai 1845, Duval, *Rec. de Caen*, t. IX, p. 417).

Ceci est notable ; mais il n'en faudrait pas conclure,

bien entendu, que l'un des voisins peut réduire l'épaisseur du mur mitoyen.

Nous avons déjà vu aussi qu'il ne pouvait pas l'abaisser, lors même que, par une circonstance quelconque, le mur aurait une hauteur plus grande que celle des murs de clôture (*supra*, n° 383 *bis*).

414. — Pareillement, aux termes de l'article 675 :

« L'un des voisins ne peut, sans le consentement de « l'autre, pratiquer dans le mur mitoyen aucune fenêtre « ou ouverture, en quelque manière que ce soit, même « à verre dormant. »

« Le mur mitoyen, dit Pothier, étant fait pour s'enclore et pour qu'on y appuie ce qu'on juge à propos d'y appuyer, il s'ensuit que chacun des voisins ne peut, sans le consentement de l'autre, s'en servir pour d'autres usages ; c'est pourquoi il ne peut, sans le consentement de l'autre, y faire des trous ou des fenêtres sur l'héritage du voisin. » (*De la Société*, n° 218.)

Voilà le vrai motif de cette prohibition, qui n'a pas précisément pour but de garantir le voisin des vues indiscrètes de son voisin ; car ces sortes de jours sont autorisés dans un mur non mitoyen (art. 676, 677) ; s'il n'est pas permis d'en pratiquer de semblables dans le mur mitoyen, c'est qu'un tel usage ne rentre pas dans la destination naturelle et véritable de ce mur (*voy.* l'article 199 de la cout. de Paris).

La Cour de Montpellier a toutefois décidé, que le copropriétaire d'un mur mitoyen ne pouvait pas être empêché par son copropriétaire, de pratiquer dans ce mur des ouvertures de vue ou d'accès. Mais cette espèce était tout à fait singulière et exceptionnelle ; il s'agissait d'un propriétaire, auquel l'expropriation forcée pour cause d'utilité publique avait enlevé toute la partie de son fonds en deçà du mur ; de sorte que véritablement ce mur avait cessé d'être *mitoyen* dans le sens exact de ce mot, puisqu'il n'était plus intermédiaire ni séparatif de deux héritages privés ; le propriétaire exproprié n'avait donc pas d'intérêt à s'opposer à ce que l'autre pratiquât dans ce mur des ouvertures, qui ne donnaient désormais que sur la voie publique ; et il était d'autant moins fondé, que son ancien voisin lui offrait le prix de sa part de propriété dans le mur, et qu'il ne voulait pas le recevoir (9 juin 1848, Claparède, Dev., 1848, II, 679).

Et le pourvoi contre l'arrêt de la Cour de Montpellier, a, en effet, été rejeté par la Cour de Cassation :

« .... Attendu qu'en un tel cas, les principes des servitudes (de la mitoyenneté) disparaissent pour faire place à ceux de la communauté, suivant lesquels tout copropriétaire peut faire usage de la chose commune, pourvu qu'il ne porte pas préjudice aux droits et à la jouissance de son copropriétaire.... » (31 janv. 1849, Claparède, Dev., 1860, II, 359, note I.)

414 bis. — Une autre espèce s'est encore présentée, qui offre une certaine analogie avec celle sur laquelle la Cour de Montpellier a statué.

La ville de Paris, ayant acquis une maison qui était séparée d'une autre maison voisine par un mur mitoyen, la fit démolir ; et le terrain, qu'elle couvrait, fut destiné à la voie publique.

En cet état, le propriétaire de la maison, qui touchait à la maison démolie, voulut pratiquer, dans le mur mitoyen, des ouvertures, des fenêtres, des portes.

Et, contre la ville de Paris, qui s'y opposait, il raisonnait ainsi :

1° La mitoyenneté proprement dite, qui est une espèce de servitude, ne peut exister qu'entre deux héritages privés (art. 637) ; or, le mur de la maison sépare aujourd'hui non pas deux héritages privés, mais un héritage privé d'un côté, et de l'autre côté, la voie publique ; donc, il n'a plus le caractère d'un mur mitoyen.

2° Il est vrai que ce mur appartient désormais en

commun au maître de la maison et à la ville ; mais c'est
là, en effet, seulement désormais une copropriété commune à laquelle il faut appliquer, non pas les règles
spéciales de la mitoyenneté, mais les règles générales
de la copropriété et de la communauté ordinaire ; or,
l'une de ces règles les plus certaines, c'est que chacun
des copropriétaires peut retirer de la chose commune
tous les services, qu'elle peut lui rendre, en tant qu'il
ne nuit pas au droit de son copropriétaire ; donc, le
maître de la maison peut, dans l'espèce proposée,
pratiquer des fenêtres et des portes dans le mur commun ; d'autant plus que ces ouvertures seront pratiquées sur une voie publique, dont précisément la destination est de les recevoir ; et l'on invoquait, en ce
sens, l'arrêt rendu par la Cour de Montpellier (*supra*,
n° 414 ; comp. Observations dans le *J. du P.*, 1861,
p. 456).

Cette conclusion paraît, en effet, d'abord fort rationnelle ; et l'on se demande, à première vue, quel intérêt
pouvait avoir la ville de Paris à s'y opposer.

Ah ! c'est qu'elle avait le dessein de faire démolir
aussi cette autre maison et qu'elle ne voulait pas, en
laissant le propriétaire y pratiquer des fenêtres, des
portes, des devantures, voir grossir ainsi le chiffre de
l'indemnité, qu'elle serait tenue ensuite de lui payer,
en raison même de la plus-value, que ces innovations
donneraient à sa maison. (Comp. Paris, 13 mars 1860,
Tétart, *J. du P.*, 1861, p. 458.)

La ville donc répondait :

D'une part, que cette espèce était très-différente de celle
qui avait été jugée par la Cour de Montpellier ; car, dans
celle-ci, le copropriétaire du mur mitoyen, n'ayant pas la
propriété du terrain contigu à ce mur, n'avait évidemment aucun intérêt à s'opposer aux ouvertures, que son
copropriétaire voulait y pratiquer ; tandis que, dans l'espèce actuelle, la ville de Paris étant propriétaire du terrain

contigu au mur, avait intérêt à ce que des ouvertures n'y fussent pas faites;

Et, d'autre part, qu'elle avait succédé au droit du propriétaire de la maison démolie, et qu'elle devait, en conséquence, avoir les mêmes droits que son auteur avait.

Et, c'est ainsi, en effet, que la Cour de Paris l'a décidé (13 août 1860, Perrot, Dev., 1860, II, 359; *J. du P.*, 1861, p. 456).

Il faut bien reconnaître que c'est là encore une hypothèse exceptionnelle et singulière.

Notre avis est, toutefois, que, dans l'état des faits, la ville de Paris était fondée à soutenir que l'on ne devait pas scinder à son préjudice, l'opération qu'elle avait faite; et que puisqu'en acquérant l'une des maisons pour la démolir, elle prévoyait qu'elle pourrait être aussi amenée à acquérir et à démolir également l'autre, elle avait le droit de se prévaloir de sa copropriété dans le mur de cette maison, pour empêcher d'y pratiquer des entreprises, dont on pourrait ensuite se faire contre elle un titre d'indemnité. (Comp. Cass., 24 juillet 1862, la ville de Paris; Cass., 3 juill. 1862, Tétart (rejet du pourvoi contre l'arrêt précité de la Cour de Paris du 23 mars 1860), *Gazette des Tribunaux* du 23 juill. 1862; et Dev., 1862, I, 797.)

415. — Il est évident aussi que chacun des copropriétaires doit établir les ouvrages qu'il élève ou qu'il appuie sur le mur, corniches, tuyaux de poêle, gouttières et autres, de manière qu'ils ne s'avancent pas du côté de l'héritage voisin; et il ne suffirait pas que les tuyaux de cheminée ou les gouttières fussent disposés de manière à ramener, au moyen d'un coude ou autrement, la fumée ou les eaux sur le fonds de celui qui les aurait établis; aucun ouvrage, quel qu'il soit, ne peut faire saillie sur le fonds du voisin : *quatenus nihil immitat in alienum* (L. 8, § 5, ff. *si servit. vin-*

dic., *infra*, n° 585 ; Caen, 6 nov. 1840, Leroy, *Rec. de Caen*, t. IV, p. 419 ; Toullier, t. II, n° 212 ; Pardessus, t. I, n° 171).

416. — Au reste, quelle que soit l'entreprise que l'un des copropriétaires veuille faire dans le mur mitoyen, dès qu'il y a lieu d'y appliquer un enfoncement, d'y appliquer ou appuyer un ouvrage, il doit obtenir le consentement du voisin ou, à son refus, faire régler, par experts, les moyens nécessaires pour ne pas lui nuire.

Telle est la disposition de l'article 662, qui renferme, suivant nous, une règle générale applicable même à l'espèce de travaux déterminés et prévus par les articles 657, 658 et 659.

La doctrine contraire a toutefois été enseignée ; et quelques auteurs prétendent que l'article 662 n'est pas applicable au cas où l'un des copropriétaires veut *faire bâtir contre le mur mitoyen, y faire placer des poutres, ou l'exhausser.*

D'une part, a-t-on dit, les articles 657, 658 et 659 accordent purement et simplement, et sans aucune condition, au copropriétaire, le droit de faire ces sortes de travaux ; d'autre part, ces travaux, en effet, lorsqu'il s'agit de constructions à faire sur le mur, ou de l'établissement de poutres, sont de telle nature, qu'au lieu de nuire au mur, de l'affaiblir, ils le fortifient et le consolident ; et quant à l'exhaussement, la loi elle-même a déterminé d'avance les mesures qui devaient être prises pour garantir l'intérêt du voisin ; donc, il n'est nullement nécessaire de recourir, dans ces trois cas, à un règlement d'experts (Cass., 18 avril 1866, Bonnard, Dev., 1866, I, 430 ; Duranton, t. V, n° 335 ; Mourlon, t. I, p. 779).

La réponse nous semble facile, d'après le texte même de l'article 662, aussi bien que d'après la raison et les principes sur lesquels il repose :

1° Aux termes de l'article 662, l'un des voisins ne peut, sans le consentement de l'autre voisin, ou sans un règlement d'experts, pratiquer, dans le mur, aucun enfoncement, y appliquer ou y appuyer aucun ouvrage; or, placer des poutres dans le mur, c'est apparemment y *pratiquer un enfoncement!* Bâtir sur le mur, ou l'exhausser, c'est sans doute aussi y *appuyer un ouvrage;* donc, le texte de l'article 662 s'applique aux travaux prévus par les articles 657 et 658. Il est vrai que la lettre même de l'article 662 pourrait n'être pas aussi directement applicable au cas où le mur n'étant pas en état de supporter l'exhaussement, il est nécessaire de le reconstruire. Mais alors, bien évidemment, c'est *a fortiori* que l'article 662 doit être applicable, puisqu'il le serait s'il s'agissait seulement d'exhausser le mur actuel sans le démolir!

2° Entendu autrement, l'article 662 serait absolument inconciliable avec les articles 657, 658 et 659; tandis qu'avec notre interprétation, toutes les dispositions de la loi sont en parfait accord. Sans doute, les articles 657, 658 et 659 confèrent au copropriétaire le droit de faire les travaux dont ils s'occupent; et, on ne doit pas admettre que l'exercice de ce droit puisse être paralysé par le refus du voisin. Mais précisément l'article 662 n'accorde pas ce droit de *veto* au voisin; et il ne fait que soumettre l'exercice du droit à l'emploi de certaines précautions qui laissent tout à fait intactes les facultés que confèrent les articles 657, 658 et 659.

3° Enfin, il y aurait une inexplicable contradiction dans la loi, si elle dispensait le voisin de l'observation des précautions exigées par l'article 662, précisément pour les ouvrages les plus graves, pour ceux qui peuvent le plus compromettre la solidité du mur ou causer les plus grands dommages au voisin. On objecte vainement que ces ouvrages fortifient le mur au lieu de l'affaiblir.

Mais c'est précisément là, en fait, la question à résoudre et le point à vérifier. Et puis, est-ce que le voisin ne peut pas avoir lui-même pratiqué ou appuyé des ouvrages dans le mur ou contre le mur? Est-ce que le voisin ne pourrait pas être fondé à demander l'emploi de certaines précautions? Est-ce qu'il est possible que l'autre voisin, sans avertissement, et tout d'un coup, se mette à l'œuvre? Comment! vous auriez le droit de démolir notre mur mitoyen sans m'interpeller en aucune manière! Duranton lui-même enseigne que *dans ce cas, il convient, quoique la loi ne le prescrive pas spécialement, d'en faire régler l'état.* Nous croyons avoir démontré que la loi, au contraire, le prescrit très-nettement, et qu'elle a eu raison de le prescrire. Et en cela, notre article 662 est conforme aux articles 203 et 204 de la coutume de Paris, qui, en accordant au voisin le droit de percer ou faire percer, ou de démolir un mur commun, ajoutait aussi cette condition : *en le dénonçant toutefois au préalable à son voisin.*

Ce que l'on peut dire seulement, c'est que l'article 662 ne serait pas applicable, lorsqu'il s'agit de ces petits ouvrages tout à fait inoffensifs, qui n'entament pas le mur, et qui ne peuvent, par leur poids, leur poussée ou autrement, nuire à ce mur, ni au voisin : telles que les peintures, un cadran solaire, ou même des treillages, etc. (comp. Delvincourt, t. I, p. 161, note 3; Toullier, t. II, n° 206; Pardessus, t. I, n°ˢ 178 et 181; Zachariæ, t. II, p. 47; Marcadé, art. 662; Demante, t. II, n° 516 *bis*; Ducaurroy, Bonnier et Roustaing, t. II, n° 295; Taulier, t. II, p. 389; Solon, n°ˢ 149-152).

417. — L'article 662 a pour but de mettre le voisin à même de présenter ses moyens d'opposition, s'il arrive qu'il en ait, ou de requérir les mesures qu'il croit nécessaires pour que les travaux projetés ne lui soient point dommageables. Mais ce n'est pas précisément, à vrai dire, son *consentement* qui est exigé, puisqu'en cas de refus, l'article lui-même indique les moyens à employer pour passer outre.

En cas de consentement volontaire du voisin, pas de difficulté; notons toutefois qu'il est prudent de demander ce consentement par écrit; car la preuve testimoniale n'en serait pas admissible, puisqu'il s'agit ici d'une valeur indéterminée (art. 1341).

Mais si le voisin refuse son consentement, il n'est pas nécessaire d'introduire contre lui une action devant les tribunaux; l'article 662 se bornant à exiger, dans ce cas, un règlement d'experts. Pardessus enseigne que le copropriétaire qui veut faire les travaux, doit alors, après avoir laissé à son voisin un délai de trois jours au moins, pour faire connaître ses intentions, s'adresser au président du tribunal par voie de référé (art. 806 procéd.), pour qu'il nomme d'office les experts (t. I, n° 179). Nous avons indiqué plus haut un autre mode de procéder, qui nous paraît encore entraîner moins de frais et de lenteur; et c'est celui que nous conseillons, pour notre part, en ces occasions (*supra*, n° 366).

Que si les ouvrages sont de telle nature qu'il faille s'introduire chez le voisin, ou encore si ce voisin doit lui-même y contribuer, il est clair qu'il serait nécessaire de recourir à la justice (comp. Toullier, t. II, n°ˢ 206, 207; Pardessus, t. I, p. 180).

Quant aux précautions à prendre, notre Code s'en remet à l'expertise; c'est qu'il ne s'agit plus là, en effet, que de questions de maçonnerie et d'architecture, et que les mesures qu'il convient d'employer, sont d'ailleurs toutes relatives, et dépendent de l'état du mur, des matériaux qui y sont employés, de l'espèce de construction dont il s'agit, et surtout des usages locaux (*voy.* aussi art. 674).

Ajoutons enfin que, dans tous les cas, celui qui fait l'entreprise doit avertir son voisin du jour où les travaux commenceront, *sous peine*, dit Pothier, *d'être tenu de ses dommages-intérêts,* s'il n'avait pas eu le temps de faire les dispositions nécessaires pour se garantir du dommage (sur l'article 232 de la cout. d'Orléans; Auroux, sur l'article 505 de la cout. de Bourbonnais; ajout. art. 1382, 1383, C. Napol.; comp. Cass., 7 avril 1858, Wepfer, Dev., 1858, I, 440).

418. — Plusieurs de nos anciennes coutumes rendaient les maçons personnellement responsables, lorsqu'ils avaient touché ou fait toucher à un mur mitoyen, pour le démolir, percer et réédifier, sans y appeler les voisins (Paris, art. 203; Bayonne, art. 1 du titre xvii; Calais, art. 189).

Et quelques auteurs ont enseigné que ces dispositions étaient au nombre des règlements de police locale, que le Code n'a point abrogés (comp. Delvincourt, t. I, p. 161, note 4; Pardessus, t. I, n° 178; Favard de Langlade, *Rép.*, v° *Servit.*, sect. ii, § 4, n° 5).

Mais nous croyons, au contraire, que cette responsabilité exceptionnelle aurait eu besoin d'être décrétée par le Code, et que dans son silence, la responsabilité atteint uniquement le propriétaire et non point les maçons, qui ne font qu'exécuter ses ordres et qui peuvent ignorer si le mur est ou n'est pas mitoyen, et en cas de mitoyenneté, si le propriétaire qui les emploie n'a pas obtenu le consentement de son voisin (comp. Toullier, t. II, n° 207; Duranton, t. V, n° 336).

419. — Il est bien entendu que si, malgré l'observation des conditions prescrites par l'article 662, le nouvel ouvrage est nuisible soit au mur, soit au voisin, celui-ci est toujours fondé à demander des dommages-intérêts pour le préjudice qu'il a éprouvé, et le changement des travaux.

Si le voisin a consenti volontairement, il est bien évident que ce n'est que sous la condition que l'ouvrage serait établi de manière à ne pas lui nuire (Pothier, *de la Société,* n° 238); et s'il y a eu expertise, ce n'est là

qu'une mesure de précaution, qui n'affranchit nullement
le propriétaire constructeur de la responsabilité des dommages qu'il peut causer à son voisin, si, par l'erreur de
l'expert, la mauvaise qualité des matériaux employés, ou
par toute autre cause, le nouvel ouvrage est préjudiciable. Favard de Langlade (*Rép.*, v° *Servit.*, sect. ii, § 4,
n° 12) ne va donc pas assez loin, suivant nous, lorsqu'il refuse au voisin le droit de demander la destruction de l'ouvrage nuisible, et ne lui accorde qu'une
action en dommages-intérêts. Les principes du droit et
de l'équité exigent, au contraire, qu'il puisse demander
même la destruction du nouvel ouvrage, sauf aux magistrats à apprécier, soit sur ce chef, soit sur celui
des dommages-intérêts demandés, le caractère et la
gravité du préjudice, dont le voisin se plaint (comp.
L. 8, § 5, ff. *si servit. vind.*; Toullier, t. I, n° 207; Duranton, t. V, n° 337; Pardessus, t. I, n° 201; *voy.* aussi
infra, n° 653).

420. — Aux termes de l'article 665 :

« Lorsqu'on reconstruit un mur mitoyen ou une mai-
« son, les servitudes actives et passives se continuent à
« l'égard du nouveau mur et de la nouvelle maison, sans
« toutefois qu'elles puissent être aggravées, et pourvu
« que la reconstruction se fasse avant que la prescrip-
« tion soit acquise. »

Ce n'est là qu'une application d'un principe général en
matière de servitudes, que le moment n'est pas venu encore d'exposer, et sur lequel nous fournirons plus bas les
développements, que mérite son importance (comp.
art. 702, 703 et 704; *infra*, n°° 962 et suiv.).

On pourrait même trouver que cet article 665 n'est
pas ici à sa place, puisqu'il y est question des servitudes
proprement dites, c'est-à-dire des servitudes établies par
le fait de l'homme, et que le chapitre où nous sommes
traite, au contraire, des servitudes établies par la loi;
mais les rédacteurs du Code auront cru sans doute qu'il

était bon, après avoir accordé la faculté de démolir le
mur mitoyen, pour le reconstruire, de rappeler à la fois
la double règle : que les servitudes revivent avec la reconstruction, et ne peuvent pas être aggravées.

421. — Nous venons de parler des droits et des obligations respectifs des copropriétaires d'un mur mitoyen.

Il nous reste à nous expliquer sur le cas où le mur est
la propriété exclusive de l'un des voisins.

La règle alors est que l'autre voisin n'en peut retirer
aucun avantage et n'en doit pas non plus supporter les
charges.

Et c'est ainsi :

1° Qu'il ne peut se servir du mur pour quelque usage
que ce soit, même seulement pour y appuyer des treillages ou des espaliers (art. 544; Paris, 30 janv. 1811,
Houbé, Sirey, 1813, II, 322);

2° Que réciproquement aussi, il peut réclamer une indemnité à raison du dommage que lui causeraient les
gravois qui se détacheraient du mur, par suite du défaut
de réparations ou à l'occasion même des réparations
(art. 1382).

422. — Mais il est tenu de laisser entrer les ouvriers
dans son fonds, pour y faire les travaux que nécessite-
raient la réparation, l'exhaussement ou la reconstruction
du mur, et de souffrir que l'on y dépose les matériaux et
que l'on y place les échelles?

Plusieurs coutumes reconnaissaient autrefois au propriétaire exclusif d'un mur ou d'un bâtiment contigu à
l'héritage d'autrui, un droit sur un certain espace de terrain au delà de son mur.

Dans quelques-unes de ces coutumes, c'était un droit
de propriété, que le maître du mur était présumé s'être
réservé, afin précisément de pouvoir réparer son mur
ou son toit, et y poser ses échelles; et de là, pour cet
espace de terrain, la dénomination de *tour d'échelle* ou
d'échelage, et plus spécialement celle d'*investison* ou

invétison, dans les pays où cet espace était considéré comme la propriété du maître du mur (Merlin, *Rép.*, v° *Invétison*).

Dans d'autres coutumes, ce n'était qu'à titre de servitude que le maître du mur pouvait entrer sur le fonds du voisin pour faire les réparations; et parmi ces dernières, les unes établissaient *ce droit de tour d'échelle* comme une servitude légale dérivant du voisinage; tandis que les autres n'y voyaient qu'une servitude ordinaire qui avait besoin d'être acquise, et qui s'acquérait différemment suivant les différentes coutumes, ici seulement par titre, et là même aussi par la prescription (*voy.* Merlin, *Rép.*, v° *Tour d'échelle*, § 2).

Ces règles doivent évidemment encore être appliquées aujourd'hui en ce qui concerne les murs dont la construction est antérieure à notre Code (art. 2).

D'où il suit :

1.° Que si le mur est situé dans le ressort d'une ancienne coutume, qui présumait que le constructeur a laissé au delà de son mur un certain espace (ordinairement de trois pieds anciens), cet espace doit continuer de lui appartenir;

2° Que même dans les lieux où le droit de tour d'échelle n'existait que comme servitude légale, le propriétaire du mur (quoique cette proposition puisse paraître plus contestable) doit continuer à exercer cette servitude qui lui était garantie par la loi, sous la foi de laquelle il a construit (comp. Duranton, t. V, n° 316; *et contra,* Toullier, t. II, n° 559, note 3);

3° Que dans les coutumes où le droit de tour d'échelle pouvait être acquis soit par titre, soit aussi par prescription, il doit être encore maintenu aujourd'hui, même dans ce dernier cas, pourvu que la prescription fût acquise au moment de la promulgation du titre des servitudes de notre Code (art. 691; Dijon, 21 nov. 1867, Bruchet-Giboulot, Dev., 1868, II, 150).

423. — Mais que décider relativement aux murs qui ont été construits depuis cette dernière époque?

Il nous paraît évident que le *tour d'échelle* ne peut être invoqué en vertu des lois nouvelles :

Ni comme un droit de propriété, que le constructeur serait présumé s'être réservé au delà de son mur, puisque notre Code permet à chacun des voisins de bâtir sur la limite extrême de son héritage, et présume, en conséquence, qu'il l'a fait ainsi (arg. des articles 653 et 661 ; comp. Pothier, *de la Société*, n° 244) ;

Ni comme servitude légale, puisque aucun texte de loi ne l'établit (Locré, *Législ. civ.*, t. VIII, p. 406 ; Ducaurroy, Bonnier et Roustaing, t. II, n° 294).

Ce n'est donc jamais qu'en vertu d'un titre que le propriétaire exclusif d'un mur ou d'un bâtiment peut avoir un droit quelconque au delà de son mur.

Il faudra donc examiner le titre; et l'on verra s'il en résulte pour le maître du mur un droit de propriété ou une simple servitude. Grande est la différence entre les deux cas, ainsi que nous l'avons déjà remarqué ; car si le maître du mur est propriétaire d'un certain espace au delà de son mur, il peut s'en servir pour toute espèce d'usage, et le voisin n'y a, au contraire, aucun droit quelconque; tandis que la simple servitude laisse au voisin le droit d'user de ce terrain, à la condition de ne pas nuire à l'exercice de la servitude, laquelle ne donne alors au maître du mur que le droit de se servir de ce terrain uniquement pour les réparations de son mur ou de son toit (Paris, 6 août 1810, Dumé, Sirey, 1812, II, 415). Dans le doute, on doit, en général, interpréter le titre en ce sens qu'il établit seulement une servitude de tour d'échelle (art. 1162) ; et alors, en cas de silence du titre sur l'étendue de cette servitude, se rapporter, en ce point, aux anciens usages locaux (art. 1159).

Ajoutons que, comme servitude, le tour d'échelle ne peut évidemment s'établir aujourd'hui que par titre, puisque étant discontinu et non apparent, il ne saurait résulter ni de la prescription (art. 690, 691), ni de la destination du père de famille (art. 694; comp. Caen, 8 juill. 1826, Gaillard, D., 1832, II, 1; Bordeaux, 20 déc. 1836, Duc, Dev., 1838, II, 132; Caen, 27 avril 1844, Gaffet, *Rec. de Caen*, t. VIII, p. 230; Merlin, *Rép.*, v° *Tour d'échelle*, § 2, n° 2; Agen, 2 juill. 1862, Fabrique de Mirande, D., 1862, II, 150; *Observations*, n° 2; Douai, 21 août 1865, Baes, Dev., 1866, II, 229; Caen, 18 janvier 1866, Danican, *Rec. de Caen et de Rouen*, 1866, p. 27).

424. — Des principes que nous venons de poser, il résulte que celui qui a construit un mur ou un bâtiment à l'extrémité de son héritage, sans se réserver un certain espace au delà, et sans stipuler de son voisin la servitude de tour d'échelle, n'a pas le droit de faire passer ses ouvriers sur l'héritage de ce voisin, d'y déposer les matériaux, ni d'y placer ses échelles, pour les réparations de son mur ou de son toit, même en offrant une indemnité. Et c'est ainsi que, dans notre ancien droit lui-même, on n'admettait pas de plein droit la servitude qui aurait été nécessaire pour que la charrue pût tourner (comp. Dunod, *des Prescript.*, p. 85).

Telle est, disons-nous, la conséquence de ces principes, celle qui nous paraît la plus vraie juridiquement, et de beaucoup aussi la plus facile à soutenir, lors même que les réparations seraient ainsi très-incommodes et très-dispendieuses, bien plus! lors même qu'elles seraient impossibles; car, après tout, le propriétaire constructeur doit s'imputer à lui-même de s'être mis dans cet embarras; et il ne doit pas pouvoir, par son seul fait, imposer une servitude à l'héritage de son voisin, et une servitude peut-être très-gênante, à laquelle ce voisin n'aurait jamais voulu consentir (comp. L. 61, ff. *de regulis juris;* l'acte de notoriété du Châtelet de Paris du 23 août 1704; Toullier, t. II, n° 559; Favard de Langlade, *Rép.*, v.° *Servit.*, sect. II, § 7, n.° 7 ; Coulon, *Quest. de droit*, t. II, p. 336 et suiv. ; Duranton, t. V, n° 315, p. 317).

Il faut convenir toutefois que cette conséquence sera souvent très-dure, et paraîtra peu conforme aux devoirs de bon voisinage et de la sociabilité humaine ; et voilà ce qui explique sans doute les moyens et les distinctions assez plausibles d'ailleurs, quoique, suivant nous, peu rigoureux en logique et en droit, que l'on a invoqués pour s'y soustraire.

Ainsi, a-t-on dit, s'agit-il de travaux à faire à un mur de clôture ? Si ce mur est situé dans une ville ou dans un faubourg où la clôture est forcée (art. 663), le voisin peut être tenu de laisser entrer dans son fonds ; et l'équité veut même qu'il ne lui soit pas dû d'indemnité pour ce passage, puisqu'il a pour objet l'entretien d'un mur dont le voisin profite pour être clos (comp. Pardessus, t. I, n° 227 ; Duranton, t. V, n° 315).

S'agit-il de travaux à faire au toit d'un bâtiment ? Si le voisin est assujetti à la servitude d'égout, il ne peut refuser le passage pour les réparations, parce que c'est là une suite nécessaire de la servitude d'égout (arg. de l'article 696 ; *voy.* les deux auteurs précités). —Nous ne pouvons toutefois nous empêcher de remarquer que cette suite n'est pas ici du tout nécessaire ; il est vrai que certaines coutumes autrefois décidaient que le droit d'égout emportait le droit d'échelage, et que *qui avait l'un avait l'autre* (Meaux, art. 75 ; Reims, art. 378). Mais, dans le silence de notre Code sur ce point, nous ne croyons pas que l'on puisse confondre ainsi deux servitudes différentes et distinctes : l'une, continue ; l'autre, discontinue, et dont la première ne suppose pas du tout nécessairement la seconde, on voit, au contraire, journellement que des réparations se font au toit d'un bâtiment au moyen d'échelles volantes, et sans que l'on pénètre dans l'héritage voisin (comp. Caen, 3 juill. 1826, Gaillard ; et Bourges, 3 août 1831, Berger, Dev., 1832, II, 1 ;

Bordeaux, 20 déc. 1836, Duc, Dev., 1838, II, 132; Merlin, *Rép.*, v° *Tour d'échelle*, § 2, n° 2; Toullier, t. II, n° 360; Solon, n° 343; Coulon, *Quest. de droit*, t. III, p. 331).

Enfin, s'il s'agit de réparations à faire soit à un mur de clôture situé à la campagne, soit à la couverture d'un bâtiment qui n'a aucun droit d'égout, et que le propriétaire se trouve dans l'impossibilité de réparer, si on lui refuse l'entrée du fonds voisin, il pourra l'obtenir moyennant indemnité, par une induction, dit Pardessus, aussi juste que naturelle de l'article 682 (t. I, n° 227; comp. art. 240 de la cout. d'Orléans; Pothier, *de la Société*, n° 246; Merlin, *Rép.*, v° *Tour d'échelle*, § 2, n° 1; Bruxelles, 28 mars 1823, Vanhagendoren, Sirey, 1825, II, 374; Bordeaux, 29 déc. 1836, Duc, Dev., 1838, II, 132).

Ces diverses solutions nous semblent, ainsi que nous l'avons déjà dit, en dehors des principes rigoureux; mais elles sont favorables; et nous ne serions pas surpris de les voir quelquefois réussir dans la pratique, surtout lorsqu'il s'agit de murs situés dans les villes et les faubourgs, qui profitent au voisin sans lui rien coûter, et lorsque le propriétaire, offrant de réparer tout le dommage qu'il pourrait causer, et de se conformer d'ailleurs, pour les jours et les heures des travaux, aux convenances de son voisin, il apparaîtra manifestement que celui-ci ne s'y refuse que par malice et dans le seul dessein de nuire.

§ 2.

Des mitoyennetés relatives au cas où les différents étages d'une maison appartiennent à plusieurs propriétaires; et plus généralement du cas où une chose commune est affectée à l'usage indivis de plusieurs héritages appartenant à des propriétaires différents.

SOMMAIRE.

425. — Caractère général des différentes espèces de mitoyenneté, d'où résulte la servitude d'indivision.

425. — Nous avons à nous occuper, dans ce paragraphe, de plusieurs espèces de mitoyennetés, improprement dites, qui ne sont pas *intermédiaires* et séparatives de deux héritages (*supra*, n°ˢ 308, 309), mais qui partici- pent du caractère de la mitoyenneté véritable, en ce sens qu'elles s'appliquent à des choses communes, qui ne sont pas susceptibles de partage ni de licitation (sans le con- sentement de tous les intéressés), par le motif qu'elles sont destinées à l'usage concurrent et nécessairement in- divis de plusieurs fonds appartenant à des propriétaires différents.

La règle écrite dans l'article 815, que nul n'est tenu de rester dans l'indivision, n'est pas alors applicable ; et cette exception est fondée sur la plus évidente de toutes les lois, sur la nécessité et sur l'impossibilité où se trouverait chacun des propriétaires d'user de la chose qui lui appartient exclusivement, s'il était privé de sa copropriété dans la chose commune, qui en est l'appendice indispensable ; *quando facta divisione, res fierent ad usum inhabiles* (Bruneman, sur la loi 19 au Dig. *comm. divid.*). C'est une espèce de commu- nauté forcée, que l'on a, depuis longtemps désignée sous le nom de servitude d'indivision (comp. L. 19 précitée ; Buridan, sur l'article 268 de la cout. de Ver- mandois).

425 bis. — Au premier rang vient se placer l'hy- pothèse singulière, que notre Code a prévue dans l'arti- cle 664, celle d'une maison divisée horizontalement, de telle sorte que le rez-de-chaussée appartient à l'un, le premier étage à un autre, le second étage à un autre encore, et ainsi de suite. Plusieurs de nos anciennes coutumes s'en étaient également occupées ; et cette espèce de division est effectivement dans les usages de certaines localités, notamment à Grenoble et à Rennes ; nous en avons aussi en Normandie quelques exemples : Basnage dit même que *cela arrive souvent dans les villes* (sur l'article 617 de la coutume). Le plus ordi- nairement, ce sont les enfants que l'on voit partager ainsi la maison paternelle à laquelle ils mettent un prix d'affection, et qui, ne pouvant entrer dans un seul lot, devait être licitée, si ce mode de partage n'était pas adopté. Quelquefois encore, c'est par testament qu'un propriétaire dispose de la sorte, au profit de plusieurs légataires, des différents étages de sa maison.

Quoi qu'il en soit, cette hypothèse offre un mélange assez étrange de plusieurs droits de différente nature, de propriétés distinctes, de mitoyennetés et de servitudes réciproques. C'est ainsi que chacun est propriétaire exclusif de l'étage qui lui appartient ; tandis que certaines parties de la maison, les gros murs, le toit, etc., sont communes ou mitoyennes ; et qu'enfin chacune des portions de la maison est affectée de servitudes de diverses espèces au profit des autres portions (comp. Cass., 23 mai 1825, Martin, Sirey, 1825, II, 414 ; Zachariæ, t. I, p. 404 ; voy. pourtant, en ce qui concerne les gros murs, Pau, 7 déc. 1861, Lalanne, Dev., 1862, II, 318 ; Pau, 7 fév. 1862, Devert, Dev., 1862, II, 499).

426. — La première règle à suivre, en pareil cas, lorsqu'il s'agit de déterminer les obligations et les droits des propriétaires des différents étages de la maison, c'est de consulter les titres de propriété ; il est évident qu'ils font la loi commune de chacun d'eux (art. 664, 1er aliéna ; Cass., 9 mars 1819, Sauzay, D., 1819, I, 288).

C'est donc en supposant le silence ou l'insuffisance des titres, et l'absence de toute convention postérieure entre les intéressés, que nous avons à examiner ici :

1° Quelles sont les obligations respectives de chacun des propriétaires ;

2° Quels sont ses droits ;

3° Ce qu'il faut décider en cas de ruine ou de démolition forcée de la maison tout entière.

427. — 1° Ce premier point est le seul qui ait été ré-

glé par le Code ; et voici comment s'exprime, à cet égard,
l'article 664 :

« Lorsque les différents étages d'une maison appartien-
« nent à divers propriétaires, si les titres ne règlent pas
« le mode de réparations et reconstructions, elles doivent
« être faites ainsi qu'il suit :

« Les gros murs et le toit sont à la charge de tous les
« propriétaires, chacun en proportion de la valeur de
« l'étage qui lui appartient.

« Le propriétaire de chaque étage fait le plancher sur
« lequel il marche.

« Le propriétaire de chaque étage fait l'escalier qui y
« conduit ; le propriétaire du second étage fait, à partir
« du premier, l'escalier qui conduit chez lui, et ainsi de
« suite. »

Il y a donc là des charges communes à tous, et des
charges particulières à chacun.

Notre article met au rang des premières les travaux
relatifs aux gros murs et au toit, par le motif évidemment que ces parties sont indispensables à l'existence
et à la solidité du bâtiment tout entier ; et ce motif démontre que la même règle doit s'appliquer aux digues
et aux voûtes, qui formeraient le soutien de la totalité de
l'édifice, quoique l'article 664 n'en parle pas (comp. Delvincourt, t. I, p. 157, note 1, Marcadé, art. 664 ; Demante, t. II, n° 519).

Quant aux voûtes des caves, Duranton enseigne que
les réparations en sont exclusivement à la charge du
propriétaire du rez-de-chaussée, quand même il ne
serait pas propriétaire des caves ; et il se fonde,
d'une part, sur ce que ces voûtes ne sont pas, en
général, indispensables au soutien de l'édifice, et,
d'autre part, sur ce que ces voûtes sont le plancher sur
lequel marche le propriétaire du rez-de-chaussée (t.
V, n° 342).

Pardessus n'admet cette solution que sous une restriction, à savoir : pourvu que les voûtes des caves ne soient pas incorporées avec les gros murs, et ne doivent pas être considérées elles-mêmes comme une portion fondamentale des gros murs (t. I, n° 193).

Ne serait-il pas plus exact de dire, en général, que les travaux concernant les voûtes des caves, ne sont ni une charge particulière du propriétaire du rez-de-chaussée (car il est bien dur de les considérer comme le plancher sur lequel il marche; ce n'est pas pour lui qu'elles sont faites !), ni une charge commune à chacun des étages (car elles ne forment pas les fondements de l'édifice), et de décider, en conséquence, qu'elles sont à la charge particulière de celui ou de ceux à qui appartiennent les caves, dont elles sont effectivement une partie intégrante? (Comp. Toullier, t. II, p. 389.)

428. — Le motif essentiel sur lequel repose le second alinéa de l'article 664, exige encore que nous rangions au nombre des charges communes, toutes celles qui sont relatives aux objets demeurés indivis et qui servent également à l'usage de tous les propriétaires : tels que les puits, les fosses d'aisances, les communs, les aqueducs, les cours, les allées, les portes, etc. (comp. Lyon, 5 fév. 1834, Crépin, D., 1834, II, 153).

Les greniers doivent-ils être compris dans cette classe? c'est une question de fait : oui, s'ils servent à l'usage commun de tous les propriétaires; non, si les greniers ou combles appartiennent, au contraire, exclusivement à l'un d'eux (comp. Pardessus, t. I, n° 193).

429. — C'est en proportion de la valeur de son étage, que chacun est tenu de contribuer à ces charges communes (art. 564; voy. aussi art. 655); il y a donc lieu de faire, en pareil cas, ce qu'on appelle une ventilation. Le rez-de-chaussée est, sous ce rapport, bien entendu, considéré comme un étage.

Remarquons qu'il faut apprécier la valeur de chaque étage, en raison de ses avantages absolus, comparativement aux autres étages, c'est-à-dire eu égard à son élévation, à sa grandeur, à sa commodité. Mais quant aux embellissements et ornements particuliers que l'un des propriétaires aurait fait placer dans le sien, tels que plafonds, parquets, fermetures, etc., on n'en doit pas plus tenir compte que de ses meubles meublants. Telle est évidemment la pensée de la loi dans ces mots : *en proportion de la valeur de l'étage*, qui lui appartient (comp. Toullier, t. II, n° 223; Pardessus, t. I, n° 193).

Il est clair aussi que chacun des propriétaires doit supporter, de son côté, sans aucun recours de l'un contre l'autre, les embarras et les dommages qui peuvent résulter des travaux, que nécessitent les objets communs (comp. Duranton, t. V, n° 344; et *supra*, n° 387).

430. — L'article 664 n'a rien dit des impôts; mais il est évident :

1° Que l'impôt foncier est une charge commune;

2° Que l'impôt des portes et fenêtres est, au contraire, une charge particulière, qui doit être supportée par chacun de ceux dans les étages desquels elles se trouvent.

Ce motif toutefois prouve que l'impôt de la porte cochère ou charretière et de l'allée commune devrait être, au contraire, supporté proportionnellement (comp. Duranton, t. V, n° 346; Taulier, t. II, p. 396).

431. — « Pour le pavé de la rue étant devant la maison, dit Basnage, la dépense en doit être acquittée par moitié, lorsqu'il n'en est rien dit dans les partages » (sur l'article 617 de la cout. de Normandie; *voy.* aussi l'article 257 de la cout. d'Orléans).

Aujourd'hui ces sortes de charges devraient aussi, suivant nous, être supportées par chacun des propriétaires, en proportion de la valeur de son étage.

432. — Quant aux charges particulières, l'article 664 décide d'abord que le propriétaire de chaque étage fait le plancher sur lequel il marche; le plancher, c'est-à-dire les poutres, les soliveaux, etc., qui soutiennent ce plancher; mais c'est au propriétaire de l'étage qui se trouve au-dessous, à faire chez lui des plafonds, s'il le juge convenable (comp. Toullier, t. II, n° 224; Pardessus, t. I, n° 193).

Nous croyons aussi, avec Duranton (t. V, n° 344), que lors même qu'il aurait existé des plafonds, des peintures ou autres embellissements quelconques, lorsqu'il a été nécessaire de reconstruire le plancher, le propriétaire d'en haut ne serait tenu envers le propriétaire d'en bas ni à rétablissement, ni à indemnité; il n'en serait autrement qu'autant qu'il aurait entrepris, sans aucune nécessité, la reconstruction du plancher (*supra*, n°s 387 et suiv.).

Les frais d'étayements, s'il a fallu en faire, nous semblent devoir être à la charge du propriétaire qui est chargé de réparer le plancher sur lequel il marche; car ils font partie de cette réparation.

Il est bien entendu, d'ailleurs, que les planchers, lorsqu'on les refait, doivent être replacés de niveau dans leur plus grande hauteur, de manière à conserver à chacun des étages du dessus et du dessous, la même hauteur qu'auparavant (arrêt du 18 août 1650; *voy.* Desgodets, sur l'article 205 de la cout. de Paris, n° 17).

En ce qui concerne le propriétaire du rez-de-chaussée, nous avons examiné s'il peut être tenu de réparer les voûtes des caves qui seraient considérées comme le plancher sur lequel il marche (*supra*, n° 427; comp. Pardessus, t. I, n° 193).

433. — Notre article 664 ajoute que « le propriétaire « du premier étage fait l'escalier qui y conduit; que le « propriétaire du second étage fait, à partir du premier, « l'escalier qui conduit chez lui, et ainsi de suite. »

La règle était différente autrefois : « Quant aux degrés et montées, disait Davot, chacun en doit sa portion. »

(T. II, p. 164; ajout. Basnage, sur l'article 617 de la cout. de Normandie; et l'article 257 de la cout. d'Orléans.)

Il faut convenir que cette règle paraissait plus rationnelle, puisque les propriétaires des étages supérieurs, du second, par exemple, ou du troisième, se servent de l'escalier du premier étage tout autant que le propriétaire de cet étage, et que cette partie de l'escalier est nécessairement même plus fréquentée que les autres.

Mais les auteurs de l'article 664 auront préféré sans doute cette solution plus simple, soit afin d'éviter les difficultés compliquées et les calculs souvent arbitraires d'une contribution relative, soit peut-être aussi afin de ne pas grever le plus les parties du bâtiment qui précisément ont le moins de valeur.

De là il résulte que l'escalier des caves est à la charge de celui ou de ceux-là seulement auxquels les caves appartiennent (comp. Pothier, sur l'article 527 de la cout. d'Orléans).

434. — D'après nos anciennes coutumes, chacun était tenu d'entretenir et de réparer non-seulement le plancher sur lequel il marchait, mais encore ce qui était au-dessus de lui; et en conséquence, le toit se trouvait ainsi à la charge du propriétaire de l'héritage le plus élevé (comp. art. 257 de la cout. d'Orléans; Bretagne, art. 714, Auxerre, art. 116; Roupnel, sous l'article 609 de la coutume de Normandie; Basnage, sous cet article, t. II, p. 500; Davot, t. II, p. 164).

Nous savons qu'il n'en est plus ainsi aujourd'hui, et que les réparations du toit sont au nombre des charges communes (*supra*, n° 427).

Il s'ensuit que si l'escalier lui-même était couvert d'un toit particulier, ce toit devrait être aussi entretenu et réparé par chacun des propriétaires, en proportion de la valeur de son étage (comp. Toullier, t. II, n° 224; Pardessus, t. I, n° 193).

435. — Il faut noter ici une observation générale, qui s'applique aux charges communes et aux charges particulières que nous venons d'exposer, à savoir : que chacun des propriétaires peut s'en affranchir par l'abandon de l'étage qui lui appartient.

Nous croyons toutefois que cet abandon ne peut produire d'effet que pour l'avenir, et qu'il ne saurait soustraire le copropriétaire à l'obligation de faire celles des réparations qui sont une charge de sa jouissance passée. Il est vrai que l'on pensait anciennement, et que l'on considère encore aujourd'hui que le copropriétaire d'un simple mur de clôture peut abandonner son droit à la mitoyenneté pour se décharger des réparations que la vétusté de ce mur aurait rendues nécessaires ; ce qui suppose que cet abandon l'affranchit de la charge des réparations même pour le passé (*supra*, n° 393). Mais Pothier, qui enseignait cette doctrine (*de la Société*, n° 224), professait en même temps « qu'on ne peut abandonner la communauté d'un cloaque ou d'un privé commun, de même que de toute autre chose commune, que pour se décharger des charges pour l'avenir ; mais que cet abandon ne décharge pas celui qui le fait, de contribuer aux frais de la vidange, qui est à faire lors de cet abandon » (n° 229).

Cette doctrine nous paraît toujours juridique et équitable ; car les charges du passé sont précisément corrélatives à la jouissance que l'on a eue dans le passé (comp. Caen, 20 déc. 1836, Palette, *Rec. de Caen*, t. I, p. 111 ; Bouvot, t. I, part. II, v° *Privés;* Demante, t. II, n° 518 ; *voy.* aussi *infra*, n°° 461 et 883 ; et notre tome X, n°° 476-578).

436. — 2° Il est, à notre avis, regrettable que le Code n'ait pas déterminé les droits de chacun des propriétaires sur l'étage qui lui appartient, car son silence a fait naître des difficultés assez graves.

Le principe, à cet égard, nous paraît être que chacun

d'eux peut faire chez soi et dans son étage, tous les travaux ou changements qu'il juge convenables, pourvu qu'il n'en résulte de dommage ni pour les autres propriétaires, ni pour la maison elle-même, pour sa solidité et sa conservation.

C'est ainsi, par exemple, que l'on a pu décider que le propriétaire du rez-de-chaussée pouvait élever contre son mur un auvent (Nîmes, 3 déc. 1839, Nogaret, Dev., 1840, II, 535), et que même il était fondé à transformer ses croisées en arcs de boutique (Grenoble, 15 juin 1832, Ducros, D., 1833, II, 38.

Ce sont là, il est vrai, des innovations; mais il faut se souvenir qu'il n'y a pas seulement ici communauté ou mitoyenneté, et que chacun ayant la propriété distincte de son étage, la conséquence logique et équitable doit en être qu'il puisse user de son droit de propriété, en tant qu'il est reconnu, en fait, que le service qu'il veut en tirer n'est dommageable ni aux autres propriétaires, ni à la maison. (Comp. Caen, 2 mars 1857, Poisson, *Rec. de Caen*, 1857, p. 65.)

437. — Mais est-ce à dire que le propriétaire de l'étage supérieur ait le droit de le faire exhausser et d'y ajouter de nouveaux étages, sans le consentement des propriétaires des étages inférieurs?

L'affirmative paraît avoir été décidée en principe général et par argument des articles 552 et 658 (Paris, 17 mars 1838, Massal, Dev., 1838, II, 479); et même il est arrivé à la Cour de Nîmes de juger que si les murs sont trop faibles pour supporter les constructions projetées, chacun des propriétaires inférieurs doit concourir, pour une part proportionnelle, à leur reconstruction (4 févr. 1840, Massal, Dev., 1840, II, 505).

D'après une autre opinion, ce serait là principalement une question de fait; et le propriétaire d'en haut ne pourrait exhausser la maison d'un ou de plusieurs étages, qu'autant qu'il serait constaté, par une expertise, que

cet exhaussement ne causera aux propriétaires inférieurs
aucune surcharge dommageable (comp. Grenoble, 26 nov.
1821, L'abbé; 12 août 1828, Marzonne; 15 juin 1832,
Ducros, D., 1832, II, 37; Rouen, 22 mai 1840, Coté,
Dev., 1840, II, 517; Duvergier sur Toullier, t. II, n° 225,
note a).

Nous n'hésiterions pas à suivre cette seconde opinion
de préférence à la première; et il n'est pas besoin assurément de faire remarquer combien surtout la doctrine
de la Cour de Nîmes est excessive, lorsqu'elle oblige les
propriétaires des étages inférieurs à contribuer aux frais
de la reconstruction des murs dans l'intérêt exclusif du
propriétaire supérieur qui veut exhausser la maison (art.
658, 659). Mais nous allons plus loin; et il nous paraît
fort douteux que le propriétaire d'en haut ait le droit d'a-
jouter de nouveaux étages à la maison, alors même qu'il
serait constaté par une expertise qu'il n'en résultera point
de surcharge dommageable pour les propriétaires d'en
bas :

D'une part, en effet, il ne s'agit pas ici d'une simple
mitoyenneté, à laquelle on puisse appliquer purement et
simplement les articles 658 et 659; il y a une communauté *sui generis*, qui a pour objet un certain être, d'une
forme et d'une hauteur déterminées, et que l'un des copropriétaires ne saurait, ce nous semble, dénaturer sans
le consentement des autres. « Cette division de haut et
de bas, dit Coquille, n'est pas proprement division de la
propriété et droit foncier, mais est comme un expédient
pour la commodité de jouissance durant à perpétuité;
ainsi, à prendre selon la subtilité du droit, ils sont tous
deux seigneurs du total par moitié indivise.... » (sur l'article 3 du titre *des Servit.* de la cout. du Nivernais); et
en conséquence, il n'est pas absolument vrai de dire que
le propriétaire du dernier étage soit seul propriétaire du
dessus, *cœli*, et qu'il puisse invoquer exclusivement à son
profit l'article 552.

D'autre part, il est clair que l'exhaussement de la maison est toujours plus ou moins dommageable aux autres propriétaires, soit par la surcharge inévitable qui en résulte, soit parce qu'une maison perd de son agrément et de sa valeur, lorsqu'on y ajoute de nouveaux étages, qui augmentent le nombre des habitants ; et chacun sait que le premier étage se loue d'autant moins bien, que la maison, ayant beaucoup d'étages, est habitée au-dessus par une république de petits locataires, qui font de l'escalier une sorte de voie publique ! (Arg. de l'art. 702.)

Les entreprises qui nous sembleraient permises, seraient donc celles-là seulement qui, sans changer la disposition essentielle de la chose commune, devraient être considérées moins comme une innovation que comme une simple amélioration du mode de jouissance (comp. Grenoble, 10 nov. 1862, Martin, Dev., 1863, 2, 207 ; Bordeaux, 17 mars 1868, Giraud, Dev., 1868, 2, 216).

438. — C'est aussi par application du principe que nous venons de poser (*supra*, n° 436), que la Cour de Caen a jugé que le propriétaire du rez-de-chaussée d'une maison ne peut y établir une chaudière à vapeur qui soit de nature à préjudicier aux propriétaires des étages supérieurs, soit par la mauvaise odeur qu'elle répandrait, soit par la crainte des accidents auxquels elle pourrait donner naissance.

Et l'on peut noter particulièrement dans l'arrêt, ce motif :

« Attendu que du partage de la maison par étages naissent des obligations qui en sont la suite indispensable (art. 1135 C. Napol.), et que l'une de ces obligations est que le propriétaire du rez-de-chaussée ne puisse pas user de ce rez-de-chaussée de manière à porter préjudice aux propriétaires des étages supérieurs. » (25 nov. 1848, Marie, *Rec. de Caen*, t. II, p. 353 ; *voy.* aussi *infra*, n° 447.)

439. — On peut douter si l'article 632 est applicable à notre hypothèse, et si l'un des copropriétaires ne peut pratiquer dans les parties communes de la maison, les gros murs, le toit, l'escalier, etc., aucun enfoncement, ni y appliquer ou appuyer aucun ouvrage, sans le consentement des autres, et, à leur refus, sans un règlement d'experts (comp. Nîmes, 3 déc. 1839, Nogaret, Dev., 1840, II, 535).

Pourtant ces parties-là sont, à vrai dire, mitoyennes; et les motifs de prudence et de précaution sur lesquels est fondée cette disposition, se présentent ici avec une égale force. Nous conseillerions donc toujours à celui des propriétaires qui voudrait faire quelque entreprise de ce genre, de se conformer à l'article 662, plutôt que de s'exposer aux dommages-intérêts qu'il pourrait encourir, faute d'avoir prévenu d'abord les autres propriétaires.

440. — 3° Que faudrait-il décider, dans le cas où la maison viendrait à être détruite par un incendie ou par tout autre cas fortuit? ou si, à raison de son état de délabrement et de vétusté, il était nécessaire de la reconstruire?

Pas de difficulté, si tous les propriétaires s'accordent pour rebâtir. Notons seulement que le tribunal pourrait accorder un délai modéré à celui des propriétaires auquel sa position pécuniaire ne permettrait pas de contribuer immédiatement aux frais de la reconstruction (arg. de l'article 1244), sauf aux autres, bien entendu, s'ils le veulent, à faire pour lui l'avance de sa part dans ces frais.

Il n'y a pas non plus de difficulté possible, lorsqu'ils s'accordent tous, soit pour partager, soit pour liciter le sol et les matériaux.

Mais des doutes fort sérieux peuvent naître, dans le cas où les uns veulent rebâtir, tandis que les autres, ou même un seul d'entre eux, s'y refusent.

Ne faut-il pas décider alors que celui qui s'y refuse, doit abandonner son droit (arg. des articles 656, 699 et

1184), et que, faute par lui de faire cet abandon, il n'en devra pas moins, nonobstant sa résistance, contribuer aux frais de la reconstruction, ou même que l'on pourra prononcer contre lui la déchéance de son droit? (Comp. Caen, 16 nov. 1838, Vrac, *Rec. de Caen*, t. II, p. 637.)

Mais cette solution paraît bien rigoureuse; et on n'aperçoit pas trop sur quel principe reposerait ici cette obligation personnelle de reconstruire. Ces différents étages superposés, qui formaient autant de propriétés distinctes, ayant désormais péri, il semble que les choses se trouvent mises dans un état tel, que la servitude *oneris ferendi* dont ces propriétés étaient réciproquement grevées, ne peut plus s'exercer (comp. art. 703, 704). En conséquence, nous serions porté à croire que la licitation de ce qui reste en communauté devrait avoir lieu, et que les étrangers mêmes devraient être admis à l'adjudication. Le prix en serait partagé entre les ayants droit, en proportion de la valeur qu'avait l'étage de chacun d'eux (comp. Cass., 21 avril 1858, Hamel, et Chevreux, *Gazette des tribunaux* du 22 avril 1858; Duranton, t. V, n° 317).

441. — On peut supposer aussi que, par suite d'un nouvel alignement de la voie publique, la maison doive avancer ou reculer.

Dans le premier cas, il est clair que l'avancement doit profiter à la maison tout entière, et par conséquent à chacun des étages dont elle se compose; il doit donc se faire en prolongeant horizontalement les planchers de chaque étage.

C'est par application de ce principe qu'il a été décidé que chacun des propriétaires avait un droit égal à l'exercice du droit de préemption, qui est accordé aux propriétaires riverains de la voie publique sur les terrains délaissés par l'administration municipale. (Loi du 16 sept. 1807, art. 53; décret du 26 mai 1852, art. 2; Cass., 22 août 1860, Gervais, Dev., 1861, I, 81, et *J. du P.*, 1861, p. 1157.)

Et la Cour de Caen a jugé avec raison, suivant nous, qu'il devait en être ainsi, lors même que le sol de la rue aurait été exhaussé, et que le rez-de-chaussée se trouverait ainsi diminué de hauteur ; le propriétaire de ce rez-de-chaussée ne pourrait pas alors demander à exhausser son plancher, de manière à regagner, aux dépens des étages supérieurs, la hauteur que lui a fait perdre l'élévation du sol de la rue, sauf à lui à se faire indemniser de cette perte par l'administration (23 nov. 1848, Esnout, *Rec. de Caen*, t. XII, p. 291).

Lors, au contraire, qu'il y a lieu a reculement, chacun des étages, depuis le rez-de-chaussée jusqu'au grenier, perdant également une partie de sa profondeur, il est juste que l'indemnité qui est due par l'administration soit répartie entre les propriétaires dans la proportion des droits de chacun d'eux sur la maison (arg. de l'article 664, 1er alinéa ; Nîmes, 4 févr. 1840, Massal, Dev., 1840, II, 505).

442. — Remarquons que les dispositions de l'article 664 ne sont pas applicables aux maisons dont la division par étages s'était opérée avant sa promulgation. Les droits et les obligations des propriétaires doivent être réglés dans ce cas, par les coutumes ou usages locaux, sous l'empire desquels la division a eu lieu (art. 2 ; Caen, 23 nov. 1848, Esnout, *Rec. de Caen*, t. XII, p. 291).

Mais quant aux maisons dont la division par étages s'est faite depuis le Code, les dispositions de l'article 664 doivent être suivies, lors même qu'elles seraient contraires aux anciens règlements ou usages locaux (comp. Toullier, t. II, n° 225 ; Pardessus, t. I, n° 193).

443. — Le Code n'a pas prévu un fait qui se réalise pourtant aussi quelquefois dans les campagnes ; nous voulons parler de la division d'une maison, qui est partagée, non pas cette fois horizontalement et par étages, mais verticalement de haut en bas, en deux ou plusieurs parties, « *si dominus, pariete medio ædificato, unam domum*

in duas diviserit, ut plærique faciunt.... » (L. 6, § 1, ff.
comm. præd.)

C'est, avant tout, dans les titres qu'il faut, bien entendu, chercher alors, comme toujours, quels sont les
droits et les obligations de chacun.

Mais en l'absence de toute clause spéciale, il pourrait
arriver qu'il résultât encore de cette situation une sorte
de servitude d'*indivision*, en ce sens que l'un des propriétaires ne pourrait pas démolir son côté de maison, sans
le consentement des propriétaires des autres côtés, si la
démolition d'une partie devait entraîner la ruine de toutes
les autres.

444. — Les maisons divisées par étages ne sont pas
d'ailleurs les seules choses qui puissent être affectées de
cette communauté forcée, que l'on nomme servitude d'indivision (*supra*, n° 425).

Il en est ainsi de toutes les choses communes qui sont
destinées, comme accessoires indispensables, à l'usage
indivis de plusieurs propriétés principales appartenant à
des propriétaires différents, et dont l'exploitation serait
impossible ou notablement détériorée, si elles en étaient
privées : des cours, des allées, des chemins ou sentiers,
des puits, des abreuvoirs, des pressoirs, des fosses d'aisances, etc.

Ce qu'il faut remarquer seulement, c'est que cette indivision forcée résultant de la nécessité, n'existe que sous
la condition de cette nécessité même qui est sa cause; et
nous croyons, avec Pardessus (t. I, n° 194), que si une
cour commune à plusieurs maisons, était assez vaste pour
fournir, à chacune de ces maisons, une cour séparée suffisante pour son usage, le partage de la cour pourrait être
demandé par chacun des propriétaires. Ce serait là du
moins une question d'appréciation (comp. aussi Duranton,
t. V, n° 149).

Cette indivision forcée participe du caractère de la servitude sous ce double rapport :

1° Qu'elle ne peut exister que dans l'intérêt des héritages, et non point dans celui des personnes (comp. art. 664, 686, 815 ; Pardessus, t, I, n° 191) ;

2° Qu'elle ne peut, en conséquence, profiter qu'aux héritages dans l'intérêt desquels elle a été déterminément établie (art. 637, 700). C'est ainsi, par exemple, que lorsque, dans un partage, un puits a été laissé indivis pour servir en commun aux copartageants, l'usage doit en être restreint aux immeubles mêmes qui ont fait l'objet du partage, et qu'il ne saurait profiter aux immeubles qui appartiendraient, *ex alia causa*, aux copartageants (comp. Bourges, 13 nov. 1838, Charpin, Dev., 1839, II, 84 ; Bordeaux, 18 juin 1868, Sauvage, Dev., 1868, II, 263).

445. — Mais il convient de ne pas pousser plus loin cette assimilation ; et tout au contraire, dans le règlement des droits et des obligations de chacun des communistes, ce sont les règles de la communauté et de la copropriété indivise qu'il faut suivre, bien plutôt que les règles des servitudes. En effet, pour chacun des copropriétaires des fonds différents, au service desquels la chose commune est affectée, son droit sur cette chose fait partie de sa propriété particulière ; il y a donc aussi un véritable droit de propriété, commune seulement et indivise ; et ce n'est pas à titre de servitude, bien entendu, mais à titre de propriété, que les communistes ont le droit de se servir de la chose qui leur appartient.

On ne serait donc pas fondé à opposer l'article 702 à l'un des communistes, pour l'empêcher de faire, sur sa propriété particulière, tels ouvrages que bon lui semble, par le seul motif que ces travaux constitueraient un changement et une innovation sur la chose commune.

La règle est ici beaucoup plus large, et le droit de chacun des communistes bien plus étendu. Nous trouvons, à cet égard, dans un arrêt fortement motivé de la Cour de Caen, une formule qui nous paraît très-bonne :

« Considérant.... que les cours et passages communs étant par leur nature soumis à un état d'indivis perpétuel, sont aussi bien la copropriété des communistes dans chacune de leurs parcelles que dans le tout; d'où résulte une rencontre et une confusion de droits concurrents sur l'ensemble et les parties de la chose, qui se résout dans la nécessité *que cette chose soit réputée la propriété de chacun, toutes les fois que cela peut se faire sans préjudice à la propriété de tous ;*

« Considérant que ce système est parfaitement en harmonie avec l'intérêt général, en ce qu'il tend à diminuer, autant que possible, l'inconvénient des communautés, qui paralysent toujours plus ou moins l'utilité des choses.... » (24 août 1843, Harel, *Rec. de Caen*, t. VI, p. 453.)

Notre règle sera donc que chacun des communistes pourra exercer soit sur sa propriété particulière, soit sur la chose commune, qui est à son usage, tous les droits qui dérivent de la propriété, sous cette restriction toutefois, qu'il n'en résultera ni dommages pour la chose commune, eu égard à sa nature et à sa destination, comparée à la destination et à la nature des héritages au service desquels elle est affectée, ni empêchement pour les autres propriétaires d'exercer également les mêmes droits ou des droits différents sur leurs propriétés particulières et sur la chose commune (comp. Vaudoré, t. II, v° *Plantations*, § 1, n° 16).

446. — La règle étant ainsi posée, toutes les autres questions deviennent des questions de fait à résoudre par les magistrats, d'après les circonstances particulières de chaque espèce, eu égard à la destination de la chose indivise, et au rôle qu'elle joue vis-à-vis des autres propriétés principales, dont elle est l'accessoire.

Que le copropriétaire d'une cour commune puisse

exhausser sa maison donnant sur cette cour, et y pratiquer des ouvertures, des fenêtres ou une porte, cela ne saurait guère être contesté (comp. Cass., 5 déc. 1827, Tasse, D., 1828, I, 49; Caen, 24 août 1843, Harel, Dev., 1843, II, 79; Cass., 10 nov. 1845, Viollat, Dev., 1846, I, 487 ; voy. toutefois Caen, 26 déc. 1843, Mériel, Rec. de Caen, t. VII, 647).

On considère généralement aussi qu'il peut pratiquer dans son mur des gouttières, des entonnoirs, donnant sur la cour commune (Cass., 6 fév., 1822, Cordier, Dev., et Car., Collec. nouv., 7, I, 27; Cass., 5 déc. 1827, Tasse, Dev., 1828, I, 49; Fournel, du Voisinage, v° Cour commune, t. I, p. 352).

Il en serait toutefois autrement d'une simple allée commune, qui ne paraîtrait pas destinée à servir d'égout (Bannelier sur Davot, t. I, p. 179), et même aussi d'une cour commune, si l'un des communistes prétendait y établir un réceptacle d'eaux ménagères, qui produirait des inconvénients pour les autres communistes (Caen, 2e chambre, 12 juin 1830, Mollet; Caen, 23 avril 1847, Lemoine, Dev., 1848, II, 380; comp. toutefois Caen, 26 février 1862, Leclerc, Rec. de Caen, 1862, p. 79).

On a même jugé qu'il pouvait arriver, d'après l'état des faits, que le copropriétaire d'une cour commune, qui établit une auberge dans une maison communiquant avec cette cour, fût fondé à se servir de cette cour pour le passage des voitures publiques ou particulières qui se rendent à son auberge (Cass., 15 avril 1850, Percheron, Dev., 1850, I, 151).

Chacun des copropriétaires peut aussi y étendre du linge, y déposer momentanément son bois, y attacher des chevaux, etc.; tout cela, sauf règlement en cas de difficultés, et de manière à concilier les droits respectifs de chacun (comp. Caen, 1re chambre, 28 mars 1833, Lecordier; 17 juin 1833, Lefèvre; Caen, 4 nov. 1840, Flon,

Rec. de Caen, 1840, p. 510; *voy.* toutefois Caen, 29 déc.. 1854, Frémont, *Rec. de Caen,* t. V, p. 78).

447. — Si étendu que soit le droit de chacun des communistes, notons bien pourtant qu'aucun d'eux ne pourrait, sans le consentement des autres, se permettre, sur la chose commune, des innovations, comme des constructions, par exemple, qui la dénatureraient (arg. de l'article 1859-4°; comp. Grenoble, 12 janv. 1818, Gras; Bourges, 16 janv. 1826, Jacob, Dev. et Car., *Collect. nouv.,* 5, II, 343 et 8, II, 180; Metz, 6 février 1857, Ginoux, Dev., 1858, II, 44; Pardessus, t. I, n° 192).

Encore moins pourrait-il disposer de la chose au delà de ses droits personnels, et l'affecter, même par un simple bail, au service d'un tiers (comp. Cass., 8 janv. 1844, de Castellane, Dev., 1844, I, 723; Duranton, t. XVII, n° 35 ; Duvergier, *du Louage,* t. I, n° 87).

Et la Cour de Caen a également décidé que le propriétaire d'une maison, ayant un droit de copropriété dans une cour commune, ne pouvait y exercer la profession de ferblantier, lorsque le bruit qui en résultait était préjudiciable aux propriétaires des autres maisons ayant également droit à la cour (2ᵉ chamb., 4 déc. 1840, Flon). C'est là du moins une question de fait qui dépend de la plus ou moins grande incommodité de l'industrie qui y serait exercée (*infra,* n° 558). Mais il importe toutefois de remarquer qu'en règle générale, les obligations qui naissent du voisinage, sont, dans l'hypothèse qui nous occupe, plus rigoureuses que celles qui existent entre voisins dont les propriétés n'ont pas une origine commune. Et c'est ainsi que le Parlement de Paris a jugé que le propriétaire du rez-de-chaussée ne pouvait pas établir une forge dans ses appartements, si les propriétaires des étages supérieurs s'y opposaient (arrêt du 26 janvier 1672, Desgodets, p. 79, *supra,* n° 438); et pourtant nous verrons que l'établissement d'une forge est en général permis, sans que le voisin puisse s'en plaindre (*in-*

fra, n° 658; comp. Chambéry, 14 mai 1870, Tournier, Dev., 1870-II-247).

448. — Quant aux charges, et à la manière dont elles seront supportées par chacun des communistes, il faut, avant tout, consulter les titres qui font la loi des parties.

A défaut de clauses spéciales sur ce point, la règle est que les charges doivent être, en général, supportées dans la proportion de l'intérêt de chacun (arg. de l'article 664); et il appartient aux magistrats, dans le règlement qu'ils en font, lorsque les parties ne s'accordent pas à l'amiable, de déterminer équitablement, en raison de toutes les circonstances de fait, et par interprétation de l'intention vraisemblable des communistes eux-mêmes, de quelle manière la répartition de ces charges doit être faite entre les contribuables (arg. de l'article 1135; comp. art. 249 de la coutume d'Orléans; Pothier, *de la Société*, n°ˢ 227, 228; Auroux, sur l'article 512 de la cout. de Bourbonnais; Desgodets, sur l'article 187 de la cout. de Paris; Cass., 2 fév. 1825, de Foresta, D., 1825, I, 114).

449. — Il est aussi bien entendu que chacun des communistes peut s'affranchir de l'obligation de contribuer aux charges, par l'abandon de son droit dans la chose commune; c'est le principe général qui gouverne toute notre matière (art. 656; *supra*, n° 435; Pothier, *loc. cit.*, n° 220; Pardessus, t. I, n° 192).

§ 3.

Des fossés mitoyens (ou non mitoyens).

SOMMAIRE.

450. — Nous avons vu que, relativement aux murs, notre Code a établi trois règles principales :

1° La présomption de mitoyenneté (art. 653);

2° La faculté pour tout propriétaire joignant un mur d'en acquérir la mitoyenneté (art. 661);

3° Le droit, pour chacun des voisins, dans les villes et faubourgs, de contraindre son voisin à la construction d'un mur mitoyen (art. 663; *supra*, n° 313).

La première de ces règles est la seule qui soit ici reproduite relativement aux fossés (art. 666); nous n'y retrouvons pas les deux autres, qui, en effet, n'étaient pas commandées, dans ce cas, par les mêmes motifs; et il faut tenir pour certain :

1° Que le propriétaire joignant un fossé, ne peut pas

en acquérir la mitoyenneté, sans le consentement de celui auquel il appartient;

2° Que l'un des voisins ne peut pas non plus, même dans les villes et faubourgs, contraindre son voisin à contribuer à l'établissement d'un fossé mitoyen (comp. Toullier, t. II, n° 227; Duranton, t, V, n°ˢ 362, 363; Demante, t. II, n° 523 *bis;* Taulier, t. II. p. 398; *voy.* toutefois Favard de Langlade, *Rép.,* v° *Serv.*, sect. II, § 4, n° 11).

451. — Mais si la loi se borne à établir seulement une présomption de mitoyenneté pour les fossés, il faut dire aussi qu'elle l'établit d'une manière plus large que pour les murs.

Aux termes de l'article 666: « Tous fossés entre deux « héritages sont présumés mitoyens, s'il n'y a titre ou « marque du contraire. »

Ainsi, on ne distingue pas, comme pour les murs (art. 653), ni même comme pour les haies (art. 670), si les deux héritages sont clos tous les deux, ou s'ils sont tous les deux déclos; si l'un est entouré de fossés de toutes parts, tandis que l'autre ne le serait que du côté du premier.

Par cela seul qu'un fossé, quelle qu'en soit la destination, se trouve entre deux héritages, la loi présume que la largeur en a été prise sur chacun d'eux, et qu'il est, en conséquence, mitoyen. C'est qu'en effet, le fossé n'est pas seulement un moyen de clôture; on peut même dire que c'est là l'office qu'il remplit le moins exactement; il sert aussi de délimitation entre les héritages, il favorise l'écoulement des eaux; et sous ces rapports, il est, dans tous les cas, utile aux deux fonds limitrophes qu'il sépare. Ajoutons qu'il en coûte moins cher pour creuser un fossé que pour construire un mur, et que l'on a pu encore, par ce motif, présumer plus facilement que les deux voisins s'étaient entendus pour creuser le fossé à frais communs.

452. — Cette présomption, toutefois, doit céder de-

vant la preuve contraire ; et cette preuve peut résulter soit d'un titre, soit d'une marque de non-mitoyenneté.

Nous n'avons rien à ajouter à ce que nous avons dit sur le titre qui peut détruire la présomption de mitoyenneté. Remarquons seulement que la mitoyenneté du fossé ne pouvant pas être acquise contre le gré de celui qui en est le propriétaire exclusif, le titre de l'un des voisins qui lui attribuerait le fossé, soit expressément, soit par la délimitation précise de son héritage, devrait certainement faire preuve de sa propriété exclusive (*supra*, n° 334 ; *voy.* toutefois Daviel, t. II, *des Cours d'eau*, n° 851 ; comp. Caen, 23 juin 1860, Decombes, *Rec. des arrêts de Caen*, 1861, p. 504).

453. — Nous pensons qu'il faudrait considérer aussi, à l'égal d'un titre, des bornes qui seraient placées sur l'un des côtés du fossé ; la propriété exclusive du fossé serait alors présumée appartenir au voisin de l'autre côté ; le fossé, dans ce cas, en effet, ne se trouve plus *entre deux héritages*, mais sur l'un d'eux seulement (comp. Cass., 20 mars 1828, Dassonvillez, D., 1828, I, 186 ; Rouen, 12 mai 1838, Mézières, cité par Daviel, t. II, n° 852 ; Caen, 5 nov. 1859, de Vendeuvre, *Rec. des arrêts de Caen et de Rouen*, 1859, p. 305, et Dev., 1860, II, 204 ; Pardessus, t. I, n° 183 ; Duranton, t. V, n° 349 ; *voy.* aussi *infra*, n° 459).

454. — D'après l'article 667 : « il y a marque de « non-mitoyenneté, lorsque la levée ou le rejet de la terre « se trouve d'un côté seulement du fossé. »

Et l'article 668 ajoute : « le fossé est censé appartenir exclusivement à celui du côté duquel le rejet se « trouve. »

Telle était la disposition de la plupart de nos anciennes coutumes ; et de là cette règle de Loysel : *qui douve a, si a fossé* (liv. II, tit. III, règle 7). La *douve*, c'est la levée ou le rejet.

Disposition d'ailleurs très-raisonnable ; car, de quelque manière que l'on regarde le rejét de la terre, comme un avantage ou comme une charge, il aurait dû avoir lieu de chaque côté, si le fossé avait été fait en commun.

La présomption de mitoyenneté n'existe donc qu'autant qu'il n'y a de rejet ni d'un côté ni de l'autre, ou qu'il y en a des deux côtés (Pothier, *de la Société*, n° 224 ; Poullain-Duparc, *Princ. de droit français*, liv. IV, chap. VII, n° 17 ; Pardessus, t. I, n° 183 ; *voy.* pourtant Delvincourt, t. I, p. 160, note 11).

455. — D'ailleurs, pour que le rejet de la terre d'un seul côté devienne une marque de non-mitoyenneté, il faut qu'il existe ainsi depuis plus d'un an ; quoique notre article 667 n'exige pas textuellement cette condition, il est clair qu'il n'a entendu faire résulter la marque de non-mitoyenneté, que de la possession légale d'an et jour (art. 23 procéd.), et non point d'une possession instantanée, qui pourrait n'être que le résultat d'un trouble et d'une voie de fait. Autrement, l'un des voisins pourrait s'attribuer, en un instant, la propriété exclusive du fossé, puisqu'il suffirait, pour cela, de le faire curer en rejetant la terre de son côté, à l'insu de l'autre voisin ; et rien ne serait plus facile, lors même que le voisin se trouverait sur les lieux ou y serait représenté par un fermier diligent ; car l'opération du curage pourrait souvent être achevée avant qu'il en ait eu connaissance.

Un tel acte n'est donc qu'un trouble à la possession du voisin, qui peut, en conséquence, dans l'année du curage, se pourvoir devant le juge de paix, afin de se faire maintenir en possession de la mitoyenneté (art. 3 procéd.) ; et ce n'est qu'à défaut par lui d'avoir exercé l'action possessoire, et dans le cas encore, bien entendu, où son action aurait été déclarée non recevable ou mal fondée, que le rejet de la terre deviendrait contre lui une marque de non-mitoyenneté (comp. Cass.,

22 juill. 1861, de Hauregard, Dev., 1861, I, 825; Duranton, t. V, n° 337; Taulier, t. II, p. 397).

456. — Après l'année, le voisin ne peut plus agir
qu'au pétitoire.

Mais alors le demandeur pourra établir son droit de
mitoyenneté, non-seulement par un titre, mais encore en
vertu de la présomption légale fondée sur l'état primitif
des lieux.

Nous ne saurions pas plus admettre pour les fossés
que pour les murs, ni pour les haies (*supra*, n° 349) la
doctrine d'après laquelle la simple possession annale de
l'un des voisins serait destructive, contre l'autre, de la
présomption légale de mitoyenneté (comp. Bordeaux,
5 mai 1858, Duvignaud, Dev., 1858, II, 491; Duranton,
t. V, n° 356 ; Ducaurroy, Bonnier et Roustaing, t. II,
n° 301 ; Garnier, *des Actions possess.*, p. 279).

Et il nous suffit de nous référer aux motifs sur lesquels
nous avons appuyé le sentiment contraire (*supra*, n°ˢ 349,
350 ; comp. Bourges, 26 mai 1825, Charlot, D., 1826,
II, 88; Douai, 15 février 1836, Dubois, D., 1837, II,
103 ; Poitiers, 23 juin 1836, de Vendeuvre, Dev., 1837,
II, 116; Demante, t. II, n° 521 *bis*).

457. — Ce n'est pas que l'un des voisins ne puisse
acquérir, par prescription, la propriété exclusive d'un
fossé, qui serait mitoyen ou qui même appartiendrait
exclusivement à l'autre voisin.

Mais, dans ce cas comme dans tous les autres, la prescription doit être de la durée requise par la loi, c'est-à-
dire soit de trente ans, soit de dix ou vingt ans, suivant
les cas (art. 2262, 2265).

Et encore, faut-il remarquer que le simple fait du
curage du fossé par un seul des voisins, ne serait pas,
en général, suffisant à cet effet, lors même qu'il aurait
été répété à plusieurs reprises pendant trente ans, et que
le voisin aurait employé sur son terrain les terres provenant du curage, s'il n'avait pas d'ailleurs placé et laissé

le rejet de son côté seulement ; les faits de curage sont effectivement d'un caractère équivoque ; ils ont pu n'être que le résultat de la surprise, de la tolérance ou de l'indifférence du voisin, à l'égard duquel le fossé demeurait toujours ostensiblement dans l'état extérieur, d'où résulte la présomption de mitoyenneté (art. 2239, 2232 ; comp. Angers, 6 mars 1835, Abélard, D., 1835, II, 96 ; Caen, 5 nov. 1859, de Vendeuvre, *Rec. des arrêts de Caen et de Rouen*, 1859, p. 305, et Dev., 1860, II, 204 ; Pardessus, t. I, n° 183 ; Duranton, t. V, n^cs 352 et 358 ; Duvergier sur Toullier, t. II, n° 226, note C ; *voy.* toutefois Daviel, t. II, n° 853, et l'arrêt de la Cour de Rouen, 30 janvier 1840, Radepont, cité par l'auteur).

458. — Notre Code n'indique comme marque de non-mitoyenneté que le rejet de la terre d'un seul côté du fossé ; et la vérité est qu'en fait, telle est aussi généralement la seule marque qui soit admise.

Plusieurs jurisconsultes vont toutefois plus loin ; et ils décident que l'article 667 est rigoureusement limitatif (comp. Pardessus, t. I, n° 183 ; Duranton, t. V, n°s 354, 355 ; Daviel, *des Cours d'eau*, t. II, n° 850).

Mais il faut remarquer que la formule de l'article 667 est conçue dans les mêmes termes que l'article 654 ; et nous avons dit plus haut pourquoi nous ne pensons pas qu'il convienne de l'interpréter de manière à exclure telle autre marque de non-mitoyenneté qui serait constante et reconnue d'après les usages du pays (*supra*, n°s 340, 341 ; comp. Limoges, 1er août 1839, Betoux, D., 1841, II, 21 ; Fournel, *du Voisinage*, t. II, p. 97).

459. — La marque de non-mitoyenneté, qui existerait au profit de l'un des voisins, devrait céder à un titre écrit, ou même seulement à l'existence de bornes reconnues, desquelles il résulterait que le fossé au contraire est mitoyen, ou même qu'il appartient exclusivement à l'autre voisin. Cette marque, en effet, n'est qu'une simple présomption, qui ne saurait prévaloir sur la preuve

directe et *ad hoc* du droit contraire (*supra*, n° 453; Duranton, t. V, n° 351; Marcadé, art. 666; Daviel, t. II, n° 851).

460. — « Le fossé mitoyen doit être entretenu à frais « communs. » (Art. 669.)

C'est l'application de la règle générale en matière de communauté (art. 655, 664).

Il est bien entendu aussi que les engrais qui proviennent du curage, de même que les autres produits quelconques que l'on pourrait tirer du fossé, les herbes, le bois, les poissons, etc., doivent être partagés également.

C'est d'ailleurs aux copropriétaires qu'il appartient de s'entendre pour que l'opération du curage se fasse en temps opportun, et, autant que possible, lorsque les fonds bordiers ne sont, ni l'un ni l'autre, ensemencés.

S'il se trouvait des arbres dans le fossé, qui seraient dès lors mitoyens comme le fossé lui-même, nous croyons que chacun des propriétaires aurait le droit de requérir qu'ils fussent abattus. L'article 673 le décide ainsi pour les arbres qui se trouvent dans la haie mitoyenne; et la raison paraît absolument la même dans notre hypothèse.

461. — L'un des copropriétaires peut-il abandonner son droit de mitoyenneté dans le fossé, pour se dispenser de contribuer aux frais d'entretien?

Non, a-t-on répondu : car le Code, par aucun texte, n'autorise cet abandon; et son silence est d'autant plus significatif, que la question était autrefois débattue, du moins pour certains fossés, dans lesquels s'amassent des eaux dormantes, et qui servent ainsi de clôture. On peut expliquer d'ailleurs cette différence avec la mitoyenneté des murs, par ce motif que les frais d'entretien d'un fossé ne sont jamais que d'une faible importance) comp. Desgodets, sur l'article 213 de la cout. de Paris, n° 2, et les notes de Goupy; Carou, *Jurid. des juges de paix*, t. I, n° 520; Ducaurroy, Bonnier et Roustaing, t. II, n° 303).

Mais notre avis est, au contraire, que l'abandon est permis, lorsque le fossé ne sert que de clôture entre les deux héritages. C'est en effet un principe général que l'on peut s'affranchir de l'entretien d'une chose commune, en renonçant à sa part dans cette chose, puisque l'on n'est alors tenu que *propter rem ;* et Pothier, dont les rédacteurs du Code ont suivi presque toujours la doctrine, faisait spécialement l'application de ce principe à la mitoyenneté des fossés et des haies (*de la Société,* n° 229).

Il faudrait toutefois excepter :

1° Le cas où le fossé mitoyen servirait de bornage entre les deux fonds (arg. de l'article 646);

2° Celui où il servirait de lit à une eau courante, ou encore d'égout à des eaux de latrines ou autres immordices, de manière que les riverains fussent respectivement tenus, par l'effet de la loi du 14 floréal an XI, ou de règlements de police administrative, de l'obligation de l'entretien et du curage (comp. Duranton, t. V, n° 360 ; Pardessus, t. I, n° 184; Duvergier sur Toullier, t. II, n° 227, note 1; Zachariæ, t. II, p. 49 ; Solon, n° 192 ; Daviel, t. II, n° 855).

Dans le cas où l'abandon est permis, nous croyons qu'il ne peut avoir lieu que pour se décharger de l'entretien et des réparations à venir; il ne serait pas juste que le copropriétaire pût s'affranchir, pour le passé, des frais d'entretien et de curage, après avoir contribué lui-même à la dégradation et à l'encombrement du fossé (comp. *supra,* n° 435; Cæpolla, tract. I, cap. XCVII, n° 4; Bouvot, t. I, part. II, v° *Privés;* Pothier, *de la Société,* n° 229).

462. — Quant aux effets de cet abandon, ils se résument en deux propositions :

D'une part, celui qui abandonne, perd tout droit dans le fossé, et par conséquent la moitié du terrain qu'il avait fourni pour son établissement; il le perd irrévocablement, sans pouvoir jamais ensuite demander à en réacquérir la mitoyenneté (*supra*, n° 450); et il ne peut plus, bien entendu, désormais utiliser à son profit le fossé, soit pour y jeter les immondices ou les terres qui le gêneraient, soit pour y conduire, par un travail quelconque, les eaux de son fonds. Quant à l'écoulement naturel qui résulte de l'existence même du fossé, il est indépendant de son fait.

D'autre part, l'abandon n'est fait par le cédant que sous la condition que le fossé sera conservé et entretenu par l'autre propriétaire (*supra*, n° 391).

Il convient, en conséquence, que l'abandon soit constaté par un acte, dont les frais sont naturellement à la charge de celui qui le fait (comp. Pardessus, t. I, n° 185).

465. — Mais, au lieu d'abandonner son droit de mitoyenneté, est-ce que le copropriétaire ne pourrait pas demander le partage du fossé et y reprendre la part qu'il avait originairement fournie ?

Quelques jurisconsultes enseignent l'affirmative : la règle générale que nul n'est tenu de rester dans l'indivision (art. 815), ne peut, dit-on, recevoir d'exceptions que celles qui résultent soit d'un texte de loi, soit d'une impossibilité absolue de division et de partage; or, aucun texte ne s'oppose au partage du fossé; et il n'y a pas non plus impossibilité de division, comme pour un mur ou une allée commune; donc, on demeure sous l'empire de la règle. L'un des voisins peut, d'ailleurs, avoir un grand intérêt à reprendre la moitié du fossé, soit pour étendre la culture de son fonds jusqu'au point milieu, soit surtout lorsqu'il veut bâtir et que son terrain n'est pas considérable; et l'autre voisin est d'autant moins recevable à s'y opposer, qu'il peut en faire autant lui-même ou élargir le fossé de son côté. On excepte, toutefois, de cette solution, le cas où il s'agirait d'un égout, d'un conduit souterrain ou à ciel ouvert, recevant les eaux des fosses d'aisances de deux maisons appartenant à des maîtres différents (comp. Fournel, t. II, p. 111 ; Duranton, t. V, n° 361 ; Daviel, t. II, n° 857).

Mais cette doctrine nous paraît inadmissible : nous ne dirons pas seulement, comme le fait Pardessus (t. I, n° 185), que la confection du fossé en commun ayant été l'effet de la volonté de l'un et de l'autre des voisins, ce n'est que leur consentement mutuel qui peut changer cet état de choses ; car on répondrait victorieusement que la communauté et même la société, quoiqu'elle soit formée par le consentement mutuel des parties, n'en peut pas moins être dissoute sur la demande de l'un des communistes ou associés (comp. art. 815, 1865); mais ce qui nous paraît ici déterminant, c'est que, d'une part, il est de l'essence de la mitoyenneté de constituer une indivision nécessaire, dont aucun des copropriétaires ne peut sortir que par l'abandon (*supra*, n°s 309, 310); et, d'autre part, que notre Code considérant le fossé aussi bien que le mur et la haie, comme une chose mitoyenne, a, en conséquence, certainement l'intention d'appliquer à ces trois hypothèses le principe posé dans l'article 656, principe général dont il a fait aux murs mitoyens une application seulement démonstrative (comp. Angers, 1er juin 1836, Joullain, Dev., 1836, II, 386; Pothier, *de la Société*, n° 226; Duvergier sur Toullier, t. II, n° 227, note *a;* Demante, t. II, n° 523 *bis*).

464. — Nous n'avons parlé jusqu'à présent que du fossé mitoyen.

Chaque propriétaire, d'ailleurs, peut ouvrir un fossé et en prendre toute la largeur sur son fonds, de manière qu'il lui appartienne exclusivement.

Mais l'un des voisins peut-il creuser ainsi un fossé à angle droit sur la ligne séparative des deux héritages ? ou ne faut-il pas, au contraire, qu'il laisse un certain espace, une certaine marge entre le bord de son fossé et l'héritage du voisin ?

Il est évident que, s'il n'existait aucun intervalle au

delà du fossé, le fonds du voisin serait exposé à des éboulements inévitables, par l'effet de la pluie et du dégel, ou même seulement de la nature du sol, quelle que fût, d'ailleurs, l'inclinaison des talus; et la réfection du fossé serait, en outre, de ce côté-là, presque impossible. Voilà pourquoi, si haut que l'on remonte dans le temps, on trouve que les lois ont voulu que le propriétaire qui creusait un fossé, laissât un certain espace entre le bord de ce fossé et le fonds du voisin. La loi 15 au Digeste, *finium regundorum*, rappelant à cet égard un établissement de Solon, exigeait un espace égal à la profondeur du fossé : *quantum profunditatis habuerint, tantum spatii relinquito*. Telle était encore généralement la règle dans nos anciens pays de droit écrit; et quant aux provinces coutumières, la distance qu'il fallait aussi observer dans la plupart d'entre elles, variait suivant les diverses localités : d'un pied, par exemple (33 centimètres), dans le ressort de la coutume de Paris; et, en Normandie, d'après le règlement du 17 avril 1751, article 13, qui n'avait, d'ailleurs, fait que consacrer, en ce point, un usage antérieur, de deux pieds, lorsque le fonds du voisin était arable, et de un pied et demi pour les prairies ou autres fonds; c'est ce qu'on nomme la *repare* ou *porte-rouelle*. Et comme le propriétaire du fossé était présumé avoir observé cette distance, il en résultait la présomption légale que le terrain compris dans la distance, ayant été réservé par lui, était sa propriété.

C'est une question controversée que celle de savoir si les règlements anciens et les usages locaux, sur ce sujet, ont été maintenus par le Code Napoléon, et doivent encore être observés aujourd'hui.

Voici, pour la négative, les arguments que l'on peut présenter :

1° Aux termes des articles 537 et 544, chacun a la libre disposition des biens qui lui appartiennent, sous les modifications établies par les lois; et, en conséquence, le

propriétaire pourra creuser un fossé à l'extrême limite
de son héritage, s'il n'en est pas empêché, soit par un
texte de loi, soit du moins par un usage local ou un ancien règlement confirmé par notre Code; or, le Code Napoléon, qui a maintenu, en beaucoup de points, les anciens règlements et usages, garde le silence le plus
absolu sur celui dont il s'agit; et ce silence est d'autant
plus significatif, pour les fossés, que le Code exige, au
contraire, pour les haies, que le propriétaire observe la
distance prescrite *par les règlements particuliers actuellement existants ou par les usages constants et reconnus*
(art. 671); donc, aucune distance n'est prescrite,
lorsqu'il s'agit d'un fossé, pas plus que lorsqu'il
s'agit d'un mur, et on ne saurait imposer une telle
restriction au droit de propriété ni créer une telle
servitude légale sans un texte de loi; d'autant plus
que même, dans notre ancien droit, il y avait des pays
où cette distance n'était pas prescrite (comp. Guy
Coquille, *Quest. et rép. sur les art. des cout.*, quest.
298; loi du 30 ventôse an XII; art. 1er du Code
Napol.).

2° Non-seulement ce serait créer une servitude légale;
mais il faudrait aussi établir une présomption légale qui
ne se trouve nulle part, à savoir : la présomption qu'un
certain espace de terrain au delà du fossé, du côté du
voisin, appartient au propriétaire de ce fossé; telle était,
en effet, la conséquence des anciens usages; or, le Code
Napoléon, loin de consacrer cette présomption, admet-
trait plutôt la présomption toute contraire, lorsqu'il déclare que tous fossés entre deux héritages sont présumés
mitoyens.

3° Ce n'est pas à dire sans doute que l'un des voisins
puisse, en creusant un fossé tout à fait à fin d'héritage,
exposer ainsi le fonds voisin à des éboulements; et il
faut, certainement, sous peine de dommages-intérêts,
qu'il avise au moyen de l'en garantir (comp. Colmar,

25 juil. 1861, Grosheintz, Dev., 1861, II, 577; et les *Observations* de M. Carette, *h. l.*).

Mais autre chose est de décider, en fait, cette question, eu égard à la nature plus ou moins compacte du sol et au mode d'établissement du fossé; autre chose, de faire revivre, de plein droit, tous les anciens règlements et usages locaux, lors même qu'une distance moindre que celle qu'ils prescrivaient, serait aujourd'hui reconnue suffisante (comp. Duranton, t. V, n° 364; Daviel, t. II, n° 859; Demante, t. II, n° 525; Ducaurroy, Bonnier et Roustaing, t. II, n° 304).

Cette argumentation est assurément très-forte; mais nous devons dire toutefois que la jurisprudence paraît définitivement fixée en sens contraire; et la vérité est que dès que l'on reconnaît (comme il le faut bien!) que le propriétaire ne peut pas plus aujourd'hui qu'autrefois, creuser un fossé sur l'extrême limite de son héritage, il n'y a plus qu'un pas à faire pour convenir aussi que le Code, en ne déterminant pas la distance qu'il sera nécessaire d'observer, s'en est remis aux usages et règlements locaux. L'article 544 ne permet au propriétaire de disposer de sa chose que sous la condition qu'il n'en fera pas un usage prohibé par les lois ou par les règlements; or, les usages et règlements dont il s'agit, fondés sur l'intérêt de l'agriculture, n'ont pas cessé, en fait, d'être observés dans les diverses localités.

En conséquence, notre conclusion sera :

1° Que le propriétaire, qui veut se clore par un fossé, est tenu de laisser, en dehors et au delà, un certain espace, un franc bord, une *repare;*

2° Que, par suite, cet espace est présumé lui appartenir;

3° Enfin, que, par suite encore, celui qui creuse un fossé sans laisser cette marge, porte à la propriété du voisin un trouble qui peut autoriser, de sa part, la complainte au possessoire (comp. Caen, 14 juil. 1825, Gou-

ley, Dev., 1826, II, 202 ; Cass., 22 fév. 1827, Delacroix,
Sirey, 1827, I, 136 ; Dijon, 22 juil. 1836, Sigault, Dev.,
1836, II, 387 ; Cass., 11 avril 1848, Mennesson, Dev.,
1848, I, 395 ; Cass., 3 juil. 1849, mêmes parties, Dev.,
1849, I, 624 ; Toullier, t. II, n° 227 ; Proudhon, *du
Dom. privé*, t. II, n° 589 ; Pardessus, t. I, n° 186 ; Solon,
n° 267).

Il n'en serait autrement que dans les endroits où il
serait constant qu'aucune coutume ni aucun usage local
n'obligerait le propriétaire qui veut se clore par un fossé,
à laisser, au delà et en dehors, un certain espace ou
franc bord, pour garantir la propriété voisine contre
l'éboulement des terres (comp. Cass., 3 janv. 1854,
Bocquelin, Dev., 1854, I, 119).

465. — Desgodets, sur l'article 213 de la coutume de
Paris, prétendait même que celui qui abandonne son droit
de mitoyenneté dans un fossé, abandonne aussi, par cela
même, l'espace nécessaire pour la repare de son côté,
qui devient ainsi la propriété exclusive du voisin.

Mais il nous paraîtrait difficile d'aller jusque-là aujourd'hui (comp. Pardessus, t. I, n° 186).

466. — Le terrain de la repare ou berge du fossé
n'est certainement pas imprescriptible ; mais la vérité est
qu'en fait, l'acquisition au profit du voisin n'en pourra
que très-rarement résulter de la prescription, par le
double motif : d'une part, que les faits de possession
seront presque toujours équivoques, clandestins, ou le
résultat de la tolérance (art. 2229, 2232); et d'autre part,
que le propriétaire du fossé, qui, dans les trente ans, l'a
relevé à l'aide de cette repare, n'a pas cessé de la posséder
en l'employant à la seule destination dont elle soit pour
lui susceptible (comp. Caen, 14 juillet 1825, Gouley, D.,
1826, II, 206; Caen, 1re ch., 3 mars 1839, de Saint-Pol;
Rouen, 6 mars 1841, Levillain, cité par Daviel, t. III,
n° 860).

467. — Celui auquel un fossé appartient exclusivement, est libre de le combler et de le supprimer, puisqu'il aurait pu ne pas l'ouvrir (*voy.* toutefois *infra*, n° 481).

§ 4.

Des haies mitoyennes (et non mitoyennes). — Et des arbres qui sont sur les confins des héritages.

SOMMAIRE.

468. — Nous pouvons tout d'abord ici poser comme certaines, relativement aux haies, les deux propositions, que nous avons déjà établies en ce qui concerne les fossés (*supra*, n° 450), à savoir :

1° Un propriétaire ne peut jamais contraindre son voisin, ni dans les campagnes, ni dans les villes ou faubourgs, à élever à frais communs une haie entre leurs héritages.

2° Lorsque l'un d'eux a placé une haie sur son fonds, l'autre ne peut pas le contraindre à lui en céder la mitoyenneté, dans le cas même où, par une circonstance quelconque, la haie joindrait immédiatement son fonds ; mais il y a d'ailleurs, presque toujours, dans ce cas, un autre obstacle encore à l'acquisition forcée de la mitoyenneté, du moins lorsqu'il s'agit de haies vives, c'est que la haie (comme le fossé) ne pouvant pas être établie par un propriétaire sur la limite même de son héritage, ne joint pas immédiatement l'héritage du voisin (comp. 661, 671 ; Solon, n° 206 ; Duranton, t. V, n° 385).

469.— Quant à la présomption de mitoyenneté, l'art. 670 l'établit pour les haies, en ces termes :

« Toute haie, qui sépare des héritages, est réputée mi-
« toyenne, à moins qu'il n'y ait qu'un seul des héritages
« en état de clôture, ou s'il n'y a titre ou possession suf-
« fisante au contraire. »

Toute haie..... rien de plus général. Quelques-uns pourtant ont pensé que cette présomption de mitoyenneté ne s'appliquait qu'aux haies *vives* ou à *pied*, et qu'elle n'était pas faite pour les haies *sèches* ou *mortes*, qui ne constituent, dit-on, le plus souvent qu'une clôture provisoire, qui peuvent être enfoncées en terre et attachées sans qu'il soit besoin de passer sur le fonds du voisin, et dont le renouvellement fréquent ne rendra d'ailleurs jamais douteuse la question de propriété exclusive (comp. Pardessus, t. I, n° 187 ; Bourguignat, *Droit rural*, n° 126 ; Ducaurroy, Bonnier et Roustaing, t. II, n° 304).

Mais l'article 570 ne nous paraît pas faire cette distinction, qui se trouve au contraire dans l'article 671 ; et le motif de cette différence est sensible. Lorsque la loi trouve, entre deux héritages, une clôture également utile à chacun d'eux, il est raisonnable qu'elle la présume mitoyenne, si d'ailleurs il n'existe aucune raison de l'attribuer à l'un plutôt qu'à l'autre ; or, cela est vrai de la haie sèche, aussi bien que de la haie vive (comp. Duranton, t. V, n° 365 ; Zachariæ, t. II, p. 50; Marcadé, art. 670, n° 1).

470.— Cette présomption légale de mitoyenneté cesse dans trois cas :

1° Si un seul des héritages est en état de clôture ;

2° S'il y a un titre ;

3° S'il y a possession suffisante au contraire;

La loi ne parle plus ici des marques de non-mitoyenneté proprement dites, que les haies effectivement ne comportent guère.

471.— 1° Et d'abord, lorsqu'un seul des héritages est en état de clôture, la haie est réputée appartenir exclusivement au propriétaire de cet héritage ; la présomption de mitoyenneté n'existe donc pour les haies comme pour les murs (art. 653, 670) qu'autant que les deux fonds voisins sont clos tous les deux, ou qu'ils ne sont clos ni l'un ni l'autre ; c'est qu'en effet les haies comme les murs sont surtout un mode de clôture des héritages ; et lorsqu'il arrive que l'un des deux seulement est clos, on doit naturellement présumer que la haie, qui n'est utile qu'à ce fonds comme clôture, n'a été faite que par le propriétaire de ce fonds, et lui appartient exclusivement.

Dans le cas donc où l'un des héritages seulement étant clos, le propriétaire de l'héritage voisin se dispose aussi à se clore, il convient que le maître de l'héritage, qui est déjà clos, afin d'empêcher la présomption de mitoyenneté de naître contre lui, obtienne de son voisin la reconnaissance de son droit de propriété exclusive sur la haie, ou lui fasse signifier, à cet égard, un acte de protestation (*supra*, n° 335).

Il faut remarquer d'ailleurs que la présomption de mitoyenneté établie par l'art. 670 doit être appliquée, non pas en considération de l'état actuel des lieux, mais en considération de leur état primitif, et que, dès lors, une haie doit être déclarée mitoyenne, lors même qu'un seul des héritages qu'elle sépare est en état de clôture, s'il est établi qu'antérieurement les deux fonds étaient clos (comp. Caen, 1er juillet 1858, Blanchard, Dev., 1858, II, 13, et Dev., 1859, II, 496 ; *voy.* aussi *supra*, n° 322).

472. — Il y a une opinion, qui enseigne que ces mots de notre article 670 : *en état de clôture*, ne comprennent pas toute espèce de moyens, employés pour enclore un héritage, et que la loi, s'occupant ici de haies, n'a pu avoir en vue que les clôtures par des haies et même par des haies vives ; d'où l'on induit que si l'un des héritages était entouré de haies vives des quatre côtés, tandis que l'héritage voisin serait entouré des trois autres côtés, soit de fossés, soit de haies sèches, la haie intermédiaire ne serait pas présumée mitoyenne et devrait être attribuée au propriétaire du fonds entouré de haies de toutes parts, surtout lorsque ces haies sont de même essence et de même âge (comp. Duranton, t. V, n° 368; Taulier, t. II, p. 399).

Mais pourtant les termes de la loi sont absolus ; et nous croyons que la règle générale est, au contraire, que l'héritage est *en état de clôture*, d'après l'article 670, toutes les fois qu'il est clos en effet, de quelque manière que ce soit, par des haies vives ou sèches, par des murs ou même par des fossés. On peut très-bien supposer que celui des propriétaires qui n'est clos, sur trois côtés, que par une haie sèche ou par un fossé, a consenti à établir à frais communs la haie vive qui le sépare, par

un côté, de l'un de ses voisins. L'héritage est-il *enclos ?*
(art. 65?).

Est-il *en état de clôture ?* (art. 670) voilà toute la question ; or, on ne peut pas prétendre qu'un héritage ne se
trouve dans cette condition, qu'autant qu'il est entouré
de haies vives (*supra*, n° 328 ; comp. Pardessus, t. I,
n° 187 ; Bourguignat, *Droit rural*, n° 127).

475. — Dans beaucoup de localités autrefois, on décidait que la haie était présumée appartenir à celui des
deux héritages qui avait le plus besoin de clôture. Voilà,
par exemple, deux fonds, qui ne sont clos de toutes parts
ni l'un ni l'autre, et qui sont séparés par une haie; mais
l'un de ces fonds est une terre labourable ou une bruyère,
tandis que l'autre est une vigne, un jardin ou un pré, qui
est gardé de trois côtés par une haie ; et du quatrième
côté où il n'est pas clos, se trouvent des fonds de même
nature, des vignes ou des jardins, ou des prés. Eh bien !
alors, la haie était présumée appartenir au propriétaire
de la vigne, du jardin ou du pré, à l'exclusion du propriétaire de la terre en labour et de la bruyère (Pothier, *de
la Société*, n° 225 ; Loysel, *Inst. cout.*, livre II, titre III,
règle 8).

Quant aux haies, qui existaient déjà dans ces con-
ditions-là, avant la promulgation du Code Napoléon, la
présomption de propriété exclusive, qui militait en
faveur de l'un des fonds, a dû continuer de subsister
(art. 2, 691).

Mais nous croyons, au contraire, qu'il y aurait présomption de mitoyenneté pour les haies qui ont été
faites ainsi depuis le Code : l'article 670 est formel ; il
ne distingue pas si les deux fonds limitrophes sont ou
non de même culture, de produits semblables ou différents; or, il ne nous paraît pas possible de faire prévaloir ici d'anciens usages sur une présomption légale, qui
règle précisément le cas en question, c'est-à-dire celui
où les deux héritages ne sont, ni l'un ni l'autre, en état

de clôture ; et il est clair qu'il s'agit ici d'un état de clôture parfaite (comp. Bourges, 30 novembre 1831, Lenoir,
D., 1832, II, 188 ; Cass., 7 juillet 1845, Dessaigne, Dev.,
1846, I, 37 ; Duranton, t. V, n° 373 ; Ducaurroy, Bonnier
et Roustaing, t. II, n° 304).

474. — 2° Que la présomption de mitoyenneté de la
haie doive céder à un titre contraire, cela est d'évidence
(*supra*, n° 333).

Il en serait de même de bornes régulières, qui attribue-
raient à l'un des héritages la propriété exclusive de la haie
(*supra*, n° 453).

Et alors, c'est-à-dire en cas d'existence soit d'un
titre, soit de bornes, il n'y aurait pas lieu de distinguer
si les héritages sont tous deux en état de clôture, ou s'ils
ne sont clos ni l'un ni l'autre, ou même si l'un des deux
seulement est enclos ; la présomption de propriété exclusive, qui milite en général dans ce dernier cas, au profit
du maître de l'héritage clos, céderait tout aussi bien que
la présomption légale de mitoyenneté, devant un titre ou
des bornes, desquels résulterait la preuve que la haie appartient, au contraire, au maître du fonds qui n'est
pas clos.

475. — 3° Enfin, la présomption de mitoyenneté cède
aussi dans tous les cas, lorsqu'il y a, dit notre article 670,
possession suffisante au contraire.

Mais quand est-ce que la possession est suffisante ?

Que la possession annale suffise pour faire triompher
celui qui possède, dans l'instance au possessoire, cela est
certain (art. 3, n° 2, procéd.).

Mais est-ce à dire que la présomption de mitoyenneté
soit ainsi tellement détruite, que l'autre voisin, dans l'instance au pétitoire, ne puisse plus prouver la mitoyenneté
que par titre ?

Un parti considérable, dans la doctrine, tient pour
cette opinion (comp. Cass., 3 vendémiaire an XIV, Jarnan,
Sirey, 1806, I, 75 ; Toullier, t. II, n° 229 ; Duranton,

t. V, n° 470; Ducaurroy, Bonniér et Roustaing, t. II, n° 305).

Nous avons toutefois exprimé déjà le sentiment contraire; et il nous suffit de nous référer aux arguments, par lesquels nous croyons avoir démontré que la présomption légale de mitoyenneté des haïes, pas plus que la présomption de mitoyenneté des murs et des fossés, ne peut être détruite au pétitoire, que par la preuve d'une possession soit de trente ans, soit de dix ans ou vingt ans (art. 2262-2265; *supra*, n°ˢ 349, 350; comp. Angers, 7 juillet 1830, Geslin, D., 1831, II, 97; Bourges, 31 mai 1832, Sineru, D., 1832, II, 160; Cass., 14 déc. 1836, Thoreau, *J. du P.*, 37, I, 204; Bourges, 31 mai 1837, Mougne, Dev., 1837, II, 265; Cass., 17 janv. 1838, Gautheron, Dev., 1838, I, 123; Solon, n° 202; Duvergier sur Toullier, t. II, n° 229, note *a*; Demante, t. II, n° 524 *bis*).

476. — Que faut-il décider dans l'hypothèse assez fréquente, où deux héritages sont séparés tout à la fois par une haie et par un fossé, qui se touchent?

Il n'y aura pas de difficulté, si la mitoyenneté du fossé est reconnue; il est clair alors que la haie appartient exclusivement à celui du côté duquel elle se trouve.

A plus forte raison, en sera-t-il de même, si celui du côté duquel se trouve la haie, est reconnu propriétaire exclusif du fossé, en vertu d'un titre, de bornes ou de possession suffisante. La haie, dans ces cas, lui appartiendrait, lors même que l'héritage voisin serait en état de clôture et que le sien ne serait pas clos.

Mais des doutes sérieux peuvent s'élever lorsqu'il y a contestation sur la mitoyenneté ou sur la propriété exclusive du fossé. C'est alors un conflit entre deux présomptions légales, entre l'article 666, d'après lequel le fossé étant présumé mitoyen, la haie devrait appartenir à celui du côté duquel elle se trouve, et l'article 670, d'après lequel la haie étant aussi présumée mitoyenne, c'est le fossé, au contraire, qui semblerait devoir appartenir à celui du côté duquel il est creusé. En un mot, est-ce le fossé qui fait alors la séparation des héritages, ou bien au contraire la haie ?

Celui du côté duquel se trouve la haie, prétend qu'elle lui appartient, et que c'est lui qui a creusé le fossé au delà, du côté du voisin, pour la garantir, et même que ce fossé lui appartient exclusivement, puisqu'il est établi sur l'espace qu'il a dû laisser libre entre sa haie et le fonds voisin (art. 671).

L'autre soutient, au contraire, que c'est la haie qui est mitoyenne, parce qu'elle constitue la véritable séparation des deux héritages, et que c'est lui qui a creusé le fossé en deçà et sur son propre sol, afin de favoriser le développement de la haie et de pouvoir conduire les eaux dans quelque partie de son fonds.

On pensait généralement autrefois que la haie devait être présumée appartenir à celui du côté duquel elle était plantée (Pothier, *de la Société,* n° 22; de la Tournerie, sur l'article 83 de la cout. de Norm., t. I, p. 137); et cette doctrine a encore aujourd'hui ses défenseurs (comp. Delvincourt, t. I, p. 160, note 13; Toullier, t. II, n° 230; Pardessus, t. I, n° 188).

D'après une autre opinion, au contraire, c'est la haie, plutôt que le fossé, qui devrait être présumée mitoyenne, parce qu'elle est le véritable signe de séparation interposé entre les deux héritages (comp. Duranton, t. V, n° 375; Toullier, t. II, p. 400).

La vérité est que le Code n'a pas résolu cette hypothèse; et nous croyons qu'il convient de ne pas poser non plus, à cet égard, en doctrine, de proposition trop absolue, et de laisser aux faits particuliers de chaque espèce, la part d'influence qu'ils peuvent souvent exercer, en cas pareil sur la décision.

Par exemple, si un seul des héritages est entouré de

haies des quatre côtés, tandis que l'autre ne serait pas en état de clôture, il serait bien difficile alors de ne pas déclarer que la haie appartient exclusivement à celui du côté duquel elle se trouve (arg. de l'article 670).

Si on suppose, au contraire, que les deux héritages sont clos ou qu'ils ne le sont ni l'un ni l'autre, il nous paraîtrait, en général, plus rationnel de présumer la mitoyenneté de la haie, et de déclarer, suivant les cas, ou que le fossé appartient aussi au propriétaire de la haie (arg. de l'article 671), ou du moins qu'il est mitoyen.

Mais pourtant, même dans cette dernière hypothèse, la solution pourrait être différente, dans le cas où d'autres indices attesteraient, en fait, que la haie appartient, au contraire, exclusivement à celui du côté duquel elle est plantée ; comme si, par exemple, cette haie était de même âge et de même essence que les autres haies qui entoureraient l'un des deux fonds, tandis que l'autre fonds serait entouré de haies différentes ou même seulement de fossés ; on verrait enfin de quel côté est la possession, et si celui du côté duquel la haie se trouve, l'a seul émondée. etc. Nous croyons même que les usages locaux pourraient encore ici être appliqués, puisque, après tout, le Code n'ayant pas prévu cette hypothèse, ne renferme, sous ce rapport, rien qui soit contraire aux usages.

477. — La mitoyenneté produit, pour les haies comme pour les autres choses, ses effets ordinaires, sous le rapport des avantages et des charges qui en résultent.

D'une part, donc, chacun des voisins a droit au bois qui provient de la tonte et de l'émondage de la haie, et aux fruits des arbres.

D'autre part, chacun est tenu de contribuer aux frais d'entretien qu'elle nécessite (arg. des articles 655, 669 ; Pothier, *de la Société*, n° 226).

478. — Il n'est pas douteux non plus que chacun

d'eux peut abandonner son droit à la mitoyenneté de la haie, afin de se décharger de l'entretien (article 656); et pour ce qui concerne les conditions et les effets de cet abandon, nous ne pouvons que nous référer à ce que nous avons déjà dit (*supra*, n° 435).

479. — Pareillement, l'un des voisins ne peut pas, sans le consentement de l'autre, exiger que la haie mitoyenne soit détruite ou partagée. L'article 673, qui permet à chacun des propriétaires de requérir que les arbres qui se trouvent dans la haie mitoyenne, soient abattus, prouve bien qu'il n'en est pas ainsi de la haie elle-même (*supra*, n° 463; comp. Duranton, t. V, n° 381; Pardessus, t. I, n° 187).

On a toutefois décidé que si l'un des voisins avait fait arracher la haie, pour y substituer un mur bâti tout en-entier sur son propre terrain, l'autre voisin ne pourrait pas demander que les choses fussent remises dans l'état primitif, *attendu que l'intérêt est la mesure des actions* (comp. Cass., 22 avril 1829, Bernard, D., 1829, I, 420; Cass., 27 août 1827, Vissecq, D., 1827, I, 480; Cass., 6 décembre 1827, Salles, D., 1828, I, 50; Pardessus, t. I, n° 187).

Nous croyons qu'il faut prendre garde à cette doctrine; et de ce que l'un des voisins peut se clore par un mur, si bon lui semble, il ne serait pas logique d'en conclure qu'il a le droit d'arracher, de sa propre autorité, la haie mitoyenne.

480. — Mais si les deux fonds étaient situés dans une ville ou dans un faubourg, chacun des voisins pourrait demander que la haie mitoyenne fût remplacée par un mur construit à frais communs (art. 663); et aucune fin de non-recevoir ne résulterait de la circonstance que les deux propriétaires auraient d'abord établi cette haie elle-même à frais communs, parce qu'ils la regardaient comme une clôture suffisante; car nous savons que l'article 663 renferme une disposition d'ordre public, dont les voisins ne peuvent pas renoncer à se prévaloir (*supra*, n° 378).

481. — Lorsque la haie appartient exclusivement à l'un des voisins, celui qui en est propriétaire, est libre, bien entendu, de la conserver ou de la détruire.

Mais, lorsqu'il veut la détruire, doit-il se conformer encore aujourd'hui aux anciens règlements et usages, qui, dans les différentes provinces, l'obligeaient, dans ce cas, à certaines précautions dans l'intérêt privé des voisins et dans l'intérêt général des exploitations rurales !

Pour la Normandie, par exemple, l'article 11 du règlement du 17 août 1751 est ainsi conçu :

« Les propriétaires d'héritages, qui sont actuellement clos de haies vives ou de fossés, seront tenus d'entretenir lesdites clôtures, si mieux ils n'aiment détruire entièrement la clôture le long de l'héritage voisin, ce qu'ils auront la liberté de faire, s'il n'y a titre au contraire ; et néanmoins, ceux qui voudront détruire leur clôture, ne pourront le faire que depuis la Toussaint jusqu'à Noël, après avoir averti le voisin trois mois auparavant ; et jusqu'au temps de la destruction de la clôture, ils seront obligés de l'entretenir. »

On peut faire remarquer sans doute : 1.° que d'après l'article 4 de la section III du titre 1 de la loi du 28 sept.- 6 oct. 1791 : « le droit de clore et de déclore ses héritages, résulte essentiellement de celui de propriété, et ne peut être contesté à aucun propriétaire, et que l'Assemblée nationale abroge toutes les lois et coutumes qui peuvent contrarier ce droit : 2° que le Code Napoléon ne renferme aucun texte qui renvoie à cet usage spécial (comp. Daviel, t. III, n° 856).

Mais d'abord, pour ce qui est de l'article 4 de la loi de 1791, il suffit de répondre qu'il est relatif au droit de parcours et de vaine pâture, qui faisait obstacle au droit de se clore ; il s'agit ici de toute autre chose ; le règlement de 1751 n'empêche pas le propriétaire de se clore ou de se déclore; seulement il réglemente l'exercice du droit qu'il a de se déclore; et il est vrai de reconnaître que le Code Napoléon ne renferme, à cet égard, rien de contraire. Le Code Napoléon n'est pas, à beaucoup près, un code rural complet; et il nous paraîtrait fort regrettable que l'on décidât qu'il a fait table rase de tous les usages ruraux, alors même qu'il ne s'en est occupé d'aucune manière, ni expressément ni tacitement, et que l'abolition de ces usages produirait les plus regrettables résultats. Au reste, dans la pratique, l'article 11 précité du règlement de 1751 paraît toujours être observé en Normandie, où, en effet, le maintien de cette sage mesure est commandé par l'intérêt commun des propriétaires de prairies et des éleveurs de bestiaux (comp. Caen, 22 janvier 1848, Leharivel, *Rec. de Caen*, t. XII, p. 500; Godefroy, sur l'article 617 de la cout.; *voy.* toutefois Cass., 6 juillet 1824, *Bulletin criminel*, n° 98).

482. — Aux termes de l'article 673 :

« Les arbres, qui se trouvent dans la haie mitoyenne,
« sont mitoyens comme la haie; et chacun des deux
« propriétaires peut requérir qu'ils soient abattus. »

Cette disposition est notable. Quoique, en effet, l'article 673, par la forme de sa rédaction, paraisse présenter, comme une conséquence de la mitoyenneté, le droit, pour chacun des propriétaires, de demander l'abatage des arbres qui se trouvent dans la haie, il est évident que ce droit constitue, au contraire, une exception au principe de la mitoyenneté, dont le caractère consiste précisément dans un état d'indivision forcée (*supra*, n° 308). Cette exception, d'ailleurs, se justifie facilement par le motif; que ces arbres seront souvent dommageables pour les héritages limitrophes, et qu'ils pourraient aussi devenir entre les voisins une source de querelles et de difficultés, à l'occasion de l'émondage des branches ou de la récolte des fruits : double inconvénient que le législateur a voulu empêcher.

Du droit de requérir que les arbres qui se trouvent dans la haie, soient abattus, résulte bien évidemment *a fortiori* le droit, pour chacun des propriétaires, de s'opposer à ce que les arbres qui s'y trouvaient, et qui auraient péri de vétusté ou par accident, soient remplacés.

Ce droit, ou mieux encore cette faculté, est imprescriptible; et l'un des voisins peut requérir l'abatage des arbres, lors même qu'ils existeraient dans la haie depuis plus de trente ans. C'est là, en effet, un acte de pure faculté (art. 2232); la prescription, d'ailleurs, n'a pas lieu entre ceux qui jouissent en commun; elle ne pourrait commencer à courir qu'autant que l'un des voisins aurait joui séparément et comme propriétaire exclusif (comp. Solon, n° 204); et nous croyons, avec M. Duvergier, qu'il faudrait, en général, que cette jouissance exclusive s'appliquât non-seulement aux arbres, mais encore à la haie; car il serait difficile de reconnaître une possession exclusive des arbres, tant que la haie demeurerait elle-même mitoyenne (sur Toullier, t. II, n° 223, note 1).

La circonstance que les arbres existaient déjà dans la haie, lorsque les deux fonds, qui étaient réunis d'abord dans les mains du même maître, ont été séparés par l'effet d'un partage ou de toute autre aliénation, cette circonstance, disons-nous, ne ferait pas non plus obstacle à ce que chacun des propriétaires voisins pût requérir qu'ils fussent abattus; la destination du père de famille ne vaut titre que pour les servitudes continues et apparentes (art. 692); or, il n'y a point ici de servitude, comme il y en aurait une, par exemple, si les arbres n'étaient pas dans la haie et se trouvaient pourtant à une distance moindre que celle prescrite par l'article 671; il n'y a ici qu'une haie qui est devenue mitoyenne avec les arbres qui s'y trouvaient, lorsque les deux fonds ont cessé d'appartenir au même propriétaire; et on ne saurait indiquer aucune raison pour que la mitoyenneté ne soit pas alors établie avec son caractère et ses effets ordinaires.

Mais l'article 673 ne serait pas applicable aux arbres qui auraient été plantés d'un commun accord, pour servir de bornes entre les deux héritages (arg. de l'article 456, C. pén.; Toullier, t. II, n° 235; Pardessus, t. I, n° 189).

483. — De quelle manière doit se faire, entre les deux voisins (s'ils ne s'accordent pas de gré à gré), le partage, soit de l'émondage et des fruits de l'arbre, lorsqu'il est debout, soit du tronc et des branches, lorsqu'il est abattu?

Doit-il être fait, dans tous les cas, par égales parts?

Ou bien, au contraire, si l'arbre, comme il arrive presque toujours, se trouve plus d'un côté que de l'autre, la répartition doit-elle avoir lieu dans la même proportion, c'est-à-dire en proportion des parties, dans lesquelles l'arbre se trouve divisé par le point milieu de la haie mitoyenne?

En faveur de cette dernière solution, on peut raisonner ainsi :

La propriété d'un arbre, chez nous, se détermine par la place d'où sort le tronc;

Or, d'une part, on suppose que le tronc ne sort pas également du point milieu de la haie mitoyenne, et qu'il se trouve plus d'un côté que de l'autre; d'autre part, la haie mitoyenne appartient divisément à chacun des voisins, qui est propriétaire *pro diviso*, *pro regione*, de la moitié qui est de son côté;

Donc, chacun des voisins n'est aussi propriétaire de l'arbre que dans la proportion de la partie du tronc qui se trouve du côté de la haie, qui lui appartient; donc, il n'a droit que dans cette proportion aux fruits et au bois (comp. Toullier, t. II, n° 233; Duranton, t. V, n°s 376 et 379).

Nous concédons à cet argument sa majeure; et notre

avis est aussi que, dans le droit français, à la différence
du droit romain, qui décidait de la propriété de l'arbre
par l'endroit où il poussait ses racines (§ 31, inst., *de
rer. div.*), la propriété s'estime par l'endroit d'où sort le
tronc : *les arbres qui se trouvent dans la haie*, dit l'article 673, sont mitoyens; or, ce qui fait l'arbre, ce ne
sont pas les racines, c'est le tronc! Lors donc qu'un
arbre, lorsque *le tronc* d'un arbre se trouve sur les
confins de deux héritages distincts, en partie sur l'un,
en partie sur l'autre, nous croyons nous-même qu'il
appartient divisément à chacun des deux voisins, pour
la partie qui se trouve de son côté, et que le partage
des fruits et des bois doit se faire entre eux dans la même
proportion.

Mais, en vertu du même principe, lorsque le terrain où
se trouve le tronc est commun entre plusieurs, l'arbre
lui-même est commun comme le terrain qui le porte; et
le partage doit s'en faire dans la proportion des droits de
chacun dans la propriété indivise; or, d'une part, la
haie mitoyenne est commune entre les voisins ; elle n'appartient pas, comme on le prétend, à chacun d'eux *pro
diviso;* elle leur appartient, au contraire, en commun,
pro indiviso, et par moitié dans chacune de ses parties ;
donc, puisque l'arbre *est mitoyen comme la haie,* il appartient aussi en commun, *pro indiviso,* et par moitié
dans chacune de ses parties, aux propriétaires voisins ;
donc, le partage de l'émondage, des fruits et du tronc,
doit toujours se faire entre eux par moitié. Et voilà bien
ce qui résulte du texte formel de notre article 673. La
circonstance que les branches s'étendraient plus sur l'un
des fonds que sur l'autre et lui causeraient ainsi plus de
dommage, ne saurait modifier ce principe ; car celui des
voisins qui aurait à se plaindre de quelque dommage résultant de l'arbre, peut requérir qu'il soit abattu (comp.
L. 7, § 1, et L. 8, ff. *de adq. rer. dom.,* Pothier, *de la
Société,* n° 226; Duvergier sur Toullier, t. II, n° 233,

note 1; Marcadé, art. 673; Pardessus, t. I, n° 189; Taulier, t. II, p. 406; Zachariæ, t. II, p. 50).

§ 5.

De la distance à observer pour la plantation des arbres et des haies vives.

SOMMAIRE.

abattus ou viendraient à périr, de les remplacer par d'autres arbres en même nombre, de la même essence et à la même place?

502. — *Quid*, si l'un des voisins avait en vertu d'un titre ou de la destination du père de famille, le droit de conserver des arbres à une distance moindre du fonds voisin que celle requise par la loi?

502 *bis*. — La zone de deux mètres, qui se trouve entre les plantations et l'héritage voisin, est-elle présumée appartenir au propriétaire des arbres?

503. — 2° Du cas où l'arbre appartenant à l'un des voisins, étend ses branches ou ses racines dans le fonds de l'autre?

504. — Suite. — Le Code ne renvoie pas, dans ce cas, aux anciens règlements ou usages locaux. — Conséquence.

505. — Suite. — L'article 672, en ce qui concerne les branches et les racines, est-il applicable aux bois de lisière et aux forêts des particuliers ou de l'État?

506. — Le droit de forcer le propriétaire de l'arbre à couper les branches avançantes, s'applique au cas où les arbres sont plantés à la distance légale.

507. — Dans le cas où le voisin ne pourrait point, par un motif quelconque, demander l'abatage des arbres qui ne seraient point plantés à la distance légale, pourrait-il néanmoins demander toujours l'élagage des branches qui s'avanceraient sur son fonds?

508. — Un voisin peut-il perdre, par l'effet d'un titre ou de la destination du père de famille, le droit de forcer son voisin à couper les branches qui avancent sur son fonds?

509. — Même question en ce qui concerne la prescription.

510. — Suite.

511. — Suite. — De la prescription, en ce qui concerne le droit de couper les racines de l'arbre

512. — Le voisin peut-il réclamer des dommages-intérêts pour le passé, à raison du préjudice que lui auraient causé les branches ou les racines de l'arbre de son voisin?

513. — Les fruits pendants aux branches qui s'avancent sur le fonds du voisin appartiennent au propriétaire de l'arbre. — Mais celui-ci peut-il réclamer un passage sur le fonds du voisin, pour aller les ramasser et les cueillir?

484. — Si le propriétaire d'un héritage pouvait faire des plantations à une distance trop rapprochée de l'héritage du voisin, il lui nuirait presque toujours beaucoup : soit par l'ombre, si préjudiciable aux récoltes, que ces arbres projetteraient sur cet héritage, qui pourrait même, si les branches s'y étendaient, se trouver ainsi privé d'air et de lumière; soit par les racines, qui, en pénétrant dans la terre, s'alimenteraient de sa substance et en absorberaient les sucs nourriciers. Aussi, chez tous les peuples, les législateurs ont-ils réglementé sous ce rapport l'exercice du droit de propriété, dans l'intérêt particulier de chacun des voisins, aussi bien que dans l'intérêt général de la société, en déterminant une certaine distance qu'il faudrait observer pour les plantations. La loi 13 au Digeste, *finium regundorum*, fixait cette distance eu égard aux diverses essences des arbres; et dans notre ancienne jurisprudence française, les coutumes et les règlements ou usages locaux l'avaient également réglée, suivant la nature du sol et la diversité des productions et des habitudes de chaque pays.

Le Code Napoléon devait nécessairement aussi réglementer cette matière; et il s'en occupe, en effet, sous un double point de vue :

1° Quant aux corps mêmes des arbres et des haies;

2° Quant à leurs branches et à leurs racines.

485. — 1° L'article 671 est ainsi conçu :

« Il n'est permis de planter des arbres de haute tige
« qu'à la distance prescrite par les règlements particu-
« liers actuellement existants, ou par les usages constants
« et reconnus; et, à défaut de règlements et usages,
« qu'à la distance de deux mètres de la ligne séparative
« des deux héritages pour les arbres à haute tige, et à la
« distance d'un demi-mètre pour les autres arbres et
« haies vives. »

Et le premier alinéa de l'article 673 renferme la sanction de cette règle en ces termes :

« Le voisin peut exiger que les arbres et haies plantés
« à une moindre distance soient arrachés. »

Les termes de ces articles sont absolus; d'où il faut conclure qu'ils s'appliquent aux héritages urbains aussi bien qu'aux héritages ruraux. Le sentiment contraire avait néanmoins autrefois des partisans (Cœpolla, *de Servit. urb. præd.*, chap. XI, n° 4; Brillon, v° *Arbres*, p. 137; Goupy, sur Desgodets, p. 386).

Et l'on pourrait encore faire remarquer peut-être que

c'est particulièrement dans l'intérêt de l'agriculture que ces dispositions ont été décrétées. — Il est vrai ; mais elles sont générales ; et on conçoit très-bien que le propriétaire d'un fonds urbain peut avoir aussi un grand intérêt à en réclamer l'application, pour empêcher, par exemple, le voisin de faire des plantations, qui causeraient de l'humidité à sa maison et la priveraient d'air et de lumière (comp. ff. *de arboribus cædendis*, L. I ; Nîmes, 14 juill. 1833, Chabert, D., 1834, II, 7 ; Duvergier sur Toullier, t. II, n° 512, note *b*).

On ne doit pas dès lors distinguer non plus, comme faisait autrefois Pothier (*de la Société*, n° 242), si l'héritage voisin, auprès duquel les arbres sont plantés, est une cour de maison, à laquelle les racines qui s'y étendraient, ne pourraient porter aucun préjudice (comp. Cass., 25 mars 1862, Roca, Dev., 1862, I, 470, et D., 1862, I, 174).

486. — Est-ce à dire pourtant que si les plantations étaient faites dans un terrain clos de murs, le voisin serait toujours fondé à exiger que les distances légales fussent observées ?

On a distingué, à cet égard, le cas où les arbres ne dépassent pas la hauteur du mur de clôture et celui où ils s'élèvent au-dessus de ce mur : au premier cas, le voisin se trouvant sans intérêt à demander la destruction des arbres ne pourra pas réclamer l'application de l'article 671 ; mais lorsque les arbres s'élèvent au-dessus du mur, et que, par conséquent, ils peuvent préjudicier au voisin par leur ombrage, celui-ci a le droit d'exiger qu'ils soient placés à la distance légale (Sebire et Carteret, *Encycl. du droit*, v° *Arbres*, n° 9).

La vérité est toutefois que notre article 671 n'admet pas de distinction semblable, et qu'il s'applique à tous les fonds, clos ou non clos ; ce n'est pas, en effet, par leurs branches seulement, c'est encore par leurs racines que les arbres plantés trop près de l'héritage du voisin, peuvent lui nuire (comp. Caen, 19 févr. 1859, Royer, Dev., 1859, II, 587; Cass., 2 juill. 1867, Lacasse, Dev., 1867, I. 388).

Mais nous nous empressons d'ajouter que les usages locaux, auxquels l'article 671 lui-même se réfère, ont modifié ce que cette application des distances pourrait avoir de rigoureux dans les villes, particulièrement en ce qui concerne les arbres fruitiers ou de simple agrément des jardins, que l'on a coutume d'appuyer contre les murs séparatifs des héritages, et que l'on pourrait considérer comme arbres de haute tige, si l'on n'en arrêtait pas l'essor par la taille.

Il paraît néanmoins que, d'après l'ancienne pratique de la coutume de Toulouse, la tige des arbres en espaliers devait être éloignée de six pouces du mur mitoyen, et de dix-huit pouces du mur non mitoyen, sans même que, dans ce dernier cas, les branches de l'espalier pussent y être attachées (Soulaige, sur la cout. de Toulouse, p. 141).

Mais presque partout les habitudes, à cet égard, sont beaucoup plus faciles et plus conformes aux bonnes relations du voisinage, toutes les fois que l'arbre n'est pas préjudiciable à l'héritage limitrophe, *propter radices, vel ramos, vel frondes* (comp. Rolland de Villargues, *Rép.*, v° *Arbres*, n° 42; Solon, n° 239; Proudhon, *du Dom. privé*, t. II, n° 582; Vaudoré, t. II, v° *Plantations*, § 1, n°ˢ 8-10).

C'est ainsi qu'il a été décidé que le règlement de 1751 n'ayant fixé, en Normandie, la distance à laquelle les arbres, même de haute futaie, devaient être plantés du fonds voisin, que dans les terres non closes, il n'y avait lieu d'observer aucune distance pour ces plantations dans les villes, et particulièrement dans les villes de Caen et de Bayeux, où il est d'usage constant que l'on n'observe, en effet, aucune distance pour la plantation des arbres dans les jardins, mais que seulement ils doivent être ar-

rachés ou éloignés, lorsqu'ils nuisent au voisin (comp,
Caen, arrêt de la Cour, 25 juin 1831, Duclosmesnil; jugement du Tribunal civil, 25 mars 1840, Legallier, *Rec.
de Caen*, t. IV, p. 102-108; et aussi un jugement du Tribunal civil de la Seine du 7 juillet 1857, de Remillay,
Gazette des Tribunaux du 14 juillet 1857; Caen, 19
févr. 1859, *Rec. de Caen*, 1859, p. 199; Paris, 27 août
1858, de Montmailleur, Dev., 1860, II, 637; Bordeaux,
13 mars 1860, Bec, Dev., 1860, II, 499; et *J. du P.*,
1861, p. 54; Paris, 17 févr. 1862, de Sesmaisons, Dev.,
1862, II, 137; *voy.* toutefois *infra*, n° 493).

487. — Les forêts d'ailleurs ne jouissent, à cet
égard, d'aucun privilége, et notre article 671, dans la
généralité de ses termes, leur est certainement aussi applicable (comp. art. 176 de l'ordonnance réglementaire
du Code forestier du 1er août 1827; Rennes, 19 juin
1838, la Jarthe, *J. du P.*, t. II, 1842, p. 143; Curasson
sur Proudhon, *des Droits d'usage*, n° 572; Ducaurroy,
Bonnier et Roustaing, t. II, n° 306; *voy.* aussi *infra*,
n° 505).

488. — Et il n'y a pas lieu de distinguer non plus
entre le cas où il s'agirait d'arbres épars qui seraient
plantés de main d'homme, et celui où un propriétaire
voudrait convertir un pré ou un autre fonds en nature de forêt, par le moyen d'un semis pratiqué dans
la vue d'obtenir une plantation ou crue de bois en
massif.

Cette distinction pourtant a été faite par Proudhon,
qui enseigne que l'article 671 n'est point applicable à
cette dernière hypothèse : « Tout l'ensemble de cet article, dit-il, paraît en effet démontrer qu'on a seulement
voulu soumettre le voisin des héritages, qui sont les plus
précieux, à des règles qui ne s'observent pas à l'égard
des fonds de dernière classe, qui sont à proximité des
forêts. » (*Des Droits d'usufruit*, etc., t. VI, n° 2989.)

Mais le texte absolu de l'article 671 ne comporte aucune distinction de ce genre ; et en raison, il est facile de voir que cette distinction ne saurait être justifiée, puisque l'auteur permettant à tout propriétaire de convertir en massif de bois son terrain, quel qu'il soit, même un pré, les terrains voisins pourraient très-bien n'être pas du tout de *dernière classe*, mais se trouver, au contraire, du nombre des *héritages les plus précieux* (comp. Sebire et Carteret, *Encyclop. du Droit*, n° 9).

489. — Si général toutefois que soit notre texte, il ne serait pas logique, suivant nous, de prétendre qu'il est applicable même entre deux bois ; car il n'y a pas, dans ce cas, de motif pour que les arbres ne puissent pas s'étendre, de part et d'autre, jusqu'à la ligne séparative des héritages ; et l'intérêt même des propriétaires voisins est, au contraire, qu'il en soit ainsi (comp. Ducaurroy, Bonnier et Roustaing, t. II, n° 306 ; *voy.* toutefois Cass., 20 mars 1828, Dassonvillez, D., 1828, I, 146 ; Cass., 24 juill. 1860, Lefranc, Dev., 1860, I, 897, et *J. du P.*, 1861, p. 52).

490. — Si l'article 671 se sert du mot *planter*, c'est uniquement parce qu'il a en vue l'hypothèse la plus importante et la plus ordinaire, *id quod plerumque fit*.

Mais il n'est pas douteux qu'il s'oppose également à ce que le propriétaire laisse subsister les arbres quelconques qui croissent spontanément ou par l'effet d'un semis naturel (comp. Cass., 13 mars 1850, Bureau, Dev., 1850, I, 385 ; Cass., 25 mars 1862, Roca, Dev., 1862, I, 470 ; Duranton, t. V, n° 386, note 1 ; Zachariæ, t. II, p. 53 ; Marcadé, art. 671, n° 1).

491. — En ce qui concerne les distances à observer, le Code s'en réfère d'abord aux règlements particuliers et aux usages locaux ; et fort justement, car tout dépend, en ces circonstances, des habitudes des différentes localités, de la nature du sol, de l'espèce de culture à laquelle il est employé, et des diverses essences d'arbres que l'on a coutume d'y planter (Pothier, *de la Société*, n° 242, et sur l'article 259 de la cout. d'Orléans; Basnage, sur l'article 608 de la cout. de Normandie).

Les parlements avaient fait, sur ce sujet, des règlements pour certaines provinces ; plusieurs coutumes renfermaient aussi des dispositions précises ; enfin, à défaut de règlements et de coutumes, on suivait les usages locaux.

Notre Code maintient tous ces précédents en exigeant seulement, pour les usages locaux, qu'ils soient *constants et reconnus.* C'est là surtout un point de fait (Amiens, 21 déc. 1821, Landrieux, Sirey, 1822, II, 297) ; et rien ne s'oppose à ce que les magistrats, pour s'en assurer, autorisent l'emploi de la preuve par témoins, lors même qu'il n'existerait aucune preuve écrite (arg. de l'article 1348). L'inspection des lieux est d'ailleurs évidemment aussi, en ce qui concerne les plantations, un moyen souvent péremptoire de constater les usages du pays (Bourges, 16 nov. 1830, Saussard, D., 1832, II, 11 ; Poitiers, 7 janv. 1834, Fey, D., 1834, II, 135).

492. — On a enseigné que la disposition de l'article 671, qui maintient, pour la distance à observer, les règlements et usages locaux, n'est applicable qu'aux arbres de haute tige, et que, par conséquent, lorsqu'il s'agit d'arbres à basses tiges ou de haies vives, il faut toujours se conformer à la règle finale de cet article, d'après laquelle ils doivent être plantés à un demi-mètre du fonds voisin (Solon, n° 234 ; Joccoton, *des Act. civ.,* n° 272).

Cette doctrine est-elle bien exacte ?

Nous ne le pensons pas ; ce n'est pas seulement, en effet, dans la première partie de l'article 671, et pour les arbres de haute tige, qu'il est question de règlements et usages locaux ; la seconde partie de l'article, qui s'occupe des autres arbres et des haies vives, ne détermine elle-même la distance d'un demi-mètre qu'à *défaut de règlements et usages.*

493. — Il n'est pas douteux qu'il faut continuer à observer toujours l'ancienne distance dans les lieux où elle était plus grande que celle déterminée par l'article 671.

Mais dans les lieux où elle était moindre, ne pourrait-on pas soutenir que notre article a déterminé un *minimum*, qui ne saurait plus être diminué désormais ?

Le texte même de la loi s'opposerait, suivant nous, à une telle doctrine ; car il ne détermine la distance à observer qu'*à défaut de règlements et d'usages*, sans distinguer si ces usages ou règlements exigeaient autrefois une plus grande ou une moindre distance ; et il était fort raisonnable, en effet, de maintenir les usages, qui n'exigeaient qu'une distance moindre, dans les pays de vigne par exemple, et surtout pour les arbres et arbustes des jardins (comp. *supra*, n° 486 ; Paris, 2 déc. 1820, Boin, Sirey, 1821, II, 227).

Est-ce à dire que si, dans quelque localité, il était d'usage de n'observer aucune distance, les propriétaires auront pu continuer, depuis le Code Napoléon, à faire des plantatious sur la limite extrême de leurs héritages ?

On l'a prétendu ainsi (comp. Carou, *des Act. poss.*, n° 282, et *Jurid. des jug. de paix*, n° 506 ; Garnier, *des Act. poss.*, p. 227).

Mais cette conséquence ne dérive pas, à notre avis, de la solution qui précède :

Le Code Napoléon exige qu'une distance soit observée ; voilà une règle qui est absolue ; et ce n'est que pour la détermination de cette distance qu'il se réfère aux anciens règlements et usages ;

Or, un usage purement négatif, d'après lequel aucune distance n'était requise, ne déterminait pas, et ne pouvait pas, bien entendu, déterminer la distance à observer ;

Donc, le Code ne renvoie pas à un tel usage, qui ne serait plus le moyen d'application, mais bien la destruction de la règle qu'il a posée dans l'intérêt général des propriétaires et de la société. C'est ainsi que, dans l'article 663, le législateur nouveau, en ne renvoyant aux règlements et aux usages que pour déterminer *la hauteur de la clôture*, abroge, par cela même, les usages d'après lesquels la clôture n'aurait pas été forcée dans une ville ou dans un faubourg quelconque (comp. Cass., 12 févr. 1861, Leduc, *J. du P.*, 1861, p. 536).

Cette conclusion nous paraît exacte; tout au plus pourrait-on admettre encore les anciens usages, qui n'exigeaient aucune distance dans les villes, pour les arbres fruitiers plantés dans les propriétés closes; et tel serait, en effet, notre sentiment, en raison de l'absence d'intérêt dans ce cas, de la part du voisin à se plaindre (*voy.* toutefois Caen, arrêt de la Cour du 25 juin 1831, Duclosmesnil; et jug. du Tribunal civil du 25 mars 1840, Le Gallier, *Rec. de Caen*, t. IV, p. 102-108; Caen, 19 févr. 1859, Royer, *Rec. de Caen*, 1859, p. 199; Bordeaux, 13 mars 1860, Bec., Dev., 1860, II, 479; Pardessus, t. II, n° 340; Taulier, t. II, p. 401; Joccoton, 272; et *supra*, n° 486).

494. — A défaut des règlements et usages, le Code exige une distance de deux mètres de la ligne séparative des deux héritages pour les arbres à haute tige, et la distance d'un demi-mètre pour les autres arbres et haies vives.

C'est aux magistrats qu'il appartient de décider, après information, s'il y a lieu, quels arbres doivent être considérés comme de haute tige, et quels autres, au contraire, comme de basse tige. La règle, à cet égard, est qu'il faut considérer l'essence elle-même des arbres, et non point le mode de leur aménagement (comp. Cass., 20 mars 1828, Dassonvillez, Dev., 1828, I, 186; Cass., 9 mai 1853, Deschamps; et 25 mai 1859, Denoult, Dev., 1853,

I, 248 et 714 ; *voy.* toutefois Caen, 19 févr. 1859, Royer, Dev., 1859, II, 587).

Quant aux haies vives, qui se composent, comme on sait, de ronces et d'arbrisseaux, le texte lui-même les assimile aux arbres à basse tige ; mais il est clair que cela suppose, de la part du propriétaire, l'obligation de les tondre ; non-seulement donc, il ne doit pas y laisser croître d'arbres de haute tige, mais il ne peut pas non plus laisser grandir la haie elle-même ; et il faut qu'il se conforme aux usages locaux, qui règlent les époques et la hauteur de la tonte.

495. — Lorsque les deux héritages sont séparés par une clôture mitoyenne, mur, haie ou fossé, on reconnaît généralement que la distance doit se calculer du point milieu du mur, du fossé ou de la haie ; il en serait de même de toute autre propriété reconnue mitoyenne qui se trouverait entre les deux fonds, canal, ruisseau ou sentier ; il est alors, en effet, naturel d'en faire, *ad hoc*, fictivement le partage pour la détermination des distances.

Si le fossé, la haie, le mur, le sentier, le canal, appartiennent exclusivement à l'un des voisins, on calcule la distance à partir du bord extérieur, si c'est à celui qui veut planter qu'en appartient la propriété exclusive, et au contraire à partir du bord qui est de son côté, si c'est le voisin qui en est le seul propriétaire.

Dans le cas enfin où les deux fonds seraient séparés par un chemin public, la distance se calculerait à partir du bord extérieur du fonds voisin ; nous en dirions autant, s'il existait entre eux une petite rivière, puisque, d'après la doctrine que nous avons soutenue, les petites rivières sont *res nullius* (*voy.* notre tome X, n°s 128 et suiv.; comp. Taulier, t. II, p. 402; Pardessus, t. I, n° 194; Duranton, t. V, n° 387).

496. — On a écrit que la distance devait être calculée à partir du centre de l'arbre (Solon, n° 243).

Il nous paraîtrait plus sûr de la calculer à partir de sa surface; car le texte paraît bien exiger que la distance par lui requise existe tout entière entre le tronc de l'arbre et le fonds du voisin.

Mais d'ailleurs, lorsqu'au moment de la plantation, la distance requise a été observée, il importe peu qu'elle ne soit plus tout à fait entière par suite de l'accroissement de l'arbre. Le législateur n'a prescrit l'observation de la distance qu'au moment de la plantation ; et comme apparemment il savait bien que l'arbre grossirait, on doit croire qu'il a calculé la distance en conséquence.

497. — Rappelons ici qu'aux termes de l'article 6 de la loi du 25 mai 1838, le juge de paix est compétent pour connaître des actions relatives à la distance prescrite pour les plantations des arbres et des haies, lorsque la propriété ou les titres qui l'établissent, ne sont pas contestés ; comme il l'est aussi, bien entendu, pour connaître de l'action en élagage des branches, aux termes de l'article 672, 2e alinéa (*infra*, n°s 503 et suiv.; comp. Cass., 29 déc. 1830, Dumoncel, Dev., 1832, I, 267; Cass., 13 mars 1850, Bureau, D., 1850, I, 385 ; Benech, p. 171).

498. — Le voisin, en effet, peut demander que les arbres et haies plantés à une moindre distance soient arrachés (art. 672).

C'est la sanction nécessaire de la défense décrétée par l'article 671 ; et le planteur ne saurait y échapper en alléguant que la différence entre la distance par lui observée et la distance légale est très-minime et qu'elle ne cause au voisin aucun préjudice, ou en offrant de prendre l'engagement de laisser en taillis les arbres de haute tige qu'il aurait plantés et de les couper dès qu'ils auraient atteint une certaine hauteur. Autrement, il n'y aurait plus de règle, plus de loi ; et tout serait arbitraire (comp. notre tome IX, n° 691 *ter;* Cass., 29 mars 1828, Dassonvillez, D., 1828, I, 186 ; Cass., 5 mars 1850, Benoult, Dev., 1850, I, 377 ; Cass., 12 févr. 1861, Leduc, *J. du P.*, 1861, p. 536 ; Dev., 1861, I, 327 ; Pardessus, t. I, n° 195 ; Garnier, *des Act. poss.*, p. 227 ; Vaudoré, t. III, p. 247).

499. — Si pourtant les arbres plantés à une distance moindre que celle requise par la loi, existaient depuis plus de trente ans, le voisin ne pourrait plus demander qu'ils fussent arrachés ; et la prescription serait accomplie (art. 690, 2262).

On a objecté, il est vrai, que la possession à l'effet d'acquérir devait réunir, pendant toute sa durée, depuis le commencement jusqu'à la fin, les conditions exigées par la loi, et qu'elle devait être dès lors toujours uniforme dans sa continuité ; or, disait-on, on ne saurait reconnaître ce caractère dans la possession d'un arbre, qui, dans les premiers temps, a pu, par son exiguïté, n'avoir aucune importance aux yeux du voisin, et qui ne grandit et ne se développe que successivement d'année en année (Duval, *de reb. dub.*, tract. VIII, p. 51 ; Mornac, *ad leg.* 13, ff. *fin. regund.*; de Bézieux, arrêts de Provence, liv. VIII, chap. IV, § 7).

Mais le voisin précisément a pu prévoir, dès le jour de la plantation, l'accroissement progressif de l'arbre, *motum naturalem arboris* (L. 7, ff. *de servit. urb. præd.*); et d'ailleurs, dès ce jour même, cet arbre, quelle que fût alors sa petitesse, dès qu'il n'était pas planté à la distance légale, constituait évidemment le fonds voisin en état de servitude ; et le propriétaire pouvait, en conséquence, demander qu'il fût abattu.

Aussi, reconnaît-on généralement aujourd'hui, dans la doctrine et dans la jurisprudence :

1° Que l'on peut acquérir par prescription le droit de conserver des arbres à haute ou basse tige, à une distance moindre que celle requise par l'article 671 ;

2° Que cette prescription court à partir de la plantation

des arbres (comp. Cass., 9 juin 1825, Leblond, Sirey,
1826, I, 176; Toulouse, 9 déc. 1826, d'Hers, Sirey,
1827, II, 10; Bourges, 16 nov. 1830, Quénisset, D.,
1832, II, 210; Cass., 29 mai 1832, Coche, D., 1832,
I, 210; Cass., 25 mai 1842, Levelain, Dev., 1842, I,
733; Cass., 13 mars 1850, Bureau, Dev., 1850, I, 385;
Toullier et Duvergier, t. II, n° 514; Duranton, t. V,
n° 390; Pardessus, t. I, n° 195; Vaudoré, *Droit rural*,
t. I, n° 222; Troplong, *de la Prescript.*, t. I, n° 346;
Solon, n° 244; Proudhon, *de l'Usufruit*, t. VI, n° 2989).

500. — Il faut seulement toujours, bien entendu, que
la possession soit publique (art. 2229); d'où il suit que
si l'arbre, qui serait planté à une distance moindre que
celle requise par la loi, était caché au voisin par un mur
ou par une haie, ou de toute autre manière, la prescription ne commencerait à courir que du jour où la suppression de cet obstacle aurait montré l'arbre à découvert;
et c'est fort justement, suivant nous, que l'on a décidé
que la possession utile ne commence à l'égard des arbres
de haute tige placés hors de la distance, qui ont fait originairement partie d'une haie vive, que du jour où ils
se sont élevés au-dessus de la haie (Amiens, 21 déc. 1821,
Loudrieux, Sirey, 1822, II, 297; Bourges, 16 nov. 1830,
Quénisset, D., 1832, II, 11).

501. — Mais c'est une question difficile et controversée que celle de savoir en quoi consiste précisément
l'effet de cette prescription; ou, en d'autres termes, si le
propriétaire qui a acquis de la sorte le droit de conserver
des arbres à une distance moindre du fonds voisin que
celle requise par la loi, n'a pas acquis par cela même le
droit, dans le cas où ces arbres seraient abattus ou viendraient à périr par accident ou par vétusté, de les remplacer par d'autres arbres en même nombre, de même
essence et à la même place.

Trois opinions sont en présence:

A. La première enseigne que le remplacement est possible dans tous les cas, lors même qu'il s'agit d'arbres épars et isolés.

Les partisans de cette doctrine ne l'ont pas tous soutenue de la même manière.

Les uns se sont fondés sur les articles 706 et 707; et ils ont dit :

Aux termes de ces articles, la servitude est éteinte par le non-usage pendant trente ans; et lorsqu'il s'agit de servitude continue, les trente ans commencent à courir du jour où il a été fait un acte contraire à la servitude; or, l'article 671 impose à tous les héritages une servitude légale, qui consiste dans la prohibition de planter des arbres à une distance trop rapprochée de l'héritage voisin; donc, cette servitude est éteinte, lorsqu'un propriétaire a planté, depuis plus de trente ans, des arbres, sans observer cette distance; donc, cet héritage est désormais libéré de la servitude, qui asservissait, sous ce rapport, la liberté naturelle du fonds; et le propriétaire, rentré désormais dans la plénitude de son droit de propriété, pourra, toujours et en tout temps, planter des arbres de même essence, en même nombre et au même lieu que ceux au moyen desquels il a prescrit, d'une manière définitive, l'affranchissement de son héritage (comp. Cass., 25 mai 1842, Levelain, Dev., 1842, I, 733; Zachariæ, t. II, p. 53; Taulier, t. II, p. 402; Serrigny, *Revue crit. de Législat. et de jurisprud.*, 1859, t. XV, p. 7 et suiv.).

D'autres, considérant (bien plus justement, suivant nous) que l'article 671, comme les autres articles de notre chapitre, loin de créer des servitudes véritables, ne fait qu'organiser la liberté des héritages dans l'état de société, enseignent que le propriétaire, qui a eu pendant trente ans des arbres plantés en dehors de la distance légale, n'a pas libéré son fonds d'une servitude, mais qu'il a, au contraire, acquis lui-même par prescription, une servitude continue et apparente sur le fonds du voisin, aux termes de l'article 690; puis, cette prémisse une fois posée, ils raisonnent ainsi :

D'après les articles 703 et 704, les servitudes cessent, il est vrai, lorsque les choses se trouvent en tel état qu'on ne peut plus en user; mais elles revivent, si les choses sont rétablies, avant le délai de trente ans, dans leur état primitif; et c'est ainsi que d'après l'article 665, lorsqu'on reconstruit un mur mitoyen ou une maison, les servitudes actives et passives se continuent à l'égard du nouveau mur ou de la nouvelle maison, sans toutefois qu'elles puissent être aggravées, pourvu que la reconstruction se fasse avant que la prescription soit acquise; donc, par application du même principe, les arbres abattus ou morts peuvent être remplacés, pourvu que le remplacement se fasse sans aggravation de la servitude et avant l'expiration du délai de trente ans (comp. Pardessus, t. I, n° 195; Favard de Langlade, *Rép.*, v° *Serv.*, sect. II, § 2; Tardif sur Fournel, *du Voisinage*, t. I, p. 127; Neveu-Derotrie, *des Lois rurales*, p. 73, art. 56; Sebire et Carteret, *Encycl. du Droit*, v° *Arbres*, art. 1, n° 12).

B. D'après une seconde opinion, au contraire, le remplacement n'est possible dans aucun cas, lors même qu'il s'agit d'arbres formant une allée ou une avenue.

Cette opinion raisonne ainsi :

C'est une règle fondamentale que la prescription n'a d'effet que relativement à la chose elle-même, corporelle ou incorporelle, qui a été possédée; de là cette maxime : *Tantum possessum, tantum præscriptum;* or, quelle est ici la chose que le propriétaire planteur a possédée? Quel est le droit dont il a joui pendant trente ans? Il a possédé tels et tels arbres, ces arbres-là mêmes et point d'autres; il a joui du droit d'avoir ces arbres-là, à une distance moindre que celle requise par la loi; donc, c'est à ces arbres-là seulement, c'est seulement au droit de conserver ces mêmes arbres à leur place, que se borne l'effet de la prescription.

On oppose en vain les articles 665, 703 et 704, en disant que la servitude a été acquise au fonds lui-même, et que les arbres existants n'en étaient que la forme saisissable et la révélation extérieure, de même que les servitudes actives ou passives de la maison abattue et depuis reconstruite. Grande est la différence entre les deux cas : d'une part, la maison reconstruite dans des conditions semblables à celles de la maison démolie, peut être considérée comme étant toujours la même ; tandis que les arbres nouveaux sont nécessairement différents des arbres anciens, qu'ils remplacent ; les uns peuvent avoir plus de vigueur que n'en avaient les autres, ou devenir, par une cause quelconque, plus nuisibles ; il n'y a pas alors de représentation ni de subrogation possible ; d'autre part, les servitudes inhérentes à une maison ont une cause d'existence et de durée perpétuelle, comme la maison elle-même ; tandis que l'existence des arbres qui ne doivent durer que pendant un temps plus ou moins long, et que l'on ne plante même que pour les abattre, est au contraire temporaire et limitée ; on conçoit donc qu'un propriétaire, qui tolère que son voisin plante des arbres à une distance moindre que celle requise par la loi, soit fondé à dire qu'il n'a consenti à grever son fonds de cette servitude que relativement à ces arbres-là mêmes, qu'il souffrait, sans avoir jamais pensé qu'il résulterait de sa tolérance, en ce qui concerne ces arbres, que son voisin acquerrait le droit tout différent et beaucoup plus grave, de replanter plus tard d'autres arbres en remplacement de ceux-là, et ainsi de suite *in perpetuum!* (Comp. L. 7, ff. *de servit. præd. urban.*)

Cette argumentation est fort sérieuse ; elle n'a pas toutefois convaincu Devilleneuve, qui, tout en se ralliant à la doctrine que nous exposons en ce moment, a cru devoir chercher ailleurs le motif de sa décision. Notre regrettable confrère nie d'abord l'exactitude de la différence qui vient d'être établie entre une maison et un arbre ; et,

suivant lui, le nouvel arbre planté représente tout aussi
bien l'ancien que le mur ou la maison nouvellement construite représentent le mur ou la maison qui existaient
auparavant; il ne faut donc pas se placer sur le terrain
de l'article 690, ni supposer qu'une servitude a été acquise; le mieux et le plus vrai est uniquement de se
fonder sur les articles 672 et 2262, et de dire que le voisin qui a souffert pendant trente ans la plantation des
arbres en dehors de la distance requise, a perdu le droit
de les faire abattre, parce que toutes les actions, tant
réelles que personnelles, se prescrivent par trente ans,
mais qu'il n'y a pas, pour l'autre fonds, acquisition d'une
servitude dont la nature serait d'être perpétuelle (Devilleneuve, 1846, II, 609, note 1).

Quoi qu'il en soit, et sur quelque motif qu'on veuille
la fonder, cette doctrine triomphe aujourd'hui dans la
jurisprudence; et l'on paraît décider généralement que
le remplacement des arbres n'est possible dans aucun
cas, lors même qu'il s'agirait d'une avenue. Nous devons
ajouter que l'on pourrait déduire, en ce sens, un argument puissant de l'article 12 du règlement du parlement
de Normandie du 17 août 1751, qui, après avoir déclaré
que les distances qu'il prescrit, ne seraient observées que
pour les plantations qui se feront à l'avenir, ajoutait
que « *les arbres ci-devant plantés ne pourront être remplacés que conformément au présent règlement;...* » et le même
argument est encore fourni par l'article 176 de l'ordonnance réglementaire du Code forestier du 1er août 1827,
qui porte que « *les plantations ou réserves destinées à remplacer les arbres actuels de lisière, seront effectuées en ar-
rière de la ligne de délimitation des forêts, à la distance
prescrite par l'article 671 du Code Napoléon.* » (Comp.
Rouen, 19 juin 1838, Saint-Amand, D., 1838, II, 526;
Bourges, 8 déc. 1841, Desroziers, Dev., 1842, II, 453;
Douai, 14 avril 1845, Denayer, *J. du P.*, 1845, II, 146;
Caen, 22 juillet 1845, Abaquesné, Dev., 1846, II, 609;

Cass., 28 nov. 1853, Bureau, Dev., 1854, I, 37; Toulouse, 1er mars 1855, Fourcade, Dev., 1857, II, 217; Cass., 22 déc. 1857, De la Loyère, Dev., 1858, I, 361; Cass., 24 mai 1864, Roussel-Leroy, Dev., 1864, I, 411; Cass., 31 juill. 1865, Mareau, Dev., 1865, I, 369; Duranton, t. V, n° 391; Ducaurroy, Bonnier et Roustaing, t. II, n° 308; Solon, n° 245; Vaudoré, t. III, v° *Plantations*, n° 54; Marcadé, sur l'article 671; Curasson, *Compét. des juges de paix*, t. II, p. 485.)

C. Enfin, d'après une troisième opinion, que nous croyons devoir proposer, il faut distinguer entre le cas où il s'agit d'arbres isolés et le cas où ce sont, au contraire, des arbres disposés en allée ou en avenue, qui ont existé, pendant trente ans, en dehors de la distance légale :

S'agit-il d'arbres épars et isolés? le remplacement nous paraît impossible; et nous nous séparons complétement, sur ce point, de la première opinion exposée plus haut, pour nous rallier à la seconde. Prétendre, en effet, comme le font quelques-uns des partisans de cette première opinion, que le propriétaire qui a eu, pendant plus de trente ans sur son fonds, des arbres isolés en dehors de la distance requise, a libéré ainsi son fonds d'une servitude, cela n'est pas admissible; car ces prétendues servitudes légales sont constitutives et organiques du droit de propriété lui-même (*supra*, n° 8; comp. Cass., 28 fév. 1831; Eustache, D., 1831, I, 43). C'est, au contraire, le fonds voisin qui se trouve désormais grevé d'une servitude continue et apparente (art. 690); mais, comme cette servitude, lorsqu'il s'agit d'arbres épars et isolés, ne devait avoir qu'une durée temporaire, et qu'elle était attachée à ces arbres-là mêmes et point à d'autres, il s'ensuit qu'elle s'éteint irrévocablement par la perte de ces arbres. Nous croyons, en effet, qu'il y a, sous ce rapport, une différence véritable entre les servitudes attachées à l'existence d'un mur ou d'une maison, et les servitudes

attachées à l'existence d'un arbre. Le dissentiment de
Devilleneuve repose sur une raison fort ingénieuse sans
doute; mais cette raison est-elle bien décisive! Le savant
auteur nous dit bien que le voisin, à l'égard duquel la
distance requise n'a pas été observée, a perdu l'action
qu'il avait pour faire abattre les arbres; mais le planteur,
lui, n'a-t-il donc pas acquis quelque chose? quelle position résulte pour lui, de ce que l'action à fin d'abatage
est éteinte? Devilleneuve ne s'explique pas sur ce point;
et c'est là pourtant que se trouve, si nous ne nous abusons
pas, le véritable siége de la difficulté. Ajoutons enfin,
lorsqu'il s'agit d'arbres épars et isolés, cette considération que la Cour de Caen a fort bien fait valoir (dans son
arrêt précité) : que la doctrine qui autorise le remplacement, donnerait naissance à de nombreuses contestations,
puisqu'il faudrait souvent de longues et difficiles instructions pour savoir si chaque arbre que l'on planterait à
la distance prohibée, en remplacerait réellement un ancien, qui aurait existé pendant trente ans, et constater
également à quelle distance il était du fonds voisin; nous
croyons donc qu'alors le voisin n'a acquis que le droit de
conserver les arbres mêmes, qu'il a eus pendant trente
ans, mais qu'il n'a pas acquis la faculté de planter d'une
manière absolue et abstractivement en dehors de la distance légale.

Mais, au contraire, lorsque ce sont des arbres disposés en allée ou en avenue, qui ont existé pendant plus
de trente ans à la distance prohibée, il nous semble
qu'il y a eu alors véritablement *causa perpetua posses-
sionis;* ce n'est point tel ou tel arbre individuellement
qui a été possédé, c'est l'avenue elle-même, avec le caractère de perpétuité que lui impriment sa destination
et le renouvellement successif de chacun des arbres qui
la composent. Ne serait-il pas bien étrange, en effet, que
si l'un des arbres de l'avenue venait à périr, il ne pût pas
être remplacé, tandis que l'avenue elle-même continue-

rait toujours d'être là, à titre de servitude? Au moins,
l'opinion contraire ne serait-elle admissible que dans le
cas où l'avenue elle-même, et tout entière, se trouverait
détruite du même coup. (Comp. Demante, t. II, n° 527
bis, I.)

502. — L'un des voisins pourrait aussi, bien entendu,
acquérir, en vertu d'un titre, soit onéreux, soit gratuit,
le droit d'avoir sur son fonds des arbres plantés à une
distance moindre du fonds voisin que celle requise par
la loi.

De même que ce droit pourrait légalement résulter de
la destination du père de famille, si on suppose que les
deux fonds ayant appartenu au même maître, les arbres
existaient déjà, lors de l'aliénation ou du partage, par suite
duquel les deux héritages ont été séparés (art. 692, 693;
Rennes, 3 juillet, 1813, Blanchard, Dev., *Collect. nouv.*,
4, II, 336).

Mais, dans l'un et l'autre cas, on peut encore se demander si les arbres qui seraient abattus ou qui viendraient
à périr, pourraient être remplacés!

L'affirmative nous paraîtrait devoir être admise, s'il
s'agissait d'une avenue (*supra*, n° 501).

Mais notre solution serait, en général, différente relativement à des arbres épars et isolés.

Nous ne croirions pas qu'ils pussent être remplacés,
si le droit de conserver ces arbres résultait de la destination du père de famille (comp. Paris, 23 août
1825, Vallon, Sirey, 1826, II, 304; Duranton, t. V,
n° 491).

Dans le cas où ce droit aurait été établi par un titre, ce
serait une question d'interprétation; il faudrait voir si la
concession aurait été faite à titre onéreux ou à titre gratuit; si elle s'applique, dans ses termes, aux arbres actuels seulement, comme, par exemple, si elle avait eu lieu
après la plantation de ces arbres et comme par transaction
entre le planteur et le voisin qui aurait eu le droit de les

faire supprimer. C'est précisément parce que le titre, dans cette occasion, peut être susceptible de recevoir des interprétations différentes, que nous avons pensé que lorsque le droit de conserver des arbres isolés à une distance prohibée, n'était acquis que par prescription, le remplacement était impossible. On dit souvent que la prescription repose sur la présomption d'un titre perdu. Il est vrai ; mais alors l'existence du titre n'étant que présumée, on doit l'interpréter dans le sens le plus étroit ; or, il se peut que ce titre n'eût accordé au planteur que le droit d'avoir déterminément et individuellement tels ou tels arbres (comp. Marcadé, art. 671, n° 2 ; Devilleneuve, *Observations*, 1846, II, 600).

502 bis. — Remarquons, d'ailleurs, que l'article 671 n'établit pas en faveur de celui sur le fonds duquel les arbres sont plantés, une présomption légale de propriété de la zone de deux mètres, qui se trouve entre les plantations et l'héritage voisin ; ce n'est là qu'une présomption simple, qui peut être détruite par d'autres présomptions (comp. le tome II, n°ˢ 592, 593 ; Cass., 22 juin 1863, Taupin, Dev., 1863, I, 438).

503. — 2° « Il ne suffit pas, disait Basnage, de savoir à quelle distance on peut planter ; il n'est pas moins important de connaître comment on doit tenir les arbres lorsqu'ils sont grands, afin que par leur ombre, par leurs racines ou par leurs branches, ils ne causent de l'incommodité.... » (Sur l'article 608 de la cout. de Normandie.)

Tel est aussi l'objet de l'article 672, qui, dans ses deux derniers alinéa, s'occupe des branches et des racines, en ces termes :

« Celui sur la propriété duquel avancent les branches
« du voisin, peut contraindre celui-ci à couper ces
« branches.

« Si ce sont les racines qui avancent sur son héritage,
« il a droit de les couper lui-même. »

Ces dispositions dérivent tout naturellement du principe, d'après lequel la propriété du sol emporte la propriété du dessus et du dessous (art. 552).

Le droit romain ne permettait pas au propriétaire dans le fonds duquel s'avançaient les racines de l'arbre du voisin de les couper lui-même; et il fallait qu'il s'adressât au voisin, comme pour les branches (L. 6, § 2, ff. *de arb. furt. cæs.*; Pauli, *Sententiæ*, lib. V, tit. VI, n° 13). Mais Basnage nous apprend (*loc. supra cit.*) que, de son temps, l'*on ne gardait plus cette formalité.*

La différence, que notre article consacre, sous ce rapport, entre les branches et les racines, peut être justifiée par plusieurs motifs. On a pu craindre d'abord que le voisin, s'il avait le droit de couper lui-même, et de son autorité privée, les branches, ne déshonorât ainsi l'arbre lui-même, par malice ou par maladresse, et qu'il ne coupât les branches au delà du point où elles devaient l'être; or, cette crainte n'existe pas pour les racines; l'arbre, d'ailleurs, refait ses racines plus vite que ses branches; ajoutez que c'est le plus souvent en labourant, en travaillant la terre, que le voisin coupe les racines qui sont étendues jusque chez lui, et que l'on n'aurait pas pu, sans susciter beaucoup de difficultés et sans entraver les opérations agricoles, le soumettre à l'obligation de demander à son voisin de venir chez lui extirper les racines de son propre sol. Enfin, il paraît bien résulter de l'esprit de notre texte, que la loi considère que les racines, à la différence des branches, lui appartiennent comme une partie intégrante de son sol, et qu'il ne serait tenu, à cet égard, à aucune restitution.

Il est bien entendu, en ce qui concerne les branches, que le voisin qui en demande l'élagage, doit choisir le moment opportun de l'année pour cette opération, et qu'il ne peut, en aucun cas, les couper lui-même, à moins qu'il n'y ait été autorisé par jugement, conformément à l'article 1144 (comp. Cass., 15 févr. 1811, Bessy, Sirey, 1811, I, 81).

504. — A la différence de l'article 671, qui maintient les anciens règlements et usages locaux sur la distance à observer dans la plantation des arbres, l'article 672 ne s'y réfère nullement, en ce qui concerne les branches et les racines qui s'étendent chez le voisin.

Le droit de forcer le propriétaire à couper les branches pourrait donc être exercé en vertu de notre article, même dans les pays où l'on suivait un usage contraire. Et il importerait peu que les branches avançantes sur le fonds voisin fussent déjà très-anciennes au moment de la promulgation du Code Napoléon; l'usage ancien, par suite duquel ces branches pouvaient se projeter au dehors, n'était, en réalité, qu'une tolérance de la loi; ce n'était qu'un mode de jouissance toujours subordonné à la loi elle-même, qui le tolérait et qui pouvait le modifier; et il n'y avait point là un droit acquis en faveur duquel on pût invoquer l'article 2 (comp. Cass., 31 déc. 1810, Bessy, Sirey, 1810, II, 81; Duranton, t. V, n° 395; Ducaurroy, Bonnier et Roustaing, t. II, n° 309; Garnier, *des Act. possess.*, p. 234).

D'après un usage observé autrefois dans certaines provinces, et qui dérivait de la loi romaine (L. 1, § 9, ff. *de arbor. cædendis*), lorsque l'arbre avançait sur la maison du voisin, il devait être lui-même arraché au pied, *succidi eam præcipitur;* mais, au contraire, si c'était sur un champ qu'il projetait ses branches, *si vero agro impendeat*, il suffisait de couper ces branches depuis le sol jusqu'à une hauteur de quinze pieds; les branches plus élevées au-dessus du sol du voisin pouvaient être maintenues (comp. Basnage sur l'article 608 de la cout. de Normandie). Notre article 672 abolit ces distinctions ainsi que tous les autres usages, qui seraient contraires à la règle générale et absolue qu'il décrète. Dans tous les cas donc, le maître de l'arbre est tenu de couper toutes les branches, à quelque hauteur que ce soit, qui s'avancent sur le fonds du voisin ; mais, en aucun cas, celui-ci ne peut exiger l'abatage de l'arbre, dès qu'il est planté à la distance prescrite, lors même qu'il lui causerait encore de l'ombrage (comp. Caen, 19 févr. 1859, Royer, Dev., 1859, II, 587).

505. — Remarquons aussi que l'article 672 ne fait aucune exception relativement aux arbres ou bois de lisières, pas plus pour les forêts de l'État que pour celles des particuliers (*voy.* aussi *supra*, n° 487).

En vain l'administration forestière avait fait remarquer que le droit, pour les propriétaires riverains des forêts domaniales, de demander l'élagage, aurait des conséquences très-funestes ; que cette opération pratiquée sur de vieux arbres pourrait les détériorer beaucoup, quelquefois même les faire périr ; et qu'elle les rendrait aussi le plus souvent impropres au service de la marine et aux autres usages auxquels ils sont destinés dans un intérêt public (comp. Serrigny, *Revue crit. de législ. et de jurisprud.*, 1859, t. V, p. 1 et suiv).

Ces réclamations avaient dû échouer contre le texte absolu de notre article 672 (comp. Paris, 16 févr. 1824, de Paris, *J. du P.*, t. II, de 1824, p. 253 ; Cass., 31 juill. 1827, mêmes parties, Sirey, 1827, I, 328 ; Cass., 28 nov. 1853, Bureau, Dev., 1854, I, 37 ; Proudhon, *de l'Usufruit*, t. VI, n° 2976 ; Curasson, n° 568).

Mais l'article 150 du Code forestier y a fait droit dans une certaine mesure, en ces termes :

« Les propriétaires riverains des bois et forêts ne peu« vent se prévaloir de l'article 672 du Code Napoléon « pour l'élagage des lisières desdits bois et forêts, si les « arbres de lisière ont plus de trente ans. Tout élagage « qui serait exécuté sans l'autorisation du propriétaire « des bois et forêts donnera lieu à l'application des pei« nes portées par l'article 196. »

On voit toutefois que cette exception n'est que spéciale et toute temporaire, et qu'elle ne protége que ceux des arbres qui avaient déjà plus de trente ans au moment de la promulgation de la loi ; elle ne pourrait donc pas être étendue aux arbres de lisière des bois et forêts soit de l'État, soit des particuliers, qui n'ont acquis ou qui n'acquerront trente ans d'existence que postérieurement à cette promulgation ; et voilà bien ce que déclare formellement l'article 176 de l'ordonnance réglementaire d'exécution du 1er août 1827 :

« Quand les arbres de lisière *qui ont maintenant plus de trente ans,* auront été abattus, les arbres qui les remplaceront, devront être élagués conformément à l'article 672 du Code Napoléon, lorsque l'étalage en sera requis par les riverains. » (Comp. Zachariæ, t. II, p. 55 ; Demante, t. II, n° 527 *bis,* III ; Taulier, t. II, p. 405.)

506. — Le droit de forcer le propriétaire des arbres à couper les branches qui s'avancent sur le fonds du voisin, s'applique au cas où les arbres sont plantés à la distance prescrite ; car lorsqu'ils sont plantés à une moindre distance, le premier alinéa de l'article 672 accordant au voisin le droit de faire arracher les arbres eux-mêmes, il était bien inutile que le second alinéa du même article lui accordât aussi, dans ce cas, le droit qui lui appartenait évidemment, par cela même, d'en faire couper les branches. C'est donc surtout pour l'hypothèse où les plantations ont été faites à la distance légale, que l'article 672, second alinéa, autorise le voisin à demander l'élagage des branches avançantes.

Il est clair, d'ailleurs, comme nous venons de le dire, que le voisin peut, *a fortiori,* demander cet élagage, lorsqu'il aurait le droit de demander l'abatage des arbres eux-mêmes, parce qu'ils ne seraient point plantés à la distance prescrite.

507. — Mais supposons que par un motif quelconque, le voisin ne puisse pas demander l'abatage des

arbres qui ne seraient point plantés à la distance légale ;
pourrait-il néanmoins alors demander toujours l'élagage
des branches qui s'avanceraient sur son fonds

Le propriétaire des arbres, par exemple, a acquis par
prescription, par destination du père de famille, ou par
titre, le droit de les conserver à une distance moindre
que celle requise par la loi. S'ensuit-il que le voisin qui
n'a plus le droit de faire abattre les arbres, n'ait plus
davantage le droit de faire couper les branches qui
s'étendent sur son terrain, ou de couper lui-même les
racines qui y pénètrent ?

Cette question est controversée.

En général pourtant, on considère, dans la doctrine et
dans la jurisprudence, que ce sont là deux droits distincts, et que de cela seul qu'un propriétaire n'aurait
plus le droit d'exiger que les arbres plantés à une
distance trop rapprochée de lui fussent abattus, il ne
s'ensuit pas, à moins d'une convention expresse en sens
contraire, qu'il soit obligé de souffrir l'extension de leurs
branches sur son terrain (comp. Paris, 16 févr. 1824,
Paris, Sirey, 1825, II, 25 ; Cass., 16 juill. 1835, Drouot,
D., 1835, I, 395 ; Caen 1re ch., 25 janvier 1832, Ledart;
Bourges, 4 juin 1845, N..., Dev., 1845, II, 479 ; Limoges, 2 avril 1846, Fargeaud, Dev., 1846, II, 372 ; Cass.,
28 nov. 1853, Bureau, Dev., 1854, I, 37 ; Cass., 9 juil.
1867, Bonnel, Dev., 1867, I, 323 ; Pardessus, t. I,
n° 196 ; Zachariæ, t. II, p. 54 ; Ducaurroy, Bonnier et
Roustaing, t. II, n° 309).

Une autre opinion, tout à fait opposée, enseigne au
contraire que dès que le propriétaire des arbres a acquis
par titre, par prescription ou par destination du père de
famille, le droit de les conserver à une distance moindre
que celle requise par la loi, il a acquis, comme conséquence, le droit de laisser pousser les branches de ses
arbres, et que le voisin, en consentant expressément ou
tacitement à ces plantations rapprochées, en a d'avance

accepté les inconvénients (Proudhon, *du Dom. privé,*
t. II, n° 585 ; Mourlon, t. I, p. 790).

Duranton a distingué : si le droit de conserver les
arbres à une distance moindre que celle requise par la loi
a été acquis par prescription, le voisin n'a pas perdu le
droit de faire couper les branches qui avancent sur son
terrain ; mais, au contraire, il n'aurait plus ce droit, si
c'était en vertu d'un titre ou par l'effet de la destination
du père de famille que le propriétaire des arbres eût acquis le droit de les conserver à une moindre distance ; et
celui-ci serait fondé à les conserver alors avec l'accroissement que les branches pourraient prendre par la suite
sur le fonds du voisin (t. V, n°ˢ 396-399).

Nous croyons que la solution qui a été admise par
la jurisprudence est, en effet, la meilleure ; et notre avis
est qu'en principe général, de cela seul que le voisin
n'aurait point, par l'effet de la prescription, de la destination du père de famille ou d'un titre quelconque,
le droit de demander l'abatage des arbres qui sont plantés à une distance moindre que celle requise par la loi,
il ne s'ensuit pas nécessairement qu'il soit tenu de tolérer aussi l'extension des branches avançantes sur son
fonds.

Ce n'est pas que nous allions jusqu'à dire, ainsi que
quelques-uns paraissent l'avoir voulu, que la charge qui
serait imposée à un propriétaire de supporter les branches
des arbres appartenant à son voisin doive être considérée
comme contraire à l'ordre public, parce qu'elle est essentiellement préjudiciable à la culture des terres (*voy.*
une note dans Dalloz, 1835, I, 395).

Ce serait là une exagération ; et nous admettons nous-
même qu'un propriétaire pourrait perdre valablement le
droit de forcer son voisin à couper les branches des
arbres qui avancent sur son fonds (*infra,* n° 508). Ce
que nous nions seulement, c'est que le fait que le voisin
ne peut pas demander que les arbres qui n'ont pas été plan-

tés à la distance légale soient arrachés, doive avoir pour
conséquence nécessaire de l'obliger aussi à tolérer l'existence de leurs branches sur son terrain. Tout au plus,
pourrait-on prétendre que cette conséquence en résulterait dans le cas où les arbres seraient plantés si près de
l'héritage du voisin qu'ils ne pourraient pas exister sans
cela (voy. jug. du tribunal de Limoges du 20 mai 1845,
Fargeaud, Dev., 1846, II, 372 ; Bastia, 3 mars 1856,
Novella, J. du P., t. II de 1856, p. 203).

508. — Mais alors vient une autre question : est-ce
qu'un propriétaire ne peut pas perdre aussi le droit de
forcer son voisin à couper les branches des arbres qui
avancent sur son fonds ?

Qu'il puisse perdre ce droit par l'effet d'un titre, cela
est certain (supra, n° 507).

La question peut paraître plus douteuse, en ce qui concerne la destination du père de famille; nous venons de
voir, il est vrai, que la circonstance qu'au moment de
la séparation de deux héritages qui étaient réunis dans
la même main, les arbres plantés sur l'un ne se trouvaient
pas à la distance légale de l'autre, ne suffirait pas pour
que le propriétaire de ce dernier héritage n'eût pas le
droit de s'opposer à l'extension des branches.

Mais pourtant, si les branches s'étaient déjà étendues
sur cet héritage, si elles constituaient par elles-mêmes,
directement et principalement, au moment de l'aliénation
de l'un des fonds ou du partage, une possession bien
constante, bien caractérisée, et que le riverain eût un
intérêt manifeste à maintenir, nous croyons que l'on
pourrait décider que le droit de conserver ces branches
résulte alors, comme servitude principale, de la destination du père de famille (comp. Duranton, t. V, n° 399;
Proudhon, du Dom. privé, t. II, n° 583; Cass., 9 juillet
1867, Bonnel, Dev., 1867, I, 323).

509. — Enfin, en supposant qu'un propriétaire eût
laissé passer trente ans sans demander l'élagage des

branches avançantes sur son fonds, aurait-il perdu, par l'effet de la prescription, le droit de réclamer ?

Pour l'affirmative, on peut dire que c'est là une servitude continue et apparente, que le maître des arbres dont les branches avancent depuis trente ans sur le fonds du voisin, a pu acquérir par prescription (articles 668, 689, 690); que sans doute la prescription ne devra commencer à courir que lorsque les branches seront assez avancées pour causer du dommage, qu'il faudra tenir compte encore de la circonstance que le propriétaire du fonds sur lequel les branches avancent en aurait recueilli les fruits, pour voir s'il n'en résulte pas la preuve d'une simple tolérance intéressée de sa part; mais que ces considérations ne sauraient empêcher l'effet de la prescription acquisitive, dans le cas où les branches avançantes existeraient depuis plus de trente ans, avec un caractère évidemment dommageable et sans aucune compensation pour le voisin, comme si les arbres, par exemple, ne donnaient pas de fruits ou n'étaient pas fruitiers (comp. Delvincourt sur l'article 672; Troplong, *de la Prescription*, t. I, n° 347; Neveu-Derotrie, *Lois rurales*, p. 26).

Cette solution, toutefois, ne serait point la nôtre :

1° Il est indispensable, pour qu'une prescription quelconque soit admise, que l'on puisse déterminer, d'une manière exacte et précise, soit son point de départ et son début; or cette condition *sine qua non* est impossible en ce qui concerne les branches dont la croissance est latente et imperceptible, et qui n'ont, dit Proudhon, *ni extrait de naissance, ni titre constatant leur minorité ou majorité (du Dom. privé,* t. II, n° 581); donc, on ne saurait invoquer, en pareil cas, de prescription. Comment déterminer, en effet, le moment, le jour où le voisin aura pu savoir que les branches faisaient leur entrée au-dessus de son fonds? On convient que la prescription ne devra commencer à courir que du jour où les branches seront assez avancées sur le fonds du voisin pour y causer du dommage; mais quel sera ce jour, et n'y a-t-il pas là un arbitraire manifeste?

Ajoutez, d'ailleurs, qu'en admettant que la prescription pût être alors invoquée, elle ne protégerait évidemment que les parties des branches qui avanceraient, depuis plus de trente ans, sur l'héritage du voisin; et comme l'accroissement de ces branches se fait d'année en année, ou plutôt même de mois en mois, de jour en jour, il faudrait compter autant de petites prescriptions particulières qu'il y aurait de degrés successifs dans la pousse et dans le développement des branches; de telle sorte que la prescription ne serait acquise que pour la partie des branches qui couvriraient le terrain depuis plus de trente ans, et que tout le reste devrait encore être coupé.

2° Sous un autre rapport, la prescription ne saurait être admise, parce que l'on est alors autorisé à dire que ce n'est que par simple tolérance que le voisin n'a pas demandé d'abord l'élagage des branches, qui s'avançaient sur son fonds; ces branches pouvaient ne lui causer aucun dommage; elles lui étaient même agréables peut-être; peut-être aussi en recueillait-il les fruits; dans tous les cas, il a pu et dû croire que le maître des arbres les émonderait, suivant l'usage, à des époques périodiques en général très-rapprochées; or, toutes ces circonstances ne permettent pas de voir, dans le silence du voisin, un consentement définitif à ce que les branches demeurent à toujours dans l'état où sa tolérance les a laissées venir. Bien différent est le cas où un arbre est planté par un propriétaire à une distance prohibée; car alors le voisin est immédiatement mis en demeure de réclamer contre cette plantation, qui, dès ce jour même, constitue un attentat permanent et définitif contre son droit.

3° Enfin, on peut remarquer que la croissance naturelle des branches et leur avancement sur le fonds du voisin, sont indépendants du fait même du propriétaire auquel les arbres appartiennent, et qu'ils ne supposent pas plus de sa part l'intention d'acquérir cette servitude sur le fonds du voisin, que de la part de ce voisin le consentement tacite de s'y soumettre (comp. Paris, 16 févr. 1824, Paris, Sirey, 1825, II, 25 ; Cass., 16 juillet 1835, Drouot, D., 1835, I, 395 ; Bourges, 4 juin 1845, N..., Dev..., 1845, II, 479 ; Limoges, 2 avril 1846, Fargeaud, Dev., 1846, II, 372 ; Bastia, 3 mars 1856, *Novella*, *J. du P.*, t. II de 1856, p. 203 ; Douai, 3 juillet 1856, Braemt, *J. du P.*, t. I de 1858, p. 84 ; Paris, 15 juin 1865, Creuse, Dev., 1865, II, 199 ; Pardessus, t. I, n° 196 ; Vazeille, *des Prescript.*, t. I, n° 119 ; Marcadé, sur l'article 672 ; Demante, t. II, n° 527 *bis*, II ; Ducaurroy, Bonnier et Roustaing, t. II, n° 309 ; Sebire et Carteret, *Encycl. du Droit*, v° *Arbres*, n° 13 ; Proudhon, *des Droits d'usage*, t. II, n° 572, et *du Dom. privé*, t. II, n° 582).

510. — Mais des motifs même qui précèdent, il résulte que notre solution serait différente, dans le cas où le maître des arbres aurait opposé une contradiction à l'exercice que le voisin aurait voulu faire du droit qui lui est accordé par l'art. 672, de demander l'élagage des branches qui s'avancent sur son fonds.

D'une part, en effet, le commencement de la prescription serait alors nettement déterminé; et d'autre part, la possession perdrait aussi, du même coup, son caractère de précarité et de simple tolérance (arg. de l'article 2238; comp. Demante, *loc. supra cit.*).

511. — Quant au droit pour le voisin de couper luimême les racines qui s'étendent sur son propre fonds, *a fortiori*, est-il imprescriptible; car la possession, dans ce cas, n'est pas publique; et surtout c'est là un acte de pure faculté que le voisin est libre de faire ou de ne pas faire chez lui (art. 2232; Limoges, 2 avril 1846, Fargeaud, Dev., 1846, II, 372 ; Pardessus, t. I, n° 197; Troplong, *des Prescript.*, t. I, n° 355 ; Solon, n° 244).

512. — Le voisin ayant le droit de demander l'élagage des branches avançantes sur son fonds, lorsqu'elles lui sont dommageables, la conséquence nous paraît en être, tant qu'il ne le demande point : ou que les branches ne lui causent point de dommage, ou qu'il consent à supporter le dommage qu'elles lui causeraient; il ne serait donc pas fondé à réclamer, à cet égard, d'indemnité pour le passé.

Nous croyons même que s'il adressait tout d'abord au maître des arbres une sommation ou une assignation afin d'obtenir de lui l'élagage, sans l'avoir préalablement averti à l'amiable, qu'il ne voulait plus les tolérer, les frais en devraient être à sa charge, dans le cas où le maître des arbres opérerait de suite cet élagage; mais si, au contraire, le maître des arbres, invité même seulement de vive voix par le voisin, en présence de témoins, à élaguer ses arbres, n'avait pas déféré à cet avertissement, il serait juste qu'il payât les frais que son refus ou son retard aurait ensuite rendu nécessaires (Perrin, *Code de la contiguïté*, n°s 796 et 818); mais comme le maître des arbrs pourrait soutenir qu'aucun avertissement verbal ne lui a été donné, nous croyons, qu'afin de prévenir toute difficulté à cet égard, le voisin ferait bien de lui donner cet avertissement par *une lettre recommandée*.

Quant aux racines souterraines, le droit qui appartient au voisin de les couper lui-même chez lui, ne nous paraîtrait pas faire obstacle à ce qu'il demandât des dommages-intérêts, même pour le passé, au maître de l'arbre, si elles lui avaient causé quelque préjudice, comme, par exemple, si elles avaient occasionné quelque dégradation aux fondations de son bâtiment, à un canal, etc.; car il a pu, dans ce cas, ignorer ce préjudice, et on ne saurait dès lors lui objecter qu'il a consenti à le supporter (art. 1382; comp. Duranton, t. V, n° 394; Pardessus, t. I, n°s 196, 197).

513. — Les fruits pendants aux branches qui s'avancent sur le fonds du voisin, appartiennent évidemment au propriétaire de l'arbre (comp. art. 520, 546, 547).

Il est vrai que dans divers pays, autrefois, on les attribuait, en tout ou en partie, et le plus ordinairement pour moitié, au voisin, comme une indemnité du tort que l'ombrage pouvait lui causer (Coquille, quest. 274; Bannelier sur Davot, t. II, p. 185).

Mais ces usages sont aujourd'hui abrogés par l'article 7 de la loi du 30 ventôse an XII. Les deux voisins, sans doute, peuvent faire, à cet égard, entre eux, tel arrangement qu'ils jugent convenable; et on devra même présumer facilement que le maître de l'arbre, qui laisse le voisin recueillir les fruits pendants aux branches qui se prolongent sur son fonds, consent à les lui abandonner; mais cette tolérance, qui le rendrait non recevable à réclamer les fruits ainsi cueillis, ne saurait former pour l'avenir, au profit du voisin, un titre définitif et permanent.

Et alors, vient la question de savoir si le maître de l'arbre pourrait réclamer un passage sur le fonds du voisin, pour aller ramasser les fruits qui y seraient tombés ou pour récolter ceux qui ne pourraient être cueillis que sur ce fonds.

Nous croyons qu'il convient d'examiner cette question dans deux hypothèses : 1° dans celle où le voisin aurait perdu le droit de faire couper les branches qui s'avancent sur son fonds (*supra,* n°ˢ 508, 509) ; 2° dans celle où il aurait toujours ce droit, sans pourtant l'avoir encore exercé.

1° Dans le premier cas, il semble bien que le droit d'aller, dans le fonds du voisin, faire la récolte de fruits pendants aux branches qui s'y avancent, soit une conséquence du droit qui est acquis au propriétaire de l'arbre de laisser les branches elles-mêmes s'y avancer (arg. de l'article 696). C'est ainsi que, chez les Romains, où le voisin ne pouvait pas demander l'élagage des branches au delà de la hauteur de quinze pieds au-dessus de son sol (*supra*, n° 504), le maître de l'arbre pouvait, au moyen de l'interdit *de glande legenda*, réclamer, dans les trois jours, les fruits qui étaient tombés sur le fonds du voisin ; et rien même n'autorise à dire, comme on le fait généralement, que l'action en revendication fût limitée, comme l'*interdit*, à ce court délai (comp. ff. tit. *de glande legenda ;* et L. 9, § 1, *ad exhibendum*).

2° Dans le second cas, c'est-à-dire lorsque le voisin a toujours le droit de forcer le propriétaire de l'arbre à couper les branches avançantes, la question est plus délicate ; et elle a beaucoup, en effet, divisé les jurisconsultes :

Plusieurs considèrent que le maître de l'arbre peut réclamer le passage sur le fonds du voisin, et y placer même des échelles pour y faire à la main la cueillette de ses fruits ; que c'est là une servitude légale fondée sur les lois du bon voisinage, sous l'obligation, bien entendu, d'une indemnité, s'il en résulte quelque dommage pour le voisin (comp. Merlin, *Rép.*, v° *Arbre*, § 8 ; Toullier, t. II, n° 517 ; Proudhon, *du Dom. privé*, t. II, n° 585 ; Pardessus, t. I, n° 196 ; Sebire et Carteret, *Encycl. du Droit*, v° *Arbre*, n° 17).

Delvincourt a distingué si le fonds du voisin est clos ou s'il ne l'est pas, pour accorder, dans ce dernier cas, au maître de l'arbre, un droit d'accès qu'il lui refuse, au contraire, dans le premier cas (t. I, p. 162, note 8).

Enfin, il est une opinion qui enseigne que le maître de l'arbre n'a, dans aucun cas, le droit de demander l'entrée du fonds du voisin. Il est vrai que les usages de plusieurs pays, à l'exemple du droit romain, lui accordaient autrefois trois jours pour aller ramasser et cueillir ses fruits ; mais la loi du 30 ventôse an XII n'a pas moins abrogé ces usages-là que ceux d'après lesquels les fruits étaient, au contraire, attribués au voisin sur le fonds duquel les branches s'avançaient. Reste donc le droit absolu de propriété, et le principe sacré d'après lequel nul ne peut entrer chez un propriétaire malgré lui (Bastia, 3 mars 1856, *Novella*, *J. du P.*, t. II de 1856, p. 203). Mais les fruits, que deviennent-ils dans ce système? On ne s'accorde pas à cet égard. Duranton prétend que, lorsqu'ils sont tombés, le voisin peut les prendre comme chose présumée abandonnée, en indemnité du tort que lui cause l'ombrage des branches, et qu'il ne serait même tenu à aucune restitution, dans le cas où le maître de l'arbre lui aurait défendu de les ramasser. Quant aux fruits qui tiennent encore aux branches, c'est au maître de l'arbre à les cueillir de chez lui comme il pourra; et s'il ne le peut ou ne le veut pas, qu'il coupe ses branches, et tout rentrera dans l'ordre accoutumé (Duranton, t. V, n° 400). Au contraire, MM. Aubry et Rau (sur Zachariæ, t. II, p. 55, note 5) prétendent que le maître de l'arbre a une action en restitution contre le voisin qui aurait cueilli ou ramassé les fruits pour en faire son profit.

Il faut convenir que ces conséquences sont peu satisfaisantes; car, finalement, cela revient à dire que les fruits ne peuvent être cueillis par personne et qu'il faut les laisser perdre! Nous ne croyons pas pourtant que le maître de l'arbre puisse invoquer, à titre de servitude légale, le droit d'entrer, à cet effet, dans le fonds du voisin; aucun texte n'établit de servitude de ce genre; mais n'est-il pas fondé du moins à prétendre que le voisin, en tolérant l'extension sur son fonds, des branches qu'il aurait eu le droit de faire couper, a tacitement consenti soit à remettre lui-même au propriétaire de l'arbre, les fruits qu'elles produiraient, soit à le laisser venir dans son fonds, pour en faire la récolte, à la charge d'indemnité, en cas de dommage. Cette conséquence nous paraîtrait naturelle et équitable, sauf au voisin, s'il la trouve gênante, à demander l'élagage des branches elles-mêmes (comp. Pardessus, t. I, n° 196; Taulier, t. II, p. 496;

Marcadé, sur l'article 672, n° 5 ; Ducaurroy, Bonnier et Roustaing, t. II, n° 310 ; Duvergier sur Toullier, t. II, n° 517, note c).

SECTION II.

DE LA DISTANCE ET DES OUVRAGES INTERMÉDIAIRES REQUIS POUR CERTAINES CONSTRUCTIONS.

SOMMAIRE.

514. — Plusieurs coutumes exigeaient autrefois l'emploi de certaines précautions de la part du propriétaire, qui voulait faire, sur son héritage, des travaux susceptibles de nuire au mur mitoyen ou au mur d'autrui (Paris, art. 188, 192 et 217 ; Normandie, art. 612-614 ; Nivernais, tit. *des Maisons et Servit.*, art. 11-13).

C'est évidemment à leur exemple, que notre Code, à l'occasion des murs mitoyens, impose également ici quelques restrictions au droit de propriété; tel est l'objet de l'article 674, ainsi conçu :

« Celui qui veut creuser un puits ou une fosse d'ai-
« sance près d'un mur mitoyen ou non ;

« Celui qui veut y construire cheminée ou âtre, forge,
« four ou fourneau ;

« Y adosser une étable ;

« Ou établir contre ce mur un amas de sel ou de ma-
« tières corrosives ;

« Est obligé à laisser la distance prescrite par les règle-
« ments et usages particuliers sur cet objet, ou à faire les
« ouvrages prescrits par les mêmes règlements et usages
« pour éviter de nuire au voisin. »

Cette disposition repose sur le même principe, qui a dicté la disposition de l'article 1382, d'après lequel tout fait quelconque de l'homme qui cause à autrui un dommage, oblige celui par la faute duquel il est arrivé, à le réparer (ajout. art. 1383). Seulement, comme il s'agit ici de certains ouvrages, présumés de plein droit dommageables pour le voisin, le législateur a pensé qu'il valait mieux prévenir le dommage, que d'avoir à en demander la réparation, et il a exigé, en effet, certaines mesures préventives de la part de celui qui veut les faire exécuter.

On voit aussi que notre article 674 n'a pour but que de garantir d'un dommage *les murs mitoyens ou non.*

Mais quoi donc! Est-ce qu'un propriétaire pourrait, par des travaux pratiqués sur son fonds, endommager davantage la haie, ou le fossé, ou toute autre partie quelconque de la propriété du voisin? L'article 674 ne dit pas cela sans doute! c'est un texte spécial qui ordonne, en cas d'existence d'un mur mitoyen ou non, certaines précautions pour certains travaux; voilà tout; mais il laisse intacte une autre thèse plus générale, celle de savoir si, indépendamment des servitudes établies par la loi, le droit de la propriété n'est pas encore soumis, par la nature même des choses, à certaines restrictions dans l'intérêt du voisin ; or, cette thèse sera, de notre part, le sujet d'un examen particulier (*infra*, n°s 646 et suiv.).

Nous allons donc, quant à présent, nous borner à expliquer l'article 674 dans ce qu'il a de spécial *aux murs mitoyens ou non.*

515. — Cet article déclare que les précautions qu'il exige, ont pour but d'*éviter de nuire au voisin ;* et en effet, la loi se propose toujours ici de garantir l'intérêt privé du voisin.

Il faut remarquer toutefois que, parmi les précautions qu'elle exige, les unes n'ont que ce seul but, tandis que les autres se proposent, outre l'intérêt particulier du voisin, de garantir l'intérêt général de la société, comme, par exemple, les précautions qui doivent être observées dans les constructions des cheminées, des forges, etc., pour prévenir les incendies. Ces dernières sont surtout déterminées par des règlements de police ; tel est notamment le règlement du 26 janvier 1672, qui, entre autres dispositions, défend de faire porter les âtres des cheminées sur poutres et solives, ni de faire passer aucun bois dans les tuyaux ; les autres, qui n'ont trait qu'à l'intérêt particulier du voisin, sont le plus ordinairement fixées par les usages.

Cette distinction est importante, sous plusieurs rapports ; ainsi :

1° Le voisin pourrait renoncer à exiger l'emploi des précautions qui n'ont pour but que de garantir son intérêt privé ; tandis qu'il faudrait déclarer nulle toute renonciation qu'il aurait pu faire au droit d'exiger celles que la loi ordonne dans un intérêt public (art. 6).

2° Par le même motif, aucune prescription ne pourrait être invoquée par le constructeur contre les règlements ou usages qui exigeraient de lui, dans un intérêt général et de police, certains travaux préservatifs ; mais rien au contraire ne s'opposerait à ce qu'il acquît, à l'encontre de l'intérêt purement privé du voisin, le droit de conserver les travaux qu'il aurait pratiqués sans observer les précautions requises ; et si la possession publique de ces travaux avait duré pendant trente ans, sans réclamation, cette servitude étant continue (et nous le supposons aussi ; et apparente, serait acquise par prescription (art 690) comp. Bordeaux, 18 mai 1858, Mouis, Dev., 1859, II, 177).

3° Enfin, si les précautions, qui n'ont pour but que l'intérêt privé du voisin, ne doivent être observées qu'autant que le mur est mitoyen ou qu'il appartient exclusivement au voisin, il en est autrement de celles qui sont commandées dans un intérêt public ; et celles-là doivent être observées par le constructeur, lors même que le mur serait sa propriété exclusive (comp. Pardessus, t. I, n° 201 ; Demante, t. II, n°ˢ 529 *bis*, III; Marcadé, art. 674, n° 2 ; Taulier, t. II, p. 409).

516. — Au reste, il paraît bien certain que par ces mots : *mitoyen ou non,* l'article 674 désigne le mur *commun ou le mur d'autrui ;* c'est ainsi que s'exprimait l'article 191 de la coutume de Paris, auquel notre article a été emprunté (ajout. aussi art. 217, Paris ; et art. 13 Nivernais, tit. *des Maisons et Servit.*) ; et la preuve en résulte d'ailleurs formellement de ces mots : *pour éviter de nuire au voisin,* qui témoignent que la principale préoccupation du législateur est de garantir l'intérêt privé du voisin ; on conçoit donc très-bien que le constructeur, qui est tenu de ne pas nuire au mur mitoyen, soit *a fortiori* tenu de ne pas nuire au mur appartenant exclusivement au voisin ; mais, par la même raison, on ne comprendrait pas qu'il fût soumis à des mesures préventives d'intérêt privé, en ce qui concerne son propre mur, à lui, qu'il est bien libre apparemment de dégrader, si bon lui semble (comp. Lepage, *Lois des bâtiments,* t. I, p. 124 ; Solon, n° 273 ; Demante, t. II, n° 529 *bis*, I).

Delvincourt (t. I, p. 161, note 8) et Pardessus (t. I, n° 200) ont toutefois enseigné que ces mots : *mitoyen ou non*, s'appliquaient, dans tous les cas, même au mur qui est la propriété exclusive du constructeur.

Mais on vient de voir que cette solution est inadmissible ; et elle ne devrait être suivie qu'en ce qui concerne les ouvrages que la loi exige, non pas seulement dans l'intérêt privé du voisin, mais encore dans l'intérêt général (*supra*, n° 515).

517. — Et même, il faut ajouter que l'article 674 ne saurait être applicable, du moins dans toutes ces parties, au mur qui appartient exclusivement au voisin ; car il ne saurait être question de précautions à *prendre pour y adosser* quoi que ce soit, puisque l'autre voisin n'a pas du tout, dans ce cas, le droit d'adossement contre ce mur (*supra*, n° 421) ; seulement, il y aura lieu à l'observation des distances, ou même à l'exécution des travaux requis pour empêcher que les amas de certaines matières corrosives ne dégradent le mur du voisin.

La vérité est donc que l'article 674 ne s'applique, complétement dans toutes ses parties, qu'au mur mitoyen ; et cela vient de ce qu'en effet. la disposition de la coutume de Paris où les rédacteurs de notre article l'ont puisé, avait particulièrement en vue la conservation des murs mitoyens (comp. art. 188-192).

518. — Il est bien entendu, d'ailleurs, que l'article 674 ne déroge pas à l'article 662, et que le copropriétaire qui se propose de pratiquer, dans le corps du mur mitoyen, un enfoncement, d'y appliquer ou appuyer un ouvrage quelconque, doit remplir les conditions déterminées par l'article 662, lors même que les ouvrages qu'il a le dessein de faire, seraient du nombre de ceux dont l'article 674 s'est occupé (*supra*, n° 416 ; Taulier, t. II, p. 408).

519. — L'article 674 prévoit spécialement quatre espèces principales d'entreprises qui peuvent être faites par le propriétaire voisin d'un mur mitoyen ou non :

A. *Creuser un puits ou une fosse d'aisance.* — Des précautions doivent être prises alors pour prévenir les infiltrations et les émanations nuisibles; ces précautions sont réglées, dans les différentes localités, par les coutumes (comp. Nivernais, art. 13, *des Maisons et Servit.*; Normandie, art. 613, 614; Caen, 17 mai 1847, Lefèvre, *Rec. de Caen*, t. II, p. 309). D'après l'article 191 de la coutume de Paris, il faut, dans ce cas, un contre-mur d'un pied d'épaisseur; et le même article détermine les travaux de maçonnerie et les distances à observer, lorsqu'il y a *puits d'un côté* et *aisances de l'autre* ou *entre deux puits;*

B. *Construire une cheminée ou âtre, forge, four ou fourneau.* — Il s'agit ici de prévenir le danger des incendies et de préserver le mur des dégradations que pourrait lui causer la chaleur du feu. En ce qui concerne les cheminées, l'article 189 de la coutume de Paris veut que l'on fasse un contre-mur de tuilots, ou autre chose suffisante, d'un demi-pied d'épaisseur (comp. aussi art. 614 de la cout. de Normandie).

Mais le contre-mur a été depuis longtemps remplacé, dans l'usage, par des plaques de fonte placées au contre-cœur de la cheminée (Desgodets, n° 3, sur l'article 189 de la cout. de Paris). Pour les fours, forges et fourneaux, l'article 190 exige qu'il y ait un mur particulier d'un pied d'épaisseur, et séparé du mur mitoyen par un demi-pied de vide et intervalle, afin que l'air y puisse circuler librement; il n'est pas question des tuyaux qui servent de dégagement à la fumée; et rien ne paraît s'opposer, en effet, à ce qu'ils soient enclavés dans le mur mitoyen lui-même (*supra*, n° 411). Notons encore que notre article ne distingue pas entre les fours des particuliers et ceux des boulangers ou pâtissiers; les mêmes précautions sont donc requises pour les uns comme pour les autres; et Pothier réfutait déjà, sous l'empire de l'article 190 de la coutume de Paris, le sentiment de Goupy qui avait prétendu en affranchir les fours des particuliers, parce qu'on les chauffe plus rarement (*de la Société*, n° 211).

C. *Adosser une étable.* — Il faut alors aviser à ce que

l'humidité des fumiers ne pénètre pas jusqu'au mur ; .et, ,
à cet effet, la coutume de Paris exige *un contre-mur de
huit pouces d'épaisseur, de hauteur jusqu'au rez de la man-
geoire.* Le motif de la loi prouve assez qu'il faut comprendre ici sous le nom d'*étable*, tous les lieux où l'on
entasse des fumiers : les vacheries, bergeries, écuries, etc.

D. *Établir contre le mur un magasin de sel ou amas de
matières corrosives.* — La nécessité d'un contre-mur est
encore ici réclamée par les mêmes motifs ; l'épaisseur en.
est généralement la même que dans le cas précédent ;
quant à la hauteur, elle ne saurait être fixée *a priori ;* car
elle dépend de la plus ou moins grande quantité des
matières amassées contre le mur (comp. sur ce sujet,
Desgodets et Goupy sur les articles 188-192 de la coutume de Paris ; Pothier, *de la Société,* n° 211 et suiv. ;
Lepage, *Lois des bâtiments ;* Perrin, *Code des construct. et
de la contiguïté,* v° *Contre-mur, Fosses d'aisance,* etc.

520. — L'article 674, dans l'énonciation qu'il fait de
ces quatre espèces d'entreprises, pour lesquelles des précautions sont exigées, renferme-t-il une disposition limitative ?

On pourrait dire peut-être, pour le prétendre ainsi,
que ce sont là des restrictions au libre exercice du droit
de propriété, et qu'il n'est pas permis, en pareille matière, d'ajouter aux prohibitions de la loi.

Mais ce point de vue ne nous semblerait pas absolument exact ; et nous croyons qu'il est plus sage et plus
conforme à la pensée du législateur lui-même d'appliquer
cette disposition aux autres ouvrages ou entreprises, qui
présentent, avec ceux que le texte a directement prévus,
une analogie qui ne permet pas raisonnablement de les
en distinguer.

Ainsi, par exemple, quoique le texte de l'article 674
ne soit relatif qu'aux puits, est-ce qu'il serait possible
de ne pas l'appliquer également aux canaux destinés à
la conduite des eaux et à leurs réservoirs, qui menacent

évidemment le mur voisin des mêmes dangers d'humidité et d'infiltration ! (L. 19, ff., *de servit. præd. urban.*).

L'article 674 ne dit rien non plus des tuyaux d'une fournaise; mais il est clair que la flamme qui les traverse habituellement, peut brûler les murs tout aussi bien que la fournaise elle-même, et qu'ils doivent être dès lors soumis aux mêmes précautions : *de tubulis eo amplius hoc juris est, quod per eas flammas torretur paries* (L. 8 princ., ff. *de servit. præd. urb.; adde* L. 27, § 10, ff. *ad leg. aquil.*).

Pareillement, de ce que notre article ne défend d'établir contre le mur que des amas de matières corrosives, qui voudrait en conclure qu'il est permis d'y adosser des terres jectisses, dont l'humidité et la *poussée* ou pression, ne manqueraient certainement pas de l'endommager aussi.... *ex quo paries madescebat?* (L. 17, § 2, ff. *si servit. vindic.*).

Concluons donc qu'il faut, en général, continuer à suivre, sur cette matière, les coutumes et règlements ou usages locaux, même en ce qui concerne les ouvrages ou entreprises que notre article 674 n'a pas expressément rappelés, lorsque, d'ailleurs, ils ont, avec les ouvrages qu'il mentionne, une évidente analogie; car tel est certainement son esprit; et la raison, en effet, l'exige.

Ainsi, par exemple, nous dirons encore, avec l'article 192 de la coutume de Paris, que celui qui ayant place vide, jardin ou autre lieu, qui joint immédiatement au mur d'autrui ou à mur mitoyen, y veut faire labourer et fumer, est tenu de faire contre-mur de demi-pied d'épaisseur, et, même, avec l'article 217, que nul ne peut faire fossés à eaux ou cloaques, s'il n'y a six pieds de distance en tous sens des murs appartenant au voisin ou mitoyen (comp. Pothier, *de la Société*, n° 211 ; Pardessus, t. I, n° 199; Duranton, t. V, n° 402; Taulier, t. II, p. 408; Zachariæ, t. II, p. 56; Solon, n°s 262 et suiv.; Demante, t. II, n° 529 *bis*, II).

521. — Nous venons de parler de l'hypothèse où il existe, dans une localité, des règlements et usages, qui prescrivent des ouvrages intermédiaires ou des distances pour des *travaux* ou des *amas*, que l'article 674 n'a pas directement prévus.

On peut supposer aussi l'hypothèse inverse, celle d'une localité dans laquelle il n'y aurait ni règlements ni usages, relativement à l'un des travaux ou amas, que notre article, au contraire, a prévus spécialement.

Il est remarquable, en effet, que l'article 674, qui renvoie aux règlements et usages locaux pour la détermination des distances et des ouvrages intermédiaires, dans les cas qu'il spécifie, ne détermine lui-même, pour l'hypothèse où il n'y aurait, dans une localité, ni usages, ni règlements, aucun ouvrage ni aucune distance; très-différent, en cela, des articles 663 et 671, qui, en se référant aussi aux règlements et usages locaux, déterminent, à défaut de règlements et usages, la hauteur de la clôture forcée et la distance à observer pour les plantations.

C'est peut-être parce qu'il sera infiniment rare qu'il n'y ait point, pour les cas spécifiés dans l'article 674, qui répondent à des besoins évidents et universels, une pratique quelconque. Quoi qu'il en soit, à défaut de règlements et d'usages proprement dits, le silence de la loi laisserait aux magistrats toute latitude pour décider la question d'après le *quid utilius*; ils pourraient, en conséquence, après s'être éclairés par un rapport des gens de l'art, ordonner les mesures qui leur paraîtraient nécessaires, celles, par exemple, qui seraient usitées dans une localité voisine, ou toute autre mesure particulière qui serait jugée convenable et suffisante; et nous croyons même qu'il leur appartiendrait aussi de reconnaître qu'il n'y a lieu à l'emploi d'aucune précaution, et que l'absence de tout règlement et de tout usage local en atteste justement l'inutilité. Il est vrai que nous avons pensé que si, dans une localité quelconque, un propriétaire était libre autrement, à défaut de règlements et usages sur cet objet, de faire des plantations sur la limite même de son héritage, et sans observer aucune distance, il n'en devait pas moins être, en général, aujourd'hui soumis à observer l'article 671 sur les plantations (*supra*, n° 493) ; mais précisément, c'est que l'article 671 détermine lui-même, à défaut de règlements et usages locaux, la distance qu'il faudra observer, tandis que l'article 674 ne renferme aucune règle pour le cas d'absence d'usages et de règlements (comp. Pardessus, t. II, n° 340 ; Taulier, t. II, p. 409 ; Demante, t. II, n° 529 *bis*, II).

522. — L'article 674 impose, bien entendu, les mêmes obligations réciproquement aux copropriétaires du mur mitoyen ; et chacun d'eux est, en général, soumis de son côté à l'observation des distances et des ouvrages intermédiaires qu'il prescrit.

La distance, lorsqu'il y a lieu d'en garder une, doit être prise évidemment sur celui qui veut faire l'entreprise pour laquelle elle est requise ; et il est juste qu'elle soit calculée à partir du point le plus saillant du mur, pour la conservation duquel la distance est exigée.

523. — Lorsque l'ouvrage pour lequel des mesures de précautions étaient requises, n'a pas été fait conformément aux règles prescrites par les règlements et usages, ou conformément aux règles de l'art, le voisin peut demander soit la démolition même, soit du moins qu'au moyen d'une reprise sous œuvre ou autrement, le propriétaire contrevenant établisse les ouvrages, qu'il a d'abord négligé de faire (Cass., 29 janv. 1829, Corréas, D., 1829, I, 124).

On a jugé que l'obligation imposée par l'article 674 au propriétaire qui veut construire un four contre le mur qui sépare sa propriété de celle du voisin, n'est pas applicable au cas où le mur a, par lui-même, une épaisseur suffisante pour empêcher le four de lui nuire (Riom, 14 nov. 1842, Cartier, Dev., 1843, II, 7) ; et cela est

fort juste, en effet, lorsque le mur appartient au propriétaire constructeur.

Mais, en règle générale, l'inobservation des distances
ou des ouvrages intermédiaires autorise le voisin à réclamer l'application de l'article 674, sans préjudice, bien
entendu, des dommages-intérêts à raison du préjudice
qu'il pourrait en avoir éprouvé (comp. Demante, t. II,
n° 529 *bis*, III; Marcadé, sur l'article 674, n° 2).

524. — Ce n'est pas à dire, d'ailleurs, que l'observation des mesures prescrites par l'article 674 et des règles
de l'art, mette le propriétaire qui a fait l'entreprise, à
l'abri de toute action de la part du voisin, si celui-ci en
éprouvait néanmoins un préjudice. D'après l'article 1382,
tout fait quelconque de l'homme qui cause à autrui un
dommage, oblige celui par la faute duquel il est arrivé,
à le réparer; telle est la règle à laquelle certainement l'article 674 n'a pas voulu déroger. Cet article a été fait
dans l'intérêt du voisin, afin de prévenir le dommage que
certains travaux ou amas pourraient lui causer. Tout ce
qui en résulte, c'est qu'il ne peut plus alors réclamer, à
raison seulement de la possibilité des accidents; mais il
ne serait ni logique ni équitable de retourner cet article
contre lui, pour l'empêcher de réclamer, suivant le droit
commun, la réparation du dommage accompli et qui a
démontré l'insuffisance des précautions qui avaient été
prises. Il pourra donc, même dans ce cas, demander aussi
des dommages-intérêts et même la démolition de l'ouvrage, s'il n'était pas possible de le préserver autrement,
pour l'avenir, du retour des mêmes inconvénients (comp.
Metz, 16 août 1820, Lingard, Sirey, 1821, II, 154;
d'Argentré sur l'article 186 de la cout. de Bretagne;
Pothier, *de la Société*, n° 211; Goupy sur Desgodets, art.
191 de la cout. de Paris; Toullier, t. II, n° 332; Pardessus, t. I, n° 201; Solon, n° 550; Marcadé, sur l'article
674, n° 2; Taulier, t. II, p. 410; Zachariæ, t. II, p. 57).

525. — La loi du 25 mai 1838 a fait encore ici une

innovation à laquelle on ne saurait qu'applaudir, en décidant que les juges de paix sont compétents pour connaître « des actions relatives aux constructions et travaux énoncés dans l'article 674 du Code Napoléon, lorsque la propriété ou la mitoyenneté du mur ne sont pas contestées. » (Art. 6, n° 3; *voy.* aussi *supra*, n° 497.)

526. — Remarquons enfin qu'il ne suffit pas toujours de se conformer à notre article 674; il est certains établissements insalubres, qui ne peuvent être fondés qu'avec l'autorisation exigée par les lois administratives et après l'accomplissement de formalités spéciales; mais c'est là un sujet de droit administratif bien plutôt que de droit privé et dont nous n'avons point à nous occuper ici (*infr.*, n° 651 et suiv.).

FIN DU ONZIÈME VOLUME.

TABLE DES MATIÈRES

DU ONZIÈME VOLUME.

LIVRE DEUXIÈME.

DES BIENS ET DES DIFFÉRENTES MODIFICATIONS DE LA PROPRIÉTÉ.

TITRE QUATRIÈME.

DES SERVITUDES OU SERVICES FONCIERS.

FIN DE LA TABLE DES MATIÈRES.

TABLE NUMÉRIQUE

DES ARTICLES DU CODE NAPOLÉON

AVEC L'INDICATION, POUR CHAQUE ARTICLE, DES PAGES DU VOLUME ET DES NUMÉROS DE L'OUVRAGE OÙ IL EST EXPLIQUÉ.

(Tome XI, art. 637-674.)

LIVRE DEUXIÈME.

Des Biens et des différentes modifications de la Propriété.

TITRE QUATRIÈME.

Des Servitudes ou Services fonciers.

FIN DE LA TABLE NUMÉRIQUE

Typographie Lahure, rue de Fleurus, 9 à Paris.

LISTE DES TRAITÉS DE M. DEMOLOMBE

ANTÉRIEUREMENT PUBLIÉS :

LIVRE I. — Des personnes.

Traité de la Publication, des Effets et de l'Application des lois en général ; — de la Jouissance et de la Privation des droits civils ; — des Actes de l'état civil ; — du Domicile (C. N., art. 1 à 111). 4ᵉ édition. 1 vol. 8 fr.

Traité de l'Absence (C. N., art. 112 à 143). 4ᵉ édition. 1 vol. 8 fr.

Traité du Mariage et de la Séparation de corps (C. N., art. 144 à 311). 4ᵉ édition. 2 vol. 16 fr.

Traité de la Paternité et de la Filiation (C. N., art. 312 à 342). 4ᵉ édition. 1 vol. 8 fr.

Traité de l'Adoption et de la Tutelle officieuse ; — de la Puissance paternelle (C. N., art. 343 à 387). 4ᵉ édition. 1 vol. 8 fr.

Traité de la Minorité, de la Tutelle et de l'Émancipation ; — de la Majorité, de l'Interdiction et du Conseil judiciaire ; — des Individus placés dans un établissement public ou privé d'aliénés (C. N., art. 388 à 515). 4ᵉ édition. 2 vol. 16 fr.

LIVRE II. — Des biens et des différentes modifications de la propriété.

Traité de la Distinction des biens ; — de la Propriété ; — de l'Usufruit ; de l'Usage et de l'Habitation (C. N., art. 516 à 636). 4ᵉ édition. 2 vol. 16 fr.

Traité des Servitudes, ou Services fonciers (C. N., art. 637 à 710). 5ᵉ édition. 2 vol. 16 fr.

LIVRE III. — Des différentes manières dont on acquiert la propriété.

Traité des Successions (C. N., art. 711 à 892). 4ᵉ édition. 5 vol. 40 fr.

Traité des Donations entre-vifs et des Testaments. (C. N., art. 893 à 1100). 4ᵉ édition. 6 vol. 48 fr.

Traité des Contrats ou des Obligations conventionnelles en général (C. N., art. 1101 à 1233). Tomes I, II et III. 24 fr.

Typographie Lahure, rue de Fleurus, 9, à Paris.

LISTE DES TRAITÉS DE M. DEMOLOMBE

ANTÉRIEUREMENT PUBLIÉS :

LIVRE I. — Des personnes.

Traité de la Publication, des Effets et de l'Application des lois en général ; — de la Jouissance et de la Privation des droits civils ; — Actes de l'état civil ; — du Domicile (C. N., art. 1 à 111). 4ᵉ édition. 1 vol. 8 fr.

Traité de l'Absence (C. N., art. 112 à 143). 4ᵉ édition. 1 vol. 8 fr.

Traité du Mariage et de la Séparation de corps (C. N., art. 144 à 311). 4ᵉ édition. 2 vol. 16 fr.

Traité de la Paternité et de la Filiation (C. N., art. 312 à 342). 4ᵉ édition. 1 vol. 8 fr.

Traité de l'Adoption et de la Tutelle officieuse ; — de la Puissance paternelle (C. N., art. 343 à 387). 4ᵉ édition. 1 vol. 8 fr.

Traité de la Minorité, de la Tutelle et de l'Émancipation ; — de la Majorité, de l'Interdiction et du Conseil judiciaire ; — des Individus placés dans un établissement public ou privé d'aliénés (C. N., art. 388 à 515). 4ᵉ édition. 2 vol. 16 fr.

LIVRE II. — Des biens et des différentes modifications de la propriété.

Traité de la Distinction des biens ; — de la Propriété ; — de l'Usufruit ; de l'Usage et de l'Habitation (C. N., art. 516 à 636). 4ᵉ édition. 2 vol. 16 fr.

Traité des Servitudes, ou Services fonciers (C. N., art. 637 à 710). 5ᵉ édition. 2 vol. 16 fr.

LIVRE III. — Des différentes manières dont on acquiert la propriété.

Traité des Successions (C. N., art. 711 à 892). 4ᵉ édition. 5 vol. 40 fr.

Traité des Donations entre-vifs et des Testaments. (C. N., art. à 1100). 4ᵉ édition. 6 vol. 48 fr.

Traité des Contrats ou des Obligations conventionnelles en général (C. N., art. 1101 à 1233). Tomes I, II et III. 24 fr.

Typographie Lahure, rue de Fleurus, 9, à Paris.

www.ingramcontent.com/pod-product-compliance
Lightning Source LLC
Chambersburg PA
CBHW071142270326
41929CB00012B/1851